新曲綫
New Curves

用心雕刻每一本......

http://site.douban.com/110283/
http://weibo.com/nccpub

用心字里行间　雕刻名著经典

# 运营管理

## 流程与供应链

### （第10版·下册）

李·克拉耶夫斯基

［美］拉里·里茨曼　　　　著

马努基·马尔霍特拉

刘　晋　向佐春　肖健华　译

人民邮电出版社

北　京

**图书在版编目（CIP）数据**

运营管理：流程与供应链：第 10 版．下册 /（美）
李·克拉耶夫斯基等著；刘晋等译 . —北京：人民邮
电出版社，2021.8
ISBN 978-7-115-37390-8

Ⅰ．①运⋯　Ⅱ．①李⋯②刘⋯　Ⅲ．①企业管理—运
营管理—高等学校—教材　Ⅳ．① F273

中国版本图书馆 CIP 数据核字（2021）第 173985 号

**运营管理：流程与供应链（第 10 版·下册）**

◆　著　　　　［美］李·克拉耶夫斯基　拉里·里茨曼　马努基·马尔霍特拉
　　译　　　　刘　晋　向佐春　肖健华
　　策　划　　刘　力　陆　瑜
　　责任编辑　徐向娟　王涧秋
　　装帧设计　陶建胜

◆　人民邮电出版社出版发行　北京市丰台区成寿寺路 11 号
　　邮编　100164　电子邮件　315@ptpress.com.cn
　　网址　http://www.ptpress.com.cn
　　电话（编辑部）010-84931398　（市场部）010-84937152
　　三河市少明印务有限公司印刷
　　新华书店经销

◆　开本：889×1194　1/16
　　印张：24.25
　　字数：600 千字　2021 年 9 月第 1 版　2021 年 9 月第 1 次印刷
　　著作权合同登记号　图字：01-2013-5854 号

定价：88.00 元

本书如有印装质量问题，请与本社联系　电话：(010) 84937152

# 内 容 提 要

《运营管理：流程与供应链》(第10版)是美国高校本科及MBA运营管理课程的主流教材，也是三位作者积多年的实践和教学经验奉上的理论经典和实践精华。它在前9版的基础上，无论在总体框架还是方法上都做了重大修订，告诉管理者将内部流程与其客户和供应商流程连接，形成有竞争力的供应链才是至关重要的。本书从服务型企业和制造型企业的角度分析流程和供应链，旨在帮助学生在当今充满竞争的全球化环境中成为有效的管理者。

本书分为上下两册。《运营管理：流程与供应链》(第10版·下册)包括供应链库存管理、供应链设计、供应链选址决策、供应链整合、供应链的可持续发展与人道主义物流、预测、运营计划与生产调度计划及资源计划等内容。本教材采用了具有挑战性的练习题、案例以及与每章内容对应的仿真和实验练习，为读者提供了大量实践管理者角色的机会。利用本书，读者可以培养分析问题和做管理决策的能力。

本书可作为大学本科及MBA运营管理课程的教材，同时也是运营管理从业人员提升管理技能的理想参考书。

# 作者简介

**李·克拉耶夫斯基**是俄亥俄州立大学和圣母大学的荣誉退休教授。在俄亥俄州立大学时，他获得了"大学校友杰出教学奖"和"商学院杰出教师研究奖"。他创办了卓越制造管理研究中心，并担任中心主任4年。此外，他获得过美国生产与库存控制协会的"全国会长奖"（National President's Award）和"全国功勋奖"（National Award of Merit）。他曾任决策科学研究院院长，1988年当选为该院院士。2003年获得"杰出服务奖"。

*Lee J. Krajewski*

李在威斯康星大学获得博士学位。多年来，他针对研究生和本科生两个层次，设计了许多课程并付诸教学实践，其中包括运营战略、运营管理导论、运营设计、项目管理、制造计划与控制系统等。

李担任过《决策科学》的主编，是《运营管理杂志》的创刊编辑，并任多家学术期刊的编委。他在《决策科学》《运营管理杂志》《管理科学》《生产与运营管理》《国际生产研究杂志》《哈佛商业评论》《界面》等期刊上发表了多篇论文，曾五次获得最佳论文奖。他的专业研究领域包括运营战略、制造计划与控制系统、供应链管理及主生产计划等。

**拉里·里茨曼**是俄亥俄州立大学和波士顿学院的荣誉退休教授。他在俄亥俄州立大学工作时，曾担任系主任，并在教学和科研上获得过多个奖项，其中包括Pace Setters俱乐部的杰出研究奖（Pace Setters' Club Award for Outstanding Research）。在波士顿学院工作期间，任Thomas J. Galligan, Jr教授，并获得管理学院的"杰出服务奖"。他在密歇根州立大学获得博士学位，此前曾在Babcock & Wilcox公司工作。多年来里茨曼向各个层次的学生——本科生、MBA、EMBA和博士生——讲授运营管理。

*Larry P. Ritzman*

拉里在决策科学研究院特别活跃，曾担任会议协调员、出版委员会主席、分会场主席、副会长、董事会成员、执行委员会委员、博士联盟协调员、院长等多项职务。1987年拉里当选为决策科学研究院的院士，1996年获得"杰出服务奖"。他曾三次获得最佳论文奖，并担任多个专业组织的审稿人、评论员和会议主席。

拉里的专业领域是服务流程、运营战略、生产与库存系统、预测、多阶段制造和布局研究。他在《决策科学》《运营管理杂志》《生产与运营管理》《哈佛商业评论》及《管理科学》等期刊上发表了多篇论文，同时也是多家期刊的编委。

**马努基·马尔霍特拉**是哥伦比亚南卡罗来纳大学摩尔商学院 Jeff B. Bates 教授，自 2000 年起担任管理科学系主任。他是全球供应链与流程管理中心（Center for Global Supply Chain and Process Management, GSCPM）的第一任主任，该中心自 2005 年开始运营。1983 年他在印度坎普尔市印度理工学院获得工学学士学位，1990 年在美国俄亥俄州立大学获得运营管理专业博士学位。他是决策科学研究院的研究员，是国际认证的注册生产与库存管理师（Certified Fellow in Production and Inventory Management, CFPIM）。马努基曾给 Cummins Turbo Technologies、约翰迪尔（John Deere）、

*Manoj K. Malhotra*

美卓造纸机械公司（Metso Paper）、Palmetto Health Richland、Phelps Dodge、实耐格（Sonoco）、UCB 化工公司、威瑞森（Verizon）、沃尔玛全球物流以及西屋核燃料部等多家企业开研讨课并提供咨询。

除了在南卡罗来纳大学讲授运营管理、供应链管理和全球商业问题之外，马努基还在美国的乔治亚大学特里商学院、奥地利维也纳经济大学、澳大利亚麦考瑞大学管理学院授课。他的研究方向主要集中于制造型企业和服务型企业中柔性资源的利用、运营管理和供应链管理与企业其他职能领域之间的衔接。他在这些相关领域的研究成果发表在《决策科学》《欧洲运筹学杂志》《工业工程师协会汇刊》《国际生产研究杂志》《运营管理杂志》、*OMEGA* 和《生产与运营管理杂志》等期刊上。1990 年马努基获得了决策科学研究院最佳应用论文"杰出成就奖"，2002 年和 2006 年因在运营管理领域发表的最佳论文获得了"Stan Hardy 奖"。2007 年，他与人合著的有关制造计划系统演化研究的论文入围了《运营管理杂志》的"最佳论文奖"。2007 年，马努基获得了南卡罗来纳大学职业学院"教育基金奖"，这是该大学在创新性研究、学术水平和创造性成果方面最权威的年度奖项。最近，他获得了《决策科学》杂志 2011 年度"最佳论文奖"。

马努基还获得了若干教学奖，其中包括 2006 年获得的南卡罗来纳大学"Michael J. Mungo 杰出研究生教学奖"，1995 年获得的摩尔商学院"Alfred G. Smith Jr. 优秀教学奖"。他被 1997 年、1998 年、1999 年、2000 年、2005 年和 2008 年国际 MBA 项目班的学员选为杰出教授；被 1998 年和 2004 年维也纳 IMBA 班的学员选为杰出教授。他于 1998 年被任命为摩尔商学院首席"高级教师"，并在 1996 年和 2000 年被列入"美国教师名人录"。

马努基是《决策科学》的副主编和《生产与运作管理学会》（*Production and Operations Management Society, POMS*）杂志的资深编辑。他曾是 *POMS* 杂志的前主编（2000—2003）、《运营管理杂志》的副主编（2001—2010）。他是该领域其他几个期刊的现任审稿人，还是《决策科学》（1999）和《运营管理杂志》（2002）热点问题的联合主编。2005 年他在旧金山举办的决策科学研究院第 36 届国际会议上担任程序委员会主席，也曾担任过生产与运作管理学会全国会议的程序委员会副主席。他曾任美国生产与库存管理协会（American Production and Inventory Control Society, APICS）中卡罗来纳分会的会长、执行委员会委员以及 CPIM 专业水平认证课程的教师。他还是南卡罗来纳州 Shingo 卓越精益奖（Shingo Prize for Lean Excellence）的创立理事。

# 译者简介

**刘晋**，教授，曾任教于南京航空航天大学经济与管理学院。本科就读于北京邮电学院（现北京邮电大学）载波通信工程专业，获工学学士学位。1984年毕业于北京邮电学院管理工程专业，获工学硕士学位。1990年由国家教委派遣赴英国伯明翰大学作访问学者一年。2001年毕业于南京航空航天大学控制理论与控制工程专业，获工学博士学位。其研究领域为管理信息系统、生产与运营管理、供应链建模与管理等。

曾担任南京航空航天大学经济与管理学院院长、五邑大学管理学院院长、邮电部高校管理类专业教学指导委员会委员、中国航空学会管理专业分会委员、江苏省航空航天学会管理科学专业委员会主任委员、江苏省系统工程学会理事、江苏省技术经济与管理现代化研究会常务理事、江苏省机械学会工业工程专业委员会常务理事和广东省商业经济学会副会长。

曾主持完成国家863项目、子项目3项，省部级课题6项，国际招标课题1项，政府和企业委托课题多项。出版《创建信息时代的组织——结构、控制与信息技术》和《运营战略》两部译著以及"现代工业训练教程"系列教材中的《电子工程》一书，在《通信学报》《电信科学》《系统工程理论与实践》《系统工程学报》《控制与决策》《工业技术经济》及《企业管理》等杂志上发表论文60余篇。

**向佐春**，副教授，硕士研究生导师，现在广东江门五邑大学任教。本科就读于吉林工业大学，攻读机械制造管理工程专业，获工学学士学位；研究生就读于武汉工学院，攻读机械制造管理工程专业，获工学硕士学位；后就读于武汉理工大学，研究方向为生产管理系统设计，获管理学博士学位。其间，曾在洛阳工学院从事教学研究工作，2002年调入五邑大学任教。

曾主持省级科研项目2项，市级项目3项，横向课题多项；在《南开管理评论》《中国管理科学》《系统科学学报》《科技进步与对策》等核心期刊及国际学术会议上发表论文30余篇。曾为三一重工、叶氏化工、南方电网、广东金蝶软件等多家企业提供咨询或培训。

肖健华，教授，曾任五邑大学经济管理学院院长，现为江门市海洋创新发展研究中心主任。本科毕业于天津大学应用物理专业，获理学学士学位；硕士研究生毕业于华南理工大学控制理论及其应用专业，获工学硕士学位；博士研究生毕业于华中科技大学机械制造及其自动化专业，获工学博士学位。其主要研究领域为智能信息处理、智能决策建模与仿真等。曾在 *Journal of Systems Engineering and Electronics*、《系统工程理论与实践》《振动工程学报》《系统仿真学报》《中国图像图形学报》《计算机科学》等重要学术期刊发表论文多篇。出版了《智能模式识别方法》《智能故障诊断与专家系统》等多部专著。先后开发过"江门市预测与决策支持系统"和"江门市海洋经济运行监测系统"，曾为华石涂料、金羚集团等企业提供咨询。

# 简 要 目 录

# 详细目录

# 前　言

## 通过运营管理创造价值

　　运营管理是每个商科学生都需要掌握的重要主题，因为它是企业创造财富和各国民众提高生活水平的核心。运营管理人员在对市场需求做出响应的同时，还肩负着以道德的、对环境负责的方式提供服务和产品。这听起来是否有点难？更难的是还要管理遍布全球的物料、信息和资金的供应链。尽管很困难，但是，管理人员可以利用概念、工具和方法，以应对全球化环境下的运营问题。本书的任务就是提供一个处理运营和供应链问题的综合框架。我们通过关注目前读者感兴趣的问题，同时采用系统化的方法来完成这一任务。企业内部流程的效能很重要，但是对组织来说，将内部流程与其客户和供应商的流程相连接，形成有竞争力的供应链才是至关重要的。本教材的独特之处在于彻底重建了供应链的概念。首先它分析了业务流程，并说明它们与企业的整体经营目标之间的联系，然后进一步说明如何将这些流程整合成供应链，以及如何管理流程以获得高效的物料流、信息流和资金流。这种方法强化了这样一种观念：只有当供应链中每个企业的内部流程以及跨越这些企业之间的流程足够有效时，供应链才能够有效运行。

　　本版教材做了全面修订，无论什么专业，都可以满足你的需求。每个管理人员都需要了解供应链的全球影响，以及如何在动态环境下做出明智的决策。每一章我们都通过开篇案例和管理实践来阐述这些大家感兴趣的当代问题。此外，书中还介绍了提高流程绩效所需的必要工具。无论你在哪个行业寻求发展，本书都会为你既从服务型企业的角度也从制造型企业的角度分析流程和供应链。我们的理念是"干中学"。因此，本教材采用具有挑战性的练习题、案例、与每章内容对应的仿真和实验练习，为读者提供大量实践管理者角色的机会。利用本教材，读者可以培养分析问题和做管理决策的能力。

## 第10版的新特点

　　自第9版我们就一直努力，希望在接受正反两方面意见的基础上把第10版修订得更好。我们仔细检查了教材和补充资料中的错误，采用了更多图表、图片、案例，配备了更多用来测试读者对学习内容掌握情况的练习题。以下是本版的一些突出变化：

1. 从"供应链库存管理"这章开始，用5章专门阐述供应链管理。

2. 新增第 13 章"供应链的可持续发展与人道主义物流",讨论逆向物流、能源效率、灾害救援和道德等重要问题,并提供新的问题解决方法。

3. 在每章末尾增加"学习目标回顾"内容,重点说明与每个目标有关的内容在该章的位置。

4. 对参考文献做了全面修订,绝大部分是 2005 年以后的,重点选择适合学生阅读的文献,而不是适合于研究的。

5. 更新了大多数管理实践内容,向学生提供运营管理的最新案例。

## 各章内容的变化

- **章节数量**:相对于第 9 版,新增一章,全书共有 16 章和 4 个补充资料。每章页边上的核心示意图说明了该章的内容与从流程到供应链的整个主题之间的联系。

- **第一编**:通过运营管理创造价值——本书的第一编为"运营管理为什么是一种战略武器"奠定了基础。

  - 第 1 章"通过运营展开竞争"定义运营管理和供应链管理。

  - 第 2 章"项目管理"用 Xbox 360 产品开发事例开篇,并说明了如何管理项目,以实现流程和供应链的高效率。

- **第二编**:流程管理——本书的第二编说明如何设计和管理企业的内部流程。

  - 第 3 章"流程策略"对第一节进行了修改,指出供应链也有流程,在修改后的"流程策略决策"一节中说明了 4 个关键流程决策的重要性。

  - 第 4 章"流程分析"以新的开篇案例"麦当劳公司"开始,增加了泳道流程图一节,对"服务蓝图"一节的内容进行了大量扩充。

  - 第 5 章"质量与绩效"增加了道德与环境的内容,提供了识别流程绩效问题端倪的必要统计工具。

  - 第 6 章"能力规划"集中于长期能力决策,它决定了企业在未来开展业务的流程能力。

  - 第 7 章"约束管理"说明如何利用现有的流程能力得到最佳的产出率。

  - 第 8 章"精益系统"用价值流图作为分析和改进精益系统的主要工具,给出了可用于提高系统绩效的方法。

- **第三编**:供应链管理——本书的第三编提供了管理企业、供应商和客户之间的物料流、信息流和资金流所需的方法和视角。

  - 第 9 章"供应链库存管理"将第 9 版的第 9 章和第 12 章有关物料库存导论的内容组合到一起,形成内容一致且紧凑的有关"库存"的一章。

  - 第 10 章"供应链设计"做了全面修订,重点强调供应链设计,还有有关供应链设计的动机以及在当前环境下进行外包的新内容。

  - 第 11 章"供应链选址决策",减少了 GIS 方面的内容,将第 9 版补充资料 D 中的运输法加到本章,为找到供应链中单一设施或多个设施的最佳位置提供了指南和工具。

  - 第 12 章"供应链整合",通过更好地与供应链设计相联系,增加有关供应链动态特性对供应链设计影响的内容,重点阐述了以下问题:沿着供应链整合流程的重要性、如何选择供应商、如何确定物流系统的能力,以及如何设计对环境负责的供应链。

通过运营管理创造价值

通过运营展开竞争
项目管理

流程管理

流程策略
流程分析
质量与绩效
能力规划
约束管理
精益系统

供应链管理

供应链库存管理
供应链设计
供应链选址决策
供应链整合
供应链的可持续发展与人道主义物流
预测
运营计划与生产调度计划
资源计划

- 第 13 章 "供应链的可持续发展与人道主义物流" 是考虑可持续发展问题的全新一章，它重点说明供应链如何对环境责任和社会责任提供支持，并提供了分析这些问题的定量工具。
- 第 14 章 "预测" 在开头采用了新案例 "摩托罗拉移动技术公司"，更深入地讨论了 POM for Windows 中 "误差分析" 模块的应用，用 "趋势投影回归模型" 替代了 "趋势调整指数平滑模型"。
- 第 15 章 "运营计划与生产调度计划"，说明运营计划与生产调度计划在企业与其供应商及客户之间建立了联系，从而形成一种能力，这种能力是供应链整合的核心。
- 第 16 章 "资源计划"，重点介绍如何将对服务和产品的需求转换成对提供服务和生产产品的资源的需求。
- **补充资料**——本书还提供了 4 个补充资料，更深入地探讨技术方法。

# 学习辅助

## 重要特点

　　教材中有几处新增内容和变化，保留并强化了流程与供应链主题，并用新的内容、管理实践、例题、每章后的练习题和案例等，进一步扩展这些主题。以下是本教材所设计的对学习过程有帮助的几个重要特点：

**每章开篇的案例**　剖析真实的企业如何解决具体的运营问题，以此来吸引和激发学生的兴趣。

**管理实践**　提供最新的实例，说明企业在经营中如何（成功或失败地）处理他们所面临的流程和供应链问题。

**例题**　说明如何应用学生所学，引导他们完成整个问题建模和求解过程。这些例题都用一种称为**决策重点**的独特形式结束，让学生重点关注决策问题对管理者的影响。

## 章末资源

- 为了复习的目的而编写的**学习目标回顾**。
- 为了复习的目的而归纳的**关键公式**。
- 为了复习的目的而归纳的**关键术语**。
- **问题求解**通过详细说明如何用本章介绍的适当方法对问题进行建模和求解，帮助学生完成所布置的作业。
- **讨论题**通过利用简单的场景，测试学生对概念的理解。
- **练习题**通过在本章的内容与精心挑选的作业题之间建立桥梁，提高学生的定量分析技能。还有一些难度更大的高级练习题。
- **案例**让学生尽量自己解决可作为课堂练习或课后作业或小组任务的极难问题。
- **实验练习**让学生组成小组在课内和课外做练习，练习的形式是以小组为单位讨论问题并做决策。6 个实验练习强化学生所学的知识。每个练习都经过了课堂的全面检验，并证明是很有价值的学习手段。

# 致　谢

任何一本书都不只是作者的成果。我们在此要特别感谢 Annie Puciloski 的辛苦工作，她对全书及其配套资料进行了认真审校，还要特别感谢天普大学的 Howard Weiss，他升级了本版书的软件。

我们还要感谢其他院校的同行们，他们对本教材第 10 版和之前的版本都提出了非常有价值的意见和建议。我们还要感谢以下教职员工，他们给我们提供了大量的书面反馈和评论意见：

Harold P. Benson, *University of Florida*

James P. McGuire, *Rhode Island College*

David L. Bakuli, *Westfield State College*

David Levy, *Bellevue University*

Tobin Porterfield, *Towson University*

Anil Gulati, *Western New England College*

Linda C. Rodriguez, *University of South Carolina-Aiken*

Kathryn Marley, *Duquesne University*

Qingyu Zhang, *Arkansas State University*

Ching-Chung Kuo, *University of North Texas*

我们希望借此机会对培生出版集团的相关人员表示感谢，他们是 Chuck Synovec、Mary Kate Murray、Ashlee Bradbury、Anne Fahlgren、Judy Leale 和 Sarah Prtersen。另外，还要感谢 PreMediaGlobal 公司的 Lauren McFalls 和 Haylee Schwenk。如果没有他们的辛苦工作、奉献和指导，就不可能有这本书。

我们要感谢圣母大学门多萨商学院的 Jerry Wei、Sarv Devaraj、Dave Hartvigsen、Carrie Queenan、Xuying Zhao 和 Daewon Sun，他们不断给我们鼓励并且愿意和我们分享他们的教学秘诀。感谢南卡罗来纳大学的 Sanjay Ahire、Jack Jensen 和 Ashley Metcalf 对本教材的课堂教学问题所提出的设想和见解；感谢俄亥俄州立大学同行们的鼓励，以及他们对教材修订的想法。

最后，感谢我们的家人，在需要许多电话会议及长时间封闭写作的过程中给予我们的支持。感谢我们的妻子 Judie、Barb 和 Maya，在我们将第 9 版变成第 10 版的过程中给予我们的爱、安慰和鼓励。

供应链库存管理

一名员工正在佛罗里达州匹尔斯堡一个新建的沃尔玛配送中心码放一批宠物用品。这个 120 万平方英尺的配送中心将为佛罗里达东海岸的 45 家沃尔玛商店提供服务。

## 沃尔玛的库存管理

你想在市场上购买剃须刀片、打印机、急救用品、狗粮还有喷雾发胶吗？如果想，你会希望你购物的这家商店拥有你想要的全部商品。但是对沃尔玛公司的库存管理人员来说，要弄清存有数万种商品的货架不是一件简单的事。沃尔玛在 15 个国家有 8 800 家沃尔玛商店和山姆会员店，雇有 200 多万名员工，每周为全球 2 亿顾客提供服务，拥有 10 万家供应商。可以想象，在这样大规模的运营中，肯定会有东西找不到。时任沃尔玛首席信息官（CIO）的琳达·迪尔曼讲述了在一家商店找不到喷雾发胶的故事。商店货架的一种喷雾发胶需要重新上货，但是足足花了三天的时间才在库房中找到了装该种发胶的箱子。大多数顾客不愿意更换发胶的品牌，因此沃尔玛商店损失了这种发胶三天的销量。

对于有效库存管理来说，知道存有什么、存有多少数量并且存放在什么地方是至关重要的。如果没有准确的库存信息，企业就会因为订货量太多、订货不足或者将货物发错地方而犯大错。企业拥有大量库存但仍然会发生产品缺货的现象，是因为某些产品的库存量太大而另一些产品的库存量却不足。年销售额达 4 050 亿美元、库存超过 330 亿美元的沃尔玛，当然明白通过改进库存管理带来的潜在收益，因此不断尝试各种降低库存投资的方法。当处理如此巨大的库存投资时，知道何时补充库存以及每次的订货量是至关重要的。技术的应用也很重要，比如使用无线射频识别（RFID）技术跟踪整个供应链上商店和仓库的发货和存货水平。用一只手持式的 RFID 阅读器就可在几分钟的时间内找到那个失踪的发胶箱子。

资料来源：Laurie Sullivan, "Walmart's Way," pp. 36–50; Gus Whitcomb and Christi Gallagher, "Walmart Begins Roll-Out of Electronic Product Codes in Dallas/Fort Worth Area," and Walmart 2010 Annual Report.

通过运营管理创造价值

通过运营展开竞争
项目管理

流程管理

流程策略
流程分析
质量与绩效
能力规划
约束管理
精益系统

供应链管理

供应链库存管理
供应链设计
供应链选址决策
供应链整合
供应链的可持续发展与人道主义物流
预测
运营计划与生产调度计划
资源计划

**库存管理**（inventory management）指对库存进行规划和控制，以满足组织的竞争优先级。对各类企业管理者来说，库存管理都是需要考虑的重要问题。为了充分发挥供应链的潜力，进行有效的库存管理是十分必要的。有效库存管理的难点不在于把库存削减殆尽来降低成本，也不在于拥有大量库存来满足全部需求，而在于拥有合适的库存，从而最高效地满足企业的竞争优先级。这种高效率只有在适当数量的库存经过供应链（从供应商到生产企业，再到仓库或配送中心，最后到顾客）时才可能出现。这些决策对沃尔玛来说非常重要，因此公司决定利用 RFID 技术来改善其供应链中的信息流。大多数库存管理内容都涉及批量决策，也就是决定以多高的频次及多大的数量来订购库存物品。我们多次提到**批量**（lot size）这一术语，它指的是管理层决定从供应商处购买或者用内部流程生产的库存物品的数量。本章的重点是库存管理决策方面的内容。首先概述库存管理对组织的重要性以及如何选择最值得管理层关注的物品，然后通过探讨经济订货批量及其在平衡库存持有成本和订货成本中的作用，对库存决策的基本内容加以介绍。本章的大量篇幅用于介绍零售和分销库存控制系统的概念及其应用。

## 跨越整个组织的库存管理

对于各种类型的组织、组织中的员工及其供应链来说，库存都是十分重要的。库存会极大地影响每天的运营，因为必须对库存进行盘点、付款，要将库存用于运营、满足顾客需求，还要对库存进行管理。与购买一台新机器一样，库存需要资金投入。投资于库存的资金不能用来投资于其他方面，这就意味着组织中现金流量的下降。尽管如此，企业认识到，产品的可获得性在许多市场上都是一个重要卖点，在更多市场中都是至关重要的。

那么库存到底是福还是祸呢？当然，如果手头的库存量太大，就会降低盈利能力；而手头的库存量太少，则会引起供应链的供应短缺，最终又会危及顾客的信任。所以库存管理涉及这两者之间的权衡。下面就来探讨企业如何有效地对整个组织进行库存管理。

## 库存与供应链

一旦认识到供应链的复杂性之后，库存管理的价值就不言而喻了。各供应商的绩效决定了流向一家企业的内向物料流和服务流。而该企业的绩效又决定了流向供应链下一个环节的外向服务流或产品流。但是，物料流决定了库存水平。**库存**（inventory）就是用于满足客户需求，或者支持产品生产或服务提供而进行的物料存储（此处的materials 译作"物料"，广义上包括产成品——译者注）。图 9.1用一个储水罐的比喻来说明在供应链的节点上如何形成库存。注入到储水罐的水流会使罐内水面的高度上升。进入的水流代表输入的物料，如钢铁、零部件、办公用品或最终产品。水面的高度则代表一个工厂、服务机构、仓库或零售店所持有的库存量。从罐内流出来的水流降低了罐内的水面高度。流出的水流代表对库存物料的需求，如客户订购一辆 Huffy 自行车，或者想要如肥皂、食品或家具等商品的服务需求。水流向外流出的速度代表企业满足服务或产品需求的能力。另外一类可能的输出流就是废弃物料，它也会引起可用库存水平的下降。输入流和输出流的速度之差共同决定了库存水平的高低。当流入的物料流大于流出的物料流时，库存就会增加；而当流出的物料流大于流入的物料流时，库存就会下降。图 9.1 还清楚地说明了企业为什么要利用 $6\sigma$ 法和全面质量管理（TQM）方法来减少不合格物料：对给定的产出水平来说，废弃物料的流量越大，则要求输入物料的流量也越大。

输入物料流

库存水平

废弃物料流

输出物料流

图 9.1
库存的形成

　　供应链管理的一个基本问题就是应该拥有多少库存。对这一问题的回答涉及持有库存的优点和缺点之间的权衡。要视具体情况而定，看要求低库存的压力是否会超过要求高库存的压力。

## 要求低库存的压力

　　库存管理人员的工作就是要在低库存和高库存两者的优缺点之间寻求平衡，并确定适当的中等水平的库存。保持低库存的主要理由是：库存代表临时性的资本投资，因此企业就会产生机会成本，我们称之为资金成本，即本可以用于其他目的却被库存占用的资金所引起的成本。**库存持有成本**（inventory holding cost，或称置存成本）是资金成本加上手头持有物品的可变成本的总和，如存储和搬运成本、税金、保险费及损耗。当这些因素随着库存水平的变化而变化时，库存持有成本也随之改变。

　　企业通常将某种物品每一时期的持有成本用其价值的百分比来表示。一单位库存保存一年的持有成本一般为其价值的 15%—35%。假定一家企业的库存持有成本为 20%。如果总库存的平均价值为销售额的 20%，那么持有库存的年平均成本则为总销售额的 4%（0.20×0.20）。用通常低于 10% 的毛利润率来衡量，这项费用是相当可观的。所以，库存持有成本中的这些因素产生了要求低库存的压力。

***资金成本***　　资金成本是一种机会成本，当将资金投资于一项资产时，就失去了获得投资另一项具有类似风险资产的期望回报率的机会。库存是一种资产，因此我们应该采用能恰当反映企业资产融资方式的成本计量标准。大多数企业采用加权平均资金成本（weighted average cost of capital，WACC），即企业所要求的股权回报和其债务利率分别用股东权益和债务在资本结构中所占比例加权的平均值。根据企业特定

的资本结构，资金成本通常都是库存持有成本的最大组成部分，最高可达库存价值的15%。企业一般每年重新计算一次加权平均资金成本，因为许多财务决策要用到这一成本数据。

**存储及搬运成本** 库存要占用空间，还必须出库和入库。当企业长期或短期租赁库存场所时，就会发生存储和搬运成本。当企业能够以其他方式有效利用仓储空间时，就会产生库存持有成本。

**税收、保险及损耗** 如果年末库存量大，就要支付更多的税金，而且所支付的库存保险费也会增加。损耗有三种形式：第一，因顾客或员工造成的库存物品失窃或被盗，占某些企业销售额的很大比重。第二种形式的损耗称为过时或淘汰，发生于库存物品不能使用或不能以全价销售的情况，其原因在于型号的变化、设计的变更或意料之外的低需求。过时在服装零售业造成的损失很大。在一个季度末，季节性服装往往要打很大的折扣。第三，由于腐败而变质，或由于野蛮搬运或频繁的搬运造成的损坏，导致价值丧失。例如，当食品和饮料过了保质期时，就会失去价值甚至不得不丢弃。当变质率较高时，拥有大量的库存就是不明智的。

## 要求高库存的压力

既然持有库存是有成本的，为什么不彻底取消库存呢？下面简要阐述与持有高库存相关的一些压力。

**顾客服务** 建立库存能使企业快速交付并提高企业的准时交付率。高库存水平降低了缺货和积压订单的可能性，而这些都是批发商和零售商重点关注的问题。**缺货**（stockout）是指因未满足订单要求而造成的销售损失。**积压订单**（backorder）是指在承诺的日期或要求的日期不能兑现而推迟履行的顾客订单。顾客不愿意为积压订单而等待，其中许多人就会另谋其他企业做生意。有时，由于等待给顾客带来了不便，还不得不给顾客价格折扣。

**订货成本** 企业每提交一份新订单，就会产生一笔**订货成本**（ordering cost），即为供应商准备一份采购订单，或给车间准备一份生产订单的成本。对同样的物品来说，不管订货量多少，其订货成本是相同的。采购人员必须花一定的时间确定订货数量，也许还要选择供应商并就合同条款进行谈判。书面工作、后续跟进工作以及接收货物等也要花费时间。如果是一种制造物品的生产订单，与订单附在一起的往往还有图纸和加工工艺说明书。然而，互联网有助于使订购流程更加顺畅并降低订单提交成本。

像图中这样的金属锯需要时间完成从一种产品向另一种产品的切换。切割的深度和长度必须进行调节，锯片也须更换。

**设置调整成本** 对机器或工作场所进行

调整以生产不同的产品所涉及的费用，称为**设置调整成本**（setup cost）。它包括切换、清洁以及有时需要安装新的工具或设备所耗费的劳动力和时间。在生产运行开始阶段，废品或返工造成的成本也要更高一些。设置调整成本也与订货量大小无关，因此就产生这样的压力：生产或订购大量物品并以库存方式持有，而不是小批量的生产或订货。

原材料、在制品和产成品存货都可以存储在同一设施内。现代库房都有高效的存货通道。

*劳动力及设备利用率*　通过建立更多的库存，管理层就可以用三种方式提高劳动生产率和设备利用率。首先，提交订货量更大、次数更少的生产订单，可以减少非生产性设置调整的次数，而设置调整对服务或产品来说不增加任何价值。其次，持有库存降低了因制造产品所需的零部件缺货而进行代价高昂的重排生产订单计划的可能性。最后，在需求呈周期性或季节性波动时，建立库存能稳定产出率，从而提高资源利用率。企业可以利用需求低谷期所建立的库存来应对高峰季节的额外需求。这种方法使额外的轮班、招聘、解聘、加班以及增加设备的需求最小化。

*运输成本*　有时，通过提高库存水平可以降低外向运输成本。持有库存可以允许更多的满载运输，并使不得不使用费用更高的运输模式加急发货的需求最小化。内向运输成本也可以借助建立更多库存来降低。有时，几种物品可以从同一供应商处订购。将这些订单放在同一时间处理会增加库存，因为有些物品会在实际需要之前就订购；但是这样有可能在运费上得到折扣，从而降低运输及原材料成本。

*向供应商付款*　如果企业可以容纳更高的库存水平，通常可以减少对供应商的总支出。假定企业了解到一个重要的供应商打算涨价，那么在这种情况下，当企业的订货量大于以往的数量时就会更便宜，即使库存量会暂时增加，但实际上这延缓了价格的上涨。企业还可以通过这种方式利用数量折扣。当订货量足够大时，单位价格会下降，因此获得**数量折扣**（quantity discount）是大批量订货的动机之一。补充资料 C"特殊库存模型"说明了在这种情况下如何确定订货量。

## 库存的种类

从成本核算的角度考虑，库存可以分为三大类。**原材料**（raw materials，RM）是指用于提供服务或生产产品所需要的库存。它们被认为是企业转换流程的投入。制造企业的**在制品**（work-in process，WIP）由生产最终产品所需的零部件或组装件等物品组成。在一些服务机构中也有在制品，比如修理店、餐馆、支票处理中心以及包裹投递服务等。存放在生产工厂、仓库或零售商店的**产成品**（finished goods，FG）是指向企业客户销售的物品。一家企业的产成品实际上可能是另一家企业的原材料。

图 9.2

相继仓储点的库存形式

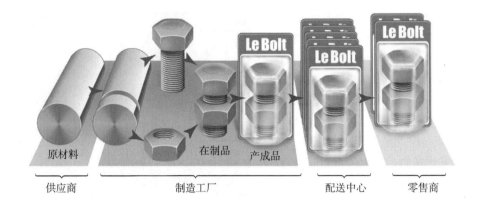

原材料 在制品 产成品

供应商 制造工厂 配送中心 零售商

图 9.2 表示在各个仓储点以不同形式所持有的库存。在这个例子中，原材料——即供应商的产成品——同时被供应商和制造商所持有。工厂内的原材料要通过一道或多道工序，这些加工工序将原材料转化为不同程度的在制品库存。而在制品库存经过最后的加工成为产成品库存。产成品可存放于工厂、配送中心（可能是制造商或零售商的仓库）以及零售场所。

考虑库存问题的另一个角度是将库存按其形成方式分类。本书中的库存分为四种类型：（1）周转库存；（2）安全库存；（3）预期库存；（4）在途库存。从物理形态上是无法将它们区分开的；也就是说，库存管理人员不可能看着一堆小部件，分出哪些是周转库存，哪些是安全库存。但从概念上讲，这四种类型中的每一种都以完全不同的方式形成。一旦了解了这些差异，就可以采用不同的方法来降低库存。下一节将讨论降低库存的方法。

**周转库存** 全部库存中随批次大小成正比变化的那部分库存称为**周转库存**（cycle inventory）。确定订货的频次及每次的订货量称为**批量决策**（lot sizing）。它有两个适用的准则：

1. 批量大小 $Q$ 与两次订货之间的间隔时间（或周期）成正比。如果每 5 周订货一次，则平均批量大小必须等于 5 周的需求量。
2. 对一种给定的物品来说，两次订货的间隔期越长，则周转库存量越大。

在订货间隔期的起始点，周转库存量最大，此时的库存量为 $Q$。在间隔期的终点，恰好在新的一个批次到达之前，周转库存量下降到最小，即库存量为零。平均周转库存量为这两种极端情况的平均值：

$$平均周转库存量 = \frac{Q+0}{2} = \frac{Q}{2}$$

只有在需求率恒定且均匀时，该公式才是精确的。但即使在需求率不恒定的情况下，它也能提供一个合理的估计值。应用这一简单公式时，需求率以外的一些因素（如废品损失）也会引起估算误差。

**安全库存** 为了避免客户服务问题及无法获得零部件的隐性成本，企业需要持有安全库存。**安全库存**（safety stock inventory）是为了应对需求、提前期和供应变化的不确定性而持有的多余库存。当供应商没有在指定日期或以合格的质量按所要求的数量交付时，或所制造的产品有大量的废品或返工时，就需要安全库存。当此类问题发生时，安全库存可以保证生产不会中断，使后续生产可持续。

要建立安全库存，企业所下订单的交付日期要早于通常所需的时间。[1] 因此，补货订单会提前到达，这就为应对不稳定性提供了缓冲。例如，假定一个供应商的平均提前期为 3 周时间，而企业为了安全起见提前 5 周订货。这种策略产生的安全库存量等于 2 周的供应量。

**预期库存**　企业常常面临需求率或供给率不均匀的情况，用于应对这种不均匀的库存称为**预期库存**（anticipation inventory）。可以预见的、季节性的需求模式适宜使用预期库存。不均匀的需求能激励制造商在低需求阶段储备预期库存，这样，在需求高峰期的产出量就不必增加太多。当供应商受到罢工威胁或存在严重的产能限制时，预期库存也可以发挥作用。

**在途库存**　当一种物品的订单已经发出，但是货物尚未收到，此时产生的库存称为**在途库存**（pipeline inventory）。这种形式的库存之所以存在，是因为企业要有足够的库存（手头库存加上正在运输途中的库存）来应对订单的提前期。提前期越长或周需求量越大，则产生的在途库存也越多。因此，两个存储地点之间的平均在途库存可以用

在途库存源于将物品和物料从一个地方移动到另一个地方。由于火车运输大量物品比较经济，因此它是降低在途库存成本的首选。

提前期内的平均需求量 $\bar{D}_L$ 来计量，它等于该物品每个周期的平均需求量（$\bar{d}$）乘以两地之间移动的提前期所含的周期数（$L$），即

$$在途库存量 = \bar{D}_L = \bar{d}L$$

该公式假定 $\bar{d}$ 和 $L$ 都是常数，且 $L$ 不受订货量，即批量大小 $Q$ 的影响。改变批量的大小对平均在途库存水平没有直接影响。然而，如果批量大小与提前期有关，则批量会对在途库存产生间接影响。在这种情况下，在途库存量将会随着 $L$ 与 $Q$ 关系的变化而变化。例 9.1 说明了这是如何发生的。

**例 9.1　库存水平的估算**

一家工厂以平均 280 件的批量每月向批发商运送一次电钻。该批发商对电钻的平均需求量为每周 70 件，而工厂的交付提前期为 3 周。该批发商必须在工厂发货时就支付货款。如果批发商愿意将每次的采购量增加到 350 件，工厂就会给批发商一些优先权，保证将提前期缩短为 2 周。这对批发商的周转库存和在途库存有什么影响？

---

1　当订单以固定间隔下达时，还可以用另外一种方式建立安全库存。每一份新订单的订货量要大于直到下一个交付期为止的实际需求量。

**解**

该批发商的当前周转库存及在途库存量为

$$周转库存量 = \frac{Q}{2} = \frac{280}{2} = 140 \text{ 件电钻}$$

$$在途库存量 = \overline{D}_L = \overline{d}L = (70 \text{ 件电钻／周}) \times 3 \text{ 周} = 210 \text{ 件电钻}$$

图 9.3 显示了在批发商接受新建议情况下的周转库存及在途库存水平。

**图 9.3**

**估算库存水平**

1. 输入平均批量、一个周期的平均需求量，以及用周期数表示的提前期

| 平均批量 | 350 |
|---|---|
| 平均需求量 | 70 |
| 提前期 | 2 |

2. 为了计算周转库存量，直接用平均批量除以2。而要计算在途库存量，则用平均需求量乘以提前期：

| 周转库存量 | 175 |
|---|---|
| 在途库存量 | 140 |

**决策重点**

新建议使周转库存增加了 35 件，即 25%。而在途库存减少了 70 件，即 33%。该项建议将减少周转库存和在途库存的总投资。此外，由于批发商只需要提前 2 周而非 3 周提交采购订单，因此具有提前期更短的优势。

## 削减库存策略

管理者一直渴望找到好的成本效益方法来降低供应链中的库存。本章后面将探讨求解最佳批量的各种方法。这里我们先讨论一些降低供应链库存的更基本的策略〔我们称为措施（levers）〕。若要减少库存，必须采用一种主要措施。而辅助措施则会减少采用直接措施所带来的惩罚成本，降低原本对拥有库存的需求。

***周转库存*** 减少周转库存的首选措施是直接减少在供应链中移动的物品的批量。但是，在不做任何其他改变的情况下就减少 $Q$ 的数量，结果可能是灾难性的。例如，设置调整成本或订货成本可能会直线上升。如果出现这种情况，可以采用两种辅助措施。

1. 使订单下达和设置调整方法合理化，以减少订货和设置调整成本，并使 $Q$ 减少。这涉及重新设计信息流的基本结构或改进生产流程。
2. 增加可重复性以减少对设备切换的需求。**可重复性**（repeatability）是指同样的工作可重复做的程度。通过以下方式可以提高可重复性：产品的高需求量、运用专业化、将资源专用于一种产品、在许多不同产品中使用相同的零部件、采用柔性自动化方法、应用一人多机概念或成组技术。提高可重复性可使新设置的调整方法变得合理，并减少运输费用，还可以从供应商那里争取数量折扣。

***安全库存*** 减少安全库存的主要措施是在更接近必须收到货物的时间下订单。但是，除非可以使需求、供应和交付的不确定性降至最低，否则这种方法会导致不可接受的客户服务水平。在这种情况下可以采用 4 种辅助措施。

1. 提高需求预测精度，这样就很少有来自客户的措手不及的情况。设计加强与客户合作的机制，以便在需求水平出现变化之前做好准备。
2. 缩短采购或生产产品的提前期，以降低需求的不确定性。例如，尽可能选择提前期短的本地供应商。
3. 减少供应的不确定性。如果与供应商共享生产计划，就可以使供应商的供货更可靠。要建立与供应商合作的机制。通过改进生产流程可以减少意外的废品和返工现象。预防性维护可使由设备故障引起的意外停工时间最小化。
4. 更多地依赖设备和劳动力缓冲，比如能力缓冲和经过多技能培训的工人。能力缓冲和劳动力缓冲对服务型企业是十分重要的，因为服务是不能够储存的。

***预期库存***　减少预期库存的主要措施是使需求率与生产率相匹配。辅助措施是按下列方法使顾客需求保持稳定：

1. 增加具有不同需求周期的新产品，这样，一种产品的需求高峰可以填补另一种产品的季节性低谷。
2. 开展淡季促销活动。
3. 提供季节性定价计划。

***在途库存***　运营管理人员可以直接控制提前期，但无法控制需求率。由于在途库存是由提前期内的需求量决定的，因此首选措施是缩短提前期。以下两种辅助措施可能会帮助管理者缩短提前期：

1. 寻求响应速度更快的供应商，并在储存地点之间选择新的货运公司或提高厂内物料搬运效率。改进信息系统可以克服分销中心和零售商之间的信息延迟现象。
2. 在提前期取决于批量的情况下，改变 $Q$ 的大小。

# ABC分析法

一般的组织都持有成千上万的通常称为最小存货单位的库存物品，但是其中只有一小部分是值得管理层密切关注和严格控制的。**最小存货单位**（stock-keeping unit，SKU）是一个具有识别码并在供应链的某个地方以库存形式持有的单件物品或产品。**ABC 分析法**（ABC analysis）是这样一个过程：按占用资金的多少将 SKU 分为三类，以便管理者将注意力集中在那些具有最高资金价值的物品上。这种方法等同于绘制一张排列图（Pareto chart，也译作帕累托图），所不同的是它用于库存而不是用于流程误差。如图 9.4 所示，A 类物品通常只占 SKU 总量的 20% 左右，但占有的资金价值却高达 80%。B 类物品占 SKU 总量的 30%，但仅占 15% 的库存资金价值。最后，50% 的 SKU 属于 C 类，但只占到库存资金价值的 5%。ABC 分析的目的是找出 A 类 SKU，从而让管理层能够控制其库存水平。

首先用某一 SKU 的年需求量乘以该 SKU 的单位资金价值（成本）以确定其库存占用资金。以库存占用资金为依据对 SKU 进行排列并生成排列图后，分析人员再来寻找斜线的 "自然" 变化趋势。在图 9.4 中，类别之间的分界线并不是很精确。A 类 SKU 可以高于或低于全部 SKU 的 20%，但通常占据资金使用量的大部分。

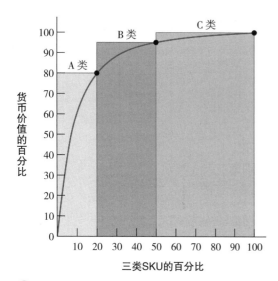

图 9.4
ABC 分析法的典型图表

对 A 类 SKU 要经常进行检查，以降低平均订货批量并确保供应商及时发货。对这些物品维持高的库存周转率是很重要的。与此对应，B 类 SKU 要求中等程度的控制。这里，对供应商较低频率的监测，加上适当的安全库存，可以用成本效益来满足需求。而对于 C 类 SKU，则适合更宽松的控制。虽然 C 类 SKU 的缺货可能造成与 A 类 SKU 缺货同样严重的后果，但是 C 类 SKU 的库存持有成本很低。这些特征表明 C 类 SKU 可以容纳更高的库存水平，因此可以有更多的安全库存和更大的批量。本章后面的问题求解 2 给出了一个更详细的 ABC 分析例题。

除非库存的记录是准确的，否则对库存进行 ABC 分类是没有意义的。技术手段可以提供帮助，因此许多企业跟踪供应链的所有库存。嵌入产品包装中的芯片包含产品信息并可以向外发送信号，灵敏的接收器可以收到这种信号并将其传送到一个中心地点进行处理。还有其他一些不太复杂但可以获得准确性的方法。一种方法是将责任分配给指定的员工，由他们负责物料的发货和收货，并准确记录每次的交易情况。另一种方法是将库存物品存放在上锁的地方，以防止未经批准或未做记录就提取。这种方法还可以防止意外将新收到的物品放错位置，导致几个月都找不到。还可以使用**周期盘点法**（cycle counting），仓库的员工每天清点 SKU 总数的一小部分，及时纠正发现的错误。对 A 类 SKU 的清点次数最多。最后一种方法，对记录的每笔交易，用计算机系统进行逻辑校验，并对任何不一致的地方进行全面调查。这种不一致包括：（1）在没有计划收货的情况下实际上接收了货物；（2）提货量超出了当前库存余额；（3）以不准确的（或不存在的）SKU 代码收货。

既然已经确定了需要重点关注的库存物品，本章后面的部分将讨论对订货的数量和时间的决策。

## 经济订货批量

供应链管理者面临相互冲突的两种压力：要保持足够低的库存量以避免过高的库存持有成本；但又要保存足够高的库存量以减少订货成本和设置调整成本。库存持有成本是持有库存物品的资金成本和可变成本之和，比如存储和搬运、税收、保险及损耗。订货成本是准备向供应商提交采购订单或者向车间下达生产订单所花费的成本，而设置调整成本则是对机器进行切换以生产另一种产品的成本。本节将考虑周转库存，这是总库存中与批量大小成正比的那部分库存。在这些相互冲突的压力之间取得平衡并确定一种物品的最佳周转库存量的一个好的起点是求出**经济订货批量**（economic order quantity，EOQ），这一数量就是使全年周转库存持有成本和订货成本之和最小的订货批量。EOQ 的确定方法基于下列假设条件：

1. 物品需求率恒定（例如，总是每天 10 个单位）并且已知。
2. 对每一批次的数量大小没有限制（如卡车装载能力或物料搬运方面的限制）。

3. 仅有的两项相关费用是库存持有成本和每次订货或设置调整的固定成本。

4. 对一种物品的订购决策与其他物品的订购决策无关。换言之，将几个订单合并在一起向同一供应商订货并无优势。

5. 提前期是一个常量（例如，一直是 14 天）并且已知。收到的货物数量与订货量精确相符，并且是全部一次到货而不是分散到货。

当上述 5 个假设条件都得到满足时，经济订货批量将是最佳批量。实际上，很少会有如此简单的情况。然而，即使上述多个假设条件不能全部满足，EOQ 仍然是恰当订货批量的合理近似值。以下是有关何时采用或修正 EOQ 的几点指导意见。

- **以下情况不采用 EOQ**
  - 如果采用"面向订单生产"策略，且客户指定全部订货一次发运；
  - 如果订货量受到能力约束的限制，比如企业干燥炉的尺寸、检测设备的数量或送货车辆的数目。

- **以下情况需修正 EOQ**
  - 如果订购更大批量可以获得很大的数量折扣；
  - 如果库存补充不是瞬间完成的。当某种物品一旦完成就要使用或售出而不等到整个批次都完成时，就会出现非瞬时补货的情况（参见补充资料 C "特殊库存模型"，了解几种有用的 EOQ 修正模型）。

- **以下情况采用 EOQ**
  - 如果采用"面向库存生产"策略且物品的需求相当稳定；
  - 如果单位库存持有成本以及设置调整成本或订货成本已知且相当稳定。

EOQ 绝不是一个最佳工具。但是如果需要确定合理的批量，在许多情况下 EOQ 是很有帮助的。

## EOQ 的计算

对于给定的 SKU，首先将任意批量 Q 的总成本用公式表示出来。然后推导出 EOQ，即使年周转库存总成本最小的订货量 Q。最后，说明如何将 EOQ 转换为一个相应的计量标准，即转换为两次订货之间的间隔时间。

当 EOQ 的假设条件得到满足时，周转库存的变动情况如图 9.5 所示。一个周期从持有库存量 Q 单位开始，这一数量在收到新订单时发生。在一个周期内，现有库存以固定速率消耗，而且，由于需求量已知且提前期固定，因此可以订购新的批次，以便恰好在库存量下降到零时收到订单。由于库存量在 Q 和零之间均匀地变化，因此平均周转库存就等于批量大小 Q 的一半。

该库存量的年库存持有成本随着 Q 的增加而线性增长，如图 9.6（a）所示：

$$年库存持有成本 = 平均周转库存量 \times 单位库存持有成本$$

年订货成本为：

$$年订货成本 = 每年订货次数 \times 订货成本或设置调整成本$$

每年的平均订货次数等于年需求量除以 Q。例如，如果每年必须订购 1 200 单位，

**图** 9.5
周转库存量

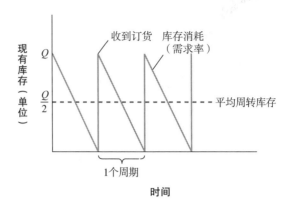

而平均批量为 100 单位，那么一年中将下 12 张订单。年订货成本或设置调整成本随着 $Q$ 的增加呈非线性下降趋势，如图 9.6（b）所示，这是由订货次数减少所致。

年周转库存总成本 [2] 如图 9.6（c）中曲线所描绘的那样，是两个成本组成部分的总和：

年周转库存总成本 = 年库存持有成本 + 年订货成本或设置调整成本 [3]

$$C = \frac{Q}{2}H + \frac{D}{Q}S$$

式中：

$C$ = 年周转库存总成本

$Q$ = 批量，以件为单位

$H$ = 每单位库存一年的持有成本，经常用物品价值的百分比表示

$D$ = 年需求量，以（件 / 年）为单位

$S$ = 一个批次的订货成本或设置调整成本，以（美元 / 次）为单位

**图** 9.6
年库存持有
成本、订货
成本以及总
成本曲线图

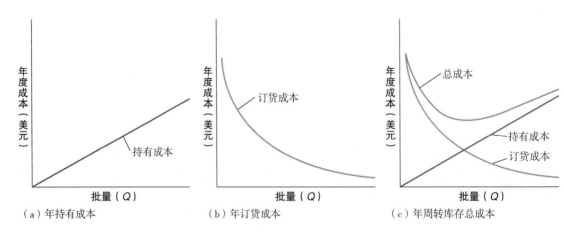

（a）年持有成本　　（b）年订货成本　　（c）年周转库存总成本

---

2 以年为基准表示总成本通常很方便（尽管不是必需的）。只要 $D$ 和 $H$ 包含的时间段相同，就可以选择任意的时间长度。如果以月为基准计算总成本，则 $D$ 必须为月需求量，而 $H$ 则必须为单位物品一个月的库存持有成本。

3 尽管公式可以取非整数值，但一年实际的订购次数总是整数。但是，没有必要四舍五入取整数，因为所计算的数值是若干年的平均数。这种平均值往往是非整数。

**计算不同批量策略的成本**

　　自然历史博物馆在两年前开设了一家礼品店。库存管理已成为一个问题。低的库存周转率正挤压有限的利润率，还导致现金流出现问题。

　　博物馆礼品店的容器类畅销商品之一是喂鸟器。销售量为每周 18 个，供应商索价每个 60 美元。向供应商下一次订单的成本为 45 美元。年库存持有成本是喂鸟器价值的 25%，博物馆每年的开放时间为 52 周。管理层选择的订货批量为 390 个,这样订货次数就可以少一些。那么，当前采用订货批量为 390 个的策略，其年成本是多少？如果将订货批量改为 468 个是否更好？

**解**

　　首先，计算年需求量及年库存持有成本：

$$D = 18 \text{ 个 / 周} \times 52 \text{ 周 / 年} = 936 \text{ 个}$$
$$H = 0.25 \times 60 \text{ 美元 / 个} = 15 \text{ 美元}$$

　　当前策略的年周转库存总成本为：

$$D = \frac{Q}{2}H + \frac{D}{Q}S$$
$$= \frac{390}{2} \times 15 \text{ 美元} + \frac{936}{390} \times 45 \text{ 美元} = 2\,925 \text{ 美元} + 108 \text{ 美元} = 3\,033 \text{ 美元}$$

　　另一个批量方案的年周转库存总成本为：

$$C = \frac{468}{2} \times 15 \text{ 美元} + \frac{936}{468} \times 45 \text{ 美元} = 3\,510 \text{ 美元} + 90 \text{ 美元} = 3\,600 \text{ 美元}$$

**决策重点**

　　批量为 468 个时，相当于半年的供应量，会比现行策略花费更大。所节省的订货成本不足以抵消增加的库存持有成本。管理层应该运用年周转库存总成本公式寻求其他的批量方案。

　　图 9.7 显示了例 9.2 中的喂鸟器取不同 $Q$ 值时对总成本的影响。除当前批量以外，还评估了 8 个不同批量。库存持有成本和订货成本都在图中画出，而其总和——年周转库存总成本曲线是重点。图形表明最佳批量——EOQ，是年库存总成本曲线的最低点，或者说位于 50 到 100 个之间。显然，采取降低当前批量（$Q = 390$）的策略可以节约大量成本。

　　一种更有效的途径是运用 EOQ 计算公式：

$$EOQ = \sqrt{\frac{2DS}{H}}$$

　　利用微分，可以根据年周转库存总成本公式推导出 EOQ 计算公式。对年周转库存总成本函数求关于 $Q$ 的一阶导数，并令导数等于 0，然后解出 $Q$。如图 9.7 所示，EOQ 是库存持有成本与年订货成本相等时的订货数量。基于这种理解，令年订货成本

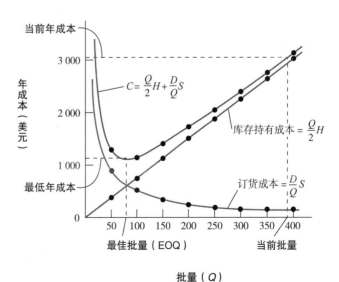

图 9.7
喂鸟器的年周转库存总成本函数

与年库存持有成本相等并解出 $Q$，也可以得到 EOQ 公式。图 9.7 还表明，和订货批量为 390 个的情况一样，当任何 $Q$ 值的年库存持有成本超过年订货成本时，可以立即得出 $Q$ 太大的结论。减小 $Q$ 值可以降低库存持有成本，但是会增加订货成本，最终使它们趋于平衡。同理，如果年订货成本超过年库存持有成本，则应该增大 $Q$ 值。

有时，库存策略是基于两次补充订货的间隔时间，而不是批量的大小。一个特定批量大小的**订货间隔时间**（time between orders, TBO）是两次收到（或发出）$Q$ 单位补充订货之间所用的平均时间。当以一年为单位用分数形式表示时，TBO 可以直接用 $Q$ 除以年需求量得出。当采用 EOQ 并以月为单位来表示时间时，TBO 可以下式计算：

$$\text{TBO}_{\text{EOQ}} = \frac{\text{EOQ}}{D} \times 12 \text{ 月 / 年}$$

例 9.3 将说明如何以年、月、周和日为单位计算 TBO。

### 例 9.3 求解 EOQ、总成本和 TBO

对例 9.2 中的喂鸟器，计算 EOQ 及其年周转库存总成本。如果采用 EOQ，需多长时间订一次货？

**解**

运用 EOQ 和年成本计算公式，有

$$\text{EOQ} = \sqrt{\frac{2DS}{H}} = \sqrt{\frac{2 \times 936 \times 45}{15}} = 74.94 \text{ 或 75 个}$$

图 9.8 显示其年度总成本大大低于当前订货批次为 390 个时的 3 033 美元。

图 9.8

基于 EOQ 的年周转库存总成本

| 参数 | | | | |
|---|---|---|---|---|
| 当前批量（$Q$） | 390 | | 经济订货批量 | 75 |
| 需求量（$D$） | 936 | | | |
| 订货成本（$S$） | $45 | | | |
| 单位库存持有成本（$H$） | $15 | | | |

| 年度成本 | | | 基于 EOQ 的年度成本 | |
|---|---|---|---|---|
| 每年订货次数 | 2.4 | | 每年订货次数 | 12.48 |
| 年订货成本 | $108.00 | | 年订货成本 | $561.60 |
| 年库存持有成本 | $2 925.00 | | 年度库存持有成本 | $562.50 |
| 年库存总成本 | $3 033.00 | | 年库存总成本 | $1 124.10 |

当采用 EOQ 时，相同的订货间隔时间（TBO）可以用多种形式表示。

$$\text{TBO}_{\text{EOQ}} = \frac{\text{EOQ}}{D} = \frac{75}{936} = 0.080 \text{ 年}$$

$$\text{TBO}_{\text{EOQ}} = \frac{\text{EOQ}}{D} \times 12 \text{ 月 / 年} = \frac{75}{936} \times 12 = 0.96 \text{ 月}$$

$$\text{TBO}_{\text{EOQ}} = \frac{\text{EOQ}}{D} \times 52 \text{ 周 / 年} = \frac{75}{936} \times 52 = 4.17 \text{ 周}$$

$$\text{TBO}_{\text{EOQ}} = \frac{\text{EOQ}}{D} \times 365 \text{ 天 / 年} = \frac{75}{936} \times 365 = 29.25 \text{ 天}$$

**决策重点**

采用 EOQ 时，每年大约需要订货 12 次。采用当前每次订货 390 个的策略时，每年平均订货次数为 2.4 次（每 5 个月一次）。当前的策略节约订货成本，但带来的周转库存持有成本要大得多。虽然基于总订货成本和总库存持有成本很容易观察哪个方案最佳，但是其他因素会影响最终决策。例如，如果供应商对大订单降低单价，那么订购更大批量会更好。

## EOQ 在管理上的意义

对 EOQ 计算公式进行灵敏度分析（sensitivity analysis），可以对库存管理有更深入的理解。灵敏度分析是一种对关键参数进行系统性的改变，从而确定这种改变带来影响的方法。表 9.1 展示了用不同的值替换公式中的分子或分母对 EOQ 产生的影响。

表 9.1　对 EOQ 的灵敏度分析

| 参数 | EOQ | 参数变化 | EOQ 变化 | 评价 |
|---|---|---|---|---|
| 需求 | $\sqrt{\dfrac{2DS}{H}}$ | ↑ | ↑ | 订货批量的增加与 $D$ 的平方根成正比 |
| 订货／设置调整成本 | $\sqrt{\dfrac{2DS}{H}}$ | ↓ | ↓ | 随着订货批量的下降，供货周数下降且库存周转率提高 |
| 库存持有成本 | $\sqrt{\dfrac{2DS}{H}}$ | ↓ | ↑ | 当库存持有成本下降时，适合采用较大的订货批量 |

如表 9.1 所示，EOQ 为你对库存管理的一些直觉提供了支持。但是，订货成本或设置调整成本变化的影响对精益系统特别重要。这一关系解释了为什么制造商如此关心减少设置调整的时间和成本，使小批量的生产变得更经济。实际上，精益系统提供了一个有利于采用 EOQ 的环境。例如，每年、每月、每日或每小时需求率在精益系统中是以合理的确定性已知的，而且相当均匀。如果企业实施约束管理（参见第 7 章 "约束管理"），那么精益系统（参见第 8 章 "精益系统"）的流程限制会很少。此外，精益系统要求供应商尽量做到稳定的交付提前期和可靠的交付数量，这些都是 EOQ 的假设条件。因此，EOQ 作为批量决策工具与精益系统的原理是十分一致的。

# 库存控制系统

EOQ 和其他批量决策方法解答了这样一个重要问题：应该订购多少？另一个需要解答的重要问题是：应该在何时下订单？库存控制系统对这两个问题都可以给出解答。在为特定的应用场合选择库存控制系统时，库存物品所具有的需求特性是关键因素。不同库存类型之间的一个重大区别在于对一种物品的需求是独立需求还是从属需求。如美国彭尼公司（JCPenney）一类的零售商和分销商必须对**独立需求物品**（independent demand items）进行管理。所谓独立需求物品，其需求受市场环境的影响，而与任何其他物品的库存或生产决策无关。独立需求库存包括：

- 批发和零售的商品；
- 辅助服务库存，如邮局的邮票和邮寄标签、律师事务所的办公用品，以及研究型大学的实验用品等；
- 产品及替换件的分销库存；
- 保养、维修和操作（maintenance, repair, and operation, MRO）用品——不构成最终服务或产品组成部分的物料，诸如员工制服、燃料、油漆和机器维修零件。

独立需求物品的库存管理可能很棘手，因为需求受到外部因素的影响。例如，书店老板不能确定下个月顾客将购买多少本最新畅销小说。所以，为保险起见，管理人员可能决定额外储备一些，必须对各类书籍这样的独立需求进行预测。

本章重点介绍独立需求物品的库存控制系统。这类需求是书店老板、其他零售商、服务提供商以及分销商实际面临的需求。虽然难以预测来自任何一位顾客的需求，但是一些顾客对某种特定物品的低需求通常可由另外一些顾客的高需求所抵消。因此，任何独立需求物品的总需求量可能呈现具有一定随机波动的相对平滑的需求模式。从属需求物品（dependent demand items）是作为一种服务或产品的组成部分或投入所需要的物品。从属需求呈现出的需求模式与独立需求完全不同，必须运用不同的方法来管理（参见第 16 章"资源计划"）。

本节将对两种库存控制系统进行讨论和比较：（1）称为 Q 系统的连续观测系统；（2）称为 P 系统的定期观测系统。最后再看一下综合了 P 系统和 Q 系统特征的混合系统。

零售商通常面临产品的独立需求。图中顾客正在加利福尼亚州幽谷拱廊商场的彭尼百货寻找便宜货。

## 连续观测系统

**连续观测（Q）系统**［continuous review (Q) system］，有时称为**再订货点系统**（reorder point system, ROP）或固定订货量系统（fixed order-quantity system），每当有一批库存物品出库时，都要对 SKU 的库存余量进行监测，以确定是否应该再次订货。实际上，这种观测是经常进行的（如每天一次）且常常是（在每次出库后）连续的。与库存记录相连的计算机和电子收银机的发明，使这种连续观测变得很容易。每做一次观测，都要做一次有关 SKU 的库存状况决策。如果判定库存量太低，系统就会生成一份新订单。**库存状况**（inventory position, IP）衡量了该 SKU 满足未来需求的能力。它包括**预计到货量**（scheduled receipts, SR）——已经提交订单但还没收到货物的订货量，加上现有库存量（on-hand inventory, OH），再减去积压订单量（backorder, BO）。有时，预计到货量被称为**未结订单**（open orders）。更具体地说：

$$库存状况 = 现有库存量 + 预计到货量 - 积压订单量$$
$$IP = OH + SR - BO$$

当库存状况到达预定的最低水平，即所谓**再订货点**（reorder point, $R$）时，就要订购固定数量为 $Q$ 的 SKU。在连续观测系统中，虽然订购批量 $Q$ 是固定的，但两次订货之间的时间间隔可能不同。因此，可以基于以下条件确定 $Q$ 的大小，即 EOQ、价格折扣量（符合价格折扣的最小批量）、容器大小（如卡车装载量）或管理层选定的其他数量标准。

***需求量和提前期均为常量时的再订货点选择***　为了说明再订货点的概念，先假定例 9.3 中博物馆礼品店喂鸟器的需求量一直是每周 18 个，交付提前期保持为 2 周不变，且供应商总是准时精确地按订货量发送商品。在需求量和交付提前期均为常量的情况下，博物馆的采购人员可以一直等到库存量下降至 36 个（即 18 个 / 周 × 2 周）时才发出新订单。因此，在这种情况下，没加上安全库存附加量时的再订货点 $R$ 就等于提前期内的总需求量。

图 9.9 显示了当需求量与提前期均为常量时系统的运行情况。向下倾斜的直线代表现有库存量，它正在以固定速率消耗。当到达再订货点 $R$（水平线）时，就发出数量为 $Q$ 的新订单。现有库存在提前期 $L$ 内继续下降，直到收到这批订货为止。这一时刻标志着提前期的结束，现有库存量跃升 $Q$ 个单位。一批新订货恰好在库存量下降到 0 时到达。对每个周期来说，两批订货的间隔时间（TBO）是相同的。

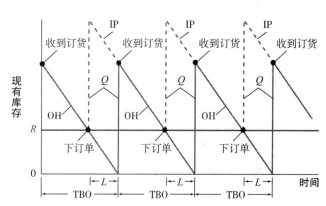

除订货提前期以外，图 9.9 所示的库存状况与现有库存是一致的。当发出新订单后，即在订货提前期开始时，IP 增加 $Q$ 单位，如图中虚线所示。在整个订货提前期，IP 超出 OH 的幅度都是相同的。[4] 在订货提前期结束时，预计到货量转变为现有库存，再次出现 IP = OH 的情况。决定是否要再次订货的关键点是将 IP（而不是 OH）与 $R$ 进行比较。有一种常见错误是忽略预计到货量或积压订单量。

图 9.9

需求量与提前期均为常量且确定时的 $Q$ 系统

---

**例 9.4**　**当需求量和提前期均为常量时，确定是否应该下订单**

一家超市对鸡汤的需求量一直是每天 25 箱，且订货提前期总是 4 天。货架上刚刚重新补足了货，手头只剩下 10 箱库存。目前没有积压订单，但有一批 200 箱的未结订单正在途中。其库存状况如何？是否应该发出新订单？

**解**

$$R = 订货提前期内的总需求量 = 25 \times 4 = 100\ 箱$$
$$IP = OH + SR - BO$$
$$= 10 + 200 - 0 = 210\ 箱$$

---

4　一种可能的例外情况是不可能出现的情况，即由于提前期很长，同时会有不止一批的预计到货量。

**决策重点**

由于 IP 大于 $R$（210 与 100 相比），因此不需要再订货。虽然库存几乎消耗尽，但没有必要发出新订单，因为预计到货量正在途中。

---

***需求量为变量但提前期为常量时的再订货点选择*** 现实中，需求量并不总是可以预知的。例如，博物馆礼品店的采购员知道平均需求量为每周 18 个喂鸟器。也就是说，在订货提前期内购买的喂鸟器数量是可变的，其平均需求量为 36 个（假定每周需求量具有相同的分布，且提前期固定为 2 周）。这种情况就需要有安全库存。假定博物馆采购员将 $R$ 值设定为 46 个，因此，通常在实际需要之前就要进行订货。这种方法将产生 10 个单位（46 – 36）的安全库存，即所持有的存货超过预期的需求量，用来缓冲需求的不确定性。一般来说，

$$再订货点 = 提前期内的平均需求量 + 安全库存量$$
$$= \overline{d}L + 安全库存量$$

式中
$\overline{d}$ = 每周（或天、月）平均需求量
$L$ = 以周（或天、月）为单位的固定提前期

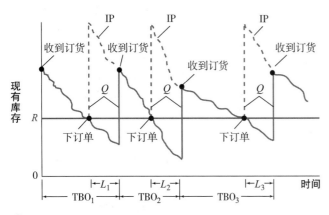

**图 9.10**

**需求不确定时的 $Q$ 系统**

图 9.10 显示了需求量为变量但提前期为常量时 $Q$ 系统的运行情况。向下倾斜的波浪线表示需求量每天都在发生变化。其倾斜度在第 2 个周期里更陡峭，表示在这个时段里的需求率更高。变化的需求率表明两次订货的间隔时间也发生了改变，所以 $TBO_1 \neq TBO_2 \neq TBO_3$。由于需求不确定，无法预测提前期内的销售量，因此要加上安全库存，以避免失去销售机会。该增加值就是图 9.10 中的 $R$ 值高于图 9.9 的原因。它也说明了在补充订货到达以前，现有库存通常没有降到 0 的原因。安全库存量越大，再订货点 $R$ 就越高，因而缺货的可能性就越小。

由于在订货提前期内的平均需求是变化的，因此选择 $R$ 时做出的实际决策就要考虑安全库存水平。安全库存量决策是在顾客服务水平和库存持有成本之间经过权衡之后得出的。可以利用成本最小化模型求出最佳安全库存，但需要有缺货损失和订单积压成本的估计值，而这些值通常难以精确计算，因为很难估计出以下各方面的影响：损失销售额、失去顾客信任、未来顾客忠诚度以及由于顾客到竞争对手那里而丢失的市场份额。确定 $R$ 的常用方法是由管理层（以主观判断为基础）为库存选定合理的服务水平策略，然后再确定可满足这一策略的安全库存水平。我们可以通过三个步骤来求出再订货点：

1. 选择适当的服务水平策略；
2. 确定提前期内的需求分布；
3. 确定安全库存量和再订货点。

**第 1 步：服务水平策略**　选择一种**服务水平**（service level），或**周期服务水平**（cycle-service level）——就是在任一订货周期内不耗尽库存的期望概率。订货周期从发出订单开始，一直到这批订货入库时结束。其目的是要覆盖**保护区间**（protection interval），即安全库存必须保证使用者免于耗尽库存的时间长度。对 $Q$ 系统来说，提前期就是保护区间。例如，书店经营者会选定某种书籍的周期服务水平为 90%。换句话说，就是在提前期内需求量不超过供应量的概率为 90%。在这一服务水平下，在保护区间内耗尽库存，造成缺货或积压订单的概率仅为 10%（100 – 90）。在 $Q$ 系统里，由于这种缺货风险不会在订货周期以外的时间发生，因此仅在提前期产生的这一缺货风险要大于整体缺货风险。

**第 2 步：提前期内的需求分布**　确定提前期内的需求分布，需要给出其均值及标准差。为了将周期服务水平策略转换为具体的安全库存水平，需要知道提前期内需求量的分布形式。如果提前期内的需求量围绕其平均值的变化幅度很小，安全库存也可以很小。反之，如果从一个订货周期到下一个订货周期，提前期内的需求量大幅变化，那么安全库存就必须很大。需求的可变性用提前期内需求的分布来衡量。有时，不能直接得到提前期内的平均需求及其提前期内需求的标准差，必须结合需求率信息与提前期信息才能算出。假定提前期是常量，而需求量是变量，但是需求记录不是根据与提前期严格相等的时间间隔收集的。同一个库存控制系统可能用于管理成千上万种不同的 SKU，而每一种 SKU 的提前期都是不同的。例如，如果需求按周进行记录，当提前期恰为 1 周时，这些记录可以直接用作提前期内需求的均值和标准差。但是，当提前期为 3 周时，其计算就要困难得多。

　　通过设定一些合理的假设条件我们可以确定提前期内的需求分布。假定某一时间区间（如日或周）内的平均需求量 $\bar{d}$ 以及需求量的标准差 $\sigma_d$ 已知。而且，假定在每个时间区间内需求量的概率分布相同且相互独立。例如，如果时间区间为 1 周，每周需求量的概率分布相同（相同的 $\bar{d}$ 和 $\sigma_d$），且一周的总需求量对另一周的总需求量不构成影响。令 $L$ 等于固定的提前期，用与需求相同的时间单位表示。在这些假定条件下，提前期内的平均需求量将等于 $L$ 个独立同分布的需求量的均值之和，即 $\bar{d} + \bar{d} + \bar{d} + \cdots = \bar{d}L$。此外，提前期内需求量分布的方差将等于 $L$ 个独立同分布的需求量的方差之和，即

$$\sigma_d^2 + \sigma_d^2 + \sigma_d^2 + \cdots = \sigma_d^2 L$$

　　最后，提前期内需求分布的标准差为

$$\sigma_{dLT} = \sqrt{\sigma_d^2 L} = \sigma_d \sqrt{L}$$

　　图 9.11 显示了从每周需求量的单个分布来合成提前期内需求分布的过程，图中的 $\bar{d} = 75$，$\sigma_d = 15$，$L = 3$ 周。在本例中，提前期内的平均需求量为 75×3= 225 单位，而 $\sigma_{dLT} = 15\sqrt{3} = 25.98$。

**第 3 步：安全库存量与再订货点**　在选取安全库存量时，库存计划人员常常假定提前期内的需求量为正态分布，如图 9.12 所示。

　　提前期内的平均需求为图中的中线，曲线下方左边的面积占总面积的 50%，右边的面积占 50%。因此，如果选择 50% 的周期服务水平，那么再订货点 $R$ 就是这条中线所代表的数量。由于 $R$ 等于提前期内的平均需求量加上安全库存量，因此当

**图** 9.11

在提前期内需求分布的
合成

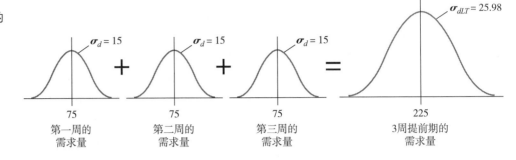

| 75 | 75 | 75 | 225 |
| 第一周的需求量 | 第二周的需求量 | 第三周的需求量 | 3周提前期的需求量 |

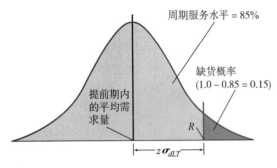

**图** 9.12

用正态分布求解服务水平为 85% 时的安全库存量

$R$ 等于该平均需求量时，安全库存量为 0。在 50% 的时间里需求量小于平均值，因此，在没有安全库存的情况下，只有 50% 的时间可以满足顾客需求。

要提供高于 50% 的服务水平，再订货点就必须大于提前期内的平均需求量。如图 9.12 所示，需要把再订货点向中线右方移动，这样，曲线下方大于 50% 的面积将位于 $R$ 的左边。在图 9.12 中，$R$ 左边曲线下方有 85% 的面积，而 $R$ 的右边仅有 15% 的面积，可以达到 85% 的周期服务水平。安全库存量计算如下：

$$安全库存量 = z\sigma_{dLT}$$

式中

$z =$ 实现周期服务水平所需的标准差的个数

$\sigma_{dLT} =$ 提前期内需求量的标准差

再订货点为

$$R = \overline{d}L + 安全库存量$$

$z$ 值越大，安全库存量和周期服务水平就应该越高。如果 $z = 0$，就没有安全库存，而订货周期内将有 50% 的时间发生缺货现象。对于 85% 的周期服务水平，$z = 1.04$。例 9.5 说明了如何用附录中的正态分布表求出适当的 $z$ 值、安全库存量以及再订货点。

**例 9.5** 需求量为变量但提前期为常量时的再订货点计算

现在再回到例 9.3 喂鸟器的例子。经济订货批量为 75 个。假定平均需求量为每周 18 个，其标准差为 5 个。提前期固定为 2 周。如果管理层希望达到 90% 的周期服务水平，试确定安全库存量及再订货点。

**解**

在本例中，$\sigma_d = 5$，$\overline{d} = 18$ 个，$L = 2$ 周，所以 $\sigma_{dLT} = \sigma_d\sqrt{L} = 5\sqrt{2} = 7.07$。在附录的正态分布表中查找 0.9000，该值对应 90% 的周期服务水平。表中最接近的数值为 0.8997，其所在行的表头对应值是 1.2，所在的列表头对应值为 0.08。将这两个值相加得到 $z$ 值为 1.28，利用该数据可以计算安全库存量和再订货点如下：

$$安全库存量 = z\sigma_{dLT} = 1.28 \times 7.07 = 9.05 \ 或 \ 9 \ 个$$

$$再订货点 = \overline{d}L + 安全库存量$$

$$= 2 \times 18 + 9 = 45 \ 个$$

**决策重点**

喂鸟器的 $Q$ 系统运行方式如下：当库存状况到达 45 个时，按经济订货批量 75 个下订单。在 $Q$ 系统中，可以应用各种订货批量和安全库存水平。例如，管理层可以指定不同的订货批量（由于运输条件限制）或不同的安全库存量（由于库存条件限制）。

---

***需求量与提前期均为变量时的再订货点选择*** 在实践中，经常出现需求量与提前期均不确定的情况。遗憾的是，这种情况下安全库存和再订货点的计算公式更加复杂。在以下的求解模型中进行了两项简化假设。首先，需求分布和提前期分布是以相同的时间单位计量的。例如，需求和提前期都是以周为单位计量的。其次，需求和提前期是相互独立的。也就是说，每周的需求量不受提前期长短的影响。

$$安全库存量 = z\sigma_{dLT}$$

$$R = 平均周需求量 \times 以周为单位计量的平均提前期 + 安全库存量$$

$$= \overline{d}\,\overline{L} + 安全库存量$$

式中，

$\overline{d}$ = 平均周（或日、月）需求量

$\overline{L}$ = 以周（或日、月）为单位的平均提前期

$\sigma_d$ = 周（或日、月）需求量的标准差

$\sigma_{LT}$ = 提前期的标准差

$\sigma_{dLT} = \sqrt{\overline{L}\sigma_d^2 + \overline{d}^2\sigma_{LT}^2}$

既然我们已确定了这种更复杂情况下的提前期内需求分布的均值和标准差，那么，我们就可以像前面提前期为常量情况那样来选择再订货点。

**例 9.6** **需求量与提前期均为变量时的再订货点计算**

---

办公用品商店估计一种受欢迎的圆珠笔的平均需求量为每周 12 000 支，其标准差为 3 000 支。当前库存策略的补充订货量为每次 156 000 支。分销商的平均提前期为 5 周，标准差为 2 周。如果管理层希望周期服务水平达到 95%，则再订货点为多少？

**解**

我们有 $\overline{d}$ = 12 000 支笔，$\sigma_d$ = 3 000 支笔，$\overline{L}$ = 5 周，$\sigma_{LT}$ = 2 周。

$\sigma_{dLT} = \sqrt{\overline{L}\sigma_d^2 + \overline{d}^2\sigma_{LT}^2} = \sqrt{5 \times 3\ 000^2 + 12\ 000^2 \times 2^2} = 24\ 919.87$ 支笔

在附录的正态分布表中查找 0.9500，该值对应 95% 的周期服务水平。该值恰好介于表中数值 0.9495（$z$ 值为 1.64）和 0.9505（$z$ 值为 1.65）的中间。因此，我们选用较为保守的值 1.65。利用该数值可以计算安全库存量和再订货点如下：

$$安全库存量 = z\sigma_{dLT} = 1.65 \times 24\ 919.87 = 41\ 117.79\ 或\ 41\ 118\ 支笔$$
$$再订货点 = \overline{dL} + 安全库存量$$
$$= 12\ 000 \times 5 + 41\ 118 = 101\ 118\ 支笔$$

**决策重点**

当圆珠笔的库存量下降到 101 118 支时，管理层应该向分销商发出订货量为 156 000 支笔的补货订单。

---

有时，需求量和提前期的理论分布是未知的。在这种情况下，可以利用需求量和提前期的离散型概率分布，用仿真方法求出提前期内的需求分布。仿真也可以用来评估库存系统的绩效。

**双仓系统** Q 系统的概念可以与**可视化系统**（visual system）结合起来，即可以让员工在库存量达到某一可见的标记时发出订单。可视化系统易于管理，因为这些记录并不是以当前库存状况的形式记录的。可以直接从过去的采购订单推断出库存以往的利用率。可视化系统主要用于具有稳定需求的低值 SKU，诸如螺母和螺栓或办公用品等。库存过量是常有的事，但因为这些物料相对来说价值较低，因此额外的库存持有成本也很小。

Q 系统的一种可视化系统版本即**双仓系统**（two-bin system）。在双仓系统中，一种 SKU 的库存被存储于两个不同地方。物品出库时首先从一个货仓取货。如果第一个货仓取空，则由第二个货仓作为备份来满足需求，直到补充订货到达为止。被取空的第一个货仓发出需要补充新订货的信号。预先填好的订货单就放在货仓附近，可以让工人们将其送交采购部门，甚至直接送交供应商。当新的订货到达后，就将第二个货仓再次补充至正常水平，剩下的放入第一个货仓。双仓系统的工作原理类似于 Q 系统，用第二个货仓的正常水平作为再订货点 R。这种系统也可以只用一个货仓来实现，只要在货仓的再订货点水平上做上标记就可以了。

**计算 Q 系统的总成本** 连续观测系统的总成本是 3 个成本组成部分的总和：

$$总成本 = 年度周转库存持有成本 + 年订货成本 + 年度安全库存持有成本$$
$$C = \frac{Q}{2}H + \frac{D}{Q}S + H \times 安全库存量$$

年度周转库存持有成本和年订货成本与例 9.2 中计算年周期库存总成本所用的公式相同。安全库存持有成本计算是基于任何时候都持有安全库存的假设。参考图 9.10 中的每个订货周期，提前期内的需求有时会出现大于平均需求的情况，有时又会出现小于平均需求的情况。整个一年平均下来，可以假定一直持有安全库存。如需要了解有关计算 Q 系统总成本的例题，参见本章末尾的问题求解 4 和 6。

## 定期观测系统

另一种库存控制系统是**定期观测（P）系统** [ periodic review (P) system ]，有时被称为固定间隔时间再订货系统或定期再订货系统，在该系统中，对物品的库存状况进行定期观测而不是连续观测。因为有一定的规律性，这样的系统可以简化交付的进度安排。新订单总是在完成一次观测后发出，而且两次订货的间隔时间（TBO）

固定为 $P$。由于需求量为随机变量，所以两次观测之间的总需求量会发生变化。应用 $P$ 系统时，一次订货与下一次订货的批量 $Q$ 可能会有所不同，但两次订货之间的间隔时间是固定不变的。定期观测系统的一个实例是软饮料供应商对杂货店每周一次的周期性巡查。每周，供应商要检查杂货店软饮料的库存量，并为该店再次储备足够的产品，以满足直到下周为止的顾客需求和安全库存的需要。

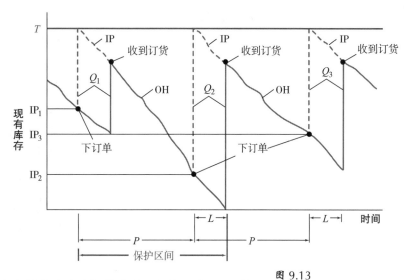

**图 9.13**

需求量不确定情况下的 $P$ 系统

在 $P$ 系统中，仍然维持原来 EOQ 的 4 个假设条件如下：（1）对订货批量的大小没有限制；（2）相关成本只有库存持有成本和订货成本；（3）一种 SKU 的订购决策与其他 SKU 的订购决策无关；（4）提前期是确定的，物品供应是已知的。但需求的不确定性还是允许存在的。图 9.13 显示了在这些假定条件下的定期观测系统。向下的斜线还是代表现有库存量。自上次观测以来，当预定的时间 $P$ 已过，就发出订单使以虚线表示的库存状况达到目标库存水平 $T$。第一次观测的订货批量为 $Q_1$，也就是库存状况 $IP_1$ 与 $T$ 之差。与连续观测系统相同，IP 和 OH 只在提前期内有所不同。当订货在提前期末到达时，OH 和 IP 又再次相同了。图 9.13 显示了订货批量从一个订货周期到下一个订货周期的变化情况。由于第二次观测时的库存量较低，因此需要更大的订货数量来达到库存量为 $T$ 的水平。

管理实践 9.1 说明了在化工行业供应链中应用定期观测库存系统的重要性。

---

**例 9.7**　**确定 $P$ 系统中的订货量**

在一个配送中心，有 5 台 46 英寸 LCD 电视机的积压订单。当前库存量为 0，而现在到了观测时间。在 $T = 400$ 以及预定到货量为 0 的情况下，订货数量应该为多少？

**解**

$$IP = OH + SR - BO$$
$$= 0 + 0 - 5 = -5 \text{ 台}$$
$$T - IP = 400 - (-5) = 405 \text{ 台}$$

即必须订购 405 台方可使库存量达到目标库存 $T$ 台的水平。

---

***观测间隔时间的选择***　要运行 $P$ 系统，管理者必须做出两个决策：观测的间隔时间长度 $P$ 和目标库存水平 $T$。首先考虑观测间隔时间 $P$。它可以是任何方便的时间区间，如每逢周五一次或每隔一周的周五一次。另一个办法是以 EOQ 的成本衡量标准来确定 $P$。换句话说，可以将 $P$ 设定为经济订货批量的平均订货间隔时间，即 $TBO_{EOQ}$。由于需求量是变量，因此有些订货量会大于 EOQ，而有些则会小于 EOQ。但是，在一个延长的时间区间里，平均订货批量应该接近 EOQ。如果用其他模型（即用补充资料 C "特殊库存模型" 中所介绍的模型）来确定订货批量，可以用所选择的批量

---

**管理实践 9.1** Celanese 公司定期观测库存系统对其供应链的影响

油漆、黏合剂、涂料、塑料、药品、化妆品、洗涤剂、纺织品和香料，这些产品有什么共同点？这些产品的主要成分都是乙酸。Celanese 公司是一家年销售额为 65 亿美元的化工企业，其总库存达 6.4 亿美元，是全球重要的乙酸供应商。在库存上的大量投资迫使 Celanese 公司仔细审视包括乙酸在内的所有产品的库存策略。成功管理库存的关键是了解供应链中每个环节的库存策略与化工行业物料流和物流情况之间的相互影响。

乙酸供应链是很复杂的，它涉及 90 个环节。例如，供应链由以下环节构成：提供轮船运送乙酸的商家、生产乙酸的制造场所、运送乙酸的运输模式、存储乙酸的仓库以及乙酸最终运往的顾客需求地。有 4 个生产工厂，其中 3 个位于美国，1 个位于新加坡，每个工厂向全球范围内的几个存储点供货。运输环节有火车、驳船、货车及远洋船舶。由于规模经济及运输计划，物料通常以大批量方式运输。多个上游环节以及制造工厂自身给存储设施供应物料。

在供应链的存储点和需求点运用定期观测库存系统是很有意义的，其原因如下。首先，运输模式决定了运营计划。存储机构的观测周期反映了供货的运输模式计划。其次，客户订单通常是以每周、每两周或每月一次

固定容量的大型运输模式要求明确的生产进度计划。这种情况适合采用定期观测系统。图中的远洋货轮正在鹿特丹港的孚宝仓库等候装载石化产品。

的频度批量发出的。Celanese 公司通常指定客户或存储机构在特定的日期下订单，以便协调自己的生产进度计划。最后，按周期订货通常是由行业的资本密集度决定的。为了获得生产效率，安排的生产运行时间会很长，因为设置调整设备来生产另一种产品的成本是巨大的。

为供应链中各个环节指定最佳的观测周期和目标库存水平要利用复杂的数学模型。无论运用哪种方法，认识到库存策略的确定对供应链的影响很重要。

资料来源：John M. Bossert and Sean P. Williams, "A Periodic-Review Modeling Approach for Guaranteed Service Supply Chains," *Interfaces*, Vol. 37, No. 5 (September/October 2007), pp. 420–435.

除以年需求量 $D$，然后用该比率作为 $P$。订货间隔时间将表示为以年为单位的一个小数，它可以根据需要转换为月、周或天数。

***需求量为变量但提前期为常量时选择目标库存水平*** 现在计算需求量为变量但提前期为常量时的目标库存水平 $T$。图 9.13 表明，一批订货量必须大到足以使库存状况 IP 维持到下次观测时间之后，即在 $P$ 时间区间以后。观测者必须等待 $P$ 时间后才可以修改、调整和重新确立库存状况，然后发出新订单，但这批订货必须在提前期 $L$ 之后才会到达。因此，如图 9.13 所示，需要时间长度为 $P+L$ 的保护区间。$Q$ 系统和 $P$ 系统之间的根本区别在于缺货保护区间的时间长度。$Q$ 系统只在提前期内需要缺货保护，因为一旦需要就可以发出订单，而且 $L$ 期间后就可以收到订货。但是，$P$ 系统在更长的 $P+L$ 保护区间内需要缺货保护，因为它只能按固定间隔时间发出订单，而且只有到了下一个指定的观测时间以后才能检测库存量。

和 $Q$ 系统一样，我们需要求出保护区间内适当的需求分布，来充分说明系统的特性。在 $P$ 系统中，必须确定时间区间 $P+L$ 内的需求分布。目标库存水平 $T$ 必须

等于长度为 $P+L$ 的保护区间内的期望需求量，再加上足够的安全库存量来应对同一保护区间内的需求不确定性。假定提前期是常量且一个周期内的需求与另一个周期的需求之间相互独立。因此，保护区间的平均需求量就是 $\overline{d}\,(P+L)$，即

$$T = \overline{d}\,(P+L) + \text{保护区间的安全库存量}$$

计算 $P$ 系统安全库存量的方法几乎与 $Q$ 系统完全相同。但是，这里的安全库存量必须应对更长时间区间的需求不确定性。当应用正态概率分布时，用周期服务水平所要求的标准差 $z$，乘以保护区间内需求量的标准差（$\sigma_{P+L}$）。$z$ 值与同等周期服务水平下的 $Q$ 系统相同。因此，

$$\text{安全库存量} = z\sigma_{P+L}$$

按照前面计算 $\sigma_{dLT}$ 的思路，可知保护区间需求量分布的标准差为

$$\sigma_{P+L} = \sigma_d\sqrt{P+L}$$

由于 $P$ 系统要求安全库存能够满足比 $Q$ 系统更长的时间区间需求量的不确定性，所以 $P$ 系统需要有更多的安全库存量，即 $\sigma_{P+L} > \sigma_{dLT}$。因此，要享有 $P$ 系统的便利，就要求整体库存水平在某种程度上高于 $Q$ 系统。

## 例 9.8　$P$ 和 $T$ 的计算

再次回到喂鸟器的案例。回想一下，喂鸟器的需求量为正态分布，平均需求量为每周 18 个，每周需求量的标准差为 5 个。提前期为 2 周，营业时间为每年 52 周。例 9.5 中的 $Q$ 系统得到的 EOQ 为 75 个，90% 服务水平下的安全库存量为 9 个。同样要求下的 $P$ 系统会怎样？答案取最接近的整数。

**解**

首先确定 $D$，然后再确定 $P$。这里，$P$ 是观测间隔时间，以周为单位表示，因为给出的数据是用每周需求量表示的：

$$D = 18 \text{ 个 / 周} \times 52 \text{ 周 / 年} = 936 \text{ 个}$$
$$P = \frac{\text{EOQ}}{D} \times 52 = \frac{75}{936} \times 52 = 4.2 \text{ 或 4 周}$$

利用 $\overline{d} = 18$ 个 / 周，计算 $P$ 的另一种方法是用 EOQ 除以 $\overline{d}$，得到 75/18 = 4.2 或 4 周。用两种方法都得出了每 4 周观测一次喂鸟器库存的结果。现在要求出保护区间（$P+L=6$）需求量的标准差：

$$\sigma_{P+L} = \sigma_d\sqrt{P+L} = 5\sqrt{6} = 12.25 \text{ 个}$$

在计算 $T$ 之前，还需要 $z$ 值。相对于 90% 的服务水平，$z = 1.28$（参见正态分布附录）。安全库存量为

$$\text{安全库存量} = z\sigma_{P+L} = 1.28 \times 12.25 = 15.68 \text{ 或 16 个}$$

现在可解出 $T$：

$$T = 保护区间的平均需求量 + 安全库存量$$
$$= \overline{d}(P+L) + 安全库存量$$
$$= 18 \, 个 \, / \, 周 \times 6 \, 周 + 16 \, 个 = 124 \, 个$$

**决策重点**

 每 4 周我们会订购所需要的数量，使库存状况 IP（算上新订货量）达到 124 个的目标库存水平。P 系统需要 16 个安全库存，而 Q 系统仅需要 9 个。如果成本是唯一的衡量标准，那么就应该为喂鸟器选择 Q 系统。但是，正如在后面要讨论的那样，还有其他因素会影响支持 P 系统的决策。

---

***需求量与提前期均为变量时选择目标库存水平*** 在实践中求解 P 和 T 的一种实用方法是仿真。给定需求量与提前期的离散概率分布，可以用仿真来估计保护区间的需求分布。OM Explorer 中的保护区间的需求仿真软件，可以用来确定这种分布。一旦确定了需求分布，就可以用该分布选择给定服务水平的 T 值。

***单仓系统*** P 系统的概念可以转换为简单的可视化库存控制系统。在**单仓系统**（single-bin system）中，最高库存水平标记在储物架上或货仓中，而库存量定期地达到该标记水平——比如每周一次。例如，单仓可能是加油站的储油罐，也可能是制造工厂的小型零件储物柜。

***计算 P 系统的总成本*** 与 Q 系统一样，P 系统的总成本也是 3 个相同成本要素的总和。其差别在于订货批量和安全库存量的计算方法有所不同。如图 9.13 所示，其平均订货批量是两次订货时间区间 P 的平均库存消耗量。所以，$Q = \overline{d}P$。P 系统的总成本为

$$C = \frac{\overline{d}P}{2}H + \frac{D}{\overline{d}P}S + H \times 安全库存量$$

 如需要了解有关计算 P 系统成本的例题，参见本章末尾的问题求解 5。

## Q 系统和 P 系统的比较优势

 无论 Q 系统还是 P 系统，都不能适合所有情况。应该平衡 P 系统的 3 个优势与 Q 系统的 3 个优势。一个系统的优势是另一个系统所隐含的劣势。

 P 系统的主要优势如下：

1. 因为库存量补充是定期进行的，所以 P 系统使用起来很方便。固定的补货间隔时间还可以提供标准化的拣货和送货时间。
2. 从同一供应商处订购多种物品，可以将订单合并为一份采购单。用这种方式可以减少订货及运输成本，并且可能从供应商处得到价格折扣。
3. 只有在观测时（并非像 Q 系统那样连续观测）才需要了解库存状况。但是，对使用计算机库存记录系统的企业来说，这一优势并无实际意义，因为在计算机系统中，每接收或提取一批物品，都要进行记录。当库存记录总是反应库存当前状况时，系统被称为**永续盘存系统**（perpetual inventory system）。

$Q$ 系统的主要优势如下：

1. 每种 SKU 的观测频次可能各不相同。对每种 SKU 各自采用适当的观测频次，可以减少总的订货及库存持有成本。
2. 订货批量固定，如果批量足够大，可以获得数量折扣。企业中诸如卡车装载容量、物料搬运方法以及货架空间等物理限制，也可能要求固定的订货批量。
3. 较低的安全库存量能够节约费用。

总之，选择 $Q$ 系统还是 $P$ 系统，没有一个明确的答案。哪个系统更好，取决于各种情况下其优势的相对重要性。

## 混合系统

各类混合库存控制系统结合了 $P$ 系统及 $Q$ 系统的某些特征，但不是全部特征。我们简单考察这两个系统：（1）选择性补货系统；（2）基本存量系统。

***选择性补货系统***　选择性补货系统（optional replenishment system）有时称为选择性观测系统、最小 – 最大系统或（$s$，$S$）系统，该系统与 $P$ 系统很相似。它以固定的时间间隔观测库存状况，如果库存状况已降到（或低于）预定水平，就要及时订货来满足预期需求，这里的订货批量是可变的。新的订货量要足够大，以使库存状况达到目标库存水平，类似于 $P$ 系统中的 $T$。但是，只有库存量已降到预定的最低水平时才会在观测后发出订单。该最低水平起到 $Q$ 系统中再订货点 $R$ 的作用。如果目标库存量为 100，而最低水平为 60，那么最小订货批量就是 40（即 100–60）。选择性观测系统不用连续观测，所以，当观测成本和订货成本都很高时，这种系统特别有吸引力。

***基本存量系统***　在**基本存量系统**（base-stock system）中，每当提取库存时，就以最简单的形式发出与提取量 $Q$ 相等的补货订单。这种一对一的补充策略使库存量保持在一个基准库存水平，它等于提前期内的预期需求量加上安全库存量。因此，基准库存水平相当于 $Q$ 系统中的再订货点。但是，为了使库存状况始终维持在 $R$ 位置，现在的订货批量是变化的。由于这个位置可能是保持特定服务水平的最低库存状况值，所以应用基本存量系统可使周转库存量降到最小。订货的次数要多一些，但每次的订货量要小一些。该系统适用于贵重物品，如喷气式飞机的备用引擎等。在收到补充订货以前，所持有的库存量不会大于预期需求量的最大值。

## 学习目标回顾

1. 了解持有库存的优点、缺点及成本。"库存与供应链"一节对这些重要的库存问题进行了阐述。其重点是要求低库存的压力、要求高库存的压力以及图9.1。

2. 定义不同类型的库存并了解它们在供应链中所起的作用。"库存的种类"一节解释了每种库存类型，并在图9.2中提供了实例。例9.1和问题求解1说明了如何估计库存水平。

3. 说明在供应链中降低库存的基本策略。参见"削减库存策略"一节，了解控制库存水平的重要方法。

4. 识别需要密切关注并严格进行库存控制的库存物品。"ABC分析法"一节介绍了一种便于管理监督的对库存物品进行分类的简单方法。

5. 计算经济订货批量并将其应用于各种场合。"经济订货批量"一节对EOQ模型进行了全面讨论。重点是从图9.5到图9.7了解在标准假设条件下EOQ模型对库存水平的影响，以及如何利用EOQ模型求出最小成本。复习例9.2和9.3以及问题求解3，计算各批量选择下的总成本。表9.1给出了EOQ在管理方面的重要解释。

6. 确定连续观测库存控制系统的订货量和再订货点。"连续观测系统"一节从基本原理到更现实的假设，阐述了Q系统的本质。确保理解图9.10和图9.12。例9.4到9.6及问题求解4和6说明了如何在各种假设条件下确定参数$Q$和$R$。

7. 确定定期观测库存控制系统的观察间隔时间和目标库存水平。"定期观测系统"一节归纳了一些重要概念。图9.13说明了$P$系统的运行方式，而例9.7和9.8以及问题求解5说明了如何计算参数$P$和$T$。

8. 定义适当选择库存系统的关键要素。参见"$Q$系统和$P$系统的比较优势"一节。

## 关键公式

1. 平均周转库存量：$\dfrac{Q}{2}$

2. 在途库存量：$\overline{D}_L = \overline{d}L$

3. 年周转库存总成本 = 年度库存持有成本 + 年订货成本或设置调整成本

$$C = \frac{Q}{2}H + \frac{D}{Q}S$$

4. 经济订货批量：

$$\text{EOQ} = \sqrt{\frac{2DS}{H}}$$

5. 以周为单位表示的订货间隔时间：

$$\text{TBO}_{\text{EOQ}} = \frac{\text{EOQ}}{D} \times 52 \text{ 周 / 年}$$

6. 库存状况 = 现有库存量 + 预计到货量 – 积压订单量

$$\text{IP} = \text{OH} + \text{SR} - \text{BO}$$

7. 连续观测系统：

保护区间 = 提前期（$L$）

提前期（常量$L$）内需求量的标准差 = $\sigma_{dLT} = \sigma_d\sqrt{L}$

提前期（变量$L$）内需求量的标准差 = $\sigma_{dLT} = \sqrt{L\sigma_d^2 + \overline{d}^2\sigma_{LT}^2}$

安全库存量 $= z\sigma_{dLT}$

提前期为常量时的再订货点（$R$）$= \bar{d}L +$ 安全库存量

提前期为变量时的再订货点（$R$）$= \bar{d}\,\bar{L} +$ 安全库存量

经济订货批量 $=$ EOQ

补充订货原则：当 IP $\leqslant R$，订购 EOQ 单位。

$Q$ 系统的总成本：$C = \dfrac{Q}{2}H + \dfrac{D}{Q}S + H \times$ 安全库存量

8. 定期观测系统：

观测间隔 $=$ 订货间隔时间 $= P$

保护区间 $=$ 订货间隔时间 $+$ 提前期 $= P + L$

保护区间需求量的标准差 $\sigma_{P+L} = \sigma_d\sqrt{P+L}$

安全库存量 $= z\sigma_{P+L}$

目标库存水平（$T$）$=$ 保护区间的平均需求量 $+$ 安全库存量

$\qquad\qquad\qquad = \bar{d}(P+L) +$ 安全库存量

订货量 $=$ 目标库存水平 $-$ 库存状况 $= T -$ IP

补充订货原则：每经过 $P$ 时间，就订购 $T -$ IP 单位

$P$ 系统的总成本：$C = \dfrac{\bar{d}P}{2}H + \dfrac{D}{\bar{d}P}S + H \times$ 安全库存量

## 关键术语

| | | |
|---|---|---|
| 库存管理 | 安全库存 | 未结订单 |
| 批量 | 预期库存 | 再订货点（$R$） |
| 库存 | 在途库存 | 服务水平 |
| 库存持有成本 | 可重复性 | 周期服务水平 |
| 缺货 | 最小存货单位（SKU） | 保护区间 |
| 积压订单 | ABC 分析法 | 可视化系统 |
| 订货成本 | 周期盘点法 | 双仓系统 |
| 设置调整成本 | 经济订货批量（EOQ） | 定期观测（$P$）系统 |
| 数量折扣 | 订货间隔时间（TBO） | 单仓系统 |
| 原材料（RM） | 独立需求物品 | 永续盘存系统 |
| 在制品（WIP） | 连续观测（$Q$）系统 | 选择性补货系统 |
| 产成品（FG） | 再订货点（ROP）系统 | 基本存量系统 |
| 周转库存 | 库存状况（IP） | |
| 批量决策 | 预计到货量（SR） | |

## 问题求解 1

一个配送中心对某种物料的平均需求量为每周 50 单位。该产品的单位价值为 \$650。来自工厂库房的内向运输量平均为 350 单位。平均提前期（包括订货延迟和运输时间）为 2 周。该配送中心每年工作时间为 52 周；持有 1 周的供应量作为安全库存，没有预计库存量。那么，该配送中心所持有的平均库存总量的价值为多少？

**解**

| 库存类型 | 平均库存总量的计算 | | |
|---|---|---|---|
| 周转库存 | $\dfrac{Q}{2} = \dfrac{350}{2}$ | = | 175 单位 |
| 安全库存 | 1 周供应量 | = | 50 单位 |
| 预计到货量 | 无 | | |
| 在途库存 | $\overline{dL} = 50$ 单位 / 周 × 2 周 | = | 100 单位 |
| | 平均库存总量 | = | 325 单位 |
| | 库存总价值 | = | \$650 × 325 |
| | | = | \$211 250 |

## 问题求解 2

Booker's 书本装订厂根据 SKU 所占用的资金将其分为 3 类。计算下列 SKU 所占用的资金价值，并确定最可能被归为 A 类的物料。

**解**

用每种 SKU 的年使用量乘以其单位价值，可以确定其年资金占用额。然后，如图 9.14 所示，将这些 SKU 按年资金占用额以降序排列。最后，按本书中所提出的指导原则，可大致划分出 A—B 和 B—C 之间的分界线。在本例中，A 类仅包含一种 SKU（印贴），其数量仅占各种 SKU 的 1/7，即 14%，但其年资金占用额却达到了 83%。B 类包含其次的 2 种 SKU，合在一起占有 SKU 总数的 28% 及年资金占用额的 13%。最后 4 种 SKU 属于 C 类，拥有的 SKU 数量超过一半，但年资金占用额仅 4%。

| SKU 编号 | 货名 | 年资金占用量 | 单位价值（\$） |
|---|---|---|---|
| 1 | 纸箱 | 500 | 3.00 |
| 2 | 薄纸板（平方英尺） | 18 000 | 0.02 |
| 3 | 封面用纸 | 10 000 | 0.75 |
| 4 | 胶水（加仑） | 75 | 40.00 |
| 5 | 内封用纸 | 20 000 | 0.05 |
| 6 | 加固带（米） | 3 000 | 0.15 |
| 7 | 印贴 | 150 000 | 0.45 |

| SKU 编号 | 货名 | 年资金占用量 | | 单位价值（$） | | 年资金占用额（$） |
|---|---|---|---|---|---|---|
| 1 | 纸箱 | 500 | × | 3.00 | = | 1 500 |
| 2 | 薄纸板（平方英尺） | 18 000 | × | 0.02 | = | 360 |
| 3 | 封面用纸 | 10 000 | × | 0.75 | = | 7 500 |
| 4 | 胶水（加仑） | 75 | × | 40.00 | = | 3 000 |
| 5 | 内封用纸 | 20 000 | × | 0.05 | = | 1 000 |
| 6 | 加固带（米） | 3 000 | × | 0.15 | = | 450 |
| 7 | 印贴 | 150 000 | × | 0.45 | = | 67 500 |
| | | | | | 合计 | 81 310 |

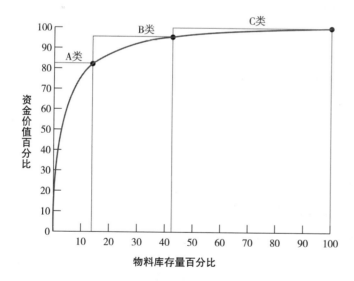

| SKU 编号 | 货名 | 年资金占用量 | 价值 | 资金额 | 总百分比 | 累积资金价值百分比 | 累积SKU数量百分比 | 类别 |
|---|---|---|---|---|---|---|---|---|
| 7 | 印贴 | 150 000 | $0.45 | $67 500 | 83.0% | 83.0% | 14.3% | A |
| 3 | 封面用纸 | 10 000 | $0.75 | $7 500 | 9.2% | 92.2% | 28.6% | B |
| 4 | 胶水 | 75 | $40.00 | $3 000 | 3.7% | 95.9% | 42.9% | B |
| 1 | 纸箱 | 500 | $3.00 | $1 500 | 1.8% | 97.8% | 57.1% | C |
| 5 | 内封用纸 | 20 000 | $0.05 | $1 000 | 1.2% | 99.0% | 71.4% | C |
| 6 | 加固带 | 3 000 | $0.15 | $450 | 0.6% | 99.6% | 85.7% | C |
| 2 | 薄纸板 | 18 000 | $0.02 | $360 | 0.4% | 100.0% | 100.0% | C |
| 合计 | | | | $81 310 | | | | |

图 9.14

A 类、B 类和 C 类 SKU 的年资金占用额

**问题求解** 3

Nelson 硬件商店存有 19.2 伏电压的无绳电钻，这是一种畅销品。其年需求量为 5 000 件，订货成本为 15 美元，而库存持有成本为 $4/ 件 / 年。

a. 经济订货量是多少？

b. 这种库存物品的年度总成本是多少？

**解**

a. 订货批量为

$$\text{EOQ} = \sqrt{\frac{2DS}{H}} = \sqrt{\frac{2 \times 5\,000 \times \$15}{\$4}} = \sqrt{37\,500}$$

$$= 193.65 \text{ 或 } 194 \text{ 把电钻}$$

b. 年度总成本为

$$C = \frac{Q}{2}H + \frac{D}{Q}S = \frac{194}{2} \times \$4 + \frac{5\,000}{194} \times \$15 = \$774.60$$

**问题求解** 4

一家区域性分销商从各供应商那里采购家用电器，然后按需求量销售给当地的零售商。该分销商的营业时间为每周 5 天，每年 52 周。只有在开门营业时才能收到订货。管理层想重新评估当前的库存策略，当前订货量是 440 套台式搅拌机。以下是有关搅拌机的估计数据：

平均日需求量（$\bar{d}$）= 100 套搅拌机
日需求量的标准差（$\sigma_d$）= 30 套
提前期（$L$）= 3 天
库存持有成本（$H$）= $9.40/ 套 / 年
订购成本（$S$）= $35/ 每次订货
周期服务水平 = 92%
该分销商使用连续观测（$Q$）系统。

a. 订货批量 $Q$ 及再订货点 $R$ 应该是多少？

b. 该系统的年度总成本是多少？

c. 如果现有库存量为 40 套，还有一份 440 套搅拌机的未结订单即将到货，不存在积压订单，那么还应该发出新订单吗？

**解**

a. 年需求量为

$$D = （5 \text{ 天 / 周}）\times （52 \text{ 周 / 年}）\times （100 \text{ 套 / 天}）= 26\,000 \text{ 套搅拌机 / 年}$$

订货批量为

$$\text{EOQ} = \sqrt{\frac{2DS}{H}} = \sqrt{\frac{2 \times 26\ 000 \times \$35}{\$9.40}} = \sqrt{193\ 167} = 440.02 \quad \text{或} \quad 440 \text{ 套搅拌机}$$

在提前期时间内分销中心需求的标准差为

$$\sigma_{dLT} = \sigma_d \sqrt{L} = 30\sqrt{3} = 51.96$$

92% 的周期服务水平对应 $z = 1.41$（参见正态分布附录）。因此，

$$\text{安全库存量} = z\sigma_{dLT} = 1.41 \times 51.96 \text{ 套} = 73.26 \quad \text{或} \quad 73 \text{ 套搅拌机}$$
$$\text{提前期内的平均需求量} = \overline{d}L = 100 \times 3 = 300 \text{ 套搅拌机}$$
$$\text{再订货点}（R）= \text{提前期内的平均需求量} + \text{安全库存量}$$
$$= 300 \text{ 套搅拌机} + 73 \text{ 套搅拌机} = 373 \text{ 套搅拌机}$$

运用连续观测系统，$Q = 440$，$R = 373$。

b. $Q$ 系统的年度总成本为

$$C = \frac{Q}{2}H + \frac{D}{Q}S + H \times \text{安全库存量}$$

$$C = \frac{440}{2} \times \$9.40 + \frac{26\ 000}{440} \times 35 + \$9.40 \times 73 = \$4\ 822.38$$

c. 库存状态 = 现有库存量 + 预定到货量 – 积压订单量

$$\text{IP} = \text{OH} + \text{SR} - \text{BO} = 40 + 440 - 0 = 480 \text{ 套搅拌机}$$

由于 IP（480）大于 $R$（373），所以不用发出新订单。

## 问题求解5

假定问题求解 4 中的分销商采用定期观测（$P$）系统，而其余数据与问题求解 4 相同。

a. 求出每年订货次数大约与用 EOQ 计算结果相同的 $P$ 值（用工作日天数表示，取最接近的整数）。

b. 目标库存水平 $T$ 的值是多少？将 $P$ 系统与问题求解 4 中的 $Q$ 系统进行比较。

c. $P$ 系统的年度总成本是多少？

d. 现在是对物品进行观测的时间。现有库存量为 40 套搅拌机；有一批 440 套搅拌机的预定到货量且不存在积压订单。再订货量应该是多少？

**解**

a. 订货间隔时间为

$$\boldsymbol{P} = \frac{\text{EOQ}}{\boldsymbol{D}} \times （260 \text{ 天 / 年}）= \frac{440}{26\ 000} \times 260 = 4.4 \quad \text{或} \quad 4 \text{ 天}$$

b. 图 9.15 显示 $T = 812$，且安全库存量 = $1.41 \times 79.37 = 111.91$，或大约 112 套搅拌机。相应的 $Q$ 系统所需要的台式搅拌机的安全库存量要少一些。

c. $P$ 系统的总年度成本为

图 9.15

OM Explorer 库存系统求解软件

**连续观测（Q）系统**

| | |
|---|---|
| z | 1.41 |
| 安全库存量 | 73 |
| 再订货点 | 373 |
| 年度成本 | $4 822.38 |

**定期观测（P）系统**

| | |
|---|---|
| 观测间隔时间（P） | 4.00 天 |
| ☑ 手工输入 | |
| 保护区间需求量的标准差 | 79.37 |
| 安全库存量 | 112 |
| 保护区间的平均需求量 | 700 |
| 目标库存水平（T） | 812 |
| 年度成本 | $5 207.80 |

$$C = \frac{\overline{d}P}{2}H + \frac{D}{\overline{d}P}S + H \times 安全库存量$$

$$C = \frac{100 \times 4}{2} \times \$9.40 + \frac{26\ 000}{100 \times 4} \times \$35 + \$9.40 \times 1.41 \times 79.37$$

$$= \$5\ 207.80$$

d. 库存状况等于现有库存量加上预计到货量再减去积压订单量，即

$$IP = OH + SR - BO = 40 + 440 - 0 = 480\ 套搅拌机$$

订货量为目标库存水平减去库存状况，即

$$Q = T - IP = 812 - 480 = 332\ 套搅拌机$$

应该发出 332 套搅拌机的订单。

## 问题求解 6

Grey Wolf 旅馆是在 North Woods 地区颇受欢迎的一家旅店，有 500 间客房。管理人员需要在所有客房服务用品上贴上标签，其中包括一种有特殊松木香味的肥皂块。这种肥皂的日需求量为 275 块，其标准差为 30 块。订货成本为 10 美元，库存持有成本为每块每年 0.3 美元。从供应商处订货的提前期为 5 天，其标准差为 1 天。该旅馆每年营业 365 天。

a. 这种肥皂的经济订货量是多少？

b. 如果管理层希望达到 99% 的服务水平，则肥皂的再订货点是多少？

c. 假定使用 $Q$ 系统，该种肥皂的年度总成本是多少？

**解**

a. 已知 $D = 275 \times 365 = 100\ 375$ 块肥皂；$S = \$10$，$H = \$0.30$。肥皂的 EOQ 为

$$EOQ = \sqrt{\frac{2DS}{H}} = \sqrt{\frac{2 \times 100\ 375 \times \$10}{\$0.30}} = \sqrt{6\ 691\ 666.7}$$

$$= 2\ 586.83\ 或\ 2\ 587\ 块$$

b. 已知：$\overline{d} = 275$ 块 / 天，$\sigma_d = 30$ 块，$\overline{L} = 5$ 天，$\sigma_{LT} = 1$ 天，

$$\sigma_{dLT} = \sqrt{\overline{L}\sigma_d^2 + \overline{d}^2\sigma_{LT}^2} = \sqrt{5 \times 30^2 + 275^2 \times 1^2} = 283.06\ 块肥皂$$

在正态分布附录中查找与 99% 服务水平对应的 0.9900。最接近的值是 0.9901，对应的 z 值是 2.33。

计算安全库存量和再订货点如下：

$$安全库存量 = \sigma_{dLT} = 2.33 \times 283.06 = 659.93 \text{ 或 } 660 \text{ 块肥皂}$$
$$再订货点 = \overline{d}L + 安全库存量 = 275 \times 5 + 660 = 2\ 035 \text{ 块}$$

c. $Q$ 系统的年度总成本为

$$C = \frac{Q}{2}H + \frac{D}{Q}S + H \times 安全库存量$$
$$= \frac{2\ 587}{2} \times \$0.30 + \frac{100\ 375}{2\ 587} \times \$10 + \$0.30 \times 660 = \$974.05$$

## 讨论题

1. 库存与第 1 章"通过运营展开竞争"中所讨论的 9 个竞争优先级之间有什么关系？假定两个互相竞争的制造商 H 公司和 L 公司非常相似，不同的是 H 公司在原材料、在制品以及产成品上的库存投资要比 L 公司大得多。那么，H 公司在 9 个竞争优先级的哪些方面具有优势？

2. 假定一个在供应链中具有强大购买力的大型折扣零售商要求其所有的供应商都加入新信息系统，该信息系统将减少该零售商向其供应商下订单的成本，而且还能减少其供应商向自己的供应商下订单的成本。还假定订货量与提前期是相互关联的，订货量越少，供应商的提前期就越短。假定供应链中的所有成员都使用连续观测系统和 EOQ 订货量。说明该新信息系统对供应链的整体影响以及对供应链成员各自库存系统的具体影响。

3. 各个组织是否有可能达到不再需要库存的局面？为什么？

## 练习题

1. 一种部件以 1 000 件为一个批次进行生产，该部件由 2 个合计价值为 \$50 的零件组装而成。在生产过程中增加的价值（包括劳动力及可变间接费用）为每件 \$60，使每件成品的总成本达到 \$110。该部件的平均生产提前期为 6 周，年需求量为 3 800 件。每年的生产时间为 50 周。

   a. 该部件的平均周转库存量是多少？这些库存的资金价值是多少？

   b. 该部件的平均在途库存是多少？这些库存的资金价值是多少？（提示：假设通常情况下在途库存为半成品。因此增加一半的劳动力及可变管理费用，使单位成本为 \$80，即 \$50 + \$60/2。）

2. Prince 电子公司是生产消费电子产品的制造商，在全国不同地区拥有 5 个配送中心。其中一种产品是定价为 350 美元 / 个的高速调制解调器，每个配送中心的平均周需求量为 75 单位。向每个配送中心的平均运输批量为 400 单位，而平均交付提前期为 2 周。每个配送中心备有 2 周的供货量作为安全库存，没有预计到货量。

   a. 每个配送中心在运输过程中的平均在途库存资金为多少？

   b. Prince 公司全部 5 个配送中心拥有的总库存（周转库存、安全库存和在途库存）量为多少？

3. Terminator 有限公司生产摩托车部件，生产批量为 250 单位。该部件的原材料成本为 \$150，在用其零部件生产一个单位产品的过程中，所增加的价值为 \$300，所以，每单位成品的总成本为 \$450。制造该部件的生产提前期为 3 周；年需求量为 4 000 单位。假定工作时间为每年 50 周。

   a. 该部件的平均周转库存量是多少？其价值是多少？

   b. 该部件的平均在途库存量是多少？其价值是多少？

4. Oakwood 医院正考虑使用 ABC 分析法，将实验室的库存 SKU 分为 3 类：需要由供应商每天送货的物品（A 类物品）、需要用连续观测系统控制的物品（B 类物品）以及需要用双仓系统持有的物品（C 类物品）。下表列出了 8 种 SKU 样本的年资金占用额。试对这些 SKU 进行排序，并将它们归为适当的类别。

| SKU | 资金价值（$） | 年使用量 |
|---|---|---|
| 1 | 0.01 | 1 200 |
| 2 | 0.03 | 120 000 |
| 3 | 0.45 | 100 |
| 4 | 1.00 | 44 000 |
| 5 | 4.50 | 900 |
| 6 | 0.90 | 350 |
| 7 | 0.30 | 70 000 |
| 8 | 1.50 | 200 |

5. Southern Markets 有限公司正考虑使用 ABC 分析法，关注库存中最关键的 SKU。目前大约有 2 万种不同的 SKU，每年的总资金占用量为 1 000 万美元。

   a. 你预计 Southern Markets 有限公司的 A 类物品、B 类物品和 C 类物品的年资金总占用额各为多少？

   b. 下表列出了 8 种 SKU 的随机样本的单位价值和年需求量。请将这些 SKU 按 A、B、C 分类。

| SKU 代码 | 单位价值（$） | 需求量（件） |
|---|---|---|
| A104 | 2.10 | 2 500 |
| D205 | 2.50 | 30 |
| X104 | 0.85 | 350 |
| U404 | 0.25 | 250 |
| L205 | 4.75 | 20 |
| S104 | 0.02 | 4 000 |
| X205 | 0.35 | 1 020 |
| L104 | 4.25 | 50 |

6. Yellow Press 有限公司采购 1 500 磅 1 卷的印刷用纸。年需求量为 2 500 卷。每卷成本为 $800，年库存持有成本为该成本的 15%。每次订货的处理成本为 $50。

   a. Yellow Press 有限公司一次应该订购多少卷纸？

   b. 订货间隔时间为多少？

7. Babble 有限公司每月采购 400 盒空白录音带，以供生产外语语音教材之用。订购成本为 $12.50。库存持有成本为每盒每年 $0.12。

   a. Babble 有限公司一次应该订购多少盒录音带？

   b. 订货间隔时间为多少？

8. Dot Com 是一家大型的畅销书零售商，其需求量稳定在每年 32 000 册。为补充库存而下一次订单的成本为 $10，年库存持有成本为每本书 $4。在发出订单后的 5 个工作日可以收到货物。不允许有积压订单。假定一年有 300 个工作日。

   a. Dot Com 公司的最佳订货批量是多少？

   b. 每年的最佳订货次数是多少？

   c.（按工作日计算的）最佳订货间隔时间是多少？

   d. 提前期内的需求量是多少？

   e. 再订货点是多少？

   f. 订单下达后的瞬间库存状况为多少？

9. Leaky Pipe 公司是当地一家管件零售商。该公司一种 SKU 的需求量很稳定，数量为每年 30 000 件。为补充库存的订单处理成本为 $10，年库存持有成本为每年每件 $1。在发出订单后的 4 个工作日可以收到货物。不允许有积压订单。假定一年有 300 个工作日。

   a. Leaky Pipe 公司的最佳订货批量是多少？

   b. 每年的最佳订货次数是多少？

   c.（按工作日计算的）最佳订货间隔时间是多少？

   d. 提前期内的需求量是多少？

   e. 再订货点是多少？

   f. 订单下达后瞬间的库存状况为多少？

10. Sam's Cat 旅馆营业时间为每年 52 周，每周 6 天，并使用连续观测库存系统。公司采购猫砂的价格为每袋 $11.70。可获得的有关猫砂的信息如下。

    需求量 = 90 袋 / 周
    订货费 = $54/ 次
    年库存持有成本 = 成本的 27%
    要求的周期服务水平 = 80%
    提前期 = 3 周（18 个工作日）
    周需求量的标准差 = 15 袋

    当前现有库存量为 320 袋，没有未结订单或积压订单。

    a. EOQ 是多少？（以周为单位表示的）平均订货间隔时间是多少？

    b. R 应该是多少？

    c. 如果刚刚提取了 10 袋库存，是否到了再订货的时间？

    d. 商店目前采用的订货批量为 500 袋（即 Q = 500）。这项策略的年库存持有成本和年订货成本各是多少？如果不计算 EOQ，那么，从这 2 个计算结果中，你怎样才能得出当前订货批量太大的结论？

    e. 如果将 500 袋的订货批量转换为 EOQ，那么每年所节省的费用将是多少？

11. 继续考虑练习题 10 中 Sam's Cat 旅馆的猫砂订货策略。

    a. 假定每周 90 袋的需求量预测值并不准确，每周的实际平均需求量仅为 60 袋。由于预测错误导致 EOQ 失真，那么总成本会高出多少？

  b. 假定实际需求量还是 60 袋，但由于采用互联网自动下订单，订货成本削减到仅为 \$6。但是，采购员没有告知任何人，从而没有对 EOQ 进行调整来反映 $S$ 的下降。那么，与 EOQ 做了调整之后的总成本相比，总成本会高出多少？

12. 在一个 $Q$ 系统中，草莓冰淇淋的需求率呈正态分布，每周平均为 300 品脱。提前期为 9 周。每周需求量的标准差为 15 品脱。

  a. 9 周提前期内需求量的标准差是多少？

  b. 9 周提前期内的平均需求量是多少？

  c. 当再订货点为多少时，可以得到 99% 的服务水平？

13. Petromax Enterprises 公司对一种 SKU 应用连续观测库存控制系统。以下是所获得的有关该物料的信息。该公司每年的工作时间为 50 周。

  需求量 = 50 000 单位 / 年

  订货成本 = \$35/ 次

  库存持有成本 = \$2/ 单位 / 年

  平均提前期 = 3 周

  每周需求量的标准差 = 125 单位

  a. 该物料的经济订货量是多少？

  b. 如果公司想提供 90% 的周期服务水平，那么安全库存量和再订货点是多少？

14. 在一个永续盘存系统中，门把手的提前期为 5 周。提前期内需求量的标准差为 85 件。要求的服务水平为 99%。由于门把手供应商使其运营流程更加顺畅，现在报出的提前期为 1 周。在不降低 99% 周期服务水平的情况下，安全库存量可以减少多少？

15. 在一个双仓库存系统中，对 3 英寸方头螺栓在 2 周提前期内的需求量服从正态分布，平均需求量为每周 53 个单位。周需求量的标准差为 5 个单位。

  a. 当第 2 仓中的正常水平设定为 130 单位时，需求量超过再订货点的概率是多少？

  b. 如果要花 3 周时间才能收到补充订货，需求超出第 2 仓 130 个单位的概率是多少？

16. Nationwide 汽车零部件公司对一种库存物品使用定期观测库存控制系统。观测间隔时间为 6 周，从其批发商那里收到订购物料的提前期为 3 周。周需求量为正态分布，均值为 100 单位，而标准差为 20 单位。

  a. 保护区间的需求平均值及标准差各是多少？

  b. 如果企业要求 97.5% 的缺货保护，那么目标库存水平应该是多少？

  c. 在某次定期观测时，如果有 350 单位的库存，那么订货量应该是多少？

17. 在一个 $P$ 系统中，一箱除草剂的提前期为 2 周，且观测间隔期为 1 周。保护区间需求量的平均值为 218 箱，其标准差为 40 箱。

  a. 当目标库存水平设定为 300 箱时，服务水平是多少？

  b. 在秋季，除草剂的需求量下降，但其可变性更大。假定在秋季，预计保护区间的平均需求下降到 180 箱，但标准差是 50 箱。如果管理层将目标库存水平保持为 300 箱，则服务水平是多少？

18. 你所在的公司某零售产品卖得非常好，而你负责该产品的库存控制。该产品的每周需求量有所不同，其平均值为 200 单位，标准差为 16 单位。该产品购自一家批发商，购价为每单位 \$12.50。供货提前期为 4 周。下一次订单的成本为 \$50，每年库存持有成本为该产品购价的 20%。你所在的公司营业时间为每周 5 天，每年 50 周。

  a. 该产品的最佳订购批量为多少？

  b. 在一个订货周期，要达到 99% 的缺货保护水平，那么应该有多少单位的安全库存？

  c. 如果供货提前期可以减至 2 周，在同样 99% 的缺货保护水平下，安全库存量减少的百分比为多少？

  d. 如果经过适当的促销活动，降低了需求量的多变性，这样周需求量的标准差就是 8 单位，而不是 16 单位，那么，这时在同样的 99% 缺货保护水平下，安全库存量减少的百分比又为多少？（与 b 中的情况进行比较）

19. 假定练习题 10 中的 Sam's Cat 旅馆使用 $P$ 系统而不是 $Q$ 系统。日平均需求量为 $\bar{d} = 90/6 = 15$ 袋，日需求量的标准差为 $\sigma_d = \dfrac{\sigma_{周}}{\sqrt{6}} = 15/\sqrt{6} = 6.124$ 袋。

  a.（用工作日表示的）$P$ 及 $T$ 各为多少时，可以近似达到 EOQ 的成本平衡效果？

  b. 所需安全库存量比运用 $Q$ 系统时高出多少？

  c. 现在到了定期观测时间，应订购多少袋猫砂？

20. 你所在的公司使用连续观测系统，每年工作 52 周。其中一种 SKU 具有以下特征。

  需求量（$D$）= 20 000 单位 / 年

  订购成本（$S$）= \$40/ 次

  库存持有成本（$H$）= \$2/ 单位 / 年

提前期（$L$）＝ 2 周

服务水平 ＝ 95%

需求量呈正态分布，且周需求量的标准差为 100 单位。当前现有的库存为 1 040 单位，不存在预计到货，且不允许有积压订单。

a. 计算该物品的 EOQ。以周为单位的平均订货间隔时间为多少？

b. 在 95% 的周期服务水平下，求出安全库存量及再订货点。

c. 针对这些情况，（1）周转库存的年度持有成本是多少？（2）年订货成本是多少？

d. 如果刚刚提走了 15 单位的库存，是否应该马上订货？如果是，应该订购多少？

21. 你所在的公司对用 ABC 分析法划分出的 B 类物品和 C 类物品的所有 SKU 使用定期观测系统。而对划分为 A 类物品的所有 SKU 使用连续观测系统。对当前划分为 A 类的一种具体的 SKU 的需求量一直在下降。公司要求你评估将该物品从连续观测转为定期观测的影响。假定公司每年工作 52 周，该物品的当前特征为：

需求量（$D$）＝ 15 080 单位 / 年

订购成本（$S$）＝ \$125.00/ 次

库存持有成本（$H$）＝ \$3.00/ 单位 / 年

提前期（$L$）＝ 5 周

周期服务水平 ＝ 95%

需求量呈正态分布，且周需求量的标准差为 64 单位。

a. 计算该物品的 EOQ。

b. 利用得出的 EOQ，确定该物品适当的连续观测系统和定期观测系统的参数。

c. 哪种系统要求更高的安全库存量？高出多少？

22. 某企业通过对 SKU 抽样来检查现行策略，开始审核其连续观测系统的订货策略。以下是一种物料的特征。

需求量（$D$）＝ 64 单位 / 周（假定每年 52 周）

订货及设置调整成本（$S$）＝ \$50/ 次

库存持有成本（$H$）＝ \$13/ 单位 / 年

提前期（$L$）＝ 2 周

周需求量的标准差 ＝ 12 单位

周期服务水平 ＝ 88%

a. 这种物料的 EOQ 是多少？

b. 所要求的安全库存量是多少？

c. 再订货点是多少？

d. 如果这种物料的当前策略是 $Q = 200$，且 $R = 180$，对成本有何影响？

23. 使用与练习题 22 相同的资料，制订一个定期观测系统的最佳方案。

a. $P$ 值为多少时，每年的订购次数与采用 EOQ 时基本相同？得出的结果（周数）取最接近的整数。

b. 安全库存量及目标库存水平为多少时，可得到 88% 的周期服务水平？

24. Wood County 医院每周消耗 1 000 箱绷带。绷带价格为每箱 \$35，医院工作时间为每年 52 周。处理一次订单的费用为 \$15，一箱绷带的年库存持有成本为绷带价值的 15%。

a. 医院订购绷带的批量为 900 箱。那么该医院会产生多少额外费用？如使用 EOQ 法，这些费用是可以节约的。

b. 需求量呈正态分布，且周需求量的标准差为 100 箱。提前期为 2 周。如果医院使用连续观测系统，而且所要求的周期服务水平为 97%，那么安全库存量需要多大？再订货点应该是多少？

c. 如果医院使用 $P = 2$ 周的定期观测系统，那么目标库存水平 $T$ 应该是多少？

25. 某高尔夫专业用品批发商每年营业 50 周。管理层试图确定其 1 号铁头球棒的库存策略,该产品具有如下特征：

需求量（$D$）＝ 2 000 单位 / 年

需求量呈正态分布

周需求量的标准差 ＝ 3 单位

订货成本 ＝ \$40/ 次

年库存持有成本（$H$）＝ \$5/ 单位

要求的周期服务水平 ＝ 90%

提前期（$L$）＝ 4 周

a. 如果公司使用定期观测系统，$P$ 及 $T$ 应该是多少？ $P$ 取最接近的整周数。

b. 如果公司使用连续观测系统，$R$ 应该是多少？

26. Osprey 运动用品商店存有 Great North Woods 地区用麝香钓鱼的人需要的所有物品。有种特殊的麝香诱饵很受当地的钓鱼者以及在互联网上从 Osprey 运动用品商店购买鱼饵的人欢迎。向供应商下订单的成本是每次 30 美元，每天的平均需求量是 4 份鱼饵，其标准差为 1 份鱼饵。库存持有成本为每份鱼饵每年 1 美元。供应商的提前期为 10 天，其标准差为 3 天。为了适当地平衡服务水平和库存持有成本，维持 97% 的周期服务水平是很重要的。Osprey 运动用品商店每年营业 350 天，使商店所有者能够有机会在旺季寻找麝香。商店所有者希望对这种物品使用连续观测系统。

a. 订货批量应该是多少？

b. 再订货点应该是多少？

c. 该库存系统的年度总成本是多少？

27. Farmer's Wife 是一家乡村商店，专门经营适合农家装饰用的小摆设。小型的荷斯坦奶牛（Holstein cow）饰品是一种人们疯狂购买的物品。平均周需求量是 30 件，其标准差为 5 件。下补货订单的成本是每次 15 美元，库存持有成本是每件每年 0.75 美元。但是，供应商在中国。新订单的提前期为 8 周，其标准差为 2 周。Farmer's Wife 商店每年只营业 50 周，希望建立一个该物品的连续观测系统，要求其周期服务水平为 90%。

a. 对荷斯坦奶牛饰品的连续观测系统进行描述。说明该系统实际的运行方式。

b. 你建立的系统的年度总成本是多少？

## 高级练习题

28. Muscle Bound 是位于许多大型购物中心的健身连锁店。最近，CEO 给所有运营人员的一份内部备忘录中提到 Muscle Bound 中心仓库预算超支。她特别说到库存量太大，要对存储的所有物品按相同的比例大幅削减预算。因此，仓库管理者开展了一项试点研究，了解预算削减会对顾客服务产生什么影响。他们选择 5 磅重的杠铃片进行研究，该物品有大量的 SKU 且占用了大量的仓储空间。对该杠铃片的日需求量为 1 000 件，其标准差为 150 件。订货成本为每次 40 美元，库存持有成本是每件每年 2 美元。供应商在菲律宾，因此提前期为 35 天，其标准差为 5 天。Muscle Bound 商店每年营业 313 天（星期天不营业）。

假定分给杠铃片的年度总成本预算为 16 000 美元。如果 Muscle Bound 商店对杠铃片采用连续观测系统，订货成本、库存持有成本、需求分布以及提前期都不能改变，对于该系统，管理层能够期望的最佳服务水平为多少？

29. Georgia 灯具中心存有 3 000 多种灯具，其中有枝形吊灯、垂花饰灯、壁灯和活动式投射照明灯。商店采用零售方式，营业时间为每周 6 天，公司将自己宣传为"城中最亮的点"。有一种昂贵灯具平均每天售出 5 套。订货策略为 $Q = 40$ 和 $R = 15$。在到达再订货点的那天发出新订单。提前期为 3 个工作日。例如，周一订的货，周四送达。试对该 $Q$ 系统接下来 3 周（18 个工作日）的运行情况进行仿真。一旦缺货就会导致销售机会的丧失（而不是积压订单）。初始库存为 19 套，不存在预计到货。表 9.2 对第 1 周的运营情况进行了仿真。如果余下 12 个工作日的需求量为 7、4、2、7、3、6、10、0、5、10、4 和 7，试延伸表 9.2，对余下 2 周的运营情况进行仿真。

a. 全部 18 天中，每日结余库存量的平均值是多少？发生缺货的次数是多少？

b. 假定采用 $Q = 30$ 和 $R = 20$ 的系统，对同一物品的库存绩效进行仿真。计算平均库存水平及发生缺货的次数，并与（a）的结果进行比较。

表 9.2　第 1 周的运行情况

| 工作日 | 初始库存量 | 收到的订货量 | 日需求量 | 结余库存量 | 库存状况 | 订货批量 |
|--------|-----------|-------------|----------|-----------|----------|----------|
| 1. 周一 | 19 | — | 5 | 14 | 14 | 40 |
| 2. 周二 | 14 | — | 3 | 11 | 51 | — |
| 3. 周三 | 11 | — | 4 | 7 | 47 | — |
| 4. 周四 | 7 | 40 | 1 | 46 | 46 | — |
| 5. 周五 | 46 | — | 10 | 36 | 36 | — |
| 6. 周六 | 36 | — | 9 | 27 | 27 | — |

那是南加利福尼亚州一个普通秋日的下午，成千上万的游客走向海滩消遣。但是，约 40 英里外，Swift 电子器件有限公司的 CEO 史蒂文却面临与公司库存管理有关的严峻问题。

作为英特尔公司富有经验的老员工，史蒂文在电子元件销售行业已工作了 20 多年。7 年前，他创建了 Swift 电子器件有限公司——一家电子器件经销商。头几年公司生意兴隆，但现在却陷入利润率下滑的困境。最近的经济衰退使情况变得更糟。诸多因素，比如 B2B 电子商务的成长、市场的全球化、增值服务的日益普及以及方兴未艾的电子产品经销商之间的兼并等都影响着公司的未来。

为了抵消这些因素的影响，史蒂文向当地一所有名的大学请教。经过咨询后，史蒂文发现，提高盈利能力最有效的方法就是削减库存成本。他首先对公司的代表性产品动态随机存取存储器（DRAM）进行了仔细研究，以此作为其计划的基础。

**行业及公司简介**

由于电信业的繁荣和信息技术革命，在过去 10 年里，电子产品经销商经历了每年 2 位数速度的增长。为了削减一线采购部门的成本，英特尔、思科及德州仪器公司等大型电子元件制造商决定将其采购业务外包，这样它们就可以集中于产品研发和制造。于是，像 Swift 这样的独立电子器件经销商开始为这些公司提供采购服务。

Swift 公司的服务对象是位于加利福尼亚州和亚利桑那州的电子元件制造商。作为其客户和海外原始设备制造商（original equipment manufacturers, OEMs）之间的中间人，Swift 公司的商业模式非常简单。在对客户需求进行预测的基础上，Swift 公司向一些 OEMs 订购产品，并将这些产品入库储存，然后将产品数量进行分解后交付给终端客户。

近来，由于竞争加剧且需求量下降，Swift 公司提供了更有弹性的交付计划，愿意为小批量订货业务提供服务。然而，如果 Swift 公司不能满足客户订货需求，他们总是会转而求助于 Swift 的竞争对手。史蒂文陷入了两难境地：失去客户的无形损失可能是巨大的；但是，维持高水平库存的代价也很高。

**DRAM**

史蒂文将其注意力转向其代表性产品 DRAM。以前，只要公司觉得必要，就会大量订购。史蒂文的助手做出了一张含有 2 个月历史需求数据的表格（见表 9.3）。根据史蒂文的经验，在公司的产品系列中，DRAM 的需求量相当稳定，而且不存在销售的季节性。销售人员认为当前年度的销售环境与往年没有什么不同，因此历史需求数据可以很好地预示未来情况。

**表 9.3　DRAM 的历史需求数据（件）**

| 天 | 需求量 | 天 | 需求量 | 天 | 需求量 |
|---|---|---|---|---|---|
| 1 | 869 | 21 | 663 | 41 | 959 |
| 2 | 902 | 22 | 1 146 | 42 | 703 |
| 3 | 1 109 | 23 | 1 016 | 43 | 823 |
| 4 | 947 | 24 | 1 166 | 44 | 862 |
| 5 | 968 | 25 | 829 | 45 | 966 |
| 6 | 917 | 26 | 723 | 46 | 1 042 |
| 7 | 1 069 | 27 | 749 | 47 | 889 |
| 8 | 1 086 | 28 | 766 | 48 | 1 002 |
| 9 | 1 066 | 29 | 996 | 49 | 763 |
| 10 | 929 | 30 | 1 122 | 50 | 932 |
| 11 | 1 022 | 31 | 962 | 51 | 1 052 |
| 12 | 959 | 32 | 829 | 52 | 1 062 |
| 13 | 756 | 33 | 862 | 53 | 989 |
| 14 | 882 | 34 | 793 | 54 | 1 029 |
| 15 | 829 | 35 | 1 039 | 55 | 823 |
| 16 | 726 | 36 | 1 009 | 56 | 942 |
| 17 | 666 | 37 | 979 | 57 | 986 |
| 18 | 879 | 38 | 976 | 58 | 736 |
| 19 | 1 086 | 39 | 856 | 59 | 1 009 |
| 20 | 992 | 40 | 1 036 | 60 | 852 |

DRAM 的主要制造商位于东南亚。当前，Swift 电子器件公司可以用每件 $10 的价格采购 128M 的 DRAM。在与一家知名供应商谈判后，史蒂文争取签订了一份长期合约，合约规定维持 $10 的售价不变，并允许 Swift 随时订货。该供应商还向 Swift 公司供应其他产品。此外，

该 DRAM 供应商要花 2 天的时间采用空运形式将货物送达 Swift 的仓库。

当 Swift 公司没有足够的库存来满足客户订单时，就意味着会丧失销售机会；也就是说，Swift 公司不能延期交付短缺的数量，因为客户会通过其竞争对手来满足需求。但不管怎样，客户愿意接受部分货物。

Swift 公司向供应商每订一次货要花费 \$200。其中包括相应的内部订货费用和将产品运达公司的费用。史蒂文估计失去销售机会的损失额为每件 DRAM \$2。这种粗略估计包括利润损失以及客户信誉方面的无形损失。

为了简化库存管理系统，Swift 公司制定一个将周期服务水平维持在 95% 的策略。不论何种产品，每件产品每天的库存持有成本估计为产品成本的 0.5%。库存持有成本是根据每天的库存结余计算的。目前 DRAM 的库存结余为 1 700 件。

日常采购程序如下：每天开始，在 Swift 公司开门迎接客户之前就要订货。2 天后的早上所订货物就会到达，当天就可用来销售。例如，在第 1 天开始时的订货，在第 3 天 Swift 公司开门营业之前就可以到达。每日实际需求量一直是在当日结束时做记录，这时 Swift 公司已停止承接客户业务。所有的成本核算都是在当天结束时做好总需求记录之后做的。

**仿真**

史蒂文认为，仿真是评价各种库存控制方案的一种有效方法。表 9.3 中的历史数据可用于制定有吸引力的库存策略。可以用表格来记录各类成本并评价各个不同方案。举一个最近某些 DRAM 库存决策的例子，如表 9.4 所示。

1. 运用所提供的数据，为 Swift 电子器件公司设计一个新的库存系统。
2. 提供该系统的工作原理，内容应该包括为确定订货数量及订货时间所遵循的决策准则。
3. 对该系统的使用情况进行仿真并记录相关费用。制作一张与表 9.4 类似的表格来记录仿真结果。在仿真过程中，指导教师将逐日提供实际需求量。

**表 9.4　仿真实例**

| 日期 | 1 | 2 | 3 | 4 | 5 | 6 | 7 | 8 | 9 | 10 |
|---|---|---|---|---|---|---|---|---|---|---|
| 初始库存量 | 1 700 | 831 | 1 500 | 391 | 3 000 | 3 232 | 2 315 | | | |
| 订购量 | 1 500 | | 3 000 | 1 200 | | | 1 900 | | | |
| 日需求量 | 869 | 902 | 1 109 | 947 | 968 | 917 | 1 069 | | | |
| 日结存量 | 831 | −71 | 391 | −556 | 2 032 | 2 315 | 1 246 | | | |
| 订购成本（\$200/次） | 200 | | 200 | 200 | | | 200 | | | |
| 库存持有成本（\$0.05/件/天） | 41.55 | 0.00 | 19.55 | 0.00 | 101.60 | 115.75 | 62.30 | | | |
| 缺货损失额（\$2/件） | 0 | 142 | 0 | 1 112 | 0 | 0 | 0 | | | |
| 日总成本 | 241.55 | 142.00 | 219.55 | 1 312.00 | 101.60 | 115.75 | 262.30 | | | |
| 昨日为止的累计成本 | 0.00 | 241.55 | 383.55 | 603.10 | 1 915.10 | 2 016.70 | 2 132.45 | | | |
| 迄今为止的累计成本 | 241.55 | 385.55 | 603.10 | 1 915.10 | 2 016.70 | 2 132.45 | 2 394.75 | | | |

两名汽车修理工丹·布洛克和埃德·斯普里格斯共同创建了从事汽车零部件批发的 Parts Emporium 有限公司。公司一开始设在布洛克的车库内，最初 7 年公司的业务缓慢而稳定地增长，直到公司搬到芝加哥南部地区一个废弃的肉类加工仓库。随着存储空间的扩大，公司开始提供更多种类的汽车零部件。选择范围的扩大，再加上汽车使用寿命的延长，使公司业务有了迅猛增长。15 年后，Parts Emporium 已成为中北部地区最大的汽车零部件独立分销商。

最近，Parts Emporium 公司又搬到一座崭新的办公及仓储综合楼，它位于芝加哥郊外，离 55 号州际公路不远。仅仓库面积就 100 000 多平方英尺。自仓库建成以来，新产品种类虽然增加得不多，但其库容利用率已从 65% 增加到 90% 以上。但是，与此同时，销售增长却停滞不前。这种状况促使布洛克和斯普里格斯外聘管理人员，这也是公司自成立以来第一次外聘管理者。

6 月 6 日是苏·麦卡斯基在 Parts Emporium 公司新设立的物料经理岗位走马上任的第一天。麦卡斯基刚从一所著名商学院毕业，她急切地等待着迎接她的第一个实际问题。上午 8：30 左右，一份有关库存现状及在途发货量的报告交到她手中。在一份长长的电脑打印单的顶部有采购部经理乔·唐纳手写的提示："所附的是有关库存及顾客服务绩效的数据。请放心，由于我们在上周末对库存量进行了全面的实物盘点，因此每种物品的库存水平都是准确的。但遗憾的是，我们在某些地方没有依照你的要求对记录做汇总。但是，欢迎你来亲自做这件事。欢迎加入！"

由于没有得到整体信息，麦卡斯基觉得有点不踏实，所以她决定随机选取一个约 100 种物品的小样本，然后汇总库存量及顾客服务特征值，来得到一个"全貌"。结果使她明白了 Parts Emporium 公司决定设立她现在这个职位的原因。看起来库存物品好像都放错了位置。尽管达到了平均约 60 天的库存量，但公司的客户服务还是差强人意。对于那些不能马上由库存满足的客户订单，公司试图采用积压订单的办法，但是还是有大约 10% 的需求量流失到竞争对手那里。由于相对库存持有成本而言，缺货损失代价更大，所以麦卡斯基认为至少应该达到 95% 的周期服务水平。

苏·麦卡斯基知道，虽然她个人对改革的影响力有限，但她必须立即产生积极影响。因此她决定集中于多个产品系列中的两个产品：EG151 排气管衬垫和 DB032 传动带。如果她能证明仅对这两个产品做恰当的库存管理就能获得巨大收益，布洛克和斯普里格斯就会给予她所需要的支持，从而推动整个库存管理系统的改革。

EG151 排气管衬垫购自一家海外供应商——Haipei 公司。今年前 21 周的实际需求量如下表所示：

| 周 | 实际需求量 | 周 | 实际需求量 |
|---|---|---|---|
| 1 | 104 | 12 | 97 |
| 2 | 103 | 13 | 99 |
| 3 | 107 | 14 | 102 |
| 4 | 105 | 15 | 99 |
| 5 | 102 | 16 | 103 |
| 6 | 102 | 17 | 101 |
| 7 | 101 | 18 | 101 |
| 8 | 104 | 19 | 104 |
| 9 | 100 | 20 | 108 |
| 10 | 100 | 21 | 97 |
| 11 | 103 | | |

另一个文件显示，通过对过去的订单快速审核发现，所用的订货批量为 150 单位，而 Haipei 公司的提前期为 2 周，且相当稳定。现在是第 21 周的周末，手头没有存货；有 11 单位的积压订单，公司正在等待一批 150 单位的预计到货量。

DB032 传动带购自位于密歇根州大急流城的 Bendox 公司。到目前为止，今年的实际需求量如下表所示：

| 周 | 实际需求量 | 周 | 实际需求量 |
|---|---|---|---|
| 11 | 18 | 17 | 50 |
| 12 | 33 | 18 | 53 |
| 13 | 53 | 19 | 54 |
| 14 | 54 | 20 | 49 |
| 15 | 51 | 21 | 52 |
| 16 | 53 | | |

由于 OB032 传送带为第 11 周才引进的新产品，所以只能得到之后的数据。当前手头有 324 单位的库存，不

存在积压订单，也没有预计到货量。所采用的订货批量为 1 000 单位，提前期为 3 周，且相当稳定。

　　Parts Emporium 公司向客户收取的批发价格分别为：EG151 排气管衬垫 $12.99，DB032 传动带 $8.89。由于这两种高盈利产品没有数量折扣，所以基于当前采购方式的毛利是排气管衬垫批发价格的 32%，传动带批发价格的 48%。

　　Parts Emporium 公司估计其库存持有成本为其存货资金的 21%。该百分率考虑到了库存占用资金的机会成本以及税收、保险和货物损耗的可变成本。年度报表记录有关该 100 000 平方英尺库房的水电、维护及债务服务的其他仓储支出，合计达 150 万美元。但麦卡斯基判断这些仓储费用可以忽略不计，因为这些费用不会影响她正在考虑的库存策略问题。

　　对于排气管衬垫，Parts Emporium 公司向供应商订货的实际费用为每次 $20；而订购传动带，每次订货费用为 $10。至于外向运输，公司可以收取送货费。尽管大多数客户到 Parts Emporium 公司提货，但也有一些订货要由公司送达客户。为了提供这类服务，Parts Emporium 公司与一家本地企业签订了一份合同，规定每份订单的运输费固定为 $21.40，这笔费用将算到客户账上。如果公司承担送货费，麦卡斯基不能确定是否会增加订货成本。

**思考题**

1. 站在麦卡斯基的立场，准备一份向布洛克和斯普里格斯汇报的详尽报告——关于 EG151 排气管衬垫和 DB032 传动带的库存管理问题。要确保提供一个适用的库存系统，并考虑所有相关成本。
2. 对于这两种产品来说，你的方案减少的年周转库存成本、缺货成本以及订货成本各为多少？

## 参考文献

Arnold, Tony J.R., Stephen Chapman, and Lloyd M. Clive. *Introduction to Materials Management*, 7th ed. Upper Saddle River, NJ: Prentice Hall, 2012.

Axsäter, Sven. *Inventory Control*, 2nd ed. New York: Springer Science + Business Media, LLC, 2006.

Bastow, B. J. "Metrics in the Material World." *APICS—The Performance Advantage* (May 2005), pp. 49–52.

Benton, W.C. *Purchasing and Supply Chain Management*, 2nd ed. New York: McGraw-Hill, 2010.

Cannon, Alan R., and Richard E. Crandall. "The Way Things Never Were." *APICS—The Performance Advantage* (January 2004), pp. 32–35.

Hartvigsen, David. *SimQuick: Process Simulation with Excel*, 2nd ed. Upper Saddle River, NJ: Prentice Hall, 2004.

*Operations Management Body of Knowledge*. Falls Church, VA: American Production and Inventory Control Society, 2009.

Timme, Stephen G., and Christine Williams-Timme. "The Real Cost of Holding." *Supply Chain Management Review* (July/August 2003), pp. 30–37.

Walters, Donald. *Inventory Control and Management*, 2nd ed. West Sussex, England: John Wiley and Sons, Ltd, 2003.

# C

# 特殊库存模型

许多实际问题需要放松经济订货批量（EOQ）模型的某些假设条件。本补充资料将讨论这种简单 EOQ 公式以外的三种现实情况。

1. 非瞬时补货。特别是在制造商采用连续流程生产基本原料，比如液体、气体或粉末时，生产过程不是瞬时完成的。因此，库存并不是以批量形式补充的，而是逐渐补充。
2. 数量折扣。三种年成本分别是：（1）库存持有成本；（2）订货和设置调整的固定成本；（3）物料成本。对服务提供商和生产商来讲都一样，采购物料的单位成本有时是由订购数量决定的。
3. 单周期决策。时尚产品的零售商和生产商经常面对的一种情况是需求不确定，而且仅在一个时期或季节出现。

在阅读本补充资料之前请先阅读第 9 章"供应链库存管理"和补充资料 A"决策制定"。

## 非瞬时补货

如果某种物料是由企业内部自行生产而非外购，产成品一旦完成就可以使用或出售，而不必等到整个批次全部完成。例如，一家餐馆自己烘烤小面包，即使面包师在烘烤完五锅（一批）之前，也可以开始用第一锅小面包。面包的库存量永远不会像供应商用卡车将全部面包一次送达那样，达到满满五锅的水平。

---

**学习目标**  学完本补充资料的内容后，你应该能够：

1. 确定应该使用经济生产批量而非经济订货批量的情况。
2. 计算非瞬时补货时的最佳批量。
3. 当可以利用折扣时，明确在确定订货量时应该考虑的

相关成本。
4. 当物料可以享有数量折扣时，确定最佳订货量。
5. 计算使单周期库存决策的期望利润最大的订货量。

图 C.1

非瞬时补货的批量决策

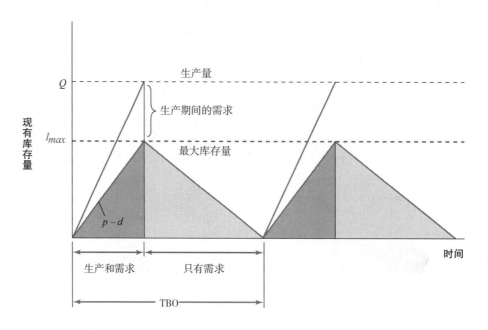

化工厂将其产品存储在不锈钢筒仓内。每种产品的生产安排在筒仓快空的时候开始。

图 C.1 描述了常见情况，图中的生产率 $p$ 大于需求率 $d$。如果生产率和需求率相等，生产过程就会持续而不产生周转库存。如果生产率小于需求率，就会不断丧失销售机会。在本补充资料中，我们假定 $p > d$。

周转库存的积累速度比需求出现得快，也就是说，每个时间段增加 $p - d$ 单位的库存。例如，如果每天的生产率是 100 件，需求是 5 件 / 天，则库存增加量为每天 95（即 100 − 5）件。这一增长速度持续到完成一个生产批量 $Q$，在此之后库存以每天 5 件的速度消耗。当库存量恰好到 0 时，下一个生产周期开始。为了一致，$p$ 和 $d$ 必须用相同的时间段表示，比如每天多少件或每周多少件。这里我们假定以每天多少件来表示。

因为 $Q$ 是生产批量且每天生产 $p$ 件，因此库存增长 $p - d$ 持续 $Q/p$ 天。在我们的例子中，如果批量是 300 件，则生产期间为 3 天（300/100）。对于生产期间给定的库存增长率，最大周转库存量 $I_{max}$ 为

$$I_{\max} = \frac{Q}{p}(p-d) = Q\left(\frac{p-d}{p}\right)$$

周转库存不再是采用基本 EOQ 方法时的 $Q/2$，而是 $I_{\max}/2$。对这种生产情况建立年度总成本公式，与前面一样，$D$ 为年需求量，$d$ 为日需求量，则

年度总成本 = 年度库存持有成本 + 年度订货或设置调整成本

$$C = \frac{I_{\max}}{2}H + \frac{D}{Q}S = \frac{Q}{2}\left(\frac{p-d}{p}\right) \times H + \frac{D}{Q}S$$

根据这一成本函数，最佳批量——通常称为**经济生产批量**（economic production lot size, ELS）——为

$$\text{ELS} = \sqrt{\frac{2DS}{H}}\sqrt{\frac{p}{p-d}}$$

由于等式右侧第二项是一个大于 1 的比值，因此 ELS 的批量比 EOQ 要大。

---

### 例 C.1　求经济生产批量

一名化工厂的管理者必须确定一种特殊化工产品的批量，该产品具有每天 30 桶的稳定需求量。生产率为每天 190 桶，年需求量为 10 500 桶，设置调整成本为每次 200 美元，产品的年库存持有成本为每桶 0.21 美元，工厂每年运行 350 天。

a. 确定经济生产批量（ELS）。

b. 确定该产品的年设置调整总成本和库存持有总成本。

c. 确定 ELS 的订货间隔时间（TBO），即周期长度。

d. 确定每批的生产时间。

将设置调整时间缩短 10% 有什么好处？

**解**

a. 首先求出 ELS，有

$$\text{ELS} = \sqrt{\frac{2DS}{H}}\sqrt{\frac{p}{p-d}} = \sqrt{\frac{2 \times 10\ 500 \times \$200}{\$0.21}}\sqrt{\frac{190}{190-30}}$$
$$= 4\ 873.4\ \text{桶}$$

b. 采用 ELS 时的年度总成本为

$$C = \frac{Q}{2}\left(\frac{p-d}{p}\right) \times H + \frac{D}{Q}S$$
$$= \frac{4\ 873.4}{2} \times \left(\frac{190-30}{190}\right) \times \$0.21 + \frac{10\ 500}{4\ 873.4} \times \$200$$
$$= \$430.91 + \$430.91 = \$861.82$$

c. 将 TBO 公式用于 ELS，得到

$$\text{TBO}_{\text{ELS}} = \frac{\text{ELS}}{D} \times 350\ \text{天 / 年} = \frac{4\ 873.4}{10\ 500} \times 350$$
$$= 162.4\ \text{或}\ 162\ \text{天}$$

d. 每个周期的生产时间是批量除以生产率，

$$\frac{\text{ELS}}{p} = \frac{4\ 873.4}{190} = 25.6\ \text{或}\ 26\ \text{天}$$

**决策重点**

如图 C.2 所示的 OM Explorer 软件计算结果，将设置调整成本减少 10% 的净效果是减少批量，缩短订货间隔时间和生产周期时间。因此，年度总成本也会降低。这就提高了生产流

图 C.2

显示设置调整成本减少

10% 效果的 *OM Explorer*

经济生产批量求解软件

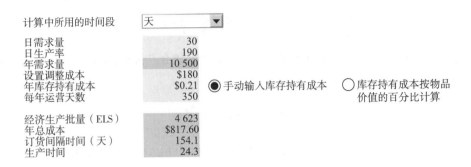

| 计算中所用的时间段 | 天 ▼ |
|---|---|
| 日需求量 | 30 |
| 日生产率 | 190 |
| 年需求量 | 10 500 |
| 设置调整成本 | $180 |
| 年库存持有成本 | $0.21 |
| 每年运营天数 | 350 |

● 手动输入库存持有成本    ○ 库存持有成本按物品
价值的百分比计算

| 经济生产批量（ELS） | 4 623 |
|---|---|
| 年总成本 | $817.60 |
| 订货间隔时间（天） | 154.1 |
| 生产时间 | 24.3 |

程的柔性，因为可以用更少的费用更快地生产产品。管理者必须确定由于改进设置调整流程所增加的成本相对于提高的柔性和降低的库存成本来说是否值得。

许多医院通过加入合作社（或消费合作社）来增加从供应商获得价格折扣所需要的影响力。图中一名医院的药剂师正在检查医疗用品的库存记录。

# 数量折扣

数量折扣（是采购大量物品的一种价格激励机制）给维持高库存带来了压力。例如，一家供应商对于 1 到 99 件产品之间的订单报价为每件 4 美元，100 到 199 件之间的订单报价为每件 3.5 美元，而 200 件及以上的订单报价为每件 3 美元。产品的价格不再像推导 EOQ 时那样假定是固定的，而是如果订货量增加得足够多，就可以打折。因此，需要一种新方法求出最佳批量——这种批量可以平衡更低的物料采购价格和更少订货次数（即大订货量）的优点与因持有更多库存而增加成本的缺点。

现在，年度总成本不仅包括库存持有成本 $\frac{QH}{2}$、订货成本 $\frac{DS}{Q}$，还包括物料采购成本。对于任何单价水平 $P$，总成本为

年度总成本 = 年库存持有成本 + 年订货成本或设置调整成本 + 年物料成本

$$C = \frac{D}{2}H + \frac{D}{Q}S + PD$$

单位产品持有成本 $H$ 通常表示为产品单价的百分比，因为库存中持有的物品价值越高，其持有成本也越高。因此，单价 $P$ 越低，$H$ 也越低。反之亦然，如果 $P$ 越高，$H$ 也越高。

总成本公式生成 U 形的总成本曲线。将年物料成本加到总成本公式中，使每条总成本曲线升高一个固定量，如图 C.3（a）所示。三条成本曲线说明了每个价格水平。最上面的曲线适用于没有折扣的情况，较低的曲线反映了打折后的价格水平。没有任何一条单一的曲线能代表所有的采购量。相关的或可行的总成本从最上面的曲线开始，然后依次在每个间断处降到下一条曲线。所谓价格间断是获得折扣的最小数量。在图 C.3 中，两个价格间断分别出现在 $Q = 100$ 和 $Q = 200$ 处。结果是总成本

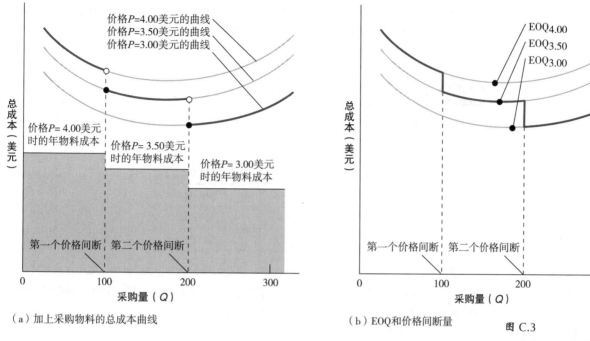

（a）加上采购物料的总成本曲线　　　　　　　（b）EOQ和价格间断量

**图 C.3**
**具有数量折扣的总成本曲线**

曲线在价格间断处发生跃变。

　　图 C.3（b）也说明了另外 3 个点（每条曲线上的最低点）在每个价格水平可以用 EOQ 公式求出。但这些 EOQ 并不一定是最佳批量，其原因有以下两点：

1. 在某一特定价格水平上的 EOQ 也许不可行。其批量可能不在该单价对应的范围内。图 C.3（b）说明了 EOQ 不可行的两种情况。首先，3 美元价格曲线的最低点出现在小于 200 件的地方。但供应商的数量折扣计划不允许以 3 美元的单价采购如此小的批量。同理，4 美元价格曲线的 EOQ 大于第一个价格间断，因此所支付的价格只有 3.5 美元。

2. 某一特定价格水平的 EOQ 也许是可行的，但并不一定是最佳批量。可行的 EOQ 的成本可能比更低价格曲线上的 EOQ 或价格间断量的成本要高。例如，在图 C.3（b）中，3 美元价格水平的 200 件价格间断量上的总成本，要低于 3.5 美元价格水平上可行的 EOQ 的总成本。可行的 EOQ 总是比更高价格水平成本曲线上的任何一个可行点要好，但并不一定比更低价格水平成本曲线上的可行点好。因此，不需要比较总成本就可以立即得出结论的只有一种情况，即当可行的 EOQ 位于最低价格水平的曲线时，就是最佳订货量。从图 C.3（b）中不可能得出这一结论，因为图中唯一可行的 EOQ 位于中间价格水平 P＝3.5 美元的曲线上。

　　因此，我们在寻求最佳批量时，必须只注意那些如图 C.3（b）中实线所示的可行价格－数量组合。下面用两个步骤找到最佳批量。

***第 1 步。*** 从最低价格开始，计算每个价格水平的 EOQ，直到求出可行的 EOQ。如果 EOQ 位于其对应价格的范围内，则该 EOQ 是可行的。随后的每个 EOQ 都比前面的一个要小，这是因为 P 越来越大，从而 H 也越来越大，因为更大的 H 位于 EOQ 公式的分母上。

*第 2 步*。如果求出的第一个可行 EOQ 位于最低的价格水平曲线，则这一数量便是最佳批量。否则，计算第一个可行 EOQ 的总成本，并计算每个更低价格水平上比该 EOQ 大的价格间断量的总成本。具有最低总成本的数量就是最佳批量。

**例 C.2** 求出 St. LeRoy 医院有数量折扣时的订货量 *Q*

St. LeRoy 医院的供应商采用了数量折扣，鼓励客户大量订购一种特殊导管。其价格表如下：

| 订货量 | 单价 |
|---|---|
| 0 到 299 | $60.00 |
| 300 到 499 | $58.80 |
| 500 以上 | $57.00 |

医院估计对这种导管的年需求量是 936 件，订货成本为每次 45 美元，年库存持有成本是导管单价的 25%。为了使总成本最少，医院应该订购多少件导管？假设数量在 300 到 499 件之间的单价下降到 58 美元，是否应该改变订货量？

**解**

**第 1 步**。首先从最低价格水平开始，求出第一个可行的 EOQ：

$$\text{EOQ}_{57.00} = \sqrt{\frac{2DS}{H}} = \sqrt{\frac{2 \times 936 \times \$45.00}{0.25 \times \$57.00}} = 77 \text{ 件}$$

数量为 77 件的订单实际价格是每件 60.00 美元，而不是 EOQ 计算式中所用的 57.00 美元，因此这一 EOQ 是不可行的。现在，尝试 58.80 美元的价格：

$$\text{EOQ}_{58.80} = \sqrt{\frac{2DS}{H}} = \sqrt{\frac{2 \times 936 \times \$45.00}{0.25 \times \$58.80}} = 76 \text{ 件}$$

由于 76 件的订货量太少，不能得到 58.80 美元的价格，因此这一 EOQ 还是不可行的。尝试最高价格水平：

$$\text{EOQ}_{60.00} = \sqrt{\frac{2DS}{H}} = \sqrt{\frac{2 \times 936 \times \$45.00}{0.25 \times \$60.00}} = 75 \text{ 件}$$

因为这一数量位于其价格 *P* = $60.00 对应的范围内，因此是可行的。

**第 2 步**。第一个 75 件的可行 EOQ 不对应最低价格水平。因此，我们必须比较该 EOQ 的总成本与更低价格水平（58.80 美元和 57.00 美元）的价格间断量的总成本。

$$C = \frac{Q}{2}H + \frac{D}{Q}S + PD$$

$$C_{75} = \frac{75}{2} \times 0.25 \times \$60.00 + \frac{936}{75} \times \$45.00 + \$60.00 \times 936 = \$57\,284$$

$$C_{300} = \frac{300}{2} \times 0.25 \times \$58.80 + \frac{936}{300} \times \$45.00 + \$58.80 \times 936 = \$57\,382$$

$$C_{500} = \frac{500}{2} \times 0.25 \times \$57.00 + \frac{936}{500} \times \$45.00 + \$57.00 \times 936 = \$56\,999$$

最佳采购量为 500 件，该数量可以得到最低折扣。

图 C.4

显示最佳订货量的 *OM Explorer* 数量折扣求解软件

| 价格折扣点所要求的最少数量 | 更多批量 | 更少单位价格 |
|---|---|---|
|  | 0–299 | $60.00 |
| 300 | 300–499 | $58.00 |
| 500 | 500 及以上 | $57.00 |

| | |
|---|---|
| 年需求量 | 936 |
| 订货成本 | $45 |
| 库存持有成本（价格的百分比） | 25% |

| | |
|---|---|
| 最佳订货量 | 300 |

| 价格点 | EOQ或价格点所要求的订货量 | 库存成本 | 订货成本 | 采购成本 | 总成本 |
|---|---|---|---|---|---|
| $60.00 | 75 | $562.50 | $561.60 | $56 160 | $57 284 |
| $58.00 | 300 | $2 175 | $140.40 | $54 288 | $56 603 |
| $57.00 | 500 | $3 563 | $84.24 | $53 352 | $56 999 |

**决策重点**

如果数量在 300 到 499 件范围内的单价下降到 58 美元，则如图 C.4 中 OM Explorer 求解软件的结果所示，其最佳决策是订购 300 件导管。这一结果说明决策对价格表是敏感的。在本例中，略多于 1% 的价格下降就足以使情况发生改变。但一般而言，并非只要有价格折扣，订购量就应该总是大于经济订货批量。当折扣很小、库存持有成本 H 很高且需求量 D 很小时，即使放弃价格折扣，小批量还是会更好。

# 单周期决策

许多零售商面临的一种两难困境是如何处理如冬装的季节性商品。由于流行风格的变化，他们一般不能在来年还按全价销售。而且，订货提前期可能比销售季节的时间长，因此不会有第二次机会仓促完成另一份订单来满足意料之外的高需求。对于其他时尚产品的生产商来说，也面临类似的问题。

这类情况通常被称为报童问题（newsboy problem）。如果卖报人没有购买足够数量的报纸在街上转售，就会丧失销售机会。如果卖报人购买的报纸太多，则多余的报纸就会卖不掉，因为没有人想要昨天的报纸。

以下过程是分析这类问题的一种直观方式，它确定了最佳订购量。

1. 列出各种可能的需求水平以及各需求水平相应的估计概率。

2. 建立一个支付矩阵，显示在每种假定的需求水平 $D$ 下各采购数量 $Q$ 的利润。表中的每一行代表一种不同的订购数量，每一列代表不同的需求水平。给定的数量－需求组合的收益取决于所有物品是否在正常季节内以正常的利润率销售，这会导致两种可能的结果：

   a. 如果需求足够大（$Q \le D$），则全部产品都在正常季节内按全额的利润率 $p$ 销售，

$$收益值 = 单位利润 \times 采购量 = pQ$$

   b. 如果采购量大于最终的需求量（$Q > D$），则只有 $D$ 件产品按照全额利润率销售，采购的剩余产品必须在季节之后以每件损失 $l$ 的代价处理。在这种情况下，

$$收益值 = 当季销售的每件利润 \times 需求量 - 每件损失额 \times 过季处理量$$
$$= pD - l(Q - D)$$

3. 用期望值决策准则计算每个 $Q$（即支付矩阵的行）的期望收益。对一个具体的 $Q$ 值，首先依次将该行的每个收益值乘以与该收益值对应的需求概率，然后对这些乘积求和。

4. 选择具有最高期望收益值的订货量 $Q$。

将所有这类商品在多个销售季节应用这一决策过程会使利润最大化。但这种做法并不是万无一失的，偶尔也会导致不好的结果。

**例 C.3** 求单周期库存决策的订货量 $Q$
_____

在自然历史博物馆出售的许多商品中，有一件是圣诞节用的木制装饰品。礼品店在当季每销售一件赚取 10 美元的利润，但是过季销售每件要损失 5 美元。已经得出了如下季节性需求的离散概率分布：

| 需求量 | 10 | 20 | 30 | 40 | 50 |
|---|---|---|---|---|---|
| 需求概率 | 0.2 | 0.3 | 0.3 | 0.1 | 0.1 |

该博物馆的采购员应该订购多少这种装饰品？

**解**

每个需求水平都可能是最佳订货量，因此支付矩阵应该有 5 行。第一行对应 $Q = 10$，需求量至少大到采购数量。因此，这一行的全部 5 个收益值都等于

$$收益值 = pQ = \$10 \times 10 = \$100$$

这一公式可用于其他行，但只适用于那些在当季销售完全部产品的数量 – 需求组合。这些组合位于支付矩阵右上方的部分，其中 $Q \le D$。例如，当 $Q = 40$，$D = 50$ 时的收益值为

$$收益值 = pQ = \$10 \times 40 = \$400$$

支付矩阵左下方的收益值代表那些有一部分产品必须在过季后处理的数量 – 需求组合（$Q > D$）。在这种情况下，必须用第二个公式来计算收益值。例如，当 $Q = 40$，$D = 30$ 时，

$$收益值 = pD = l(Q - D) = \$10 \times 30 - \$5 \times (40 - 30) = \$250$$

可以用 OM Explorer 或 POM for Windows 软件来分析这一问题。利用 OM Explorer 我们得到了图 C.5 所示的支付矩阵。

现在，通过将每个需求量的收益值乘以与该需求量对应的概率，然后对这些乘积求和，我们可以计算每个 $Q$ 值的期望收益。例如，$Q = 30$ 时，

| 利润 | $10.00 | （如果在首选期间销售） |
|---|---|---|
| 损失 | $5.00 | （如果在非首选期间销售） |

输入可能的需求量及每种需求出现的概率。利用按键增加或减少所允许的需求预测值的个数。注意：确保将需求预测值及其概率录入所有的着色单元格中，并确保概率值加起来等于1。

| | | < | > | | | |
|---|---|---|---|---|---|---|
| 需求 | | 10 | 20 | 30 | 40 | 50 |
| 概率 | | 0.2 | 0.3 | 0.3 | 0.1 | 0.1 |

支付矩阵

| | | 需求量 | | | | |
|---|---|---|---|---|---|---|
| | | 10 | 20 | 30 | 40 | 50 |
| 订货量 | 10 | 100 | 100 | 100 | 100 | 100 |
| | 20 | 50 | 200 | 200 | 200 | 200 |
| | 30 | 0 | 150 | 300 | 300 | 300 |
| | 40 | −50 | 100 | 250 | 400 | 400 |
| | 50 | −100 | 50 | 200 | 350 | 500 |

图 C.5

显示单周期库存决策支付矩阵的 *OM Explorer* 求解软件

**加权收益**

| 订货量 | 期望收益 | | | |
|---|---|---|---|---|
| 10 | 100 | 最大期望收益 | | 195 |
| 20 | 170 | | | |
| 30 | 195 | 对应的订货量 | | 30 |
| 40 | 175 | | | |
| 50 | 140 | | | |

图 C.6
显示期望收益的 *OM Explorer*
求解软件

收益值 = $0.2 \times \$0 + 0.3 \times \$150 + 0.3 \times \$300 + 0.1 \times \$300 + 0.1 \times \$300 = \$195$

图 C.6 显示了利用 OM Explorer 软件得到的期望收益。

**决策重点**

由于 $Q = 30$ 具有最高的收益值 $195，因此它是最佳订货量。管理者可以利用 OM Explorer 或 POM for Windows 软件对需求及其概率做灵敏度分析，看他们对这一决策有多大把握。

---

在下列情况下，生产工厂也需要做单周期库存决策：（1）为单一订单定制（或购买）产品；（2）废品量很大。为单一订单生产的定制产品绝不会蓄意作为库存持有，因为它的需求太不可预测。事实上，它可能永远不会有二次订货，因此生产商宁愿恰好生产客户要求的数量——既不多，也不少。生产商也愿意用恰好一个运转周期来履行订单，从而避免在交付订购的产品时有过多的设置调整和延误。如果某种产品出废品的可能性很高，则这两个目标可能就相互冲突。假定一个客户下达了一份 20 件产品的订单。如果管理人员从商店或供应商处订购了 20 件，那么其中的 1 到 2 件必须报废。这种数量的短缺迫使管理人员第二次（甚至第三次）下订单来更换次品。如果设置调整时间很长，那么这种更换的成本就会很高，并且也会延误给客户发货。为了避免这类问题，管理人员可以在第一次就订购多于 20 件产品。如果某些产品有剩余，会有客户愿意购买这些剩余产品，或者管理人员可以找到它们的内部用途。例如，一些生产企业为过时的物料建立专用账户。作为利用这些物料的激励手段，企业内的部门可以以低于正常成本的价格"购买"这些物料。

---

## 学习目标回顾

1. 确定应该使用经济生产批量而非经济订货批量的情况。参见"非瞬时补货"一节。图 C.1 显示了合适的 ELS 下的库存变化情况。

2. 计算非瞬时补货时的最佳批量。学习例 C.1 和问题求解 1 有助于确定 ELS。

3. 当可以利用折扣时，明确在确定订货量时应该考虑的相关成本。参见"数量折扣"一节。图 C.3 说明了相关成本如何影响最佳批量决策。

4. 当物料可以享有数量折扣时，确定最佳订货量。学习例 C.2 和问题求解 2，了解确定最佳订货量的步骤方法。

5. 计算使单周期库存决策的期望利润最大的订货量。参见"单周期决策"一节。重点掌握例 C.3 和问题求解 3。

## 关键公式

1. 非瞬时补货：

最大库存量：$I_{max} = Q\left(\dfrac{p-d}{p}\right)$

年度总成本 = 年度库存持有成本 + 年订货成本或年设置调整成本

$$C = \frac{QH}{2}\left(\frac{p-d}{p}\right) + \frac{D}{Q}S$$

经济生产批量：$\text{ELS} = \sqrt{\dfrac{2DS}{H}}\sqrt{\dfrac{p}{p-d}}$

以年为单位表示的订货间隔时间：$\text{TBO}_{\text{ELS}} = \dfrac{\text{ELS}}{D}$

2. 数量折扣：

年度总成本 = 年库存持有成本 + 年订货成本或年设置调整成本 + 年物料成本

$$C = \frac{D}{2}H + \frac{D}{Q}S + PD$$

3. 单周期决策：

支付矩阵：收益 = $\begin{cases} pQ & \text{当 } Q \leq D \text{ 时} \\ pD - l\,(Q-D) & \text{当 } Q > D \text{ 时} \end{cases}$

## 关键术语

经济生产批量（ELS）

## 问题求解 1

Peachy Keen 有限公司生产马海毛毛衣，其品种有圆领女衫、过膝裤、蓬松大摆裙以及其他 20 世纪 50 年代流行款式的服装。马海毛服装的平均需求量是每周 100 件。Peachy 公司的工厂拥有每周缝制 400 件马海毛服装的生产能力。设置调整成本为 351 美元。产成品的库存价值是每件 40 美元。单位年库存持有成本是物品价值的 20%。

a. 经济生产批量（ELS）是多少？

b. 平均订货间隔时间（TBO）是多少？

c. 年库存持有成本和年设置调整总成本是多少？

**解**

a. 使总成本最少的生产批量为

$$\text{ELS} = \sqrt{\frac{2DS}{H}}\sqrt{\frac{p}{p-d}} = \sqrt{\frac{2 \times (100 \times 52) \times \$351}{0.20 \times \$40}}\sqrt{\frac{400}{400-100}}$$

$$= \sqrt{456\ 300}\sqrt{\frac{4}{3}} = 780 \text{ 件马海毛毛衣}$$

b. 平均订货间隔时间为

$$\text{TBO}_{\text{ELS}} = \frac{\text{ELS}}{D} = \frac{780}{5\ 200} = 0.15 \text{ 年}$$

转换为周，有

$$TBO_{ELS} = 0.15 \text{ 年} \times 52 \text{ 周 / 年} = 7.8 \text{ 周}$$

c. 设置调整和库存持有的最小总成本为

$$C = \frac{Q}{2}H\left(\frac{p-d}{p}\right) + \frac{D}{Q}S = \frac{780}{2}\left(\frac{400-100}{400}\right) \times (0.20 \times \$40) + \frac{5\,200}{780} \times \$351$$

$$= \$2\,340/\text{年} + \$2\,340/\text{年} = \$4\,680/\text{年}$$

## 问题求解 2

一家医院从 Pfisher 有限公司购买一次性外科手术用品。Pfisher 公司的价格表是购买 1 到 199 套每套价格 50.25 美元，而购买 200 套或 200 套以上每套价格 49.00 美元。订货成本为每次 64 美元，年库存持有成本为采购单价的 20%。年需求量为 490 套。其最佳采购量为多少？

**解**

首先计算最低价格的 EOQ：

$$EOQ_{49.00} = \sqrt{\frac{2DS}{H}} = \sqrt{\frac{2 \times 490 \times \$64.00}{0.20 \times \$49.00}} = \sqrt{6\,400} = 80 \text{ 套}$$

根据价格表，该解是不可行的，我们不能以每套 49.00 美元的价格购买 80 套。因此，我们计算次低价格（50.25 美元）的 EOQ：

$$EOQ_{50.25} = \sqrt{\frac{2DS}{H}} = \sqrt{\frac{2 \times 490 \times \$64.00}{0.20 \times \$50.25}} = \sqrt{6\,241} = 79 \text{ 套}$$

该 EOQ 是可行的，但每套 50.25 美元不是最低价格。因此我们必须决定是否可以通过购买 200 套来降低总成本，从而获得数量折扣。

$$C = \frac{D}{2}H + \frac{D}{Q}S + PD$$

$$C_{79} = \frac{79}{2} \times 0.20 \times \$50.25 + \frac{490}{70} \times \$64.00 + \$50.20 \times 490$$

$$= \$396.98/\text{年} + \$396.68/\text{年} + \$24\,662.50/\text{年} = \$25\,416.44/\text{年}$$

$$C_{200} = \frac{200}{2} \times 0.20 \times \$49.00 + \frac{490}{200} \times \$64.00 + \$49.00 \times 490$$

$$= \$980.00/\text{年} + \$156.80/\text{年} + \$24\,010.00/\text{年} = \$25\,146.80/\text{年}$$

与一次购买 79 套相比，每次购买 200 套，一年可以节省 269.64 美元。

问题求解 3

Swell Productions 公司为可收藏的经典福特车车主户外大会提供赞助。雷鸟区域的小卖部将销售 T 恤衫及正式的雷鸟赛车服等服装。赛车服是从 Columbia Products 公司以每套 \$40 的价格购买的，在大会期间以每套 \$75 销售。如果有没卖掉的赛车服，可以按每件返还 \$30 的价格退给 Columbia 公司。赛车服的销售量取决于天气、到会人数和其他变量。下表给出了各种销售量的概率。Swell Productions 公司应该为这种一次性事件从 Columbia 公司订购多少套赛车服？

| 销量 | 概率 | 销量 | 概率 |
|------|------|------|------|
| 100 | 0.05 | 400 | 0.34 |
| 200 | 0.11 | 500 | 0.11 |
| 300 | 0.34 | 600 | 0.05 |

**解**

表 C.1 是描述这一单周期决策的支付矩阵。表的右上方表示当需求量 $D$ 大于或等于订货量 $Q$ 时的收益。其收益值等于单位利润（价格与成本之间的差额）乘以订货量。例如，当订货量为 100 套而需求量为 200 套时，

$$收益 = (p - c) Q = (\$75 - \$40) \times 100 = \$3\ 500$$

表 C.1 的左下方表示当订货量大于需求量时的收益。这里的收益等于销售利润 $pD$ 减去由于退货造成的损失 $l(Q - D)$，其中 $l$ 是每件赛车服的成本和退货返还金额之间的差额，而 $Q - D$ 则是赛车服的退货量。例如，当订货量为 500 件而需求量为 200 件时，

$$收益 = pD - l(Q - D) = (\$75 - \$40) \times 200 - (\$40 - \$30) \times (500 - 200) = \$4\ 000$$

最高期望收益出现在订货量为 400 套的情况下：

$$期望收益_{400} = \$500 \times 0.05 + \$5\ 000 \times 0.11 + \$9\ 500 \times 0.34$$
$$+ \$14\ 000 \times 0.34 + \$14\ 000 \times 0.11 + \$14\ 000 \times 0.05$$
$$= \$10\ 805$$

**表 C.1 收益表**

| Q | \multicolumn{6}{c}{需求量 D} | 期望收益 |
|---|-----|-----|-----|-----|-----|-----|------|
|  | 100 | 200 | 300 | 400 | 500 | 600 |  |
| 100 | \$3 500 | \$3 500 | \$3 500 | \$3 500 | \$3 500 | \$3 500 | \$3 500 |
| 200 | \$2 500 | \$7 000 | \$7 000 | \$7 000 | \$7 000 | \$7 000 | \$6 775 |
| 300 | \$1 500 | \$6 000 | \$10 500 | \$10 500 | \$10 500 | \$10 500 | \$9 555 |
| 400 | \$500 | \$5 000 | \$9 500 | \$14 000 | \$14 000 | \$14 000 | \$10 805 |
| 500 | −\$500 | \$4 000 | \$8 500 | \$13 000 | \$17 500 | \$17 500 | \$10 525 |
| 600 | −\$1 500 | \$3 000 | \$7 500 | \$12 000 | \$16 500 | \$21 000 | \$9 750 |

## 练习题

1. Bold Vision 有限公司生产激光打印机和复印机用的硒鼓。需求率是每周 625 个硒鼓。生产率为每周 1 736 个硒鼓，设置调整成本是 100 美元。库存价值是每件 130 美元，库存持有成本是库存价值的 20%。Bold Vision 公司每年工作 52 周。其经济生产批量是多少？

2. Sharpe Cutter 公司是一家生产裁纸机专用刀片的小型公司。一种特定型号刀片的年需求量为 100 000 件。其需求在一年的 250 个工作日是均衡的。Sharpe Cutter 公司批量生产这种型号的刀片，平均每天可以生产 450 件刀片。一个生产批量的设置调整成本为 300 美元，年库存持有成本是每件刀片 1.20 美元。

   a. 确定经济生产批量（ELS）。

   b. 确定这种产品的年设置调整和库存持有总成本。

   c. 确定 ELS 的 TBO，即周期时间长度。

   d. 确定每个批次的生产时间。

3. Suds 瓶装公司承接当地几家小啤酒厂的装瓶、贴标签和配送工作。对 Wortman 啤酒的需求量为每周 600 箱（每箱 24 瓶）。Suds 公司的瓶装生产率为每周 2 400 箱，设置调整成本为 800 美元。库存价值为每箱 12.5 美元，年库存持有成本是库存价值的 30%。Suds 公司的工厂每年生产 52 周。其经济生产批量是多少？

4. Bucks Grande 棒球队每年比赛 50 周，每周平均使用 350 个棒球。棒球队向 Coopers-Town 有限公司订购棒球，这是一家著名的 $6\sigma$ 水平一致、产品质量高的球类生产商。棒球的订购成本是每次 100 美元，每个球的年持有成本是采购价格的 38%。Coopers-Town 公司的价格结构如下表所示。

   | 订货量 | 单价 |
   | --- | --- |
   | 1—999 | $7.50 |
   | 1 000—4 999 | $7.25 |
   | 5 000 或以上 | $6.50 |

   a. 球队每次订货应该购买多少个棒球？

   b. 与最佳订货量对应的年度总成本是多少？

   c. Coopers-Town 有限公司发现，由于 Bucks 棒球队所要求的特殊生产工艺，公司低估了一台有产能约束的机器所需要的设置调整时间。Coopers-Town 有限公司在价格结构中增加了另外一个类别，来激励大订单，希望以此减少所需要的设置调整次数。如果 Bucks 棒球队购买 15 000 个及以上的棒球，价格将下降为每个 $6.25。Bucks 棒球队是否应该修改他们的订货量？

5. 为了促进销售，Pfisher 公司（参见问题求解 2）公布了一份新的一次性外科手术用品价格结构。尽管取消了 200 套的价格间断量，但是如果购买更多数量，Pfisher 公司则给出了更大折扣。购买 1 到 499 套的价格是每套 50.25 美元，而购买 500 套或 500 套以上的价格是每套 47.80 美元。订货成本、年持有成本和年需求量分别维持在每次 64 美元、单位成本的 20% 以及每年 490 套。新的采购批量是多少？

6. 一所著名私立大学的大学书店从批发商购买自动铅笔。批发商根据以下价格表给大订单提供折扣。

   | 订货量 | 单价 |
   | --- | --- |
   | 1—200 | $4.00 |
   | 201—2 000 | $3.50 |
   | 2 001 及以上 | $3.25 |

   书店预期年需求量为 2 500 支。下一次订单的成本为 10 美元，一支笔的年库存持有成本为单价的 30%。试确定最佳订货量。

7. Mac-in-the-Box 有限公司通过邮件和电话订货销售计算机设备。Mac 公司每年销售 1 200 台平面扫描仪。订货成本为 300 美元，年库存持有成本为产品价格的 16%。扫描仪生产商向 Mac-in-the-Box 公司提供以下价格结构：

   | 订货量 | 单价 |
   | --- | --- |
   | 1—11 | $520 |
   | 12—143 | $500 |
   | 144 及以上 | $400 |

   订货量为多少时年度总成本最小？

8. 作为库存经理，你必须决定一种年需求量为 2 000 件的物品的订货量。每次下订单要花费你 20 美元。以平均库存价值百分比表示的年库存持有成本为 20%。供应商提供了以下价格表：

| 最低订货量 | 单价 |
|---|---|
| 1 | $2.50 |
| 200 | $2.40 |
| 300 | $2.25 |
| 1 000 | $2.00 |

你建议哪种订货策略?

9. Downtown Health 诊所需要为下一个流感季节订购流感疫苗。该诊所每注射一针疫苗向患者收费 15.00 美元,诊所购买每剂疫苗的成本为 4.00 美元。疾病控制中心有一个以每剂 1.00 美元的价格回购未使用疫苗的长期政策。诊所对流感季节的需求概率分布做了如下估计:

| 需求量 | 概率 |
|---|---|
| 2 000 | 0.05 |
| 3 000 | 0.20 |
| 4 000 | 0.25 |
| 5 000 | 0.40 |
| 6 000 | 0.10 |

a. 为了使期望利润最大,诊所应该订购多少疫苗?

b. 该诊所正试图确定是否应该加入新的联邦项目,这样每剂疫苗的成本将降为 2.00 美元。但是,如果加入该项目,每剂疫苗的收费就不能超过 10.00 美元。严格按照利润最大化标准,该诊所应该同意加入这一项目吗?

10. Dorothy 甜点是新鲜烘烤的,由 Perth 市的几家专卖店销售。甜点过了一天,就要降价销售。Dorothy 甜点每日的需求分布如下:

| 需求量 | 概率 |
|---|---|
| 50 | 0.25 |
| 150 | 0.50 |
| 200 | 0.25 |

每份甜点的售价为 1.00 美元,制作成本为 0.60 美元。当天没有卖掉的甜点可以在第二天以每份 0.30 美元的价格作为隔日商品销售。每天应该烘烤多少甜点?

11. 在今年的返校节橄榄球赛上,农学院队将主场迎战理工学院队。根据预售票的情况,体育部预测热狗的销售量如下表所示。学校以每份 1.50 美元的价格购买优质热狗,再在比赛期间以每份 3.00 美元的价格售出。比赛结束后剩下的热狗将以每份 0.50 美元的价格卖给农学院的学生餐厅,用以制作热狗砂锅。

| 销售量 | 概率 |
|---|---|
| 2 000 | 0.10 |
| 3 000 | 0.30 |
| 4 000 | 0.30 |
| 5 000 | 0.20 |
| 6 000 | 0.10 |

利用支付矩阵确定为比赛购买的热狗数量。

12. (练习题 1 中的) Bold Vision 有限公司必须从当地的供应商购买墨粉。公司不希望持有原材料库存,因此只采购足够满足每个批次硒鼓的墨粉。每个硒鼓需要一磅重的墨粉。如果 Bold Vision 公司一次至少订购 2 000 磅,那么原材料供应商将提供给公司每磅 2.00 美元的采购折扣。Bold Vision 公司是否应该接受这一折扣,并改变墨粉的采购量?

## 参考文献

Arnold, Tony J.R., Stephen Chapman, and Lloyd M. Clive. *Introduction to Materials Management*, 7th ed. Upper Saddle River, NJ: Prentice Hall, 2012.

Axsäter, Sven. *Inventory Control*, 2nd ed. New York: Springer Science + Business Media, LLC, 2006.

Bastow, B.J. "Metrics in the Material World." *APICS—The Performance Advantage* (May 2005), pp. 49–52.

Benton, W.C. *Purchasing and Supply Chain Management*, 2nd ed. New York: McGraw-Hill, 2010.

Cannon, Alan R., and Richard E. Crandall. "The Way Things Never Were." *APICS—The Performance Advantage* (January 2004), pp. 32–35.

Hartvigsen, David. *SimQuick: Process Simulation with Excel*, 2nd ed. Upper Saddle River, NJ: Prentice Hall, 2004.

Manikas, Andrew. "Fighting Pests with the EOQ," *APICS Magazine* (April 2007), pp. 34–37.

*Operations Management Body of Knowledge*. Falls Church, VA: American Production and Inventory Control Society, 2009.

Timme, Stephen G., and Christine Williams-Timme. "The Real Cost of Holding." *Supply Chain Management Review* (July/August 2003), pp. 30–37.

Walters, Donald. *Inventory Control and Management*, 2nd ed. West Sussex, England: John Wiley and Sons, Ltd, 2003.

# 供应链设计

在美国肯塔基州路易斯维尔市的 UPS 国际航空货运枢纽港，一名 UPS 的员工正在往飞机货舱装包裹。许多企业将配送流程外包给 UPS，是因为该公司在这一关键职能方面的专业性。

## 尼康公司

尼康公司是一家年产值为 100 亿美元、拥有 4 个产品线的精密光学仪器制造商。影像产品包括一系列单反数码相机和新款 Coolpix 系列卡片相机；运动光学产品包括双筒望远镜和高尔夫球手使用的新式激光测距仪；精密设备包括用于制造半导体及仪器的扫描设备，其中包括各种各样的显微镜。因为供应商及其要求不同，所以各产品线都有自己的供应链。由于技术创新引起的波动性，尼康公司必须对影像产品现有的供应链重新设计，以使其更加敏捷和迅速。每当开发出一种新的数码产品，尼康公司就希望有能力将这些产品迅速交付零售商，以跟上那些精通技术的消费者和专业摄影人士的需求。但是，建立具有这些特征的新供应链会给现有的基础设施造成负担，并危害顾客服务。尼康公司采取了一个罕见的措施，将整个消费电子产品线的配送外包给第三方物流提供商（3PL），即美国联合包裹服务公司（United Parcel Service，UPS）。

UPS 帮助尼康公司制定了全新的配送策略，将数码产品运送到整个美国、拉丁美洲以及加勒比海地区的零售店。运输行程从韩国、日本和印度尼西亚的制造中心开始，用空运或海运方式连接，经过海关，直接运到美国肯塔基州路易斯维尔市，这里是 UPS 全球运营机构的枢纽。在这里，UPS 为尼康公司完成一部分最后的组装操作。例如，添加电池和充电器等配件，或者对产品重新包装以符合零售商的美观要求。最后，产品被运往美国、拉丁美洲以及加勒比海地区的成千上万个零售店。

经过重新设计的供应链，不仅改进了从原产地到目的地的产品流，还为尼康公司提供了运输状态的适时信息，并在包括零售商在内的整个延伸的供应链上提前发出交付通知。有了这些信息，尼康公司可以调整交付时间，以抓住那些原本可能会失去的销售机会。尽管供应链很复杂，但是现在离开尼康工厂后的产品，在两天之内就会出现在零售商的货架上。

资料来源：UPS Supply Chain Solutions: Nikon Focuses on Supply Chain Innovation—and Makes New Product Distribution a Snap.

**学习目标** 学完本章内容后，你应该能够：

1. 说明供应链设计的战略意义。
2. 认识服务型供应链和制造型供应链的特征。
3. 确定供应链的关键绩效指标。
4. 解释大规模定制战略及其对供应链设计的影响。

5. 确定采用外包或离岸外包策略时需要考虑的重要决策因素。
6. 说明效率型供应链与响应型供应链的区别，以及每种供应链最适合的环境。

尼康公司与第三方物流提供商 UPS 之间的合作是一个很好的范例，它说明如何成功调整供应链来适应动态产品的市场需求。供应链是一个企业内部以及跨越不同企业的一系列相互关联的流程，这些流程共同提供一种服务或生产一种产品来满足顾客需求。更具体地说，这是一个由服务流、物料流、资金流和信息流构成的网络，将企业的客户关系流程、订单履行流程和供应商关系流程，有效地与其供应商流程及客户流程连接起来。然而需要说明的是，根据所提供的服务或产品组合的不同，像尼康这样的公司可能会有多条供应链。一条供应链上的供应商不一定是另一条供应链上的供应商，因为服务和产品可能不同，或仅仅因为供应商无法成功签订合同。

企业的运营战略和竞争优先级指导供应链的选择。图 10.1 显示了在生成有效的供应链时要重点关注的三个主要领域。

1. 将服务 / 产品与内部流程联系起来。本书的第一编和第二编已经阐述了企业如何协调内部流程决策与运营战略中所涉及的服务或产品的竞争优先级。
2. 将服务 / 产品与外部供应链联系起来。分配给企业的服务或产品的竞争优先级，必须在供应商的网络设计中反映出来。
3. 将服务 / 产品与顾客、供应商以及供应链流程联系起来。企业的流程是构成有效供应链的黏合剂，它使企业可以完成以下工作：开发顾客需要的服务或产品；与供应商沟通；交付服务或产品；与顾客沟通；解决环境和道德问题；还要提供实施运营战略所需的信息和规划方法。

供应链管理是大多数组织中的一个关键技能，通过供应链管理，使企业的流程

图 10.1
生成有效的供应链

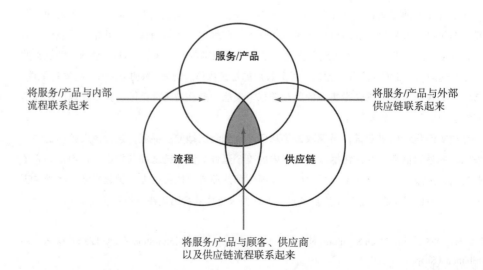

将服务/产品与内部流程联系起来

将服务/产品与外部供应链联系起来

服务/产品

流程

供应链

将服务/产品与顾客、供应商以及供应链流程联系起来

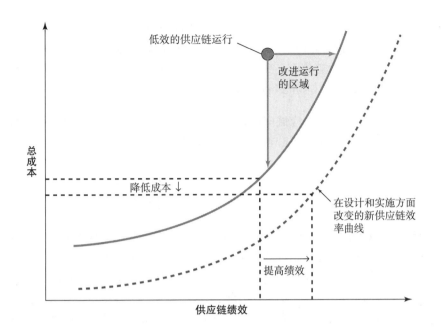

图 10.2

供应链效率曲线

与其供应商和顾客的流程同步，从而进一步使物料流、服务流和信息流与顾客的需求相匹配。供应链管理的一个重要内容是**供应链设计**（supply chain design），致力于使设计出的供应链能够满足企业运营战略的竞争优先级要求。为了更好地理解供应链设计的重要性，图 10.2 从概念上说明了供应链管理者所面临的挑战。如果供应链尽可能高效运行，图中的实线就是一条效率曲线，它显示出对于现有供应链设计来说成本和绩效之间的权衡状态。现在，假设你的公司的实际成本和绩效曲线如图中虚线所示。该曲线远离效率曲线，而这种现象并不鲜见。挑战在于将虚线在阴影区域内移动，使其尽量靠近效率曲线，这可以通过更好的预测、库存管理、运营、生产调度计划以及资源计划来实现。我们已经对库存管理进行了介绍，接下来将介绍其余内容。但是，通过改进供应链设计，使其与合理的运营战略相一致，将成本 - 绩效曲线移到虚线所示的位置上，就可以获得重大改进。目标是在提高绩效的同时降低成本。供应链的设计问题包括库存设置、大规模定制、外包、供应链协作、供应商选择、闭环供应链以及设施选址，以上只是我们在本章以及后面两章中将要讨论的一些问题。在本章中，我们还要讨论供应链的重要绩效指标，并说明合理的供应链设计如何改善关键财务指标。

## 跨越整个组织的供应链设计

全球供应链的生成并不仅仅是由供应链管理者设计供应链的基础架构，或寻找最佳供应商这么简单，还需要认识来自组织内部群体的压力。这些内部群体包括：销售部门、营销部门以及产品开发部门。这些压力有：（1）不稳定的销量；（2）顾客服务水平；（3）服务 / 产品种类的增加。

**动态的销售量**　供应链运行中成本最高的就是试图满足不稳定的销售量。这些成本常常包括过量的存货、未充分利用的人员，或者为了准时满足顾客需求而选择较昂

通过运营管理创造价值

通过运营展开竞争
项目管理

流程管理

流程策略
流程分析
质量与绩效
能力规划
约束管理
精益系统

供应链管理

供应链库存管理
供应链设计
供应链选址决策
供应链整合
供应链的可持续发展与人道主义物流
预测
运营计划与生产调度计划
资源计划

贵的交付方式。虽然这些不稳定的需求有时由外部来源引起，比如顾客自身的原因，但更多的是由企业内部的月底促销引起。供应链设计应该包括整个组织最高管理层之间的密切协作，从而避免不必要的昂贵的供应链方案。在第 12 章"供应链整合"中将更深入地探讨供应链动态特性的影响。

*顾客服务水平* 第 9 章"供应链库存管理"已讨论了与组织内部库存量有关的顾客服务水平。本章重点讨论为了获得更好的顾客服务水平，由销售和营销团队向组织施加的压力。类似"应该保证什么样的服务水平？"或"我们的交付速度应该有多快？"之类的问题，应该由销售、营销和财务人员共同讨论。这些问题的答案会影响供应链的设计，特别是影响供货地点和供应商的选择。

*服务/产品种类的增加* 销售和营销团队为创造新服务或新产品提供了动力，因为他们与顾客密切接触，最了解顾客的需求。任何组织的生存都依赖新市场的开发。但是，增加更多的服务或产品种类会增加供应链的复杂性。人们往往发现相当大比例的 SKU 对收入的贡献只占了很小的百分比，这种情况并不鲜见。一般来说，这些有利可图的服务或产品的批量很小，因此其生产、销售和送货的成本更高。在供应链的运行成本与销售新服务或新产品的需求之间必须进行权衡。

供应链的设计须从 CEO 开始，自上而下共同努力。所有职能部门与组织的供应链都是休戚相关的。

## 服务型供应链和制造型供应链

每个企业或组织都是某个供应链的成员。本节将说明服务型供应链和制造型供应链的相同点和不同点。

商用花卉农场仓库的一名员工正在包装用于本地投递的鲜花。该农场是杂货店和零售花店的供应商。

### 服务型供应链

服务提供商的供应链设计旨在为其提供的各种服务的必要元素提供支持。以一家在波士顿大都市区拥有 27 家零售店的 Flowers-on-Demand 花店[1] 为例。顾客可以通过光顾其任何一家店面，或拨打免费电话，或通过访问花店的网页来定制花卉摆设。其中 800 免费电话号码和网页都是由当地一家互联网服务公司运营的，它们负责接收订单并将其转达给花店。花卉摆设在一个分销中心生产，由当地的快递公司送货，如果交付地点在波士顿以外的地区，则由联邦快递公司送货上门。花卉摆设所用的花卉来自

---

1 花店是真实存在的，但名称有所改变。

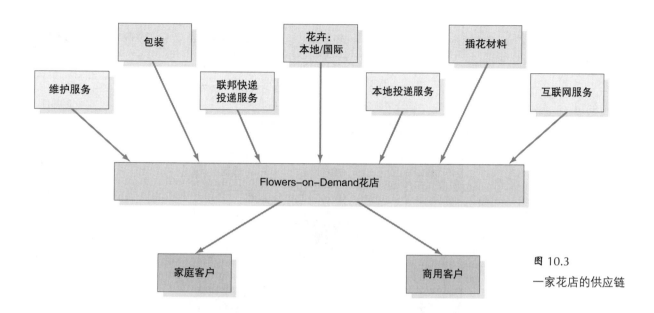

图 10.3
一家花店的供应链

于世界各地。

Flowers-on-Demand 与如 Teleflora 或 FTD 等花卉中转服务商的不同之处在于，可以组装所有花卉摆设，并且可以及时发货，使全国任何地方的异地订单在次日送达。为了实现这种运营，这家花店必须有为零售店供货的供应链、发货中心、计算机、终端设备以及员工。该花店必须采购来自世界各地的鲜花和插花材料，比如花瓶、花篮、贺卡以及包装材料等等。它还要按照每个客户的订单来插花，并确保根据客户的具体要求，利用当地的服务机构或联邦快递来进行快速投递。它的供应链设计必须提供便捷性，比如零售网点的位置以及利用互联网或免费电话下订单的机会也要满足这一要求。

图 10.3 说明了花店供应链的简化形式。当然，每个供应商都有其各自的供应链（未在图中表示出来）。例如，插花材料供应商需要从一个供应商处获得花篮，而从另一个供应商处获得花瓶。对于花店满足竞争优先级的能力而言，其供应链中的供应商扮演着必不可少的角色，比如顶级质量、交付速度以及个性化定制。

## 制造型供应链

制造型供应链设计的根本目的是通过管理物料流来控制库存。一个典型的制造商要花费超过总销售收入的 60% 来购买服务和原材料，而典型的服务提供商在这方面的花费只占总收入的 30% 到 40%。由于物料占了销售额中如此大的份额，因此在物料成本上稍有降低就会为制造商带来巨大利润，这使供应链管理成为一个重要的竞争武器。

如图 10.4 所示，一家制造企业的供应链相当复杂。然而，图中所描述的供应链仍是经过简化的，因为许多企业的供应商即使没有数千家，也会有数百家之多。图 10.4 中所描述的企业位于爱尔兰，拥有一个国际化的供应链。此外，它还拥有自己的分销和运输服务。考察供应商在供应链中所处的位置，便能对其进行初步的了解。在图中，第一层供应商向制造企业提供装配用的大型组件，第二层供应商则向第一层供应商提供零部件，以此类推。并非所有企业的供应链都有相同的层数。

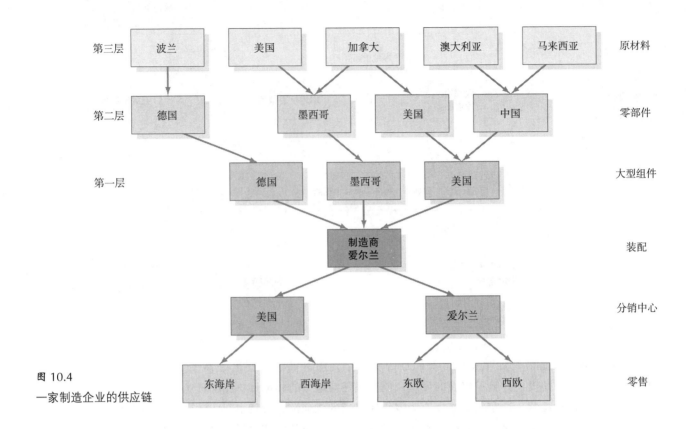

第三层     原材料

第二层     零部件

第一层     大型组件

装配

分销中心

**图 10.4**
一家制造企业的供应链

零售

例如，按照客户的要求设计产品的公司，通常不会将分销中心作为供应链的一部分。这类公司通常将产品直接发送给顾客。

## 供应链的绩效指标

管理者需要绩效指标来评估供应链改变后的影响。在讨论重要的供应链设计决策之前，我们要定义典型的库存指标和财务指标，用以监测供应链绩效，以及对各种不同的供应链设计进行评估。

### 库存指标

所有衡量库存的方法都是以库存的实物数量、体积或重量为基础的。但库存指标是用以下三种方式表述的：（1）平均库存总值；（2）存货周数；（3）库存周转率。

**平均库存总值**（average aggregate inventory value）指一家企业持有的全部库存物品的总平均价值。将这一库存指标中所有资金价值都按照成本来衡量，就可以对各种原材料、在制品以及产成品的价值进行汇总。因为最终的销售额针对的只是企业的最终服务或产品，不能用于所有的库存物品。之所以取平均值，是因为它通常代表了某一个时间段的库存投资。假定一个零售商持有 A 和 B 两种库存。因为劳动力、技术以及在产品生产过程中所完成的其他增值环节的不同，一个单位的 A 产品可能仅值几个美元，而一个单位的 B 产品却可能值几百美元。那么，仅由 A 和 B 两种物品组成的平均库存总值指标为：

$$平均库存总值 = 拥有物品 A 的数量 \times 每单位 A 的价值 +$$
$$拥有物品 B 的数量 \times 每单位 B 的价值$$

汇总库存中的所有物品，得到库存总值，这一数值告诉管理者企业的资产有多少在库存上。制造型企业的库存通常约占总资产的 25%，而批发商和零售商的库存则大约平均占到总资产的 75%。

在某种程度上，管理者可以通过对历史水平、行业比较，或通过管理者的判断来确定企业的平均库存总值是太低还是太高。然而，一个更好的绩效指标会将需求也考虑在内，因为这样可以说明库存在企业中驻留的时间。**存货周数**（weeks of supply）是由平均库存总值除以按成本计算的每周销售额而得到的库存指标。（在一些低库存运营机构，衡量库存的时间单位用天甚至小时会更好。）以周为单位表示的计算公式如下：

$$存货周数 = \frac{平均库存总值}{（以成本计的）周销售额}$$

尽管分子中包括企业持有的所有库存物品（原材料、在制品及产成品）的价值，但是分母则仅代表所销售的产成品——以成本价计算，而不是用提价或折价后的销售价格计算。这一成本被称为销货成本（cost of goods sold）。

**库存周转率**（inventory turnover）是由以成本计算的年销售额除以一年中维持的平均库存总值而得到的库存指标，其表达式为：

$$库存周转率 = \frac{以成本计算的年销售额}{平均库存总值}$$

所谓"最佳"库存水平，即使用库存周转率来表示也不容易确定。一种好的方法就是以同行业中领导型企业的库存水平作为标杆。

### 例 10.1 计算库存指标

Eagle 机械公司去年的平均库存为 200 万美元，销货成本为 1 000 万美元。图 10.5 显示了公司原材料、在制品及产成品库存的分类汇总结果。公司所属行业的最佳库存周转率是每年 6 次。如果公司每年有 52 个工作周，那么所持有的存货周数是多少？库存周转率是多少？公司应该做些什么？

**解**

公司每年平均库存总值为 200 万美元，可转换为 10.4 周的存货周数和每年 5 次的周转率，计算如下：

$$存货周数 = \frac{200\ 万美元}{1\ 000\ 万美元 / 52\ 周} = 10.4\ 周$$

$$库存周转率 = \frac{1\ 000\ 万美元}{200\ 万美元} = 5\ 次/年$$

**图** 10.5
用库存评估软件计算库
存指标

| | 销货成本 | | $10 000 000 |
| 工作周数 | | 52 |

| | 物品编号 | 平均水平 | 单位价值 | 总价值 |
| --- | --- | --- | --- | --- |
| 原材料 | 1 | 1 400 | $50.00 | $70 000 |
| | 2 | 1 000 | $32.00 | $32 000 |
| | 3 | 400 | $60.00 | $24 000 |
| | 4 | 2 400 | $10.00 | $24 000 |
| | 5 | 800 | $15.00 | $12 000 |
| 在制品 | 6 | 320 | $700.00 | $224 000 |
| | 7 | 160 | $900.00 | $144 000 |
| | 8 | 280 | $750.00 | $210 000 |
| | 9 | 240 | $800.00 | $192 000 |
| | 10 | 400 | $1 000.00 | $400 000 |
| 产成品 | 11 | 60 | $2 000.00 | $120 000 |
| | 12 | 40 | $3 500.00 | $140 000 |
| | 13 | 50 | $2 800.00 | $140 000 |
| | 14 | 20 | $5 000.00 | $100 000 |
| | 15 | 40 | $4 200.00 | $168 000 |
| 合计 | | | | $2 000 000 |

| （以成本计的）平均周销售额 | $192 308 |
| 存货周数 | 10.4 |
| 库存周转率 | 5.0 |

**决策重点**

分析表明，公司管理层必须将库存周转率提高 20%。管理层应该改进订单履行流程来降低产成品库存。还可以改进供应链的运营来降低对过多原材料及在制品库存的需求。要达到每年 6 次的周转率目标，需要使库存降低约 16%。但是，如果销售额增长，库存就不必下降这么多。如果销售部门的目标是将销售额提高 8%（1 080 万美元），则库存只需降低 10%（180 万美元）就可以达到每年 6 次的周转率。现在，管理层可以进行灵敏度分析，来了解特定物品库存的下降或者年销售额增长对存货周数或库存周转率的影响。

## 财务指标

供应链的设计和管理方式对一个企业的财务状况有巨大影响。由于库存是为未来使用准备的，因此库存是一种投资。但是库存占用了资金，也许这些资金可以用于其他能带来更多利润的地方。图 10.6 说明了供应链决策是如何影响财务指标的。

***总收入*** 时间是供应链运行中的一个关键维度，与时间有关的供应链绩效指标也有财务意义。许多服务提供商和产品制造商对准时交付率进行考核，其中既包括企业向客户提供服务或产品的准时交付率，也包括供应商向本企业提供服务或原材料的准时交付率。例如，提高对客户的准时交付率可以增加总收入，因为满意的客户将会向企业购买更多的服务和产品。

***销货成本*** 如果能够以更低的价格购买原材料或服务，并以更高效的方式将其转换成服务或产品，则可以降低企业的销货成本，并最终提高净收入。这些改善还会对

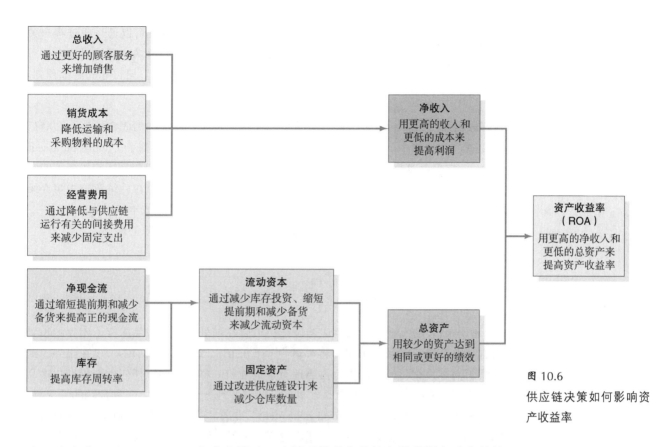

图 10.6
供应链决策如何影响资产收益率

边际贡献（contribution margin）产生影响。边际贡献是指价格与提供服务或产品的可变成本之间的差额。通过降低生产成本、物料成本、运输成本以及由质量低劣带来的成本，都可以提高边际贡献，从而产生更大的利润。当企业考虑其提供的服务或产品组合时，边际贡献通常被用作决策的依据。

***经营费用*** 销售费用、固定支出以及折旧被认为是经营费用。设计一个具有最小资本投资的供应链可以降低折旧费用。供应链结构的改变可以影响间接费用，而间接费用被认为是一种固定支出。

***现金流*** 供应链的设计可以通过着重缩短提前期和降低备货量来提高正的净现金流。互联网使另一种与现金流有关的财务指标变得十分突出，这一指标就是现金周转期（cash-to-cash）。它是指为了提供服务或产品，企业向供应商支付所需服务和物料的费用与从顾客处收取货款或服务费之间的时间差。该时间差越短，所需的流动资本就越少，企业的现金流状况就越好。然后，企业可将这些释放出来的资金用于其他项目建设或投资。通过对订单提交流程进行再设计，使顾客在提交订单时，就对服务和产品支付费用，这样可以缩短收款的时间差。相比之下，在服务完成或订单发货之后向顾客收款会增加所需的流动资本。最终极的目标是具有负的现金周转期，在企业为提供服务或生产产品所需的资源和物料付款以前，客户已经为服务或产品付款，这时就可能出现负的现金周转期。在这种情况下，企业必须拥有供应商托管的库存，这样企业在使用物料时才对物料付款。

***流动资本*** 存货周数和库存周转率是通过另一个财务指标，即流动资本（working capital）来反映的，流动资本指用于支持日常经营所需的资金。降低存货周数或提高

库存周转率都可以减少库存所需的流动资本。减少流动资本也可以通过改进客户关系流程、订单履行流程或供应商关系流程来实现。例如，缩短供应商的提前期具有降低存货周数和提高库存周转率的效果。由于可以利用更短期、更可靠的需求预测，物料流的输入与输出更容易相匹配。

***资产收益率*** 设计和管理供应链来减少总库存投资或仓库一类的固定投资，会降低企业资产负债表中的总资产。一个重要的财务指标是资产收益率（return on assets, ROA），它是由净收入除以总资产得到的。因此，降低总库存投资和固定投资，或者通过更好的成本管理而提高净收入，都可以提高资产收益率。在后续章节中将介绍与资源利用及生产调度有关的降低库存成本、运输成本和运营成本的方法。

现在我们将讨论几种重要的供应链设计决策及其对企业绩效的影响。

## 库存设置

影响绩效的一个基本的供应链设计决策是在何处设置产成品库存。库存的设置具有战略意义，就如跨国企业将配送中心（distribution centers, DCs）设在国外，通过缩短向客户交付的时间来抢占当地竞争的先机一样。然而，任何生产标准化产品的企业都要面临的一个问题就是在供应链的哪些地方设置库存。一种极端的情况是，企业采用**集中式设置**（centralized placement）方法，就是将一种产品的全部库存放在同一个地方，比如企业的生产厂或者仓库，并且直接向每一个客户发货。这种情况的优势源于所谓的**集中库存**（inventory pooling），它将来自客户需求的不确定性和可变性合并在一起，从而降低了库存量和安全库存量。来自一个客户高于预期的需求可以被来自另一客户低于预期的需求所抵消，因而使总需求保持相对稳定。但是将库存设置在同一中心地点的不利之处在于，直接向客户进行较小的非经济批量的远距离发货，成本势必会增加。

另一种方法就是采用**前向设置**（forward placement），即将库存设在距离客户较近的仓库、配送中心、批发商或零售商处。前向设置有两个优点——缩短交付时间和降低运输成本——这样可以刺激销售。然而，当库存设置在距离客户较近的地方，如设在配送中心时，由于必须提高物品的安全库存量来应对每个配送中心的不确定性需求，而不仅仅只是应对一个地点的不确定性需求，因此库存的集中效应就会减弱。但产品送达客户的时间会缩短。因此，有了更快的客户服务速度，企业就可以利用批量更大、从生产工厂向配送中心直接发货成本更低的优势，其代价就是整体库存会更大。

## 大规模定制

企业的供应链必须具有某些能够赢得客户订单的竞争优先级。客户通常不仅想要更多的标准化服务或更多的产品可供选择，他们还想要个性化的服务或产品，而且还要快。例如，假设你想把你的客厅刷一种新的颜色，这种颜色需要与所有现有的室内陈设、墙面装饰以及地毯相协调。你到当地的油漆零售店，从一摞涵盖了所有颜色的色谱书中选择一种颜色。稍等片刻，商店就可以按照你选中的颜色交给你所需要的全部油漆。那么商店怎样才能够经济地提供这种服务？当然商店不可能充足地存储成千上万种颜色的油漆来满足各种用途。商店只是单独存储一些基础颜料，并在需要时进行混合，因此不用为满足每个顾客的特定颜色需求而维持所要求的高库存，就可以供应无数种颜色。油漆零售商采用的是一种被称为大规模定制的策略，利用大规模定制，企业的高度多样化流程以合理的低成本创造出各种定制化的服务或产品。从本质上说，企业允许顾客从各种标准选项中选择生成他们想要的服务或产品。

## 竞争优势

大规模定制战略有以下三大竞争优势。

- 管理客户关系。 大规模定制要求详细的客户信息，以便提供理想的服务或产品。企业从收到的这些数据可以深入地了解顾客。一旦顾客信息进入数据库，企业就可以长期跟踪他们的动向。通过这些基于大规模定制策略形成的密切的客户关系，企业可以实现强大的竞争优势。

- 消除产成品库存。 面向客户订单生产比面向预测生产效率更高，因为预测并不是完美的。大规模定制的诀窍就是令一切就绪，以快速完成订单。一些企业用于其订单提交流程的技术是一种被称为配置器的软件系统，该软件使企业和客户可以轻松访问那些与服务或产品可用选项相关的数据。戴尔公司使用了配置器，客户可以用库存中的标准部件来设计自己的计算机。一旦提交订单，就开始组装产品并发货。利用促销手段引导顾客避开无货的选项，而偏向拥有存货的选项，企业可以对零部件库存的需求实施某种控制。这种能力在保持顾客满意度的同时减轻了供应链的压力。

  服务提供商也利用大规模定制来降低库存水平。英国航空公司正尝试在旅客登机后提供个性化的客户服务。它有一个软件系统，对最惠待遇乘客的喜好进行跟踪，甚至跟踪到他们阅读的杂志。这类信息使航空公司可以更准确地计划每个航班上的配备，为航空公司节省了大量资金，因为这样就不必配备乘客不需要的东西。

- 提升服务或产品的感知价值。 有了大规模定制，顾客就可以按自己的方式获得服务或产品。通常，大规模定制在顾客的心目

在 My Twinn 玩偶公司，孩子们可以在线生成他们自己的玩偶。工匠们甚至可以根据你提供的孩子的照片来制作玩偶，使玩偶的脸与孩子的脸相匹配。在玩偶随着它的人类双胞胎一起"长大"的过程中，My Twinn 公司持续向顾客出售服装配饰。

中具有比实际生产成本更高的价值。这种感觉使企业可以收取获得更高利润的价格。

## 大规模定制的供应链设计

大规模定制如何影响供应链的设计？我们主要考虑三个因素。

***面向订单组装策略*** 基础的流程设计采用面向订单组装策略。该策略包括提供服务或产品的两个阶段。在第一阶段，企业生产或采购标准化的零部件并进行储存。这一阶段是很重要的，因为这使企业可以大批量生产或采购这些标准件来保持低成本。在第二阶段，企业根据特定的客户订单来组装这些标准零部件。在大规模定制中，这一阶段必须具有柔性来处理大量可能的组合，必须能够快速而准确地完成订单。例如，对于 My Twinn 公司的定制玩偶，顾客可以从超过 32.5 万种不同的玩偶组合中进行选择。为了保证准确性，网站引导顾客浏览每个需要的选择，并让顾客在选择完成后看到成品玩偶的图像。图 10.7 说明了如何将顾客订单传送到制造和组装环节，将标准化的外购件在需要时运到制造或组装地点。注意该图中没有产成品库存。

***模块化设计*** 服务或产品必须有模块化设计，从而使顾客希望的"定制"成为可能。这一方法要求密切注意服务或产品设计，才能用一组标准化的模块经济地组装成最终的服务或产品，并对客户订单快速做出响应。

***延迟策略*** 最后，成功的大规模定制商将特定客户的服务或产品的差异化任务延迟到最后一刻。延迟（postponement）是一个概念，它是指提供服务或产品的某些最终活动被推迟，直到收到订单。这样做的好处是，在进行特别定制之前，标准模块可以得到最充分的利用。延迟是一个关键决策，因为它说明了大批量标准化生产环节和面向客户定制的组装环节在供应链中相分离的地方。有时最终的定制出现在流程的最后一个环节。

面向订单组装策略和延迟策略可以延伸到供应链上。库存成本和运输成本往往决定了制造商在供应链中使用延迟策略的程度。利用延迟策略，制造商可以避免库存积压。有些企业利用了一种被称为**渠道组装**（channel assembly）的流程，在这种流程中，分销渠道的成员就像在工厂的组装工作站一样组装产品。在收到特定的订单之后，配送中心或者仓库完成最后的定制化环节。本章开头案例中的尼康公司就是如此。UPS 公司在送货之前，根据零售商的具体要求，添加电池和充电器，或者

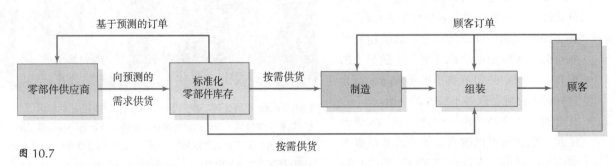

**图 10.7**

面向订单组装策略的供应链设计

重新包装数码相机。当要求的定制化具有某些地域特点（如语言差异和技术要求）时，渠道组装就特别有用。总之，除了库存方面的优势外，延迟策略在分销渠道的优势在于：企业的工厂可以专注于产品的标准化，而分销商可以专注于定制产品，该产品可能需要本地供应商提供额外的组件。

## 流程的外包

所有企业都要从其他生产者手中至少购买某种流程的投入（如专业服务、原材料或生产的零部件）。大多数企业还会购买将产品交付给顾客的配送服务。在提供这些外购物品和服务的流程中，有多少流程是企业应该拥有并自行运营的？对这一问题的回答决定了企业纵向一体化的程度。在供应链中组织自己完成的流程越多，其纵向一体化的程度就越高。如果组织自己不完成某些流程，就必须依赖**外包**（outsourcing），即向供应商或分销商支付费用，让他们来完成这些流程并提供所需的服务或物料。根据定义，当管理人员选择更多的纵向一体化时，就会较少出现外包。这些决策有时称为**自制或外购决策**（make-or-buy decision）。自制决策意味着更多的纵向一体化，而外购决策则意味着更多的外包。在决定了哪些外包、哪些自行生产以后，管理层必须找到对各种流程和相关的供应商进行协调和整合的方法。例 10.2 说明了如何利用补充资料 A "决策制定" 中的盈亏平衡分析法来做自制或外购决策。

### 例 10.2　利用盈亏平衡分析法做外包决策

Thompson 制造公司生产电子行业用的工业天平。管理层正在考虑将其送货环节外包给一家有电子行业经验的物流提供商。Thompson 公司送货业务的年固定成本为 150 万美元，该成本包括送货环节的设备和基础设施。由企业自己运送工业天平的可变成本估计为每吨英里 4.5 美元。如果 Thompson 公司将该环节外包给 Carter 货运公司，基础设施和管理合同需要的管理时间的年固定成本为 25 万美元。Carter 货运公司的收费是每吨英里 8.5 美元。其盈亏平衡点产量是多少？

**解**

从补充资料 A "决策制定" 得到盈亏平衡点产量公式

$$Q = \frac{F_m - F_b}{c_b - c_m}$$

$$= \frac{1\,500\,000 - 250\,000}{8.50 - 4.50} = 312\,500 \text{ 吨英里}$$

**决策重点**

Thompson 公司的管理层必须对当前和未来有多少吨英里产品需要配送做出评估。如果估计值小于 312 500 吨英里，则最佳选择是将送货环节外包给 Carter 货运公司。

## 纵向一体化

纵向一体化可以沿两个方向进行。**后向一体化**（backward integration，也译作后向整合）表示企业通过收购沿供应链上游向原材料、零部件和服务的源头转移，比如一家大型杂货连锁企业用自己的工厂生产自有品牌的冰淇淋、冷冻比萨饼和花生酱。后向一体化具有降低供货风险的效果。**前向一体化**（forward integration，也译作前向整合）指企业拥有较多的分销渠道，比如自己的分销中心（仓库）和零售商店。前向一体化也指企业甚至可以通过收购自己的客户进一步向前延伸。如果企业拥有技能、批量和资源，可以比外部企业更好地满足竞争优先级时，就会选择纵向一体化。在组织结构内部完成工作意味着更好的质量和更及时的交付，以及更充分地利用企业的人力资源、设备和空间。当投入的批量很大时，高度的纵向一体化通常是有吸引力的，因为大批量可以实现任务的专业化及更高的效率。当企业拥有相关技能，并将所要整合的流程视为企业未来成功特别重要的条件时，高度的纵向一体化也是具有吸引力的。但必须注意，过度的纵向一体化会转移企业对核心业务交付价值的关注。

为了在全球化竞争中取胜，管理层必须识别、培育并利用其核心竞争力。回忆一下，核心竞争力反映了企业的集体学习能力，特别是协调多种流程和整合多种技术的能力。核心竞争力界定了企业的性质，也是企业存在的基础。管理层还必须注意不断加强核心竞争力，提高核心竞争力的方式也许可以通过向上游的供应商和下游的顾客收购那些能够支持核心竞争力的流程，即那些使企业比竞争对手能更好地组织工作和交付价值的流程。否则企业就会面临对关键业务领域失去控制的风险。

## 外 包

尽管上述论点支持更多的纵向一体化，但是许多企业却将诸如会计、营销或制造这些重要的流程外包。许多企业外包工资发放、安保、清洁以及其他类型的服务，而不是雇佣员工来提供这些服务。外包对那些小批量生产的企业来说特别有吸引力。是什么原因促使这些企业选择外包而不是纵向一体化？因为这些企业认识到，其他企业可以比自己更高效、更优质地完成这些流程。他们选择让供应商加入他们的供应链，而不是保留内部供应商。但是，外包决策是一件严肃的事情，因为企业可能会因此失去执行这些流程的技能和知识。所有有关流程改进的知识都留给了外包伙伴，再将该流程收回到企业将是十分困难的。

企业的全球化战略使其供应链构建以及外包的利用增加了一个新维度。**离岸外包**（offshoring）是一个涉及将流程转移到其他国家的供应链战略。就这一点来说，离岸外包比外包涵盖的内容更多，因为它还包括将企业内部流程设置在其他国家的纵向一体化。企业离岸外包的动力来自国外潜在的市场和成本优势。企业凭借在其他国家的经济势力，以及利用其成本效率提供的有竞争力的价格来开辟新市场。除了低成本外的竞争优先级，如给远距离客户的交付速度也会驱动决策。

***决策因素*** 将一流程外包或离岸外包的决策是很复杂的，它涉及许多因素。

- **劳动力比较成本**。当谈到劳动力成本时，像中国和印度这样一些国家一直拥有巨大优势。在印度，一个计算机程序员的工资大大低于美国拥有相同技能水平的程序员。在中国，程序员的平均月薪也低于日本。但是，在这些国家或其他低工资国家做生意的优势，正由于需求上升导致的工资上涨而逐渐消失。在某些情况下，由于当地的经济条件，劳动力的成本优势可能只是短期的，比如美国由于 2008 年经济衰退造成的工资下降。

- 返工和退货。虽然在一些特定的地方劳动力工资可能很低，但是也必须考虑技艺质量。内部返工成本和产品退货成本会抵消工资水平的优势。

- 物流成本。 即使劳动力成本并不是那么诱人，将最终的组装流程外包或者离岸外包到其他国家，从而降低将产品送达国际客户的物流成本，也会降低总成本。将流程移到离客户更近的地方，并且利用更多当地的供应商可以降低将产成品送达最终目的地的运输成本。利用海运或空运的成本很高，因为这些运输方式要依赖燃油。在物流成本上的节约可以抵消那些国家较高的劳动力成本。

- 关税和税收。有些国家对在其境内做生意的企业提供税收激励。关税也可能成为企业寻求在一个国家做生意时的障碍。有时关税太高，因此企业决定在那个国家组装产品来代替向那里出口产品。

- 市场效应。将流程离岸外包到一个地方，企业在当地的经济势力对当地的销售会有积极影响，这一潜在的优势不容忽视。

- 劳动法与工会。有些国家的工会较少，或者对劳动力的灵活使用有较少的限制。对于试图实现运营的灵活性来降低成本的企业来说，能够不受限制地利用工人来完成各种不同任务是很重要的。然而，企业在其他国家做生意时，必须知道当地的劳动法和习俗，努力做到高度符合当地的伦理道德。

- 互联网。互联网降低了对远距离商业伙伴和运营机构进行管理的交易成本。

**可能的误区** 即使离岸外包看起来具有很大的优势，但是也存在以下一些误区，因此企业在使用这一战略之前必须认真研究。

- 过快废弃现有流程。一个重大错误是在努力改进现有流程之前就仓促决定将该流程外包。我们已在本书的第一编和第二编中介绍了许多改进流程的方法，应该首先考虑利用这些方法。即使当地的劳动力工资水平远高于其他国家，答案也并非总是外包。必须确定你是否真的需要通过外包来实现运营战略。

- 技术转移。外包策略常常涉及与一家外国公司建立合资企业。通过合资企业，两家公司共同提供一种服务或产品。通常会发生技术转移，以使合作公司了解服务或产品的最新要求。其风险在于具有技术优势的企业实际上是在帮助另一家企业成为自己未来潜在的竞争对手。

- 流程整合。尽管互联网非常强大，但是很难使一家企业的外包流程与企业的其他流程做到全面整合。特别是当供应商位于地球的另一端时，时间、距离和沟通都可能成为可怕的障碍。对离岸外包流程的管理不同于对邻近流程的管理，通常要花费大量的管理时间来协调离岸外包流程。管理实践 10.1 说明全球范围的外包可能对管理来说是一个挑战。

在中国广西柳州市的上汽通用五菱汽车有限公司的工厂里，员工们正在五菱小型货车的发动机装配线上工作。上汽集团得到授权，可以使用美国通用汽车公司的技术知识来设计和生产汽车。

| 管理实践 10.1 | 构建梦幻客机供应链 |
| --- | --- |

假定你可以自由地为一种备受期待的现代客机设计供应链。该客机，即波音787梦幻客机，是一种超高效的商用飞机，它最高能够承载330名乘客，以每小时850英里的速度在长达8 000海里的航线上飞行。飞机用碳纤维合成材料建造，这是一种轻型材料，不像铝那样易腐蚀或疲劳。该飞机使用了50%的合成材料，而波音777飞机只用到了10%到12%。波音公司的目标是只用4年时间将这种最复杂的机器进行大规模生产并推向市场，这一时间相比其他项目缩短了两年。在供应链的设计方面波音公司有两种选择：（1）和现有波音飞机的生产一样，在企业内生产包括机翼和机身在内的50%的飞机，但是由于产能的限制，可能面临交付期延长的风险；（2）将飞机生产的85%进行外包，在企业内实际上只生产垂直尾翼，并对负责设计和生产主要组件的全球供应商进行管理。波音公司选择了第二种方案。

做出这一选择有几个原因。首先，许多787飞机的大客户，比如印度和日本，要求飞机的大部分必须在它们的国家制造。利用这些国家的大型承包商可以满足这一要求。其次，缺乏高素质工程技术人才也造成了外包的压力。再次，飞机的极端复杂性也有必要分担生产负荷。即使运用了全部资源，波音公司也不可能在一个工厂或地区生产出全部组件和部件。最后，飞机的生产可以用并行方式而不是串行方式推进，从而可以节省时间和资金。例如，飞机的模块化设计使波音公司能够利用柔性工具更快地在工厂内移动飞机。供应商以准时制的方式设计并交付子系统，再由较少的工厂工人用几天时间将这些子系统组装在一起。而像这种复杂程度的飞机通常需要一个月的时间才能组装完工。

波音公司设计的供应链，有来自三大洲的43家顶级供应商。对如此多的责任进行外包，要求在管理上给予大量关注。你必须随时了解每个工厂的进展情况。正

第一架波音787梦幻客机在华盛顿埃弗雷特的最终装配厂成型。该新型商用飞机用全球生产的主要部件进行组装。

如预计的那样，有些事情很复杂，问题会像精灵一样突然冒出来。第一架在波音工厂里亮相的梦幻客机少了数万个零件。出现了各种各样的供应商问题：从语言障碍到由一些承包商造成的问题。这些承包商将他们承担的任务中的大部分也进行了外包，继而又遭遇他们的供应商出现问题。其中第一节机身，即包含乘客座椅区的大型多部件圆柱形桶体，未能通过公司的测试，导致波音公司生产了比计划更多的机身，并重新检查了质量和安全问题。由不同的生产商设计的软件程序无法相互连接，而且飞机的总重量，特别是碳纤维机翼过重。这些问题以及其他一些缺陷，大大延误了第一架787飞机承诺的交付时间。787飞机的服役时间现在定为2011年底甚至是2012年，比计划延后了三年多。

如此大规模合作的优点是否能够抵消物流和设计控制的损失？对这一问题仍然无法给出结论，但是波音公司的客户对于所有延迟都感到不满。尽管如此，波音公司还是得到了超过843架梦幻客机的订单。

资料来源：Elizabeth Rennie, "Beyond Borders," *APICS Magazine* (March 2007), pp. 34–38.

## 战略意义

当然，供应链是一个由企业组成的网络。因此，链中的每个企业都应该设计自

**表** 10.1　最适宜于效率型供应链和响应型供应链的环境

| 考虑因素 | 效率型供应链 | 响应型供应链 |
|---|---|---|
| 需求 | 可预测、预测误差小 | 不可预测、预测误差大 |
| 竞争优先级 | 低成本、一致性质量、准时交付 | 开发速度、快速交付时间、定制化、批量柔性、多样性、顶级重量 |
| 新服务/新产品推出 | 不频繁 | 频繁 |
| 边际收益 | 低 | 高 |
| 产品多样性 | 低 | 高 |

已的供应链来支持服务或产品的竞争优先级。尽管像互联网、计算机辅助设计、柔性制造、自动仓储等大量技术已被应用到供应链的所有环节，但是许多供应链的绩效却仍然不尽如人意。美国食品行业的一项研究估计，供应链伙伴之间的无效协调造成每年 300 亿美元的浪费。引起协调失败的一种可能原因是：管理者并不了解其服务或产品需求的特点，从而无法设计出满足这些需求的供应链。效率型供应链和响应型供应链是用于获取竞争优势的两种不同的供应链设计方案。表 10.1 给出了这两种方案的最佳适用环境。

## 效率型供应链

企业的服务或产品需求的特点是供应链战略最佳选择的一个关键因素。在需求呈现出高度可预测性的情况下，如在食品杂货店购买主食的需求量，或对包裹投递服务的需求量等，效率型供应链是最合适的。

*通用设计方案*　对于效率型供应链有一种普遍的设计方法。

- 面向库存生产（build-to-stock, BTS）。根据销售预测生产产品，根据产成品库存向顾客销售。终端客户不对产品配置提出个性化要求，通常直接向零售商购买产品。这种产品的例子包括日用杂货、书籍、家用电器及家居用品。

BTS 供应链的重点是服务流、物料流、资金流与信息流的效率，并使库存量保持最小。由于企业服务的市场的这一特点，服务或产品设计要持续很长时间，所以新产品的推出不是很频繁，产品的品种也不多。这种企业一般为以价格作为获取订单关键因素的市场生产产品。边际收益较低，效率就变得尤为重要。因此，效率型供应链的竞争优先级是低成本运营、一致性质量以及准时交付。

## 响应型供应链

响应型供应链旨在应对需求的不确定性而对市场需求做出快速响应。当企业提供多样化的服务或产品，且需求的可预测性较低时，响应型供应链就会发挥最大作用。

*通用设计方案*　对于响应型供应链有三种普遍的设计方法。

效率型供应链需要将物流成本保持在最低状态。图中，船舶在世界上最高效、最繁忙的新加坡吉宝港口装载集装箱。

- 面向订单组装（assemble-to-order, ATO）：利用现有的零部件库存生产符合客户具体要求的产品。客户可以在各种标准化的零部件中进行选择，再组装自己的产品，但他们无法对零部件的设计进行控制。延迟组装直到收到订单，这就是图10.7所示的大规模定制所用的设计。实例包括戴尔公司定制台式电脑和笔记本电脑的方法，以及对每种型号提供选择的汽车制造商。

- 面向订单生产（make-to-order, MTO）：产品是基于标准化设计，但零部件的生产和最终产品的制造与客户的具体要求相联系。其实例包括如 Land's End 和 Tommy Hilfiger 提供的服装定制、预先设计的房屋以及像管理实践10.1描述的波音公司的商用飞机。

- 面向订单设计（design-to-order, DTO）：产品完全根据客户的具体要求进行设计和生产。这种供应链允许客户设计产品，以符合他们的特定需要。其实例包括大型建筑项目、由设计师设计的女士时装、定制的男士套装以及有独特风格的房屋建筑。

为了保持竞争力，响应型供应链中的企业经常推出新服务或新产品。然而，由于服务和产品的创新性，这些企业享有很高的边际收益。响应型供应链典型的竞争优先级是开发速度、快速的交付时间、定制化、多样性、批量柔性和顶级质量。直到客户下订单，企业才知道他们需要提供什么样的服务或产品。此外，就像时尚产品一样，需求是短暂的。响应型供应链的重点是反应时间，这有助于避免保持成本高昂的库存（这种库存最终以大幅折扣价销售）。

一家企业可能需要同时运用上述两种类型的供应链，特别是将运营集中于某一特定的细分市场时，或者当企业将供应链分割开来满足两种不同的需求时。例如，一种标准化产品（比如油轮）的供应链与一种定制化产品（比如豪华游轮）的供应链需求是不同的，尽管它们都是远洋船舶，而且还可能由同一家公司制造。在同一条供应链中，你能看到效率型供应链和响应型供应链的要素。例如，吉列公司利用效率型供应链来生产产品，以便利用资本密集型的制造流程，然后在产品的包装和交付流程中使用响应型供应链来对零售商做出响应。包装环节涉及以不同语言印刷的形式定制化。就像流程可以分解成具有不同流程结构的几个部分一样，供应链流程也可以分解以实现最佳绩效。

表 10.2 效率型供应链和响应型供应链的设计特征

| 考虑因素 | 效率型供应链 | 响应型供应链 |
|---|---|---|
| 运营战略 | 面向库存生产标准化的服务或产品；强调大批量 | 面向订单组装，面向订单生产或定制服务或产品；强调多样性 |
| 能力缓冲 | 低 | 高 |
| 库存投资 | 低；可以有高库存周转率 | 当需要时，可以快速交付 |
| 交付期 | 缩短，但并不增加成本 | 大大缩短 |
| 供应商选择 | 强调低价、一致性质量，准时交付 | 强调快速交付、定制化、多样性、批量柔性、顶级质量 |

## 效率型供应链和响应型供应链的设计

表 10.2 描述了效率型供应链和响应型供应链的基本设计特征。企业越是位于一条效率型供应链的下游，就越有可能采用线性流向策略来支持大批量标准化的服务或产品。因此，效率型供应链中的供应商应该保持较低能力的缓冲，因为通过高利用率可以保持低单位成本。企业都希望有高的库存周转率，因为必须保持低库存投资才能达到低成本。企业应该与供应商合作来缩短交付期，但同时必须注意使用不会引起成本明显增加的策略。例如，通过将铁路运输改为航空运输来缩短供应商的交付期，但是增加的成本有可能抵消缩短交付期带来的节约。在选择供应商时，应该强调低价、一致性质量以及准时交付。因为效率型供应链的能力缓冲较小，所以干扰造成的损失是巨大的，必须避免这种情况发生。图 10.8 说明，那些具有大批量、生产线流程或连续流程的企业更有可能是效率型供应链的一部分。

相比之下，响应型供应链中的企业都应该具有柔性和较高的能力缓冲。在供应链中应该设置在制品库存来支持交付速度，但应该避免价格昂贵的产成品库存。企业应该积极地与供应商合作来缩短交付期，这样可以使企业在客户订单的承诺日期前有更长的等待时间，换言之，这使企业具有更大的柔性。企业还应该选择供应商来支持自己的服务或产品的竞争优先级。这里的竞争优先级包括：提供快速交付的能力、服务和产品零部件定制化的能力、快速调整批量来匹配需求周期的能力、提供多样性的能力，以及提供顶级质量的能力。图 10.8 说明具有作业流程或小批量流程的企业更有可能是响应型供应链中的一部分。

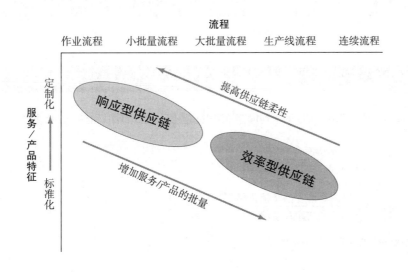

图 10.8

将供应链设计与流程和服务／产品特征相联系

吉列公司同时采用两种供应链设计：效率型供应链和响应型供应链。波士顿工厂的资本密集型流程支持效率型供应链来保持低成本。吉列公司给零售商客户提供的包装服务和交付服务采用的是响应型供应链。

供应链绩效不佳通常是由于对所提供的服务或产品采用了错误的供应链设计方案所致。一种常见错误是在需要响应型供应链的环境中采用了效率型供应链。随着时间的推移，企业可能在基本的服务或产品上增加更多选择，或推出产品改型，从而使提供的服务或产品的多样性显著增加，同时也会使任何既定服务或产品需求的可预测性下降。但是企业却仍然用以往的方法来衡量供应链的绩效，过分强调效率，即使边际收益允许响应型供应链设计时也是如此。显然，使供应链运营与企业竞争优先级一致是具有战略意义的。

## 学习目标回顾

1. 说明供应链设计的战略意义。复习图 10.1 和图 10.2 有关供应链设计的整体概念。"跨越整个组织的供应链设计"一节说明了内部职能领域对供应链设计所施加的压力。

2. 认识服务型供应链和制造型供应链的特征。参见"服务型供应链和制造型供应链"一节。图 10.3 和图 10.4 分别给出了这两种供应链的例子。

3. 确定供应链的关键绩效指标。"供应链的绩效指标"一节讨论了重要的库存指标和财务指标。理解例 10.1 和问题求解例题。

4. 解释大规模定制战略及其对供应链设计的影响。"大规模定制"一节对大规模定制的竞争优势及其对供应链设计的影响进行了阐述。

5. 确定采用外包或离岸外包策略时需要考虑的重要决策因素。"流程的外包"一节对外包和离岸外包进行了详细讨论。复习例 10.2，该例题用盈亏平衡分析法做自制或外购决策。管理实践 10.1 说明了外包决策的复杂性。

6. 说明效率型供应链与响应型供应链的区别，以及每种类型供应链最适合的环境。复习"战略意义"一节。确保理解表 10.1 和表 10.2。

## 关键公式

1. 平均库存总值 = 每种 SKU 的平均库存量乘以其价值，对库存中所有的 SKU 求和。

2. 存货周数 = $\dfrac{平均库存总值}{（以成本计的）周销售额}$

3. 库存周转率 = $\dfrac{以成本计算的年销售额}{平均库存总值}$

4. 自制或外购决策的盈亏平衡的量：$Q = \dfrac{F_m - F_b}{c_b - c_m}$

## 关键术语

| | | |
|---|---|---|
| 供应链设计 | 集中库存 | 后向一体化 |
| 平均库存总值 | 前向设置 | 前向一体化 |
| 存货周数 | 渠道组装 | 离岸外包 |
| 库存周转率 | 外包 | |
| 集中式设置 | 自制或外购决策 | |

## 问题求解

一家企业去年的销货成本为 341 万美元,该企业每年的运营时间为 52 周。企业持有 7 种库存:3 种原材料、2 种在制品和 2 种产成品。下表列出了去年每种物品的平均库存水平及其价值。

a. 平均库存总值为多少?

b. 该企业的存货周数是多少?

c. 去年的库存周转率为多少?

| 种类 | 编号 | 平均水平 | 单价(美元) |
|---|---|---|---|
| 原材料 | 1 | 15 000 | $3.00 |
| | 2 | 2 500 | 5.00 |
| | 3 | 3 000 | 1.00 |
| 在制品 | 4 | 5 000 | 14.00 |
| | 5 | 4 000 | 18.00 |
| 产成品 | 6 | 2 000 | 48.00 |
| | 7 | 1 000 | 62.00 |

**解**

a.

| 编号 | 平均水平 | | 单价(美元) | | 总值(美元) |
|---|---|---|---|---|---|
| 1 | 15 000 | × | $3.00 | = | $ 45 000 |
| 2 | 2 500 | × | 5.00 | = | 12 500 |
| 3 | 3 000 | × | 1.00 | = | 3 000 |
| 4 | 5 000 | × | 14.00 | = | 70 000 |
| 5 | 4 000 | × | 18.00 | = | 72 000 |
| 6 | 2 000 | × | 48.00 | = | 96 000 |
| 7 | 1 000 | × | 62.00 | = | 62 000 |
| | | | 平均库存总值 | = | 360 500 |

b. 以成本计的平均每周销售额 = \$3 410 000/52 周 = \$65 577/ 周

$$存货周数 = \frac{平均库存总值}{（以成本计的）周销售额} = \frac{\$360\ 500}{\$65\ 577} = 5.5\ 周$$

c. $$库存周转率 = \frac{以成本计算的年销售额}{平均库存总值} = \frac{\$3\ 410\ 000}{\$360\ 500} = 9.5\ 次$$

## 讨论题

1. 说明企业如何在提高供应链绩效的同时降低成本。

2. 沃尔玛零售连锁店销售标准化产品，并对供应商拥有巨大的购买影响力，沃尔玛公司自己不拥有任何生产厂家。而 Limited 零售连锁店则销售时尚产品且自己拥有 Mast Industries 公司，该公司负责生产供 Limited 商店销售的许多产品。Limited 公司扬言，它可使一件新外衣从设想到在商店货架上出售只需 1 000 小时。试就上述两种零售体系对供应链设计的影响进行比较和对照。

3. 日本摄影设备生产商佳能公司决定不采用离岸外包，将其生产和新产品开发流程留在劳动力成本相当高的日本。与此相反，总部在美国的通用汽车公司与上海汽车工业公司（Shanghai Auto Industry Corporation, SAIC）建立合资企业，在中国生产汽车。根据我们对外包、离岸外包以及供应链设计的介绍，讨论这两种看起来不同的决策如何支持各自公司的运营战略。

## 练习题

1. EBI 太阳能公司运用高科技流程将硅片生产成微小的太阳能面板。这些高效且价廉的面板用于给低能耗的手持式电子设备供电。去年，EBI 太阳能公司的库存周转率为 4.5 次，销货成本为 250 万美元。假定每年的运行时间为 52 周：

   a. 用存货周数表示去年的平均库存量。

   b. 经过几次供应链改进活动，所有种类存货的库存投资都有所下降。预计 EBI 公司的销货成本相对去年的水平没有变化，原材料的价值下降到 100 500 美元；在制品库存下降到 25 800 美元；产成品库存下降到 16 200 美元。假定每年运行 52 周，分别用存货周数和库存周转率表示 EBI 公司当前的总库存水平。

2. Buzzrite 公司是一家休闲服装零售商，今年（以成本计价）的年销售收入达 4 800 万美元。一年中服装库存周转率为 6 次。Buzzrite 公司计划将下一年（以成本计）的年销售额提高 25%。

   a. 如果 Buzzrite 公司在下一年还要维持相同的库存周转率，那么要求平均库存总值增长多少？

   b. 如果通过更好的供应链管理，Buzzrite 公司希望在不增加平均库存总值的情况下支持来年的销售增长，

那么库存周转率必须有什么样的变化？

3. Precision Enterprises 公司的物料经理 Jack Jones 正在寻求降低库存的途径。一份最近的会计报表显示了以下分类库存投资数据：原材料 3 129 500 美元；在制品 6 237 000 美元；产成品 2 686 500 美元。今年的销货成本约为 3 250 万美元。假定每年运营时间为 52 周，试用以下指标来表示总库存：

   a. 存货周数

   b. 库存周转率

4. 一种产品系列的库存周转率是每年 10 次，（以成本计的）年销售额为 985 000 美元。其持有的平均库存值为多少？

5. Bawl 公司向底特律的汽车制造商供应合金材料滚珠轴承。由于其专业化的生产流程，需要大量的在制品和原材料。这两种物料当前的库存水平分别为 247 万美元和 156.6 万美元。此外，产成品库存为 120 万美元，预计今年（以成本计的）销售额约为 4 800 万美元。试用以下指标表示总库存：

   a. 存货周数

   b. 库存周转率

6. 对一个零售商收集了以下数据：

| | |
|---|---|
| 销货成本 | $3 500 000 |
| 毛利润 | $700 000 |
| 经营费用 | $500 000 |
| 经营利润 | $200 000 |
| 总库存 | $1 200 000 |
| 固定资产 | $750 000 |
| 长期负债 | $300 000 |

假定每年营业 52 周，试用以下指标表示总库存：

a. 存货周数

b. 库存周转率

## 高级练习题

练习题 8、10、11 和 12 需要先阅读补充资料 A "决策制定"。

7. Sterling 公司每年运行 52 周，去年的销货成本为 650 万美元。公司持有 8 种物品的库存：4 种原材料；2 种在制品；2 种产成品。表 10.3 给出了这些库存物品去年的平均库存水平及其单位价值。

a. 平均库存总值是多少？

b. 该公司的存货周数是多少？

c. 去年的库存周转率是多少？

表 10.3　Sterling 公司的库存物品

| 类别 | 编号 | 平均库存量 | 单价（美元） |
|---|---|---|---|
| 原材料 | RM-1 | 20 000 | $1 |
| | RM-2 | 5 000 | 5 |
| | RM-3 | 3 000 | 6 |
| | RM-4 | 1 000 | 8 |
| 在制品 | WIP-1 | 6 000 | 10 |
| | WIP-2 | 8 000 | 12 |
| 产成品 | FG-1 | 1 000 | 65 |
| | FG-2 | 500 | 88 |

8. 一家大型的全球汽车制造商正打算将用于 SUV 传动装置的螺线管的生产外包。该公司估计在公司内生产这种部件的年固定成本（包括设备、维护和管理）达 600 万美元。劳动力和物料的可变成本是每件 5 美元。一家大型转包商提出以每件 8 美元的价格为该公司生产这种部件。但是转包商希望该公司分担固定设备成本。该汽车公司估计总成本为 400 万美元，其中也包括了对新供应合同的监管成本。

a. 该汽车公司如果要使自己生产的成本最低，每年需要生产多少件螺线管？

b. 该汽车公司在改变 SUV 的供应链之前，除了成本之外，还应该考虑哪些其他因素？

9. Dogs-R-Us 公司和 K-9 公司是满足大查尔斯顿地区养狗者需求的两家零售商店。在这两家公司之间具有良性竞争。两家公司都是一年营业 52 周，销售种类和价值大致相同的物品。表 10.4 列出了这两家商店的销货成本、平均库存水平以及每件物品的单位价值。

a. 比较这两家零售商店的平均库存总值。

b. 比较这两家零售商店的存货周数。

c. 比较这两家零售商店的库存周转率。

10. Black Bear 运动用品公司是一家为家庭提供户外装备的国际供应商。目前，该公司利用一家物流供应商提供仓储服务，并负责地面运输的包裹搬运。该合同要求的年固定支出为 900 万美元，其中包括供应商的管理费用和仓储成本，每运送一件包裹的可变成本为 15 美元。最近，Black Bear 运动用品公司找到一家以每年 1 600 万美元出租的仓库，其中包括租金、劳动力成本和管理费用。而且，该公司还找到另一家供应商，愿意以每件 6 美元的价格从仓库运送包裹。如果只考虑成本，Black Bear 运动用品公司一年必须发送多少包裹才能使这种仓储运营的纵向集成有利可图？

11. 在 BlueFin 银行的总部，管理层正在讨论将处理信用卡交易外包给 DataEase 公司的可能性。DataEase 公司是一家国际金融服务提供商。BlueFin 银行的信用卡交易处理一直是年度损益表中的高成本部分，不断追加的新设备投资一直消耗着资本储备。根据最初的研究和协商，DataEase 公司对每笔交易的收费将比 BlueFin 银行的每笔交易处理成本多出 0.02 美元，DataEase 公司

表10.4 Dogs-R-Us 公司和 K-9 公司的库存数据

| | Dogs-R-Us | | K-9 | |
|---|---|---|---|---|
| 销货成本 | $560 000.00 | | $640 000.00 | |
| 种类 | 平均库存（件） | 单价（美元） | 平均库存（件） | 单价（美元） |
| 狗床 | 200 | $55.00 | 140 | $55.00 |
| 骨头和食物 | 1 200 | $2.50 | 250 | $2.50 |
| 宠物喂食器 | 50 | $12.50 | 20 | $12.50 |
| 除虱用品 | 350 | $7.50 | 75 | $7.50 |
| 狗舍 | 10 | $65.00 | 2 | $65.00 |
| 狗栏 | 10 | $220.00 | 3 | $220.00 |
| 庭院宠物门 | 5 | $120.00 | 2 | $120.00 |
| 狗跳板 | 5 | $150.00 | 2 | $150.00 |
| 宠物推车 | 10 | $40.00 | 2 | $40.00 |
| 狗用保健品 | 1 400 | $4.50 | 150 | $4.50 |
| 狗用玩具 | 250 | $2.20 | 100 | $2.20 |

希望每年有 1 200 万美元来弥补与合同有关的设备和管理费用。BlueFin 银行还估计了与交易处理有关的管理费用及固定成本。这些成本包括监管、行政支持、维护、设备折旧以及间接费用。如果 BlueFin 银行每年必须处理 2 000 万笔交易，其固定成本必须有多高才值得付费利用 DataEase 公司的服务？

12. 一家电器开关设备（ESE）的全球制造商正考虑外包开关面板所用断路器的生产。该公司估计包括设备、维护和管理在内的自行制造这一部件的年固定成本达 800 万美元。劳动力和物料的可变成本为每个断路器 11 美元。一家大型转包商提出以每个断路器 16 美元的价格为该公司生产该部件。

a. 该电器开关设备公司每年要自行生产多少断路器才能使成本最低？

b. 假定转包商要求该公司分担设备成本。ESE 公司估计年度总成本为 500 万美元，其中也包括对新供货合同的监管成本。转包商做出让步，将价格降至每个断路器 12 美元。在这一假设条件下，ESE 公司每年要生产多少断路器才能使自行生产的成本最低？

c. 如果 ESE 制造商预计每年使用 150 万个断路器，哪种方案（自行生产、利用转包商但不分担设备成本，以及利用转包商且分担设备成本）的成本最低？

**实验练习 | SwiftSONIC 发行公司**

### 情景

　　Sonic 发行公司从事音乐 CD 的生产和销售。这些 CD 统一在一个工厂灌制，然后通过公司的分销中心发行，再由各零售商店面向大众销售。公司的目标是以最低的总成本来运行分销链。

### 材料（由指导教师提供）

　　零售商和分销商的采购订单表格

　　工厂的工作订单表格

　　工厂和分销中心的物料发货单

　　库存状况记录表格

　　产生随机需求的工具（一般是用两只骰子）

### 组织

　　每个小组都从事音乐 CD 的生产，并将其配送给各零售商店以供出售。由两名或两名以上学生充当零售店的采购者。他们的任务是确定 CD 的需求量，并向分销商发出库存补充订单。分销商持有来自生产厂家的前向设置库存。工厂采取批量生产来满足客户订单或库存需要。

### 任务

　　分成四人或五人组成的小组。

　　两到三人经营零售商店。

　　一人经营分销中心。

　　一人负责安排工厂的生产进度。

　　随着实验练习的进行，供应链上各个层面的参与者每天都要估计需求量、履行客户订单、记录库存水平、决定订购数量或生产数量，以及向供应商提交订单的时间。

### 成本及条件

　　除非指导教师另有要求，使用以下成本和条件。

### 成本

| 每天每单位库存成本 | 零售店：$1.00/CD/ 天 |
| --- | --- |
| | 分销中心：$0.50/CD/ 天 |
| | 工厂：$0.25/CD/ 天 |
| 在途库存成本 | 假定本练习的在途库存成本可以忽略不计（记为 0） |

（续表）

| 订货成本（零售商和分销商） | 每份订单 20 美元 |
| --- | --- |
| （为了履行一份订单的）工厂设置调整成本 | 50 美元（注：该成本是每份订单的成本，而不是每天的成本，因为即使分销商相继发送的订单都是订购同一种产品，但工厂在两次订单之间要忙于生产其他产品。） |
| 缺货成本（边际损失） | 零售商店：在一段时间内每少售出一张 CD 的损失为 8 美元。 |
| | 对于因工厂出现短缺而发生的积压订单或发送新订单，其损失为 0。 |
| 发货成本 | 由于其他产品也通过这条渠道分销，而且因为 CD 很轻，占用空间很小，因此将该成本记为 0。 |

### 条件

| 期初库存 | 每个零售商店有 15 张 CD |
| --- | --- |
| | 分销中心有 25 张 CD |
| | 工厂有 100 张 CD |
| 批量限制 | 零售商店和分销中心——无最小订单限制，任何数量都可以存储。工厂生产批量和生产能力——最小生产批量为 20 张，最大生产能力为每天 200 张。 |
| 未完成订单 | 无 |

### 延期

　　订单延期。从零售商处给分销中心发订单和从分销中心给工厂发订单各需要 1 天时间（即从提交订单到处理订单之间需要 1 天时间）。

　　订单一旦被接受就会立刻投入生产（但是订单从分销中心发送至工厂需要 1 天的时间）。

　　延期交付。从分销中心到零售商店以及从工厂到分销中心的发货各需要 1 天的时间（即在订单发货到收到货物之间需要 1 天的时间）。

### 练习

　　为简单起见，假定所有交易都是在每天的同一时间发生的。对于每个仿真日，按以下顺序练习：

**零售商**

a. 每个零售商按期收到从分销中心发送的货物（货物发送后的第二天），将其放入待售库存中（即在分销中心发货后的第二天，将分销中心物料发送单上所标明的数量增加到零售商库存状况记录表中前一天的期末库存量上）。（注：在开始练习的第一天，没有订单到达。）

b. 每个零售商通过掷骰子的方法来决定当天的零售需求量（需要的 CD 数量），两只骰子的点数就决定了需求的数量。

c. 如果可能，零售商就用现有库存来满足客户订单。履行订单的方法是：在当前库存水平上减去订单需求数量，得到新的期末库存水平并记录下来。如果需求大于库存供应量，就会失去销售机会。将所有损失的销售量都记录在数据表中。

d. 零售商决定是否应该提交订单，如果需要向分销商订货，就要在零售商店采购订单中填上需要的 CD 数量，并发送给分销中心（分销中心会在 1 天后收到订单）。如果发出了订单，就应该在数据表中注明。零售商可能还希望单独跟踪未完成的订单。

**分销中心**

a. 分销中心接收由工厂按期发送的货物，将 CD 放入可用库存（即在工厂发货后的第二天，将工厂物料发送单上所标明的数量增加到分销中心库存状况记录表中前一天的期末库存量上）。

b. 满足所有未完成的积压订单（从库存状况记录表中减去该数量）并准备发货。在发送 CD 时需填写分销中心物料发送单，在上面标明将要发送的 CD 数量。

c. 分销商按照从零售商处接收的采购订单（在指定的延期 1 天之后），从可用库存中准备向零售商发货。从当前库存水平减掉发送的数量，得到期末库存水平并记录下来。如果出现供货不足的现象，就会产生积压订单。

d. 分销中心决定是否应该提交库存补充订单。如果需要订货，就要在分销中心采购订单中填上需要的 CD 数量，并发送给工厂（工厂将在 1 天后收到订单）。如果发出了订单，就应该在数据表中注明。分销中心可能还希望单独跟踪未完成的订单。

**工厂**

a. 工厂将所有新生产的产品都放入库存（在工厂库存状况记录表前一天的期末库存水平上加上前一天生产的产品数量）。

b. 满足所有未完成的积压订单（从库存状况记录表中减掉该数量）并准备发货。在发送 CD 时需填写工厂物料发送单，在上面标明将要发送的 CD 数量。

c. 工厂接收来自分销商的采购订单（在指定的延期 1 天之后），如果可能，就从可用库存中心向分销中心发货。在库存状况记录表的当前值减掉发送的数量。所有未被满足的订单都作为第二天的积压订单。

d. 工厂决定是否应下达 CD 生产的工作订单（面向库存或面向订单）。如果需要生产，就会发出工厂的工作订单，并在库存状况记录表中予以注明。需要提请注意的是：每个生产订单都有设置调整成本。对所有生产过程进行认真跟踪是非常重要的。

注意：订单一旦被提交，就不可以再更改，而且也不允许部分发货。每天都要记录期末库存水平、积压订单或损失的销售量，是否发出了订单（或是否开始新的生产）。当每个人都完成了当天的业务活动以后，接下来返回到零售商的（a）阶段，按照这一顺序重复每天的活动。指导教师会告诉你需要多少个仿真日的练习。

练习结束后，计算出库存累计数量及其他成本。通过对每列的数字求和，再用前面所列出的成本与该总数相乘就可得出所需数据。运用这些成本总额来评价你所在小组的分销链运营情况。

资料来源：This exercise was developed by Larry Meile, Carroll School of Management, Boston College. By permission of Larry Meile.

## 案例 | Brunswick 分销公司

Alex Brunswick 是 Brunswick 分销有限公司（Brunswick Distribution, Inc., BDI）的首席执行官，在闷热难耐的一天，他望着窗外，思考着自己的公司到底出了什么问题。他刚刚完成对公司近期财务绩效的审查，发现了一些令人担忧的问题。在过去的 4 年中，Brunswick 分销公司经历了一个强劲的增长期。"到底是什么地方出了问题？"他问自己："我们的销售额在过去 4 年里一直保持着平均 8% 的增长率，但现在情况却似乎变得很糟。"他长叹一声回到座位上，继续审查桌子上的报表。

在过去 4 年里，销售量一直保持着持续增长，但是未来却是不确定的。Alex Brunswick 认识到，公司过去的增长在很大程度上是因为该地区的一些竞争对手停业。这种状况不可能持续。然而，公司的净收益则在过去的 3 年中呈下降趋势，而且预计明年会继续下滑。

Brunswick 决定在未来 3 年内扭转公司的局面。他回到座位上给他的私人助理打电话："Carla，你可以帮我叫 Marianna 和 Bradley 进来吗？"

### 背景

分销业务最基本的模式就是从各制造商处购买库存，然后再转售给各零售商。在过去 3 到 5 年的时间里，库存的需求出现了很大变化。无论是制造商还是零售商都不愿意持有库存，只剩下分销商来承担这一不景气的业务。此外，随着零售商直接向制造商订购货物的趋势不断加剧，对分销商的整体盈利能力形成了更大压力。

在 Brunswick 祖母家后面的一间小工棚里熬过创建初期的艰难之后，公司搬进了一间 1 万平方英尺的租用设施内。10 年前，BDI 开始分销高端家用电器产品，以弥补低利润率产品。BDI 公司与距离伊利诺斯州莫林镇 35 英里的一家大型高端厨房电器制造商 KitchenHelper 公司签订了协议，负责将 KitchenHelper 公司生产的家用电器分销给当地客户。几年来，BDI 实现了稳定增长并扩大了服务区域。目前，Brunswick 公司的服务半径已经达到从公司所在地开始 200 英里的范围。随着公司的快速增长，BDI 买下了那套租用设施，并将其面积扩大为 3 万平方英尺。

由于几家竞争对手的退出，公司又获得了新的零售客户和新的产品系列。在零售商 – 分销商 – 制造商关系链中，传统的订货方式是通过传真或电话来完成的。Brunswick 正在考虑实施一个基于互联网的订货系统，但他又不确定这一系统是否能给将来的运营和营销带来好处。

### 相关因素

#### 市场

在过去的 5 年里，来自其他分销商的直接竞争逐渐加强。因此，那些最成功的分销商采取了一种附加值策略来保持其竞争力。零售商希望可靠的交付能支持促销和对顾客的承诺。他们也希望当竞争需要时能够随时自由地开展促销活动，并且只需要临时通知分销商。他们还希望有机会选择各种家用电器。然而，许多订单因为价格而获得，又因为交付问题而失去。

#### 财务

制造商一般不考虑赊销，要求在 30 天到 45 天内付款。另一方面，零售商则通常会在 50 天到 60 天内付款。这种时间差使 BDI 经常处于资金紧张的状况，从而给企业现有的经营负债带来不必要的压力。公司的借贷能力已几乎用尽。任何进一步的融资都不得不另谋出路。鉴于 BDI 的财务状况，采取任何其他融资方式都会付出比现有债务更高的费用。

#### 运营

过去 5 年来，库存周转率也一直是个问题。但近两年库存周转率出现了大幅下降。这一趋势看起来还会持续下去。

零售商一般会在其客户住宅建造或翻修将要完工时向公司发出订单。虽然历史信息为未来的销售量提供了一个很好的基准，但是变化多端的市场降低了信息的可靠性。市场的变化也影响了 BDI 的订货。为了编制生产预算，制造商要求有 60 天、90 天和 120 天的预测信息。有时，对于已经向制造商发出的订单，BDI 如果改变订货数量就会受到罚款。

### 战略问题

当 Marianna 和 Bradley 走进 Brunswick 的办公室时，他还在思考着那张报表。"请坐！"他嘟囔着。他们都清楚这将会是漫长的一天。Brunswick 很快简要说明召集他们来的目的，三人立即展开热烈的讨论。Brunswick 指出，BDI 需要适当的结构调整以应对公司的不景气和当前市场的实际情况。他说："随着市场趋于稳定，为了增长，我们必须好好谋划谋划。"为了迎接这一挑战，BDI 必须评估各种备选方案。一些可能的方案包括扩展现有系统，并在必要时开发新系统——这些系统与供应商、客户以及商业运输资源相互连接，以获得整体资产的可见度。

Brunswick 提醒他们：在做出任何投资决策之前，BDI 必须评估所有方案提出的任何新的资本需求，以及方案对公司利润和市场份额的预期贡献。图表 1 给出了当前年度的损益表。

图表 1

| 公司损益表（单位：千美元） | | |
| --- | --- | --- |
| 收入 | | 33 074 |
| 销货成本 | | |
| 运费 | 8 931 | |
| 直接物料成本 | 5 963 | |
| 直接劳动力成本和其他成本 | 6 726 | |
| 合计 | 21 620 | |
| 毛利润 | | 11 454 |
| 经营费用 | | |
| 销售费用 | 2 232 | |
| 固定费用 | 2 641 | |
| 折旧 | 1 794 | |
| 合计 | 6 667 | |
| 息税前收益 | | 4 787 |
| | 利息费用 | 838 |
| 税前收益 | | 3 949 |
| | 税收（35% 税率） | 1 382 |
| 净收益 | | 2 567 |

**投资新的基础设施**

公司营运副总裁 Bradley Pulaski 说："自从 Associated Business 分销公司（ABD）在 4 年前停业后，我们公司收到了大量的电话和电子邮件，这些电话和电子邮件都来自中西部地区寻找 ABD 服务替代者的潜在客户。这些请求不仅来自 ABD 的前客户，而且还有以前从未与 ABD 和我们交易过的潜在客户。我们目前的仓库不足以为这一市场提供服务，因为顾客不愿意等很长时间才交付。我们目前为该地区的一部分客户服务，但是由于延迟交付，我认为维持不了太长时间。为了利用这一机会，我们必须再建造一个新的仓储设施来缓解现在已经很紧张的资源问题，并进行库存的'前向设置'，以便在临时通知的情况下缩短给顾客交付的时间。我们面临的挑战是基础设施严重不足，远远低于需求水平。我们现在只有莫林镇的一个仓库。"增添新设施将会为 BDI 提供进一步向中西部以北地区主要工业市场渗透的机会，而以前 BDI 是很少涉足这块市场的。

考虑到 BDI 公司在主要几家银行的信贷额已接近极限，这一方案的融资将是十分困难的。然而，并不排除公司会向芝加哥更大的银行另外进行融资。这可能会导致融资成本高昂（目前长期贷款的利率最低为 11%）。据 Bradley 说，这一方案将需要 200 万美元的地产投入和 100 万美元的厂房和设备投入。新增的仓库设施将在 20 年内进行折旧。20 年的贷款将在贷款期末一次性偿还。利用新增的设施，BDI 的年销售收入将会增长 442.6 万美元。此外，对该地区客户的交付提前期将从 5 天缩短为 2 天，这是非常有竞争力的。由于增加的仓库容量，BDI 公司还可以增加家用电器的品牌和型号，更好地满足零售商有关多品种的需求。但是某些品类的销售成本也会上升。包括供应商向仓库和客户送货的年度总运输成本将增加 95.5 万美元。（销售家电的）年物料成本和劳动力成本将各上升 6%。总资产将从 3 017 万美元增加为 4 355.1 万美元。这一增加额已考虑库存投资的变化（将变成 720 万美元）、应收账款、房地产以及工厂和设备。

**理顺分销系统**

物流副总裁 Marianna Jackson 说："我认为利用成本效益好的分销系统，会为公司提供一个利用竞争对手留下的市场空白的机会。我们并不需要新设施，我们可以继续为中西部地区的客户尽可能提供服务。但是，我们真正需要的是一个高效的分销系统。我们持有大量的没有运出的库存，是因为我们库存系统的低效率。我们的当务之急就是与库存控制部门精诚合作，持有我们需要的物品而舍弃不需要的物品。这样我们就能够利用那些不需要的物品占用的空间，来安装自动化的仓储设备，从而使我们有更高的效率。我们所做的每件事，花费的每一分钱都会影响客户。我们需要在价格上保持竞争力。我们的运营成本就是客户的成本。我们的目标是让客户在一切准备就绪时才消耗资源，将资源消耗在他们的交易手段上，而不是消耗在物流上。这一方案虽然在产品种类和交付速度上不能给我们多大帮助，但是能够提高我们的准时交付绩效，同时改善我们响应零售商订单变化的柔性，从而为他们的销售计划提供支持。"

　　该方案需要一体化中心，它包括复杂的自动化系统、先进的物料搬运设备以及专门开发的信息技术，该中心可以给 BDI 提供多种功能，以及向 Brunswick 公司的客户提供更好的产品和服务的能力。该系统可以支持实时订货、物流规划和调度以及售后服务。当 Brunswick 公司在莫林镇的呼叫中心收到订单后，就会转发到物流中心进行处理。根据货车的使用情况，客户可以得到一个交付日期。订单按照送货目的地分组，这样便于货车高效装载，使装载容量达到最大。然后根据订单安排发货，并将估计送达时间通知客户。这一新的信息技术将提高 BDI 公司承诺的产品交付时间的可靠性。该系统还包括自动化储存和拣货系统（automatic storage and retrieval system，AS/RS）。AS/RS 根据客户订单拣货，将其运送到码头，装载到运往客户所在地的货车上。该系统的资金成本为 700 万美元，将在 10 年内进行折旧。包括培训在内的运营成本为每年 50 万美元。Brunswick 将这些成本归为固定支出。然而，这一改进的系统会有巨大的成本节约。Marianna 估计该系统可使年运输成本和人工成本各下降 16%。总资产将从 3 017 万美元增加到 3 593.2 万美元，这一数据已将应收账款和设备的变化考虑在内。因为所要求的安全库存量降低，库存总值将只有 450 万美元。BDI 公司可以通过借入 10% 年

利率的 10 年期贷款来为这一方案融资。贷款将在贷款期末一次性偿还。

　　这些成本节约来自呼叫中心更高效的客户订单处理，对货物运输做得更好的规划与调度，以及与仓库和客户沟通的改进，这些都使供应链中的运输成本显著下降。其他一些成本节约源于人工成本下降，因为需要的接线员更少了。Marianne Jockson 认为，BDI 公司可以利用她的方案，在提高效率的同时保持目前的服务水平。

**决策**

　　Alex Brunswick 仔细权衡着 Bradley Pulaski 和 Marianne Jackson 提出的这两套方案。Bradley 的方案是通过为更多的客户服务来增加公司收入。然而，其资本支出相当大。Marianne 方案的重点是为现有客户提供更高效的服务。这一方案的价值就在于可以使成本显著下降，但是却无法确定 BDI 公司是否能够留住中西部以北地区目前的客户。Brunswick 认识到根据公司现有的财务状况，他不可能同时采纳这两种方案。在做出财务决策时，Brunswick 采用了 12% 的贴现率。每一种方案对公司运营指标以及投资者密切关注的财务指标会有什么影响？哪一种供应链设计方案会对公司更有利？

## 参考文献

de Waart, Dick, and Steve Kemper. "5 Steps to Service Supply Chain Excellence." *Supply Chain Management Review* (January/February 2004), pp. 28–35.

Duray, Rebecca. "Mass Customization Origins: Mass or Custom Manufacturing?" *International Journal of Operations and Production Management*, vol. 22, no. 3 (2002), pp. 314–328.

Ellram, Lisa M., and Baohong Liu. "The Financial Impact of Supply Management." *Supply Chain Management Review* (November/December 2002), pp. 30–37.

Flynn, Laurie J. "Built to Order." *Knowledge Management*. (C=December 11, 2000).

Garber, Randy, and Suman Sarkar. "Want a More Flexible Supply Chain?" *Supply Chain Management Review* (January/February 2007), pp. 28–34.

Glatzel, Christoph, Jocher GroBpietsch, and Ildefonso Silva. "Is Your Top Team Undermining Your Supply Chain?" *McKinsey Quarterly*, (January 2011), pp. 1–6.

Goel, Ajay K., Nazgol Moussavi, and Vats N. Srivastan. "Time to Rethink Offshoring?" *McKinsey on Business Technology: Innovations in IT Management*, No. 14 (Winter 2008), pp. 32–35.

Grey, William, Kaan Katircioglu, Dailun Shi, Sugato Bagchi, Guillermo Gallego, Mark Adelhelm, Dave Seybold, and Stavros Stefanis. "Beyond ROI." *Supply Chain Management Review* (March/April 2003), pp. 20–27.

Hartly-Urquhart, Roland. "Managing the Financial Supply Chain." *Supply Chain Management Review* (September 2006), pp. 18–25.

Hartvigsen, David. *SimQuick: Process Simulation with Excel*, 2nd ed. Upper Saddle River, NJ: Prentice Hall, 2004.

Hofman, Debra. "Supply Chain Measurement: Turning Data Into Action." *Supply Chain Management Review* (November 2007), pp. 20–26.

Reeve, James M., and Mandyam M. Srinivasan. "Which Supply Chain Design is Right for You?" *Supply Chain Management Review* (May/June 2005), pp. 50–57.

Stavrulaki, Euthemia, and Mark Davis. "Aligning Products with Supply Chain Processes and Strategy." *The International Journal of Logistics Management*, vol. 21, no. 1 (2010), pp. 127–151.

Tiede, Tom, and Kay Ree Lee. "What is an Optimal Distribution Network Strategy?" *Supply Chain Management Review* (November 2005), pp. 32–39.

在美国南卡罗来纳州斯帕坦堡宝马公司的工厂里，一辆成品 BMW X6 跨界车正等待最后的检测。该厂址是经过大量研究和政府的众多让步后仔细选定的。宝马公司在该厂设计并生产了 X6 和 X5 "运动型多用途车" 以及 Z4 跑车。

## 供应链选址决策

## 宝马汽车公司

宝马汽车公司（Bavarian Motor Works，BMW）成立于 1917 年，总部位于德国慕尼黑，是一家国际汽车生产商，旗下有宝马（BMW）、迷你（MINI）和劳斯莱斯（Rolls-Royce）等高端汽车品牌。20 世纪 80 年代末，由于汇率波动、生产成本上升，宝马公司开始考虑在欧洲以外地区建立新的生产设施。公司运用一种称为 "blank page" 的方法列出了全球 250 个可能厂址的清单。经过进一步分析，将该清单减少到 10 个可行的厂址，其中一个美国厂址因为靠近宝马汽车的大型市场而受到青睐。

厂址的选择涉及许多因素，在开始建厂之前必须对这些因素进行分析。宝马公司考虑了每个国家的劳动力环境、地理条件和约束，以及他们与备选厂址所在国政府的关系等因素。关于劳动力环境，由于汽车生产流程的复杂性，需要技术型劳动力。因为在汽车行业培训一个工人的成本在 1 万到 2 万美元，因此这一因素尤其重要。地理因素也必须考察，因为需要将成千上万个汽车零件从国内或者国外的供应商运往工厂。为了降低供应链的成本，要求新的厂址应该有足够的公路或州际交通网，而且离港口的距离要相当近，这样方便运输零部件和成品汽车。另一个考虑因素是要靠近机场，便于宝马公司的高管人员往返于工厂和德国的公司总部。最后一个选址因素与政府有关。宝马公司希望搬到一个商业环境友好的地方——政府会在基础设施改善、税收减免、员工筛选和教育计划方面提供优惠政策。总体目标是：通过合作，使宝马汽车公司和当地社区双方尽可能地互惠互利。

经过 3 年半的考察，根据上述因素对 10 个可行的厂址进行严格评估后，宝马公司最终决定在南卡罗来纳州斯帕坦堡建一个 200 万平方英尺的生产工厂。这一决策是根据上述选址标准与南卡罗来纳州斯帕坦堡的环境匹配度做出的。南卡罗来纳州的立法者在州政府如何解决宝马公司提出的需求方面表现出了灵活而开放的态度。例如，他们同意购买建厂所需的 500 英亩土地（需要发行 2 500 万美元的债券），改善工厂周围的公路系统（需要 1 000 万美元），加长斯帕坦堡机场的跑道，并使候机楼更加现代化（需要 4 000 万美元支出）。立法机构还同意提供税收激励，减免财产税，建立员工筛选和培训计划，保证有合适的技术工人可供使用。（因为收到了 50 000 多份申请，仅处理求职申请一项就是一项艰巨的任务。）南卡罗来纳州可能并没有在每个选址决策标准上都得到最高分，但是从整体角度考虑，这里是最适合宝马公司的厂址。

事实证明这一选址方案是成功的。1994 年 7 月建厂，接着在 1996 年进行了 2 亿美元的扩建，1999 年进行了 5 000 万美元的扩建，2000 年又进行了 3 亿美元的扩建，2008 年 3 月还进行了一次 7.5 亿美元的扩建。宝马公司在南卡罗来纳州的制造公司现在是宝马集团全球制造网络中的一部分，该厂目前雇佣了 7 000 多名员工，在占地 1 150 英亩、400 万平方英尺的厂区内生产 X3、X5 运动型多用途车和 X6 全能轿跑车。除了宝马公司近 50 亿美元的投资以外，南卡罗来纳州也从其业务增长（宝马公司在北美共有 170 家供应商，仅在南卡罗来纳州就有40 家）、就业和社区改造中收益颇丰——这是一个各方面都很成功的商业故事。

资料来源：P. Galuszka, "The South Shall Rise Again," *Chief Executive* (November 2004), pp. 50–54; Southern Business & Development, May 2011.

---

| 学习目标 | 学完本章内容后，你应该能够： |
|---|---|
| 1. 说明选址决策与供应链设计的关系。<br>2. 确定选址决策的影响因素。<br>3. 了解地理信息系统在选址决策中的作用。 | 4. 掌握单一设施选址方法。<br>5. 掌握多设施选址方法。 |

像宝马这样的公司在决定给新设施选址时，会评估整个供应链网络。**设施选址**（facility location）是为企业的运营机构确定地理位置的过程，该运营机构可能包括制造工厂、配送中心及客户服务中心。**配送中心**（distribution center）是一个仓库或存储地点，产品存放在此以便接下来配送给制造商、批发商、零售商以及客户。选址对企业来说是至关重要的，它对企业的供应链会产生深远影响。例如，设施选址可以影响供应商关系流程。日益扩张的全球经济使企业可以更方便地接触全世界的供应商，这些供应商中有许多可以提供更低的投入成本，或者质量更好的服务或产品。然而，如果生产设施建在国外，与供应商之间的距离太远，则可能造成更高的运输成本，带来协调方面的困难。同样，客户关系流程也会受到企业选址决策的影响。如果在流程中顾客必须亲临现场，而服务提供商和顾客之间的距离或者时间相差很大，那么是不可能接受这样的厂址的。另一方面，如果与顾客的接触多为被动且与人无关，或者处理的是物料或信息而不是与人有关，那么位置就不再是问题了。信息技术和互联网有时可以帮助克服与企业位置有关的困难。而且有一点是很清楚的：企业设施所在地点对企业的运营成本、服务和产品的价格，以及在市场上竞争并向新的细分客户渗透的能力等都具有重大影响。

通过分析选址模式从而发掘企业的基本战略是一件很有意义的事情。在认识到选址决策对企业战略和供应链设计的影响之后，我们首先要考虑影响选址的定性因素，以及这些因素对整个组织的影响。接着，我们将探讨选址模式的重要趋势：利用地理信息系统（GIS）来确定细分市场，以及为每个细分市场提供服务的方式，都会对企业的选址决策产生影响。最后，我们将介绍一些单一设施选址或多设施选址决策的分析方法及其对整个供应链的影响。

## 跨越整个组织的选址决策

选址决策影响整个组织的流程和部门。在为一个新零售商店选址时，比如Wendy's 商店，营销部门必须仔细评估店址对顾客的吸引力和开拓新市场的可能性。组织的整体搬迁或者部分搬迁都会对企业员工的态度以及跨部门有效运营的能力产生重大影响。选址也会影响企业的人力资源部门，必须进行调整以适应企业的招聘和培训需要。新设施选址或者现有设施的搬迁通常都会有很高的成本，因此，组织的会计和财务部门必须认真评估这些决策。例如，当宝马公司在南卡罗来纳州为制造工厂选址时，该州的经济环境及其立法部门提供的货币激励政策，在新工厂的财务回报分析时起到了重要作用。最后，运营部门在选址决策上同样有很大的发言权。因为这种选择需要满足当前顾客的需求，并且提供适量的（外部和内部）顾客接触。当生产工厂离得很远时，比如像吉列这样的公司，通过将分销中心设在国外，让员工了解当地的文化和语言，并给顾客提供统一的形象，以此来积极参与选址决策。类似麦当劳、星巴克、丰田和沃尔玛这样的国际化运营机构也面临着一系列新挑战，因为在国外建立生产设施和管理员工要耗费很多时间，困难重重。然而，这是企业成长的一个重要组成部分。例如，星巴克有超过 1.7 万个营业网点，其中 6 000 多个店址位于全球的 50 个国家和地区。

## 选址决策的影响因素

在评价特定厂址的合理性时，服务型组织和制造型组织的管理者都要权衡许多因素，这些因素包括：与客户和供应商之间的距离、劳动力成本以及运输成本。管理者通常可以忽略那些不能满足以下两个条件中至少一个的因素：

1. 所考虑的因素必须对厂址敏感。换句话说，管理者不应该考虑不受选址决策影响的因素。例如，如果所有待考虑厂址的公众态度都同样好，那么，就不应该将公众态度作为一个考虑因素。
2. 所考虑的因素必须对公司达到其目标的能力有重大影响。例如，尽管不同的设施位置与供应商之间的距离不同，但如果通过次日送达业务进行运输，通过传真、电子邮件或电话会议与他们进行沟通，那么距离就不可能对企业达到目标的能力产生多大的影响。因此就不应该将距离作为考虑的因素。

管理者可以将选址的影响因素分为主要因素和次要因素。主要因素是那些从竞争优先级（成本、质量、时间和柔性）导出的，并且会对销售或者成本产生重大影响。例如，良好的劳动力环境和货币激励是影响宝马公司制造工厂设在南卡罗来纳州斯帕坦堡的选址决策的主要因素。次要因素也是很重要的，但是当其他因素更重要时，

**通过运营管理创造价值**

通过运营展开竞争
项目管理

**流程管理**

流程策略
流程分析
质量与绩效
能力规划
约束管理
精益系统

**供应链管理**

供应链库存管理
供应链设计
供应链选址决策
供应链整合
供应链的可持续发展与人道主义物流
预测
运营计划与生产调度计划
资源计划

星巴克咖啡店位于购物中心内是理所当然的，但是，只有在迪拜才能找到如此雄伟奇特（且有特定主题）的 Ibn Battuta 购物中心。虽然星巴克咖啡店并没有什么令人惊奇的特别之处，但是该店所处的波斯城却是一个令人惊叹的用花砖铺砌的穹顶。该购物中心是以阿拉伯旅行家和冒险家 Ibn Battuta 的名字命名的，商城的每个部分都代表了他曾经游历过的国家。该星巴克咖啡店位于波斯城，穹顶用波斯的蓝色图案和花砖组成。但我们认为，Ibn Battuta 在旅行中并没有真正遇到过任何一家星巴克咖啡店。

管理者可能会低估甚至是忽略其中一些次要因素。对于通用汽车公司 Saturn 工厂来说，由于许多零部件都是就地生产，从外部向厂内运输的成本就不太重要，因此是一个次要因素。

## 影响制造业选址的主要因素

对于新的制造工厂或配送中心来说，以下 7 种因素决定了企业（包括宝马公司在内）做出的决策。企业通常会在这些因素之间进行权衡。比如，如果物流、税收以及与顾客的距离这些因素都有利，那么在一个劳动力成本很高的地方选址也许就是有意义的。在构建国际化的供应链，以及为工厂、配送中心、软件设计工作室等选址时，降低一个产品的设计、开发、生产及配送的总成本是特别重要的。

***良好的劳动力环境*** 对于纺织、家具和消费电子等劳动密集型行业来说，良好的劳动力环境也许是选址决策中最重要的因素。劳动力环境涉及工资水平、培训要求、工作态度、劳动生产率和工会势力等因素。许多高管将弱势的工会或工会组织活动的可能性较低视为一个显著优势。拥有一个良好的劳动力环境不仅适用于现有的劳动力，而且也适用于企业希望转移到新厂址或被吸引到新厂址的员工。波音公司在 2009 年做出决定，将其梦幻客机的装配生产线设在南卡罗来纳州查尔斯顿，原因是其良好的劳动力环境，以及当地有其他的波音公司工厂及供应商。这是一个经过认真思考的决策，因为全世界只有三个地方组装宽体喷气机——华盛顿埃弗雷特、南卡罗来纳州查尔斯顿以及法国图卢兹（空客工厂）。尽管美国劳资关系委员会代表华盛顿州的工会提出了抗议，但 120 万平方英尺的工厂还是于 2011 年 6 月正式落成。波音公司将继续在这两个地点组装梦幻客机，并在华盛顿州新增了 2 000 个就业岗位来支持这一业务。

***与市场的接近程度*** 在确定了对服务和产品需求量最大的地方之后，管理层就必须为能满足这些需求的设施进行选址。当最终产品的体积或重量很大且外向运输的费率很高时，选择一个靠近市场的地点就非常重要。例如，那些塑料管道生产商和重金属生产商，都需要靠近他们的市场。

***对环境的影响*** 随着人们对可持续发展的关注度日益提高，企业正逐渐意识到选址决策对环境带来的影响。在使供应链中新工厂以及附属设施的碳排放量达到最小的同时，还必须考虑到降低整体的能源消耗。在第 13 章"供应链的可持续发展与人道主义物流"中将对这些以及相关问题进行更进一步阐述。

*生活质量*　好的学校、娱乐实施、文化活动以及令人向往的生活方式等都会有助于提高**生活质量**（quality of life）。这一因素可能使选址决策产生差别。过去 20 年来，在美国就有超过 50% 的新就业岗位在非城市区域。在日本和欧洲也出现了同样的变化。这种变化的原因包括许多大城市的生活成本高、犯罪率高，以及总体生活质量下降。

*与供应商和资源的接近程度*　那些依赖大量、易变质、重型原材料投入的企业，都强调与供应商和资源的接近程度。在这种情况下，内向运输成本成为一个主要因素，促使这些企业将设施建在靠近供应商的地方。例如，将造纸厂建在森林附近，将食品加工厂建在农场附近都是可行的。将设施建在供应商附近的另一个好处就是可以保持低库存（参见第 8 章"精益系统"和第 10 章"供应链设计"）。

*与母公司设施的接近程度*　在许多公司中，一些工厂向公司其他设施或机构供应零部件，或者依赖其他机构来提供管理和人员上的支持。这种关系要求进行频繁的沟通和协调。这些部门之间相距得越远，协调和沟通就会变得越困难。

*公用事业、税收和房地产成本*　其他影响选址决策的因素包括公用事业成本（如电话、能源和供水）、地方税和州税收、地方政府或州政府提供的财政激励政策、搬迁成本以及土地成本等。例如，戴姆勒公司在阿拉巴马州的"M 系列"汽车生产厂，本章开头案例中宝马汽车公司在南卡罗来纳州的工厂，以及丰田公司在肯塔基州乔治城的丰田工厂，吸引这些企业的部分原因就是当地政府相关的激励政策。

*其他影响因素*　还有一些其他次要因素也需要考虑，其中包括扩展空间、基建成本、使用多种运输模式的便利性、在工厂之间转移人员和物料的成本、保险费用、与其他企业之间的劳动力竞争、地方性法规（如污染和噪音控制制度）、公众态度，以及许多其他因素。为了全球化运营，企业需要良好的基础设施，以及受到良好教育并拥有良好技能的当地员工。许多企业得出的结论是：将大型的集中式制造设施建在那些员工缺乏培训的低成本国家是不可持续的，而设在企业服务的国家的小型柔性生产设施则使企业能够规避与贸易壁垒有关的问题，如对销售额和利润有不利影响的关税、配额以及汇率变化风险等。

## 影响服务业选址的主要因素

上述影响制造商选址的因素同样适用于服务提供商，但是对于服务提供商还要补充另外一个重要因素：选址对销售额和顾客满意度的影响。顾客通常会关注服务设施的远近，尤其是当服务流程要求有相当高的顾客接触度时更是如此。

*与顾客的接近程度*　店址是决定客户与公司业务来往便利程度的关键因素。例如，如果有更方便的干洗店或超市，就很少有人会光顾那些偏远的干洗店或超市。因此，店址往往是影响收入的一个主要因素。此外，仅仅与顾客接近是不够的——关键是要接近那些愿意光顾并寻求服务的顾客。因此，接近符合公司目标市场和所提供服务的顾客，对盈利能力是十分重要的。

*运输成本以及与市场的接近程度*　对于仓储和配送业务，运输成本以及与市场的接近程度是极其重要的。由于附近有仓库，许多企业可以将库存设在离客户更近的地

印第安纳州印第安纳波利斯的斯考特证券公司（Scottrade）是当地363家经纪公司之一。这些经纪公司都位于靠近其顾客生活和工作的地方。

方，从而缩短交付时间，并促进销售。例如，位于俄亥俄州伊利里亚市的英维康公司，通过将存货分散储存在全国32个仓库中，在家庭保健产品的分销上赢得了竞争优势。英维康公司主要向小型经销商销售轮椅、病床以及其他一些医用辅助器具，再由这些经销商出售给消费者。其中一部分产品是英维康公司自己生产的，一部分产品则是从其他公司购买的。以前，经销商（通常是些夫妻店）必须要等上三个星期才能收到货，这意味着他们的现金被过多的库存占用。利用英维康公司的新分销网络，经销商们可以当天收到从同一个来源发出的产品。英维康公司的选址策略说明了及时交付可以成为一个竞争优势，并且帮助它荣登2009年美国《工业周刊》的500强制造企业。

**竞争者的位置** 在评估不同位置的销售潜力时，一个复杂的问题就是竞争者带来的影响。管理层不仅要考虑当前竞争者的位置，还要力图预测他们对公司新址做出的反应。要避开那些竞争对手已经占领的区域。但是，对于某些行业来说，譬如新汽车销售展厅以及快餐连锁这样的行业，在竞争者附近选址实际上是有利的。这一策略是为了创造一个**临界规模**（critical mass），将几个竞争厂商聚集在一个地点比将同样的店铺分散在不同地方能吸引更多的顾客。由于认识到这一效应，一些企业在选择新址时采取的则是跟随战略。

**场地的细节因素** 零售商同样必须考虑零售活动水平、居住密度、交通流量以及场地。区域内的零售活动是很重要的，因为购物者常常会一时冲动决定去购物或去餐馆吃饭。交通流量和可见度之所以也很重要，是因为顾客经常是驱车前往的。管理者应该考虑可能出现的交通瘫痪、一天内不同时段的车辆流量和流向、交通信号、十字路口以及隔离带的位置。可见度涉及与城市街道的距离、附近建筑物和标识的大小。当区域内的人口符合企业的竞争优先级和目标细分市场时，高居住密度就会增加夜间及周末的业务量。

## 地理信息系统与选址决策

**地理信息系统**（geographical information system, GIS）是一个由计算机软件、硬件和数据组成的系统，企业的人事部门可以用该系统处理、分析和呈现与选址有关的信息。地理信息系统还可以与不同的系统整合，对企业选址进行可视化的呈现。除此以外，地理信息系统可以用来（1）存储数据；（2）显示地图；（3）生成模型，这样就可以从现有数据库中读取信息、应用解析函数并将结果写入新导出的数据集合。数据存储、地图显示和建模这三种功能是智能地理信息系统的关键组成部分，它们在所有地理信息系统中都有不同程度的使用。

GIS 系统是一个真正有用的决策制定工具，因为当今企业所做的许多决策都有地理方面的考虑。GIS 系统将信息存储于几个数据库中，而这些数据库自然与店址、顾客销售额、人口普查区或者该街区内年收入达到某一数额的居民百分比相关联。一个区域的人口统计数据包括都市统计区、城市或邮政编码区域中的人口数量，平均收入以及有孩子的家庭数量等等。当决定如何最好地到达目标市场时，这些人口统计数据可能都是重要变量。同样，包括桥梁和公路在内的道路系统，附近机场和港口的位置以及地形（山脉、森林、湖泊等），都在设施选址决策中起着重要作用。因此，GIS 系统在诸如零售、房地产、交通和物流等不同行业以及政府机构的选址中有着多种多样的应用。

管理实践 11.1 说明快餐连锁店如何用地理信息系统来选址。政府数据提供了丰富的统计信息源，可用来更好地做出基于 GIS 的选址决策。Yahoo!、Mapquest 和 Expedia 以及其他一些互联网公司可以提供任意两地之间的地图、距离、出行时间和路线，例如，加拿大安大略省多伦多和美国加州圣地亚哥这两个城市的地图以及两地之间的各种数据。此外，像 Google 这样的搜索引擎可以与人口统计数据整合，生成人们感兴趣的社会和商业信息。一些网站正在使用 Google 地图来显示高犯罪率区域、廉价汽油销售点以及待出租公寓的具体位置。

有许多不同类型的 GIS 软件包可供使用，如（ESRI 公司的）ArcInfo、（MapInfo 公司的）MapInfo、（美国 SAS 软件研究所的）SAS/GIS 以及微软公司的 MapPoint。这些系统中有许多是专门为特定用途定制的，如零售店选址、选区的重新划分、物流和营销数据分析以及环境管理等等。由于 MapPoint 广泛的可获得性和易用性，因此它是一个好用且相当便宜的 GIS 系统，主要专注于非技术性分析人员的日常业务应用。它在地图上显示信息的能力，可能会使其成为一个强大的决策工具，特别是因为地图和许多普查数据是软件自带的，而不必像许多其他系统那样，要向 GIS 软件供应商单独购买。

GIS 可用来确定根据顾客的人口统计信息得出的与企业目标市场吻合的店址。当与其他选址模型、销售预测模型以及人口地理统计信息系统配合使用时，可以为企业的选址决策提供一系列强大的决策支持工具。

# 单一设施选址

在探讨了选址的趋势和重要影响因素之后，现在我们开始更具体地考虑企业如何做选址决策。本节我们将讨论仅对一个新设施进行选址的情况。管理者首先必须决定是在原址扩张，还是建立另外一个设施，或者是搬迁至另一个地点。在原址扩建的好处是可以将人员集中在一起，缩减基建时间和成本，避免分割运营部门。但是，当企业扩建设施，达到一定程度时会产生规模不经济。不畅的物料搬运、日益复杂的生产控制，或者仅仅是空间不足都是导致建造新厂或搬迁现有工厂的原因。

建立新厂或者搬迁到新的零售或办公地点的好处，是使企业不再依赖于单一工厂的生产。新的工厂可以招聘更多员工，安装更新、具有更高劳动生产率的机器，引进更好的技术，并且还可以降低运输成本。大多数选择搬迁的企业规模都很小（少于 10 名员工）。它们往往是空间狭窄且需要重新设计生产流程和布局的单一场所的

---

**管理实践 11.1** 　快餐连锁店如何用地理信息系统选择店址

直到最近，快餐连锁业才利用咨询机构来分析人口地理统计数据（基于生活和工作所在地，对人的不同特征进行描述），进而进行战略规划，制定特许经营场所选址决策和营销决策。现在，利用花费不超过 5 000 美元，并且可以在一台普通 PC 机上运行的易于使用的地理信息系统，小型和大型快餐连锁企业都可以自己进行人口统计数据分析。例如，总部位于俄亥俄州托莱多的 Marco 特许经营集团使用 MapInfo 公司的 GIS 解决方案（一种基于 Windows 的地图和地理分析应用软件），来找到顾客和竞争者的情况最适合新店址的新市场。MapInfo 公司的智能店址解决方案和 AnySite Online 技术可提供交互式绘图和制表功能，用以研究市场层面的战略布局以及单个店址的选址。这些程序可以通过分析来自美国人口普查局的当地人口年龄及收入数据，以及来自存储于某一地区商店的销售数据（这些数据一般可以通过第三方供应商获得），估计从一个市场中可以获取的总金额。这些程序还可以给出市场中最佳的商店数量和位置，以及一家商店的预期销售额。分析程序可应用于任何美国市场，并可以根据可行性来对这些市场进行排序。在不到一分钟的时间里就可以将具有高销售潜力的店址一一列出。美国一些小型快餐连锁企业，比如 Cousins Subs 和 99 Restaurants and Pubs，利用内部的 GIS 得到了很好的投资回报。例如，99 Restaurants and Pubs 发现，他们只要一周的时间就可以收回与 GIS 有关的投资。

诸如达美乐比萨（Domino's Pizza）这样更大的全国快餐连锁企业，也用 GIS 软件来筛选新特许加盟店的

在切尔西市 NYC 旁边的达美乐比萨店。

店址，同时确定将一个商店搬到几个街区以外对其销售额会有怎样的影响，进而决定何时对现有商店进行迁址或改建。他们还可以用 GIS 来发现重叠配送的区域和未被覆盖的区域。AFC 企业集团拥有并经营 Popeye's and Church's 的餐饮连锁店，它利用 GIS 帮助销售特许经营权。他们提供给潜在特许加盟商不同详细程度的信息，在即将达成交易时就会起到很大的作用。

因为 GIS 具有这些深入分析的功能，所以对于正在扩张的快餐连锁店，它是一个有用的工具。这些快餐连锁店需要迅速掌握全国成千上万个店址竞争态势的人口统计数据详情。

资料来源：Ed Rubinstein, "Chains Chart Their Course of Actions with Geographic Information Systems," *Nation's Restaurant News*, vol. 32, no. 6 (1998), p. 49; "MapInfo Delivers Location Intelligence for Marco's Pizza," *Directions Magazine* (December 14, 2004).

---

企业。搬迁的企业中有 80% 以上都在离原来地点 20 英里以内的范围，这样企业就可以保留现有员工。

一般来说，服务型企业的搬迁要比制造型企业的搬迁成本低一些。例如，搬迁一家银行的一个大型支票和信用卡交易处理机构，不会比搬迁一个生产工厂更困难。由于靠近顾客很重要，因此在人口迁移和需求改变的背景下，必须对服务设施的选址进行再评估。有时可能会同时考虑留在原址、搬迁、建造一个新设施这三种方案的组合。

当需要选址的设施是企业大型设施网络中的一部分时，我们假定在这些设施之

间不存在相互依存关系。也就是说，有关在佛罗里达州坦帕市开设一家餐馆的决策，与该连锁机构在得克萨斯州奥斯汀市有无餐馆无关。下面首先考虑如何决定是否需要新店址，然后再来讨论在所谓的负荷距离法的辅助下处理接近度的系统化选址过程。

## 几个地点之间的比较

当明确了在一个新地点建零售店、仓库、办事处或工厂可以提高绩效之后，就开始进入系统化的选址过程了。为新设施选址的过程包含以下步骤：

1. 确定重要的选址因素，并将它们分为主要因素和次要因素两大类。
2. 考虑不同的地区，然后将选择范围缩小到不同的社区，最后再缩小到具体地点。
3. 通过选址顾问、州政府开发机构、城乡规划部门、商会、土地开发商、电力公司、银行以及现场访问来收集各备选地区的相关数据。其中一些数据和信息还可能保存在 GIS 中。
4. 分析所收集的数据，从定量因素（即可以用货币来衡量的因素）开始，比如每年的运输费用或者税费。这些定量因素也可以用货币以外的单位来衡量，比如行驶时间和英里数。可以将货币价值分解为不同的成本类型（如内向运输成本和外向运输成本、劳动力成本、基建成本和公用事业成本）和不同的收入来源（如销售收入、股票或者债券发行收入以及利息收入）。然后可以将这些财务因素转化为单一的财务指标，如总成本、投资回报率（ROI）或净现值（NPV），以用于对两个或更多地点进行比较，特别是在考虑新地点资金成本的情况下需要进行这种转化。
5. 将与每个地点有关的定性因素纳入评价中来。定性因素是不能以货币形式来评估的因素，比如社区公众的态度、环境因素或生活质量。为了将定量因素和定性因素结合起来，有些管理者要考察每个因素的预期绩效，而另一些管理者则给每个因素分配一个表示其相对重要性的权重，并利用偏好矩阵计算出每个地点的加权得分（参见补充资料 A "决策制定"）。在一种情况下十分重要的因素，在另一种情况下也许就不那么重要了。具有最高加权得分的地点就是最好的。

对所有可能地点进行全面评估之后，研究人员要撰写一份包括建议地点在内的最终报告，并附上所依据的汇总数据和分析。在大企业里，通常要用视听设备向高层管理者演示其主要结果。

**例 11.1　计算偏好矩阵的加权得分**

新医疗机构 Health-Watch 打算设在宾夕法尼亚州厄里斯。下表给出了可能地点的选址影响因素、权重和得分（1= 差，5= 优）。本例中权重的总和是 100%。要对每个地点计算加权得分（WS）。那么该地点的加权得分是多少？

| 选址影响因素 | 权重 | 得分 |
|---|---|---|
| 患者每月路程总和 | 25 | 4 |
| 设施利用率 | 20 | 3 |
| 每次急诊的平均出行时间 | 20 | 3 |
| 高速公路的通达情况 | 15 | 4 |
| 土地及基建成本 | 10 | 1 |
| 员工偏好 | 10 | 5 |

**解**

这一特定地点的加权得分可以用各因素的得分乘以其权重，再对乘积求和得到：

$$WS = 25 \times 4 + 20 \times 3 + 20 \times 3 + 15 \times 4 + 10 \times 1 + 10 \times 5$$
$$= 100 + 60 + 60 + 60 + 10 + 50$$
$$= 340$$

总加权得分为340，可以用来与其他被评估地点的加权得分进行比较。

## 负荷距离法的应用

在系统化选择过程中，分析人员必须确定富有吸引力的候选地点，并根据定量因素对这些地点进行比较。负荷距离法就是实现这一步骤的一种方法。其原理与多样化流程（参见第3章"流程策略"）布局设计中的加权距离法（weighted-distance method）十分相似，所不同的是在这种方法中用负荷来代表权重。影响选址的因素中有几个直接与距离相关：与市场的接近度、与目标客户之间的平均距离、与供应商和资源的接近度，以及与公司其他设施的接近度。**负荷距离法**（load-distance method）是根据接近度因素评估选址地点的一种数学模型。其目标是为了选择一个地点，使负荷量与其行走距离乘积的总和达到最小。如果需要，也可以用时间来代替距离。

**负荷距离得分的计算**　假设一个规划新店址的企业，希望所选地点可以使到达和离开这个地点的负荷距离，特别是大载重量负荷的距离达到最小。在不同行业，负荷可以是从供应商处、在各工厂之间或者是到达客户的货物运输的距离，也可以是客户或员工往返于某个设施的行程。企业往往通过选择一个地点，确保负荷移动的距离最短，争取负荷距离（ld）的得分达到最小。

为了计算每个可能地点的 ld 分值，我们利用 GIS 系统得出两点之间的实际距离，用负荷乘以往返于设施之间的距离。另外，也可以用第3章"流程策略"中计算的直角距离或欧氏距离作为使用 $x$ 坐标和 $y$ 坐标的距离近似值。出行时间、实际英里数或用栅格方法时的直角距离都是合适的距离指标。计算 ld 分值的公式如下：

$$ld = \sum_i l_i d_i$$

对服务机构来说，这些负荷可以表示为需要亲临现场的潜在顾客数量；而对于制造企业来说，这些负荷则是每周的吨位数或往返次数。负荷距离得分就是这些负荷距离乘积之和。利用负荷距离得分来选择新地址，可以提高顾客服务水平或降低运输成本。

使用上述方法的目的是要找到一个使得分最小的可接受的设施地点，其中的位置可以用 x 坐标和 y 坐标来表示，也可以用经度和纬度来表示。在实际情况中管理者很少可以选择一个得分最低的精确地点。例如，也许在那儿无法以合理的价格获得土地，或者其他选址因素使该地点不可接受。

**重心法**　如果遵循一些系统化的寻找过程，用负荷距离法来衡量不同地点就相对比较简单。利用负荷距离法评估目标区域的位置，一个好的出发点就是**重心法**（center of gravity）。第一步是要确定不同地点的 x 坐标和 y 坐标，可以用经度和纬度来表示，也可以像第 3 章 "流程策略" 中构造布局一样生成（x, y）栅格。重心的 x 坐标，记为 x*，其计算过程为：用每一点的 x 坐标值（可以是地点的经度，或者是栅格的 x 坐标）乘以对应的负荷（$l_i$），对这些乘积求和（$\sum l_i x_i$），再除以负荷的和（$\sum l_i$）。重心的坐标（可以是地点的纬度，或者是栅格的 y 坐标），记为 y*，计算方法与 x* 相同。它们的计算公式如下：

$$x^* = \frac{\sum_i l_i x_i}{\sum_i l_i} \, , \; y^* = \frac{\sum_i l_i y_i}{\sum_i l_i}$$

用这种方法求出的位置通常不是用距离标准评判的最佳位置，但仍然不失为一个非常好的起点。计算该地点附近位置的负荷距离得分，直到找出近似最优解为止。

---

**例 11.2　求一个电气设备供应商的重心**

---

一家电气设备供应商生产发电机，它的运输成本很高。一个市场区域包括在五大湖地区的南部和东北地区的北部。60 多万吨产品要运往 8 个主要客户所在地，如下表所示：

| 客户所在地 | 运送重量（吨） | x, y 坐标 |
|---|---|---|
| Three Rivers, MI | 5 000 | （7, 13） |
| Fort Wayne, IN | 92 000 | （8, 12） |
| Columbus, OH | 70 000 | （11, 10） |
| Ashland, KY | 35 000 | （11, 7） |
| Kingsport, TN | 9 000 | （12, 4） |
| Akron, OH | 227 000 | （13, 11） |
| Wheeling, WV | 16 000 | （14, 10） |
| Roanoke, VA | 153 000 | （15, 5） |

该电力设备供应商的重心在哪？如果采用直角距离，这一地点的负荷距离得分为多少？

**解**

重心的计算如下（所运送的重量以 1000 吨为单位）：

$$\sum_i l_i = 5 + 92 + 70 + 35 + 9 + 227 + 16 + 153 = 607$$

$$\sum_i l_i x_i = 5 \times 7 + 92 \times 8 + 70 \times 11 + 35 \times 11 + 9 \times 12 + 227 \times 13 + 16 \times 14 + 153 \times 15$$
$$= 7\,504$$

$$x^* = \frac{\sum_i l_i x_i}{\sum_i l_i} = \frac{7\,504}{607} = 12.4$$

$$\sum_i l_i y_i = 5 \times 13 + 92 \times 12 + 70 \times 10 + 35 \times 7 + 9 \times 4 + 227 \times 11 + 16 \times 10 + 153 \times 5$$
$$= 5\,572$$

$$y^* = \frac{\sum_i l_i y_i}{\sum_i l_i} = \frac{5\,572}{607} = 9.2$$

其负荷距离得分为

$$ld = \sum_i l_i d_i = 5 \times (5.4 + 3.8) + 92 \times (4.4 + 2.8) + 70 \times (1.4 + 0.8) + 35 \times (1.4 + 2.2)$$
$$+ 9 \times (0.4 + 5.2) + 227 \times (0.6 + 1.8) + 16 \times (1.6 + 0.8)$$
$$+ 153 \times (2.6 + 4.2)$$
$$= 2\,662.4$$

式中

$$d_i = |x_i - x^*| + |y_i - y^*|$$

### 决策重点

重心的坐标为（12.4，9.2），负荷距离得分为 2 662 400。本章后面的问题求解 3 给出了一个例题，在求解重心时使用经度和纬度，而不是使用栅格坐标。

## 应用盈亏平衡分析法

盈亏平衡分析法有助于管理者根据定量因素比较备选地址，这些定量因素可以用总成本来表示（参见补充资料 A "决策制定"）。特别是当管理者要确定每一个备选地址在什么样的范围内为最佳时，这一方法显得尤其有用。用图形方法和代数方法求解的基本步骤如下：

1. 确定每个地点的可变成本和固定成本。回顾一下，可变成本是总成本中随产出量的变化而成正比变化的那一部分成本；而固定成本则是总成本中不论产出量多少都保持不变的那一部分成本。
2. 在同一张图上画出所有场所的总成本曲线——表示可变成本与固定成本之和的线段。
3. 找出每个地点具有最低成本的大致范围。
4. 在相应的范围内用代数方法求出盈亏平衡点。

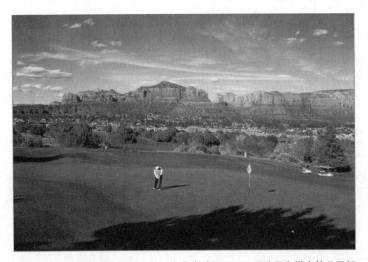

图中是亚利桑那州塞多纳的 Ridge 高尔夫球场。亚马逊公司和塔吉特公司都宣布要在亚利桑那州建运营中心，部分原因是能够以合理的价格获得房地产。

### 例 11.3　选址的盈亏平衡分析

运营经理已将一个新设施的选址范围缩小到了 4 个社区。年固定成本（土地、财产税、保险费、设备以及建筑费用）和可变成本（劳动力、原材料、运输费以及可变间接费用）如下表所示：

| 社区 | 每年固定成本 | 每单位可变成本 |
|---|---|---|
| A | $150 000 | $62 |
| B | $300 000 | $38 |
| C | $500 000 | $24 |
| D | $600 000 | $30 |

**第 1 步**：将所有社区总成本曲线画在同一张图上。在图上确定每个社区拥有最低成本的大致范围。

**第 2 步**：利用盈亏平衡法分析并计算相应范围内的盈亏平衡点。如果每年预期需求是 15 000 单位，试着找出最佳位置。

**解**

**第 1 步**：为了画出社区的总成本曲线，首先要计算每年两个产出水平为 $Q = 0$ 和 $Q = 20\,000$ 的总成本。当 $Q = 0$ 时，总成本只是固定成本。当 $Q = 20\,000$ 时，总成本（固定成本加上可变成本）如下表所示：

| 社区 | 固定成本 | 可变成本<br>（每单位成本）（数量） | 总成本<br>（固定成本 + 可变成本） |
|---|---|---|---|
| A | $150 000 | $62 × 20 000 = $1 240 000 | $1 390 000 |
| B | $300 000 | $38 × 20 000 = $ 760 000 | $1 060 000 |
| C | $500 000 | $24 × 20 000 = $ 480 000 | $ 980 000 |
| D | $600 000 | $30 × 20 000 = $ 600 000 | $1 200 000 |

图 11.1 显示了这些总成本曲线。A 社区的成本线从坐标点（0,150）到点（20,1 390）。该图表明产量低时 A 社区是最好的，中等产量时 B 社区是最好的，而产量高时 C 社区是最好的。由于 D 社区无论是固定成本还是可变成本都高于 C 社区，因此不应该再考虑 D 社区。

**第 2 步**：A 社区和 B 社区之间的盈亏平衡点位于第一个范围的末端和第二个范围的起始点，在第一个范围内 A 社区最好，而在第二个范围内 B 社区最好。令两个社区的总成本公式相等并求解，便可以得到该盈亏平衡点：

| （A） | （B） |
|---|---|
| $150 000 + $62Q = $300 000 + $38Q | |
| Q = 6 250 单位 | |

B 社区和 C 社区之间的盈亏平衡点位于 B 社区为最佳地点范围的末端，而在 C 社区为最佳地点范围的起始点。求解过程

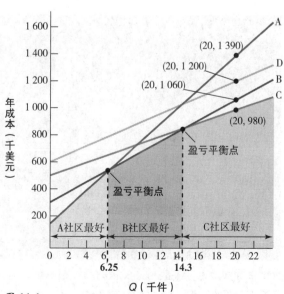

图 11.1
四个备选地点的盈亏平衡分析

如下：

| | (B) | (C) |
| --- | --- | --- |
| | $300 000 + $38Q = $500 000 + $24Q | |
| | Q = 14 286 单位 | |

不需要再计算其他的盈亏平衡点。A 社区和 C 社区之间的盈亏平衡点位于图中阴影区域的上方，该点既不表示图中三个相关范围中任意一个的起始点，也不表示这三个范围中任意一个的结束点。

### 决策重点

管理层将新设施的地点选择在 C 社区，因为每年的需求为 15 000 个单位的预测值位于高产量的范围。利用偏好矩阵时这些结果也可作为最终决策时的依据，同时也可以将一些非量化因素融入决策制定过程中。

# 在供应链网络中为一个设施选址

当一个拥有现有设施网络的企业计划建造新设施时，有以下两种情况：（1）所有这些设施之间相互独立运营（例如，餐饮连锁店、医疗门诊、银行或零售机构）；（2）这些设施相互影响（例如，零配件制造厂、装配工厂以及仓库）。对于独立运营单元的选址，可以将每个单元作为上一节所讨论的独立设施来对待。管理实践 11.2 说明通用电气公司在印度的扩张，这要求通用电气考虑在一个地理环境多样性的国家对不同行业的多个工厂进行选址，以及用单一的工厂为不同的业务提供服务。

对于相互影响的设施选址则引出了新问题，比如如何在这些设施之间分配任务，以及怎样确定各个设施的最佳生产能力。此外，这些设施可能分散在全球各地，比如供应商在亚洲，生产工厂在拉丁美洲，配送仓库在欧洲和美国。任务分配的改变反过来会影响各个设施的规模（或者生产能力的利用率）。因此，多设施的选址必须同时解决三个方面的问题，即地点、任务分配及生产能力。在许多情况下，分析人员可以仅通过寻找成本、需求以及生产能力数据的模式并用试错法计算，便可找到可行的解决方案。但是在另外一些情况下，则需要使用更加规范化的方法。

2007 年 3 月 12 日，Moe's Southwest 烧烤店的所有者 Raving Brands 宣布，他已签订了向中东、新加坡和加拿大拓展的协议。根据公告，这三笔独立的交易将会产生 150 个餐馆。Moe's 烧烤店接下来确定了这些店的具体位置。

## 多设施选址的 GIS 方法

利用 GIS 工具可以显现顾客的位置和数据，以及道路和州际公路的运输结

## 管理实践 11.2 通用电气公司在印度的扩张

通用电气公司（GE）是一个多元化的全球基础设施、金融及媒体集团，它涉足家用电器、航空、消费品、配电、能源、照明以及轨道交通等多个行业。GE 是世界上最大的企业之一，其年收入约 1 500 亿美元，在全球有 28 万名员工。印度的能源、航空和医疗等基础设施行业对 GE 特别具有吸引力，尤其是它计划从美国以外的中国、俄罗斯、印度和巴西等新兴市场为主的其他国家获得 60% 以上的收入。

2010 年 10 月，GE 签订了一份向印度轻型喷气飞机提供发动机的合同，同月又赢得了印度 Reliance 电力有限公司的合同，为南部安得拉邦的 Samalkot 发电厂 2 400 兆瓦的扩建工程提供价值 7.5 亿美元的涡轮机设备。它还与 Triveni 工程工业集团建立了合资企业生产汽轮机，并且与软件企业 Wipro 公司合资建立了一个保健企业。为了实现其产品和服务在印度的战略扩张，GE 在 2011 年 3 月宣布了一项在印度投资 5 000 万美元建造工厂的计划。该计划的初始建设规模为 40 万平方英尺，最终将扩展为 70 万平方英尺。GE 公司印度子公司的 CEO 兼总裁约翰·弗兰纳里先生将这一计划中的设施描述为"由多个 GE 业务共享的多模式多业务工厂"。确定这样一个多业

在印度班加罗尔的通用电气和 Wipro 公司合资的工厂里，工人们正在组装 B 超设备。

务工厂的地址是一项十分复杂的任务，它相当于在一个设施网络中为一个设施选址。必须考虑该工厂将要服务的不同业务的不同设施，以及必须打交道的各种供应链。位于次大陆的 GE 未来的工厂将用同样的方式确定地址，以从战略上支持印度的多业务生产能力，特别是随着国内的生产在各个行业的扩张，GE 公司在印度的投资可能增长为 2 亿美元或者更多。

资料来源：Santanu Chowdhury. "GE Plans Multiuse Factory in India."

---

构。这些能力使分析人员可以快速得到多设施选址问题的合理解。负荷距离值以及重心数据可以与顾客的 Excel 数据库结合，得出试验性的设施位置，然后利用诸如 MapPoint 这样的 GIS 系统和 Excel 评估该位置的年度行驶时间或距离。利用 GIS 进行多设施选址的五个步骤如下：

1. 在 GIS 中标出现有顾客和设施的数据。
2. 用可视化的方法将整个运营区域划分为与设施数量相等的部分区域或子区域。
3. 根据可视的顾客密度或其他因素为每一个区域指定一个设施位置。或者求出第 2 步中得出的每一个部分区域或子区域的重心，作为该子区域设施选址的初始位置。
4. 在重心周围寻找不同的地点，选择一个满足管理准则（比如环境问题、容易到达大都市区或者靠近公路）的可行位置。
5. 计算总的负荷距离值，在最终确定每一区域的位置之前进行生产能力检查。

这种方法可以有很多应用。

## 运输法

选址问题的运输法（transportation method for location problems）是有助于求解多设施选址问题的一种定量方法。这里我们用这种方法来决定分配模式，使从两个或更多工厂（即供应源）到两个或更多仓库（即目的地）之间的运输成本最小。这里我们将重点阐述初始解的求解过程及其解释，而将其余的求解过程留给计算机软件，比如 POM for Windows。对这一问题展开更全面的讨论可以在补充资料 D "线性规划"以及有关定量分析方法和管理科学的教材中找到。

但运输法并不能解决多设施选址所有方面的问题。该方法只能在给定一组工厂位置，每个工厂具有既定生产能力的条件下，求出从工厂到仓库之间的最佳运输方式。分析人员必须试验各种位置 – 能力组合，并应用运输法求出每种组合情况下的最佳配送方案。配送成本（可变运输成本及可能的可变生产成本）是评价特定的位置 – 能力组合的重要依据，但不是唯一依据。此外，还必须考虑投资成本和其他固定成本以及各种定性因素。必须对每一组合理的位置 – 能力组合进行完整分析。由于做出好的决策非常重要，因此值得加倍努力。

***建立初始表格*** 求解运输问题的第一步是建立一个标准矩阵，有时称为表格。建立初始表格的基本步骤如下：

1. 用行表示每一个待考虑的工厂（现有的工厂或新工厂），用列表示每一个仓库。
2. 增加一列表示工厂的生产能力，增加一行表示仓库的需求量，并填入具体的数值。
3. 除表示需求的行或表示生产能力的列以外的每一个单元格，均代表从工厂到仓库之间的一条运输路线。在每个单元格的右上角填入对应的单位运输成本。

Sunbelt Pool 公司由于业务量大增，正在考虑建造一个 500 单位的新工厂。一个可能的位置位于亚特兰大。图 11.2 中的表格表示工厂的生产能力、仓库需求量和运输成本。例如，该表格显示从现有的菲尼克斯工厂运送一单位产品到位于得克萨斯州圣安东尼奥（San Antonio, TX）的 1 号仓库的运费是 5.00 美元。假定成本随着运输规模的增大而线性增加，也就是说，不论总运输量的大小如何，每单位产品的成本都是不变的。

在运输法中，每一行运输的产量之和必须等于相应工厂的生产能力。例如，在图 11.2 中，从亚特兰大工厂到分别位于 San Antonio、Hot Springs 和 Sioux Falls 的 1 号、2 号、3 号仓库的运输量加起来必须等于 500。同理，每一列的运输量之和必须等于对应仓库的需求量。因此，从菲尼克斯和亚特兰大运往 San Antonio 1 号仓库的运输量必须等于 200 单位。

***虚拟工厂或虚拟仓库*** 运输法还要求总生产能力与总需求量相等，在上面的案例中这一总和的值等于 900 单位（如图 11.2 所示）。在许多实际问题中，总生产能力会大于总需求量，或者反过来，总生产能力小于总需求量。如果生产能

| 工厂 | 仓库 | | | 生产能力 |
|---|---|---|---|---|
| | San Antonio, TX (1) | Hot Springs, AR (2) | Sioux Falls, SD (3) | |
| 菲尼克斯 | 5.00 | 6.00 | 5.40 | 400 |
| 亚特兰大 | 7.00 | 4.60 | 6.60 | 500 |
| 需求量 | 200 | 400 | 300 | 900 / 900 |

图 11.2
初始表格

力超过需求量 $r$ 单位，我们需要另外增加需求量为 $r$ 单位的一列（虚拟仓库），并令新生成单元格的运输成本为 0。因为运输实际上并没有发生，所以这些地方代表了未被使用的工厂的生产能力。同理，如果需求量超过生产能力 $r$ 单位，我们就另外增加一行（虚拟工厂）并令其生产能力为 $r$ 单位。我们令运输成本等于对应新单元格的缺货成本。如果缺货成本是未知的，或者所有仓库的缺货成本都是相同的，则可以简单地将虚拟行中每一格的运输成本设为 0。因为在任何情况下都是短缺 $r$ 个单位，因此最优解将不会受到影响。增加虚拟仓库或虚拟工厂可以确保生产能力的总和等于需求量的总和。当我们输入数据时，有些软件，如 POM for Windows 会根据需要自动增加虚拟仓库或虚拟工厂。

***求解***　在建立了初始表格之后，剩下的目标就是要找到能满足所有需求并用尽所有生产能力且成本最低的配送方案。这一方案可以应用运输法求出，该方法可以确保得到最优解。在初始表格中填入一个可行解，该可行解满足所有仓库的需求并用光工厂的所有产能。然后再生成一个新表格，得出一个使总成本更低的新解。一直持续这一迭代过程，直到不能在现有方案的基础上做出任何改进为止，这时就表示已经求出了最优解。当使用计算机软件求解时，所要输入的全部信息就是初始表格中的内容。

　　另一种求解方法是单纯形法（参见补充资料 D"线性规划"），但这种方法需要输入更多数据。运输法实际上是一类特殊的线性规划问题，可以将表格中的每个单元格作为一个决策变量建模，用表格中的每一行作为一个约束条件（要求每个工厂的产能都被充分利用），每一列也作为一个约束条件（要求每个仓库的需求都得到满足）。

　　无论使用上述两种方法中的哪一种，其最优解中非零运输量的个数都不超过工厂个数及仓库个数的总和减 1。前述的 Sunbelt Pool 公司有 2 个工厂和 3 个仓库，因此其最优解中的运输路线数不会大于 4（即 3 + 2 − 1）。

### 例 11.4　对最优解的解释

　　用 POM for Windows 求出 Sunbelt Pool 公司的最优解如图 11.3 所示。图 11.3（a）显示了输入数据，其中单元格表示单位成本，最下面一行表示需求量，最右边一列表示供应能力。图 11.3（b）表示现有的工厂网络如何给 3 个仓库供货，并使最小总成本为 4 580 美元。证明每个工厂的产能都已用尽，每个仓库的需求都得到满足。最后，图 11.3（c）显示了每条运输路线的运量和成本。图 11.3（b）左上角显示的最优总成本为 4 580 美元，即 200 × \$5.00 + 200 × \$5.40 + 400 × \$4.60 + 100 × \$6.60 = \$4 580。

**解**

　　图 11.4 是用 MapPoint 软件生成的地图，它显示了工厂给 3 个仓库的供货方式。图中菲尼克斯工厂及其运货量用浅灰色表示，亚特兰大工厂及其运货量用深灰色表示。3 个仓库圆圈的大小代表了仓库的容量以及其中有多少容量是由哪一家工厂供应的。例如，菲尼克斯工厂给 San Antonio 的 1 号仓库运送了 200 单位，给 Sioux Falls 的 3 号仓库运送了 200 单位，400 单位的产能全部用尽。从亚特兰大生产的 500 单位产量中给 Hot Springs 的 2 号仓库运输 400 单位，余下的 100 单位运到 Sioux Falls 的 3 号仓库。所有仓库的需求都得到了满足：San Antonio 的 1 号仓库完全由菲尼克斯供应，Hot Springs 的 2 号仓库完全由亚特兰大供应。Sioux Falls 的 3 号仓库的 200 单位来源于菲尼克斯，100 单位来源于亚特兰大，满足了它 300

**图** 11.3
Sunbelt Pool 公司运输问题的 POM for Windows 屏幕界面

图11.3（a）输入数据

| | San Antonio | Hot Springs | Sioux Falls | 供应量 |
|---|---|---|---|---|
| Phoenix | 5 | 6 | 5.4 | 400 |
| Atlanta | 7 | 4.6 | 6.6 | 500 |
| 需求量 | 200 | 400 | 300 | |

图11.3（b）最佳运输方案

| 最优成本 = $4580 | San Antonio | Hot Springs | Sioux Falls |
|---|---|---|---|
| Phoenix | 200 | | 200 |
| Atlanta | | 400 | 100 |

图11.3（c）成本分解

| | San Antonio | Hot Springs | Sioux Falls |
|---|---|---|---|
| Phoenix | 200/$1000 | | 200/$1080 |
| Atlanta | | 400/$1840 | 100/$660 |

**图** 11.4
Sunbelt Pool 公司的最佳运输方案

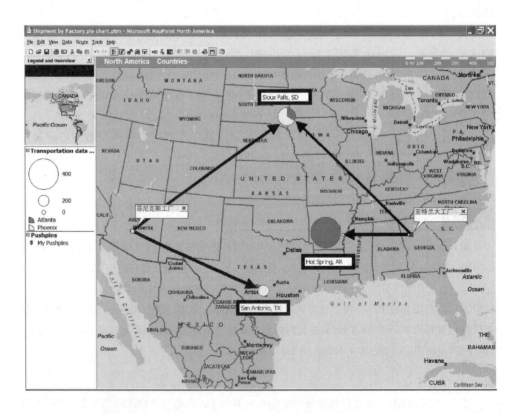

单位的需求。总运输成本为 200×$5.00+200×$5.40+400×$4.60+100×$6.60 = $4 580。

**决策重点**

管理层在确定最佳地点之前，必须评估其他厂址选项。该最优解不一定意味着在亚特兰大开办工厂就是最好的选择。它仅仅意味着在给定该多设施选址问题的其他两个维度（即菲尼克斯的生产能力为 400 单位，新工厂的地点选在亚特兰大）的情况下，这是一种使总运输成本为 4 580 美元的最佳配置方案。

**进一步求解过程**　作为全面评估的另一部分内容，还必须考虑其他成本和各种定性因素。例如，扩张所带来的年利润必须足以抵消在亚特兰大建设新厂的土地成本和基建成本。因此，管理层可能会应用偏好矩阵法（参见例 11.1）来考虑全部选址因素。

　　分析人员还应该评估其他的能力与位置组合。例如，一种可能性是在菲尼克斯进行扩张，而在亚特兰大建造一个更小的工厂。作为备选方案，还可以在另一个地点建造一个新工厂或者几个新工厂。分析人员必须反复分析每一种可能的选址策略。

---

## 学习目标回顾

1. **说明选址决策与供应链设计的关系**。回顾本章开头部分宝马公司的案例，接下来讨论有关选址决策如何影响核心业务、供应链流程，以及"跨越整个组织的选址决策"。

2. **确定选址决策的影响因素**。参见"选址决策的影响因素"一节。重点掌握制造业选址和服务业选址之间的关键区别。

3. **了解地理信息系统在选址决策中的作用**。"地理信息系统与选址决策"一节和管理实践 11.1 说明，企业如何应用 GIS 软件，以人口统计数据为基础进行选址决策，这种方法不仅便宜，而且可以同时有效地考虑几种选址决策变量。

4. **掌握单一设施选址方法**。"单一设施选址"一节说明企业如何以一种简单易行的方式运用负荷距离法、重心法以及盈亏平衡分析法来求解单一选址问题。

5. **掌握多设施选址方法**。"在供应链网络中为一个设施选址"一节说明在一个以多个工厂和仓库为特征的供应网络中，如何应用运输法使生产和分销成本最小。

## 关键公式

1. 负荷距离得分：$ld = \sum_i l_i d_i$

2. 重心坐标：$x^* = \dfrac{\sum\limits_i l_i x_i}{\sum\limits_i l_i}$　和　$y^* = \dfrac{\sum\limits_i l_i y_i}{\sum\limits_i l_i}$

## 关键术语

| | | |
|---|---|---|
| 设施选址 | 临界规模 | 重心法 |
| 配送中心 | 地理信息系统（GIS） | 选址问题的运输法 |
| 生活质量 | 负荷距离法 | |

**问题求解** 1

电子产品生产商必须通过再建一个厂房来实现扩张。已经将厂址的寻找范围缩小到 4 个地点，这 4 个地点的主要选址因素对于管理层来说都是可以接受的。根据 7 个选址因素对这些地点进行评估的结果列于表 11.1 中。例如，地点 A 的劳动力环境因素得分为 5（优）；这个因素的权重（20）是所有因素中最高的。

试计算每个地点的加权得分。应该建议哪一个地点？

**解**

根据表 11.2 所示的加权得分，地点 C 是最好的地点，地点 B 紧接其后排在第 2 位。

表 11.1 电子产品生产商选址因素信息

| 选址因素 | 因素权重 | 每个地点的因素得分 | | | |
|---|---|---|---|---|---|
| | | A | B | C | D |
| 1. 劳动力环境 | 20 | 5 | 4 | 4 | 5 |
| 2. 生活质量 | 16 | 2 | 3 | 4 | 1 |
| 3. 运输体系 | 16 | 3 | 4 | 3 | 2 |
| 4. 与市场的接近度 | 14 | 5 | 3 | 4 | 4 |
| 5. 与原材料的接近度 | 12 | 2 | 3 | 3 | 4 |
| 6. 税收 | 12 | 2 | 5 | 5 | 4 |
| 7. 公共设施 | 10 | 5 | 4 | 3 | 3 |

表 11.2 计算电子产品生产商选址的加权得分

| 选址因素 | 因素权重 | 每个地点的加权得分 | | | |
|---|---|---|---|---|---|
| | | A | B | C | D |
| 1. 劳动力环境 | 20 | 100 | 80 | 80 | 100 |
| 2. 生活质量 | 16 | 32 | 48 | 64 | 16 |
| 3. 运输体系 | 16 | 48 | 64 | 48 | 32 |
| 4. 与市场的接近度 | 14 | 70 | 42 | 56 | 56 |
| 5. 与原材料的接近度 | 12 | 24 | 36 | 36 | 48 |
| 6. 税收 | 12 | 24 | 60 | 60 | 48 |
| 7. 公共设施 | 10 | 50 | 40 | 30 | 30 |
| 合计 | 100 | 348 | 370 | 374 | 330 |

**问题求解** 2

　　Mile-High 饮料公司的运营经理将新设施选址范围缩小到了 7 个社区。每年的固定成本（土地、财产税、保险、设备以及建筑物成本）和可变成本（劳动力、原材料、运输成本以及变动间接费用）列于表 11.3。

**表 11.3　Mile-High 饮料公司的固定成本和可变成本**

| 社区 | 年固定成本 | 每桶可变成本 |
| --- | --- | --- |
| Aurora | $1 600 000 | $17.00 |
| Boulder | $2 000 000 | $12.00 |
| Colorado Springs | $1 500 000 | $16.00 |
| Denver | $3 000 000 | $10.00 |
| Englewood | $1 800 000 | $15.00 |
| Fort Collins | $1 200 000 | $15.00 |
| Golden | $1 700 000 | $14.00 |

a. 由于被另外的社区优超（固定成本和可变成本都要高一些），进一步考虑哪些社区可能被排除？

b. 将其余社区的总成本曲线都画在同一张图上。在图上确定使每个社区成本最低的大致范围。

c. 用盈亏平衡分析法计算盈亏平衡点，以确定每个社区最低成本的范围。

**解**

a. 由于 Aurora 和 Colorado Springs 的固定成本和可变成本都高于 Fort Collins，因此这两个地区被 Fort Collins 优超。而 Englewood 又被 Golden 优超。

b. 图 11.5 显示 Fort Collins 在产量低时是最好的。Boulder 在中等产量时是最好的，而 Denver 在产量高时是最好的。尽管 Golden 没有被其他任何一个社区优超，但是它在整个范围内都是第 2 选择或第 3 选择。因此 Golden 在任何产量范围内都不是成本最低的。

c. Fort Collins 与 Boulder 之间的盈亏平衡点为

$$\$1\ 200\ 000 + \$15Q = \$2\ 000\ 000 + \$12Q$$

$$Q = 266\ 667\ 桶\ /\ 年$$

Denver 与 Boulder 之间的盈亏平衡点为

$$\$3\ 000\ 000 + \$10Q = \$2\ 000\ 000 + \$12Q$$

$$Q = 500\ 000\ 桶\ /\ 年$$

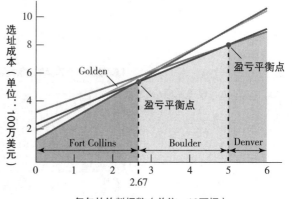

图 11.5

四个候选地点的盈亏平衡分析

*问题求解 3*

新的 Health-Watch 设施的目标是为宾夕法尼亚州 Eric 的 7 个人口统计区提供服务，其纬度和经度以及每个统计区的人口（以 1 000 人为单位）都示于表 11.4 中。当顾客需要保健服务时，要从各人口统计区到达新的设施所在地。Health-Watch 医疗设施在目标地区的重心在什么地方？

表 11.4　Health–Watch 设施的选址数据和计算值

| 人口统计区 | 人口 | 纬度 | 经度 | 人口 × 纬度 | 人口 × 经度 |
|---|---|---|---|---|---|
| 15 | 2 711 | 42.134 | −80.041 | 114 225.27 | −216 991.15 |
| 16 | 4 161 | 42.129 | −80.023 | 175 298.77 | −332 975.70 |
| 17 | 2 988 | 42.122 | −80.055 | 125 860.54 | −239 204.34 |
| 25 | 2 512 | 42.112 | −80.066 | 105 785.34 | −201 125.79 |
| 26 | 4 342 | 42.117 | −80.052 | 182 872.01 | −347 585.78 |
| 27 | 6 687 | 42.116 | −80.023 | 281 629.69 | −535 113.80 |
| 28 | 6 789 | 42.107 | −80.051 | 285 864.42 | −543 466.24 |
| 合计 | 30 190 | | | 1 271 536.04 | −2 416 462.80 |

**解**

求解重心坐标 $x^*$ 和 $y^*$。由于坐标是以经度和纬度的形式给出的，所以 $x^*$ 是重心的纬度坐标，$y^*$ 是重心的经度坐标。

$$x^* = \frac{1\ 271\ 536.04}{30\ 190} = 42.1178$$

$$y^* = \frac{-2\ 416\ 462.80}{30\ 190} = -80.0418$$

重心的坐标（北纬 42.12 度，西经 80.04 度）如图 11.6 所示，非常靠近目标区域的中心位置。

图 11.6

Health–Watch 设施的重心

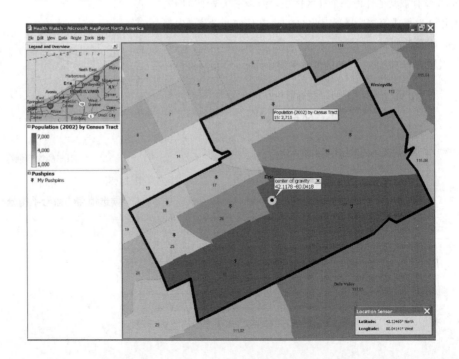

## 问题求解 4

　　Arid 公司在现有的 Battle Creek 和 Cherry Creek 工厂生产皮划艇桨，再分别供给位于 Worchester、Rochester 和 Dorchester 的分销中心。Arid 公司打算在靠近 Dee Creek 上游的地方建造工厂。每个工厂的年生产能力在图 11.7 中表格的最右一列给出，年需求量如表中的最下一行所示。每只桨的运输成本列在表中的小格子里。例如，从 Battle Creek 运送一只桨到 Worchester 的运费是 4.37 美元。图 11.7 也显示了最佳配送方案。例如，从 Battle Creek 向 Rochester 运送 12 000 支桨。问与该配送方案相对应的运输成本的估计值是多少？

**解**

　　总成本为 $167 000 美元。

| | | |
|---|---|---|
| 以 $4.25 的单价从 Battle Creek 运送 12 000 件到 Rochester， | 成本 = | $ 51 000 |
| 以 $4.00 的单价从 Cherry Creek 运送 6 000 件到 Worchester， | 成本 = | $ 24 000 |
| 以 $5.00 的单价从 Cherry Creek 运送 4 000 件到 Rochester， | 成本 = | $ 20 000 |
| 以 $4.50 的单价从 Dee Creek 运送 6 000 件到 Rochester， | 成本 = | $ 27 000 |
| 以 $3.75 的单价从 Dee Creek 运送 12 000 件到 Dorchester， | 成本 = | $ 45 000 |
| | 总成本 = | $167 000 |

图 11.7
Arid 公司的最优解

| 供应源 | 目的地 | | | 生产能力 |
|---|---|---|---|---|
| | Worchester | Rochester | Dorchester | |
| Battle Creek | $4.37 | $4.25<br>**12 000** | $4.89 | 12 000 |
| Cherry Creek | $4.00<br>**6 000** | $5.00<br>**4 000** | $5.27 | 10 000 |
| Dee Creek | $4.13 | $4.50<br>**6 000** | $3.75<br>**12 000** | 18 000 |
| 需求量 | 6 000 | 22 000 | 12 000 | 40 000 |

## 讨论题

1. 分成小组。从你的小组成员熟悉的组织中选择两个，一个从事服务业，一个从事制造业。在为新设施选址时，每个组织要考虑的重要因素有哪些？在评估候选地点之前，你希望收集哪些数据？打算如何收集？请解释。

2. 职业棒球大联盟球队的所有者正考虑将球队从目前所在中西部以北地区的城市转移到东南部地区的城市，那里拥有更大的电视市场和新的体育场，并且有更多的球迷支持。在做实际的搬迁决策之前，球队的所有者应该考虑哪些其他因素？

3. 位于俄亥俄州的一家企业打算收购一家位于东南亚国家的区域性企业集团的一家工厂。准备出售这家工厂的企业集团在劳动力和管理方面出现问题，其中一些问题和职业安全与健康管理局（Occupational Safety and Health Administration，OSHA）、环境保护署（Environmental Protection Agency，EPA）的法规相冲突。在做工厂最终的选址决策之前，该美国企业应该考虑哪些道德与环境因素？

**练习题**

1. 计算表 11.5 中每个地点（A、B、C 和 D）的加权得分。你建议选哪个地点？

2. John 和 Jane 是一对新婚夫妇，他们想从几个可选的租房方案中做出选择。如表 11.6 所示，根据加权评价标准，选择 1 至 5（5= 最优）的分值给备选方案打分。这些标准包括租金、靠近工作地、娱乐设施、安全性以及其他邻居的个性特征是否符合夫妇俩的价值观和生活方式。备选方案 A 是一套公寓，方案 B 是平房，方案 C 是分户出售的公寓大厦，方案 D 是 Jane 父母家楼下的公寓。

偏好矩阵表明哪个地点比较合适？有哪些定性因素会导致所做的选择发生改变？

表 11.5　地点 A 到 D 的选址影响因素

| 选址因素 | 因素权重 | 各地点的影响因素的得分 | | | |
|---|---|---|---|---|---|
| | | A | B | C | D |
| 1. 劳动力环境 | 5 | 5 | 4 | 3 | 5 |
| 2. 生活质量 | 30 | 2 | 3 | 5 | 1 |
| 3. 运输体系 | 5 | 3 | 4 | 3 | 5 |
| 4. 与市场的接近度 | 25 | 5 | 3 | 4 | 4 |
| 5. 与原材料的接近度 | 5 | 3 | 2 | 3 | 5 |
| 6. 税收 | 15 | 2 | 5 | 5 | 4 |
| 7. 公共设施 | 15 | 5 | 4 | 2 | 1 |
| 合计 | 100 | | | | |

表 11.6　新婚夫妇租房的影响因素

| 选址因素 | 权重 | 各地点的影响因素得分 | | | |
|---|---|---|---|---|---|
| | | A | B | C | D |
| 1. 租金 | 25 | 3 | 1 | 2 | 5 |
| 2. 生活质量 | 20 | 2 | 5 | 5 | 4 |
| 3. 学校 | 5 | 3 | 5 | 3 | 1 |
| 4. 靠近工作地 | 10 | 5 | 3 | 4 | 3 |
| 5. 靠近娱乐场所 | 15 | 4 | 4 | 5 | 2 |
| 6. 社区安全 | 15 | 2 | 4 | 4 | 4 |
| 7. 公共设施 | 10 | 4 | 2 | 3 | 5 |
| 合计 | 100 | | | | |

3. 一个新工厂有两套不同的选址方案供考虑：密西西比州杰克逊市和俄亥俄州代顿市。杰克逊市在成本方面要优于代顿市。但管理层认为如果选择了杰克逊市，销售量将会下降，这是因为该市远离市场，而公司的客户喜欢选择当地的供应商。两种情况下的产品单位售价都是 250 美元。利用下面的信息确定哪个选址方案可以产生较高的年度总利润。

| 地点 | 年固定成本 | 每单位可变成本 | 年需求量预测 |
|---|---|---|---|
| 杰克逊市 | $1 500 000 | $50 | 30 000 件 |
| 代顿市 | $2 800 000 | $85 | 40 000 件 |

4. Fall-Line 有限公司位于蒙大拿州的大瀑布城，生产各种坡道滑雪板。Fall-Line 公司正考虑在下述 4 个地点之一建造一座新工厂：科罗拉多州 Aspen、堪萨斯州 Medicine Lodge、内布拉斯加州 Broken Bow 以及南达科他州 Wounded Knee。每年的固定成本与每对滑雪板的可变成本如下表所示。

| 地点 | 年固定成本 | 每对滑雪板的可变成本 |
|---|---|---|
| Aspen | $8 000 000 | $250 |
| Medicine Lodge | $2 400 000 | $130 |
| Broken Bow | $3 400 000 | $ 90 |
| Wounded Knee | $4 500 000 | $ 65 |

a. 将所有地区的总成本曲线画在同一张图上（参见问题求解 2）。从图上确定使每个地点成为最佳选址的产量范围。

b. 每个范围的盈亏平衡点产量是多少？

尽管 Aspen 的固定成本和可变成本均被其他地区优超，但是 Fall-Line 公司认为，在 Aspen 生产滑雪板的需求量和价格都要比其他地方高。下表给出了这些预测结果。

| 地点 | 每对价格 | 年需求量预测 |
|---|---|---|
| Aspen | $500 | 60 000 对 |
| Medicine Lodge | $350 | 45 000 对 |
| Broken Bow | $350 | 43 000 对 |
| Wounded Knee | $350 | 40 000 对 |

c. 确定哪个地点产生的年度总利润最高。

d. 这种选址决策对预测精度是否敏感？当最低销售量达到多少时，Aspen 才会成为被选对象？

5. Wiebe 货运有限公司正计划建立一个新仓库用来服务美国西部地区。Denver、Santa Fe 和 Salt Lake City 都是考虑的对象。每个地点的年固定成本（租金、设备以及保险）和每次运输的平均可变成本（劳动力、运输以及公用事业）如下表所示。销售预测范围为每年运货 55 万至 60 万次。

| 地点 | 年固定成本 | 每次运货的可变成本 |
|---|---|---|
| Denver | $5 000 000 | $4.65 |
| Santa Fe | $4 200 000 | $6.25 |
| Dalt Lake City | $3 500 000 | $7.25 |

a. 在同一张图中画出每种选址方案的总成本曲线。

b. 哪个城市的总成本最低？

6. Sam Hutchins 打算经营一个专营百吉饼三明治的售货亭，但还没有决定是设在市中心购物广场还是在郊区的购物中心。根据下面的数据，你会建议哪个地点？

| 地点 | 市区 | 郊区 |
|---|---|---|
| 包括公共设施在内的年租金 | $12 000 | $ 8 000 |
| 预计年需求量（三明治） | 30 000 | 25 000 |
| 每个三明治的平均可变成本 | $1.50 | $1.00 |
| 每个三明治的平均售价 | $3.25 | $2.85 |

7. 以下的三个坐标点是运输网络中重要设施的位置：（20, 20），（50, 10）和（50, 60）。坐标轴的单位是英里。

a. 计算这三组设施中任意两组之间的欧氏距离（用英里表示）。

b. 用直角距离法计算这些设施之间的距离。

8. West Gorham 高中打算建在三个社区的人口重心位置：Westbook 有人口 16 000 人；Scarborough 有人口 22 000 人；Gorham 有人口 36 500 人。Westbook 位于北纬 43.6769 度，西经 70.3717 度；Scarborough 位于北纬 43.5781 度，西经 70.3222 度；Gorham 位于北纬 43.6795 度，西经 70.4447 度。

a. West Gorham 高中应该建在什么地方？

b. 如果只有两块合适的土地可供出售：位于北纬 43.6784 度西经 70.3827 度的 Baker's Field；或位于北纬 43.5119 度西经 70.3856 度的 Lonesome Acres。如果用直角距离计算，哪一个离 (a) 中得出的地点近一些？

9. Prescott 工业公司从位于 Odessa 和 Bryan 的露天矿向 Abilene、Tyler 和 San Angelo 的混凝土砖厂运输沙子和石头。图 11.8 给出了生产能力、地点以及每车运费，

| 供应源 | 目的地 | | | 生产能力 |
|---|---|---|---|---|
| | Abilene | Tyler | San Angelo | |
| Odessa | $60 | $50 | $40 | 12 000 |
| Bryan | $70 | $30 | $90 | 10 000 |
| 需求量 | 8 000 | 10 000 | 4 000 | 22 000 |

图 11.8

Prescott 工业公司的运输表

试确定使运输成本最小的运输方案。与最佳配送方案对应的运输成本估计值是多少？

10. Winston 公司有四个配送中心（A、B、C 和 D），每月分别需要 40 000 加仑、60 000 加仑、30 000 加仑和 50 000 加仑的去离子水，用于清洗他们的长途货车。三家去离子水的批发商（1、2 和 3）分别表示了供货 50 000 加仑、70 000 加仑和 60 000 加仑的意愿。从每家批发商向每个配送中心运送 1 000 加仑去离子水的（运费加售价）总成本如下表所示：

| 批发商 | 配送中心 | | | |
| --- | --- | --- | --- | --- |
| | A | B | C | D |
| 1 | \$1.30 | \$1.40 | \$1.80 | \$1.60 |
| 2 | \$1.30 | \$1.50 | \$1.80 | \$1.60 |
| 3 | \$1.60 | \$1.40 | \$1.70 | \$1.50 |

　a. 求最优解。说明利用该解，所有生产能力都被用尽，且所有需求都被满足。

　b. 该解的总成本为多少？

11. Val's 比萨店正在寻找一个中心位置，用于制作比萨外卖。如图 11.9 所示，大学城坐落在拥有主街道的矩形区域内。主校区（A）位于 R 街第 14 大道，每周有 4 000 份比萨饼订单。还有三个稍小的校区（B、C 和 D），分别位于 V 街第 52 大道、Z 街第 67 大道和南街第 70 大道。这三个小一些的校区平均每周各有 1 000 个比萨饼订单。此外，州巡逻队总部（E）位于 A 街第 10 大道，每周订购 500 个比萨饼。

　a. Val 应该从哪个十字路口开始寻找合适的地点？（估

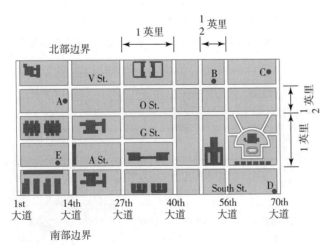

图 11.9

大学城地图

计主要需求量所在的坐标位置，精确到 1/4 英里，然后找到其重心。）

　b. 该选址以直角距离计算的每周负荷距离值是多少？

　c. 如果送餐人员在主干道的速度是每 2 分钟 1 英里，而在居民区街道的速度是每分钟 1/4 英里，那么从重心地点到最远的需求地点需要花多长时间？

12. 在加利福尼亚州戴维斯市要选择一个新地点建一个更大更现代的邮政总局。由于郊区的发展，人口密度相比 40 年前发生了很大的变化，目前使用中的邮政设施就建在那里。邮政局长 Annette Werk 要求她的助理画一张邮件成批收取和投递的七个地点的栅格地图。下表表示了这七个邮件收集点及当前邮政总局 M 的坐标、每天的往返次数。在搬迁之后，M 将继续充当邮件收集点。

| 邮件收集点 | 每天往返次数 | $x, y$ 坐标（英里） |
| --- | --- | --- |
| 1 | 6 | （2，8） |
| 2 | 3 | （6，1） |
| 3 | 3 | （8，5） |
| 4 | 3 | （13，3） |
| 5 | 2 | （15，10） |
| 6 | 7 | （6，14） |
| 7 | 5 | （18，1） |
| M | 3 | （10，3） |

　a. 计算可能作为新设施地点的重心（取最接近的整数）。

　b. 利用直角距离，比较（a）中得出的结果与当前位置的负荷距离得分。

13. Rauschenberg 制造公司正在研究相对于它的三个重要客户（分别位于城市 A、B 和 C）哪个地点是最佳位置。如下表所示，所有三个客户都要求每天多次送货。管理层希望将新厂的选址范围限定在这三个地点，并汇总了以下信息：

| 地点 | 坐标（英里） | 每天送货次数 |
| --- | --- | --- |
| A | （100，200） | 8 |
| B | （400，100） | 4 |
| C | （100，100） | 3 |

　a. 按照欧氏距离，这三个地点中哪一个的总往返距离最短？

　b. 按照直角距离，哪个地点最佳？

　c. 重心的坐标是多少？

14. 一家个人电脑制造商打算将装配厂建在中国台湾，并将产品经洛杉矶或旧金山运回美国。该制造商在亚特兰大、纽约和芝加哥设有自己的配送中心，并且从上述两个城市任选一个作为西海岸的进出港向这些配送中心送货。运输总成本是选择港口的唯一标准。试用负荷距离模型和表 11.7 提供的信息来选择成本效益较高的城市。

表 11.7　PC 制造商的距离与成本

| | | 配送中心（件 / 年） | | |
|---|---|---|---|---|
| | | 芝加哥 | 亚特兰大 | 纽约 |
| | | （10 000） | (7 500) | (12 500) |
| | 洛杉矶 | | | |
| | 距离（英里） | 1 800 | 2 600 | 3 200 |
| | 运输成本（$/ 件） | 0.0017/ 英里 | 0.0017/ 英里 | 0.0017/ 英里 |
| 进口港 | | | | |
| | 旧金山 | | | |
| | 距离（英里） | 1 700 | 2 800 | 3 000 |
| | 运输成本（$/ 单元） | 0.0020/ 英里 | 0.0020/ 英里 | 0.0020/ 英里 |

## 高级练习题

15. Oscar's 保龄球有限公司希望用它 24 小时营业的超大型 200 球道的保龄球馆进入菲尼克斯大都市区市场。但是，公司的资金只够建设一个保龄球馆。Oscar 希望该保龄球馆用重心法建在人口中心。给出以下信息：

| 城市 | 人口 | $x$ 坐标 | $y$ 坐标 |
|---|---|---|---|
| Tempe | 250 000 | 5 | 5 |
| Scottsdale | 400 000 | 5 | 10 |
| Chandler | 300 000 | 5 | 0 |
| Mesa | 700 000 | 10 | 1 |
| Glendale | 350 000 | 1 | 10 |

a. Oscar 应该在哪里修建保龄球馆?

b. 如果 Oscar 想要搬到离他的新球馆最近的城市，他应该住在哪里?

16. Acme 公司运营着四家工厂，其产品运往五个仓库。运输费用、需求量、生产能力以及最佳配送方案都在图 11.10 中列出。问该最优解的总成本是多少?

17. Dennison 制造公司生产用于飞机着陆轮的大型螺旋弹

| 工厂 | 运往仓库的每箱成本 | | | | | 生产能力 |
|---|---|---|---|---|---|---|
| | W1 | W2 | W3 | W4 | W5 | |
| F1 | $1 | $3 | $4 | $5 | $6 | 80 000 |
| | 60 000 | 20 000 | | | | |
| F2 | $2 | $2 | $1 | $4 | $5 | 60 000 |
| | | | 50 000 | 10 000 | | |
| F3 | $1 | $5 | $1 | $3 | $1 | 60 000 |
| | | | | 20 000 | 40 000 | |
| F4 | $5 | $2 | $4 | $5 | $4 | 50 000 |
| | | 50 000 | | | | |
| 需求量 | 60 000 | 70 000 | 50 000 | 30 000 | 40 000 | 250 000 |

图 11.10
Acme 公司的最优解

簧。公司将其新工厂可能的选址范围缩小到了 4 个城市。以下信息是有关在这 4 个城市中的每个厂址的生产和运输成本：

| | 年固定成本 | 每单位可变生产成本 | 每单位可变运输成本 |
|---|---|---|---|
| 菲尼克斯 | $300 000 | $70.00 | $5.00 |
| 布法罗 | $600 000 | $56.00 | $4.00 |
| 西雅图 | $1 500 000 | $36.00 | $2.00 |
| 亚特兰大 | $1 750 000 | $42.00 | $5.00 |

  a. 用盈亏平衡分析法确定 Dennison 制造公司应该在哪里建厂。

  b. 只依据盈亏平衡的数量，如果 Dennison 制造公司对可预见未来的生产量预测为每年 40 000 单位，那么应该在哪里建厂？

18. Giant Farmer 公司为食品折扣店加工食品。该公司有两个工厂：一个在芝加哥，另一个在休斯顿。公司还在佛罗里达州的迈阿密市、科罗拉多州的丹佛市、内布拉斯加州的林肯市，以及密西西比州的杰克逊市经营着仓库。预测表明需求很快就要超过供给，需要建立一个生产能力为每周 8 000 箱的新工厂。但问题是新工厂要建在什么地方。两个可能的地点是纽约的布法罗和亚特兰大。下面两张表是收集的有关生产能力、需求量预测和运输成本方面的数据。

  试确定每个备选新厂址使总运输成本最小的运输方案。新厂应该建在什么地方？

| 工厂 | 产能（箱/周） | 仓库 | 需求（箱/周） |
|---|---|---|---|
| 芝加哥 | 10 000 | 迈阿密 | 7 000 |
| 休斯顿 | 7 500 | 丹佛 | 9 000 |
| 新工厂 | 8 000 | 林肯 | 4 500 |
| | 合计 25 500 | 杰克逊 | 5 000 |
| | | | 合计 25 000 |

| | 到仓库的运费（每箱） | | | |
|---|---|---|---|---|
| 工厂 | 迈阿密 | 丹佛 | 林肯 | 杰克逊 |
| 芝加哥 | $7.00 | $2.00 | $4.00 | $5.00 |
| 休斯顿 | $3.00 | $1.00 | $5.00 | $2.00 |
| 布法罗（方案1） | $6.00 | $9.00 | $7.00 | $4.00 |
| 亚特兰大（方案2） | $2.00 | $10.00 | $8.00 | $3.00 |

19. Thor 国际公司经营着四家工厂，其产品运往五个仓库。运输费用、需求量以及生产能力都在图 11.11 中列出。试用运输法求出使运输成本最小的运输方案。

20. 进一步考虑练习题 19 中所述的 Thor 国际公司的情况。

| 工厂 | 运往每个仓库的每箱运输成本 | | | | | | 生产能力 |
|---|---|---|---|---|---|---|---|
| | W1 | W2 | W3 | W4 | W5 | Dummy | |
| F1 | $2 | $3 | $3 | $2 | $6 | $0 | 50 000 |
| F2 | $2 | $3 | $2 | $4 | $5 | $0 | 80 000 |
| F3 | $4 | $2 | $4 | $2 | $3 | $0 | 80 000 |
| F4 | $3 | $4 | $4 | $5 | $2 | $0 | 40 000 |
| 需求量 | 45 000 | 30 000 | 30 000 | 35 000 | 50 000 | 60 000 | 250 000 |

图 11.11

Thor 国际公司的运输表

由于运营成本很高，Thor 公司决定关闭工厂 F4。物流经理担心这种改变对运输成本的影响。目前，F4 以 $80 000（即 40 000×$2）的成本向 W5 送 40 000 单位货物。如果该仓库由 F1 供货（目前未使用），其成本将会上升为 $240 000（即 40 000×$6）。因此，物流经理要求增加 $160 000（即 $240 000 – $80 000）的预算。

a. 该物流经理是否应该得到增加的预算？

b. 如果不应该，运输成本增加后的预算应该是多少？

21. 考虑第 18 题中所描述的 Giant Farmer 公司的设施选址问题。管理层正在考虑第三个地点：孟菲斯。从孟菲斯将货运到迈阿密的每箱运费为 $3，运到丹佛的每箱运费为 $11，运到林肯每箱的运费为 $6，运到杰克逊每箱的运费是 $5。求出在孟菲斯建厂的最小成本方案。这一结果能改变第 18 题中所做的决策吗？

22. Chambers 公司生产并销售一种汽车防盗产品，这些产品存放在全国各地的多个仓库中。最近，公司的市场调查小组出具的预测表明：不久产品的需求量将会有明显增长，此后在可预见的未来，需求量将处于平稳水平。公司决定通过建设新工厂来满足这种需求。Chambers 公司在巴尔的摩和密尔沃基已有工厂，并无意将它们搬迁。每个工厂的年生产能力为 600 000 件。

  经过全面的调查研究，公司制订了三套地点和生产能力的备选方案。方案一是在波特兰市建造一个产量为 600 000 件的工厂。方案二是在圣安东尼奥市建造一个产量为 600 000 件的工厂。方案三是在波特兰市建造一个产量为 300 000 件的工厂，同时在圣安东尼奥市建造一个产量为 300 000 件的工厂。公司的四个仓库将产品配送给零售商。市场调研给出了以下数据：

| 仓库 | 预计年需求量 |
|------|------------|
| 亚特兰大（AT） | 500 000 |
| 哥伦布（CO） | 300 000 |
| 洛杉矶（LA） | 600 000 |
| 西雅图（SE） | 400 000 |

物流部门编制了以下成本表格，它详细说明了在考虑各运输公司可靠性的条件下以最经济的方式将产品从每个工厂运往每个仓库的单位成本。

| 工厂 | 仓库 | | | |
|------|------|------|------|------|
| | AT | CO | LA | SE |
| 巴尔的摩 | $0.35 | $0.20 | $0.85 | $0.75 |
| 密尔沃基 | $0.55 | $0.15 | $0.70 | $0.65 |
| 波特兰 | $0.85 | $0.60 | $0.30 | $0.10 |
| 圣安东尼奥 | $0.55 | $0.40 | $0.40 | $0.55 |

作为选址决策的一部分，管理层希望得到每种选址方案总配送成本的估计值。试用运输法来计算这些估计值。

## 参考文献

"Doing Well by Doing Good." *The Economist* (April 22, 2000), pp. 65–67.

Deeds, David. "Increasing the Rate of New Venture Creation: Does Location Matter?" *Academy of Management Executive*, vol. 18, no. 2 (2004), pp. 152–154.

Galuszka, P. "The South Shall Rise Again." *Chief Executive*, November 2004, pp. 50–54.

Lovelock, Christopher H., and George S, Yip. "Developing Global Strategies for Service Businesses." *California Management Review*, vol. 38, no. 2 (1996), pp. 64–86.

Hahn, E.D., and K. Bunyaratavej. "Services cultural alignment in offshoring: The impact of cultural dimensions on offshoring location decisions." *Journal of Operations Management*, vol. 28, no. 3 (2010), pp. 186–193.

"MapInfo Delivers Location Intelligence for Marco's Pizza." *Directions Magazine* (December 14, 2004).

Melo, M.T., S. Nickel, and F. Saldanha-da-Gama. "Facility Location and Supply Chain Management a Review." *European Journal of Operational Research*, vol. 196, no. 2 (2009), pp. 401–412.

Rubinstein, Ed. "Chain Chart Their Course of Actions with Geographic Information Systems." *Nation's Restaurant News*, vol. 32, no. 6 (1998), p. 49.

"The Science of Site Selection." *National Real Estate Investor* (October 11, 2002).

12

伊士曼柯达公司的一名员工在纽约罗切斯特的图形传播设备厂组装柯达 NexPress 数字打印机。

## 伊士曼柯达公司

售后服务要求零部件供应链在正确的地点提供正确的维修件，这是当今服务提供商和制造商的一个重要竞争维度。由于费用的问题，在整个供应链中过量存储零部件不是一个明智的选择。伊士曼柯达公司是一个年产值 72 亿美元的数字成像产品生产商，它在其售后数码零部件市场发现了这一现象。这些零部件会很快过时，且十分昂贵，其中包括电路板、打印头、CPU、光驱和显示器。柯达公司面临一个典型冲突：产品组的管理人员希望低库存，而进行现场维修并且必须面对客户的现场工程师则要求高库存。面对既要保持或提高服务水平又要降低库存成本的要求，柯达公司需要重新设计其供应链，并整合供应链中的实体，以形成平滑的运营环境。

柯达公司没有将昂贵的零部件存放于现场工程师处，相反，公司的管理人员认识到，将昂贵的零部件集中存放在具有战略意义的现场地点，再根据需要交付给现场工程师，这应该是一个值得推广的方案。为了实施新的供应链设计方案，柯达公司做出了三个重大决策。首先，存储贵重零部件的前置存储地点（FSL）的数量以及每个存储点的库存水平必须用 Baxter Planning Systems 公司的软件决定。其次，选择 UPS 的供应链解决方案作为物流提供商来运营 100 多个 FSL，并根据需要将零部件投递给现场工程师。最后，也许是最重要的，柯达公司在流程设计过程中全面听取了现场工程师和零部件供应链人事部门人员的意见，实施了一个为期四个月的试点项目，帮助员工接受这个新设计。

柯达公司的做法说明，全面整合包括软件提供商、物流提供商以及内部员工在内的新供应链中的关键要素，会产生显著成果。在第一年的运营中，新计划使 FSL 的库存物品减少了66%，中央库存降低了 32%，优先发货减少了 22%，而且，对服务响应时间没有任何负面影响。

资料来源：Mark Brienzi and Dr. Sham Kekre, "How Kodak Transformed Its Service Parts Supply Chain," *Supply Chain Management Review* (October 2005), pp. 25–32.

**通过运营管理创造价值**

通过运营展开竞争
项目管理

**流程管理**

流程策略
流程分析
质量与绩效
能力规划
约束管理
精益系统

**供应链管理**

供应链库存管理
供应链设计
供应链选址决策
供应链整合
供应链的可持续发展与人道主义物流
预测
运营计划与生产调度计划
资源计划

在当今全球经济背景下，服务、产品的开发和交付变得日益复杂。柯达公司的案例说明，企业如何通过改变关键库存的位置、以物流提供商的形式增加新供应商，以及改变现场工程师获取库存的途径等，重新设计供应链来获取竞争优势。为了提升供应链的有效性，所涉及的各方必须密切协作，以获取准确的库存和需求信息。柯达公司的这一供应链整合取得了成功。**供应链整合**（supply chain integration）是指通过供应链上游和下游之间信息流的无缝连接实现的供应链流程的有效协作。供应链的整合使供应链中的每个成员都可以看见供应链中其他成员的生产能力和库存，从而帮助规划和生产调度。这种整合促进了供应链中企业之间的协作，实际上，它推动了供应链的管理。本章将探讨下列内容：供应链整合、供应链整合的优点以及供应链整合在处理环境问题方面所起的作用。

## 跨越整个组织的供应链整合

正如柯达公司的案例所说明的那样，供应链整合涉及内部流程和外部流程。图 12.1 显示了供应链中流程之间以及企业之间是如何相互联系的。可以将供应链想象成一条从原材料供应商流向消费者的河流。例如，番茄沙司厂主要从番茄酱厂得到供应，番茄酱厂是番茄沙司厂的第一级供应商。反过来，番茄酱厂又主要从番茄分级站得到供应，而番茄分级站则是番茄沙司厂的第二级供应商。最后，番茄种植者直接将他们的产品运往番茄分级站。第一、第二、第三级供应商都位于番茄沙司厂的上游，这意味着他们控制着番茄沙司厂的供应流。假定番茄酱厂出现了重大流程故障，那么流向番茄沙司厂的番茄酱将会减少为一个细流，就像有人在河上筑了一道坝一样。实际上，当番茄沙司厂的库存被消耗完之后，即使那些位于番茄沙司厂下游的企业也能感觉到这种影响。当供应链上的一个环节出现问题时，无论问题是

**图 12.1**
番茄沙司生产厂的供应链

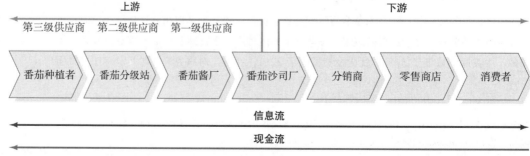

出在内部流程还是出现在供应商的流程，供应链的其他地方都会受到影响。

供应链整合一个很重要的优点就是能减轻供应链上的干扰所造成的影响。上游方向和下游方向的信息流为供应链的成员企业提供了有关供应、生产能力以及计划方面的可见度。现金流沿着供应链向上游方向流动，并且受到定价、促销活动以及供货合同的影响。对于组织中的所有员工来说，理解供应链中物料流、信息流以及现金流的意义都是十分重要的。

## 供应链的动荡

供应链的动荡会对供应链的绩效产生破坏性的影响。供应链上的每个企业都要依靠链上的其他企业来获取所需的服务、物料或信息，从而满足供应链上直接外部顾客的需求。由于供应链中的企业通常都拥有独立的所有权和经营权，因此供应链下游成员（靠近服务或产品终端用户的地方）的行动会影响上游成员的运营。其原因就在于供应链上游的企业必须对下游成员企业提出的需求做出响应。这些需求是下游企业采取相关策略的函数，这些策略包括补充库存、调整实际库存水平、满足客户需求的程度，以及重置他们所用信息的准确性。当你探究供应链中各企业的订货模式时就会经常发现，越往上游，订货量的变化越大。这种订货量变化的增大被称作**牛鞭效应**（bullwhip effect），该名称来自赶牛人挥动鞭子这一动作——鞭杆引发动作，但是鞭子的末梢却会经历最大幅度的甩动。客户需求稍有变化就会引起整个供应链发生波动，每个成员企业都会接收到来自下游企业更为剧烈的需求变动。如果一家企业向供应商发出订单的变动范围超过了来自其直接顾客订单的变动范围，该企业就会促成这一牛鞭效应。

图 12.2 显示了面巾纸供应链中的牛鞭效应。订单的变动范围沿供应链的上游方向不断增大。由于供应模式与需求模式不匹配，致使一些企业库存累积，而另一些企业却出现短缺。拥有过多库存的企业停止订货，而出现短缺的企业则发出加急订单。

图 12.2
面巾纸供应链的动荡

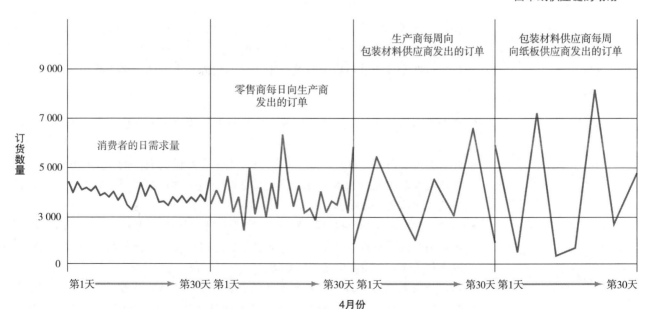

出现这种情况的罪魁祸首就是未曾料到的需求或供应的变化，而这些变化是由诸多原因引起的。

## 外部原因

企业几乎无法对外部客户和供应商施加控制，客户和供应商经常会引起一些干扰。典型的外部干扰包括以下几个方面：

- 批量变化。客户可能会改变已经订购的在某个特定日期交付的服务或产品数量，或者预想不到地增加标准服务或产品的需求量。如果市场要求的提前期很短，企业就需要其供应商做出快速响应。
- 服务和产品组合的变化。客户可能会改变订单中的产品组合，从而引起整个供应链的波动。例如，一家大型家用电器连锁店要改变其订单中的洗衣机品牌组合，从订购 60% 的 Whirlpool 品牌和 40% 的 Kitchen Aid 品牌，变为订购 40% 的 Whirlpool 品牌和 60% 的 Kitchen Aid 品牌。这一决定将会改变生产这两种品牌洗衣机的 Whirlpool 工厂的生产调度，从而引起库存失衡。此外，生产洗衣机面板的第一级供应商也必须改变其生产进度，进而又会影响它的供应商。
- 延迟交付。物料延迟交付或必要服务的延误，将会迫使企业调整生产计划，从一种型号产品的生产转向另一种型号产品的生产。那些供应特定型号专用物品的企业也可能因此打乱生产进度。例如，Whirlpool 工厂发现生产 A 型洗衣机零部件的供应商不能按时供货。为了避免成本高昂的生产线停工，Whirlpool 决定转向 B 型产品的生产。这样对生产 B 型洗衣机零部件供应商的需求就会突然增加。
- 未足额发货。供应商可能由于自身工厂受到干扰而只发送部分货物。未足额发货引起的后果与延迟发货类似，除非所发送的部分货物的数量足够大，使企业能够坚持运转到下次发货。

## 内部原因

*Pogo* 卡通漫画里有一句名言：“我们看到了敌人，那个敌人就是我们自己！”遗憾的是，当许多企业遇到供应链上的干扰时，这一说法便成为了现实。一家企业自己的运营可能会成为其供应链持续产生动荡的根源。典型的内部干扰包括以下几个方面：

- 内部产生的短缺。一家企业可能会因为机器故障或工人操作不熟练而使所生产的零部件出现短缺。这一短缺会引起该企业生产进度的改变，进而影响到供应商。
- 设计变更。对服务或产品设计的变更会直接影响供应商。例如，将有线电视的馈线电缆改用光纤技术无疑会使有线电视公司的客户获得更多好处，但也会影响其对同轴电缆的需求。
- 批量订货。供应商会提供数量折扣，激励企业以较少的频次采购大批量的物品，从而引起向供应商订货的变动。批量订货还可以使运输更经济，较大的订单可以满载运输，从而产生更大的变动。
- 推出新服务或新产品。一家企业决定了推出一系列新服务或新产品，以及推出的时间，从而引起供应链的波动。新的服务和产品甚至需要一条新的供应链，或者在现有供应链中增加新的成员。

- 服务或产品的促销。采取打折的方式促销，是那些提供标准化服务或产品的企业的一种常见做法。价格折扣会产生一个脉冲式的需求高峰，整个供应链上都能感觉到。

- 信息错误。需求预测的误差会导致企业订购太多或太少的服务和物料，或者会引起加急订购，迫使供应商为避免供应链中出现短缺而加快响应速度。此外，库存物品实物盘点的错误也会引起短缺（导致恐慌性购买）或过高库存（导致延缓购买）。最后，购买者和供应商之间的沟通也可能会出错。

## 对供应链设计的影响

有时可以通过重新设计供应链来减小供应链的波动。考虑一下图 12.3，该图给出了存货单位（SKUs）的年产量与周需求量变动之间的一般关系。对于该企业来说，有些 SKU 具有高产量和低可变性，而另一些则具有低产量和高可变性。如果需求波动的程度超出了企业的控制范围，那么由于供应链的动荡，维持企业原有供应链的成本就会很高。沿着年产量的维度和周需求变动的维度绘制产品组合图，可以揭示出更好的供应链配置。因此，企业可能有两个不同的供应链设计方案为两类不同的产品组服务。例如，对那些具有较低产量和较高周需求变动的 SKU，最好采用响应型的供应链设计方案，比如面向订单组装（ATO）或面向订单生产（MTO）。当顾客需求难以预测时，这样做可以降低产成品的库存。与此相反，对那些高产量、低周需求变动的 SKU，

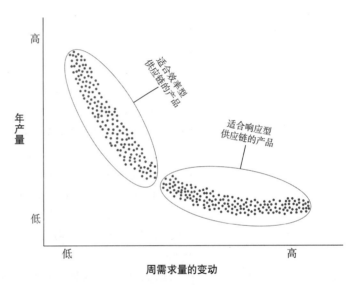

图 12.3

企业 SKU 的年产量与周需求量可变性之间的关系

则采用效率型的供应链设计方案要好一些，比如面向库存生产。这种情况下的预测更准确，并且利用产成品库存是一种有效的策略。重新设计供应链是一项成本很高的活动，只有在无法利用其他手段有效降低动荡时，才应该考虑这种方法。

许多干扰的确是由供应链中的无效协调引起的，因为供应链中包含了众多企业和独立的运营环节。因此，想要消除全部干扰是不切实际的。然而，供应链管理者面临的挑战就是尽可能多地消除干扰，并使那些无法消除的众多干扰所造成的影响最小化。

## 供应链整合

无论采用哪种供应链设计方案，要使供应链受到的干扰最小，首先就要从功能上和组织上高度整合。这种整合不可能一蹴而就，它必须包括如图 12.4 所示的企业与供应商和客户之间的联系。新的服务或产品开发流程、供应商关系流程、订单履行流程和客户关系流程，以及这些流程之间的内部联系和外部联系，都被整合到常规的日常业务之中。企业是以客户为导向的，但是，企业不仅只对客户的需求做出

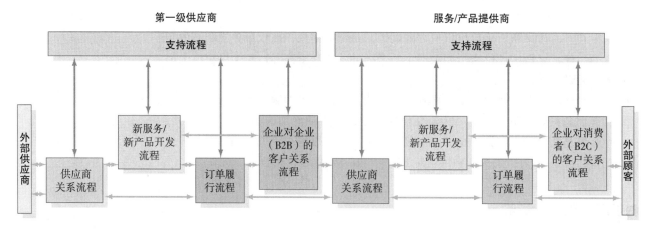

**图 12.4**

外部供应链联系

响应，还要努力与客户和供应商合作，使各方都能从改进的服务流和物料流中获益。企业还必须对供应商的组织、产能、优势和劣势有更好的理解，并且让供应商更早地介入本企业新服务或新产品的设计。

另一种整合参考框架是供应链运作参考模型（supply chain operations reference model, SCOR），它由供应链协会在 70 个世界领先的制造企业的帮助下制订。图 12.5 说明，**SCOR 模型**（SCOR model）集中于供应链的计划、采购（source，也译作"配置资源"）、生产、交付和退货这几个基本流程，其中沿着供应链这几个流程会重复出现。退货流程处理可回收物料以及有缺陷的产品，相关内容将在第 13 章"供应链的可持续发展与人道主义物流"中作更深入的讨论。与图 12.4 所示的模型类似，SCOR 模型强调整合供应链的设计是很复杂的，它需要一种流程观。在本书的第一编和第二编，我们已经对流程设计决策有了一定程度的理解，必须将这些理解应用于新服务／新产品开发流程、供应商关系流程、订单履行流程以及客户关系流程。此外，还需要将这些流程在企业内部以及在整个供应链上整合。图 12.4 以及图 12.5 的 SCOR 模型隐含着一个整合的供应链，为企业的经营决策提供了一个框架，并且这些流程发挥着重要作用，认识到这一点很重要。

**图 12.5**

SCOR 模型

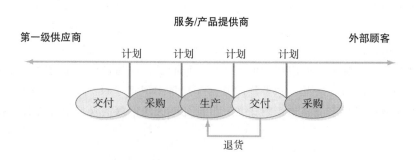

# 新服务或新产品开发流程

竞争优先级可以帮助管理者开发顾客想要的服务和产品。新服务或新产品对企业的长期生存是必不可少的。这里的新举措，既指全新的服务或产品，也指对现有服务或产品的重大改变。新服务／新产品开发流程通常是企业供应链中不可或缺的一

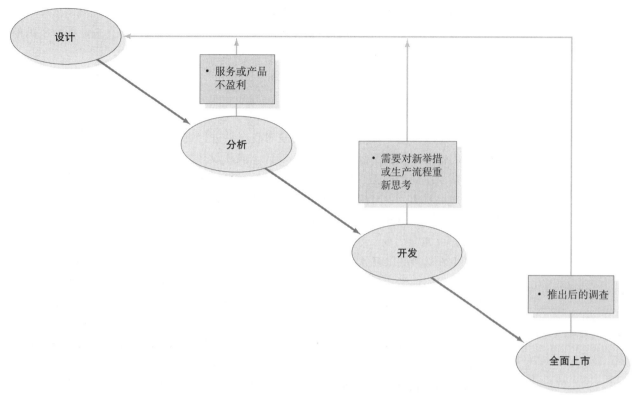

个要素，因为它决定了供应链必须支持的物料流、服务流和信息流的性质。如图 12.6 所示，新服务 / 新产品的开发流程从思考开发战略开始，以新产品的推出结束。以下是供应链管理者需要考虑的问题。

图 12.6

新服务 / 新产品开发流程

## 设 计

设计阶段是十分关键的，因为它将新服务或新产品的创造与公司战略联系起来，并明确了企业对供应链的要求。正如前面已经阐述的那样，公司战略指出了企业的长期目标及企业希望参与竞争的市场。在设计阶段，提出新产品的构想并对这些设想的可行性和市场价值进行筛选。这些构想详细说明了顾客如何与服务或生产企业联系，为顾客带来的好处和结果，以及服务或产品的价值。这些设计方案还说明了新产品的生产和交付方式——这是供应链要考虑的重要内容。在这一阶段常常要做出一些关键性的选择，比如原材料、产品设计的模块化程度、使服务或产品抵达市场所需的物流服务的特点，等等。尽管有关服务或产品及其流程的许多具体细节还没有定下来，但在这一阶段，认真听取设计人员、工程技术人员、供应商、供应链管理者及潜在顾客的意见，可以避免成本高昂的设计错误。

## 分 析

第二个阶段是分析阶段，这一阶段涉及对新产品及其生产方式的严格审查，从而确保它们适应公司战略，符合监管标准，将市场风险控制在可接受的范围并满足目标顾客的需求。必须从企业的核心能力及获取其他资源的必要性的角度，审查新产品的资源需求。必须评估现有供应链与新产品之间的匹配程度。如果需要做出改变，就必须修订供应链的设计（效率型或响应型），或者通过与新企业形成战略伙伴关系来获得新的能力。如果分析结果显示新产品具有良好的市场潜力且企业拥有所需的能力（或者可以获得这种能力），那么就会批准进入下一阶段。

## 开　发

第三阶段是开发阶段，这一阶段对新产品进行更详细的说明。要求的竞争优先级可用作与交付新产品有关的流程设计（或再设计）的依据。对流程进行分析，其中包括供应商的流程。设计出的每个活动都必须满足所要求的竞争优先级，并为服务或产品增值。一旦确定了新产品的细节并确认了流程的性能，就可以做市场规划了。最后，人员经过培训可以做一些试运行，来消除生产和供应中的障碍。在这一阶段，可能会出现一些没有预见到的问题，因此不得不重新思考服务或产品本身，或者重新思考提供服务或产品所需要的流程。供应链可能也需要重新设计。

为了避免新产品设计与流程性能及生产该产品所需的供应链之间的不匹配（这种不匹配的成本高昂），许多企业引入了一种称为**并行工程**（concurrent engineering）的概念。并行工程将产品设计工程师、工艺师、市场营销人员、采购人员、信息专家、质量专家及供应商联系在一起，共同设计出满足顾客期望的产品及所需流程。在这一阶段进行变更要容易得多，而且成本也小得多。但是，这一阶段有可能发现产品设计或者交付能力存在问题，这样就不得不放弃对新产品的设计，或者完全重新思考新产品的设计。

## 全面上市

最后一个阶段是全面上市，它涉及对许多内部流程及供应链上游和下游流程的协调。这一阶段必须启动新产品的促销活动、向销售人员介绍产品、开启分销过程及撤换新产品将要替代的那些旧服务或旧产品。在这一段称为磨合期（ramp-up）的时间，供应链承担了特别大的压力，此时生产流程在应对质量问题和最后的设计变更的同时，还必须增大批量来满足需求。供应链的整合程度越高，就越容易度过磨合期。在磨合期间供应链的柔性是一个有利的属性。然后，当服务或产品进入成熟状态，批量也增加到足够大的情况下，就要构建以效率为基础的供应链。

无论是对服务还是产品，投放市场后的调查，可以比较供应链的竞争优先级与竞争能力，或许还会产生对原来的服务和产品设想或供应链的设计进行重新思考的需求。这种复查也可以从顾客那里得到建议，他们会表达自己的感受并分享对服务或产品改进的设想。

## 供应商关系流程

服务或产品的特点决定了对上游供应链的设计要求。供应商关系流程侧重于企业与上游供应商之间的互动，其中包括五个重要的嵌套流程：（1）供应商选择与审查；（2）协同设计；（3）谈判；（4）采购以及（5）信息交换。对许多企业来说，上述这些流程是**采购**（purchasing）部门的组织职责，它由下列活动组成：决定用哪一家供应商；合同谈判；保持信息流动；确定是否在当地进行采购。

## 采　购

采购流程涉及对供应商的选择、资格审查和评估，此外，还包括对供货合同的管理。

***供应商选择***　供应商的选择首先从总成本分析开始。对每个供应商要考虑四种主要成本。

- 物料成本。就提供一种服务或产品与供应商进行谈判，结果会形成一件产品的单价（或使用服务的价格）。物料成本等于年需求量（$D$）乘以单价 $p$。

$$年度物料成本 = pD$$

- 运输成本。产品的运输成本或者提供服务的人员或设备的成本会有很大不同，它取决于供应商的位置、运送的批量［满载运输（TL）的每磅货物成本比非满载运输（LTL）要低］、每年的运送次数，以及运输模式（空运比公路运输或铁路运输要贵得多）。
- 库存成本。对采购产品感兴趣的买方必须考虑供应商的发货量和提前期。发货量 $Q$ 决定了买方必须维持到下一批产品运达的周转库存量。

$$周转库存量 = Q/2$$

提前期 $L$ 和每天（或每周）的平均需求量 $\bar{d}$ 将决定在途库存水平，在途库存水平也由买方负责。假定提前期是固定的，那么

$$在途库存量 = \bar{d}L$$

买方必须为周转库存和在途库存支付库存持有成本。年度库存成本等于周转库存量与在途库存量之和乘以每单位物品的年度持有成本 $H$。参见第 9 章"供应链库存管理"，复习库存持有成本以及周转库存和在途库存的概念。

$$年度库存成本 = (Q/2 + \bar{d}L)H$$

- 管理成本。必须监测供货合同，并需要经常与供应商沟通。管理成本包括管理者的时间、差旅费及其他与供应商沟通相关的可变成本。这些成本可能因供应商的位置不同而有很大不同，距离越远的供应商可能越需要更多的管理。

一个供应商的年度总成本是上述四项成本的总和：

$$年度总成本 = pD + 运输成本 + (Q/2 + \bar{d}L)H + 管理成本$$

---

**例 12.1　选择供应商的总成本分析**

---

Compton 电子公司为大型计算机制造商生产笔记本电脑。笔记本电脑的一个重要组成部分是键盘。Compton 公司确定了三家可能的键盘供应商，这三家公司位于世界的不同地区。重要的成本因素包括键盘的价格、运输成本、库存成本以及合同管理成本。键盘的年需求量

为 300 000 件。假定 Compton 公司每年有 250 个工作日。管理者收集到了三家供应商的下列数据。

| 供应商 | 年运输成本 | | |
| --- | --- | --- | --- |
| | 发运量（件/次） | | |
| | 10 000 | 20 000 | 30 000 |
| Belfast | $380 000 | $260 000 | $237 000 |
| Hong Kong | $615 000 | $547 000 | $470 000 |
| Shreveport | $285 000 | $240 000 | $200 000 |

| 供应商 | 键盘成本和发货提前期 | | | |
| --- | --- | --- | --- | --- |
| | 单价 | 年库存持有成本/件 | 发货提前期（天） | 管理成本 |
| Belfast | $100 | $20.00 | 15 | $180 000 |
| Hong Kong | $96 | $19.20 | 25 | $300 000 |
| Shreveport | $99 | $19.80 | 5 | $150 000 |

为 Compton 公司供货的哪家供应商年度总成本最小？

**解**

每天的平均需求量为

$$\overline{d} = 300\ 000/250 = 1\ 200\ 个键盘$$

利用下式评估每种方案的发运量：

$$年度总成本 = 物料成本 + 运输成本 + 库存成本 + 管理成本$$
$$= pD + 运输成本 + (Q/2 + \overline{d}L)H + 管理成本$$

例如，考虑供应商 Belfast 的发运量 $Q$ 为 10 000 件的情况，成本计算如下：

物料成本 $= pD = \$100/件 \times 300\ 000\ 件 = \$30\ 000\ 000$

运输成本 $= \$380\ 000$

库存成本 $=（周转库存 + 在途库存）\times H = (Q/2 + \overline{d}L)H$
$=（10\ 000\ 件/2 + 1\ 200\ 件/天 \times 15\ 天）\times \$20/件/年 = \$460\ 000$

管理成本 $= \$180\ 000$

**年度总成本** $= \$30\ 000\ 000 + \$380\ 000 + \$460\ 000 + \$180\ 000 = \$31\ 020\ 000$

对于所有三种发运量的总成本可用相同的方法算出，列于下表：

| 供应商 | 键盘供应商的年度总成本 | | |
| --- | --- | --- | --- |
| | 发运量 | | |
| | 10 000 | 20 000 | 30 000 |
| Belfast | $31 020 000 | $31 000 000 | $31 077 000 |
| Hong Kong | $30 387 000 | $30 415 000 | $30 434 000 |
| Shreveport | $30 352 800 | $30 406 800 | $30 465 800 |

**决策重点**

注意发运量起着重要作用，供应商 Balfast 的最低成本出现在键盘发运量为 20 000 个。但是，根据总成本分析，供应商 Shreveport 为 Compton 公司供货的成本最低。Compton 公司应该选择 10 000 个键盘的发运量，这意味着每年将发货 30 次（即 300 000/10 000）。虽然供应商 Hong Kong 的单价最低，但是供应商 Shreveport 能够以包括物流成本、库存成本及管理成本在内的最低总成本向 Compton 公司交付键盘。

---

虽然总成本是选择供应商的重要考虑因素，但是其他绩效因素也很重要。供应商的物料质量是至关重要的，因为低质量引起的隐性成本很高。类似地，较短的提前期和准时交付有助于采购企业用较低的库存来维持可接受的客户服务水平。因此，管理层必须审查他们想要服务的细分市场，并相应地将选择供应商的需求与供应链相联系。在制订选择供应商用到的绩效标准时，最好从企业的竞争优先级和订单赢得要素着手。例如，如果你是一家食品服务企业的管理者，除了总成本之外，你可能还会用准时交付和质量作为选择供应商的最高标准。这些标准反映了食品服务供应链应该满足的要求。

另一个在选择供应商时变得越来越重要的标准就是对环境的影响。许多企业正在进行**绿色采购**（green purchasing），它涉及对环境污染物流量的识别、评估和管理，以及寻找减少污染物，并使其对环境的影响最小化的方法。这就要求供应商在设计服务或产品，以及生产产品或提供服务时要有环保意识。在合同竞标时要证明其绿色、可生物降解、天然或可循环利用等声明。在不久的将来，这一标准将成为供应商选择的一个重要标准。关于这一问题，在第 13 章 "供应链的可持续发展与人道主义物流" 中还将进一步讨论。

当在选择供应商问题中面对多重标准时，管理者可以利用例 12.2 的偏好矩阵。参见补充资料 A "决策制定"，回顾这一方法。

## 例 12.2　利用偏好矩阵选择供应商

Compton 电子公司的管理者已对三家国际键盘供应商做了总成本分析（参见例 12.1）。在供应商选择过程中，Compton 电子公司还考虑准时交付、一致性质量以及环境管理等方面的因素。对每个标准给出一个权重（总权重为 100 点），根据每个标准给每个供应商打分（1=差、10=优）。这些数据列于下表。

| 标准 | 权重 | 得 分 | | |
|---|---|---|---|---|
| | | Belfast | Hong Kong | Shreveport |
| 总成本 | 25 | 5 | 8 | 9 |
| 准时交付 | 30 | 9 | 6 | 7 |
| 一致性质量 | 30 | 8 | 9 | 6 |
| 环境 | 15 | 9 | 6 | 8 |

**解**

每个供应商的加权得分计算方法为：将每个标准的权重乘以该标准的得分，然后加总求和。例如，供应商 Belfast 的加权得分为

$$WS = 25 \times 5 + 30 \times 9 + 30 \times 8 + 15 \times 9 = 770$$

同样,供应商 Hong Kong 的加权得分为 740,供应商 Shreveport 的加权得分为 735。因此,倾向于选择供应商 Belfast。

**决策重点**

根据例 12.1 的计算结果,虽然供应商 Belfast 具有较高的总成本,但是在 Compton 公司认为十分重要的标准上,其得分远远高出其他供应商。从各标准给定的权重可以明显看出,Compton 公司愿意为更好的交付、质量和环境管理支付额外的成本。

***供应商资质和评估*** 通过供应商资质审查程序,可以证明潜在的供应商有能力提供采购企业所要求的服务或物料。ISO9001:2008 就是这样一个程序(更多细节参见第 5 章"质量与绩效")。然而,资质审查一般需要由采购企业的跨职能团队到供应商处现场勘察,该团队从流程和信息系统的角度深入评估供应商在满足成本、质量、交付及柔性目标方面的能力。团队成员包括来自运营、采购、工程设计、信息系统以及会计部门的人员。团队考察提供服务或物料的各个方面。团队观察供应商流程的运行,检查证明文件的完整性和正确性。一旦通过了资质审查,采购部门就可以直接向该供应商采购,而不必再进行背景审核。

资质审查的通过并不意味着给供应商发放未来评估的免费通行证。要经常监测该供应商的绩效并保存绩效记录。资质审查团队要定期进行勘察。经过一段时期后,或者当其绩效下降时,还需要重新审查该供应商的资格。

## 协同设计

协同设计流程主要是与重要的供应商共同设计企业的新服务或新产品,特别是在设计与开发阶段,通过将主要供应商引入新服务/新产品开发流程,推进了并行工程。这一流程力求消除多个供应商共同设计服务或者生产零部件时所发生的代价巨大的延误和错误。

许多企业都会利用**供应商早期参与**(early supplier involvement)的方式协同设计流程,这是一种在服务或产品的设计阶段就让供应商参与进来的方案。供应商可以提出一些有关设计变更和材料选择方面的建议,从而提高企业的运营效率及产品质量。在汽车行业,一种更高水平的供应商早期参与称作**资源预配**(presourcing),即在产品的概念开发阶段初期就选择供应商,由供应商来主要(如果不是全部负责)负责产品的某些组

BIOTA 公司的高价天然矿泉水,源自美国科罗拉多州乌雷郡的世界最高自然保护区的高山泉水,其包装采用世界上第一款可生物降解的瓶子。这种瓶子用玉米制成,是一种 100% 的可再生资源。在商业堆肥环境中,BIOTA 公司的瓶子大约 80 天左右就可以完全降解。

件或系统设计。预先配置资源的供应商还要负责由他们生产产品的成本、质量以及准时交付。

企业也可以通过价值分析来改进绩效。**价值分析**（value analysis）是一种系统化方法，用于降低服务或产品的成本，或提升服务或产品的性能，而不论服务或产品是外购的还是自行生产的。这一方法是对服务、物料、工序、信息系统以及服务或产品生产过程中涉及的物料流的深入研究。价值分析的优点包括降低生产成本、物料成本及分销成本；提高利润率和客户满意度等。

## 谈　判

谈判流程的重点是获得有效合同，即这样的合同要符合供应商关系流程中内部客户对产品价格、质量及交付的要求。维持与供应商关系的状态，会影响企业的服务和产品的质量、及时性及价格。企业对供应商的关系导向会对谈判和协同设计流程产生影响。

**竞争导向型**　竞争导向型（competitive orientation）供应商关系将买方与卖方之间的谈判看成零和博弈：一方的损失就是另一方的收益。短期利益重于长期承诺。买方试图将供应商的价格打压到最低的生存线，或者在经济繁荣时期把需求推向最高水平，而在经济衰退期则几乎什么也不采购。与此相反，供应商会在特定的质量水平、客户服务及批量柔性不变的条件下抬高其价格。究竟哪一方能够获胜，在很大程度上取决于谁的影响力最大。

购买力决定一家企业所具有的影响力。当一家企业的购买力占供应商销售量的很大比重时，或所购服务或产品是标准化的且拥有很多替代品时，该企业就具有购买力。我们将这种情况称为经济依赖性。但是，在企业与供应商的关系中也许还有其他影响力来源。这些来源包括：

- **参考对象**。供应商看重买家的身份。例如，给 IBM 公司供货这一事实为该企业与其他客户做生意打开了大门。
- **专业**。买家具有供应商所需要的知识、信息和技能。例如，UPS 公司的供应商可能会学到 UPS 所拥有的物流规划技能。
- **奖励**。买家有能力奖励供应商。这种奖励通常涉及对将来业务的承诺，或在将来的某个时间有机会成为合作伙伴。
- **法律约束力**。买家具有法律上的权力来约束供应商的行为。例如，买家可能要求供应商严格遵守合同，否则就会诉诸法律。
- **强制力**。买家具有处罚供应商的能力。例如，除非供应商符合买家的要求，否则便扬言取消以后的业务。

应该说明的是，在与供应商的关系中买家并不一定总是有影响力的一方。有时供应商处于强势地位，因此供应商也可以运用上述影响力来源。

**合作导向型**　在**合作导向型**（cooperative orientation）供应商关系中，强调买卖双方是合作伙伴，每一方都尽可能地去帮助另一方。合作导向型供应商关系意味着双方的长期承诺；共同致力于质量以及服务或产品设计；买方从管理、技术以及产能开发上给供应商提供支持。合作导向型供应商关系倾向于对特定的服务或项目只维持很少的供应商，理想的供应商数量为一个或两个。随着订单批量的增加，供应商获得了规模经济，因而可以降低成本。当合同量很大，而且有长期合作关系作保证时，供应商甚至会建立新工厂，雇佣新的劳动力，也许还会搬迁到买方的工厂附近。供应商几乎成为买方企业的延伸。

合作导向型供应商关系还意味着买方与供应商共享更多的有关未来购买意向的信息。这种前瞻性可以帮助供应商对未来需求做出更好、更可靠的预测。买方通过走访供应商的工厂来培养合作意识。买方甚至还可以向供应商提出改进运营的建议。这种与供应商的密切合作甚至使买方不需要对购进的物料进行检查。它还可能意味着让供应商更多地参与服务或产品的设计、实施成本削减的设想，以及共享成本节约带来的利益。

合作导向型供应商关系的一个优点是可以减少供应链中供应商的数量，从而降低对供应商管理的复杂程度。但是，减少某种服务或产品的供应商数量也有不利的一面，它可能会增加供应中断的风险。而且，除非买方具有很大的影响力，否则很少有机会达成一个有利的价格协议。**独家采购**（sole sourcing）指只与一个供应商签订有关服务或产品的合同，这可能会放大企业与供应商之间出现的任何意想不到的问题。

竞争导向型和合作导向型的供应商关系都有各自的优点和缺点，关键在于选择采用能最好地为企业竞争优先级服务的方法。有些企业采取了混合策略，对于日常用品采用竞争导向型供应商关系；而对于复杂的、高价值的或大批量的服务和物料则采用合作导向型供应商关系。

## 购 买

购买流程涉及从供应商处实际采购服务或物料。该流程包括购买订单的生成、管理和审批，并确定购买决策的控制点。虽然并非所有的购买机会都涉及互联网，但是虚拟市场的出现为企业提供了许多改进购买流程和信息交换流程的机会。这里我们讨论四种电子购买方式：（1）电子数据交换；（2）目录中心；（3）交易平台；（4）拍卖网站。在本节的最后我们将讨论控制点的选择对供应链的影响。

***电子数据交换*** 传统的电子购买形式是**电子数据交换**（electronic data interchange, EDI），这种技术使常规的、标准化的商务文件可以通过电话或租用直达线路在计算机之间传递。专用的通信软件将文件在通用格式和专门格式之间来回转译，即使拥有不同硬件和软件的组织也可以相互交换信息。发票、购买订单及支付信息等都是EDI可以处理的常规文件。它取代了电话或邮寄文件。

***目录中心*** 利用**目录中心**（catalog hubs）可以减少向供应商下订单的成本，也可以降低服务或产品自身的成本。供应商将他们的产品目录张贴到目录中心的页面上，买方从中选择所需要的商品并用电子方式购买。该目录中心通过互联网将企业与数百家潜在的供应商连接起来，节省了EDI的成本，因为EDI需要与每个供应商进行一对一的连接。而且，购买企业可以与每家供应商就如办公用品、技术设备、服务等价格进行谈判。购买企业的员工所看到的目录仅由得到批准的产品和买方与供应商事先协商的价格组成。员工使用自己的计算机选择他们需要的物品，由系统生成购买订单，再以电子方式发送给供应商。

***交易平台***　交易平台（exchange）是一个将买方企业和卖方企业聚集在一起进行交易的电子市场。该交易平台与买方和卖方保持良好关系，这使得在没有合同谈判和其他长期条件的情况下，让交易简便易行。交易平台通常用于"现货"购买，以尽可能低的价格满足即时需求。像石油、钢铁和能源等商品适用于这种情况。但是，交易平台也可用于大多数其他物品，比如酒店或医院用品。

***拍卖网站***　交易平台的一种延伸是**拍卖网站**（auction），即企业通过竞价方式在网站上购买物品。例如，一家网站可以专为一个特定行业建立，具有过剩产能或者物料的企业可以在这里把它们出售给出价最高的投标者。投标可以是秘密竞标，也可以是公开竞标。Autodaq 私人拍卖网站向二手汽车经销商和批发商提供完整的车辆状况和价格指导信息，以及查找汽车的网站。经销商可以实时投标，也可以提交"委托出价"——给定一个愿意支付给特定汽车的最高价格，由 Autodaq 网站的系统自动以每次 50 美元的增幅进行投标，直到达到该最高价格为止。其他一些值得利用拍卖的行业是钢铁和化工。针对消费者的拍卖网站有易趣和 Priceline 等。

一种受到广泛关注的方式是所谓的*逆向拍卖*（reverse auction），即供应商通过投标来获得买方合同。每次公布报价，这样供应商就能知道下一轮报价下降的幅度，来继续竞标合同。每份合同都有一份电子样张，说明具体规格、条件及其他没有协商余地的要求。对于买方来说，剩下唯一要决定的事情就是成本。买方得到的成本节约是巨大的，有时可以多达常规合同价格的 20% 到 30%。福特、通用和克莱斯勒公司共同建立了一个逆向拍卖市场，用于向供应商采购零部件。围绕纸张、塑料、钢铁、带宽、化工行业等也形成了类似的市场。

我们对这些电子购买方式的讨论，不应该给你留下这样的印象，即成本是企业唯一考虑的因素。交易平台和拍卖网站对于日用品、普通商品或不常用的物品更有用，购买这些东西只需要与供应商有短期关系。然而，当所需要的供应品在很长时间内比较重要而且需求量稳定时，就应该将供应商看成商业伙伴。供应商参与服务或产品设计以及供应链绩效的改进，需要有长期的合作关系，这种长期关系是不可能通过互联网上的竞价建立的。

***控制点***　当组织拥有多个机构（如商店、医院或工厂）时，管理层必须决定是在当地购买还是集中购买。这一决策对供应链中的各种物料流、信息流和资金流的控制都具有重要影响。

通过创建一种供应商在经济上依赖于买家的环境，集中购买具有提高购买力的优势。集中购买的成本节约是非常可观的，通常可以达到订单价格的 10% 或 10% 以上。购买力的增强意味着可以获得更好的服务，确保长期供应的可获得性，或者开发新供应商的能力。拥有海外供应商的企业更倾向于集中购买，因为从国外购买所需要的一些专业技能（如对外国语言和文化的理解）可以集中在一个地方。买方还需要了解有关服务和产品转移支付的国际商法与合同法。采取集中购买的另一个趋势是基于计算机的信息系统和互联网的发展，它使企业总部的专业人士可以访问以往只有在当地才能获得的数据。

集中购买的最大缺陷也许在于它会丧失对当地采购的控制。对专门用于某个特定机构的物品而言集中购买是不可取的，只要可能这些物品都应该在当地购买。对与生产进度紧密结合的购买也是如此。当企业在国外设有大型机构时，当地购买也是一种优势，因为这些机构的管理者通常是外国人，对于当地的文化他们比总部的员工有更好的了解。而且，集中购买通常意味着更长的提前期。

也许，最好的解决办法就是采取折中策略，即地方自治和集中购买都是可能的。例如，IBM 公司的采购团队只有在当地的工厂提出要求时才进行集中的合同谈判。然后由其中一个工厂的管理部门监控所有参与工厂的合同。

## 信息交换

信息交换流程促使企业与供应商之间交换相关的经营信息，比如预测、生产进度计划和库存水平。以射频识别形式出现的新技术有助于库存信息的流动。除库存信息之外，预测信息和其他与需求有关的数据交换，也有利于诸如供应商管理库存等整合活动。

*射频识别* 在供应链环境下，任何信息交换过程的一个重要要求是有关库存的数量及位置的准确信息。一种老技术的新用途正展现出许多惊人的优点。**射频识别**（radio frequency identification，RFID）是利用贴在物品上的标签发射的无线信号来识别物品的一种方法。标签上有物品信息，并将信号发射到设备上，设备可以读取标签信息，甚至可以在标签上写入新信息。标签上的数据可以通过电子产品代码（EPC）网络和互联网以无线方式从一个地方传输到另一个地方。理论上，通过标签可以唯一地识别一家公司生产的每件物品并进行追踪，除非标签被损坏。

和许多大型零售商、制造商、政府机构及供应商一样，沃尔玛、塔吉特、英特尔、吉列公司以及美国国防部，正在其供应链上实施 RFID。RFID 数据的利用可以提高供应商的服务水平，并减少偷窃行为。吉列公司正在利用 RFID 技术来减少剃须刀片被盗的数量（这一数量竟高达销售量的 30%）。

单个企业可以在自己的运营机构使用 RFID，并能避免与供应链中其他企业之间成本高昂的协同合作。在企业内部使用 RFID 的收益很有限，但其投资也是有限的。更大的潜在收益来自供应链的应用。为了成功利用 RFID，供应链中的所有企业都必须从 RFID 的投资中获益，而不仅是推动这一项目的企业。对于全球化运营来说更是如此。为了确保在贸易伙伴之间交换准确而一致的产品信息（一项非常有挑战性的任务），使用行业标准进行全球数据同步是至关重要的。

*供应商管理库存* 有关供应链上游和下游的可靠库存信息使企业能够以有效方式协作来改善物料流动。一种要求可靠信息交换流程的策略是**供应商管理库存**（vendor-managed inventories，VMI），在这一系统下，供应商可以访问客户的库存数据，并负责维护客户要求的库存水平。库存放置在客户处，通常由供应商拥有库存物品的所有权，直到被客户使用。像沃尔玛和戴尔这样的公司，利用其市场地位来授权供应商管理库存。供应商管理库存有几个关键要素。

- 协同努力。为了使供应商管理库存取得成功，客户必须愿意让供应商访问其库存信息，这可以通过 RFID 实现，但必须由预测、促销信息以及与需求有关的其他数据提供支持。这就意味着供应商在管理库存中承担了重要的管理角色。因此，这需要信任和责任心。
- 成本节约。通过更好的运营规划，供应商和客户都不需要过量的库存。VMI 通过减少管理成本、库存成本和订单处理成本从而降低了总成本。

- 客户服务。供应商经常出现在客户现场，能更好地了解客户的运营，从而缩短响应时间并减少缺货的发生。
- 书面协议。双方全面地了解各自的责任是非常重要的。如记账程序、预测方法以及补货计划等内容都要详细说明。此外，由于预测值的修正以及合同期限的变更造成废弃库存的责任也应包含在内。

VMI 方法既可用于服务提供商也可用于制造商。美国电话电报公司（AT&T）、陆路快运公司（Roadway Express）、沃尔玛、戴尔、西屋（Westinghouse）、博士（Bose）等公司都在使用 WMI。

# 订单履行流程

订单履行流程为企业客户生产并交付服务或产品。其中有四个重要的嵌套流程：（1）客户需求计划；（2）供应计划；（3）生产；（4）物流。

## 客户需求计划

为了预测服务或产品的客户需求，客户需求计划（CDP）流程帮助供应商与客户进行协调。CDP 是一个企业计划过程，它使销售团队（和客户）能够制订需求预测，以此作为服务计划过程、生产和库存计划以及收入计划的依据。通常预测必须在计划之前：除非在预测期间做出合理准确的需求预测，否则是不可能做出有关员工配置、采购和库存水平等决策的。第 14 章"预测"中包含许多客户需求预测的实用工具。

## 供应计划

供应计划流程利用下列信息做出需求预测：客户需求计划过程产生的需求预测信息、由库存管理人员提供的顾客服务水平和库存目标信息，以及由综合且详细的能力规划提供的资源信息，做出需求预测之后，进而形成满足需求的计划。无论企业是提供服务还是生产产品，这一流程对供应链的有效实施都是十分重要的。

企业供应计划中一个重要活动是计划综合资源水平，使供求达到平衡。这些综合计划细化了与需求预测、能力约束以及库存计划相一致的产出率、劳动力配置水平以及库存水平，通常提前几个月到一年在企业层面或部门层面来说明这些综合计划。对服务型企业来说，这些计划等同于员工配置水平计划；而对制造型企业来说，这些计划则等同于生产率计划和产成品库存计划。一旦确定了综合资源水平，就必须调度这些资源以达到管理层所设想的绩效水平。在第 15 章"运营计划与生产调度"中我们将说明企业如何计划和调度生产性资源，以提供适当的服务或产品供应水平。

最后，正如俗话所说："细节决定成败。"综合资源计划对制定招聘决策或获取生产资料以满足整体需求水平是很有用的。但最终有必要考虑每种单个服务或产品，以做出具体的供应计划。以综合运营计划和生产调度计划为基础，使用诸如时间标准、加工工艺、服务或产品的生产方式等其他详细信息来计划所需的具体投入。这些计划十分详细，对服务或产品的高效流动非常重要。在第 16 章"资源计划"中，我们将说明如何做这些详细计划，以及企业的其他职能领域如何利用这一计划工作所得出的信息。

## 生 产

生产流程执行供应计划，提供服务或生产产品。但是，生产流程必须与供应投入、确定需求以及向顾客交付产品等流程结合在一起。例如，虽然顾客总是可以在百思买和沃尔玛这类零售商店买到戴尔公司标准化的电脑套装，但是当直接向计算机制造商定制电脑时，其订单提交流程、采购流程、生产流程以及物流流程都与戴尔公司紧密联系在一起。戴尔公司的供应链设计旨在支持面向订单组装的策略，从而以最少的库存提供快速服务。

将面向供应和面向客户的流程与生产流程整合，对服务型企业与制造型企业来说同样重要。最好的企业都将他们的生产流程与供应商和客户紧密地联系起来。

## 物 流

将产品或服务交付顾客的物流流程是订单履行的一个重要方面。决定物流流程的设计和实施的五个重要决策包括：（1）所有权；（2）设施选址；（3）运输模式选择；（4）运输能力水平；（5）接驳式转运量。

- 所有权。如果企业拥有并运行物流流程，就可以最大限度地控制物流，从而使其成为专用运输公司（private carrier）。尽管这种方式可以帮助企业更好地达到竞争优先级，但是其设备、劳动力、设施及维护的成本会很高。通过与承运商协商具体的服务内容，企业可以用第三方物流服务商（third-party logistic provider, 3PL）取代自有运输公司。这些服务内容包括承接大部分的订单履行流程。3PL 通常为需要将产品投向市场的企业客户提供综合服务，包括从运输和包装服务到仓储和库存管理。他们可以帮助客户设计供应链，便于供应链上游和下游的信息流动。
- 设施选址。影响供应链效益的关键决策是作为服务地点、存储地点或生产地点的设施选址。如本章开头的案例说明的那样，柯达公司对其前置的存储地点做了大量分析。第 11 章"供应链选址决策"对设施选址问题做了全面讨论。
- 运输模式选择。五种基本的运输模式是：（1）汽车；（2）火车；（3）轮船；（4）管道；（5）飞机。运输模式选择的驱动因素应该是企业的竞争优先级。汽车提供了最大的灵活性，因为公路通到哪里，汽车就可以开到哪里。运输在途时间较短，对于少量短途货物来说，费率通常较火车要低。铁路运输可以用便宜的价格运输大量的货物，但是在途时间较长，而且通常时间不确定。水路运输容量大成本低，对于向海外运输大宗物品是必需的；但是在途时间很长，而且通常还需要公路或者铁路运输才能将货物送达最终目的地。管道运输专用性很强，用于输送液体、气体或泥浆形式的固体。尽管管道运输的地理灵活性有限，但它不需要包装，每英里运营成本低。最后，航空运输是最快的，也是每英里运费最昂贵的。然而，当考虑各种不同运输模式的库存成本和仓库搬运成本时，利用航空运输将产品迅速送达顾客实际上会降低总成本。在途库存占用资金的成本也是很可观的。企业也可以采用混合运输模式（结合了两种或者更多种不同模式）。例如，在运输的不同环节，可以分别用卡车、火车和轮船装载集装箱，这样可以在成本和交付时间这两者间取得最佳平衡。

- 运输能力。物流流程的绩效直接与其运输能力有关。所有权决策和运输模式选择决策常常是相互交织的，因为必须解决需要多少运输能力这一问题。如果考虑设备和设施的所有权，就必须权衡

阿拉斯加输油管道横贯 800 英里，从阿拉斯加北坡油田一直到最北端的阿拉斯加瓦尔迪兹不冻港。管道直径为 48 英寸，共有 11 个泵站，每天的最大吞吐量为 200 万桶。

需要的资金成本及可变经营成本与从服务商处获得物流服务的成本。更困难的是对物流流程的需求通常是不明确的。在这种情况下，管理层可以用期望值决策准则评估各种运输能力方案。一种方案的期望值计算如下：

备选方案的期望值 = 一种需求水平出现的概率 × 在该需求水平下采用该备选方案的损益值，对所有可能需求水平求和。

参见补充资料 A "决策制定"，了解这种方法的详细内容。例 12.3 说明了使用期望值准则分析货车的运输能力。

**例 12.3　用期望值决策准则确定货车的运输能力**

Tower 配送公司为当地的制造商提供物流服务。Tower 公司从制造商处获得产品，将其运送到本公司的配送中心，然后给该地区的零售商组织发货。Tower 公司需要建一个新的配送中心，因此需要决定使用多少辆货车。每辆货车每月分摊的资金成本是 2 100 美元。Tower 公司每拥有一辆货车每英里的可变经营成本是 1 美元。如果任何一个月的需求量超出了运输能力，Tower 公司可以用每英里 2 美元的费用租用货车。Tower 公司拥有的每辆货车每月可行驶 10 000 英里。但是对于货车的需求量是不确定的。管理者估计几种可能的需求水平的概率及相应的车队规模，如下表。

| 需求（英里/月） | 100 000 | 150 000 | 200 000 | 250 000 |
|---|---|---|---|---|
| 车队规模（货车数） | 10 | 15 | 20 | 25 |
| 概率 | 0.2 | 0.3 | 0.4 | 0.1 |

注意概率之和必须等于 1.0。如果 Tower 公司想要使期望运营成本最小，那么应该使用多少辆货车？

**解**

　　我们利用期望值决策准则评估不同的车队规模，希望使每月的期望成本最小。首先必须确定每种车队规模和需求组合的月度成本 $C$。这一成本取决于该月是否需要租用额外的运输能力。例如，考虑 10 辆货车的车队规模方案，它代表了每月 100 000 英里的运输能力。$C$ = 拥有货车的每月资金成本 + 每月可变经营成本 + 需要时的租赁成本：

$C$（100 000 英里 / 月）= \$2 100/ 辆 ×10 辆车 + \$1/ 英里 ×100 000 英里 = \$121 000

$C$（150 000 英里 / 月）= \$2 100/ 辆 ×10 辆车 + \$1/ 英里 ×100 000 英里

　　　　　　　　　　　　+ \$2 租金 / 英里 ×（150 000 英里 – 100 000 英里）= \$221 000

$C$（200 000 英里 / 月）= \$2 100/ 辆 ×10 辆车 + \$1/ 英里 ×100 000 英里

　　　　　　　　　　　　+ \$2 租金 / 英里 ×（200 000 英里 – 100 000 英里）= \$321 000

$C$（250 000 英里 / 月）= \$2 100/ 辆 ×10 辆车 + \$1/ 英里 ×100 000 英里

　　　　　　　　　　　　+ \$2 租金 / 英里 ×（250 000 英里 – 100 000 英里）= \$421 000

　　下面，10 辆货车车队规模的期望值计算如下：

期望值（10 辆货车）= 0.2 × \$121 000 + 0.3 × \$221 000 + 0.4 × \$321 000 + 0.1 × \$421 000

　　　　　　　　　= \$261 000

　　同样，我们可以计算出其他各种车队规模的期望成本：

期望值（15 辆货车）= 0.2 × \$131 500 + 0.3 × \$181 500 + 0.4 × \$281 500 + 0.1 × \$381 500

　　　　　　　　　= \$231 500

期望值（20 辆货车）= 0.2 × \$142 000 + 0.3 × \$192 000 + 0.4 × \$242 000 + 0.1 × \$342 000

　　　　　　　　　= \$217 000

期望值（25 辆货车）= 0.2 × \$152 500 + 0.3 × \$202 500 + 0.4 × \$252 500 + 0.1 × \$302 500

　　　　　　　　　= \$222 500

　　应用期望值决策准则，Tower 配送公司应该使用 20 辆货车的车队规模。

**决策重点**

　　20 辆货车的车队规模意味着 Tower 公司有足够的运输能力来处理 90% 的需求（对 100 000 英里、150 000 英里和 200 000 英里的概率求和）。而且运输能力过剩的可能性有 50%（对 100 000 英里和 150 000 英里的概率求和）。虽然投资 20 辆货车的决策使期望成本最小，但在 50% 的时间里有缓冲能力，这反映了运输能力短缺时成本相对较高。

- 接驳式转运。利用称为**接驳式转运**（cross-docking）的方法可以降低运营成本并提高交付速度。接驳式转运是货物在进货交通工具上包装，以便根据最终发货目的地在中间仓库轻松分拣出货。物品从进来的车辆停靠点直接送到往外运输的车辆停靠点，不需要在仓库中存储。仓库就变成为客户组织高效送货的临时中转地。接驳式转运的优点包括节省库存投资、存储空间、搬运成本和缩短提前期，而且还可以提高库存周转率和加速现金流动。管理者必须在考虑整体物料流及其目的地的情况下，决定哪里是接驳式转运运营的最佳地点。

管理实践 12.1 说明了在大型游轮上的订单履行流程的复杂性。

**管理实践 12.1 ｜ 珊瑚公主号游轮上的订单履行流程**

无论你现在在哪儿，或者无论你家乡的天气如何，设想一下你正在珊瑚公主号游轮的甲板上闲逛，游轮刚刚通过了巴拿马运河，正漂浮在加勒比海的某个地方。景色美丽宜人，微风轻柔而凉爽。你很难想象，你和其他 1974 名客人正住在一个一流的酒店，其拥有的便利设施，从户外影院到赌徒想要的全部赌博设备，一应俱全。如果你要举行婚礼，那么这里有一个小教堂。船上还有一个矩形玻璃顶的游泳池，一间雪茄吧，以及一间设备齐全的电视演播室。

虽然所有这些设备听起来都很好，然而有一件事情是游轮上的所有客人都期待的，那就是吃。珊瑚公主号上有五个高质量的餐厅。当食物送到你面前时，你是否想知道它们是怎样来到这里的？食物的供应及其制作给珊瑚公主号的订单履行流程和供应链带来了巨大压力。已经在海上航行了四天，酒店经理无法给供应商打电话，说他忘记买胡萝卜、奶油和糖。用光存货是不可接受的。光是食品的数量就巨复杂。在平均 15 天的航行中，珊瑚公主号将用掉 175 吨食物，其中包括 43 200 个鸡蛋、2 425 磅意大利面、7 245 磅大米、84 000 磅蔬菜、13 000 磅鸡肉、8 800 磅鱼肉以及 10 500 磅牛肉。200 名厨房员工每天制作 10 000 多份餐食，一次航行要喝掉 3 800 瓶葡萄酒和 12 000 瓶啤酒。并不是所有东西都是外购的，也不可能一次将 175 吨食物都存储在船上。为了保鲜，某些食品，比如冰淇淋、餐后甜点以及面包都是在船上制作的。其他食品则在航行开始之前很早就计划好，在所选择的港口进行补充。当客人们享受着游轮停靠港口的时光时，船上的员工正在从供应商处补充食物库存，因为经验表明在这个地方可以提供质量最好的食材。游轮必须特别注意不能接受在船上可能引起疾病的食品。

即使是一辆平稳的马车也会偏离道路，游轮上的订单履行流程也会出现同样的问题。好的计划（包括应急

珊瑚公主号游轮在加利福尼亚州圣佩德罗洛杉矶港的游轮码头等候装载食品和日常用品。

计划）和快速反应，都是特别需要的。诸如飓风或地震一类的自然灾害，会导致游轮重新安排停靠港口，这样就会打乱食品、小商品、酒店用品以及维修物品的供应计划。例如，2011 年 3 月 11 日的日本大地震和海啸，不仅使游轮调整了行程，而且由于担心食品供应受到辐射污染，还会在很长一段时间内影响供应链。另一个供应中断的例子是在游轮补充供应的港口出现了罢工。在洛杉矶港和长滩港的工人罢工，导致等候卸货的 70 艘轮船的大拥堵，这给公主游轮公司为一艘驶往墨西哥的游轮的补货计划带来很大压力。解决的方法是用卡车将装在海运集装箱中的部分物品运往 450 英里以外的奥克兰港，在那里再由船只进行海上运输，其余的物品则用 53 英尺长的拖车进行陆路运输，其时间安排为两批货物将同时在墨西哥与游轮会合。两批货物的装载需要在卫生检查、安全性、通关以及冷藏设备等方面进行大量协调。

游轮尽可能为客人们提供最好的体验，而订单履行流程则是全部努力的核心。

资料来源：Handout, *The Coral Princess Food & Beverage Department*, August 16, 2011; Case Study Cruise Line Logistics-Princess Cruises, *Agility Logistics*.

# 客户关系流程

客户关系流程解决企业与供应链下游客户之间的对接问题。客户关系流程支持客户关系管理（CRM）程序，其目的在于识别客户、吸引客户以及与客户建立关系，

同时也有助于对订单的传递和跟踪。其中主要的嵌套流程包括市场营销流程、订单提交流程以及顾客服务流程。

## 市场营销

市场营销流程关注下列问题：确定目标顾客是谁、如何锁定目标顾客、向这些顾客提供什么服务或产品、如何给服务和产品定价，以及如何管理促销活动。就此而言，**电子商务**（electronic commerce, e-commerce）是信息和通信技术在业务流程供应链上的应用，它对供应链的上游和下游都产生了巨大影响。与市场营销流程相关的有两种电子商务技术：（1）企业对消费者（business-to-consumer, B2C）的电子商务系统；（2）企业对企业（business-to-business, B2B）的电子商务系统。

***企业对消费者的电子商务系统*** 企业对消费者（B2C）的电子商务系统允许顾客通过互联网进行交易，现在已经非常普遍。B2C 电子商务为企业提供了新的分销渠道，而消费者则不必去拥挤的百货商店，不用在收银台前排长队，也不必担心停车场的车位不足。电子商务的许多优点最早是由诸如亚马逊、E*TRADE 和 Autobytel 这样的零售"电子商务"开发和利用的。这三家公司建立了传统书店、经纪公司和汽车经销商的互联网版本。即使对于传统的零售商，互联网也正改变着运营、流程和成本结构，互联网应用的全面增长是十分显著的。如今，任何一个能连接互联网的人都可以在网上开一家商店。即使像沃尔玛这样金字招牌的零售商，也正在通过"从网站到商店"的项目来提高网购量，这一项目使顾客可以在网站上购买，几天后在距离最近的商店取货。

***企业对企业的电子商务系统*** 然而，最大的增长出现在企业对企业（B2B）的电子商务系统。事实上，企业对企业的电子商务交易超过了企业对消费者的电子商务交易，企业之间的贸易达到常规经济的 70% 以上。这些系统促进了供应链上下游之间的交易，使服务或产品的购买或销售变得更加容易。B2B 系统也可以帮助管理物料流。例如，如果分销商的库存缺货，就可以通知企业的中央仓库立即将补充的库存直接发往客户。

## 订单提交

订单提交流程包括完成一次销售所需的各项活动，如登记订单的具体要求、确认收到订单并跟踪订单履行过程，直到订单完成为止。企业通常有销售团队探访潜在顾客和当前顾客来促进销售。

互联网给企业提供了重新设计订单提交流程的机会，使客户与企业双方都可以从中获益。互联网给企业的订单提交流程提供了以下优势：

- 降低成本。利用互联网可以降低订单处理成本，因为它允许顾客有更高的参与度。顾客可以选择自己想要的服务或产品，并向公司提交订单，这中间不需要与任何人进行实际交谈。这种方法减少了对呼叫中心的需求，而呼叫中心是劳动力密集型的，提交订单通常要用较长的时间。
- 增加收入流。作为订单提交流程的一部分，企业的网页允许顾客输入信用卡信息或订单号等。这种方法可以缩短向顾客寄账单或等待邮局寄支票而造成的时间延迟。

- 全球接入。互联网给企业提供的另一个优势是有机会一天 24 小时接受订单。传统的实体企业只在正常的工作时间内接收订单。具有互联网接入的企业可以缩短用于满足顾客需求的时间，顾客可以在任何时间逛店并购物。在线访问使这些企业比传统的实体企业具有更大的竞争优势。

- 定价的灵活性。当需求上升时，在网上提供服务和产品的企业可以很容易地改变价格，这就避免了发布新产品目录的成本和时间延迟。提交订单的顾客可以按照当前价格来做出选择。从供应链的角度来看，戴尔公司就是利用这种能力来控制零部件短缺的。利用直销方式和促销定价，戴尔公司将客户引导到某些特定的计算机配置上，而这些配置公司有充足的供应。

## 顾客服务

顾客服务流程通过回答有关服务或产品的问题来帮助顾客，解决问题，并且通常以提供信息的方式来帮助顾客。这是企业与顾客之间的一个重要接触点，顾客会根据流程体验来判断企业。然而，这就出现了由来已久的成本与质量之间的权衡问题，对于呼叫中心来说尤其如此。为了降低顾客服务流程的成本，许多企业选择用自动化系统代替人工服务，这种自动化系统常常要求顾客费力地经过一系列选择，有时却一无所获。还有一些企业使用复杂的人工智能支持的 Verbots ®，即"语音机器人"。这些机器人具有人的特征，可以询问并回答问题，有时在电话里几乎与真人没有区别。但是，大多数顾客和其他查询有关服务或产品信息的人宁愿使用人工服务。因此，考虑到所涉及的成本，许多企业通过将顾客服务流程外包给劳动力成本低的国外企业来扩展供应链。在这方面，印度对低成本呼叫中心的国际需求做出了积极响应。当然，将顾客服务流程外包的巨大风险，或者说一部分风险在于企业失去了对与顾客直接交流的流程控制。在做最后的分析时必须着重考虑这一问题。

## 提高供应链绩效的措施

因为我们已讨论了供应链整合的框架，所以我们回到由供应链的动荡引起的问题，并探讨供应链整合如何减少由于牛鞭效应一类的动荡造成的不良绩效。本节我们将提出一些可用于整合供应链来提高绩效的措施，并给出跟踪供应链运营的重要绩效指标。

许多企业将他们的顾客服务流程外包，特别是服务可以通过电话提供的情况。图中，在印度南部城市班加罗尔的一个呼叫中心，印度员工正在为国际顾客提供服务。

## 措　施

对于提高整体绩效来说，整合供应链促进了以下方法的运用：

- 数据共享。供应链动荡的一个来源是供应链上游的供应商缺乏对终端用户需求的可见度。为了方便供应链所有层面的计划，可以将记录顾客对最终服务或产品实际购买情况的收银机数据与所有供应商共享。也可以使用 RFID 跟踪整个供应链的库存量。

- 协作活动。在制订客户需求计划（CDP）和环境健康与安全计划时，以及在协同设计流程中，与顾客和供应商密切合作，可以改善信息流，改进环境管理，以及减轻由于促销活动引发的需求激增，或者因服务或产品设计不佳而引起的供应中断所造成的冲击。

- 缩短补货提前期。改进内部流程并与供应商合作来缩短提前期，这样企业在对需求水平的变化做出响应之前就会有更多的时间，从而减缓牛鞭效应。此外，较短的提前期会减少在途库存量。

- 降低订货批量。采取措施减少整个供应链上与订货、运输和接收库存物品相关的成本，这样可以降低订货批量，从而降低供应链上订货量波动的幅度。

- 定额分配短缺物品。当存在缺货情况时，顾客有时会人为加大订货量来自我保护；当缺货状态解除时，只要取消订单就可以了。为了应对这种行为，供应商可以根据以往的销售情况（而不是当前的订货量）给顾客定额分配短缺物品。

- 采用每日低价（every day low pricing, EDLP）。促销价或折扣价会刺激需求突然暴增。像沃尔玛公司所做的那样，采用如每日低价的稳定定价计划，可以阻止顾客以折扣价购买过多的存货。EDLP 可以使需求平稳。

- 具有合作精神且值得信赖。在解决供应问题上具有合作精神并提供值得信赖的信息，可以使供应链上的所有成员降低成本，同时减轻环境问题以及因供应链动荡而产生的不良影响。

## 绩效指标

监测供应链的绩效是很重要的，通过监测来了解可以在什么地方进行改进，或者衡量运用上述措施的影响。供应链管理人员通过计量成本、时间、质量以及环境影响来监测绩效。表 12.1 包含了三个供应链流程中常用的绩效指标例子。管理人员定期收集并跟踪这些数据，注意在水平上或者方向上所出现的变化。可以用统计过程控制图来确定这些变化在统计意义上是否重要。

根据绩效指标，供应链整合是获得竞争力的有力工具。当前，对于环境的关注促使供应链管理人员认真观察本企业以及供应商的运营。在第 13 章"供应链的可持续发展与人道主义物流"中，将探讨环境问题对供应链的影响，以及如何运用整合供应链来缓解这些问题并保持盈利。

表 12.1　供应链流程的指标

| 客户关系流程 | 订单履行流程 | 供应商关系流程 |
|---|---|---|
| • 准确接收订单的百分比<br>• 完成订单提交流程的时间<br>• 顾客对订单提交流程的满意度<br>• 顾客对企业管理环境的评价 | • 未完全发货订单百分比<br>• 准时发货订单百分比<br>• 履行订单所用的时间<br>• 不合格的服务或退货百分比<br>• 提供服务或生产产品的成本<br>• 顾客对订单履行流程的满意度<br>• 在制品和产成品的库存水平<br>• 释放到大气中的温室气体的数量 | • 供应商准时交付百分比<br>• 供应商的提前期<br>• 服务或采购物料不合格的百分比<br>• 服务或采购物料的成本<br>• 供应品和外购件的库存水平<br>• 对供应商在简化流程及废物转化方面协作的评价<br>• 向供应商转移环境技术的数量 |

## 学习目标回顾

1. **确定供应链动荡的主要原因。**图 12.1 说明了供应链之间的相互联系，这是供应链动荡产生的原动力。"供应链的动荡"一节解释了主要的内部原因和外部原因。图 12.3 说明 SKU 批量和周需求量的变动如何成为供应链设计的关键因素。

2. **说明供应链整合如何缓解供应链的动荡。**参见"供应链整合"一节，以及图 12.4 和图 12.5 中所描述的供应链整合框架。

3. **说明在新服务或新产品开发流程、供应商关系流程、订单履行流程以及客户关系流程中关键嵌套流程的特点**

和目标。由于其重要性，本章对上述每个流程都专门用一节来进行阐述。

4. **用年度总成本分析法和偏好矩阵法来选择供应商，同时用期望值决策准则来确定物流能力。**参见"供应商关系流程"一节。学习例 12.1 的总成本分析，例 12.2 的偏好矩阵应用以及例 12.3 期望值模型的应用。为了得到更多帮助，还可以参见三个问题求解练习题。

5. **确定用于改善供应链绩效的重要措施和绩效指标。**参见"提高供应链绩效的措施"一节。表 12.1 包含了一些供应链绩效指标的例子。

## 关键公式

1. 年度总成本 = $pD$ + 运输成本 + $(Q/2 + \bar{d}L)H$ + 管理成本

2. 备选方案的期望值 = 一种需求水平出现的概率 × 在该需求水平下采用该备选方案的损益值，对所有可能需求水平求和。

## 关键术语

| | | |
|---|---|---|
| 供应链整合 | 资源预配 | 交易平台 |
| 牛鞭效应 | 价值分析 | 拍卖网站 |
| SCOR 模型 | 竞争导向型 | 射频识别（RFID） |
| 并行工程 | 合作导向型 | 供应商管理库存（VMI） |
| 采购 | 独家采购 | 接驳式转运 |
| 绿色采购 | 电子数据交换（EDI） | 电子商务 |
| 供应商早期参与 | 目录中心 | |

## 问题求解 1

ABC 电器修理公司是一个为几家大型家电制造商提供服务的修理厂。ABC 公司希望找到一个低成本的供应商，来提供许多电器使用的继电器开关。对继电器开关的年需求量（$D$）为 100 000 件。ABC 公司每年工作 250 天。以下是 Kramer 和 Sunrise 两家供应商有关该器件的数据：

| 供应商 | 运输成本和运货量（$Q$） | | 单价（$p$） | 持有成本/件（$H$） | 提前期（$L$）（天） | 管理成本 |
| --- | --- | --- | --- | --- | --- | --- |
| | 2 000 | 10 000 | | | | |
| Kramer | \$30 000 | \$20 000 | \$5.00 | \$1.00 | 5 | \$10 000 |
| Sunrise | \$28 000 | \$18 000 | \$4.90 | \$0.98 | 9 | \$11 000 |

哪一家供应商的年度总成本最低？

**解**

继电器的日需求量为：

$$\bar{d} = 100\ 000/250 = 400\ \text{件}$$

我们必须计算出每种方案的年度总成本：

**年度总成本 = 物料成本 + 运输成本 + 库存成本 + 管理成本**
$$= pD + 运输成本 + (Q/2 + \bar{d}L)H + 管理成本$$

*Kramer*

$Q = 2\ 000$：$\$5.00 \times 100\ 000 + \$30\ 000 + (2\ 000/2 + 400 \times 5) \times \$1.00 + \$10\ 000 = \$543\ 000$

$Q = 10\ 000$：$\$5.00 \times 100\ 000 + \$20\ 000 + (10\ 000/2 + 400 \times 5) \times \$1.00 + \$10\ 000 = \$537\ 000$

*Sunrise*

$Q = 2\ 000$：$\$4.90 \times 100\ 000 + \$28\ 000 + (2\ 000/2 + 400 \times 9) \times \$0.98 + \$11\ 000 = \$533\ 508$

$Q = 10\ 000$：$\$4.90 \times 100\ 000 + \$18\ 000 + (10\ 000/2 + 400 \times 9) \times \$0.98 + \$11\ 000 = \$527\ 428$

经过分析发现，利用 Sunrise 公司并以 10 000 件作为运货量会使年度总成本最小。

## 问题求解 2

ABC 电器修理公司希望根据年度总成本、一致性质量以及交付速度这几个条件选择一家供应商。下表列出了管理层为每个准则分配的权重，以及为每个供应商打出的分数（优 =5，差 =1）。

| 准则 | 权重 | 得分 | |
| --- | --- | --- | --- |
| | | Kramer | Sunrise |
| 年度总成本 | 30 | 4 | 5 |
| 一致性质量 | 40 | 3 | 4 |
| 交付速度 | 30 | 5 | 3 |

根据给定的准则和分数，ABC 公司应该选择哪家供应商？

**解**

运用偏好矩阵法，每个供应商的加权得分为：

$$Kramer: \quad WS = 30 \times 4 + 40 \times 3 + 30 \times 5 = 390$$
$$Sunrise: \quad WS = 30 \times 5 + 40 \times 4 + 30 \times 3 = 400$$

虽然 Kramer 公司的交付速度更快，但是根据加权得分，ABC 公司应该选择 Sunrise 公司作为供应商。

---

### 问题求解 3

Schneider 物流公司在俄亥俄州哥伦布市新建了一座仓库，集中存储向该地区客户运送的货物。George Schneider 必须决定应该雇佣多少组码头工人来处理接驳转运操作及其他仓储活动。每个小组每周的工资和管理费为 5 000 美元。当需要额外的人力时，可以用每个小组每周 8 000 美元的成本转包。无论是内部解决还是转包，每个小组每周可以完成 200 个劳动力小时的工作。对于新设施的劳动力小时需求量尚不确定，管理层估计了下列需求概率：

| 需求量（每周小时数） | 200 | 400 | 600 |
|---|---|---|---|
| 小组数 | 1 | 2 | 3 |
| 概率 | 0.20 | 0.50 | 0.30 |

Schneider 应该雇佣多少个小组？

**解**

用期望值决策准则求解。首先计算每种方案在每种需求水平下的成本，然后用概率值确定每种方案的期望值。具有最小期望成本的方案是 Schneider 将要实施的方案。下面用拥有"1 个小组"的内部解决方案来说明计算方法。

自拥有 1 个工人小组

$$C（200）= \$5\ 000$$
$$C（400）= \$5\ 000 + \$8\ 000 = \$13\ 000$$
$$C（600）= \$5\ 000 + \$8\ 000 + \$8\ 000 = \$21\ 000$$

期望值

$$1 \text{ 个小组的期望值} = 0.2 \times \$5\ 000 + 0.5 \times \$13\ 000 + 0.3 \times \$21\ 000 = \$13\ 800$$

下表是完整的计算结果。

| 自拥有工人小组数 | 周劳动力需求量 | | | 期望值 |
|---|---|---|---|---|
| | 200 小时 | 400 小时 | 600 小时 | |
| 1 个小组 | $ 5 000 | $13 000 | $21 000 | $13 800 |
| 2 个小组 | $10 000 | $10 000 | $18 000 | $12 400 |
| 3 个小组 | $15 000 | $15 000 | $15 000 | $15 000 |

根据期望值决策准则，Schneider 应该在仓库雇佣 2 组工人。

## 讨论题

1. 供应链的动态特性会引起过高的成本和低质量的顾客服务。说明如何通过重新设计供应链来减轻供应链动态特性造成的影响。

2. 克莱斯勒集团和通用汽车公司在许多汽车和货车市场激烈竞争。当 Jose Ignacio Lopez 任通用的采购部副总裁时，他明确规定采购人员不能接受供应商的午餐邀请。克莱斯勒公司的采购部负责人 Thomas Stalcamp 却指示其采购人员邀请供应商共进午餐。试从供应商关系及其对供应链管理影响的角度解释这两种指示。

3. 沃尔玛、通用电气、大通银行（Chase Manhattan）以及波音公司这样的企业由于具有强大的购买力，因此对各自的供应链会产生很大影响。试说明力量强大的公司是如何影响供应链整合的。

4. 在第 8 章"精益系统"中讨论了小批量、密切的供应商关系以及源头质量等库存及供应链方面的问题。上述这些原理对供应链整合有什么影响？

## 练习题

1. Horizon 移动电话生产商生产在通信网中专用的移动电话。管理层必须为不久将推向市场的一款新电话寻找电路板供应商。年需求量为 50 000 部，Horizon 公司的工厂每年运营 250 天。三家供应商的数据列于表 12.2 中。

    哪家供应商的多少出货数量可以使 Horizon 移动电话生产商的总成本最低？

2. Eight Flags 公司在中西部地区经营着几家游乐场。公司存储机油用于游乐场中的许多乘骑设备。Eight Flags 公司每年需要 30 000 加仑的机油；游乐场每年开放 50 周。管理层对目前的机油供应商感到不满意，并且已经获得另外两家供应商的投标。其数据列于表 12.3 中。

    哪家供应商的哪种出货数量可以使 Eight Flags 公司的总成本最低？

3. Bennet 公司从三个供应商处采购一种重要原材料。Bennet 公司目前的策略是在三个供应商之间平均分配采购量。公司老板的儿子 Benjamin Bennet 刚刚从商学院毕业。他提出根据表中六条加权绩效标准对这些供应商进行评分（分数高者代表绩效好）。提议将总分 0.6 作为筛选供应商的起点分数。此时采购策略被修改为向绩效得分高于起点分数的供应商采购原材料，并且按照它们绩效得分的比例分配采购量。

    a. 利用偏好矩阵来计算每个供应商的加权总分。

    b. 哪些供应商的得分高于起点分数值？在小 Bennet 提

**表 12.2** Horizon 移动电话生产商的供应商数据

| 供应商 | 年运输成本和出货数量 | | 单价 | 年库存持有成本 / 件 | 提前期（天） | 年管理费用 |
| --- | --- | --- | --- | --- | --- | --- |
| | 10 000 | 20 000 | | | | |
| Abbott | $10 000 | $7 000 | $30 | $6.00 | 4 | $10 000 |
| Baker | $12 000 | $9 000 | $28 | $5.60 | 7 | $12 000 |
| Carpenter | $9 000 | $6 500 | $31 | $6.20 | 3 | $9 000 |

**表 12.3** Eight Flags 公司供应商的数据

| 供应商 | 年运输成本和出货数量 | | | 单价 | 年库存持有成本 / 件 | 提前期（天） | 年管理费用 |
| --- | --- | --- | --- | --- | --- | --- | --- |
| | 5 000 | 10 000 | 15 000 | | | | |
| Sharps | $5 000 | $2 600 | $2 000 | $4.00 | $0.80 | 4 | $4 000 |
| Winkler | $5 500 | $3 200 | $2 900 | $3.80 | $0.76 | 6 | $5 000 |

出的采购策略中,各供应商获得的订单比例是多少?

c. 所建议的采购策略与现行的采购策略相比具有哪些优势?

| 绩效标准 | 权重 | 得分 | | |
|---|---|---|---|---|
| | | 供应商 A | 供应商 B | 供应商 C |
| 1. 价格 | 0.2 | 0.6 | 0.5 | 0.9 |
| 2. 质量 | 0.2 | 0.6 | 0.4 | 0.8 |
| 3. 交付 | 0.3 | 0.6 | 0.3 | 0.8 |
| 4. 生产设施 | 0.1 | 0.5 | 0.9 | 0.6 |
| 5. 环境保护 | 0.1 | 0.7 | 0.8 | 0.6 |
| 6. 财务状况 | 0.1 | 0.9 | 0.9 | 0.7 |

4. Beagle 服装公司采用加权评分法评价和选择其流行时装供应商。根据四个不同的标准对每个供应商用 10 分制(10 分为最高分)评分。这四项标准为:价格、质量、交付和柔性(适应数量和时间的变化)。由于 Beagle 公司经营的业务具有波动性,因此将柔性指标的权重设为其他三个具有相同权重指标的 2 倍。下表列出了三个潜在供应商的四个绩效指标。按照最高加权得分的标准,会选择哪个供应商?

| 标准 | 供应商 A | 供应商 B | 供应商 C |
|---|---|---|---|
| 1. 价格 | 8 | 6 | 6 |
| 2. 质量 | 9 | 7 | 7 |
| 3. 交货 | 7 | 9 | 6 |
| 4. 柔性 | 5 | 8 | 9 |

5. Wingman 配送公司正在扩展供应链,在南本德市引入一个新的配送中心。其中一个关键决策就是该配送中心配备的货车数量。Wingman 公司考虑的一种特殊货车每月可使用 8 000 英里,其资金成本为每月 1 500

美元。此外,货车每使用 1 英里的维护成本为 0.90 美元。一家当地的货车租赁公司愿意以每英里 1.40 美元的费用出租货车。考虑货车可能的需求分布,管理层提出了三套可供考虑的方案,如下表所示:

| 月需求量(英里数) | 40 000 | 80 000 | 120 000 |
|---|---|---|---|
| 概率 | 0.30 | 0.40 | 0.30 |
| 车队规模(货车数) | 5 | 10 | 15 |

对 Wingman 配送公司来说,哪种车队规模产生的月期望成本最低?

6. Sanchez 货运公司遇到了仓库运营延迟问题。管理层聘用了一名顾问,希望弄清楚为什么给当地企业的送货速度比应有的速度要慢。该顾问将问题的范围缩小到装车和卸车的工作小组的数量上。每个小组有 6 名工人,以团队的方式来完成各种任务,每名工人每周工作满 40 小时。但是,成本也是一个需要关注的问题。该顾问建议管理层可以利用成本较高的短期雇用作为工作小组的补充,以应对每周意料之外的需求。Sanchez 公司长期雇佣的工作小组每周的工资和福利成本为 3 200 美元,而短期雇员每周的成本为 5 000 美元。使决策问题进一步复杂化的是工作小组每周工作小时数的不确定性,这是由于送货次数的变化引起的。和管理层一起经过认真考虑后,该顾问得出下列数据:

| 需求量(劳动力小时数) | 720 | 960 | 1 220 | 1 440 |
|---|---|---|---|---|
| 概率 | 0.2 | 0.4 | 0.3 | 0.1 |
| 工作小组数量 | 3 | 4 | 5 | 6 |

如果该顾问希望为 Sanchez 货运公司提供一个使每周期望成本最低的解决方案,Sanchez 货运公司应该长期雇佣多少个工作小组?

## 高级练习题

7. Bradley Solutions 公司和 Alexander 有限公司是两家信誉良好的低价工具供应商。Weekend Projects 公司是一家全国性的零售连锁店,满足一些偶尔需要修缮房屋的人的需要,这些人希望工作快些完成,他们宁愿购买一个装备齐全的工具箱。Weekend Projects 公司希望找到一家有望成为大卖家的特定工具套组的供应商。年期望销售量是 100 000 套。Weekend 公司的仓库每年

运行 50 周。管理层收集了两家供应商的数据,列于下面的第一张表格中。

a. 两家供应商中的哪一家会为 Weekend Projects 公司提供最低的年度成本?你建议的出货数量是多少?

b. 在管理层做出决策之前,又出现了另一套方案。Zelda 工具公司以每套仅 8 美元的价格提供工具套组,但提前期较前两家供应商要长一些。Zelda 公司是一

| 供应商 | 运输成本和出货数量 | | | 价格 / 套 | 年库存持有成本 / 套 | 提前期（周） | 年行政支出 |
|---|---|---|---|---|---|---|---|
| | 10 000 | 25 000 | 50 000 | | | | |
| Bradley | $35 000 | $25 000 | $18 000 | $8.10 | $1.62 | 6 | $10 000 |
| Alexander | $40 000 | $28 000 | $19 000 | $8.10 | $1.62 | 4 | $15 000 |

| 供应商 | 运输成本和出货数量 | | | 价格 / 套 | 年库存持有成本 / 套 | 提前期（周） |
|---|---|---|---|---|---|---|
| | 10 000 | 25 000 | 50 000 | | | |
| Zelda | $45 000 | $25 000 | $17 000 | $8.00 | $1.60 | 7 |

家新供应商，从事这一行业的时间并不是很长。有关 Zelda 公司的其他数据列于第二张表格中。

管理层开始评估管理与 Zelda 公司签订的合同的行政支出。如果 Weekend Projects 公司利用 Zelda 公司提供工具套组与你在（a）中所选择的方案没有差别，则最低的行政支出应该是多少？

8. Wanda Lux 公司必须为其生产的新洗发香波选择一家塑料瓶供应商和专门的送货商。有三家供应商进行了投标，根据 Wanda 公司的要求，所有投标都是根据年需求量为 40 000 瓶、每次出货量为 20 000 瓶来准备的。Wanda 公司的工厂每年运营 250 天。下面的第一张表格列出了每家供应商的价格、估计的年运输成本以及目前的提前期，管理层为每家供应商增加了库存持有成本和管理成本的估计值。

然而，除了成本之外，Wanda 公司在选择供应商时还有其他三项很重要的标准。下面的第二张表格列出了这些标准、标准的权重以及各供应商除总成本之外的全部得分，其中 1.0 分代表"差"，10 分代表"优"。由于这三家供应商之前都与 Wanda 公司做过生意，所以管理层将给三家供应商中总成本最低的供应商打 10 分，给总成本次低的供应商打 8.5 分，而给总成本最高的供应商打 7.0 分。

a. 这三家供应商中的哪一家会为 Wanda Lux 公司提供最低的年度成本？

b. 根据 Wanda 公司的标准和权重体系，Wanda 公司应该与哪一家供应商签合同？

| 供应商 | 运输成本 | 价格 / 瓶 | 每瓶年库存持有成本 | 提前期（天） | 年管理费用 |
|---|---|---|---|---|---|
| Dover Plastics | $3 500 | $5.10 | $1.02 | 15 | $4 000 |
| Evan & Sons | $3 000 | $5.05 | $1.01 | 12 | $6 000 |
| Farley, Inc. | $4 500 | $5.00 | $1.00 | 20 | $3 000 |

| 标准 | 权重 | 得分 | | |
|---|---|---|---|---|
| | | Dover | Evan | Farley |
| 总成本 | 30 | ? | ? | ? |
| 一致性质量 | 30 | 9 | 9 | 7 |
| 准时交付 | 20 | 8 | 9 | 9 |
| 环境 | 20 | 8 | 7 | 7 |

9. Adelie Enterprises 公司正在探索一项新服务：每周将日杂用品投送到更大的格林伍德区的家庭。公司的顾客通过网络提交订单，Adelie 公司的小组用专门设计的纸箱盛装和投递订购的物品。管理层对能够便宜而高效地提供纸箱的供应商很感兴趣，他们发现每个潜在供应商满足公司需求的能力受到需求水平的影响。下表提供了 Adelie 公司对供应商选择的标准，各项标准的权重，以及在对服务产生低、中、高需求的假设下进行评分（分值从 1 到 10，10 分为最高分）。

需求为低、中、高水平下的供应商评分

| | 权重 | 当地供应商 | | | 国内供应商 | | | 国外供应商 | | |
|---|---|---|---|---|---|---|---|---|---|---|
| | | 低 | 中 | 高 | 低 | 中 | 高 | 低 | 中 | 高 |
| 产品质量 | 0.35 | 8 | 6 | 5 | 7 | 7 | 7 | 6 | 6 | 6 |
| 交付速度 | 0.15 | 9 | 7 | 3 | 6 | 6 | 6 | 4 | 5 | 7 |
| 产品价格 | 0.25 | 5 | 5 | 3 | 5 | 7 | 9 | 7 | 7 | 9 |
| 环境影响 | 0.25 | 9 | 9 | 9 | 7 | 7 | 7 | 8 | 8 | 8 |

a. 如果对 Adelie 公司新服务的需求低，应该选择哪一家供应商？在中等需求假设条件下，应该选择哪一家供应商？在高需求量假设条件下应该选择哪一家供应商？

b. 如果 Adelie 公司采用最大最小（Maxmin）决策准则（参见补充资料 A "决策制定"），对每种方案进行评估，应该选择哪一家供应商？

c. 如果低需求量的概率为 35%，中等需求量的概率为 45%，高需求量的概率 20%，那么哪一家供应商的期望得分最高？

10.（练习 9 中的）Adelie Enterprises 公司决定不再考虑国外供应商。而且，为了最佳利用分销机构的可用存储空间，Adelie 公司决定以每次 10 000 件的批量订购纸箱。为了更全面地考虑与当地供应商或国内供应商相关的成本 / 批量关系，管理层收集了下表所示的数据。Adelie 公司每年为顾客服务 250 天。

a. 当单纯考虑总成本时，如果对 Adelie 公司新服务的需求量低，应该选择哪一家供应商？在中等需求假设条件下应该选择哪一家供应商？在高需求量假设条件下应该选择哪一家供应商？

b. 如果低需求量的概率为 35%，中等需求量的概率为 45%，高需求量的概率 20%，那么哪家供应商的期望成本最低？

| | 需求水平 | 需求量 | 价格 / 件 | 运输成本 /1 000 件 | 库存持有成本 / 件 | 提前期（天） | 管理成本 |
|---|---|---|---|---|---|---|---|
| 当地供应商 | 低 | 50 000 | $1.25 | $20.00 | $0.10 | 1 | $15 000 |
| | 中 | 100 000 | $1.25 | $20.00 | $0.10 | 1 | $15 000 |
| | 高 | 250 000 | $1.25 | $20.00 | $0.10 | 1 | $15 000 |
| 国内供应商 | 低 | 50 000 | $1.35 | $120.00 | $0.10 | 15 | $12 500 |
| | 中 | 100 000 | $1.25 | $120.00 | $0.10 | 15 | $12 500 |
| | 高 | 250 000 | $1.00 | $120.00 | $0.10 | 15 | $12 500 |

**案例 | WOLF 汽车公司**

沃尔夫汽车公司总裁 Jonh Wolf 刚刚拜访了公司新收购的一家汽车经销商后回到办公室。这是沃尔夫汽车公司在经销网络中的第四家经销商，该经销网络为一个有 40 万人口的大都市区提供服务。在这个大都市区以外 45 分钟车程的范围内，还有 50 万人口。该经销网络中的各经销商都销售不同品牌的汽车，并且一直都是自主经营。

Wolf 对这家新经销商特别感兴趣，因为它是整个网络中的第一个"汽车超市"。汽车超市与传统汽车经销商不同，因为他们在同一个地方销售多个品牌的汽车。这家新的经销商可以提供雪佛莱、尼桑和大众所有型号的汽车。

从 15 年前收购破产的道奇（Dodge）汽车经销商开始，沃尔夫汽车公司在规模和声誉方面都稳步增长。Wolf 将这一成功归因于三个相互依赖的因素。第一个就是批量。通过保持大的销售量并使库存快速周转，可以获得规模经济效益，这样不仅降低了成本，而且可以为顾客提供更多选择。第二个因素是一种称为"无干扰购买体验"的营销方式。在每一辆汽车上标出的是"一口价——最低价"，客户进来后自行浏览，对各种产品价格进行比较，而无需竭力推销的销售人员跟在一旁。如果顾客有疑问或准备购买时，可以到客户服务台，这时会有经验丰富的销售人员为其提供帮助。Wolf 认为，最后一个因素也许是最需要的因素，就是售后服务。沃尔夫汽车公司已经建立了良好的声誉，能够在第一时间正确且及时地提供服务、进行诊断和修理。

高质量的售后服务主要取决于三个基本要素。首先，要拥有高素质、经过良好培训的服务技师。其次，运用最先进的工具和技术支持诊断和维修。最后，在没有延迟的情况下，可以得到服务和修理所必需的各种零部件和物料。Wolf 在培训和设备方面进行投资，以确保提供训练有素的员工和技术。随着沃尔夫汽车公司的壮大，它担心能否持续获得合适的零部件及物料。基于这方面的考虑，他将重点放在供应商关系流程，以及供应链中服务所需的零部件及物料流的管理上。

Wolf 回想起了在报纸商业版面上的一个报道，上面描述了没有合理的增长规划而导致失败的企业。这些企业由于增长过快，使现有的策略、程序及控制机制已无法适应企业的新状况。由于缺乏更新运行体系的计划，使企业出现了种种问题，导致企业的运营缺乏效率，从而不能有效竞争。他不希望沃尔夫汽车公司也出现这种情况。

公司的四个经销商都分别采购各自所需的服务部件和物料。采购是基于历史需求数据（考虑如季节性因素）的预测。电池和交流发电机在冬天的故障率很高，而空调零部件在夏季的需求量则会很大。类似地，为了保证夏季的空调服务，春天对冷却剂的需求量很大，而秋季需要大量防冻剂为冬天做准备。预测结果也会因为特殊的汽车销售或服务促销而调整，因为这些活动会增加对物料的需求，以备用于新车以及为其他汽车提供服务。

公司必须持有大量不同的零部件，这使零部件及物料采购变得十分困难。这些零部件中的一部分会用于顾客的车辆服务，另外一部分将会用于柜台销售。有些零部件必须从汽车制造商或授权的批发商处购买，以支持"保证是通用的零部件"这样的促销活动。当然，其他一些零部件和物料，如汽油、润滑剂、发动机风扇皮带等就可以从许多供应商处购买。采购部门必须记住，经销商的成功主要取决于如下两个方面：(1) 降低成本，以支持无干扰购买，即一口价——最低价的理念；(2) 在恰当的时间提供恰当的零部件，以保证快速可靠的售后服务。

当 Wolf 思考有关零部件及物料的采购问题时，还想到了两件事，即用于存储零部件的空间大小以及用于投资零部件和物料的财务资源水平。因为需要在同一个设施中支持三个不同的汽车产品系列，所以收购汽车超市经销商给公司的财务和存放空间造成了更大压力。投资资金变得紧缺，空间也变得宝贵。Wolf 想知道自己可以在采购方面做些什么，才能解决一部分问题并缓解一些压力。

**思考题**

1. 在构建沃尔夫汽车公司经销网络的供应商关系流程方面，你会对 John Wolf 提供哪些建议？

2. 经销商在采购不同类型的服务配件和物料（例如，润滑剂与真正的通用零部件）时，其采购策略和程序可能有哪些不同？

3. 供应链设计和整合如何帮助 John Wolf 降低对投资和空间的需求，同时又能维持令人满意的服务水平？

资料来源：作为课堂讨论，本案例由维克森林大学的 Brooks Saladin 博士整理。版权所有 © Brooke Saladin。经同意后使用。

## 参考文献

Benton, W.C. *Purchasing and Supply Management*, 2nd ed. New York: McGraw-Hill, 2010.

Bowersox, Donald. *Supply Chain Logistics Management*, 3rd ed. New York: McGraw-Hill, 2010.

Brienzi, Mark, and Dr. Sham Kekre. "How Kodak Transformed its Service Parts Supply Chain." *Supply Chain Management Review* (October 2005), pp. 25–32.

Chopra, Sunil, and Peter Meindl. *Supply Chain Management*, 4th ed. Upper Saddle River, NJ: Prentice Hall, 2010.

Chopra, Sunil, and ManMohan S. Sodhi. "Looking for the Bang from the RFID Buck." *Supply Chain Management Review* (May/June 2007), pp. 34–41.

Cook, Robert L., Brian Gibson, and Douglas MacCurdy. "A Lean Approach to Cross-Docking." *Supply Chain Management Review* (March 2005), pp. 54–59.

Fleck, Thomas. "Supplier Collaboration in Action at IBM." *Supply Chain Management Review* (March 2008), pp. 30–37.

Freund, Brian C., and June M. Freund. "Hands-On VMI." *APICS— The Performance Advantage* (March 2003), pp. 34–39.

Fugate, Brian S., and John T. Mentzer. "Dell's Supply Chain DNA." *Supply Chain Management Review* (October 2004), pp. 20–24.

Handfield, Robert B., and Kevin McCormack. "What you Need to Know About Sourcing From China." *Supply Chain Management Review* (September 2005), pp. 28–33.

Hartvigsen, David. *SimQuick: Process Simulation with Excel*, 2nd ed. Upper Saddle River, NJ: Prentice Hall, 2004.

Malik, Yogesh, Alex Niemeyer, and Brian Ruwadi. "Building the Supply Chain of the Future." *McKinsey Quarterly* (January 2011), pp. 1–10.

Maloni, M. J., and W.C. Benton. "Power Influences in the Supply Chain." *Journal of Business Logistics*, vol. 21 (2000), pp. 49–73.

Melnyk, Steven, Robert Sroufe, and Roger Calantone. "Assessing the Impact of Environmental Management Systems on Corporate and Environmental Performance." *Journal of Operations Management*, vol. 21, no. 3 (2003).

Miller, Jamey. "Shared Success: Working Together to Find the Value of VMI." *APICS Magazine* (November/December 2007), pp. 37–39.

Murphy-Hoye, Mary, Hau L. Lee, and James B. Rice, Jr. "A Real-World Look at RFID." *Supply Chain Management Review* (July/August 2005), pp. 18–26.

Randall, Taylor, Serguei Netessine, and Nils Rudi. "Should You Take the Virtual Fulfillment Path?" *Supply Chain Management Review* (November/December 2002), pp. 54–58.

Trent, Robert J. "What Everyone Needs to Know About SCM." *Supply Chain Management Review* (March 2004), pp. 52–59.

# 13

# 供应链的可持续发展与人道主义物流

联邦快递公司的员工正准备运送密歇根州 Spring Lake 国际援助组织的医疗用品，用以帮助灾民。

## 联邦快递公司

联邦快递（FedEx）是一家经常要应对危机的年收入达 330 亿美元的快递服务公司。它几乎每天都会遇到破坏性事件，比如社会动荡、飓风或者世界的某个地方不期而遇的罢工。联邦快递公司已经设计了一个柔性供应链，可以对意料之外的灾难性事件做出响应。这一能力使联邦快递成为赈灾救援供应链的重要资源。当供应和需求严重失衡时，赈灾救援供应链需要在全球范围内尽快做出响应。采取观望态度是无济于事的，必须事先做好计划。卡特里娜飓风就属于这种情况，它是美国历史上造成损失最大的自然灾害。在卡特里娜飓风袭击路易斯安那海岸东南部的 5 天前，位于田纳西州孟菲斯市的联邦快递公司运营控制部的主管一天召开了两次 100 多人的电话会议。在飓风到达前，联邦快递公司在路易斯安那州首府巴吞鲁日和佛罗里达州首府塔拉哈西外围准备了 30 000 袋冰块、30 000 加仑水以及 85 台家用发电机，以便快速调度来减轻员工的压力，并在战略位置放置了 60 吨红十字会的设备，以备风暴来袭。虽然已经预计到强风的到来，但是汹涌的洪水还是令其措手不及。联邦快递将 10 000 件包裹退回给发件人，并且不得不给 100 000 件设备重新设定程序以避免向洪水围困的区域发件。由于新奥尔良机场关闭，联邦快递公司不得不将其枢纽迁往路易斯安那州的拉斐特。公司只用了几天时间，就进行了正常情况下需要 6 个月才能完成的 135 英里的搬迁。但是，在灾害发生后的一周，联邦快递公司利用其庞大的物流网络，向路易斯安那州、密西西比州以及休斯顿太空人巨蛋体育馆运送了 900 多吨的救灾物资。

资料来源：*Business Wire*, November 14, 2006; LN Van Wassenhove, "Humanitarian Aid Logistics: Supply Chain Management in High Gear," *Journal of the Operational Research Society*, 2006, vol. 57, pp. 475–489.

1. 确定供应链可持续发展的三个要素。
2. 解释逆向物流流程及其对供应链设计的影响。
3. 说明企业如何提高供应链的能源效率。

4. 说明如何设计供应链，以支持灾害救援工作的响应和恢复活动。
5. 解释供应链管理人员如何面对道德伦理问题。

　　联邦快递公司是企业如何设计供应链来应对严重破坏和自然灾害的一个杰出案例，这种能力在灾害救援中要求帮助他人时也能派上用场。有效的供应链设计和整合是一种能力，组织发挥这种能力可使其在行业中更具竞争力，成为更好的企业公民。许多企业日益重视这样一个问题：企业及其供应商都要尽责管理用以提供服务或产品的资金、生态资源以及人力资源。将这一问题转换成目标，就是企业要努力提供具有**可持续发展**（sustainability）特征的服务、产品以及流程，这意味着他们要在不损害子孙后代利益的前提下来满足人们的需求。但是，可持续发展问题对企业有诸多方面的影响，本章只重点讨论供应链，以及企业如何利用供应链来实现可持续发展。

　　如图 13.1 所示，供应链的可持续发展有三个要素。首先，**经济责任**（financial responsibility）解决股东、员工、顾客、商业伙伴、金融机构以及其他实体（为服务或产品提供资金，或者依靠企业来发放薪金或提供赔偿的企业）的资金需求。对他们来说，供应链通过影响资产回报率的贡献要素（第 10 章"供应链设计"中所述的）来支撑企业的经济责任。而且，由于供应链实际上是相互连接的流程，所以对本书第一编和第二编中所述的流程及其管理所做的任何改进都会改善企业的财务状况，提高其在竞争中的幸存机会。其次，**环境责任**（environmental responsibility）解决的是地球的生态需要，以及企业对用于生产产品或提供服务的自然资源的管理问题。其目标是尽可能少地留下环境足迹，使我们的子孙后代有充足的自然资源可供利用。供应链的设计和整合在资源保护方面可以发挥重要作用。我们将探讨如何设计供应链来生产一种产品，然后在该产品的生命末期以再生产品或可回收材料的形式进行再加工来产生价值。我们还将探讨如何规划供货路径，以减少向顾客发送货物或产品过程中的能源消耗。

　　最后，**社会责任**（social responsibility）满足的是社会对组织在道德、伦理以及慈善方面的期望。由于这一责任涉及的活动范围很广，因此可以用供应链来满足这些期望。为了减轻易受伤害人群的痛苦，企业可以实行**人道主义物流**（humanitarian logistics），即在规划、实施和控制物品、材料以及相关信息从生产地到消费地的过程中，使流动和存储经济且高效，以满足弱势群体的需要。[1] 因此，企业可以将它们的专业知识用于供应链管理，设计出能提供灾害救援的供应链，或者向世界欠发达地区供

**图** 13.1
供应链与可持续发展

---

1 A. Thomas. "Humanitarian Logistics: Enabling Disaster Response," White paper: The Fritz Institute, San Francisco, California, 2003.

表 13.1　供应链可持续发展成果的实例

| 经济责任 | | 实例 |
|---|---|---|
| | | *NCR 公司*：从以国内生产为中心的模式向全球低成本生产模式转变，其中绝大多数产品在亚洲生产。NCR 公司必须考虑进口税、关税、距离、燃料以及物流运输基地缺少运输能力等问题，此外，为了运送产品，偶尔还需要建造物流基础设施。 |
| | | *耐克公司*：在分析权衡产品在国内生产还是在国外生产的成本时，耐克公司发现，对于欧洲的工厂，在当地采购支付的价格高出 13% 的情况下，也仍比采购国外生产商生产的产品划算。 |
| 环境责任 | | |
| | 逆向物流 | *卡特彼勒公司*：在全球的现代化工厂里，公司的生产设施每年回收利用 200 多万件重达 1.4 亿磅的材料。 |
| | | *IBM 公司*：公司的全球资产回收部门一年收集了 100 多万件旧信息技术设备，并在二手设备、零件和材料市场上，把它们转换成了几十亿美元的收入。 |
| | 效率 | *当纳利公司*（*RR Donnelley*）：主动与供应商合作，帮助其找到使用更少包装材料的途径，并对不能减少的包装材料进行再利用或再回收。 |
| | | *联合包裹服务公司*（*UPS*）：将增加 48 辆以液态天然气为动力的重型载货车，使柴油用量降低了 95%，同时减少 25% 的温室气体排放。 |
| 社会责任 | | |
| | 灾害救援供应链 | *英特尔公司和旭电公司*（*Solectron*）：在与国际救援委员会的合作中，这些企业利用它们灾害救援的专业知识，极大地简化了采购工作，并创建了大大缩短响应时间的流程。 |
| | | *DHL 公司*：利用其先进的物流网络和全球的分支机构，对受到重大突发自然灾害影响的人们和社区提供帮助。 |
| | 商业伦理 | *空客公司*：给予环境绩效最高的优先级，支持发展中国家的绿色经济和技术转让。 |
| | | *美体小铺*（*The Body Shop*）：生产环保和符合职业道德标准的化妆品，在与供应商交易之前，要求所有供应商签署企业行为准则。 |

应急需的药品和食品。除了考虑劳动力和自然资源的使用情况、买方和卖方的关系、设施的地点以及库存管理等这些因素外，企业在选择供应商时也开始考虑伦理方面的因素。表 13.1 列出了一些知名企业解决可持续发展问题的实例。

通过运营管理创造价值

通过运营展开竞争
项目管理

流程管理

流程策略
流程分析
质量与绩效
能力规划
约束管理
精益系统

供应链管理

供应链库存管理
供应链设计
供应链选址决策
供应链整合
供应链的可持续发展与人道主义物流
预测
运营计划与生产调度计划
资源计划

# 跨越整个组织的可持续发展

由于具有良好的沟通和顺畅的物料流,整合供应链有助于实现可持续运营。然而,在整个供应链上实现可持续发展并不是个轻松的任务。它需要跨职能以及跨企业协调来应对以下挑战:

- 环境保护。企业应该监测自己及其供应商的流程,以改进消除浪费的方法,减轻对空气、溪流和江河的污染,为保护动植物种群而加强生态管理。
- 提高生产率。企业应该检查供应链上游和下游的流程,从而加大物料保存力度,提高能源效率,并寻找将废弃物转变为有用的副产品的途径。
- 风险最小化。随着供应链的扩展,特别是在全球范围内的扩展,企业应该注意确保用于服务、产品或流程中的材料不会对顾客造成健康和安全风险。
- 创新。当设计和开发新的服务、产品或技术时,企业应该努力确保这些新的服务、产品或技术在满足顾客需求的同时,还能够支撑企业的经济责任、环境责任和社会责任。

由埃森哲卓越绩效研究院(Accenture Institute for High Performance)开展的一项对 766 名大型企业 CEO 的调查表明,在这些 CEO 中有 93% 的人认为可持续发展问题对他们公司未来的成功至关重要,其中 91% 的公司将在未来 5 年内利用新技术(可再生能源、能源效率、信息和通信)。[2] 而且,有 88% 的 CEO 认为,他们应该将可持续发展整合到供应链中,但只有 54% 的 CEO 认为公司已经做到了这一点。为什么会存在这样的差距?虽然从直觉上可持续发展是很吸引人的,而且 CEO 们也支持这样的观点,但是要获得大多数董事会成员的认可却不是件容易的事。董事们常常需要明显的投资回报,以此来证明投入成本的合理性。但是,为了可持续发展,管理者们必须有长远眼光,接受近期较低的投资回报是为了提高未来的生存机会,并获得更多的回报。

由于本书已用大量篇幅阐述流程、供应链及其管理的财务影响,现在我们转向供应链在企业的环境责任和社会责任方面所起的作用。

# 供应链与环境责任

大众媒体每天都在关注与企业有关的环境问题。服务提供商们正在寻找提高效率同时减轻对环境造成影响的运营方法。制造商要对它们的产品从产生到消亡的整个过程负责任,因此感受到了压力。本节我们将讨论某些大家关注的环境问题,以及供应链整合如何解决这些环境问题。我们将讨论一种称为"逆向物流"的实施方法对供应链的影响。逆向物流响应了这样一种需求,即在产品的生命周期结束时对产品残值的利用。我们还将说明对能源效率的要求如何影响供应链决策。

---

2 "A New Era of Sustainability: UN Global Compact–Accenture," Accenture Institute for High Performance. (June 2010), pp. 1–66.

## 逆向物流

　　为了应对环境问题并管理产品的整个生命周期，像库尔斯啤酒公司、戴尔以及卡特彼勒等公司都在转向使用逆向物流这一方法。**逆向物流**（reverse logistics）是为了回收、修理、再生产及循环利用的目的，使产品流、材料流和信息流经济、高效地从消费地返回到生产地，而对其规划、实施和控制的过程。

　　***供应链设计***　如何设计供应链，使其担负起整个产品生命周期的环境责任？将前向物流与逆向物流整合的供应链称为**闭环供应链**（closed-loop supply chain），因为它的重点是使一种产品从产生到消亡的各个运营环节形成一条完整的链条。图 13.2 显示了一个闭环供应链，即产品从新服务 / 新产品开发流程开始其过程，接着到达顾客处，然后进入到逆向物流链之中。在产品生命周期结束时逆向物流链会尽量使产品价值达到最大。

　　逆向物流的运营显然与前向物流有很大的不同，而且成本要高得多。企业必须建立便利的回收点，来接收最终顾客的旧产品，并将产品运往回收处理站。回收处理站由制造商所有，或者外包给专业拆解并收集这些产品残余价值的供应商。在回收处理站有几种选择。如果产品无法工作，修理好后返给顾客。另一种选择是对产品清洁和翻新后可以直接使用，如果是租用产品就返还给分销渠道，如果是保修产品则返还给顾客。产品可以通过拆卸、用新的部件重新组装，然后返回到分销渠道进行再制造。最后，产品可能被完全拆解，对可用的零件或材料进行清洁、测试，并返回到生产流程。逆向物流流程有两种重要的副产品：一种是废物，必须对其恰当处置；另一种是产品信息，将其传送给新服务 / 产品开发流程，以便未来在产品升级换代时进行改进。

　　在电子行业，逆向物流流程特别重要。你是否曾经因购置了一台新电脑后而不知如何处置旧电脑感到苦恼？你也许将它送给买新电脑的商店，或者简单地将它扔进垃圾桶。在美国，被扔进垃圾填埋场的旧电脑比回收的要多。其实，旧电脑中包

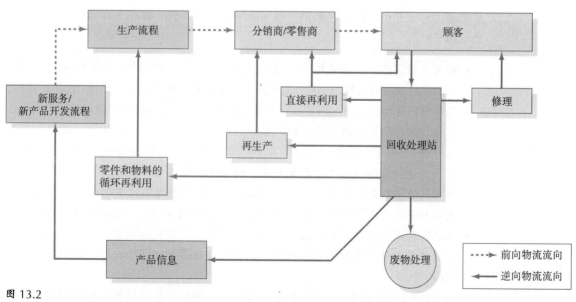

**图** 13.2

闭环供应链中的前向物流和逆向物流

含一些可回收的电子元器件。但是，它们也含有有毒物质，如果这些元器件不经处理就丢弃，有毒物质就会渗入土壤，其中包括：计算机电路板上的铅和镉；计算机显示器和阴级射线管（CRT）上的一氧化铅和钡；开关和平面屏幕上的水银；以及印刷电路板和塑料机箱上的阻燃剂。

许多回收处理站位于发展中国家，并且技术水平低。正是它们在收集和处理可回收材料。工人们通常不穿戴防护装备，他们经常将处理过程中出现的化学物质扔进附近的溪流和江河中。其他未经处理的材料常常被扔进垃圾场，使有毒物质渗出。这种对环境的漠视激起了发达国家对不恰当处理电子设备行为的抵制。欧盟通过了一项法规，要求电子产品生产商必须回收再利用他们在欧盟销售75%以上的产品。美国的某些州禁止向垃圾填埋场倾倒电子垃圾、电子元器件以及回收处理过程中的化学副产品，并考虑由电子产品生产商负责管理电子垃圾。

循环利用是逆向物流的主要方面。管理实践13.1的例子说明，两家公司如何利用再循环成为对环境负责任的企业。

***对财务的影响*** 某些企业通过拥有和运行再生产、再回收或修理旧产品或旧材料的流程，参与逆向供应链。这些企业通过回收可用于生产运营的可用零件，或者以具有竞争力的价格销售再制造的产品而获利。但是，如果原始设备制造商（original equipment manufacturer, OEM）参与再制造，就会担心再制造的产品对企业的新产品销售造成冲击。这些担心常常导致一些限制，比如设定再制造产品的最低限价，限制可以销售的市场，限制产品的分销渠道，以及缩短所提供的质保期限。当然，没有再制造也存在机会成本。由企业的顾客做出的对环境不负责任的产品处理，可能使该企业在未来面临强制监管的风险。而且，收集或购买物主不明的旧产品，对旧产品进行再制造并销售，第三方生产商通过这种方式参与到逆向物流供应链中，也会与原企业的新产品形成竞争。可再灌墨激光打印机和喷墨打印机墨盒就属于这种情况，它侵蚀了惠普、戴尔以及爱普生公司等原始打印机生产商的利润空间。

其他企业及个人则通过提供它们用过的产品和加工材料，参与到逆向物流供应链中。为了使这种逆向供应链在经济上可行，持续供给这些未使用过的产品和材料是必需的。企业可以用各种激励手段来影响数量、质量（情况）以及供给时机。激励的例子包括：

- 酬金。当回收旧产品或再生材料时，会付给用户一笔酬金。通常酬金的多少取决于产品或材料的情况，因为这决定了其重新利用的可能性。当然，我们已看到，像沃尔玛这样的公司如何通过回收他们原来丢弃的有用材料来获得丰厚收益。

- 押金。这种费用激励用户退回产品或装产品的容器，以取回押金。该费用与产品本身有关，比如租用的拖车，在下一个顾客使用之前必须整修（清洁、维护）。此外，这种费用也适用于产品分销，比如在一些州的啤酒瓶押金。北卡罗来纳州和其他州的杂货连锁店Harris Teeter对有机奶的玻璃瓶收取押金。每瓶价格3.49美元的牛奶，瓶子的押金高达1.5美元，当顾客将空瓶送回商店时可取回押金。

- 回收。当顾客想要处理产品时，企业可免费从顾客处回收这些产品。例如，戴尔公司免费从顾客处回收旧计算机。戴尔公司拆解和回收自己设计的计算机更容易。

- 以旧换新。当退回一件旧产品时可以得到一件新产品。例如，购买经过翻新的汽车发动机常常需要车主交出旧发动机，把旧发动机拆开可以取出其中的零件，

| 管理实践 13.1 | 惠普公司和沃尔玛公司的回收再利用 |
|---|---|

### 惠普公司

　　美国每年大约产生 200 万吨电子垃圾，如果不恰当处理，就会对环境带来灾难性的破坏。仅美国一个国家一年就要对 20 亿千克的技术垃圾负责，这一数字在过去的十年里增长了 300%。电子制造业对环境负责的需求日益增加，这为企业提供了一个机会，即不仅可以回收稀缺资源，而且还可以提升它们的公众形象。惠普公司与加拿大矿业公司诺兰达（Noranda）合作，在靠近加利福尼亚州萨克拉门托的罗斯维尔建了一家回收厂。一个足球场大的装卸码头堆满了移动电话、复印机、计算机显示器、打印机、个人电脑和服务器——这只是一天的供应量。在将这些机器装上传送带之前，技术人员取下可以再用的零件，用大型破碎机将这些机器切开，用制粒机将其粉碎成颗粒，再用磁铁和气流进行分拣。留下来的是 2 厘米大小的塑料块、铁块和铝块，最后送往冶炼厂。将贵金属送往诺兰达公司，将铝、玻璃和塑料卖给废品回收站。没有任何东西进到垃圾填埋场。惠普公司在全世界都有回收工厂。

惠普公司在加利福尼亚州罗斯维尔运营的回收厂。

### 沃尔玛公司

　　所有企业都可以通过减少必须处理的废物数量来节约资金。沃尔玛公司规模巨大，当然也不例外。许多丢弃的废物，比如零散的塑料制品、塑料衣架、办公用的纸张以及铝罐等很难控制，回收再利用很困难。为了解决这一问题，沃尔玛公司在美国所有的商店和俱乐部倡导"打包超级三明治"。员工们在大型垃圾压实机的底部放置 10 到 20 英寸厚的纸板箱。将零散塑料袋、铝罐、塑料衣架以及塑料水瓶和苏打瓶这些日常用品放进去，然后在上面再放上另外一层纸板箱。压实机将一大包物品压成"三明治"，中间夹有 9 到 18 英寸厚的可回收材料。然后，这些大包被装上卡车，再循环为各种原材料，最终再次成为产品。例如，在一项可持续计划中，沃尔玛公司将可循环利用的纸板箱和塑料直接送往 Worldwise 公司。这是一家开发、生产和销售可持续的宠物用品的领先公司，这些纸板箱和塑料在那里被转换成时髦耐用的狗床衬垫。塑料衣架变成垃圾盘，塑料袋变成猫砂，起皱的纸板箱变成了猫的抓扒工具。以下例子说明了其中的价值：沃尔玛公司以往每年要付钱给废品公司，从其商店和俱乐部拉走 10 亿多个塑料衣架。现在，公司对每磅塑料衣架收取 15 到 20 美分。资金得到快速积累。谁说逆向物流供应链无利可图？显然，具有环保意识的供应链运营可以实实在在地变"废"为"宝"。

沃尔玛公司的"三明治"回收流程。

资料来源：Zachary Slobig. "Hewlett-Packard E-Cyclers are Gold Miners of the Internet-Age," Terradaily, (June 15, 2007), pp. 1–3; Oliver Ryan. "10 Green Giants," 2011.

也可以经过翻新后卖给其他的顾客。

- 社区活动。社区或环保团体常常会专门花时间处理各种难以处置的物品，比如汽车轮胎、油漆、金属以及其他一些垃圾清理工通常不会收走的物品。

许多企业和个人提供旧产品或旧材料以供回收，不是为了别的原因，而是因为这样对环境有利。但是，如果缺乏激励，许多逆向物流供应链就会停止运营。

## 能源效率

供应链涉及物料和服务从起始点向最终目的地的流动。因此，供应链消耗能源。从商业的角度看，能源消耗不仅昂贵，而且对环境也有负面影响。有越来越多的企业监测他们的碳排放量，这里所谓的**碳排放量**（carbon footprint，也译作碳足迹），是指为了支持企业运营所产生的温室气体的总量，通常用等价的二氧化碳（$CO_2$）吨数来表示。碳排放的主要贡献者是化石燃料，特别是石油、柴油和汽油，供应链的物流环节中大量使用这些物质。因此，企业有必要在整个供应链提高能源消耗的效率。本节我们将讨论供应链管理人员可以用来提高运营的能源效率的四种手段：（1）运输距离；（2）货运密度；（3）运输模式；（4）运输技术。

*运输距离* 供应链管理人员可以通过减少物料的移动或降低提供服务的行程，从而降低能源的消耗量。有两种途径可以做到这一点。第一种途径是着手供应链设计本身。将服务设施或生产工厂的地址选择靠近顾客群体的地方，这样可以减少提供服务或产品需要移动的距离。此外，选择靠近服务设施或生产工厂的供应商，也可以减少采购这些物料所需的燃油量。当然，这些供应商必须满足企业对质量和绩效的要求。

与运输距离有关的可以提高能源效率的第二条途径是**路径规划**（route planning），它力求找到交付服务或产品的最短路径。一旦供应链的设计确定下来，注意力就转向如何使每天向顾客提供服务或产品的行程最短。解决这一问题有两种传统模型。第一种模型是**最短路径问题**（shortest route problem），力求在网络中或地图上找到两个城市的最短距离。虽然人们已研究出了求解这一问题的完美的数学方法，但今天我们十分幸运，有车载 GPS 系统以及诸如 Mapquest 这样的网站，可以快速得到能源效率高的路径。拥有运输车队的生产商或第三方物流服务商（3PL）可以利用这些路径，以使其交付成本最小。

第二种模型是人们熟知的**旅行商问题**（traveling salesman problem），它力求求出只访问每个地点或城市一次，然后回到出发点的最短路径。这一问题求解起来更加困难，但它是提供送货服务的企业每天都要面临的问题。从一个中心地点出发，比如仓库、配送中心或枢纽，发往多个目的地的货物被装上一辆货车，由该货车负责送货；或者反过来收取供给物品，然后返回中心地点。问题是要求出货车必须访问的城市顺序，使行驶的总里程数最少。图 13.3 显示了一个由四个城市构成的旅行商问题，在连接两个城市的弧上标出了两个城市之间的行驶里程数。图 13.3 中有多少条不同的路径？由于我们处理的是城市之间行驶的距离，而且不存在单行道或路障一类的异常情况，因此，举例来说，"中心枢纽 –A–C–B– 中心枢纽"这条路径与其方向相反的"中心枢纽 –B–C–A– 中心枢纽"这条路径的总距离是相等的。所以，一共只有三条不同的路径：

中心枢纽 –A–B–C– 中心枢纽，距离为 90 + 100 + 120 + 80 = 390 英里

中心枢纽 –B–C–A– 中心枢纽，距离为 85 + 120 + 130 + 90 = 425 英里

中心枢纽 –C–A–B– 中心枢纽，距离为 80 + 130 + 100 + 85 = 395 英里

该例中的最佳路径为"中心枢纽 –A–B–C– 中心枢纽"。

找出最佳路径看起来很容易，只要像刚才那样评估每条可能的路径就可以了。但是，如果货车必须访问 $n$ 个城市，就要考虑 $(n–1)!/2$ 条不同的路径。例如，虽然只有 8 个城市要访问，但是需要考虑的可能路径就有 2 520 条之多。[3] 虽然列举所有可行的路径是求解该问题的一种方法，但计算量非常繁重。如果你面对图 13.3 这样的问题，在不使用列举这种强力计算方法的情况下，你打算如何求解？你可能会按下列方式做：从中心枢纽出发，到达最近的一个未访问的城市，从这个城市再找出下一个最近的未访问的城市，重复这一过程直到返回中心枢纽。这种方法被称为**最近邻算法**（nearest neighbor heuristic，NN 算法），它由以下步骤构成：

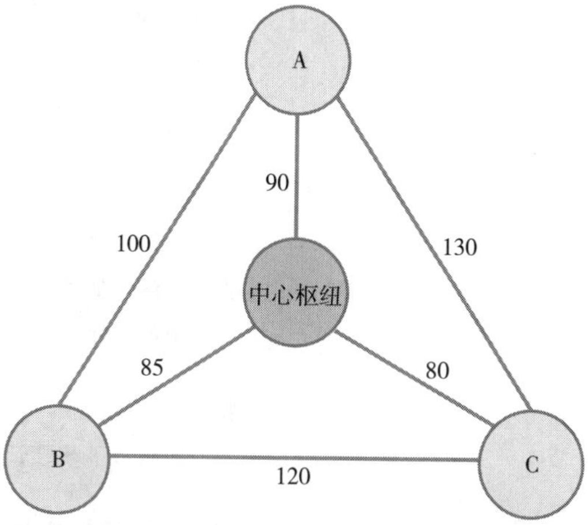

1. 从指定为中心地点的城市出发，这个城市被称为出发城市。将所有其他城市放入一个未访问城市集合中。
2. 从未访问城市集合中选出一个离出发城市最近的城市，将该城市从未访问城市集合中删除。
3. 以最后访问的城市作为出发城市，重复上述过程。
4. 直到所有城市都访问过才结束，然后返回中心地点。
5. 沿着所选择的路径计算总行程距离。

图 13.3

由四个城市构成的旅行商问题

用 NN 算法求解图 13.3 中的问题，产生以下路径：中心枢纽 –C–B–A– 中心枢纽，总距离为 390 英里。注意这正是该问题的最优解。NN 算法并不总是能够产生最优解，但其主要优点是快，且对于十分复杂的问题通常都能得出合理解。例 13.1 说明了 NN 算法在配送天然食品中的应用。

---

**例 13.1　用最近邻算法求出能源效率高的路径**

Hillary and Adams 有限公司是位于亚特兰大的一家私营企业，它是乔治亚州、肯塔基州、北卡罗来纳州、南卡罗来纳州以及田纳西州地区的天然食品配送商。公司由于独特的 Habanera 辣酱而众所周知。每周货车离开亚特兰大的大型配送中心，给位于北卡罗来纳州的 Charlotte、南卡罗来纳州的 Charleston、南卡罗来纳州的 Columbia、田纳西州的 Knoxville、肯塔基州的 Lexington 和北卡罗来纳州的 Raleigh 仓库送货。货车每次行程仅访问每个仓库一次，当完成全部送货任务后返回亚特兰大。以英里数表示的任意两个城市之间的距离如下表所示。

---

3 我们假定每两个城市之间都有道路相连。阶乘除以 2，是因为假定在一次行程中按某一顺序访问各城市所行驶的距离与按照相反顺序访问这些城市的距离是相同的。

| | Atlanta | Charleston | Charlotte | Columbia | Knoxville | Lexington | Raleigh |
|---|---|---|---|---|---|---|---|
| **Atlanta** | 0 | 319 | 244 | 225 | 214 | 375 | 435 |
| **Charleston** | 319 | 0 | 209 | 116 | 373 | 540 | 279 |
| **Charlotte** | 244 | 209 | 0 | 93 | 231 | 398 | 169 |
| **Columbia** | 225 | 116 | 93 | 0 | 264 | 430 | 225 |
| **Knoxville** | 214 | 373 | 231 | 264 | 0 | 170 | 351 |
| **Lexington** | 375 | 540 | 398 | 430 | 170 | 0 | 498 |
| **Raleigh** | 435 | 279 | 169 | 225 | 351 | 498 | 0 |

Hillary and Adams 有限公司的物流副总裁 John Jensen 为燃油成本上涨感到担心。由于经营预算的削减，他对找出一条使货车行驶距离最短的路径很感兴趣。

用最近邻算法求出一条货车路径，并计算行驶的总距离。

**解**

按照以下步骤运用 NN 算法：

1. 从亚特兰大出发，将所有其他城市放入未访问城市集合：Charleston、Charlotte、Columbia、Knoxville、Lexington 和 Raleigh。

2. 从未访问城市集合中选出一个离亚特兰大市最近的城市，该城市是 Knoxville。将 Knoxville 从未访问城市集合中删除。现在，部分路径为 Atlanta–Knoxville，距离为 214 英里。

3. 扫描未访问城市集合，找出距离 Knoxville 最近的城市，该城市是 Lexington。将 Lexington 从未访问城市集合中删除。现在，部分路径为 Atlanta – Knoxville – Lexington，距离为 214 + 170 = 384 英里。

4. 重复上述过程，直到所有城市都从未访问城市集合中删除。将最后一个城市与亚特兰大连接形成完整路径。

5. 沿着所选择的路径计算行驶的总距离。用最近邻算法求出的路径为 Atlanta – Knoxville – Lexington – Charlotte – Columbia – Charleston – Raleigh – Atlanta。行驶的总距离为 214 + 170 + 398 + 93 + 116 + 279 + 435 = 1 705 英里。

值得注意的是，使用相同的城市顺序，我们可以从其中任何一个城市出发来完成整个路径，行驶的总距离是相同的。例如，路径 Lexington – Charlotte – Columbia – Charleston – Raleigh – Atlanta – Knoxville – Lexington 的距离也是 1 705 英里。这一事实证明我们可以再次应用 NN 算法，看是否存在更优解。我们用每个城市作为出发城市，再重复运用 NN 算法6 次。用这种方法得出了以下路径。

- Charleston – Columbia – Charlotte – Raleigh – Knoxville – Lexington – Atlanta – Charleston
  116 + 93 + 169 + 351 + 170 + 375 + 319 = 1 593 英里
- Charlotte – Columbia – Charleston – Raleigh – Knoxville – Lexington – Atlanta – Charlotte
  93 + 116 + 279 + 351 + 170 + 375 + 244 = 1 628 英里
- Columbia – Charlotte – Raleigh – Charleston – Atlanta – Knoxville – Lexington – Columbia
  93 + 169 + 279 + 319 + 214 + 170 + 430 = 1 674 英里
- Knoxville – Lexington – Atlanta – Columbia – Charlotte – Raleigh – Charleston – Knoxville
  170 + 375 + 225 + 93 + 169 + 279 + 373 = 1 684 英里

- Lexington – Knoxville – Atlanta – Columbia – Charlotte – Raleigh – Charleston – Lexington
  170 + 214 + 225 + 93 + 169 + 279 + 540 = 1 690 英里
- Raleigh – Charlotte – Columbia – Charleston – Atlanta – Knoxville – Lexington – Raleigh
  163 + 93 + 116 + 319 + 214 + 170 + 498 = 1 579 英里

在用 NN 算法得出的 7 条路径中，最佳路径是行驶距离为 1 579 英里的最后一条路径。

**决策重点**

　　使完成一条路径的里程数最小化，可以减少 Hillary and Adams 有限公司配送流程消耗的燃料。由于每条路径都是一个闭环，货车司机得到的指令是从 Atlanta 到 Knoxville，到 Lexington，到 Raleigh，到 Charlotte，到 Columbia，到 Charleston，再返回亚特兰大。另外，也可以采用相反的顺序。首先到 Charleston，依此类推。不同城市的顺序说明了货车的装载方式。行驶距离仍然是 1 579 英里。虽然 NN 算法不能保证得到最优解，但可以帮助 John Jensen 避免成本高昂的错误。例如，路径 Atlanta – Raleigh – Lexington – Charleston – Knoxville – Columbia – Charlotte – Atlanta 的距离是 2 447 英里，比最好的 NN 算法解多出 55%。所以，除了对环境负责以外，NN 算法解对低成本运营的竞争优先级提供了支持。使完成一条路径的行驶距离最短，也可以缩短配送所需要的时间，这又给配送速度的竞争优先级提供了支持。

---

　　***货运密度***　货车、集装箱以及火车车厢都对货物的体积和重量有限制。通过压缩产品占用的容积，同时使重量不超出运输工具的上限，企业可以用较少的货车、集装箱或火车来运送相同数量的产品。以每立方英尺的磅数来衡量的货运密度，决定了货运等级以及发货人必须支付的费用。货运密度越低，货运等级越高，因为在达到重量限制之前，运输工具的容积已经到达极限。例如，1 000 磅重的乒乓球在拖车中占用的空间比 1 000 磅重的保龄球占用的空间要大得多。通过缩小包装体积，重新设计产品以占用更少的容积，或者将产品的组装延迟到顾客获得产品所有权时，企业可以提高货运密度。

　　利用第三方物流服务商将服务或产品送达顾客的企业，必须根据六个因素来支付运费：

1. 货运密度；
2. 货物的重量；
3. 货物运输的距离；
4. 商品易损坏的程度；
5. 商品的价值；
6. 商品的装箱率及搬运特征。（装箱率指要运送的物品是否能高效地装入标准化的集装箱或货车车厢。此外，在某些情况下在装卸过程中必须特别小心。）

　　表 13.2 是货物在两个特定邮政编码区按照不同的货运等级确定运费和重量界限的示例。运费率是按每英担（hundredweight，

这些包装托盘上的纸箱的货主将按六个因素支付运费，其中包括密度、重量和距离。

表 13.2 重量界限和运费等级示例表（美元 / 英担）

| 等级 | <500 磅 | 500 磅 | 1 000 磅 | 2 000 磅 | 5 000 磅 | 10 000 磅 | ≥ 20 000 磅 |
|------|---------|--------|----------|----------|----------|-----------|-------------|
| 50   | 34.30   | 28.32  | 24.25    | 23.04    | 17.58    | 15.74     | 10.47       |
| 55   | 36.94   | 30.50  | 26.12    | 24.82    | 18.93    | 17.41     | 11.58       |
| 60   | 39.59   | 32.69  | 27.99    | 26.60    | 20.29    | 19.08     | 12.69       |
| 65   | 41.94   | 34.64  | 29.66    | 28.18    | 21.49    | 20.27     | 13.48       |
| 70   | 44.64   | 36.86  | 31.56    | 29.99    | 22.88    | 21.94     | 14.59       |
| 77.5 | 48.10   | 39.72  | 34.01    | 32.32    | 24.65    | 23.85     | 15.86       |
| 85   | 51.90   | 42.86  | 36.70    | 34.87    | 26.60    | 26.24     | 17.45       |
| 92.5 | 55.89   | 46.15  | 39.52    | 37.56    | 28.64    | 28.38     | 18.87       |
| 100  | 60.27   | 49.77  | 42.61    | 40.50    | 30.89    | 30.77     | 20.46       |

cwt）的美元数来计量的。货物的货运等级是由美国汽车运费分级（National Motor Freight Classification，NMFC）费率表决定的，并以上面所列的后四个因素为基础。从 50 到 500 共有 18 种可能的货运等级。上表中的费率以行驶距离为基础，根据重量和货运等级来修正。值得注意的是，费率随着货运等级的上升而提高，随着重量的增加而降低。

运用表 13.2，一批重 2 000 磅且货运等级为 85 的货物的运费为 $20 \times 34.87 = 690.74$ 美元。一批 5 000 磅重的同种商品的运费为 $50 \times 26.60 = 1\ 330$ 美元，和我们预料的一样，比 2 000 磅的货物要贵得多。如果发货人有一批 4 000 磅重的货物，费率应该是多少？由于货物的重量在两个重量界限之间，因此我们就要看一下哪种费率合适。用 2 000 磅的费率时，总运费为 $40 \times 34.87 = 1\ 394.80$ 美元。用 5 000 磅的费率时，总运费为 $40 \times 26.60 = 1\ 064.00$ 美元。在这种情况下，虽然实际的货物并没有达到这一费率的最低重量，仍然只收取发货人 1 064.00 美元的运费。为了确定两个相邻的重量界限之间盈亏平衡点的重量，我们需要定义以下变量：

$x =$ 盈亏平衡点的重量

$A =$ 较低的重量等级

$B =$ 下一个最高重量等级

$C =$ 相对于 $A$ 的货运费率

$D =$ 相对于 $B$ 的货运费率

则盈亏平衡点的重量由下式给出

$$x = (BD)/C$$

在我们的例子中，盈亏平衡点的重量为 $50 \times 26.60/34.87 = 38.14$，即 3 814 磅。任何比 3 814 磅重的货物都可以享受较低的货运费率。例 13.2 说明企业如何找出提高货运密度时最有利的方案。

| 例 13.2 | 对提高货运密度进行评估 |

Squeaky Kleen 是 Kitchen Tidy 公司生产的一种产品，即餐馆和医院使用的一种瓷砖清洁剂。Squeaky Kleen 装在 5 加仑的容器中，每件重 48 磅。目前，Kitchen Tidy 公司每周给分销中心的送货量为 4 个托盘，每个托盘装 25 件。这种商品的货运等级为 100。表 13.2 中给出了适用于这种货物的费率表。

为了更注重环保，Kitchen Tidy 公司要求产品设计人员评估新的产品方案，该方案通过去除产品中的水分，将 Squeaky Kleen 变成浓缩液。产品实质上没有变化，但顾客在使用前要往浓缩液中加水。这样设计人员可以设计小一点的容器，从而在一个托盘上可以装 50 件产品。Squeaky Kleen 的每个容器重量只有 42 磅。对产品进行重新设计可以提高产品的货运密度，从而降低货运等级，重新设计后产品的货运等级为 92.5。

利用表 13.2，求出 Kitchen Tidy 公司预期从新产品设计中节约的货运成本。

**解**

**目前的产品设计**

- 每周运货重量为（托盘数）×（每个托盘装的件数）×（每件磅数）= 4 × 25 × 48 = 4 800 磅。
- 货运等级为 100。货物重量处于两个重量界限之间。这两个重量界限的盈亏平衡点重量为 50 × 30.89/40.50 = 38.14，即 3 814 磅。因此，该货运适合较低的费率。
- 每周的总运费成本为 48 × 30.89 = 1 482.72 美元。

**新产品设计**

- 每周货运的重量为（托盘数）×（每个托盘的件数）×（每件的磅数）= 2 × 50 × 42 = 4 200 磅。
- 货运等级为 92.5。货物重量处于两个重量界限之间。这两个重量界限的盈亏平衡点重量为 50 × 28.64/37.56 = 38.126，即 3 813 磅。因此，该 4 200 磅重的货物适合较低的费率。
- 每周的总运费为 42 × 28.64 = 1 202.88 美元。

新的产品设计每周将为 Kitchen Tidy 公司节约 1 482.72 - 1 202.88 = 279.84 美元。

**决策重点**

转向新产品设计的决策还有其他潜在的好处。产品容器较小意味着包装成本较低，这会提高 Kitchen Tidy 公司的利润率。较小的体积还意味着专门用于存储该产品的仓库空间较小。这一方案对环境的影响可用来提升 Kitchen Tidy 公司的企业形象。当然，必须注意告知 Kitchen Tidy 公司的顾客有关新产品的设计，以免他们觉得因容器变小花同样的钱获得的价值却更小。

---

***运输模式***　四种主要的运输模式分别为：（1）空运；（2）陆路运输；（3）水运；（4）铁路运输。从能源的角度考虑，空运和陆路运输的效率比水运和铁路运输要低。根据美国铁路协会提供的数据，铁路运输的燃油效率比陆路运输平均高三倍，每加仑燃料可以将一吨货物运输 436 英里。美国环境保护局也认为，在考虑每吨英里排放的有害物质时，铁路是最好的。而且，铁路运输有助于缓解公路拥堵。一辆火车可以装载相当于几百辆卡车的货物。然而，卡车更加灵活，可以将货物直接送到客户门口。通过采用联运的方式，发货人既可以享受陆路运输门到门的便利，又可以

货运集装箱用货车运到位于伊利诺斯州乔利埃特的物流园区，并装上火车。

享受铁路或海运集装箱长途运输的经济性。对于既定货物，**联运**（intermodal shipments）涉及混合运输模式，比如用火车来运送货物集装箱或货车的拖车。从自行车和割草机到问候卡片和服装的大量消费品，以及越来越多的工业品和农产品，都是通过联运的方式运输的。当设计注重环保的供应链时，所有这些因素都应该考虑进去。

但是，在选择运输模式时，还有其他一些因素需考虑。空运最快，但是很贵。货车最灵活，对于那些空运、沿江河或海洋的水上运输或者铁路运输不经济或不可行时，货车都可以到达。水上运输是国际货运首选的运输模式，通常可以处理更重的集装箱，因此可以使运货次数最少。设计一个既要满足企业竞争优先级，又要考虑环境因素的供应链，是一项具有挑战性的任务。

***运输技术*** 每种运输模式都提供了通过改进设计来提高能效的机会。设计因素包括以下内容：

- 相对阻力——以给定的速度推动一辆给定大小的车辆所需要的能量。
- 有效载荷比——当车辆满载时，载货量相对于车辆重量的比例。
- 推进系统——用于使车辆移动的技术。

例如，沃尔玛公司购买了具有供电装置的内燃电力传动的冷藏车，在发动机不工作时也可以使货物保持在冷藏状态，仅一年时间就可以节省 7 500 万美元的燃料成本，免去了大约 40 万吨的二氧化碳污染。制造企业以及像联邦快递、UPS 和 DHL 这样的运输服务企业，主动用更新的能效高的设备取代旧设备，大大减少了碳排放量。在印度，为了减轻首都新德里的空气污染水平，强制规定所有商用车辆都必须使用液化天然气。

## 供应链、社会责任与人道主义物流

除了经济责任和环境责任以外，企业和组织还认识到，如果要成为好的企业公民，就必须承担社会责任。供应链管理人员处于社会责任活动促进者的特殊位置，这是因为他们的工作是跨越组织边界的：他们不仅与组织内的其他关键职能部门打交道，还与组织外部的供应商和顾客打交道。但是，供应链管理人员不能独自完成社会责任活动。社会责任应该是包括最高管理层在内的整个组织关注的重点。在本节，我们将以灾害救援供应链和供应链伦理的形式讨论人道主义物流运营。供应链管理人员可以在这两个领域作出重要贡献。

## 灾害救援供应链

根据联合国的定义，灾害是对社会正常运转的严重破坏，它造成了大范围的人员、物资或环境方面的损失，受到影响的人们无法利用自己的资源来应对。灾害可能是人为的（传染病、战争、种族灭绝、叛乱、纵火或恐怖行为），也可能是自然发生的（地震、海啸、飓风、龙卷风、洪水或火山活动）。有些灾害比其他灾害有更多的计划时间，但所有灾害都给救援活动带来了压力。最近的灾害，比如 2010 年海地和智利发生的地震，以及 2011 年日本的地震和海啸就是具有代表性的例子。全球每年有 400 到 500 次自然灾害的袭击，影响超过 2.5 亿人，

UPS 公司的混合动力汽车在送货。

对于所有类型的灾害，有 80% 的救援活动都需要某种类型的供应链。毋庸置疑，供应链管理人员起着至关重要的作用。

对重大灾害的救援活动通常都涉及许多组织，一般由联合国牵头。在联合国的领导下，像国际红十字会与红星月会（Red Crescent Societies）这样的机构与许多其他慈善和宗教组织，通过诸如世界粮食计划署和联合国开发计划署组织的活动参与救援。此外，私人的第三方物流服务商，比如 Agility、TNT 和 UPS，已与联合国合作，在发生大规模国际性灾害时提供额外的运输能力，并在意大利、阿拉伯联合酋长国、巴拿马以及加纳提供仓储服务。这些仓库被称为战略枢纽，储备着重要物资，以应对世界范围内的重大灾害。与此类似，联邦快递公司也与心连心国际组织合作。心连心国际组织是一个全球性的人道主义组织，致力于改善健康状况并在世界范围内对难民的需求做出响应。联邦快递公司也与心连心国际组织一道，在美国的堪萨斯城以及在美国之外的墨西哥、菲律宾和阿联酋共建立了四个前沿响应中心（Forward Response Centers）。每个中心存放着装有基本救援物资的 60 到 80 个托盘，随时准备运送到受灾地区。正如这些例子所说明的，私营企业可以通过转移、获得和共享他们的专业知识，以及通过诸如此类的正式合作获取所需资源，承担社会责任。

图 13.4 显示了与灾害救援有关的人道主义供应链的三种主要活动——准备、响应和恢复——以及它们之间的时间关系。

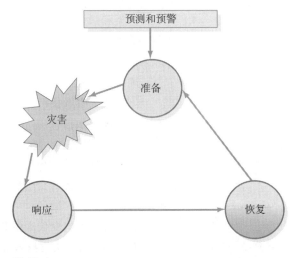

**图 13.4**

人道主义供应链的活动

● 准备。预测和预警系统有时可以提供足够的提前期来聚集资源并组织救援活动。然而，灾害的发生常常很少或者根本没有先兆。但是，救援机构可以做一些事前规划以缩短响应时间。可以提前准备好通信协议和信息技术基础设施。可以与其他机构和私营企业形成战略伙伴关系，并在下一次灾害到来之前培训机构人

员。标准化的且不易变质的成套物品可以预先组装并存储起来，有些物品可以放在战略枢纽，当需要时可以缩短配送时间。

● 响应。当灾害发生后，尽快调动资源并送往受灾地区。初期采购食物、水、救援物资和药品，将提供帮助和人道主义援助的人员派到该地区。由有经验的人道主义工作者和后勤人员组成的多学科小组评估初步需求。受灾地区通常都面临缺少通信线路。如果无法进入港口，或者当局正在处理其他事务且对重大事件缺少经验，或者缺少资源，那么提供物品的国际供应商与地方当局的协调通常就会很困难。

● 恢复。随着时间的推移，响应活动的危机处理模式让位于对信息和物流基础设施的重建与受灾人口的重新安置。由于能够更好地估计需求量，因此可以用更常规的提前期来订购日常用品、食品和药品。此时更多的关注点放在了这些物品的成本上，协调与合作也得到了改善。但是，在没有跟当地的团队协商的情况下，在灾害响应阶段来自世界各地的物资供应，常常会造成某些商品的供应量过大。

在日本的地震和海啸过后，来自日本各地的警察、消防队员和自卫队士兵承担了救援队的工作。

***供应链管理的作用*** 就供应链的结构和灾害救援活动来说，供应商关系流程、订单履行流程及客户关系流程等企业的这些主要供应链流程实际上是保持不变的。不同之处在于灾害救援时，时间表和供应商的最终顾客迅速变化。但是，供应链管理人员可以在各灾害救援活动之间建立联系。从灾害救援机构的角度来看，他们监督着与其组织有关的救援活动，供应链的设计应该将准备活动与初期的响应活动及最终的恢复活动连接起来。对物资、食品和药品的采购必须与向受灾地区的配送相匹配，在产品的种类和数量方面常常涉及交付速度、成本和一致性质量方面的权衡。供应链管理人员可以承担这些工作，他们还可以在灾害救援总部与现场的救援活动之间建立联系，而不论这些活动是响应性的还是恢复性的。因此，灾害救援组织的人员队伍中需要配备供应链管理人员，但很少有组织配备了这样的人员。

在灾害救援活动中，供应商必须理解供应链的形态会随着时间的推移而发生改变。灾害救援供应链的生命周期有五个阶段：（1）初步需求评估；（2）建立具有柔性的初期供应链；（3）根据预测的需求量将物资快速配送到受灾地区；（4）随着时间的推移，进一步构建供应链，物资按确定的时间表或按要求到达；（5）解散供应链或将供应链移交给当地机构。随着这一生命周期的不断推进，供应商必须与他们的供应商有相同的进度。对于每次灾害来说，其时间表和需求可能都是不同的。了解灾害救援生命周期的供应链管理人员，可以减轻其对企业运营的影响，同时尽他们的最大努力去支持救援机构的目标。

***供应链管理的挑战*** 灾害的不可预见性和严重性给供应链管理人员造成了巨大挑战：

- 对设计的影响。有许多灾害救援供应链只存在很短的时间。当灾害发生时，供应链可能需要从零开始重新设计，该设计以创新型供应商的快速响应能力为特征。所有响应活动都要求供应所需物品的速度和快捷。由于优先级是快速到达，因此鼓励冒险。然而，恢复活动则要求更有计划性，青睐有效的供应链设计。

- 命令与控制。在一些重大国际灾害中，联合国一般充当领导角色。灾害救援机构提供他们有权可以得到的物品和服务。但是，联合国必须承认受灾地区的国家和地方政府，并让他们参与进来。有时受灾国家政府在确保灾害救援机构的安全之后才会授权其进入受灾地区，或者由于政治原因不允许某些国家的救援机构进入。换言之，由于国家或地区阻碍，急需的物资也许并不能在第一时间得到利用。

- 货物的安全性。产品的货运集装箱在某些第三世界国家可能会遭遇偷盗或更多的延迟。延迟可能是因为繁多的警方检查或重量核查。有时，为了让货物通过检查站还需行贿，当速度压倒一切时，所有这些都会造成延迟。

- 捐赠者的独立性。实际上，有许多的灾害救援机构，它们都有减轻灾害给人们带来的痛苦和苦难的强烈意愿。如果它们之间没有按照所需物资的清单进行协调，那么每个机构都会送去他们认为需要的东西。其结果就是混乱、拥堵，有些物品过剩，有些物品则不足。

- 工作流的改变。在响应活动期间，存在着在没有等到准确的确定需求之前就将物资送出的情况。根据不完善的预测提供物资，供应商采用的是推动式物流。一旦救援进入恢复活动阶段，就可以得到实际需要的物资数量，此时供应链应该转换为拉动式物流。

- 当地的基础设施。由于灾害常常对基础设施造成严重破坏，道路、港口、铁路和机场的容量都会大打折扣，从而限制了所需物资的流动。当地的交通容量也受到限制。经常要利用新的途径，比如利用直升机转运海上船舶里的物资。

- 员工流动率高。灾害救援的需求和当地合格人员的可获得性都是高度不可预测的。在灾害中经常需要的手工流程很难确定，再加上救援机构资金的不确定性，因此在灾害救援活动中的员工流动率总是很高。

- 不良的通信条件。信息技术被破坏：电话线路中断，移动通信受阻，互联网连接不可靠。

因此，每次灾害都需要一个独一无二的供应链解决方案。

## 供应链伦理

由于供应链与其他企业相互联系，以及内部人员和外部人员之间的紧密互动，常常带来供应链管理者的伦理问题。本节我们将探讨买方与供应商的关系、设施选址以及库存管理方面的伦理问题。

***买方与供应商的关系***　每当出现伦理问题时，顾客总是指责卖给他们服务或产品的企业，而实际上问题却出在更上游的供应商身上。在供应链的设计中，选择遵守伦理行为规范的供应商是十分关键的。但这是一项困难的任务，有社会责任感的企业在选择道德的供应商时有一些指导方针。社会责任国际组织（Social Accountability International）是一个专门对道德工作场所进行定义和认证的组织，它制定了

**SA8000：2008 标准**。这是一个标准清单，包括 9 个符合伦理规范的劳动力管理维度：

1. 童工：不使用童工，通常指不满 15 岁的儿童。
2. 强制劳动：禁止强制使用劳动力，包括监禁或债务奴役劳动力。
3. 健康与安全：提供健康安全的工作环境。
4. 结社自由和集体谈判权：尊重组建和参加工会以及集体谈判的权利。
5. 歧视：避免基于种族、社会等级、血统、宗教信仰、残疾、性别、性取向、工会、政治立场和年龄的歧视，不得进行性骚扰。
6. 惩罚措施：不得使用体罚、精神或肉体胁迫以及言语侮辱。
7. 劳动时间：每周工作时间不得超过 48 小时，每 7 天中至少有 1 天休息，加班时间和工资必须符合劳资协议。
8. 薪酬：一个标准工作周的工资必须达到法定标准和行业标准，并能充分满足员工及其家庭的基本需要。
9. 管理体系：对希望获得并保持认证的机构的最低要求是：必须将上述标准融入他们的管理体系及管理实践中。

　　一旦获得了该标准体系的认证，企业还必须每三年重新认证一次。像 SA8000：2008 这样的标准，的确朝建立有社会责任感的供应链方向迈进了一大步。

　　除了识别在劳动力使用方面符合道德伦理的供应商之外，企业还应该在市场准则和竞争优先级的严格指导下公正地选择供应商。应该避免由于友谊、家庭联系或向买方投资而偏袒供应商。买方在合同谈判时应该公正，并且应该尊重供应商的成本结构以及供应商为提高绩效而做出的任何努力。给买方回扣的行为应该受到限制或者禁止。其他一些不道德的行为包括：

* 透露秘密投标的情况，并允许某些供应商重新投标。
* 进行互惠采购，企业从供应商处采购，而该供应商又反过来向该企业采购。
* 夸大事实以得到更好的交易。
* 利用企业资源谋取个人利益。

　　有一种买方与供应商的最终关系值得特别提及。几乎在每个供应链中，购买力在买方与供应商的关系中都起着重要作用。决定着供应商大部分收入来源的买方，可以要求供应商做出让步，尽管这不符合供应商的最大利益。例如，一个强大的买方是否会迫使供应商承担损失（即使是短期损失），而承诺供应商及其他所有人可以在长期获益？有人可能会说，这就是沃尔玛公司在要求所有供应商投资 RFID（射频识别）技术来跟踪库存和发货时的情况。供应商，特别是那些销售利润率低的日用品供应商，会被迫承担损失来保留为沃尔玛公司供货的资格。其他一些供应商则认为，从长远看，供应链中的每个成员的处境都比在使用 RFID 之前要好一些。但是，最初沃尔玛公司建立 RFID 系统的尝试并没有被供应商接受，他们的反对使该计划步履蹒跚。今天，沃尔玛公司与供应商共担成本，更加重视在产品层面上的 RFID，特别是对服装产品，收益可以更清晰地确定。但是，隐私问题研究者仍然对 RFID 的使用感到担忧，因为他们认为当消费者将带有 RFID 标签的产品带回家时，其个人隐私可能会受到侵犯。

　　应该指出，类似这样的伦理问题也出现在强大的供应商中，特别是在他们与零售商之间有关独家经销权以及控制订货策略的合同中。

***设施选址***　在第 11 章"供应链选址决策"中我们已经讨论了设施选址决策对成本的影响。但是，像设施选址这样的重大决策也存在伦理问题。新设施的建造和运营会因为破坏生态系统（主要通过破坏生态环境以及增加对空气、水和噪声的污染）而对自然环境产生影响。能源效率也是要考虑的一个问题。这些问题引发了伦理困境：如果基于传统的建筑和物流成本的选址会增加成本，那么它是否应该转变为对环境更加负责的选址？避免破坏自然生态环境的设施选址，或由于当地法令而采取的措施——包括应用降低噪声和减少空气污染的技术，会增加启动成本和运营成本。这就需要在经济责任与环境责任之间作出权

和大多数大城市一样，在日本东京，上下班高峰时间的交通拥堵司空见惯。大比例的送货车辆更加剧了这一问题。

衡。将设施建在第三世界国家来规避发达国家的环境法规，也许能够降低成本，但这是否合乎伦理？然而，通过某些方式，在找到成本最低的地点的同时，也可以对环境有所帮助。例如，使设施之间的物料和人员的往返距离最短，可以降低运营成本并提高能源效率。

***库存管理***　对于独立需求库存的库存策略已在第 9 章"供应链库存管理"中进行了阐述。降低一种物品的订货量可以减少持有的周转库存量，但是会增加每年的订货次数。其极端情况就是第 8 章"精益系统"中讨论的准时制生产系统（JIT），在需要时发出订货量很少的订单。设想一下，在一个大多数企业都采用 JIT 的大都市区，则会由于装载小批量订货的送货车增多而导致交通拥堵。例如，东京的大多数拥堵都是由于 JIT 送货引起的。当一家给定企业的库存系统成本在传统意义上达到最小时，整个社区的噪声污染、能源消耗、空气污染以及出行时间都将大大增加。这再次说明要在经济责任与环境责任之间取得平衡。那么，企业可以做什么呢？采取以下措施可以使企业之间的物料移动最少：（1）用定期观测系统（对同一家供应商的一组物品采用相同观察周期的 $P$ 系统）来整合运输物品；（2）通过调整送货时间避开高峰时段，或者通过减少送货次数来提高库存水平。当然，这些措施会增加企业的库存成本。

## 可持续供应链的管理

企业如何管理供应链才能确保其可持续发展？企业可以考虑以下步骤：

1. 制定一个可持续供应链框架。明确界定"可持续发展"对企业的意义。用 SA8000：2008 作为工作场所的问题指南。
2. 收集当前供应商的绩效数据，并用相同的问卷筛选潜在的新供应商。筛选时以供应链可持续框架为基础。

3. 要求所有业务部门在与当前供应商交易和选择未来供应商时都要遵守可持续供应链框架。

4. 积极参与供应商管理，并利用一切可能的伦理手段来影响他们的行为。

5. 定期提供供应链对可持续发展影响的报告。

设计和管理可持续供应链并不是个轻松的任务。但是，有许多企业正在将可持续发展作为其运营的一个主要目标。

---

## 学习目标回顾

1. **确定供应链可持续发展的三个要素。** 参见本章开头的案例、图 13.1 和表 13.1，其中表 13.1 包含了一些大型企业有关经济责任、环境责任和社会责任的实例。另外，参考"跨越整个组织的可持续发展"一节，了解组织面临的挑战。

2. **解释逆向物流流程及其对供应链设计的影响。** 参见"供应链与环境责任"一节并学习图 13.2。管理实践 13.1 说明沃尔玛公司和惠普公司是如何循环利用产品和材料的。

3. **说明企业如何提高供应链的能源效率。** 参见"供应链与环境责任"一节。确保你已经理解了最邻近算法、例

13.1 以及问题求解 1。学习盈亏平衡法，求出货物运输的盈亏平衡重量。学习表 13.2、例 13.2 及问题求解 2。

4. **说明如何设计供应链，以支持灾害救援工作的响应活动和恢复活动。** "供应链、社会责任与人道主义物流"一节讨论了供应链管理人员的作用以及他们在灾害救援中所面临的挑战。图 13.4 说明了供应链必须支持的三种灾害救援活动。

5. **解释供应链管理人员如何面对伦理问题。** "供应链、社会责任与人道主义物流"一节讨论了供应链管理人员所面临的伦理问题的特点以及他们的应对方式。

---

## 关键公式

盈亏平衡点的重量

$A$ = 较低的重量等级

$B$ = 下一个最高重量等级

$C$ = 相对于 $A$ 的货运费率

$D$ = 相对于 $B$ 的货运费率

$x = (BD)/C$

---

## 关键术语

| | | |
|---|---|---|
| 可持续发展 | 逆向物流 | 旅行商问题 |
| 经济责任 | 闭环供应链 | 最近邻（NN）算法 |
| 环境责任 | 碳排放量 | 联运 |
| 社会责任 | 路径规划 | SA8000：2008 |
| 人道主义物流 | 最短路径问题 | |

　　Greenstreets 回收公司从大斯坦福地区周边的几个回收站回收用过的发动机机油。为了使劳动力、车辆以及能源等资源的使用量及其成本最少，公司希望找到使回收车辆每天访问每个回收站恰好一次的最短路径。下表给出了每个回收站之间的行驶距离。注意公司的回收厂建在 A 回收站。

| 往 / 来 | A | B | C | D | E | F |
|---|---|---|---|---|---|---|
| A（回收站） | — | 25 | 50 | 48 | 41 | 60 |
| B | 25 | — | 35 | 22 | 23 | 43 |
| C | 50 | 35 | — | 25 | 47 | 65 |
| D | 48 | 22 | 25 | — | 24 | 40 |
| E | 41 | 23 | 47 | 24 | — | 21 |
| F | 60 | 43 | 65 | 40 | 21 | — |

　　请为回收车辆提供一条高效路径。

**解**

a. 从回收厂（回收站 A）出发，到距离最近的点（回收站 B），距离为 25 英里。

b. 从 B 继续向其最邻近的未访问点出发。从 B 到 D 距离为 22 英里。

c. 从回收站 D 到回收站 E——距离为 24 英里。

d. 从回收站 E 到回收站 F——距离为 21 英里。

e. 从回收站 F 到回收站 C（剩下唯一未访问的点）距离为 65 英里。

f. 从回收站 C 到回收站 A 距离为 50 英里。

　　完整的路径为 A–B–D–E–F–C–A，总行程为 207 英里（25 + 22 + 24 + 21 + 65 + 50）。

　　为了判断是否还存在更优解，应该依次将每个城市作为出发点，重复运用最邻近算法。

　　城市 B：B–D–E–F–A–C–B，　总距离为（22 + 24 + 21 + 60 + 50 + 35）= 212 英里。

　　城市 C：C–D–B–E–F–A–C，　总距离为（25 + 22 + 23 + 21 + 60 + 50）= 201 英里。

　　城市 D：D–B–E–F–A–C–D，　总距离为（22 + 23 + 21 + 60 + 50 + 25）= 201 英里。

　　城市 E：E–F–D–B–A–C–E，　总距离为（21 + 40 + 22 + 25 + 50 + 47）= 205 英里。

　　城市 F：F–E–B–D–C–A–F，　总距离为（21 + 23 + 22 + 25 + 50 + 60）= 201 英里。

　　注意，用城市 C、D 和 F 作为出发点的解都给出了同样短的路径。因此，当回收处理厂在 A 时，回收车辆应该沿 F 到 E，到 B，到 D，到 C，最后回到 A 的路径行驶，总距离为 201 英里。还应该注意的是，由于距离是对称的，相反顺序的路径 A–C–D–B–E–F–A，也给出了相同的总行驶距离。

## 问题求解 2

位于得克萨斯州沃斯堡的 Kayco 冲压件公司向弗吉尼亚州沃特福德的一家配电箱组装厂运送钣金件。每个钣金件重约 25 磅，每个标准托盘中盛装 50 个钣金件。一个完整的托盘作为货运等级 92.5 来运输。利用表 13.2 来计算以下需求量的每周运输成本，并计算每个钣金件的运输成本。

a. 3 个托盘

b. 13 个托盘

**解**

a. 在 3 个托盘，即 150 件的情况下，运输重量 = 150 × 25 磅 = 3 750 磅

货运等级为 92.5 时，利用表 13.2，盈亏平衡重量 = 50 × 28.64/37.56

= 38.13 或 3 813 磅，因此货物不能享受较低的费率。

每周的总运输成本 = 37.5 × 37.56 = $1 408.50

每个钣金件的运输费用为 $1 408.50/150 = $9.39

b. 在 13 个托盘，即 650 件的情况下，运输重量 = 650 × 25 磅 = 16 250 磅

货运等级为 92.5 时，利用表 13.2，盈亏平衡重量 = 200 × 18.87/28.38

= 132.98 或 13 298 磅，因此货物可以享受较低的费率。

每周的总运输成本 = 162.5 × 18.87 = $3 066.38

每个钣金件的运输费用为 $3 066.38/650 = $4.72

## 讨论题

1. 在本章开头的案例中，我们了解到大公司如何通过协助灾害救援供应链而做出重大社会贡献。灾害通常在没有先兆的情况下发生，人道主义援助需要迅速到达受灾地区。从供应链设计的角度考虑，灾害救援供应链需要具备哪些能力？

2. 设计能源效率高且对环境负责的供应链，有助于企业达到低成本运营的竞争优先级，从而支持企业对股东的经济责任。请说明强调能源效率如何给供应链管理人员造成某些道德困境？

3. 由于更多企业愿意选择建立逆向物流供应链，请说明他们应该考虑的财务影响？

4. 传统的买方–供应商关系都是围绕财务因素建立的。买方和供应商都尽量使各自的公司获得最大利益。一方的收益往往就是另一方的损失。如今许多企业看重可持续经营，其中涉及经济责任、环境责任和社会责任。在这种新环境下，说明买方–供应链关系是如何演变的。

## 练习题

1. Maplewood 医院每天都要派出采血车收取当地献血中心采集的血液和血小板。所有采血点之间的距离（以英里计量）列在表 13.3 中。

   a. 采血车的行驶路线为从 Maplewood 医院（A）到（B），到（C），到（D），到（E），然后返回医院（A）。采用这一路径时，采血车必须行驶的总里程数是多少？

   b. 以 Maplewood 医院作为出发点，采用最邻近算法生成一条行驶路径。采用这一路径时，采血车必须行驶的总里程数是多少？

   c. 以 Valley Hills（E）作为出发点，采用最邻近算法生成一条行驶路径。采用这一路径时，采血车必须行驶的总里程数是多少？

2. Royal 海产品公司向俄勒冈州的杂货店配送海鲜。公司在 Corvallis 装上一车海鲜，然后沿着一条路径行驶向

表 13.3

| | Maplewood 医院（A） | City Center 献血站（B） | Westbrook 献血站（C） | Municipal Park 献血站（D） | Valley Hills 献血站（E） |
|---|---|---|---|---|---|
| Maplewood 医院（A） | — | 3.0 | 3.5 | 4.0 | 4.1 |
| City Center 献血站（B） | 3.0 | — | 6.1 | 7.0 | 4.3 |
| Westbrook 献血站（C） | 3.5 | 6.1 | — | 4.2 | 3.6 |
| Municipal Park 献血站（D） | 4.0 | 7.0 | 4.2 | — | 7.2 |
| Valley Hills 献血站（E） | 4.1 | 4.3 | 3.6 | 7.2 | — |

分布在州内的五个客户送货。所有地点之间以英里计量的距离列于下表。

| | Corvallis (A) | Roosebury (B) | Bend (C) | Baker (D) | Lakeview (E) | Burns (F) |
|---|---|---|---|---|---|---|
| Corvallis (A) | — | 93 | 102 | 268 | 219 | 220 |
| Roosebury (B) | 93 | — | 116 | 296 | 167 | 216 |
| Bend (C) | 102 | 116 | — | 181 | 138 | 117 |
| Baker (D) | 268 | 296 | 181 | — | 223 | 106 |
| Lakeview (E) | 219 | 167 | 138 | 223 | — | 118 |
| Burns (F) | 220 | 216 | 117 | 106 | 118 | — |

a. 以 Corvallis 为出发城市，利用最邻近算法建议一条高效路径。这条路径的总行驶距离是多少？

b. 分别以 Royal 海产品公司每个客户的所在城市作为出发点，利用最邻近法计算出五条路径。对 Royal 海产品公司来说，哪条是最佳路径？

3. Traxis 联合公司每周四向北密歇根州的工业客户运送液氧。下表给出了在所有客户及 Traxis 公司的液氧库之间以分钟为单位的行驶时间。

| | A（液氧库） | B | C | D | E | F | G | H |
|---|---|---|---|---|---|---|---|---|
| A（液氧库） | — | 26 | 38 | 31 | 49 | 33 | 40 | 52 |
| B | 26 | — | 53 | 54 | 75 | 35 | 56 | 73 |
| C | 38 | 53 | — | 46 | 45 | 68 | 70 | 77 |
| D | 31 | 54 | 46 | — | 25 | 41 | 30 | 32 |
| E | 49 | 75 | 45 | 25 | — | 69 | 55 | 44 |
| F | 33 | 35 | 68 | 41 | 69 | — | 27 | 50 |
| G | 40 | 56 | 70 | 30 | 55 | 27 | — | 21 |
| H | 52 | 73 | 77 | 42 | 44 | 50 | 21 | — |

a. 目前，Traxis 公司的行驶路径从液氧库（A）出发，经（F）（G）（D）（E）（H）（B）到（C），然后返回（A）。这条路径的总行驶时间为多少？

b. 以液氧库（A）为出发点，利用最邻近算法生成一条路径。这条路径的总行驶时间是多少？

c. 分别以 Traxis 公司的每个客户所在地点作为出发点，利用最邻近算法计算出七条路径。你的结论是什么？

4. Big Jim 为新罕布什尔北部的五个住宅客户除雪。Big Jim 在他服务区域的地图上标上笛卡尔坐标系，他的家设为原点（A），将五个客户的位置定位为坐标 B（10，40）、C（22，20）、D（35，37）、E（40，25）和 F（50，40）。他有两种方法计量客户之间的距离：欧氏距离和直角距离（参见第 3 章"流程策略"中有关布局的一节，了解这些测量标准的定义）。他想知道，为了使能源成本最小，他所用的测量距离的方法是否会影响他访问客户地点的顺序。

a. 假定 Big Jim 对使欧氏距离最短感兴趣，利用最邻近算法为他求出最佳路径。

b. 假定 Big Jim 对使直角距离最短感兴趣，利用最邻近算法为他求出最佳路径。

5. Arts N Crafts 工业公司生产在全球销售的高端照明设备。公司负责向位于乔治亚州亚特兰大的分销商送货支付运费。由于运输成本很高，公司正打算运送未组装的产品，但是要在每个包装内附上详细的组装说明书。通过运送未组装的产品，Arts N Crafts 公司可以缩小纸箱尺寸，从而将每一托盘盛装的产品数量从 16 件（4 排，每排 4 件）增加为 25 件（5 排，每排 5 件）。注意这种变化不会明显增加每件产品 8 盎司的运输重量。而且，由于每个设备可以放置得更紧实，所以设备不容易受损并且更容易搬运。因而公司预计货运等级可以从 85 下降到 70。目前公司每周运送 400 件。

a. 利用表 13.2，评估所建议的包装变化对每周运货成本的影响。

b. 如果产品的需求量上升为每周 500 件，你的分析结果会如何变化？

6. Microtech 公司决定用更小的可回收包装盒来包装手机。此外，该公司将终止每件产品附有 250 页使用说明的做法，取而代之的是将使用说明放到网上。这些变化导致重量更轻，但是使运货人更难打包搬运。这些变化的结果是每一部包装好的手机重量由 1.2 盎司（1 盎司 = 28.35 克）下降为 0.5 盎司，但是其货运等级却从 55 上升为 70。如果 Microtech 公司每月送 1 万部手机，用表 13.2 计算每月运费的差额。

## 参考文献

Beamon, Benita M. "Environmental and Sustainability Ethics in Supply Chain Management." *Science and Engineering Ethics*, vol. 11 (2005), pp. 221–234.

Beschorner, Thomas, and Martin Muller. "Social Standards: Toward an Active Ethical Involvement of Business in Developing Countries." *Journal of Business Ethics*, vol. 73 (2006), pp. 11–23.

Bonini, Sheila, Steven Gorner, and Alissa Jones. "How Companies Manage Sustainability." *McKinsey & Company Global Survey Results*, (February 2010), pp. 1–8.

Carter, C.R., and M.M. Jennings. "The Role of Purchasing in Corporate Social Responsibility." *Journal of Business Logistics*, vol. 25, no. 1 (2004), pp. 145–186.

Conner, Martin P. "The Supply Chain's Role in Leveraging Product Life Cycle Management." *Supply Chain Management Review* (March 2004), pp. 36–43.

Curkovic, Sime, and Robert Sroufe. "Using ISO 14001 to Promote a Sustainable Supply Chain." *Business Strategy and the Environment*, vol. 20 (2011), pp. 71–93.

Day, J.M., I. Junglas, and L. Silva. "Information Flow Impediments in Disaster Relief Supply Chains." *Journal of the Association for Information Systems*, vol. 10, no. 8 (August 2009), pp. 637–660.

Drake, Matthew J., and John Teepen Schlachter. "A Virtue-Ethics Analysis of Supply Chain Collaboration." *Journal of Business Ethics*, vol. 82 (2007), pp. 851–864.

Ferguson, Mark. "Making Your Supply Chain More Sustainable by Closing the Loop." *The European Business Review* (November–December 2010), pp. 28–31.

Fiksel, Joseph, Douglas Lambert, Les B. Artman, John A. Harris, and Hugh M. Share. "Environmental Excellence: The New Supply Chain Edge." *Supply Chain Management Review* (July/August 2004), pp. 50–57.

"Global Responsibility," *RR Donnelley*, (2010), pp. 1–21.

Handfield, Robert B., and David L. Baumer. "Managing Conflicts of Interest in Purchasing." *Journal of Supply Chain Management*, (Summer 2006), pp. 41–50.

Handfield, Robert, S. Walton, Robert Sroufe, and Steven Melnyk. "Applying Environmental Criteria to Supplier Assessment: A Study of the Application of the Analytical Hierarchy Process." *European Journal of Operational Research*, vol. 41, no. 1 (2002), pp. 70–87.

Hartvigsen, David. *SimQuick: Process Simulation with Excel*, 2nd ed. Upper Saddle River, NJ: Prentice Hall, 2004.

Keating, B., A. Quazi, A. Kriz, and T. Coltman. "In Pursuit of a Sustainable Supply Chain: Insights from Weatpac Banking Corporation." *Research Online*, (2008).

Kulwiec, Ray. "Reverse Logistics Provides Green Benefits." *Target*, vol. 22, no. 3 (Third Issue 2006), pp. 11–20.

Lacy, Peter, Tim Cooper, Rob Hayward, and Lisa Neuberger. "A New Era of Sustainability," *UN Global Compact-Accenture CEO Study 2010*, (June 2010), pp. 1–60.

Lillywhite, Serena. "Responsible Supply Chain Management: Ethical Purchasing in Practice." *Brotherhood of St. Laurence* (October 2004), pp. 1–5.

Maon, Francois, Adam Lindgreen, and Joelle VanHamme. "Supply Chains in Disaster Relief Operations: Cross-Sector Socially Oriented Collaborations." *Hull University Business School*, Research Memorandum 80, (April 2009), pp. 1–35.

Martha, Joseph, and Sunil Subbakrishna. "Targeting a Just-In-Case Supply Chain for the Inevitable Next Disaster." *Supply Chain Management Review* (September/October 2002), pp. 18–23.

Melnyk, Steven, E.W. Davis, R.E. Speckman, and J. Sandor. "Outcome Driven Supply Chains." *Sloan Management Review*, vol. 51, no. 2 (2010), pp. 33–38.

Meyer, Tobias A. "Increasing the Energy Efficiency of Supply Chains." *McKinsey Quarterly*, (August 2009), pp. 1–2.

Mollenkopf, Diane A., and David J. Closs. "The Hidden Value in Reverse Logistics." *Supply Chain Management Review* (July/August 2005), pp. 34–43.

Plambeck, Erica L. "The Greening of Walmart's Supply Chain." *Supply Chain Management Review* (July/August 2007), pp. 18–25.

"Social Accountability International – SA8000."

Thomas, A. and L. Kopczak. "Life-Saving Supply Chains and the Path Forward." In Lee, H. and C.Y. Lee (Eds.) *Building Supply Chain Excellence in Emerging Economies*, London, Springer Science and Business Media LLC, 2007.

Van Wassenhove, L. "Humanitarian Aid Logistics: Supply Chain Management in High Gear." *Journal of the Operational Research Society*, vol. 57, no. 5, (2006), pp. 475–489.

Whybark, D.C. "Issues in Managing Disaster Relief Inventories." *International Journal of Production Economics*, vol. 108, no. 1 (July 2007), pp. 228–235.

Whybark, D.C., Steven A. Melnyk, Jamison Day, and Ed Davis. "Disaster Relief Supply Chain Management: New Realities, Management Challenges, Emerging Opportunities." *Decision Line* (May 2010), pp. 4–7.

# 14

预 测

2011 年 8 月 15 日在华盛顿特区，一款摩托罗拉 Droid 系列手机显示了谷歌的主页。谷歌公司以 125 亿美元收购了手机生产商摩托罗拉移动技术公司。摩托罗拉极大地改进了需求预测流程，并在如何管理供应链上获得了回报。

## 摩托罗拉移动技术公司

摩托罗拉移动技术公司生产手机、智能电话、平板电脑以及有线电视机顶盒。在 2000 年代初期，摩托罗拉公司在业界的领导地位和市场份额都在下降。公司认识到必须改变其供应链，并着手做了一个重大决断，即加强供应链上的沟通和协调。在 2002 年摩托罗拉公司开始实施协同计划、预测和补货（collaborative planning, forecasting, and replenishment, CPFR），其收效是巨大的。

摩托罗拉公司在全球销售 120 多种型号的手机。要预测各种型号手机的生产和销售数量是很困难的，但给零售商的货架精确补货又是至关重要的。如果一名顾客喜欢的手机缺货，就存在一个实际风险，即摩托罗拉公司将永远失去这名顾客，而不仅仅是失去下一个服务合约。大约有一半的缺货会导致销售损失。更糟的是，一种手机型号有多个库存单位，其平均生命周期只有一年多，而且新产品的推出十分迅速。

在采用 CPFR 之前，摩托罗拉公司的销售极不稳定，与顾客的需求不同步。摩托罗拉公司只能看到从公司向零售商分销中心的发货，但看不到从分销中心向零售商店的发货。想要预测未来的需求，了解零售商正在销售什么比零售商正在购买什么更有价值。如果缺少这种信息，预测的错误率会很高，就会导致大量的缺货。CPRF 使摩托罗拉公司能够与其零售商分销中心的客户协作，提高有效预测的能力。摩托罗拉在全公司范围内成立了以顾客为中心的运营小组。他们与零售商共享实时数据和计划，包括预测、库存、零售商货架销售、促销、产品计划以及例外事项。传统上，大多数供应链上的供应商和买家都是独立预测需求的。

在实施 CPFR 之前，零售商的预测都是在每月的第二个周末进行，而摩托罗拉公司则在每月第二周开始时汇总它的销售和运营计划。摩托罗拉公司说服零售商将计划周期提前两到三天。这样就消除了由于直到下个月的预测周期才将这个月的预测值并入而造成的七周的预测延迟。现在，零售商在周一预测下个月的需求，而摩托罗拉公司在周二预测。在每周三的电话会议中，两个团队共同逐一解决存在的差异。预测分析人员的介入意味着他们可以立即解决由于预测差异引起的问题。

成功实施 CPFR 的关键在于建立一个包括对等关系和跨职能团队的文化联盟。在实施 CPFR 之前，零售商根据准时交付、合作的难易程度以及缺货等指标，有时会给摩托罗拉公司打出"C""D"和"F"这样的分数。在实施 CPFR 之后，他们给摩托罗拉公司打出的分数则是"A"。摩托罗拉公司的 CPFR 活动，将预测错误减少到以前水平的几分之一，使安全库存量迅速减少，由于少量的非满载运输，运输成本也下降了一半，更使缺货情况减少到以前的三分之一。这种成功是谷歌公司于 2011 年 8 月花巨资（125 亿美元）收购摩托罗拉移动电话业务的原因之一。

资料来源：Jerold P. Cederlund, Rajiv Kohli, Susan A. Sherer, and Yuliang Yao, "How Motorola Put CPFR into Action," *Supply Chain Management Review* (October 2007), pp. 28–35; Sharyn Leaver, Patrick Connaughton, and Elisse Gaynor, "Case Study: Motorola's Quest for Supply Chain Excellence," *Forrester Research, Inc.* (October, 2006), pp. 1–12, April 29, 2011.

## 学习目标　学完本章内容后，你应该能够：

1. 确定大多数需求时间序列的五种基本模式。
2. 确定预测误差的各种衡量指标。
3. 用一个或多个自变量，利用回归分析法做预测。
4. 利用最常用的时间序列分析法做预测。
5. 利用趋势投影回归法做预测。
6. 描述企业采用的一种典型预测流程。
7. 解释协同计划、预测和补货（CPFR）。

要做到供求平衡，首先就要准确地预测，然后像摩托罗拉那样在整个供应链上协调预测结果。**预测**（forecast）就是出于计划的目的而对未来事件做出的预报。另一方面，规划是指如何利用资源最佳地响应需求预测的管理决策制定过程。预测方法有以下几种：利用可获得的历史数据建立数学模型；也可以依赖管理经验和判断进行定性分析；或者将定量和定性两种方法结合起来。

本章的重点是需求预测。首先我们介绍几种不同的需求模式。我们用三个基本方法来探讨预测方法：（1）主观判断法；（2）因果关系法；（3）时间序列法。接着对预测误差进行定义，为做出更好的预测提供重要线索。然后我们考虑预测方法本身，以及如何将几种不同预测方法结合在一起得到更好的结果。最后，介绍预测的整个过程和预测系统的设计方法。

预测对于流程管理和供应链管理都十分有用。在供应链层面上，企业需要通过预测协调客户和供应商。在流程层面上，需要用产出预测来设计整个组织的各种流程，包括内部瓶颈的识别和处理。

# 跨越整个组织的预测

　　整个组织范围的预测过程跨越各个职能领域。对整体需求的预测通常源于营销部门，而整个组织的内部顾客要依靠预测结果来制订和执行他们自己的计划。对于经营计划、年度计划以及预算来说，预测值是关键的参考依据。财务部门需要根据预测结果来预估现金流量和资金需求。人力资源部门应用预测结果来预估招聘和培训需求。营销部门是销售预测信息的重要来源，因为他们离外部顾客最近。运营部门和供应链管理人员需要预测结果来规划产出水平、服务和原材料的采购、劳动力和生产进度、库存以及长期生产能力等。

　　除了未来的需求量以外，整个组织中的管理人员还要对许多变量进行预测，比如竞争者战略、规章制度变化、技术变革、加工时间、供应商的提前期以及质量损失等等。做这些预测的方法基本上与本章所讲述的需求预测方法相同：主观判断法、专业人员意见法、经验平均法、回归法以及时间序列法等。利用这些方法可以使预测得到改进，但是预测很难做到完美。正如塞缪尔·克莱门斯（马克·吐温）在《赤道漫游记》（*Following the Equator*）中所说："预言是个不错的生意，但充满风险。"聪明的管理者们认识到了这一现实，当预测误差不可避免或发生意外事件时，他们找出了更新计划的途径。

# 需求模式

　　预测顾客的需求是一件很困难的事情，因为他们对服务和产品的需求会有很大变化。例如，预测对草坪肥料的需求会在春季和夏季增加，但是，究竟在哪个周末的需求量最大，取决于如天气等不可控因素。有时，需求模式是有规律可循的。如一家大型银行的呼叫中心每天的呼叫高峰时间是从早上 9 点到中午 12 点，而每周的高峰日是周一。由于要提交报表，每年的高峰月份是 1 月、4 月、7 月和 10 月，这些时间正是企业季度报表公布的时间。这种情况下的需求预测要求从可获得的信息当中发现潜在规律。本节我们将讨论需求的基本模式。

　　对一种服务或产品的需求进行反复观察，按其发生的顺序排列，就形成了被称为**时间序列**（time series）的模式。大多数需求的时间序列呈现出以下五种基本模式：

1. 平稳性。数据围绕一个固定的均值波动。
2. 趋势性。序列的平均值随时间的推移出现系统性的增加或减少。
3. 季节性。根据每天、每周、每月或每季的具体时间，需求量增加或减少的可重复模式。
4. 周期性。在较长的一段时间内（数年或数十年）较难预测的需求量的逐步上升或下降。
5. 随机性。需求呈现不可预测的变化。

　　周期性的模式源于两个影响因素：首先是商业周期，它包括经过若干年使经济从萧条走向繁荣的一些因素。另一个影响因素是服务或产品的生命周期，它反映产品从开发到衰落其需求的各个阶段。商业周期的需求难以预测，因为它要受到国内

图 14.1

需求模式

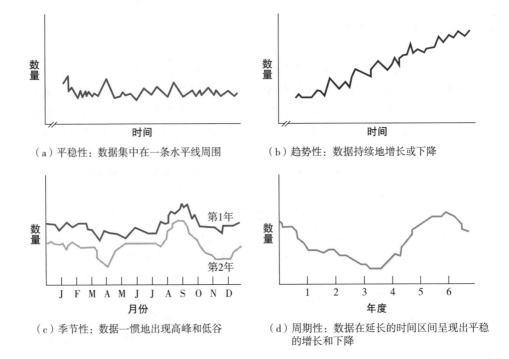

（a）平稳性：数据集中在一条水平线周围

（b）趋势性：数据持续地增长或下降

（c）季节性：数据一惯地出现高峰和低谷

（d）周期性：数据在延长的时间区间呈现出平稳的增长和下降

或国际事件的影响。

　　需求的四种模式——平稳性、趋势性、季节性和周期性——以不同程度结合在一起，从而确定了对一种服务或产品需求的基本时间规律。第五种模式——随机变化，源于一些偶然原因，因此是不可预测的。随机变化是导致最终需求预测不准确的一个原因。图 14.1 显示了需求时间序列的前四种模式，每种模式都含有随机变化。

## 有关预测的重要决策

　　在使用预测方法前，管理人员必须做两项决策：（1）预测什么；（2）为不同的对象选择什么类型的预测方法。

### 预测对象的确定

　　尽管对一家企业提供的单个服务或产品来说，需要某种需求估计，但是，先预测产品组或产品群的总需求量，然后推导出单个服务或产品的预测值是最容易的。另外，对预测来说，选择正确的计量单位（如服务或产品的件数或机器小时数）与选择最佳方法一样重要。

*综合水平*　当企业为他们的所有服务或产品预测年度总需求时，误差通常不超过 5%。然而，在预测单个服务或产品且时间周期很短时，误差可能会更大。认清这一事实后，许多企业使用一种两级预测体系。他们首先用一种被称为聚合（aggregation）的过程，将几种相似的服务或产品进行聚集（或汇总），针对那些有类似需求要求和相同工艺、有相似劳动力和物料要求的服务族或产品族进行预测。然后，再推导出

各个服务或产品的预测值。有时称单个物品为最小存货单位。最小存货单位（stock keeping units, SKUs）是有识别代码的产品或者单品，它在供应链的某个地方（比如分销中心）以库存持有。

***计量单位***　预测通常始于服务或产品数，例如最小存货单位数、要投递的快递包裹数、需要养护或维修汽车的顾客数，而不是以资金额作为最初的计量单位。然后将件数与单价相乘，可以将预测值转换成资金额。如果无法准确预测一种服务或产品需求的数量，就可以预测每项重要资源所需的标准劳动力人数或机器小时数。

## 选择预测方法的类型

预测体系提供了各种各样的方法，但是没有任何一种方法适合于所有预测对象以及所有条件。预测者的目标是根据需求模式的不同选取相应的预测方法，利用手中所掌握的信息得出有用的预测。预测方法一般有两种类型：主观判断法和定量预测法。**主观判断法**（judgment methods）将管理者的观点、专家的意见、消费者调查结果以及销售人员的估计转变成量化的估计值。定量方法包括因果关系法、时间序列分析法以及趋势投影回归法。**因果关系法**（causal methods）使用自变量的历史数据，如促销活动、经济状况、竞争者行为等，来预测需求。**时间序列分析法**（time-series analysis）是一种统计方法，在很大程度上它依赖历史需求数据预测未来的需求规模，并确定需求的趋势性和季节性模式。**趋势投影回归法**（trend projection using regression）是将时间序列法和因果关系法混合在一起的方法。

## 预测误差

对任何预测方法来说，衡量预测的准确性是很重要的。预测总是会有误差。随机误差源于一些不可预测的因素，这些因素导致了预测值与实际需求发生偏离。预测分析人员试图通过选择适当的预测模型使预测误差最小化，但是要消除所有形式的误差是不可能的。

给定时段 $t$ 的**预测误差**（forecast error）就是用实际需求量减去预测值后得到的差值，即

$$E_t = D_t - F_t$$

式中
$E_t$ = 时段 $t$ 的误差
$D_t$ = 时段 $t$ 的实际需求量
$F_t$ = 时段 $t$ 的预测值

上述公式（注意按字母顺序排列，$D_t$ 排在 $F_t$ 前面）是在较长的时间段内建立几个预测误差衡量指标的基础。图 14.2 显示了 POM for Windows 中预测下拉菜单的误差分析子程序的输出结果。其中图 14.2（a）显示了预测值跟踪实际需求情况的整体视图，而图 14.2（b）则显示了对误差项进行汇总时所需的详细计算值。最后，图 14.2（c）给出了由图 14.2（b）导出的全部 10 个时间段汇总后的总误差衡量指标。

**累计预测误差**（cumulative sum of forecast errors, CFE）对总的预测误差进行衡量：

$$CFE = \sum E_t$$

CEF 是一个累计和。图 14.2（b）说明它是所有 10 个时段误差的和。对任意给定时段，它是该时段前面所有时段的误差之和。例如，对时段 2，CEF 的值为 –8（即 –2–6）。CEF 也称为偏移误差（bias error），它由一致性误差引起，即预测值总是太高或太低。这类误差通常对规划工作造成的干扰最大。例如，如果预测值始终低于实际需求，那么 CEF 值会逐渐变得越来越大。这种一直增大的误差表明，在预测方法中存在系统性缺陷。平均预测误差，有时称为平均偏差（mean bias），可以表示为：

$$\overline{E} = \frac{CFE}{n}$$

**均方差**（mean squared error, MSE）、**误差的标准差**（standard deviation of the errors, σ）以及**平均绝对偏差**（mean absolute deviation，MAD）可以衡量由于趋势性、

图 14.2（a）
用 POM for Windows 中预测误差分析子程序得出的实际需求和预测需求的图形。

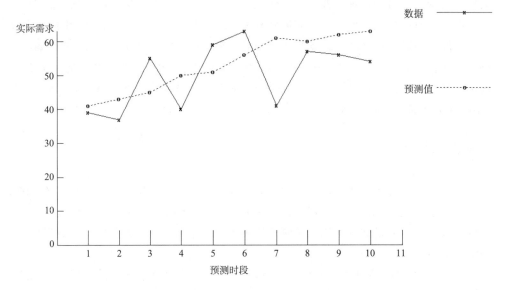

图 14.2（b）
预测误差的详细计算

| | | 预测值 | 误差 | 误差的绝对值 | 误差的平方 | 误差绝对值百分比 |
|---|---|---|---|---|---|---|
| 过去时段1 | 39 | 41 | -2 | 2 | 4 | 5.128% |
| 过去时段2 | 37 | 43 | -6 | 6 | 36 | 16.216% |
| 过去时段3 | 55 | 45 | 10 | 10 | 100 | 18.182% |
| 过去时段4 | 40 | 50 | -10 | 10 | 100 | 25% |
| 过去时段5 | 59 | 51 | 8 | 8 | 64 | 13.559% |
| 过去时段6 | 63 | 56 | 7 | 7 | 49 | 11.111% |
| 过去时段7 | 41 | 61 | -20 | 20 | 400 | 48.78% |
| 过去时段8 | 57 | 60 | -3 | 3 | 9 | 5.263% |
| 过去时段9 | 56 | 62 | -6 | 6 | 36 | 10.714% |
| 过去时段10 | 54 | 63 | -9 | 9 | 81 | 16.667% |
| 合计 | 501 | | -31 | 81 | 879 | 170.621% |
| 平均值 | 50.1 | | -3.1 | 8.1 | 87.9 | 17.062% |
| | | | （偏差） | (MAD) | (MSE) | (MAPE) |
| | | | | | 标准差 | 29.648 |

季节性、周期性或随机性影响所造成的预测误差的离散度：

$$\mathrm{MSE} = \frac{\Sigma E_t^2}{n}$$

$$\sigma = \sqrt{\frac{\Sigma (E_t - \overline{E})^2}{n-1}}$$

$$\mathrm{MAD} = \frac{\Sigma |E_t|}{n}$$

| 衡量指标 | 数值 |
|---|---|
| 误差衡量指标 | |
| CFE（累积预测误差） | -31 |
| MAD（平均绝对偏差） | 8.1 |
| MSE（均方差） | 87.9 |
| 误差的标准差 | 29.648 |
| MAPE（平均绝对百分比误差） | 17.062% |

图 14.2（c）
误差衡量指标

图 14.2（b）显示时段 1 的误差平方为 4，整个样本的 MSE 为 87.9。误差的标准差用 Excel 中的函数计算，但没有在图 14.2（b）中显示。时段 2 的误差绝对值为 6，整个样本的 MAD 为 8.1。

数学符号 | | 用于表示绝对值，即不必考虑正号或负号。如果 MSE、$\sigma$ 或 MAD 的值很小，则预测值一般都接近实际需求值。与此相反，如果这些值很大，则表明预测误差可能也大。这些衡量指标之间的区别在于它们强调误差的方式不同。在 MSE 和 $\sigma$ 中，由于这些误差经过了平方计算，因此大的误差会得到更大的权重。MAD 是一种得到广泛应用的预测误差衡量指标，而且容易理解。它只是一个时间序列预测误差绝对值的平均值，并没有考虑误差是由于高估还是低估引起的。

**平均绝对百分比误差**（mean absolute percent error, MAPE）将预测误差与需求水平相联系，它有助于从正确的角度分析预测效果：

$$\mathrm{MAPE} = \frac{(\Sigma |E_t| / D_t)}{n} \times 100 \ (\text{表示为一个百分比})$$

例如，当绝对预测误差数为 100 时，需求量为 200 件比需求量为 10 000 件的百分比误差要高。比较不同的 SKU 的时间序列时，MAPE 可作为最佳的误差衡量指标来使用。再看一下图 14.2（b），时段 2 的绝对误差百分比为 16.22%，而 10 个时段的平均值 MAPE 为 17.06%。

最后，图 14.2（c）对 10 个时间段的主要误差进行了汇总。这些数据实际上可以在图 14.2（b）中相应的部分找到。例如，CFE 为 –31，位于图 14.2（b）中误差列的合计这一行。MAD 为 8.1，可以在误差绝对值列的平均值这一行找到。最后，| | 为 17.06%，位于误差绝对值百分比这一列、平均值一行。

### 例 14.1　计算预测误差衡量指标

下表是一家家具制造商生产的软垫座椅的实际销量，以及为过去 8 个月所做的预测。计算该产品的 CFE、MSE、$\sigma$、MAD 及 MAPE。

| 月份 | 需求量 | 预测值 | 误差 | 误差的平方 | 绝对误差 | 绝对百分比误差 |
|---|---|---|---|---|---|---|
| $t$ | $D_t$ | $F_t$ | $E_t$ | $E_t^2$ | $\|E_t\|$ | $(\|E_t\|/D_t)(100)$ |
| 1 | 200 | 225 | –25 | 625 | 25 | 12.5% |
| 2 | 240 | 220 | 20 | 400 | 20 | 8.3 |
| 3 | 300 | 285 | 15 | 225 | 15 | 5.0 |
| 4 | 270 | 290 | –20 | 400 | 20 | 7.4 |
| 5 | 230 | 250 | –20 | 400 | 20 | 8.7 |
| 6 | 260 | 240 | 20 | 400 | 20 | 7.7 |
| 7 | 210 | 250 | –40 | 1 600 | 40 | 19.0 |
| 8 | 275 | 240 | 35 | 1 225 | 35 | 12.7 |
| | | 合计 | -15 | 5 275 | 195 | 81.3% |

**解**

利用上述衡量指标计算公式，可以得到：

累计预测误差（偏差）：

$$CFE = -15（偏差，时间序列中所有时间段的误差之和）$$

平均预测误差（平均偏差）：

$$\bar{E} = \frac{CFE}{n} = \frac{-15}{8} = -1.875$$

均方差：

$$MSE = \frac{\Sigma E_t^2}{n} = \frac{5\ 275}{8} = 659.4$$

标准差：

$$\sigma = \sqrt{\frac{\Sigma[E_t - (-1.875)]^2}{7}} = 27.4$$

平均绝对偏差：

$$MAD = \frac{\Sigma|E_t|}{n} = \frac{195}{8} = 24.4$$

平均绝对百分比误差：

$$MAPE = \frac{[\Sigma|E_t|/D_t]100}{n} = \frac{81.3\%}{8} = 10.2\%$$

CFE 为 -15 表明预测值有略高于需求量的趋势。MSE、$\sigma$ 以及 MAD 等统计量提供了预测误差变化程度的衡量指标。MAD 为 24.4 指以绝对值计算的平均预测误差是 24.4 件。$\sigma$ 值为 27.4，说明预测误差的样本分布的标准差为 27.4 件。MAPE 为 10.2%，意味着预测误差平均约为实际需求的 10% 左右。随着数据的时段数增加，这些衡量指标将变得更加可靠。

**决策重点**

尽管对这些预测效果相当满意，但是，分析人员还是决定在最终得出未来使用的预测方法之前，再试验几种预测方法。

## 计算机支持

当评价预测模型与过去数据的拟合程度时，利用计算机支持，比如利用 OM Explorer 或 POM for Windows 软件，可使误差计算更容易。误差是针对过去的数据来衡量的，在实践中这些数据常被称为历史文件（history file）。对于每个被评价的预测方法，这些软件都显示整个历史文件的各种误差衡量指标。它们也可以基于所选择的方法对未来进行预测。

# 主观判断法

定量预测法只有在具备足够历史数据（即历史文件）的情况下才可能使用。但是，当推出新产品或预期技术会发生变更时，这些历史文件可能不存在。如果某些事件（如新品展示或特惠包装等）在过去的数据中有所反映，或者预计某些事件将来会发生时，尽管历史文件可能存在，用处也不大。在某些情况下，主观判断法是唯一可行的预测方法。而在其他情况下，主观判断法还可用来调整用定量方法产生的预测值。预测人员可能发现，有一两个定量预测模型对最近时段的数据拟合得特别好。如果预测人员具有重要的背景知识，调整当然是需要的。背景知识是实践者从经验中获取的知识，比如对被预测的变量产生影响的因果关系、环境线索以及组织信息等。调整还可以解释一些异常情况，比如新的促销活动或意料之外的国际事件等。在应用定量方法之前，调整还可用来消除历史文件中的一次性特殊事件对预测的影响。以下是成功应用的四种主观判断法：（1）销售人员估计法；（2）管理人员意见法；（3）市场调研法；（4）德尔菲法。

**销售人员估计法**（salesforce estimates）就是由企业的销售人员定期做出对未来需求的估计，并进行汇总的预测方法。销售人员最有可能知道近期顾客将购买哪些服务或产品以及购买的数量。对单个销售人员所做的预测进行汇总，就可以获得区域性或全国性的销售估计值。但是销售人员个人的偏差可能会破坏预测。例如，有些人天性乐观，而有些人则比较谨慎。考虑到这些个体偏差，可能需要调整预测值。

**管理人员意见法**（executive opinion）是将一个或多个管理人员或顾客的意见、经验和技术知识汇集起来，得到一个单一预测结果的预测方法。主观判断预测法中考虑的所有因素都属于管理人员意见法的范畴。管理人员意见法还可以用于**技术预测**（technological forecasting）。由于快速的技术变革，要想与最新的技术进步保持同步是很困难的。

**市场调研法**（market research）是通过收集数据进行调查，提出并检验假设，从而确定外部消费者对一种服务或产品是否有兴趣的一种系统化方法。市场调研包括：设计一张调查问卷；确定如何实施问卷调查；选择一个有代表性的样本；利用主观判断法及统计工具来分析这些信息，对问卷的回答做出解释。尽管市场调研法可以得出重要信息，但是调查结果中通常包含众多的限制性条件和不明确的答案。

**德尔菲法**（Delphi method）指从一组匿名的专家那里获得一致意见的过程。当没有历史数据用来建立统计模型，或者当企业内的管理人员缺乏做出明智预测所需经验的时候，这种形式的预测方法很有用。预测的主持者将问题寄给外部专家组的每个成员，他们甚至不知道还有谁在参与预测。主持者对收到的答复进行统计汇总，并附上支持某个特定预测结果的论据。将整理后的报告再寄给同一个小组的成员进行下一轮预测，这些参与者可以选择修改自己先前的意见。这样一轮一轮地持续下去，直到取得一致意见为止。

本章后面的内容，将转向对常用定量预测方法的介绍。

# 因果关系法：线性回归

当可以获得历史数据，而且能够确定待预测因素与其他外部或内部因素（例如，政府行为或广告促销）之间的关系时，可以采用因果关系法。这些关系用数学术语表达，而且可能非常复杂。因果关系法非常适用于预测需求的转折点和长期预测。这里重点介绍线性回归，它是最知名且最常用的因果关系法之一。

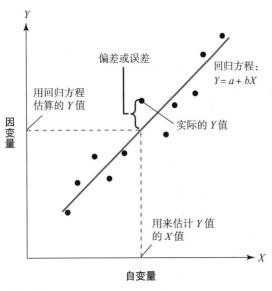

**图 14.3**
与实际需求相关的线性回归线

在**线性回归**（linear regression）分析中，通过线性方程式，一个因变量与一个或多个自变量相联系。**因变量**（dependent variable）是管理人员想要预测的一个变量，例如门把手的需求量。假定如广告支出和新住房开工等**自变量**（independent variable）影响因变量，从而"导致"了过去观察到的结果。图 14.3 显示了一条线性回归线与数据之间的关系。用专业术语来说，回归直线使实际数据的方差最小。

在这个最简单的线性回归模型中，因变量是一个自变量的函数，所以，理论上的关系是一条直线，即

$$Y = a + bX$$

式中：

$Y$ = 因变量

$X$ = 自变量

$a$ = 直线在 $Y$ 轴上的截距

$b$ = 直线的斜率

线性回归分析的目的是要求出 $a$ 和 $b$ 的值，使图中实际数据点与画出的直线之间偏差的平方和最小。可以用计算机程序来达到这一目的。对任何一组 $Y$ 和 $X$ 的对应观测值来说，该程序都可计算出 $a$ 和 $b$ 的值，并提供预测精度的衡量指标。常用的三种衡量指标是：（1）样本相关系数；（2）样本可决系数；（3）估计标准差。

样本相关系数（sample correlation coefficient）$r$，衡量自变量与因变量之间关系的方向和强度。$r$ 的取值范围为 –1.00 到 +1.00。相关系数为 1.00 的意思指：自变量在每一时段方向上的变化（增大或减小）总是伴随着因变量在相同方向上的变化。$r$ 为 –1.00 意思是自变量变小的同时，总是伴随着因变量的增加，反之亦然。$r$ 值为 0 则意味着变量之间不存在线性相关关系。$r$ 值越接近于 ±1.00，回归直线与样本数据点就拟合得越好。

样本判定系数（sample coefficient of determination）衡量回归直线对因变量均值变化的解释程度。样本判定系数是相关系数的平方，即 $r^2$。$r^2$ 的取值范围从 0.00 到 1.00。$r^2$ 取值接近 1.00 的回归方程意味着拟合程度很高。

估计的标准误差（standard error of the estimate）$S_{xy}$，衡量因变量的数据围绕回归直线的紧密程度。虽然它与样本标准差类似，但它是因变量 $Y$ 与回归直线之间的误差，而不是因变量与其均值之间的误差。所以，它是实际需求与回归方程给出的估计值之差的标准差。

**例 14.2** **用线性回归分析法预测产品需求**

一位供应链管理人员寻求一种更好的方法来预测门上铰链的需求，他认为铰链的需求量与广告支出有关。以下是过去 5 个月的销售量及广告费用数据：

| 月份 | 销售量（单位：1 000 件） | 广告费（单位：1 000 美元） |
|---|---|---|
| 1 | 264 | 2.5 |
| 2 | 116 | 1.3 |
| 3 | 165 | 1.4 |
| 4 | 101 | 1.0 |
| 5 | 209 | 2.0 |

公司下个月将为该产品支出 1 750 美元的广告费用。试用线性回归法建立方程并对该产品的销售情况做出预测。

**解**

我们利用 POM for Windows 确定 $a$ 和 $b$ 的最佳值、相关系数、判定系数以及估计的标准误差。

$$a = -8.135$$
$$b = 109.229X$$
$$r = 0.980$$
$$r^2 = 0.960$$
$$s_{yx} = 15.603$$

该回归方程为：

$$Y = -8.135 + 109.229X$$

回归直线如图 14.4 所示。样本相关系数 $r$ 为 0.98，该值非常接近于 1.00，说明销售量和广告支出之间具有非常强的正相关关系。样本可决系数 $r^2$ 意味着销售量变化的 96% 可由广告支出来解释。

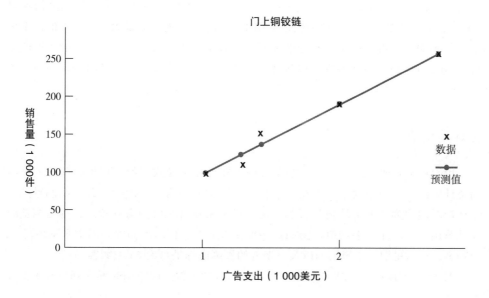

图 14.4

用 POM for Windows 得出的销售量与广告数据的线性回归线

**决策重点**

供应链管理人员决定应用回归模型作为规划第 6 个月生产水平的依据。由于广告支出为 1 750 美元，那么第 6 个月的预测销量为 $Y = -8.135 + 109.229 \times 1.75 = 183.016$，即 183 016 件。

通常有几个自变量可以影响因变量。例如，广告支出、新公司启动以及住宅建设承包合同等，都对铰链的需求估计很重要。在这种情况下，因变量是多个自变量的函数，所以在确定预测方程时，要应用多元回归分析法。这种模型可以用 POM for Windows 或 OM Explorer 软件分析，而且对预测转折点和解决许多规划问题都十分有用。

# 时间序列分析法

与回归模型不同，用时间序列分析法预测不需要使用自变量，而是仅仅使用因变量的历史信息。这类方法基于以下假定：因变量过去的变化规律将来还会延续下去。时间序列分析确定了需求的潜在规律，将这些需求的潜在规律结合起来得出所观察到的因变量的历史模式，然后建立一个模型来复制这种模式。本节将重点论述处理平稳性、趋势性以及季节性需求模式的时间序列分析方法。在讨论统计预测法之前，先介绍一下适用于所有需求模式的最简单的时间序列法——简单预测法。

## 简单预测法

实践中常用的一种方法是**简单预测法**（naïve forecast，也译作"天真预测法"），即下一时段的预测值（$F_{t+1}$）等于当前时段的需求量（$D_t$）。所以，如果星期三的实际需求量是 35 位顾客，那么星期四的预测需求量就是 35 位顾客。尽管名称简单，但简单预测法的效果很好。

简单预测法适合考虑需求趋势。在过去两个时段之间观察的需求增加（或减少），可用来调整现有需求量以得出预测值。假定上周的需求量是 120 个单位，而在此之前的一周是 108 个单位。需求量一周增加了 12 个单位，因此对下周的预测值就是 120 + 12 = 132 单位。简单预测法也可用于考虑季节模式。如果去年 7 月份的需求量是 50 000 单位，并且假定年与年之间不存在基本趋势，那么今年 7 月份的预测值也会是 50 000 单位。当平稳性、趋势性或季节性模式是稳定的，且随机变化小时，该方法用起来效果最好。

## 估计平均值

我们从没有明显的趋势性、季节性或周期性需求模式开始，讨论时间序列预测的统计方法。时间序列中的平稳性模式是以需求的均值为基础的，所以我们重点讨论估计时间序列数据平均值的预测方法。对未来任何时段的需求预测，都是当前时段计算出的时间序列平均值。例如，如果在星期二计算出来的以往需求平均值是 65 位顾客，那么星期三、星期四以及星期五的预测值都是每天 65 位顾客。

图 14.5 显示了过去 28 周一家医疗门诊患者的人数。假定该时间序列只有平稳性

模式和随机性模式，一种方法是简单地计算数据的平均值。但是，当存在趋势性、季节性以及周期性模式时，这种方法就不具备适应性。在时间序列平均值的估算中具有适应性的统计方法有：（1）简单移动平均法；（2）加权移动平均法；（3）指数平滑法。另外一种选择就是简单平均法，但是不具备适应能力。

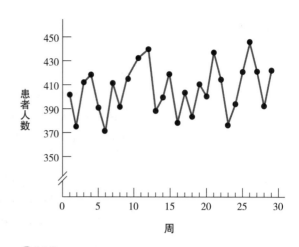

图 14.5
一家医疗门诊每周的患者人数

**简单移动平均** 简单移动平均法（simple moving average method）对最近 $n$ 个时段的平均需求量进行简单计算，然后用它作为未来时段的预测值。对下一时段来说，在需求量已知后，用最新的需求量取代此前平均值中最早的需求量，并重新计算平均值。这样，利用 $n$ 个最新的需求量，使平均值从一个时段向另一个时段"移动"。

具体说，第 $t+1$ 时段的预测值，可以在第 $t$ 时段结束时（在知道第 $t$ 时段的实际需求之后）计算：

$$F_{t+1} = \frac{\text{过去 } n \text{ 个时段的需求量之和}}{n} = \frac{D_t + D_{t-1} + D_{t-2} + \cdots + D_{t-n+1}}{n}$$

式中

$D_t = t$ 时段的实际需求量

$n =$ 参加平均值计算的时段总数

$F_{t+1} = t+1$ 时段的预测值

**例 14.3** 用移动平均法估计平均需求量

a. 计算 3 周的移动平均值，预测第 4 周的门诊患者人数。过去三周的患者人数如下表所示：

| 周 | 患者人数 |
|---|---|
| 1 | 400 |
| 2 | 380 |
| 3 | 411 |

b. 如果第 4 周的实际患者人数是 415，那么第 4 周的预测误差是多少？

c. 第 5 周的预测值是多少？

**解**

a. 第 3 周末的移动平均预测值是：

$$F_4 = \frac{411 + 380 + 400}{3} = 397.0$$

b. 第 4 周的预测误差为

$$E_4 = D_4 - F_4 = 415 - 397 = 18$$

c. 对第 5 周的预测，要求用第 2 周到第 4 周的实际患者人数，即最近三周的数据。

$$F_5 = \frac{415 + 411 + 380}{3} = 402.0$$

**决策重点**

因此，在第 3 周末为第 4 周所做的预测是 397 个患者，比实际需求少了 18 个患者。在第 4 周末为第 5 周所做的预测是 402 个患者。如果现在要为第 6 周以及后续各周做预测，那么其预测值也是 402 个患者。

移动平均法涉及这样一个问题，即按照要求的时段数使用以往的需求数据。对稳定的需求序列应该使用大的 $n$ 值，而对潜在的平均值容易变化的需求序列则应该使用小的 $n$ 值。如果将 $n$ 取最小值（即 $n$ 的取值为 1），就成为简单预测法。

*加权移动平均法*　在简单移动平均法中，每个需求量在平均值中有相同的权重，即 $1/n$。而在**加权移动平均法**（weighted moving average method）中，平均值中的每个历史需求都可以有自己的权重。所有权重之和等于 1.0。例如，在一个三个时段的加权移动平均模型里，最近的一个时段可能分配给 0.50 的权重，其次的时段权重可能是 0.30，而第三个的权重则可能是 0.20。将每个时段的权重与该时段的数据值相乘，并将这些乘积相加在一起，可得到平均值：

$$F_{t+1} = 0.50D_t + 0.30D_{t-1} + 0.20D_{t-2}$$

加权移动平均法的优点在于：让你更重视近期需求，而不是早期需求。（它甚至可以处理季节性因素的影响，只要对以前年份中的同一季节赋予更高的权重即可）。与简单移动平均预测法相比，这种预测方式对潜在需求序列平均值的变化，将做出更多响应。

*指数平滑法*　指数平滑法（exponential smoothing method）是一种高级的加权移动平均法，它通过隐性地赋予近期需求比早期需求更大的权重来计算时间序列的平均值，直到历史文件的第一个时段。由于其简单性以及只需少量的数据支撑，它已成为最常用的正规预测方法。加权移动平均法要求有 $n$ 期过去的需求量数据和 $n$ 个权重，与此不同的是，指数平滑法只需要三个数据：（1）上个时段的预测值；（2）当前时段的实际需求量；（3）平滑系数 $\alpha$，其取值范围从 0 到 1.0。第 $t+1$ 时段的指数平滑预测方程为：

$$F_{t+1} = \alpha D_t + (1 - \alpha)F_t$$

对最近需求水平的重视程度可以通过改变平滑系数来调整。$\alpha$ 值越大，就越重视需求的近期水平，并使预测值对潜在平均值的变化响应得更快。$\alpha$ 值越小，对以

联合利华公司是立顿、德芙、好乐门（Hellmann's）以及其他数百种品牌的供应商，它必须对全球的需求做出预测。公司有最先进的预测系统。利用 Manugistics 公司的软件，系统进行混合预测，将用时间序列法预测的数据再根据销售小组的促销计划做主观调整。联合利华公司将收银机的数据与自己的预测值进行比较。当需要时，对预测结果进行审核并根据判断做出调整。

往的需求值的处理就越均衡，并使预测值更稳定。减小 $\alpha$ 值的作用与在移动平均法中增大 $n$ 值相似，都是给以往需求更大的权重。在实践中，要对不同的 $\alpha$ 值进行试算，并选择一个能达到最佳预测效果的 $\alpha$ 值。

　　指数平滑法需要一个初始预测值才能开始预测。有几种方式可以获得该初始值。OM Explorer 和 POM for Windows 软件将缺省值设置成第一个时段的实际需求，这个缺省值是第二时段的预测值。然后从第二时段起计算预测值和预测误差。如果有某些历史数据可供利用，则初始预测值可以通过计算几个最近时段的需求平均值得出。初始平均值的估计值对后续平均值的估计值的影响将随时间的推移而减弱。

---

**例 14.4　应用指数平滑法估计平均需求**

---

a. 再次考虑例 14.3 中的患者人数数据。现在是第 3 周周末，因此知道实际的患者数为 411 人。取 $\alpha = 0.10$，计算第 4 周的指数平滑预测值。

b. 如果第 4 周的实际需求证明是 415，那么第 4 周的预测误差是多少？

c. 第 5 周的预测值是多少？

**解**

a. 指数平滑法需要一个初始预测值。假定取最初两周的需求数据，并计算其平均值，得到（400 + 380）/2 = 390 作为初始预测值。（POM for Windows 和 OM Explorer 软件简单地用第 1 周的实际需求作为第 1 个时段的初始预测值的缺省设置，到第 2 个时段才开始计算预测误差。）为了得到第 4 周的预测值，取 $D_3 = 411$，$\alpha = 0.10$ 和 $F_3 = 390$，用指数平滑法计算第 4 周的预测值，如下：

$$F_4 = 0.10 \times 411 + 0.90 \times 390 = 392.1$$

因此，第 4 周的预测值为 392 位患者。

b. 第 4 周的预测误差为

$$E_4 = 415 - 392 = 23$$

c. 第 5 周的新预测值是：

$$F_5 = 0.10 \times 415 + 0.90 \times 392.1 = 394.4$$

即 394 位患者。注意在计算 $F_5$ 时，使用的是 $F_4$，而不是对第 4 周的预测值取整数。通常，为了在计算中尽可能保持精确度，通常仅（在适当的时候）对最终结果取整数。

**决策重点**

　　运用这种指数平滑模型，分析人员的预测结果应该是第 4 周 392 位患者，然后第 5 周及以后各周是 394 位患者。然而，一旦第 5 周的实际需求量已知，那么第 6 周的预测值将被更新。

---

　　由于指数平滑法简单且要求的数据最少，所以对那些在每个时段要计算成千上万个预测值的企业来说，其花费不多且很有吸引力。但是，当潜在平均值正在变化时，就像需求序列具有趋势性一样，其简单性也就变成了缺点。和只适合于稳定的平均值这一假定的其他方法一样，指数平滑法的预测结果将滞后于潜在的需求平均值的

变化。在平均值发生变化的情况下，更大的 $\alpha$ 值有助于减少预测误差。但是，如果平均值产生系统性变化，这种滞后现象还是会存在。一般来说，如果在应用指数平滑法时要求大的 $\alpha$ 值（如 $\alpha > 0.5$），这时由于在需求序列中存在显著的趋势性或季节性影响，那么可能需要用其他模型。

## 趋势投影回归法

现在让我们考虑具有趋势性的需求时间序列。时间序列中的趋势是指序列的平均值随时间的推移呈现出系统性的增加或减少。当呈现出明显的趋势时，用简单平均法、移动平均法和指数平滑法预测都有一定的适应性，但是仍然滞后于实际需求，预测结果会低于或高于实际需求。

趋势投影回归法是一种考虑趋势的简单回归分析预测模型。为了建立预测趋势的回归模型，令因变量 $Y$ 为一个时段的需求量，自变量 $t$ 为时间段。令第 1 个时段的 $t = 1$，第 2 个时段的 $t = 2$，依此类推。回归方程为

$$F_t = a + bt$$

趋势投影回归模型的一个优点是它能很好地预测未来的需求。之前的模型仅将需求向前投影一个时段，而且假定在那之后的所有需求都保持在同一水平。当然，可以更新所有模型（包括趋势投影回归模型）的每个时段，使其保持最新状态。但是趋势投影回归模型的一个明显缺点是不具备适应性。当你回答下列问题时就可以得到解决适应性的办法。如果你有自 1920 年以来福特汽车的销售数据，你在回归分析中会包含每年的数据，使每年的销售权重相等，还是只包含近些年的销售数据？你很有可能决定只包含近些年的数据，使你的回归模型更具适应性。因此，可以通过与移动平均法（改变 $n$）或指数平滑法（改变 $\alpha$）相同的方式来选择历史数据的时段数，使趋势投影回归模型具有或多或少的适应性。

趋势投影回归模型可以用 OM Explorer 中的趋势投影回归模型求解软件或时间序列预测求解软件求解。两种求解软件都提供回归系数、判定系数 $r^2$、误差衡量指标以及未来的预测结果。POM for Windows 中还有考虑趋势的其他模型，即趋势调整平滑模型（trend-adjust smoothing model）。

趋势投影回归模型求解软件集中于趋势分析。得出的图形给出了模型与实际需求拟合程度的总体视图。当回归开始时，其滑动条可以控制回归分析包含的时段数以及你希望对未来预测的时段数。另一方面，时间序列预测求解软件覆盖了包括趋势投影回归模型在内的所有时间序列模型。它还可用于计算组合预测，我们将在下一节"运用多种预测方法"中介绍。

### 例 14.5　用趋势投影回归法预测有趋势性的需求序列

Medanalysis 有限公司为 Health Providers 的患者提供医疗实验室服务。Health Providers 是与一项新的保健计划有关的由 10 名家庭医生组成的团体。公司的管理人员对预测每周要求检验血样的患者数量很感兴趣。最近，有关胆固醇对心脏有不利影响的宣传，导致在全国范围内对标准血液检测需求不断增加。表 14.1 给出了过去 16 周的血样数量。后面 3 个时段的预测需求量是多少？

表 14.1　最近 16 周 Medanalysis 公司的血样数

| 周 | 数量 | 周 | 数量 |
|---|---|---|---|
| 1 | 28 | 9 | 61 |
| 2 | 27 | 10 | 39 |
| 3 | 44 | 11 | 55 |
| 4 | 37 | 12 | 54 |
| 5 | 35 | 13 | 52 |
| 6 | 53 | 14 | 60 |
| 7 | 38 | 15 | 60 |
| 8 | 57 | 16 | 75 |

**解**

图 14.6（a）给出了当回归分析中包含全部 16 周的数据时，用趋势投影回归模型求解软件得出的计算结果。图 14.6（b）显示了与图形对应的计算表。

观察图 14.6（a）中的数值，可以知道趋势线与 $Y$ 轴的截距（a）为 28.50，直线的斜率（b）为 2.35。因此，趋势方程为 $F_t = a + bt$，式中 $t$ 是你想要预测的时间段数。第 19 时段的预测值为 $28.5 + 2.35 \times 19 = 73$。误差项 CFE = 0（当回归开始时间与误差分析开始时间相同时，这点是可以预期到的），MAD = 6.21，MSE = 52.96 以及 MAPE = 13.53%。判定系数 $r^2$ 为 0.69，相当不错。趋势线缓慢上升，到第 19 时段时达到 73。每个时段的预测值说明，每周的患者人数增加了 2.35。

**趋势投影回归模型求解软件**

图 14.6（a）

第一个模型

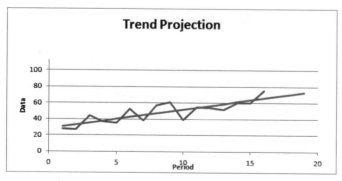

| | | |
|---|---|---|
| Regression begins in period | 1 | ◀ ▶ |
| Error analysis begins in period | 1 | ◀ ▶ |
| Number of future forecasts | 3 | ◀ ▶ |

| | |
|---|---|
| *a* (Y intercept) | 28.50 |
| *b* (slope or trend) | 2.35 |
| r2 | 0.69 |
| | |
| CFE | 0.00 |
| MAD | 6.21 |
| MSE | 52.96 |
| MAPE | 13.53% |
| | |
| Forecast for period 17 | 68.375 |
| Forecast for period 18 | 70.72059 |
| Forecast for period 19 | 73.06618 |

图 14.6（b）
第一个模型预测误差的
详细计算

| Period # | Actual Demand | Forecast | Error | Running CFE | Error Squared | Absolute Error | Abs % error |
|---|---|---|---|---|---|---|---|
| | | | | CFE 0.000 | MSE 52.958 | MAD 6.210 | MAPE 13.53% |
| 1 | 28 | 31 | -2.846 | -2.846 | 8.097 | 2.846 | 10.16% |
| 2 | 27 | 33 | -6.191 | -9.037 | 38.331 | 6.191 | 22.93% |
| 3 | 44 | 36 | 8.463 | -0.574 | 71.626 | 8.463 | 19.23% |
| 4 | 37 | 38 | -0.882 | -1.456 | 0.779 | 0.882 | 2.38% |
| 5 | 35 | 40 | -5.228 | -6.684 | 27.331 | 5.228 | 14.94% |
| 6 | 53 | 43 | 10.426 | 3.743 | 108.711 | 10.426 | 19.67% |
| 7 | 38 | 45 | -6.919 | -3.176 | 47.874 | 6.919 | 18.21% |
| 8 | 57 | 47 | 9.735 | 6.559 | 94.776 | 9.735 | 17.08% |
| 9 | 61 | 50 | 11.390 | 17.949 | 129.725 | 11.390 | 18.67% |
| 10 | 39 | 52 | -12.956 | 4.993 | 167.855 | 12.956 | 33.22% |
| 11 | 55 | 54 | 0.699 | 5.691 | 0.488 | 0.699 | 1.27% |
| 12 | 54 | 57 | -2.647 | 3.044 | 7.007 | 2.647 | 4.90% |
| 13 | 52 | 59 | -6.993 | -3.949 | 48.897 | 6.993 | 13.45% |
| 14 | 60 | 61 | -1.338 | -5.287 | 1.791 | 1.338 | 2.23% |
| 15 | 60 | 64 | -3.684 | -8.971 | 13.571 | 3.684 | 6.14% |
| 16 | 75 | 66 | 8.971 | 0.000 | 80.471 | 8.971 | 11.96% |

图 14.6（c）
第二个模型

趋势投影回归模型求解软件

Regression begins in period 9
Error analysis begins in period 9
Number of future forecasts 3

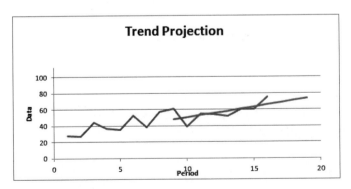

**Trend Projection**

| | |
|---|---|
| a (Y intercept) | 24.86 |
| b (slope or trend) | 2.57 |
| r2 | 0.39 |
| | |
| CFE | 0.00 |
| MAD | 5.96 |
| MSE | 55.29 |
| MAPE | 11.10% |
| | |
| Forecast for period 17 | 68.57143 |
| Forecast for period 18 | 71.14286 |
| Forecast for period 19 | 73.71429 |

**趋势投影回归模型求解软件**

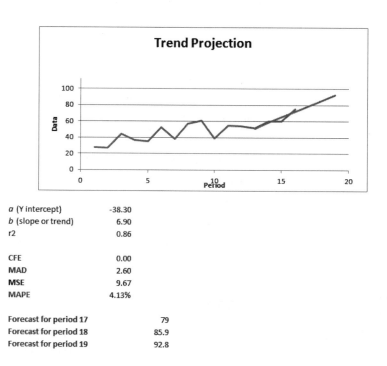

| | |
|---|---|
| Regression begins in period | 13 |
| Error analysis begins in period | 13 |
| Number of future forecasts | 3 |

| | |
|---|---|
| *a* (Y intercept) | -38.30 |
| *b* (slope or trend) | 6.90 |
| r2 | 0.86 |
| | |
| CFE | 0.00 |
| MAD | 2.60 |
| MSE | 9.67 |
| MAPE | 4.13% |
| | |
| Forecast for period 17 | 79 |
| Forecast for period 18 | 85.9 |
| Forecast for period 19 | 92.8 |

当回归分析中包含的时段数量减少为 9 时，图 14.6（c）给出了得到组合结果的第二个模型。趋势线有更大的斜率。MAD 和 MAPE 值更好一些，但是 $r^2$ 和 MSE 却较差。图 14.6（d）的第三个模型是一种极端情况，在建立回归模型时仅使用了最后的 4 个时段。它有最好的 $r^2$ 值，而且所有误差衡量指标都优于前面的两个模型。第 19 个时段的预测值为 93 个血样。但是，该模型仅仅基于最后 4 周的数据，并忽略了历史文件中以前的所有数据。由于这一原因，管理层决定将两个预测值的差一分为二，取预测值为 83 个血样。它是图 14.6（a）和图 14.6（c）中较保守的预测值 73 和图 14.6（d）乐观预测值 93 的中间值。

## 季节性模式

季节性模式指在不到一年（小时、天、周、月或季）的时间段里测量到的需求，定期地重复性地向上或向下变动。本书将这种时间段称为季节（seasons）。例如，任何一天，快餐店里顾客光临的高峰期在上午 11 点到下午 1 点之间，从下午 5 点至 7 点再一次出现就餐高峰。

考虑季节性影响的一种简单方法是使用前述预测方法中的一种，但要将时间序列中的数据限定于相同季节的那些时间段。例如，对于周内的季节性影响，周一的数据构成一个时间序列，周二的数据构成另一个时间序列，以此类推。这种方法考虑了季节性因素的影响，但缺点是舍弃了有关过去需求的很多信息。

还有其他一些方法可用来分析以往所有数据，使用一个模型来预测所有季节的需求。这里仅介绍**乘积季节模型法**（multiplicative seasonal method），即用平均需求估计值乘以季节因子得到季节性预测值。虽然计算平均值有更复杂的方法，如移动平均法或指数平滑法等都可以使用，但这里四个步骤的预测程序主要涉及对过去需求量的简单平均法。尽管该预测程序可用于任何季节性模式及任意长度的季节，但以下讨论是基于以月为季节的持续一年的季节性模式。

1. 对每一年来说，通过将年需求量除以每年的季节数，计算出每季的平均需求量。
2. 对每一年来说，用一季的实际需求量除以每季的平均需求量，其结果就是该年每季的季节指数（seasonal index），它表示需求水平与平均需求之间的比值。例如，如果计算出 4 月份的季节指数为 1.14，则意味着 4 月份的需求量比每月平均需求量高出 14%。
3. 利用第 2 步的结果计算出每季的平均季节指数。即将同一个季节的所有季节指数相加，并除以所取数据的年数。
4. 计算下一年度每季的预测值。首先，运用简单预测法、移动平均法、指数平滑法或趋势投影回归法预测下一年的年需求量。然后，用年需求量除以每年的季节数，得到每季的平均需求量。最后，用每季的平均需求量乘以第 3 步中求出的相应季节指数，就可得到各季节的预测值。

**例 14.6** 运用乘积季节模型法预测顾客数

地毯清洁公司的经理 Stanley Steemer 需要对来年的顾客数分季度进行预测。地毯清洁业务是季节性的，在第 3 季度会出现需求高峰，而在第 1 季度会出现需求低谷。Stanley 希望以第 5 年总需求量的估计值 2 600 位顾客为基础，对第 5 年每季度的顾客需求进行预测。

**解**

下表计算出了每周的季节因子。

表中显示了过去 4 年的每季需求数据，以及为了得出每一季度的平均季节因子所完成的计算。

例如，第 1 年第 1 季度的季节因子是用实际需求量（45）除以全年的平均季度需求量（1 000/4=250）计算出来的。当对全部 4 年的数据进行这种计算后，就可以对全部 4 年第 1 季度的季节因子求平均值。第 1 季度季节因子的计算结果是 0.2043。

一旦算出了全部 4 个季度的季节因子（见下表中的最后一列），就可以转向第 5 年的需求预测。该经理建议第 5 年全年的需求预测值为 2 600 位顾客，考虑到年需求量一直以每年平

| 季度 | 第 1 年 | | 第 2 年 | | 第 3 年 | | 第 4 年 | | 平均季节因子 [(1+2+3+4)/4] |
| --- | --- | --- | --- | --- | --- | --- | --- | --- | --- |
| | 需求量 | 季节因子（1） | 需求量 | 季节因子（2） | 需求量 | 季节因子（3） | 需求量 | 季节因子（4） | |
| 1 | 45 | 45/250=0.18 | 70 | 70/300=0.23333 | 100 | 100/450=0.22222 | 100 | 100/550=0.18182 | 0.2043 |
| 2 | 335 | 335/250=1.34 | 370 | 370/300=1.23333 | 585 | 585/450=1.30 | 725 | 725/550=1.31818 | 1.2979 |
| 3 | 520 | 520/250=2.08 | 590 | 590/300=1.96667 | 830 | 830/450=1.84444 | 1160 | 1 160/550=2.10909 | 2.0001 |
| 4 | 100 | 100/250=0.40 | 170 | 170/300=0.56667 | 285 | 285/450=0.63333 | 215 | 215/550=0.39091 | 0.4977 |
| 合计 | 1 000 | | 1 200 | | 1 800 | | 2 200 | | |
| 平均值 | 1 000/4=250 | | 1 200/4=300 | | 1 800/4=450 | | 2 200/4=550 | | |

均 400 位顾客的速度增加（从第 1 年的 1 000，到第 4 年的 2 200，即 1 200/3=400），这一预测值看起来是合理的。通过延伸这一趋势计算出预测需求量，投影出第 5 年的年需求量为 2 200+400=2 600 位顾客。（用 OM Explorer 的趋势投影回归求解软件也得出了相同的结果。）对每季度的预测是非常直接的。首先，求出第 5 年平均需求预测值，该值为 2 600/4 = 650。然后用该平均需求量乘以平均季节指数，可以得到如下结果：

| 季度 | 预测值 |
|---|---|
| 1 | 650 × 0.2043 = 132.795 |
| 2 | 650 × 1.2979 = 843.635 |
| 3 | 650 × 2.0001 = 1 300.065 |
| 4 | 650 × 0.4977 = 323.505 |

图 14.7 给出了用 OM Explorer 的季节性预测求解软件计算的计算机解。图 14.7（b）证实了上述所有计算结果。注意图 14.7（a）中计算机给出的需求预测的缺省值是第 5 年。但是，如果经理希望根据其他信息做主观预测，可以选择用户提供的预测值将计算机提供的预测值覆盖掉。

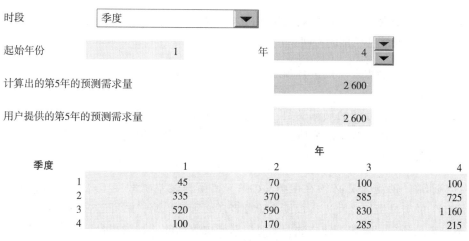

**图 14.7**
用 *OM Explorer* 的季节性预测求解软件求出的需求预测值

（a）数据输入表

| 季度 | 季节指数 | 预测值 |
|---|---|---|
| 1 | 0.2043 | 132.795 |
| 2 | 1.2979 | 843.635 |
| 3 | 2.0001 | 1 300.065 |
| 4 | 0.4977 | 323.505 |

（b）结果输出表

**决策重点**

利用这种季节方法，分析人员做出的需求预测值在第 1 季度低至 133 位顾客，而在第 3 季度却高达 1 300 位顾客。一年中的不同季节有明显差异。

与乘积季节模型法不同的另一种方法是**加法季节模型法**（additive seasonal method），通过给每季平均需求的估计值增加或减少一个常量（比如，50 单位），得到季节预测值。这种方法基于一个假定条件，即不管平均需求量是多少，其季节性模式不变。无论需求水平是多少，季节性调整幅度保持不变。

# 定量预测方法的选择

## 选择时间序列法的准则

预测误差衡量指标为服务或产品选择最佳预测方法提供了重要信息。它们还可以指导管理者为该方法所需要的参数选择最合适的值：如移动平均法中的 $n$、加权移动平均法中的权重、指数平滑法中的 $\alpha$，以及趋势投影回归法中回归数据的起始时间。用于预测方法及参数选择的准则包括：（1）使偏差（CFE）最小；（2）使 MAPE、MAD 或 MSE 最小；（3）使 $r^2$ 最大；（4）满足管理者对需求组成要素变化的预期；（5）使最近时段的预测误差最小。前三项准则与基于历史表现的统计衡量指标有关；第四项准则反映了对未来的预期，但预期并不植根于过去的数据；第五项准则指出了这样一条途径：在必须进行预测时，要使用在当时看来最有效的方法。

*统计准则的应用*　用统计性能衡量指标来选择预测方法。下列指导原则有助于确定寻找最佳时间序列模型的时间。

1. 对较稳定的需求模式进行预测时，使用较小的 $\alpha$ 值或较大的 $n$ 值，来强调历史经验。
2. 应用本章所介绍的预测模型，对动态特性较明显的需求模型进行预测时，尝试较大的 $\alpha$ 值或较小的 $n$ 值。当历史需求模式发生变化时，应该强调最近的历史动态。

通常，预测人员必须在偏差（CFE）和预测误差离散度（MAPE、MAD 以及 MSE）的衡量指标之间进行权衡。管理者还必须认识到，解释过去数据的最佳方法不一定是预知未来的最佳方法，而且，对历史数据的"过度拟合"是靠不住的。例 14.5 就是这种情况。所有预测误差衡量指标都指出图 14.5（d）中的回归模型是最好的，但是管理层却感到犹豫，因为该模型使用的时间序列数据太少。一种预测方法相对于历史文件的误差可能很小，但对未来时段产生的误差却很大。由于这个原因，有些分析人员更愿意使用**预留样本**（holdout sample）作为最终检测手段（参见本章末尾的两个实验练习）。为了做到这一点，他们将时间序列中较近一些时段的数据先放到一边，只利用较早时间段的数据来建立和检验不同的模型。一旦在第一个阶段选定了最终模型，那么就用预留的样本数据对这些模型再次检验。如 MAPE 以及 CFE 这样的性能指标还会继续使用，但它们是被应用于预留样本。不管是否运用了这种思想，管理者都应该监测未来的预测误差，并在需要时修正预测方法。预测性能数据的维持能力是对预测能力的最终检验——而不是看一个模型与历史数据或预留样本的拟合程度如何。

## 跟踪信号

**跟踪信号**（tracking signal）是指出预测方法是否准确预测实际需求变化的一个衡量指标。跟踪信号可以衡量用累计预测误差 CFE 所表示的 MAD 的个数。当使用正确的预测系统时，CFE 趋近于 0。但是，任何时候随机误差都使 CFE 不可能取 0 值。跟踪信号的公式为：

$$跟踪信号 = \frac{CFE}{MAD} \text{ 或 } \frac{CFE}{MAD_t}$$

在每个时段，CEF 和 MAD 都会更新，来反映当前的误差，并且跟踪信号要与某些预定的界限值进行比较。MAD 可以用以下两种方法之一来计算：（1）对所有误差的绝对值进行简单平均（如例 14.1 所述）；或（2）应用指数平滑法确定加权平均值：

$$MAD_t = \alpha|E_t| + (1 - \alpha)MAD_{t-1}$$

如果预测误差服从均值为 0 的正态分布，那么 $\sigma$ 与 MAD 之间的关系可简单表示如下：

$$\sigma = (\sqrt{\pi/2})(MAD) \cong 1.25(MAD)$$
$$MAD = 0.7978\sigma \cong 0.8\sigma$$

式中

$$\pi = 3.1416$$

这种关系可以用正态概率表来确定跟踪信号的限定范围。如果跟踪信号落在这些界限之外，那么预测模型就不能充分跟踪需求的变化。跟踪系统对计算机化的预测系统是很有用的，因为当预测值逐渐远离预定界限时，它就会向分析人员发出警告信号。图 14.8 显示了在一张控制图上画出的 23 个时间段的跟踪信号结果。该控制图用于确定是否需要采取措施来改进预测模型。在本例中，前 20 个点散布于 0 的周围，如果预测值未发生偏离，就正是我们所期望的。CFE 将趋近于 0。在实际需求的内在特征发生变化，而预测模型没有随之改变的情况下，跟踪信号最终就会超出控制界限。在图 14.8 中，跟踪信号的值自第 20 个点以后稳定增大，这表明流程将要处于失控状态。第 21 点和第 22 点还可以接受，但第 23 点是不可接受的。

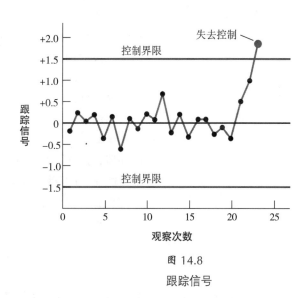

图 14.8
跟踪信号

# 运用多种预测方法

我们已经分别介绍了几种预测方法，并说明了如何评估预测性能。但是，我们没有必要依赖于一种单一的预测方法。我们可以使用几种不同的预测方法得到最终的预测结果。将运用几种时间序列法以及回归分析法得到的初始统计预测值分发给有相关知识的人，如营销主管和销售团队（有时甚至是供应商和顾客），由他们对预测结果做出调整。他们可以考虑不一定在历史数据中反映出来的当前市场状况和顾客情况。不同的销售团队会得到多个不同的预测值，有些团队以往的预测误差记录可能比其他团队要好一些。

最近 20 年的研究表明，将多个来源的预测值组合起来通常可以产生更准确的预测结果。**组合预测**（combination forecast）就是在不同预测方法、不同来源或不同数据的基础上，对各独立的预测值求平均值而得出预测结果的方法。其吸引力在于，在经过一段时间之后，组合预测的效果通常会更好一些，甚至比最好的单独预测手段还要好。例如，假定由第 1 种方法得到下一时段的预测值为 100 件，第 2 种方法得到的预测值为 120 件，而迄今为止，第 1 种方法提供的预测结果更准确。如果对每种方法给予相等的权重，那么下一时段的组合预测值为 110 件（即 $0.5 \times 100 + 0.5 \times 120$）。当这种平均手段一直持续用到将来，和任何最好的单独预测方法（本例指第 1 种方法）相比，其组合预测值通常更准确。当每个预测方法将不同种类的信息用于其预测过程时，组合预测是最有效的方法。将这些预测值赋予相等的权重，预测者可以得到非常好的结果，这也是一个很好的出发点。但是，在某些情况下，权重不相等会产生更好的效果。

OM Explorer 和 POM for Windows 可以帮助你评价几种预测模型，然后用它们生成组合预测值。事实上，OM Explorer 中的时间序列预测求解软件，利用你提供的各种被评估模型的权重，自动以加权平均的形式计算出组合预测值。这些模型包括简单预测模型、移动平均模型、指数平滑模型以及趋势投影回归模型。另外，你可以建立一个简单的 Excel 数据表，将 POM for Windows 软件产生的预测值进行组合得到组合预测结果。时间序列预测求解软件还可以让你用一组预留样本评价预测过程。预测人员只向前一个时段做预测，并知道给定的实际需求量。接下来求解软件计算出该时段的预测值和预测误差。这一过程持续到预留样本的下一个时段，预测人员将投入下一时段预测值的计算。为了充分了解情况，预测人员还应该知道其他预测方法的效果，特别是对最近的历史数据的拟合情况。

利用多种方法的另一条途径是**重点预测**（focus forecasting），这种方法从各个方法产生的一组预测值中，选择出最优的预测值（根据以往的误差衡量指标）。在每个时间段，用所有的方法来预测每项产品。这些预测值要用计算机算出，因为一家企业可能有 10 万种 SKUs，每一种都需要预测。利用历史文件作为各预测方法的起点，计算机就可以产生当前时段的预测值。将这些预测值与实际需求量进行比较，其预测误差最小的方法，可用于对下一时段的预测。每项产品所用的方法，在每个时段都有所不同。

## 综合：作为流程的预测

企业常常必须对数百种甚至是数千种服务或产品进行重复预测。例如，一个大型保健机构的网络必须计算一个部门每项服务的需求预测值。这一任务涉及必须频繁操作的大量数据。但是，如摩托罗拉移动技术公司系统的软件可以使这些预测工作变得轻松，并且与顾客和供应商的预测结果相协调。有许多预测软件包可供使用，其中包括 Manugistics、Forecast Pro 和 SAS。OM Explorer 和 POM for Windows 中的

## 管理实践 14.1 | 组合预测及其预测过程

Fiskars Brands 有限公司对其预测过程进行了彻底地改革。该公司为 2 000 个客户提供服务，其范围从大型折扣商店到当地的工艺品商店，提供大约 2 300 种产成品 SKU。它的母公司 Fiskars 是世界上第二古老的股份有限公司，生产各种高质量的产品，比如园艺剪刀、修剪工具、手工工具、学龄前儿童用剪、棘轮工具、螺丝刀等。其业务具有高度的季节性，价格的变化很大。大约有 10% 到 15% 的年收入来自一次性的促销活动，每年有 25% 到 35% 的产品都是新产品。

公司引入了基于统计的分析系统，并配有基于网络的商业智能报告工具。该系统更强调组合预测。系统不是要求销售人员提供他们自己的预测值，而是向他们发送预测值，然后要求他们对收到的预测值进行确认或修正。相对于预测值的增加、减少和推广，他们的建议是非常有用的。将多个预测值转换成一个数字（来自时间序列法、销售人员的意见以及客户意见的预测值）可以得到以 SKU 衡量的更准确的预测值。Fiskars 公司的软件具有对每个输入数据加权的能力。它对内嵌的统计预测值赋予更大的权重，而来自销售人员的输入数据则为促销产品和新产品赋予了更大的权重。

该软件还可以根据价值和可预测性对 SKU 进行划分，目的是将预测重点放在那些对业务有重大影响的 SKU 上。具有高度可预测性（到目前为止具有小的预测误差且需求稳定）的高价值的物品（第 9 章"供应链库存管理"中用 ABC 分析法得出的"A"类物品）可以用时间序列法很好地进行预测，并谨慎地使用**主观判断法调整**（judgemental adjustment）。可预测性低的高价值物品在预测中拥有最高的优先级别，比如用 CPFR。对"C"类物品的预测改进关注较少，这类物品一般有一些历史数据并且需求相当稳定。

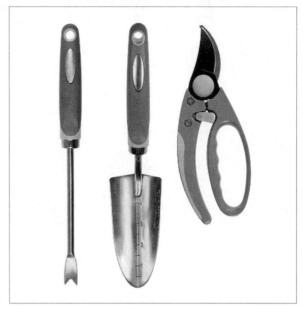

Fiskars Brands 有限公司对其预测过程进行了彻底地改革。它的产品包括园艺剪刀、修剪工具、手工工具、学龄前儿童用剪、棘轮工具等。公司引入了强调组合预测的时间序列预测工具。系统不是要求销售人员提供他们自己的预测值，而是向他们发送预测值，然后要求他们对收到的预测值进行确认或修正。相对于预测值的增加、减少和推广，他们的主观意见提供了非常有价值的信息。将多个预测值（来自几种时间序列方法以及主观判断意见的预测值）组合成一个数字，可以得到以 SKU 衡量的更准确的预测值。

最后，Fiskars 公司开展了一项基于网络的项目，使预测信息以它需要的任何形式向整个公司开放。例如，财务部门需要每月、每季和每年的资金预测值，而运营部门则需要产量的预测值以及准确的衡量指标。每个人都可以根据顾客、品牌和 SKU 来跟踪经过更新的预测信息。

资料来源：David Montgomery, "Flashpoints for Changing Your Forecasting Process," *The Journal of Business Forecasting* (Winter 2006–2007), pp. 35–37.

预测例程对其性能给出了一些提示。预测不仅仅是一组技术，而是必须进行设计和管理的流程。虽然不存在适用于所有人的流程，但是这里介绍两种对运营和供应链管理十分有效的一个综合流程。

West Marine 公司于 1997 年收购了其在东海岸的竞争对手 E&B Marine 公司。收购后的影响很快便显现出来。与以往年份相比，需求高峰季节缺货水平上升超过了 12%。在经历了 6 年的稳定增长后，净收入从 1997 年的 1 500 万美元下降到次年的不到 100 万美元。公司快速发展了 6 年。在任何仓库或商店都不存在供货问题。是什么发生了变化？一个词——供应链。管理者认识到在供应链管理上他们需要重大转变。一个关键要素是要更好地与供应商合作。只在一个单独的组织边界内部调整供应链是远远不够的。

## 一个典型的预测流程

从过去需求的历史文件开始，预测流程的许多输入都是信息性的。历史文件是根据实际需求来随时更新的。对数据库要进行说明性的注释和调整，以解释异常的需求行为，比如特别促销和清仓抛售的影响。数据库通常分为两部分：基础数据和非基础数据。第二类数据反映了非常规需求。在前一个时间段末刚刚做出的最终预测值会输入历史文件中，以便跟踪预测误差。其他信息来源包括销售人员的估计、尚未敲定的新订单投标、已登记的订单、市场调研、竞争者行为、经济前景、新产品推介、定价和促销。如果像本章开头案例中的摩托罗拉移动技术公司那样使用CPFR，那么在客户和供应商之间就要共享大量的信息。对于新产品来说，就要基于企业先前的产品经验和个人判断来建立历史数据库。

预测流程的产出是对未来多个时间段的预测结果。通常以月为基础，向前预测 6 个月到 2 年。大多数软件包具有将各个最小存货单位（SKU）的预测值"累积"或"集合"成整个产品族的预测值的能力。预测值也可以分解为更小的单元。在一个面向库存生产的环境中，预测趋于更加具体，可以考虑到每一种特定产品。而在面向订单生产的环境中，趋于对产品族进行预测。类似地，如果购买原材料、生产一种产品或提供一种服务的提前期很长，就要对未来更多的时间段做预测。

预测流程本身一般以月为基础，由结构化的步骤构成。这些步骤通常由需求管理者、预测分析师或者需求 / 供应规划人员等人来完成。但是，在月度计划得到批准之前，还涉及许多其他人员。

*第 1 步*。当预测值最后敲定并向相关人员通报之后，从月中开始新一轮预测。现在应该更新历史文件并审核预测精度。在月末，输入实际需求并审核预测精度。

*第 2 步*。用某种预测软件包和主观判断法进行初步预测。调整软件参数找到这样一种模型，即既能很好地适应过去的需求，又能反映需求管理者对非常规事件的判断，以及从各种来源和业务单元得出的有关未来销售的信息。

*第 3 步*。与相关人员举行协商会议，如营销人员、销售人员、供应链规划人员和财务人员等。让业务单位和现场销售人员自由发表意见。利用互联网从重要顾客和供应商处收集合作信息。目的是要从各类重要的参与者中得出一致的预测结果。

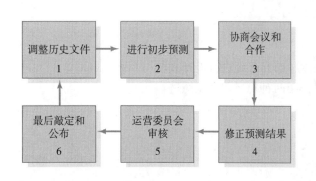

*第 4 步*。通过主观判断来修正预测结果，同时要考虑协商会议和合作方的意见。

*第 5 步*。将预测结果提交运营委员会审核，并得到一组最终的预测结果。得到一组每个人都同意并用行动支持的预测结果是非常重要的。

*第 6 步*。根据运营委员会的决定最终敲定预测值，并将其通报给重要的相关人员。供应链规划人员通常是这些预测值最重要的用户。

　　和所有业务活动一样，预测是一个流程，应该不断对其检验并进行改进。一个好的流程可以在营销、销售和运营等部门之间缔造良好的关系。好的流程也会提供好的预测。这一原则在表 14.2 所示的流程改进指导原则中位于首位。

## 加强预测系统中的协作

　　这一流程与首个流程类似，但是增加了大量的与公司客户和供应商的协作，特别是在第 3 步中。**协同计划、预测和补货**（collaborative planning, forecasting, and replenishment, CPFR）是由 9 个步骤组成的供应链整合的特别流程，它使供应商及

沃尔玛公司在两方面久负盛名：一是对收银机收据做认真分析；二是与供应商合作来降低库存。过去，与许多其他零售商一样，沃尔玛公司并不与供应商共享预测数据。结果预测误差高达实际需求量的 60%。零售商的订购量大于他们的需求量，供应商的生产量大于他们的出售量。为了减轻误差对库存的不良影响，20 世纪 90 年代中期，沃尔玛、IBM、SAP 以及 Manugistics 公司出资成立了 Benchmarking Partners 有限公司来开发软件包。沃尔玛最早将这一新方法用于李施德林漱口水，这是 Warner Lambert 公司的主要产品（现在由强生公司生产和分销）。该系统在试验阶段以下列方式工作：沃尔玛公司和 Warner Lambert 公司将过去的销售趋势以及促销计划等因素考虑在内，各自计算未来 6 个月的预计需求量，然后两家公司在互联网上交换预测数据。如果这两个预测值的差别超过了预先确定的百分比，那么零售商和生产商就会通过互联网交换书面意见和支持数据。双方根据需要经过多个回合达成了一个可接受的预测值。他们成功通过了试验阶段。沃尔玛公司的收获是使缺货率从 15% 下降到 2%，同时销售额大幅增长且库存成本下降。同样，Warner Lambert 公司的收获是更加平滑的生产计划以及更低的平均成本。该系统后来得到推广并被称为 CPFR，意为协同计划、预测和补货。

**表 14.2　预测流程的一些原则**

- 好的流程产生好的预测
- 实际上每家企业都要做需求预测，无论是正式的还是非正式的。挑战在于做好预测——要比竞争对手做得更好
- 更好的预测会带来更好的顾客服务和更低的成本，以及更好的供应商和客户关系
- 预测可以而且必须在企业全局、经济前景和市场份额等方面具有价值
- 提高预测精确度的最好办法是注重预测误差的降低
- 偏差是预测误差中最坏的一种，要努力使偏差为 0
- 尽可能在综合层面上做预测，只在必要时做详细预测
- 通过人员之间的良好协作和沟通所能得到的，远比用最先进的预测方法或模型得到的要多得多

资料来源：Based on Thomas F. Wallace and Robert A. Stahl, *Sales Forecasting: A New Approach* (Cincinnati, OH: T. E. Wallace & Company, 2002), p. 112. Copyright © 2002 T.E. Wallace & Company. Used with permission.

其客户利用互联网合作做预测。包括本章开头描述的摩托罗拉公司在内的许多其他企业，正借助 CPFR 沿着供应链的上游和下游进行整合。

### 作为嵌套流程的预测

预测不是一项孤立的活动，而是在本书后面章节中要讨论的一个更大流程中的一部分。毕竟需求只是供求关系的一半——另一半是供给。必须制订未来规划来提供满足预测需求所需的资源。这些资源包括劳动力、物料、库存、资金和设备产能。从下一章，第 15 章"运营规划和生产调度"开始，一直到第 16 章"资源计划"所阐述的内容，都围绕"要确保需求和供应计划保持平衡"这一主题。

---

### 学习目标回顾

1. 确定可用于预测系统的各种预测方法。"选择预测方法的类型"一节对四类预测方法进行了简要介绍。在接下来的章节中对每类方法进行了全面阐述。

2. 确定预测误差的各种衡量指标。复习"预测误差"和"定量预测方法的选择"两节内容，掌握 CFE、MSE、σ、MAD、MAPE 以及跟踪信号。

3. 用一个或多个自变量，利用回归分析法做预测。"因果关系法：线性回归"一节和例 14.2 说明，当可以获得历史数据时，如何用线性回归法将需求表示为一个或多个自变量的线性函数。例 14.2 和问题求解 1 给出了计算机输出结果，包括关于回归方程与数据拟合程度的各种统计数据。

4. 利用最常用的时间序列分析法做预测。"时间序列分析法"一节对应用的简单预测法、简单移动平均法、加权移动平均法及指数平滑法做了介绍。像问题求解 2 和问题求解 3 一样，例 14.3 和例 14.4 说明了一些方法。

5. 利用趋势投影回归法做预测。对这一方法用 4 张图说明了计算机的输出结果，并解释了回归分析中包含的不同时段数如何影响预测。

6. 描述企业采用的一种典型预测流程。参见"一个典型的预测流程"一节及所包含的 6 个步骤。当你意识到涉及的 SKU 数量以及需要更新历史文件时，问题就会复杂得多。

7. 解释协同计划、预测和补货（CPFR）。"加强预测系统中的协作"一节在加强供应链上下游之间的协作方面迈出了一大步。在本章的开头部分，我们了解到摩托罗拉移动技术公司与客户合作来提高需求预测水平所做的工作。

---

### 关键公式

1. 预测误差：

$$E_t = D_t - F_t$$

$$\mathrm{CFE} = \sum E_t$$

$$\overline{E} = \frac{\mathrm{CFE}}{n}$$

$$\mathrm{MSE} = \frac{\sum E_t^2}{n}$$

$$\sigma = \sqrt{\frac{\sum(E_t - \overline{E})^2}{n-1}}$$

$$\text{MAD} = \frac{\Sigma |E_t|}{n}$$

$$\text{MAPE} = \frac{(\Sigma |E_t|/D_t) \times 100\%}{n}$$

2. 线性回归方程：

$$Y = a + bX$$

3. 简单预测法：

$$\text{预测值} = D_t$$

4. 简单移动平均法：

$$F_{t+1} = \frac{D_t + D_{t-1} + D_{t-2} + \cdots + D_{t-n+1}}{n}$$

5. 加权移动平均法：

$$F_{t+1} = \text{权重}_1(D_t) + \text{权重}_2(D_{t-1}) + \text{权重}_3(D_{t-2}) + \cdots + \text{权重}_n(D_{t-n+1})$$

6. 指数平滑法：

$$F_{t+1} = \alpha D_t + (1 - \alpha)F_t$$

7. 趋势投影回归法：

$$F_t = a + bt$$

8. 跟踪信号：

$$\frac{\text{CFE}}{\text{MAD}} \quad \text{或} \quad \frac{\text{CFE}}{\text{MAD}_t}$$

9. 指数平滑误差：

$$\text{MAD}_t = \alpha |E_t| + (1 - \alpha)\text{MAD}_{t-1}$$

## 关键术语

| | | |
|---|---|---|
| 预测 | 平均绝对偏差（MAD） | 简单移动平均法 |
| 时间序列 | 平均绝对百分比误差（MAPE） | 加权移动平均法 |
| 聚合 | 销售人员估计法 | 指数平滑法 |
| 主观判断法 | 管理人员意见法 | 乘积季节模型法 |
| 因果关系法 | 技术预测 | 加法季节模型法 |
| 时间序列分析法 | 市场调研法 | 预留样本 |
| 趋势投影回归法 | 德尔菲法 | 跟踪信号 |
| 预测误差 | 线性回归 | 组合预测 |
| 累计预测误差（CFE） | 因变量 | 重点预测 |
| 均方差（MSE） | 自变量 | 主观判断法调整 |
| 误差的标准差（$\sigma$） | 简单预测法 | 协同计划、预测和补货（CPFR） |

问题求解 1

Chicken Palace 公司定期特价供应 5 块鸡肉的外卖晚餐。设 $Y$ 为所售晚餐的数量，$X$ 为价格。根据下表所示的历史观察值及相关计算，确定回归方程、相关系数以及可决系数。当价格为每份 3.00 美元时，该公司预期可以售出多少份晚餐?

| 观察期 | 价格（X） | 晚餐销售量（Y） |
| --- | --- | --- |
| 1 | $2.70 | 760 |
| 2 | $3.50 | 510 |
| 3 | $2.00 | 980 |
| 4 | $4.20 | 250 |
| 5 | $3.10 | 320 |
| 6 | $4.05 | 480 |
| 合计 | $19.55 | 3 300 |
| 平均值 | $3.258 | 550 |

**解**

我们用计算机（OM Exploer 中的回归分析求解软件或 POM for Windows 中的回归预测模块）计算出 $a$、$b$ 的最佳值，相关系数和可决系数：

$$a = 1\ 454.60$$
$$b = -277.63$$
$$r = -0.84$$
$$r^2 = 0.71$$

回归直线为：

$$Y = a + bX = 1\ 454.60 - 277.63X$$

该相关系数（$r = -0.84$）表示变量之间为负相关关系。这里的可决系数（$r^2 = 0.71$）并不是很大，表明（除价格以外的）其他变量会对销售量有明显影响。

如果该回归方程令管理者感到满意，那么在 3.00 美元 / 份时，估计的销售量可以计算如下：

$$Y = a + bX = 1\ 454.60 - 277.63 \times 3.00$$
$$= 621.71\ 即\ 622\ 份晚餐$$

**问题求解** 2

Polish General 比萨店是一家小餐馆，向老主顾供应欧洲风味的比萨饼。其特色之一是波兰奖章比萨饼。管理人员必须预测这些特色比萨饼每周的需求量，才能决定每周比萨饼皮的订购量。近来的需求量如下所示：

| 周 | 比萨饼 | 周 | 比萨饼 |
|---|---|---|---|
| 6 月 2 日 | 50 | 6 月 23 日 | 56 |
| 6 月 9 日 | 65 | 6 月 30 日 | 55 |
| 6 月 16 日 | 52 | 7 月 7 日 | 60 |

a. 用简单移动平均法（$n = 3$）预测 6 月 23 日至 7 月 14 日的需求量。然后用加权移动平均法（$n = 3$）再进行预测，将权重 0.50、0.30、0.20 和 0.50 用于最近一期的需求量。

b. 计算每种方法的 MAD。

**解**

a. 简单移动平均法和加权移动平均法的计算结果如下：

| 当前周 | 下周的简单移动平均预测值 | 下周的加权移动平均预测值 |
|---|---|---|
| 6 月 16 日 | $\frac{52 + 65 + 50}{3} = 55.7$ 或 56 | $[(0.5 \times 52) + (0.3 \times 65) + (0.2 \times 50)] = 55.5$ 或 56 |
| 6 月 23 日 | $\frac{56 + 52 + 65}{3} = 57.7$ 或 58 | $[(0.5 \times 56) + (0.3 \times 52) + (0.2 \times 65)] = 56.6$ 或 57 |
| 6 月 30 日 | $\frac{55 + 56 + 52}{3} = 54.3$ 或 54 | $[(0.5 \times 55) + (0.3 \times 56) + (0.2 \times 52)] = 54.7$ 或 55 |
| 7 月 7 日 | $\frac{60 + 55 + 56}{3} = 57.0$ 或 57 | $[(0.5 \times 60) + (0.3 \times 55) + (0.2 \times 56)] = 57.7$ 或 58 |

每一行的预测值是下一周的需求量。例如，在知道 6 月 16 日的需求后，用简单移动平均法和加权移动平均法计算的预测值（两者都是 56）应用于 6 月 23 日的需求预测。

b. 平均绝对偏差计算如下：

| 周 | 实际需求量 | 简单移动平均 | | 加权移动平均 | |
|---|---|---|---|---|---|
| | | 本周预测值 | 绝对误差 $|E_i|$ | 本周预测值 | 绝对误差 $|E_i|$ |
| 6 月 23 日 | 56 | 56 | $|56 - 56| = 0$ | 56 | $|56 - 56| = 0$ |
| 6 月 30 日 | 55 | 58 | $|55 - 58| = 3$ | 57 | $|55 - 57| = 2$ |
| 7 月 7 日 | 60 | 54 | $|60 - 54| = 6$ | 55 | $|60 - 55| = 5$ |
| | | | MAD $= \frac{0 + 3 + 6}{3} = 3.0$ | | MAD $= \frac{0 + 2 + 5}{3} = 2.3$ |

对于这一有限的数据集合来说，加权移动平均法得到的平均绝对偏差稍小一些。但是，只有在分析了更多的数据之后，才能得出最终结论。

问题求解 3

Acme Rocket 公司生产的产品的月需求量如下所示：

| 月份 | 件数 | 月份 | 件数 |
|---|---|---|---|
| 5 | 100 | 9 | 105 |
| 6 | 80 | 10 | 110 |
| 7 | 110 | 11 | 125 |
| 8 | 115 | 12 | 120 |

a. 利用指数平滑法预测从 6 月份到 1 月份的需求量。5 月份的初始预测值为 105 件；$\alpha = 0.2$。

b. 计算从 6 月份到 12 月份每月的绝对百分比误差，并计算到 12 月底为止，预测误差的 MAD 和 MAPE。

c. 计算直到 12 月底为止的跟踪信号。你认为所用的预测方法性能如何？

**解**

a.

| 当前月份，$t$ | 计算下月预测值 $F_{t+1} = \alpha D_t + (1 - \alpha) F_t$ | 预测月，第 $t + 1$ 月 |
|---|---|---|
| 5 | $0.2 \times 100 + 0.8 \times 105 = 104.0$ 或 104 | 6 月 |
| 6 | $0.2 \times 80 + 0.8 \times 104.0 = 99.2$ 或 99 | 7 月 |
| 7 | $0.2 \times 110 + 0.8 \times 99.2 = 101.4$ 或 101 | 8 月 |
| 8 | $0.2 \times 115 + 0.8 \times 101.4 = 104.1$ 或 104 | 9 月 |
| 9 | $0.2 \times 105 + 0.8 \times 104.1 = 104.3$ 或 104 | 10 月 |
| 10 | $0.2 \times 110 + 0.8 \times 104.3 = 105.4$ 或 105 | 11 月 |
| 11 | $0.2 \times 125 + 0.8 \times 105.4 = 109.3$ 或 109 | 12 月 |
| 12 | $0.2 \times 120 + 0.8 \times 109.3 = 111.4$ 或 111 | 1 月 |

b.

| 月份 $t$ | 实际需求量 $D_t$ | 预测值 $F_t$ | 误差 $E_t = D_t - F_t$ | 绝对误差 $\|E_t\|$ | 绝对百分比误差 $(\|E_t\| / D_t) \times 100\%$ |
|---|---|---|---|---|---|
| 6 | 80 | 104 | −24 | 24 | 30.0% |
| 7 | 110 | 99 | 11 | 11 | 10.0% |
| 8 | 115 | 101 | 14 | 14 | 12.2% |
| 9 | 105 | 104 | 1 | 1 | 1.0% |
| 10 | 110 | 104 | 6 | 6 | 5.5% |
| 11 | 125 | 105 | 20 | 20 | 16.0% |
| 12 | 120 | 109 | 11 | 11 | 9.2% |
| 合计 | 765 | | 39 | 87 | 83.7% |

$$\text{MAD} = \frac{\Sigma |E_t|}{n} = \frac{87}{8} = 12.4, \quad \text{MAPE} = \frac{(\Sigma |E_t| / D_t) \times 100}{n} = \frac{83.7\%}{7} = 11.96\%$$

c. 到 12 月底为止，累计预测误差（CFE）为 39。利用（b）算得的平均绝对偏差，可以计算跟踪信号：

$$跟踪信号 = \frac{CFE}{MAD} = \frac{39}{12.4} = 3.14$$

完全由于偶然因素产生 3.14 这样的跟踪信号值的概率是很小的。因此，我们应该修正预测方法。有一长串预测值一直低于实际需求量，说明应该使用趋势预测法。

## 问题求解 4

Northville 邮政局每周的日邮件量呈现出季节性模式。下列是具有代表性的两周数据，邮件量的单位以千件表示：

| 日 | 第一周 | 第二周 |
|---|---|---|
| 星期日 | 5 | 8 |
| 星期一 | 20 | 15 |
| 星期二 | 30 | 32 |
| 星期三 | 35 | 30 |
| 星期四 | 49 | 45 |
| 星期五 | 70 | 70 |
| 星期六 | 15 | 10 |
| 合计 | 224 | 210 |

a. 计算一周中每天的季节因子。

b. 如果邮政局长估计下周将有 230 000 件邮件要分拣，试预测下周每天的邮件数量。

**解**

a. 先计算每周的平均日邮件量。然后对该周的每一天，用日邮件量除以该周的平均量，可算出季节因子。最后，针对每一天，将两个季节因子相加后除以 2，可得到用于预测的平均季节因子［见（b）］。

| 日 | 第一周 邮件量 | 第一周 季节因子（1） | 第二周 邮件量 | 第二周 季节因子（2） | 平均季节因子 ［（1）+（2）］/2 |
|---|---|---|---|---|---|
| 星期日 | 5 | 5/32 = 0.15625 | 8 | 8/30 = 0.26667 | 0.21146 |
| 星期一 | 20 | 20/32 = 0.62500 | 15 | 15/30 = 0.50000 | 0.56250 |
| 星期二 | 30 | 30/32 = 0.93750 | 32 | 32/30 = 1.06667 | 1.00209 |
| 星期三 | 35 | 35/32 = 1.09375 | 30 | 30/30 = 1.00000 | 1.04688 |
| 星期四 | 49 | 49/32 = 1.53125 | 45 | 45/30 = 1.50000 | 1.51563 |
| 星期五 | 70 | 70/32 = 2.18750 | 70 | 70/30 = 2.33333 | 2.26042 |
| 星期六 | 15 | 15/32 = 0.46875 | 10 | 10/30 = 0.33333 | 0.40104 |
| 合计 | 224 | | 210 | | |
| 平均值 | 224/7 = 32 | | 210/7 = 30 | | |

b. 预期平均日邮件量为 230 000/7 = 32 857 件邮件。利用（a）得到的平均季节因子，我们可以得到下列预测值：

| 日 | 计算 | | 预测值 |
|---|---|---|---|
| 星期日 | 0.21146 × 32 857 = | | 6 948 |
| 星期一 | 0.56250 × 32 857 = | | 18 482 |
| 星期二 | 1.00209 × 32 857 = | | 32 926 |
| 星期三 | 1.04688 × 32 857 = | | 34 397 |
| 星期四 | 1.51563 × 32 857 = | | 49 799 |
| 星期五 | 2.26042 × 32 857 = | | 74 271 |
| 星期六 | 0.40104 × 32 857 = | | 13 177 |
| | | 合计 | 230 000 |

## 讨论题

1. 图 14.9 显示了科罗拉多州丹佛市夏季空气能见度的测量值。可以接受的能见度标准为 100，如果读数高于 100，表明空气清新而且能见度高；而读数低于 100，则表明是由森林火灾、火山喷发或彗星碰撞引起的逆温现象。

   a. 数据中是否存在明显的趋势？哪一种时间序列方法适合估算这些数据的平均值？

   b. 当空气质量差时，位于丹佛市的哮喘和呼吸系统疾病医疗中心就会人满为患。如果你负责对能见度进行短期（比如 3 天）预测，你会分析哪种诱发因素？换句话说，哪种外部因素有可能在短期内对能见度产生重大影响？

   c. 作为丹佛市经济的一个重要因素的旅游业受到城市形象的影响。而以能见度衡量的空气质量，又影响城市形象。如果你负责开发旅游业，你会分析哪种（哪一些）诱发因素，以在中期（比如随后的两个夏季）内预测能见度？

   d. 联邦政府警告：除非丹佛市在 8 年内满足空气能见度标准，否则将停止支付数亿美元的交通部基金。那么，针对今后 10 年可用于改善能见度的技术，你如何用主观判断法做长期预测？

2. Kay 和 Michael Passe 出版 *What's Happening*？它是报道当地事件的半月刊报纸。*What's Happening*？的订阅者很少；通常在收银台销售。其收入的大部分来源于车库销售广告和超级市场特价商品广告。为了减少与过量印刷或投递错误相关的成本，Michael 用一套计算机系统来收集销售数据。这样，销售柜台上的扫描仪就可以准确记录各处的销售数据。但是，自执行这套系统以来，总销量一直稳步下降。拉广告及在超级市场维持货架空间变得更加困难。

   收入的减少使控制成本显得更加重要。对每一期，Michael 都要根据在各处收集的销售数据认真做预测。然后再按与预测值相匹配的数量，订购将要印刷和配送的报纸。Michael 的预测值反映出下降趋势，该趋势确实呈现在销售数据中。现在，仅有几个地方卖剩下的少量报纸。尽管销量的预测值准确地预见了大多数地点的实际销量，但是 *What's Happening*？正迅速被人们遗忘。Kay 怀疑 Michael 的预测可能有问题，但没有发现任何数学错误。请告诉她发生了什么？

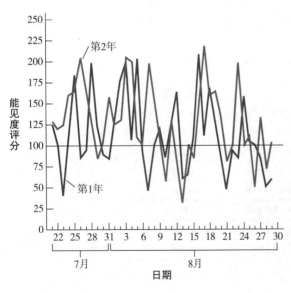

图 14.9
夏季空气能见度的测量值

## 练习题

1. 计算机商店的老板将打印机租给她喜欢的一些顾客。她对租用情况的预测很感兴趣，所以她能订购适当数量的打印机耗材。过去 10 周的数据如下所示。

| 周 | 租用次数 | 周 | 租用次数 |
|---|---|---|---|
| 1 | 23 | 6 | 28 |
| 2 | 24 | 7 | 32 |
| 3 | 32 | 8 | 35 |
| 4 | 26 | 9 | 26 |
| 5 | 31 | 10 | 24 |

a. 应用 5 周移动平均法对第 6 周到 10 周进行预测。第 11 周的预测值是多少？

b. 计算到第 10 周周末为止的平均绝对偏差。

2. Dalworth 公司过去 12 个月的销售额如下表：

| 月份 | 销售额（百万美元） | 月份 | 销售额（百万美元） |
|---|---|---|---|
| 1 | 20 | 7 | 53 |
| 2 | 24 | 8 | 62 |
| 3 | 27 | 9 | 54 |
| 4 | 31 | 10 | 36 |
| 5 | 37 | 11 | 32 |
| 6 | 47 | 12 | 29 |

a. 用 3 个月的移动平均法预测 5 月到 12 月的销售额。

b. 用 4 个月的移动平均法预测 5 月到 12 月的销售额。

c. 用平均绝对偏差作为性能指标，比较上述两种方法的性能。你推荐用哪种方法？

d. 用平均绝对百分比误差作为性能指标，比较上述两种方法的性能。你推荐用哪种方法？

e. 用均方差作为性能指标，比较上述两种方法的性能。你推荐用哪种方法？

3. Karl 复印机店从事复印机销售和维修业务。商店经理需要每周电话服务量的预测值，以便安排服务人员。

用第 1 时段的实际需求作为第 1 周的预测值，从第 2 周开始计算误差衡量指标。该经理使用指数平滑法（$\alpha=0.20$）。试预测第 6 周的电话数量，即下一周的电话服务量。

| 周 | 实际电话服务量 |
|---|---|
| 1 | 24 |
| 2 | 32 |
| 3 | 36 |
| 4 | 23 |
| 5 | 25 |

4. 考虑练习题 2 中 Dalworth 公司给出的销售数据。

a. 用 3 个月的加权移动平均法预测 4 月至 12 月的销售额。所用权重为 3/6、2/6 和 1/6，数据越近权重越大。

b. 使用指数平滑法（取 $\alpha=0.60$）预测 4 月至 12 月的销售额。假定 1 月份的初始预测值为 2 200 万美元。从 4 月份开始计算误差衡量指标。

c. 用平均绝对偏差作为性能指标，从 4 月份开始计算误差衡量指标，比较上述两方法的性能。你推荐用哪种方法？

d. 用平均绝对百分比误差作为性能指标，从 4 月份开始计算误差衡量指标，比较上述两方法的性能。你推荐用哪种方法？

e. 用均方差作为性能指标，从 4 月份开始计算误差衡量指标，比较上述两方法的性能。你推荐用哪种方法？

5. 一家便利店最近开始卖一种新品牌的软饮料。管理层对估计未来的销售量很有兴趣，以决定是否应该继续卖这个新品牌，还是用另一个品牌来代替。下表给出了每周销售的罐数。用趋势投影回归法和指数平滑法（取 $\alpha=0.4$，第 1 周的初始预测值为 617）预测第 13 周的需求。用平均绝对偏差和平均绝对百分比误差作为性能指标，比较这两种方法。你的分析结果是否说明销售量具有趋势性？如果有，是多少？

| 周 | 1 | 2 | 3 | 4 | 5 | 6 | 7 | 8 | 9 | 10 | 11 | 12 |
|---|---|---|---|---|---|---|---|---|---|---|---|---|
| 销量 | 617 | 617 | 648 | 739 | 659 | 623 | 742 | 704 | 724 | 715 | 668 | 740 |

6. 位于阿拉巴马州多森市的社区联邦银行（Community Federal Bank），最近提高了对使用人工柜员服务的收费。管理层非常想知道新收费政策是否会增加使用自动柜员机的顾客数量，以至于需要增加更多的自动柜员机。下表提供了以周为单位的自动柜员机交易数量。用趋势投影回归法预测第 13 周到第 16 周的使用量。

| 周 | 1 | 2 | 3 | 4 | 5 | 6 | 7 | 8 | 9 | 10 | 11 | 12 |
|---|---|---|---|---|---|---|---|---|---|---|---|---|
| 交易量 | 716 | 721 | 833 | 639 | 689 | 736 | 779 | 711 | 723 | 835 | 829 | 667 |

7. Heartville 总医院完成的心脏外科手术的数量在过去几年里稳定增长。医院管理层希望找到最佳方法来预测第 6 年这种手术的需求量。过去 5 年的数据如下表所示。

| 年 | 需求量 |
|---|---|
| 1 | 45 |
| 2 | 50 |
| 3 | 52 |
| 4 | 56 |
| 5 | 58 |

医院的管理部门正在考虑以下预测方法。从第 3 年开始计算误差衡量指标，以便在相同年份比较所有方法。

i.  指数平滑法，取 $\alpha = 0.6$，令第 1 年的初始预测值与实际需求量相等，即 45。

ii. 指数平滑法，取 $\alpha = 0.9$，令第 1 年的初始预测值与实际需求量相等，即 45。

iii. 趋势投影回归法。

iv. 2 年移动平均法。

v.  2 年加权移动平均法，所用权重为 0.6 和 0.4，数据越近权重越大。

vi. 如果管理部门选择 MAD 作为性能指标，那么应该选取哪种预测方法？

vii. 如果管理部门选择 MSE 作为性能指标，那么应该选取哪种预测方法？

viii. 如果管理部门选择 MAPE 作为性能指标，那么应该选取哪种预测方法？

8. 下列数据是一家电子产品商店过去 9 周以台数为单位的计算器销售量：

| 周 | 销售量 | 周 | 销售量 |
|---|---|---|---|
| 1 | 46 | 6 | 58 |
| 2 | 49 | 7 | 62 |
| 3 | 43 | 8 | 56 |
| 4 | 50 | 9 | 63 |
| 5 | 53 | | |

用趋势投影回归法预测第 10 周到第 13 周的销量。这一预测过程的误差衡量指标（CFE、MSE、$\sigma$、MAD 和 MAPE）是多少？$r^2$ 是多少？

9. Krispee Crunchies 是 20 世纪 40 年代出生的人最喜爱的一种谷类早餐，而今人们对它的需求量正在下滑。由于该产品接近生命周期的尽头，公司想要密切监测这种产品的需求量。下表显示了从 1 月份到 10 月份实际销售的历史数据。用趋势投影回归法预测 11 月和 12 月的销量。考察预测值相对于历史文件以及其他统计数据的准确性，你对 11 月和 12 月的预测值有多大把握？

| 月份 | 销售量 | 月份 | 销售量 |
|---|---|---|---|
| 1 | 890 000 | 7 | 710 000 |
| 2 | 800 000 | 8 | 730 000 |
| 3 | 825 000 | 9 | 680 000 |
| 4 | 840 000 | 10 | 670 000 |
| 5 | 730 000 | 11 | |
| 6 | 780 000 | 12 | |

10. Forrest 和 Dan 生产盒装巧克力，该产品的需求量是不确定的。Forrest 说："这就是生活。"但 Dan 认为存在着某些需求模式，可用于制订糖、巧克力以及小虾的采购计划。Forrest 坚持在有些盒子里放一只令人出其

不意的覆盖着巧克力的小虾，这样，"你永远不知道你将买到什么花样。"过去 3 年每一季度的需求量（按巧克力的盒数计算）如下：

| 季度 | 第 1 年 | 第 2 年 | 第 3 年 |
|---|---|---|---|
| 1 | 3 000 | 3 300 | 3 502 |
| 2 | 1 700 | 2 100 | 2 448 |
| 3 | 900 | 1 500 | 1 768 |
| 4 | 4 400 | 5 100 | 5 882 |
| 合计 | 10 000 | 12 000 | 13 600 |

a. 用直觉和主观判断法估计第 4 年各季的需求量。

b. 如果第 4 年巧克力的预期销售量为 14 800 盒，试用乘积季节模型法预测该年每季的需求量。所有这些季度预测值是否与你在（a）部分所得到的值有差别？

11. Snyder 园艺用品中心的经理必须制订耙子、手套以及其他园艺用品的年采购计划。公司存贮的产品之一是快速生长素，这是一种液体肥料。这种产品的销售是季节性的，春季、夏季和秋季是高峰期。过去 2 年每季（以箱为单位）的需求量如下：

| 季度 | 第 1 年 | 第 2 年 |
|---|---|---|
| 1 | 40 | 60 |
| 2 | 350 | 440 |
| 3 | 290 | 320 |
| 4 | 210 | 280 |
| 合计 | 890 | 1 100 |

如果第 3 年快速生长素的预期销售量为 1 150 箱，试用乘积季节模型法预测该年每季的需求量。

12. 在德州狭长地区一家公用事业公司的经理想对下一年每季度的用电负荷做出预测。用电负荷是季节性的，过去 4 年按兆瓦（MW）计量的每季用电负荷数据如下：

| 季度 | 第 1 年 | 第 2 年 | 第 3 年 | 第 4 年 |
|---|---|---|---|---|
| 1 | 103.5 | 94.7 | 118.6 | 109.3 |
| 2 | 126.1 | 116.0 | 141.2 | 131.6 |
| 3 | 144.5 | 137.1 | 159.0 | 149.5 |
| 4 | 166.1 | 152.5 | 178.2 | 169.0 |

该经理已估计下一年度的总需求量为 600 MW。试用乘积季节模型法预测每季度的需求量。

13. Garcia 汽车修理厂更换机油的需求量如下：

| 月份 | 更换机油次数 |
|---|---|
| 1 | 41 |
| 2 | 46 |
| 3 | 57 |
| 4 | 52 |
| 5 | 59 |
| 6 | 51 |
| 7 | 60 |
| 8 | 62 |

a. 用简单线性回归分析法建立月需求预测模型。在本例中，因变量 $Y$ 表示月需求量，自变量 $X$ 表示相应的月份。1 月份，令 $X=1$；2 月份，令 $X=2$；依此类推。

b. 用该模型预测 9 月、10 月和 11 月的需求量。这里，$X$ 分别为 9、10 和 11。

14. 一家碳氢化合物加工厂的过程控制包括定期分析某些工艺质量参数的样本。当前所用的分析程序成本很高且费时，因此提出换一种更快更经济的程序。但是，由替代程序给出的质量参数值，与现行程序给出的有所不同，这不是因为固有误差，而是化学分析的性质发生了变化。

管理者认为，如果能够用新方法的参数值可靠地预测现行方法的相应值，那么改用新方法就很合理且有成本效益。以下数据是用两种程序分析样本获得的质量参数值：

| 当前程序（$Y$） | 替代程序（$X$） | 当前程序（$Y$） | 替代程序（$X$） |
|---|---|---|---|
| 3.0 | 3.1 | 3.1 | 3.1 |
| 3.1 | 3.9 | 2.7 | 2.9 |
| 3.0 | 3.4 | 3.3 | 3.6 |
| 3.6 | 4.0 | 3.2 | 4.1 |
| 3.8 | 3.6 | 2.1 | 2.6 |
| 2.7 | 3.6 | 3.0 | 3.1 |
| 2.7 | 3.6 | 2.6 | 2.8 |

a. 利用替代程序 $X$ 的值的同时，运用线性回归法找出与预测值 $Y$ 的关系，$Y$ 表示当前程序得到的质量参数。

b. 在 $Y$ 与 $X$ 之间是否存在强相关关系？请解释。

15. 俄亥俄州 Swiss 牛奶制品公司在俄亥俄州、肯塔基州以及西弗吉尼亚州生产和分销冰淇淋制品。该公司想在俄亥俄州北部地区建设另一个工厂来扩大运营。新厂的规模由该厂服务范围内冰淇淋的预期需求量决定。目前正进行市场调查来确定该需求量。

该公司想估计每加仑（1 加仑≈3.79 升）的生产成本与一年销售量之间的关系，来确定冰淇淋的需求量，从而确定新厂的生产规模。以下是收集到的数据：

| 工厂 | 成本 /1000 加仑（*Y*） | 销售量 X（1000 加仑） |
|---|---|---|
| 1 | $1 015 | 416.9 |
| 2 | 973 | 472.5 |
| 3 | 1 046 | 250.0 |
| 4 | 1 006 | 372.1 |
| 5 | 1 058 | 238.1 |
| 6 | 1 068 | 258.6 |
| 7 | 967 | 597.0 |

（续表）

| 工厂 | 成本 /1000 加仑（*Y*） | 销售量 X（1000 加仑） |
|---|---|---|
| 8 | 997 | 414.0 |
| 9 | 1 044 | 263.2 |
| 10 | 1 008 | 372.0 |
| 合计 | $10 182 | 3 654.4 |

a. 将每加仑成本作为生产量的函数，求出预测的回归方程。

b. 相关系数和可决系数是多少？根据这些衡量指标评价你的回归方程。

c. 假定市场调查表明，在俄亥俄州的布塞勒斯地区的需求量为 325 000 加仑。当工厂年产量为 325 000 加仑时，试估计每加仑的生产成本。

## 高级练习题

16. Franklin 刀具有限公司为造纸行业的企业生产专用刀具。公司的所有产品都是面向订单设计的，因此在客户下订单之前，公司无法准确知道需要为刀具购买什么样的零部件。但公司认为少数零部件的每周需求量是相当稳定的。配件 135.AG 就是这样的零部件。以下记录是最近 26 周配件 135.AG 的使用情况。

| 周次 | 需求 | 周次 | 需求 |
|---|---|---|---|
| 1 | 137 | 14 | 131 |
| 2 | 136 | 15 | 132 |
| 3 | 143 | 16 | 124 |
| 4 | 136 | 17 | 121 |
| 5 | 141 | 18 | 127 |
| 6 | 128 | 19 | 118 |
| 7 | 149 | 20 | 120 |
| 8 | 136 | 21 | 115 |
| 9 | 134 | 22 | 106 |
| 10 | 142 | 23 | 120 |
| 11 | 125 | 24 | 113 |
| 12 | 134 | 25 | 121 |
| 13 | 118 | 26 | 119 |

用 OM Explorer 的时间序列预测求解软件评价下列预测方法。从第 5 周开始衡量误差，所以都在相同的时间间隔评估所有方法。初始预测值使用缺省设置。

i. 简单预测法（1 时段移动平均）

ii. 3 时段移动平均法

iii. 指数平滑法，取 $\alpha = 0.28$

iv. 趋势投影回归法

v. 如果选择以下性能标准，那么管理者应该使用哪种预测方法：

- CFE？
- MSE？
- MAD？
- MAPE？

17. 建立一张你自己的 Excel 表格，生成练习 16 的组合预测。利用练习题 16 中的全部 4 种方法进行组合预测，对每种方法赋予相同的权重。用 MAD 值最好的 3 种方法进行第二次组合预测，对每种方法赋予相同的权重。最后，对两种最佳方法采用相同的权重，进行第三次组合预测。计算组合预测的 CFE、MSE、MAD 和 MAPE 值。这些预测结果比练习题 16 中得出的更好还是更差？

18. 一家大型公共图书馆的馆长要安排员工将登记外借后归还的图书和期刊重新上架。登记外借的图书和期刊数量将决定劳动力的需求量。下列数据反映了过去 3 年图书馆登记外借的图书和期刊数量。

| 月份 | 第 1 年 | 第 2 年 | 第 3 年 |
|---|---|---|---|
| 1 | 1 847 | 2 045 | 1 986 |
| 2 | 2 669 | 2 321 | 2 564 |
| 3 | 2 467 | 2 419 | 2 635 |
| 4 | 2 432 | 2 088 | 2 150 |
| 5 | 2 464 | 2 667 | 2 201 |
| 6 | 2 378 | 2 122 | 2 663 |
| 7 | 2 217 | 2 206 | 2 055 |
| 8 | 2 445 | 1 869 | 1 678 |
| 9 | 1 894 | 2 441 | 1 845 |
| 10 | 1 922 | 2 291 | 2 065 |
| 11 | 2 431 | 2 364 | 2 147 |
| 12 | 2 274 | 2 189 | 2 451 |

馆长要求用时间序列法预测下月将要外借的图书和期刊数量。尽你所能求出最佳的简单移动平均模型。确定"最佳"的含义，并证明你的决策合理。

19. 利用练习题 18 中的数据，尽你所能求出最佳的指数平滑模型。并证明你的选择合理。

20. 利用练习题 18 中的数据，尽你所能求出最佳的趋势投影回归模型。将该预测方法的性能与（练习题 18 的）最佳移动平均法和（练习题 19 的）指数平滑法的性能进行比较，你会在这三种方法中选择哪一种？

21. Cannister 有限公司是一家专门生产塑料容器的制造商。过去 5 年，生产的 10 盎司装洗发液瓶子的月销售量数据如下：

| 月份 | 第 1 年 | 第 2 年 | 第 3 年 | 第 4 年 | 第 5 年 |
|---|---|---|---|---|---|
| 1 | 742 | 741 | 896 | 951 | 1 030 |
| 2 | 697 | 700 | 793 | 861 | 1 032 |
| 3 | 776 | 774 | 885 | 938 | 1 126 |
| 4 | 898 | 932 | 1 055 | 1 109 | 1 285 |
| 5 | 1 030 | 1 099 | 1 204 | 1 274 | 1 468 |
| 6 | 1 107 | 1 223 | 1 326 | 1 422 | 1 637 |
| 7 | 1 165 | 1 290 | 1 303 | 1 486 | 1 611 |
| 8 | 1 216 | 1 349 | 1 436 | 1 555 | 1 608 |
| 9 | 1 208 | 1 341 | 1 473 | 1 604 | 1 528 |
| 10 | 1 131 | 1 296 | 1 453 | 1 600 | 1 420 |
| 11 | 971 | 1 066 | 1 170 | 1 403 | 1 119 |
| 12 | 783 | 901 | 1 023 | 1 209 | 1 013 |

a. 运用乘积季节模型法，计算各月的季节指数。

b. 建立预测年销售量的简单线性回归方程。在回归方程中，因变量 $Y$ 为年需求量，自变量 $X$ 为年份的指数（即 $X=1$ 表示第 1 年，$X=2$ 表示第 2 年，等等，一直到 $X=5$ 表示第 5 年）。

c. 运用你在（b）中获得的回归模型，预测第 6 年的年销售量。

d. 运用在（a）中算得的各月季节指数，对每月进行季节性预测。

22. Midwest 计算机公司在五大湖地区为大量的企业服务。该公司出售配件及替换件，并对 7 个销售处售出的全部计算机提供售后服务。由于许多物品需要备货，所以需要密切控制库存，以确保顾客获得高效的服务。最近，业务量一直在增长，管理者很担心缺货。需要用一种预测方法提前数月估计需求量，以便采购充足的补货。在过去的 50 个月里，经历了销售量增长的一个例子是代号为 EP-37 的产品，这是一种激光打印机的墨盒，相关数据如表 14.3 所示。

a. 用 OM Explorer 建立趋势投影回归模型。预测第 51 个月的需求量。

b. 一名咨询顾问向公司管理者建议：新办公楼的租赁是公司销售量的一个很好的先导指标。他引用了近来一所大学的研究成果，即新办公楼的租赁比办公设备以及办公用品的销售超前 3 个月。根据这项研究成果，第 1 个月的租赁情况会对第 4 个月的销售量产生影响；第 2 个月的租赁情况会对第 5 个月的销售量产生影响；依此类推。以租赁量为自变量，利用 POM for Windows 的线性回归模块建立销售量的预测模型。对第 51 个月的销售量进行预测。

c. 上述两个模型中哪一个提供了更好的预测值？请解释。

23. 在 P&Q 超级市场某种食品的需求模式如下表所示。每个周期有 5 个时段。尽你所能求出第 25 个月的"最佳"预测值，并证明你的方法是合理的。作为待检验的方法之一，如果你想考察季节性预测方法，你会发现在 OM Exploer 的季节性预测求解软件中不包括一个周期有 5 个时段（或 1 年中 5 个季节）的情况。你必须做一些手工计算，或者自己建立一个 Excel 表格。

表 14.3 EP—37 的销售量与办公楼租赁数据

| 月份 | EP—37 销售量 | 租赁量 | 月份 | EP—37 销售量 | 租赁量 |
|---|---|---|---|---|---|
| 1 | 80 | 32 | 26 | 1 296 | 281 |
| 2 | 132 | 29 | 27 | 1 199 | 298 |
| 3 | 143 | 32 | 28 | 1 267 | 314 |
| 4 | 180 | 54 | 29 | 1 300 | 323 |
| 5 | 200 | 53 | 30 | 1 370 | 309 |
| 6 | 168 | 89 | 31 | 1 489 | 343 |
| 7 | 212 | 74 | 32 | 1 499 | 357 |
| 8 | 254 | 93 | 33 | 1 669 | 353 |
| 9 | 397 | 120 | 34 | 1 716 | 360 |
| 10 | 385 | 113 | 35 | 1 603 | 370 |
| 11 | 472 | 147 | 36 | 1 812 | 386 |
| 12 | 397 | 126 | 37 | 1 817 | 389 |
| 13 | 476 | 138 | 38 | 1 798 | 399 |
| 14 | 699 | 145 | 39 | 1 873 | 409 |
| 15 | 545 | 160 | 40 | 1 923 | 410 |
| 16 | 837 | 196 | 41 | 2 028 | 413 |
| 17 | 743 | 180 | 42 | 2 049 | 439 |
| 18 | 722 | 197 | 43 | 2 084 | 454 |
| 19 | 735 | 203 | 44 | 2 083 | 441 |
| 20 | 838 | 223 | 45 | 2 121 | 470 |
| 21 | 1 057 | 247 | 46 | 2 072 | 469 |
| 22 | 930 | 242 | 47 | 2 262 | 490 |
| 23 | 1 085 | 234 | 48 | 2 371 | 496 |
| 24 | 1 090 | 254 | 49 | 2 309 | 509 |
| 25 | 1 218 | 271 | 50 | 2 422 | 522 |

| 时段 | 需求量 | 时段 | 需求量 |
|---|---|---|---|
| 1 | 33 | 13 | 37 |
| 2 | 37 | 14 | 43 |
| 3 | 31 | 15 | 56 |
| 4 | 39 | 16 | 41 |
| 5 | 54 | 17 | 36 |
| 6 | 38 | 18 | 39 |
| 7 | 42 | 19 | 41 |
| 8 | 40 | 20 | 58 |

（续表）

| 时段 | 需求量 | 时段 | 需求量 |
|---|---|---|---|
| 9 | 41 | 21 | 42 |
| 10 | 54 | 22 | 45 |
| 11 | 43 | 23 | 41 |
| 12 | 39 | 24 | 38 |

24. 讨论题 1 中能见度图表的数据如表 14.4 所示。能见度的标准设定为 100。读数低于 100 表明空气污染已经降低了能见度，而读数高于 100 则表明空气更清新。

表 14.4 能见度数据

| 日期 | 第 1 年 | 第 2 年 | 日期 | 第 1 年 | 第 2 年 | 日期 | 第 1 年 | 第 2 年 |
|---|---|---|---|---|---|---|---|---|
| 7 月 22 日 | 125 | 130 | 8 月 5 日 | 105 | 200 | 8 月 19 日 | 170 | 160 |
| 23 | 100 | 120 | 6 | 205 | 110 | 20 | 125 | 165 |
| 24 | 40 | 125 | 7 | 90 | 100 | 21 | 85 | 135 |
| 25 | 100 | 160 | 8 | 45 | 200 | 22 | 45 | 80 |
| 26 | 185 | 165 | 9 | 100 | 160 | 23 | 95 | 100 |
| 27 | 85 | 205 | 10 | 120 | 100 | 24 | 85 | 200 |
| 28 | 95 | 165 | 11 | 85 | 55 | 25 | 160 | 100 |
| 29 | 200 | 125 | 12 | 125 | 130 | 26 | 105 | 110 |
| 30 | 125 | 85 | 13 | 165 | 75 | 27 | 100 | 50 |
| 31 | 90 | 105 | 14 | 60 | 30 | 28 | 95 | 135 |
| 8 月 1 日 | 85 | 160 | 15 | 65 | 100 | 29 | 50 | 70 |
| 2 | 135 | 125 | 16 | 110 | 85 | 30 | 60 | 105 |
| 3 | 175 | 130 | 17 | 210 | 150 | | | |
| 4 | 200 | 205 | 18 | 110 | 220 | | | |

a. 运用多种方法求出第 2 年 8 月 31 日的能见度预测值。哪种方法似乎可以得出最佳的预测值？

b. 运用多种方法预测第 3 年夏季的能见度指数。哪种方法似乎可以得出最佳的预测值？依据是什么？

25. Tom Glass 预测 Flatlands 公共电力区（Flatlands Public Power District, FPPD）的电力需求。FPPD 希望在预期需求量低时，Comstock 电厂停止发电进行维修。在停止发电后，进行维修并使该厂恢复供电需花 2 周时间。在 Comstock 停止供电期间，该单位还有足够的其他发电能力来满足 1 550 兆瓦（MW）的电力需求。表 14.5 列出了过去几年秋季的每周需求高峰（以 MW 为计量单位）。明年秋季，Comstock 电厂应该在什么时候安排维修呢？

26. 一家制造企业希望对重要产品做更好的预测，并且认为其数据存在趋势性。OM Explorer 的趋势投影回归求解软件已建立了 47 个需求数据的历史文件。注意趋势投影回归求解软件的"加载练习 26 数据"按钮，点击该按钮会自动输入需求数据。否则你可以直接将需求数据键入输入表。

表 14.5 每周电力需求高峰

| 年 | 8 月 | | | 9 月 | | | | 10 月 | | | | 11 月 | |
|---|---|---|---|---|---|---|---|---|---|---|---|---|---|
| | 1 | 2 | 3 | 4 | 5 | 6 | 7 | 8 | 9 | 10 | 11 | 12 | 13 |
| 1 | 2 050 | 1 925 | 1 825 | 1 525 | 1 050 | 1 300 | 1 200 | 1 175 | 1 350 | 1 525 | 1 725 | 1 575 | 1 925 |
| 2 | 2 000 | 2 075 | 2 225 | 1 800 | 1 175 | 1 050 | 1 250 | 1 025 | 1 300 | 1 425 | 1 625 | 1 950 | 1 950 |
| 3 | 1 950 | 1 800 | 2 150 | 1 725 | 1 575 | 1 275 | 1 325 | 1 100 | 1 500 | 1 550 | 1 375 | 1 825 | 2 000 |
| 4 | 2 100 | 2 400 | 1 975 | 1 675 | 1 350 | 1 525 | 1 500 | 1 150 | 1 350 | 1 225 | 1 225 | 1 475 | 1 850 |
| 5 | 2 275 | 2 300 | 2 150 | 1 525 | 1 350 | 1 475 | 1 475 | 1 175 | 1 375 | 1 400 | 1 425 | 1 550 | 1 900 |

| 月份 | 1 | 2 | 3 | 4 |
|------|-----|-----|-----|-----|
| 1 | 4 507 | 4 589 | 4 084 | 4 535 |
| 2 | 4 400 | 4 688 | 4 158 | 4 477 |
| 3 | 4 099 | 4 566 | 4 174 | 4 601 |
| 4 | 4 064 | 4 485 | 4 225 | 4 648 |
| 5 | 4 002 | 4 385 | 4 324 | 4 860 |
| 6 | 3 963 | 4 377 | 4 220 | 4 998 |
| 7 | 4 037 | 4 309 | 4 267 | 5 003 |
| 8 | 4 162 | 4 276 | 4 187 | 4 960 |
| 9 | 4 312 | 4 280 | 4 239 | 4 943 |
| 10 | 4 395 | 4 144 | 4 352 | 5 052 |
| 11 | 4 540 | 4 219 | 4 331 | 5 107 |
| 12 | 4 471 | 4 052 | 4 371 | |

a. 以第 1 时段作为回归分析的起始时段,你的第 4 年 12 月的预测值是多少?

b. 刚刚知道时段 48 的实际需求为 5 100。将这一需求值加入到输入表中,并将回归分析的起始时段改为第 2 时段,从而使回归分析中的时段数保持不变。第 49 时段的预测值比第 48 时段的预测值变化了多少?你是否对这一结果感到意外?

c. 现在改变一下时间,将回归分析起始点改为第 25 时段,重复以上过程。现在你注意到有什么差别?你对第 49 时段的预测值是多少?

27. 一家制造企业开展了一次技能测试,测试分数可用于预测工人的额定值系数。各工人的测试分数及由此得来的额定值系数如下:

| 工人 | 测试分数 | 额定值系数 | 工人 | 测试分数 | 额定值系数 |
|------|---------|-----------|------|---------|-----------|
| A | 53 | 45 | K | 54 | 59 |
| B | 36 | 43 | L | 73 | 77 |
| C | 88 | 89 | M | 65 | 56 |
| D | 84 | 79 | N | 29 | 28 |
| E | 86 | 84 | O | 52 | 51 |
| F | 64 | 66 | P | 22 | 27 |
| G | 45 | 49 | Q | 76 | 76 |
| H | 48 | 48 | R | 32 | 34 |
| I | 39 | 43 | S | 51 | 60 |
| J | 67 | 76 | T | 37 | 32 |

a. 运用 POM for Windows 的最小二乘线性回归模块,确定测试分数与预测额定值系数的相关关系。

b. 如果某个工人的测试分数为 80,那么预测该工人的额定值系数将为多少?

c. 评价测试分数与额定值系数之间的相关程度。

28. 一家制造公司的物料搬运经理,试图预测该公司长途运输拖拉机车队的维修费用。他认为拖拉机的维修费用随使用年限的增加而增加。他收集了以下数据:

| 使用年限(年) | 年维修费用(美元) | 使用年限(年) | 年维修费用(美元) |
|-------------|-----------------|-------------|-----------------|
| 4.5 | 619 | 5.0 | 1 194 |
| 4.5 | 1 049 | 0.5 | 163 |
| 4.5 | 1 033 | 0.5 | 182 |
| 4.0 | 495 | 6.0 | 764 |
| 4.0 | 723 | 6.0 | 1 373 |
| 4.0 | 681 | 1.0 | 978 |
| 5.0 | 890 | 1.0 | 466 |
| 5.0 | 1 522 | 1.0 | 549 |
| 5.5 | 987 | | |

a. 运用 POM for Windows 的最小二乘线性回归模块建立相关关系,根据拖拉机的使用年限预测其年维修费用。

b. 如果某部门有 20 辆使用年限为 3 年的拖拉机,那么年维修费用的预测值是多少?

## 案例 | Yankee 农具公司

Yankee 农具公司是一家领先的园艺工具生产商,其产品范围从独轮手推车、灰浆搅拌盆、双轮手推车,到铲子、耙子和抹子。这些工具分为四种不同的产品系列——从顶级的大力神产品(即用来做那些最消耗体力的粗活的工具)到一些轻便的园林助手产品(即那些偶尔使用的便宜工具)——销售。因为产品设计简单并有大量生产商参与竞争,因此园艺工具市场的竞争极为激烈。此外,现在有更多的人使用电动工具,如割草机、篱笆修剪机以及种草机等,这样就相应减少了对手动工具的需求。这些因素迫使 Yankee 公司在保持高质量和可靠交付期的同时,必须维持低价格。

园艺工具代表了一个成熟产业。除非开发新的手动产品,或家庭园艺业突然复苏,否则不可能出现销售额大幅增长的情况。在竞争中保持领先地位是一场持久战。关于这一点,没有人比公司总裁艾伦·罗伯茨知道得更清楚。

今天销售的工具品种与 30 年前销售的基本相同。产生新的销量并留住老顾客的唯一途径就是要提供更优质的客户服务,并生产出具有较高客户价值的产品。这一思路给生产系统带来了压力,而生产系统最近又总是出现很多问题。最近,罗伯茨接到了来自一些长期客户的电话,如西尔斯百货和 True Value 五金商店等,它们投诉发货延迟。这些客户为园艺工具做促销广告,因此要求 Yankee 农具公司按时交付。

罗伯茨知道,失去像西尔斯百货和 True Value 这样的客户,后果将是灾难性的。他决定请咨询顾问沙伦·普莱斯来调查此事,并在一周内向他汇报。罗伯茨建议她把弓耙作为例子重点关注,因为它批量大,而且是最近客户投诉的主要来源。

### 制订弓耙生产计划

弓耙的构成是这样的:有一个带有 12 个齿的耙头,每齿间距 1 英寸;一根硬木把柄;一个使耙头与把柄固定在一起的弓状物;还有一个金属箍,用来加固插入把柄的弓状物。该弓状物是一个金属条,它被焊在耙头的两端,中部弯曲成一个扁平的凸耳插入把柄中。该耙长约 64 英寸。

普莱斯决定先搞清公司弓耙生产计划的制订流程。

她直接询问一位名叫菲尔·斯坦顿的员工,得到了下述解释:

计划工作在这里不是很规范。首先,营销部按月确定下一年度的弓耙预测值。然后,他们把数据交给我。坦白说,预测值通常被夸大——肯定是他们过于自负。我必须仔细一些,因为我们要签订钢材的长期购买协议,而买回的钢材闲置的代价是很高的。所以,我通常将预测值降低 10% 左右。我用修正后的预测值来排出每月的最终装配计划,该计划决定了要求锻造车间和木工车间的加工数量。如果预测准确,该系统就运行良好。但是,就像在临近年末时营销部门经常遇到的情况一样,当他们来找我说,跟不上顾客的订单时,这会严重破坏生产计划。锻造车间受到的冲击最大。举例来说,用印模将钢坯压成耙头的冲压设备每天只能加工 7 000 个耙头,而弓形片轧钢机每天仅能加工 5 000 件。还有许多其他产品也要使用这两种设备。

鉴于营销部门向斯坦顿提供了重要信息,普莱斯决定约见营销部经理让·亚当斯。亚当斯解释了获取弓耙预测数据的方法:

年复一年,情况没有发生多大变化。当然,有时我们开展某些形式的促销活动,但是在需求到来以前(通常一个月左右),我们会给菲尔足够多的提醒。我会约见各销售区的几个经理,审查去年的发货数据,并讨论预期的促销策略、经济形势的变化,以及去年我们经历的产品缺货现象。基于这些讨论,我提出下一年度每月的预测值。即使我们花费大量的时间来获取预测数据,但似乎从未帮助我们解决客户的问题。

### 问题

普莱斯仔细考虑了斯坦顿和亚当斯的陈述。她明白斯坦顿关注的是成本和保持低库存,而亚当斯关心的是现有存货要有足够的耙子,保证及时发货。某种程度上两者都关注产能。最后,她决定在给罗伯茨做最终报告之前,先研究过去 4 年顾客对弓耙的实际需求(见表 14.6)。

**表 14.6　弓耙过去 4 年的需求数据表**

| 月份 | 需求量 | | | |
|---|---|---|---|---|
| | 第 1 年 | 第 2 年 | 第 3 年 | 第 4 年 |
| 1 | 55 220 | 39 875 | 32 180 | 62 377 |
| 2 | 57 350 | 64 128 | 38 600 | 66 501 |
| 3 | 15 445 | 47 653 | 25 020 | 31 404 |
| 4 | 27 776 | 43 050 | 51 300 | 36 504 |
| 5 | 21 408 | 39 359 | 31 790 | 16 888 |
| 6 | 17 118 | 10 317 | 32 100 | 18 909 |
| 7 | 18 028 | 45 194 | 59 832 | 35 500 |
| 8 | 19 883 | 46 530 | 30 740 | 51 250 |
| 9 | 15 796 | 22 105 | 47 800 | 34 443 |
| 10 | 53 665 | 41 350 | 73 890 | 68 088 |
| 11 | 83 269 | 46 024 | 60 202 | 68 175 |
| 12 | 72 991 | 41 856 | 55 200 | 61 100 |

注：表中所示的需求数据是承诺每月交付的产品数量。由于生产能力或物料短缺，与实际的交付数量有所不同。

**思考题**

1. 评论 Yankee 农具公司所用的预测系统。提出你认为合理的变革或改进措施。

2. 对下一年度（第 5 年）每个月的弓耙需求，做出你自己的预测。证明你的预测及所用的方法合理。

| 实验练习 14.1 | 用预留样本预测 |

如下表所示，一家公司的历史文件将一种主要产品系列每月的销售额以千美元为单位合计汇总。

你的团队应该利用时间序列预测求解软件预测未来的销售额。注意该求解软件的"加载 EL1 数据"按钮，当点击该按钮时将自动输入需求数据。另外，你可以将需求数据直接录入输入表中。在课堂上预测第 8 年最后两个月以及第 9 年前几个月的月销售额，找出你希望使用的预测模型。也许你想知道所有模型的预测结果，或者只是重点关注其中的两三个模型。如果所用模型之一是组合预测模型，你必须确定赋予各预测模型的权重。所有权重之和应该等于 1.0。

将包括以下内容的一张文档带到课堂：

- 依据可预测性，说明该产品系列月销售额的特点。
- 确定以下 4 种需求模式的相对重要性：平稳性、趋势性、季节性及周期性。
- 确定用于预测第 8 年最后两个月以及第 9 年前几个月月销售额的预测模型，以及在预留样本练习过程中需要根据主观判断调整预测的程度。假定用 MAD 作为你的误差衡量指标，解释你做出这一选择的原因。
- 对第 8 年的 11 月份做出预测。

在课堂实验练习开始时，上交这张文档，打开你对历史文件建模时所用的时间序列预测求解软件的最后一个文件。不要更改使用历史文件所选择的各预测模型的最终参数（移动平均模型中的 $n$，加权移动平均模型中的权重、指数平滑模型中的 $\alpha$ 以及组合预测模型的权重）。

进行预留样本练习时，点击工作表标签，将误差分析的起始时段设置为 95（第 8 年的 11 月）。这样做使误差分析只对预留样本的时段进行跟踪。现在，点击"预留样本"标签开始练习。最先显示出来的是你分析历史文件的过程中使用的所有方法得出的 11 月份的预测值（如果你用了组合预测，也包括组合预测的结果）。下一步是输入你的团队对 11 月份的预测值。它可能是显示出来的任一方法得出的预测值，如果你认为有必要用主观判断法调整，那么也可以是你自己给出的预测值。你没有相关的背景信息，但是你观察发现最近几个月其中一个模型的预测效果特别好。你的团队可能持不同观点，但是你们必须达成一致。然后指导教师提供从预留样本得出的 11 月份的实际销售额。当你输入了这一附加信息后，计算每个预测模型以及你团队 11 月份的预测结果的预测误差。另外，12 月份的计算机预测结果（简单预测、移动平均、加权移动平均、指数平滑、趋势投影以及组合预测）也显示出来。

输入你团队的预测值，开始 12 月份的练习。然后指导教师会提供 12 月份的实际销售额，依此类推。继续这一过程直到预留样本最后一个时段的全部误差都计算完毕，然后由指导教师宣布。在练习的最后，生成第二张文档，记录你对预留样本的预测结果，相应的平均 MAD 和 CFE，在练习过程中你是否（以及如何）修订预测流程，以及从本练习中得到的收获。你需要建立一个 Excel 电子数据表，用来计算预留样本的 MAD 和 CFE 统计值。可以将输出结果附在你的第二张文档上。在课堂练习结束时将报告提交给指导教师。

根据以下标准对你的练习评分：（1）两份文档中的见解（占分数的 50%）；（2）历史文件的平均 MAD（占分数的 25%）；（3）预留样本的平均 MAD（占分数的 25%）。

| 年份 | 1 月 | 2 月 | 3 月 | 4 月 | 5 月 | 6 月 | 7 月 | 8 月 | 9 月 | 10 月 | 11 月 | 12 月 |
|---|---|---|---|---|---|---|---|---|---|---|---|---|
| 1 | 3 255 | 3 420 | 3 482 | 3 740 | 3 713 | 3 785 | 3 817 | 3 900 | 3 878 | 3 949 | 4 004 | 4 035 |
| 2 | 3 892 | 3 730 | 4 115 | 4 054 | 4 184 | 4 321 | 4 307 | 4 481 | 4 411 | 4 443 | 4 395 | 4 403 |
| 3 | 4 507 | 4 400 | 4 099 | 4 064 | 4 002 | 3 963 | 4 037 | 4 162 | 4 312 | 4 395 | 4 540 | 4 471 |
| 4 | 4 589 | 4 688 | 4 566 | 4 485 | 4 385 | 4 377 | 4 309 | 4 276 | 4 280 | 4 144 | 4 219 | 4 052 |
| 5 | 4 084 | 4 158 | 4 174 | 4 225 | 4 324 | 4 220 | 4 267 | 4 187 | 4 239 | 4 352 | 4 331 | 4 371 |
| 6 | 4 535 | 4 477 | 4 601 | 4 648 | 4 860 | 4 998 | 5 003 | 4 960 | 4 943 | 5 052 | 5 107 | 5 100 |
| 7 | 5 303 | 5 550 | 5 348 | 5 391 | 5 519 | 5 602 | 5 557 | 5 608 | 5 663 | 5 497 | 5 719 | 5 679 |
| 8 | 5 688 | 5 604 | 5 703 | 5 899 | 5 816 | 5 745 | 5 921 | 5 900 | 5 911 | 5 987 | | |

资料来源：作为课堂讨论，该实验练习取自卡罗尔大学的Richard J. Penlesky博士编写的课堂练习。经Richard J. Penlesky同意后使用。

**实验练习 14.2 | 对重要的能源统计数据进行预测**

以下时间序列数据是 East Coast 公司以千桶 / 天计的每周平均原油进口量。

| 2010 年第 2 季度 | | 2010 年第 3 季度 | | 2010 年第 4 季度 | | 2011 年第 1 季度 | |
|---|---|---|---|---|---|---|---|
| 时段 | 数据 | 时段 | 数据 | 时段 | 数据 | 时段 | 数据 |
| 2010.4.2 | 1 160 | 2010.7.2 | 1 116 | 2010.10.1 | 1 073 | 2010.12.31 | 994 |
| 2010.4.9 | 779 | 2010.7.9 | 1 328 | 2010.10.8 | 857 | 2011.1.7 | 1 307 |
| 2010.4.16 | 1 134 | 2010.7.16 | 1 183 | 2010.10.15 | 1 197 | 2011.1.14 | 997 |
| 2010.4.23 | 1 275 | 2010.7.23 | 1 219 | 2010.10.22 | 718 | 2011.1.21 | 1 082 |
| 2010.4.30 | 1 355 | 2010.7.30 | 1 132 | 2010.10.29 | 817 | 2011.1.28 | 887 |
| 2010.5.7 | 1 513 | 2010.8.6 | 1 094 | 2010.11.5 | 946 | 2011.2.4 | 1 067 |
| 2010.5.14 | 1 394 | 2010.8.13 | 1 040 | 2010.11.12 | 725 | 2011.2.11 | 890 |
| 2010.5.21 | 1 097 | 2010.8.20 | 1 053 | 2010.11.19 | 748 | 2011.2.18 | 865 |
| 2010.5.28 | 1 206 | 2010.8.27 | 1 232 | 2010.11.26 | 1 031 | 2011.2.25 | 858 |
| 2010.6.4 | 1 264 | 2010.9.3 | 1 073 | 2010.12.3 | 1 061 | 2011.3.4 | 814 |
| 2010.6.11 | 1 153 | 2010.9.10 | 1 329 | 2010.12.10 | 1 074 | 2011.3.11 | 871 |
| 2010.6.18 | 1 424 | 2010.9.17 | 1 096 | 2010.12.17 | 941 | 2011.3.18 | 1 255 |
| 2010.6.25 | 1 274 | 2010.9.24 | 1 125 | 2010.12.24 | 994 | 2011.3.25 | 980 |

指导老师有一组代表 2011 年 4 月 1 日及以后数据的"预留"样本。你的任务是使用 POM for Windows 中的时间序列预测模块和历史文件预测这一统计数据的未来情况。可以将该数据粘贴到时间序列预测模块的数据表中。另外，你也可以将需求数据直接输入到数据表中。在下次班级会议前完成以下任务：

a. 用 POM for Windows 中的时间序列预测模块，找出你认为最能精确预测预留样本期间需求的最佳的简单预测法、移动平均预测法、加权移动平均预测法以及趋势投影回归模型方法。从第 5 个时段（2010 年 4 月 30 日）开始计算误差。

b. 建立一张 Excel 电子数据表，以时间序列预测模块中 4 种方法的预测值作为输入值开始。其目的是进行组合预测，作为你团队对每个时段的预测值。为每种预测模型分配一个权重（所有 4 个预测模型的权重之和应该等于 1.0），通过将每个预测值乘以权重得到"组合预测值"。当你寻找最佳权重组合时，在整个历史文件中令权重为常量。如果你不喜欢某个特定的模型，则令其权重为 0。在 Excel 电子数据表中对你的组合预测值计算适当的误差衡量指标。

c. 生成一个管理报表，逐个时段显示每个模型和组合预测的预测值，以及相应的整体 CFE 和 MAPE 性能数据。

**课堂练习——第 1 部分**

a. 将用 POM for Windows 中的时间序列预测模块得到的预测值输入到 Excel 电子数据表中，得到预留样本第 1 个时段（2011 年 4 月 1 日这一周）的组合预测。该组合预测值被认为是你团队的预测结果。

b. 输入指导教师宣布的实际数据，用 Excel 电子数据表计算 4 个预测模型和组合预测的误差衡量指标。确定如何修正组合预测的权重。

c. 用新时段的实际需求量更新 POM for Windows 的时间序列预测模块，并计算新的预测值。

**课堂练习——第 2 部分**

a. 将用 POM for Windows 中的时间序列预测模块得到的预测值输入到 Excel 电子数据表中，得到下一时段（2011 年 4 月 8 日这一周）的最终组合预测值。此时，你可能更改该时段进行组合预测时赋予每种预测方法的权重。你没有相关的背景信息，但是你观察发现在最近几个时段其中一个模型的预测效果特别好。你的团队可能会持有不同观点，但是你们必须达成一致。

b. 输入指导教师宣布的实际数据，用 Excel 电子数据表计算 4 个预测模型和组合预测的误差衡量指标。

c. 用新时段的实际需求量更新 POM for Windows 的时间序列预测模块，并计算新的预测值。

**课堂练习——第 3 部分及其他**

根据教师的指导，继续以第 1 部分和第 2 部分的方式进行预测。在练习结束时，生成第 2 个管理报表，逐个时段显示对预留样本的预测结果，各个模型以及组合预测各自的预测误差和百分比偏差。解释在预留样本期间，对组合预测的权重所做的任何改变。

资料来源：作为课堂讨论，该实验练习取自南卡罗来纳大学的John Jensen博士编写的课堂练习。经John B. Jensen同意后使用。

## 参考文献

Armstrong, J. Scott. "Findings from Evidence-based Forecasting: Methods for Reducing Forecast Error." *International Journal of Forecasting*, vol. 22, no. 3 (2006), pp. 583–598.

Attaran, Mohsen, and Sharmin Attaran. "Collaborative Supply Chain Management." *Business Process Management Journal*, vol. 13, no. 13 (June 2007), pp. 390–404.

Cederlund, Jerold P., Rajiv Kohli, Susan A. Sherer, and Yuliang Yao. "How Motorola Put CPFR into Action." *Supply Chain Management Review* (October 2007), pp. 28–35.

Daugherty, Patricia J., R. Glenn Richey, Anthony S. Roath, Soonhong Min, Haozhe Chen, Aaron D. Arndt, and Stefan E. Genchev. "Is Collaboration Paying Off for Firms?" *Business Horizons* (2006), pp. 61–70.

Fildes, Robert, Paul Goodwin, Michael Lawrence, and Konstantinos Nikolopoulos. "Effective Forecasting and Judgmental Adjustments: An Empirical Evaluation and Strategies for Improvement in Supply-Chain Planning." *International Journal of Forecasting*, vol. 25, no. 1 (2009), pp. 3–23.

Lawrence, Michael, Paul Goodwin, Marcus O'Connor, and Dilek Onkal. "Judgmental Forecasting: A Review of Progress over the Last 25 Years." *International Journal of Forecasting* (June 2006), pp. 493–518.

McCarthy, Teresa, Donna F. Davis, Susan L. Golicic, and John T. Mentzer. "The Evolution of Sales Forecasting Management: A 20-Year Longitudinal Study of Forecasting Practices." *Journal of Forecasting*, vol. 25 (2006), pp. 303–324.

Min, Hokey, and Wen-Bin Vincent Yu. "Collaborative Planning, Forecasting and Replenishment: Demand Planning in Supply Chain Management." *International Journal of Information Technology and Management*, vol. 7, no. 1 (2008), pp. 4–20.

Montgomery, David. "Flashpoints for Changing Your Forecasting Process." *The Journal of Business Forecasting* (Winter 2006–2007), pp. 35–42.

*Principles of Forecasting: A Handbook for Researchers and Practitioners*. J. Scott Armstrong (ed.). Norwell, MA: Kluwer Academic Publishers, 2001.

Smaros, Johanna. "Forecasting Collaboration in the European Grocery Sector: Observations from a Case Study." *Journal of Operations Management*, vol. 25, no. 3 (April 2007), pp. 702–716.

Smith, Larry. "West Marine: A CPFR Success Story." *Supply Chain Management Review* (March 2006), pp. 29–36.

Syntetos, Aris Konstantinos Nikolopoulos, John Boylan, Robert Fildes, and Paul Goodwin. "The Effects of Integrating Management Judgement into Intermittent Demand Forecasts." *International Journal of Production Economics*, vol. 118, no. 1 (March, 2009), pp. 72–81.

# 15

## 运营计划与
## 生产调度计划

像新西兰航空这样的航空公司，制订运营计划与生产调度计划要经过从综合计划到短期调度计划几个阶段，以使供给与需求相匹配。即使在完成了最终的航班和机组值勤人员调度计划之后，由于恶劣的天气条件或机械故障，也会有临时变更。长期的竞争优势取决于流程的履行情况。

### 新西兰航空公司

生产调度计划对航空公司来说有多重要？无疑，在一个像航空运输这样高度竞争的行业，旅客对准时飞行的满意程度是至关重要的。此外，像飞机这类昂贵设备处于闲置状态时，航空公司将损失大量的金钱。但是，航班和机组人员的调度是一个复杂过程。例如，新西兰航空是由 5 家航空公司组成的集团公司，它拥有 96 架飞机组成的混合机队，另有 22 架飞机正在订购中。飞机的平均利用率是每天 8 小时 44 分钟。公司花费 8 亿美元升级了长途运输服务，对波音 747 机队进行了改装，并为飞往北美的航班增加了 8 架新的波音 777 – 200 飞机。公司的航班直达 50 个空港，其中包括 26 个国内空港和 15 个国家的 24 个国际空港。公司每年运载 1 170 万名乘客，其航线网络包含的飞行时间从 15 分钟到 13 个小时不等。综合水平上的运营计划与生产调度计划首先要从市场计划开始。市场计划要确定保持竞争地位所需的新航段和现有航段。这个总体计划可以进一步细化为一个三年计划，然后再落实到年度预算。在年度预算中，这些航班已有了具体的起飞时间和到达时间。

下一步，可供调用的机组人员必须与航班计划相匹配。机组人员分为两类——飞行员和乘务员——他们各自都有一套约束条件。例如，在一个为期 7 天的工作周内，为飞行员安排的飞行时间不能超过 35 小时，每 28 天不超过 100 小时，而且每隔 7 天必须有 36 个小时的休息时间，在每 84 天里有 30 天休息时间。每名飞行员的当班飞行开始和结束地点都在空勤基地，并且由交替的当班时段和休息时段组成，其中的当班时间包括一个或多个航班。调度计划必须确保每个航班都有一个合格的乘务组，并且每个机组成员在执勤期间都有一个可行的排班计划。从机组人员的角度看，尽可能满足机组人员的要求和喜好也很重要。

资料来源： "Service Scheduling at Air New Zealand," *Operations Management 10e Video Library* (Upper Saddle River, NJ: Prentice Hall, 2010).

**通过运营管理创造价值**

通过运营展开竞争
项目管理

**流程管理**

流程策略
流程分析
质量与绩效
能力规划
约束管理
精益系统

**供应链管理**

供应链库存管理
供应链设计
供应链选址决策
供应链整合
供应链的可持续发展与人道主义物流
预测
运营计划与生产调度计划
资源计划

有效的供应链管理要求的不只是准确的需求预测。需求只是等式的一半，另一半是供应。企业必须制订计划，为满足预测到的需求供应所需的资源。这些资源包括劳动力、物料、库存、资金和设备产能。

**运营计划与生产调度计划**（operations planning and scheduling）是从综合计划层面向下分解到短期调度计划层面，确保供应计划与需求计划相平衡的过程。像我们在新西兰航空公司的案例中看到的那样，计划制订过程从综合计划层面开始，逐步细化，直到所有机组人员都知道各自的排班计划为止。运营计划与生产调度计划位于供应链整合的核心，供应链的上下游围绕这一核心制订各自的计划，包括供应商向顾客交付的日期及服务计划。表15.1中定义了几种和运营计划与生产调度计划有关的计划。

本章重点讨论整个计划过程的两个主要组成部分:（1）销售和运营计划（S&OP）;（2）生产调度计划。首先讨论对销售和运营计划进行汇总的目的。我们探讨 S&OP 如何与企业的其他计划以及职能领域相联系。我们会描述一个典型的计划过程以及应对不均衡需求的各种策略。我们将说明电子表格如何帮助我们找出好的答案。然后我们以生产调度计划结束本章内容，其中包括绩效指标和一些生成调度计划的基本方法。

# 跨越整个组织的运营计划与生产调度计划

运营计划与生产调度计划对供应链上的每个组织都有意义。首先，它需要企业各职能部门的管理信息。营销部门提供需求方面的信息，会计部门提供重要的成本数据和企业财务状况信息。其次，每个职能部门都受该计划的影响。要求增加劳动力的计划对人力资源部门的雇佣和培训要求有直接影响。随着计划的实施，也会产生财务部门必须处理的收入流和成本流，因为财务部门要管理企业的现金流量。第三，企业中的每个部门和团体都有自己的员工。这些部门的管理者必须在聘用、加班以及休假等方面做出选择。

生产调度计划对服务流程和制造流程都非常重要。无论是航空公司、酒店、计算机生产商，还是大学，生产调度都是日常工作的一部分。调度涉及大量的细节，并影响企业的各个流程。例如，服务、产品及员工安排决定了具体的现金流量需求，激活了企业的记账流程，并引发了对员工培训流程的需求。企业利用生产调度计划流程来降低成本并提高响应能力，这会影响全球供应链上游和下游的运营。

表 15.1

| 关键术语 | 定义 |
| --- | --- |
| 销售和运营计划（S&OP） | 对未来的综合资源水平进行计划，以使供应与需求相平衡。它描述了企业或部门的生产率、劳动力水平，以及与需求预测和能力约束相一致的库存持有量。S&OP 是分阶段的，这意味着要对未来的几个时间段（如月份或季度）进行计划 |
| 综合计划 | 销售和运营计划的另一个术语 |
| 生产计划 | 制造型企业的销售和运营计划，集中于生产率和库存持有量 |
| 人员配置计划 | 服务型企业的销售和运营计划，集中于人员配置以及其他与人力资源有关的因素 |
| 资源计划 | 位于 S&OP 和生产调度计划之间的计划过程中的一个中间步骤。它比 S&OP 更具体地决定了对物料以及其他资源的需求。这一内容将在下一章讨论 |
| 生产调度计划 | 在较短的时间周期内为完成特定任务而进行资源分配的详细计划 |

# 运营计划与生产调度计划阶段

本节我们将说明企业为什么要从宏观的业务视角开始制订计划。我们还将描述这些计划与其他计划之间的关系，以及企业的长期计划如何最终转换为可以立即执行的详细的调度计划。

## 综合计划

销售和运营计划之所以有用，是因为它强调行动的整体过程与企业的战略目标保持一致，而不是拘泥于具体细节。首先进行综合计划，然后利用综合计划的目标和资源来生成有效、协调的生产调度计划。企业的管理者必须在不必为企业的几千种产品中的每一种以及每个员工做出具体安排的情况下，确定它们是否满足预算目标。虽然得出详细的调度计划是最终目标，但是运营计划与生产调度计划过程要从综合层面开始。

一般来说，企业从三个维度制订综合计划：（1）服务或产品；（2）劳动力；（3）时间。

***产品族***　一组具有相似需求特征和相同的流程、劳动力以及物料方面需求的顾客、服务或产品，被称为**产品族**（product family）。有时，产品族与市场划分或者特定的流程有关。企业可以将服务或产品归并成一系列范围较广的产品族，避免在计划过程中的这一阶段过于具体。例如，一个生产 12 种不同型号自行车的制造商，为了制订销售和运营计划，可能将产品分为两类：山地自行车和公路自行车。应该使用一些常用且相关的量纲。

***劳动力***　企业可以根据劳动力的柔性以各种方式对劳动力进行归类。例如，如果自行车厂的工人接受过山地自行车或公路自行车的培训，那么，尽管每个工人的劳动技能有所不同，但从做计划的目的出发，管理层可以将劳动力看成一个单一的集合体。

*时间* 销售和运营计划所涉及的计划期限虽然在不同情况下可能会有所不同，但通常为一年。为了避免产出率和劳动力的频繁变动带来的费用和干扰效应，计划的调整通常按月或季度进行。换句话说，企业是从总体看待时间的，即以月、季度或季节为单位，而不是以周、日或小时为单位来看待时间。

## 运营计划和生产调度计划与其他计划之间的关系

组织近期（即未来 1 年或 2 年）的财务估算被称为经营计划（在营利性企业）或年度计划（在非营利性服务组织）。**经营计划**（business plan）是一份关于收入、成本和利润的预期报表。它通常附有表示资金来源和资金分配状况的预算、预计（估计）的资产负债表和预计的现金流量表。经营计划使计划与企业的运营、财务、销售和营销等部门管理者的预期一致。特别是，它反映了市场渗透、新产品推出以及资本投资等方面的计划。制造型企业和营利性服务组织，例如零售商店、律师事务所或医院等，都要制订此类计划。而非营利性服务组织，如 United Way（一种公益基金组织）或市政府等，则要制订一种不同类型的财务估算计划，被称为**年度计划**（annual plan）或**财务计划**（financial plan）。

图 15.1 表示了经营计划或年度计划、销售和运营计划以及从中衍生出的详细计划和调度方案之间的关系。对供应链中的**服务提供商**（service provider）来说，最高管理层确定组织的方向和（营利性组织的）经营计划目标或（非营利性组织的）年度计划目标。然后该计划为制订销售和运营计划提供了框架。销售和运营计划通常在整体水平上关注人员配置和其他与人力资源相关的因素。它提出了为实现经营计划或年度计划目标而需要的员工数量和类型。

根据服务提供商的销售和运营计划，下一个层面的计划是资源计划，资源计划更具体地确定企业的劳动力调度，以及如物料和设施的其他资源的需求。**劳动力调**

**图** 15.1
销售和运营计划、生产调度计划与其他计划之间的关系

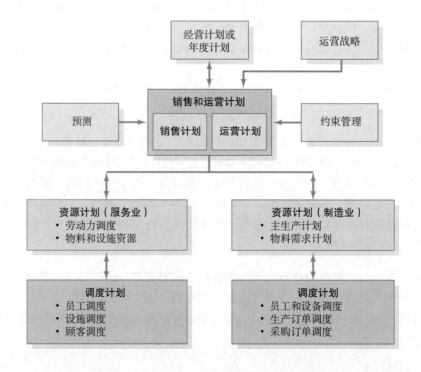

度计划为每一类员工做出具体的工作安排。例如，在一个特定地区，销售和运营计划可能安排 10 名上白班的警官；而劳动力调度计划则可能指派其中 5 人从星期一到星期五工作，另外 5 人从星期三到星期日工作，以此来满足该地区每天对警力的不同需求。最低层面的计划是调度计划，它把每名员工和每位顾客的每日安排汇总在一起。

对于供应链中的**制造企业**（manufacturing firm）来说，最高管理层在经营计划里至少要确定企业下一年的战略目标。它提供了一个整体框架，同时还要参考来自运营战略、预测和能力约束管理等各方面的信息。销售和运营计划说明了产品族的产出率、库存水平以及劳动力水平。在销售和运营计划下面的计划层面是资源计划，我们将在下一章介绍。资源计划在具体层面上对产品族中的各种产品、采购的物料和资源做出计划。主生产计划对产品族中每个产品的时间进度安排和生产数量规模进行详细说明。然后从物料需求计划流程导出零部件计划、采购物料计划和工作站计划。和服务提供商一样，最低且最详细的计划层面是生产调度计划。它将员工、设备及生产订单或采购订单的每日安排或优先级组合在一起。因此，销售和运营计划在将经营计划的战略目标转换为生产流程的运行计划时起着重要作用。

如图 15.1 中的箭头所示，信息在两个方向上流动：从上向下（从粗略到详细），以及从下向上（从详细到粗略）。如果不能利用现有资源制订出满足经营计划或年度计划目标的销售和运营计划，也许就要对经营计划或年度计划做出某些调整。同理，如果无法制订可行的主生产计划或劳动力调度计划，则需要对销售和运营计划做出某些调整。计划过程是动态的，要根据两个方向的信息流定期对计划进行修订或调整，一般按月进行。

# 需求管理

当预测要求非均衡的需求模式时，做到供应与需求相匹配是一个巨大挑战，而非均衡需求是普遍情况，不是例外。需求的波动可以从一个月到下一个月，一个星期到下一个星期，甚至是从一个小时到下一个小时。需求出现高峰和低谷现象的成本是很高的，或者它会造成不良的顾客服务。当一个航班的需求量超过飞机容量，而几乎在相同时间飞往同一目的地的另一个航班上却有很多空位时，新西兰航空公司就要损失销售额。如果不采取任何措施来均衡需求，就会失去销售机会，或者需要更大的飞机容量缓冲。对于其他公司，应对非均衡需求的供应方案可能是加班、雇佣或裁员，以及预留库存。所有这些方案都需要额外的成本。这里我们讨论的**需求管理**（demand management）问题，它是通过运用一种或多种需求方案来改变需求模式的过程。

## 需求管理选择

需求管理可以有多个选择，其中包括互补产品、促销定价、提前预约、预订、收入管理、备货、积压订单以及缺货。下面我们说明，管理者可以选择其中的一个或者多个途径。

**互补产品**　企业均衡资源负荷的一个需求选择是提供**互补产品**（complementary product）或服务，这些产品或服务具有类似的资源要求，但需求周期不同。例如，犹太人在逾越节吃的无酵丸子的生产就是一种季节性业务。新泽西州泽西城一家犹太食品生产商 B. Manischewitz 公司，以前仅在逾越节 8 天时间里的销售额就占到全年销售额的 40%。该公司向如低碳水化合物和低脂肪食品这类一年四季都有需求的市场扩展，其中包括罐装汤、饼干、罗宋汤、蛋糕粉、调味料、果酱、果汁等。

对服务提供商来说，城市公园及娱乐场所通过在冬季提供滑冰、雪橇滑雪或室内运动来抵消夏季活动的季节性人员配置需求。关键是要找到能利用现有资源来生产并使全年的资源需求得以均衡的服务及产品。

**促销定价**　促销活动的目的是利用创意性定价来增加销售量。其实例包括汽车价格回扣计划、夏季末的冬衣降价、非需求高峰期的酒店客房降价，以及"买一送一"的汽车轮胎销售活动。较低的价格可以增加新顾客和原有顾客对产品或服务的需求，从竞争对手那里争夺销售额，或者鼓励顾客提前购买。前两种手段可以增加总需求量，而第三种情况则将未来的需求转移到当前阶段。

医生办公室利用预约系统将患者安排在确定的时间来履行订单。预约时间的选择要符合患者的要求且与医生的安排相适应。这样使需求得到均衡但又不超过医生的接纳能力。

**提前预约**　服务提供商常常可以将顾客安排在确定的时间来履行订单。用这种方法可以均衡需求，使需求不超过供应能力。预约系统为顾客指定具体的服务时间。这种方法的优点在于及时的顾客服务和服务人员的高利用率。

例如，医生、牙医、律师和汽车维修店都是使用预约系统的服务提供者。医生可以利用该系统安排一天的部分时间去给医院的病人看病，而律师可以留出时间为案件做好准备。必须分别根据每个顾客的需要仔细地安排预约时间长度，而不是简单地为顾客们安排相同的时间间隔。

**预订**　虽然与预约系统非常相似，但只有在顾客真正占用或使用与服务相关的设施时，才运用预订系统。例如，顾客预订酒店客房、汽车、机票和音乐会门票等。预订系统的主要优点在于：它给服务管理者提供了提前期及均衡需求的能力。对于失约者，管理人员可以通过超订、押金以及违约金等方式来处理。有时，超订意味着预订的顾客无法获得承诺的服务。在这种情况下，可以提供额外的津贴作为补偿。例如，航空公司的乘客不仅可以乘坐下一个航班，而且还会得到一张未来某时再次乘坐这一航班的免费机票。

**收入管理**　服务提供商的一种定价和预订的特殊组合就是收入管理。**收入管理**（revenue management，有时被称为收益管理）就是在适当的时间对不同的顾客群收取不同的价格，使现有供应能力所产生的收入达到最大的过程。收入管理在满足以下条件时效果最佳：将顾客细分成不同的顾客群；对不同顾客群采用不同的价格；固定成本高；可变成本低；服务时间可以预测；服务能力如果未被利用就会失去（有时被称为产能易逝性）。航空公司、酒店、游轮公司、餐馆（早间特卖）以及汽车租赁公司等都是很好的例子。计算机预订系统可以每小时更新，根据供应量和持续更新的需求预测值之间的差额，运用决策准则来决定开放还是关闭一些等级的价位。在航空运输业，当某一特定航空公司航班的机票销售速度低于预期时，就会降低价格，直到有更多机票被订出。与此相反，如果出现高于预期的需求量，就会提高剩余机票的价格。在最后一刻购票的商务旅行者会支付更高的价格，而悠闲的旅行者可以提前预订并在周末乘机，因此会得到低价机票。美国西南航空公司最近推出了名为"商务之选"的票价等级来划分乘客，对愿意支付较高价格的常旅客提供额外优惠。

**备货**　和服务提供商的预约系统或预订系统非常相似，所谓**备货**（backlog）就是将制造商已承诺在将来某一日期交付的顾客订单累积。供应链上将订单备货作为常规业务的制造型企业，可以在需求高峰期增加备货，在需求低谷时减少备货。飞机制造商不会像远在供应链下游的批发商或零售商所做的那样承诺即时交付。相反，他们规定了一个从订单提交到交付之间的提前期。例如，一家汽车零部件制造商同意在下星期二向一家汽车经销商的维修部交付一批数量为 100 个的特定型号汽车门锁。该零部件制造商利用该交付期限在其产能范围内制订门锁生产计划。最可能运用备货方式并在需求高峰期增加备货量的企业，通常生产定制产品，并倾向于采用面向订单的生产策略。备货降低了未来生产需求的不确定性，同时还可以用来平衡这些需求。但是，如果备货量太大，就会成为市场竞争的不利因素。

**积压订单和缺货**　需求管理的最后一个措施是采用积压订单或是缺货的形式（参见第 10 章"供应链设计"）设置较低的顾客服务标准。不要将积压订单和缺货与备货相混淆，积压订单是不能马上履行但会尽快履行的顾客订单。需求可能太难预测，或者物品的库存持有成本太高。虽然顾客对这种延迟交付不满意，但是顾客订单不会丢失，只是延迟交付。相比之下，缺货虽然与积压订单很相似，但不同之处是失去了订单，顾客会另投别处。积压订单会增加下一时段的需求量，而缺货则不会增加未来的需求量。积压订单和缺货可能导致不满意的顾客在将来的业务中与其他企业合作。一般来说，要尽量避免积压订单和缺货现象。

　　企业也可以利用需求方案的组合。例如，一家照明设备生产商有几种"偶尔有爆发式增长的缓慢出货的产品"——几个星期的时间只卖出两到三件，然后突然有一个 10 000 件的巨额订单。其原因是他们的产品被商用物业管理者购买，用来更换大办公楼的照明设备。结果对预测来说是个噩梦，因此不得不求助于代价高昂的供应方案来满足这种激增的需求。解决这类问题的一个突破口是将定价和备货方案组合在一起。在需要提前五周或者更早时间下单（备货方案）的承包商，只要订单超过 10 000 件都会得到 3% 的折扣（定价方案）。提前预告可以使生产商的生产流程变平稳，这样每年可以节约数百万美元。

　　表 15.2 的左侧总结了运营计划与生产调度计划的需求方案，表的右侧列出了使供需平衡的供应方案。下面在"销售和运营计划"及"生产调度计划"这两节中介绍供应方案。

表 15.2 运营计划与生产调度计划的需求方案和供应方案

| 需求方案 | 供应方案 |
| --- | --- |
| 互补产品 | 预留库存 |
| 促销定价 | 劳动力调整（聘用和解聘） |
| 提前预约 | 劳动力利用率（加班和空闲工时） |
| 预订 | 兼职员工和转包商 |
| 收入管理 | 休假计划 |
| 备货 | 劳动力调度 |
| 积压订单 | 作业队列和顾客队列 |
| 缺货 | 加急订单 |

# 销售和运营计划

制订销售和运营计划意味着做决策。本节的重点是讨论与销售和运营计划决策有关的信息输入、供应方案选择及策略。

## 信息输入

和需要管理需求方一样，在为供应方做决策时，企业各部门之间也需要达成一致。为了生成对各部门都有用的计划，就要寻求合适的信息输入。图 15.2 列出了由各职能部门提供的输入信息。企业必须考虑这些信息，以确保做出的计划是合适并且可行的。这种协作有助于整个供应链中服务流、物料流和信息流的同步，从而使供应与顾客需求达到最好的平衡。

**图 15.2**

各职能部门提供给销售和运营计划的管理信息

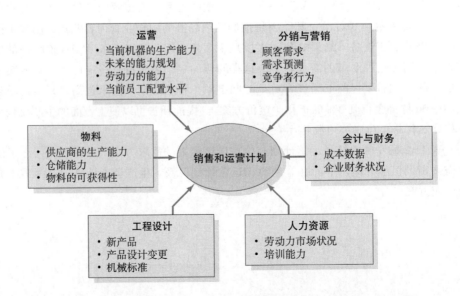

## 供应方案选择

当给定根据需求管理选择修正过的需求预测值，运营管理者就必须从表 15.2 中选择供应方案，制订出满足需求的供应计划。

*预留库存*　预留库存可用于吸收非均衡的需求量或供应量。例如，面对季节性需求的工厂，可以在需求淡季预留库存，而在需求旺季使用这些库存。像惠而浦这样的空调制造商，会在一年的三个月时间里消化年需求量的 90%。当供应量而非需求量出现不均衡状态时，额外的库存，或预留库存也可以发挥作用。例如，如果一家企业的供应商预计会有严重的产能限制，那么该企业就可以囤积某种外购物品。尽管预留库存有其优点，但持有库存也会带来高成本，持有产成品库存尤其如此。而且，当服务或产品是定制的，预留库存通常并非好的选择。供应链上的服务提供商一般不使用预留库存，因为服务是无法存储的。

位于马萨诸塞州韦斯特伯鲁的 Lowe's 商店的一名员工正在给惠而浦空调备货。窗式空调机的需求量具有高度的季节性，而且还会随着天气波动。惠而浦公司通常从秋天开始生产室内空调机，并将其作为库存持有，直到春天将这些空调发送出去。在淡季建立预留库存使公司在一年中的大多数时间里可以均衡产出率，同时在零售商提交大多数订单的需求高峰期（春天和夏天）也仍然能够满足需求。

*劳动力调整*　通过雇佣或解聘员工，管理层可以调整劳动力的规模。如果劳动力为大量非熟练或半熟练工人，且劳动力资源充足，这种方案是很有吸引力的。这些情况在一些国家比另外一些国家更容易出现。但是，对于某一特定企业来说，合格劳动力的规模会限制在任一时间能够雇佣的新员工数量。而且，新员工还必须接受培训，而培训设施自身的容量也会限制在任何时间雇佣新员工的数量。在某些行业，由于合约（或工会）的原因，解聘员工很困难或很少发生；但在另一些行业，如旅游业和农业，季节性雇佣和解聘是很正常的。

*劳动力利用率*　另一种劳动力调整方案是调整劳动力的利用率，包括加班和空闲工时。**加班**（overtime）意味着员工的工作时间长于正常的工作日或工作周，并得到超时加班的额外报酬。这种方式可以用于按正常工作时间无法满足产出需求的情况。但是，加班的成本很高（一般为正常工作时间工资的 150%），而且工人常常不愿意长时间加班，过多的加班还可能导致产品质量及生产率的下降。但另一方面，加班有助于避免聘用全职新员工所带来的成本高昂的福利（比如健康保险、牙科护理、社会保险、退休基金、带薪休假以及节假日等）。

**空闲工时**（undertime）意味着员工在正常的工作日或工作周内并没有足够的工作可做。例如，他们并没有充分利用每天 8 小时或每周 5 天的工作时间。当劳动力的生产能力超过需求量（净预留库存）时，就会出现空闲工时，而且多余的生产能力不能或不应该被有效地用于建立库存，或在承诺的交付日期之前履行顾客订单。

空闲工时可能有报酬，也可能没报酬。计酬空闲工时的一个例子是将员工的名单仍然保留在工资册上而不是解聘。在这种情况下，员工全天工作并得到全额工资，但由于工作负荷轻而并不忙碌。有些企业在淡季采用计酬空闲工时（虽然他们对此的叫法不同），特别是对拥有高技能、难以替代的员工或在解聘员工有阻力时更是如此。计酬空闲工时的缺点包括为没有完成的工作支付酬金以及劳动生产率低下。

*兼职员工* 与空闲工时不同的另一种选择是聘用兼职员工，兼职工作只按工作小时数或工作日数支付工资。他们也许只在每天的高峰时间或每周的高峰日工作。有时，兼职员工的安排可以提供可预见的工作计划，但在其他情况下，如果工作负荷小就不会雇用工人。对于低技能的岗位，或者找这类工作的工人数量很多时，这种情况就更普遍。兼职员工一般不享受福利待遇。

*转包商* 转包商可以用来解决短期产能不足的问题，例如，在旺季或商业周期的高峰期。转包商可以提供服务、制造零部件或组装件，甚至能组装整个产品。

*休假计划* 制造商可以在每年的销售淡季停产，只留下骨干员工负责日常工作并完成维护工作。医院会鼓励员工在业务淡季休掉全部或部分假期。这种方法的运用取决于雇主是否能强制执行员工休假计划。在任何情况下，都不鼓励员工在任务高峰期休假，或者说，鼓励员工在业务淡季休假。

## 制订计划的策略

本节重点讨论决定产出率和劳动力数量的供应方案。在寻找最佳计划方案时可以从以下两种基本策略开始。

1. 跟随策略。**跟随策略**（chase strategy）运用雇佣和解聘手段来适应计划期内的需求预测。通过改变劳动力在正常工作时间里的生产能力使供给与需求相符，这种策略不需要库存投资、加班或空闲工时。缺点是不断调整劳动力数量的费用、员工对企业潜在的疏远感，以及由于劳动力经常变化导致的生产率和质量损失。
2. 均衡策略。**均衡策略**（level strategy）涉及保持劳动力数量的稳定（计划周期开始可能除外）。通过加班、空闲工时（计酬或不计酬）以及休假计划（即需求低时的带薪休假）来改变劳动力的利用率，以适应需求预测。稳定的劳动力数量可以有多种不同规模：管理者可以选择维持很大的劳动力数量，以便在高峰期计划应用的加班时间最少（但遗憾的是在需求淡季会使空闲工时最大）。另一种选择是维持较少的劳动力数量，在高峰期严重依赖加班（员工始终处于紧张状态，致使产品质量得不到保证）。

单独运用上述两种"纯"策略通常不可能得到最佳的销售和运营计划。它不可能使劳动力数量恰好保持在最佳水平，也不可能逐个时段调整劳动力数量使其与预测的需求精确匹配。因此，**最佳策略**通常是**混合策略**（mixed strategy），全面考虑供应方案。跟随策略仅仅局限于雇佣和解聘员工。均衡策略局限于加班、空闲工时和休假计划。混合策

尽管 Hallmark 公司的业务是季节性的，但公司从不解聘员工。相反，公司对员工进行培训，在需要时，员工可以在不同的时间、不同的工厂从事不同的工作。由于员工们知道他们有很好的工作保障，因此他们努力缩短准备时间，并使 Hallmark 公司保持低成本。

表 15.3 与销售和运营计划有关的成本类型

| 成本 | 定义 |
|---|---|
| 正常时间 | 支付给员工正常工作时间的工资再加上福利支出，比如健康保险、牙科护理、社会保险、退休基金，以及为假期、节日和一些其他类型缺勤所支付的工资 |
| 加班 | 给在正常工作周之外的工作支付的工资，通常为正常工作时间工资的150%（有时星期日和节假日的加班工资高达正常工资的200%），不包括福利在内。加班可以避免聘用另一名全职员工所带来的额外福利成本 |
| 雇佣及解聘 | 招聘广告、面试、新员工培训计划、由于新员工缺乏经验所产生的废品、生产率的损失，以及最初的书面工作等产生的成本。解聘成本包括离职面谈、遣散费、保留和再培训留下来的工人和管理人员以及损失的生产率等产生的成本 |
| 持有库存 | 随库存投资规模变化产生的成本：库存占用的资金成本、可变的仓储成本、偷盗及损耗成本、保险费以及税金等 |
| 订单积压及缺货 | 对逾期订单加急生产的额外成本、损失销售量的成本，以及将顾客推向竞争对手的潜在成本（有时称为商誉损失） |

略则能兼顾到所有供应方案，其中包括预留库存、兼职员工、转包商、积压订单以及缺货。

## 约束和成本

一个可接受的销售和运营计划必须认识到相关的约束或成本。约束既可以是物理条件的限制，也可与管理政策相关。物理约束可以是限制最大产出的设备的生产能力，或不足的库存空间。政策约束可能包括：积压订单的数量限制、利用转包商或加班的最大上限，以及达到所要求的安全库存量需要的最小库存规模等。此外，还要涉及道德方面的因素，如大量裁员或被迫加班。

通常，许多计划都包含若干约束条件。表 15.3 列出了计划人员在制订销售和运营计划时，通常要考虑的几类成本。

## 制订销售和运营计划是一个流程

销售和运营计划的制订是一个决策流程，它涉及计划人员和管理人员。这是一个动态而持续的流程，当有新信息可供利用或者新机会出现时，就要定期更新计划。它是一个跨职能的流程，要寻找一套企业所有职能部门都支持的计划。对每个产品族来说，依据下列因素做出决策：成本方面的权衡、最近的历史状况、来自计划人员和中层管理人员的建议以及高管团队的判断。

图 15.3 显示了制造型企业的一个典型计划。该计划是一家制造商以汇总的方式表示的面向库存生产的产品族计划。这张简单的电子表格显示了供给和需求之间的相互作用。表格左侧从一月到三月的历史数据说明，预测如何跟踪实际销量，以及实际生产如何与计划相一致。财务人员对库存的预测特别感兴趣，因为它们在很大程度上影响制造商的现金需求。表格右上方的最后两列显示了当前财务年度的销售预测如何与当前的经营计划相匹配。

该计划从 4 月份开始，为期 18 个月。对前 6 个月的预测值、运营计划和库存计划按月显示，而对第二个 6 个月则按季度显示。最后，计划期最后 6 个月的合计值只用 1 列来显示。这种显示方式在短期内更精确，但在未来只提供了有限的列数。

图 15.3

面向库存生产的产品族的销售和运营计划

**Artic Air 公司——4月份的销售和运营计划**

产品族：普通窗户（面向库存生产） 计量单位：100件

| | 历史数据 1月 | 2月 | 3月 | 4月* | 5月 | 6月 | 7月 | 8月 | 9月 | 第3个 3个月** | 第4个 3个月 | 第13个月到第18个月 | 财务年度预测（1 000美元） | 经营计划（1 000美元） |
|---|---|---|---|---|---|---|---|---|---|---|---|---|---|---|
| **销量** | | | | | | | | | | | | | | |
| 新预测销量 | 45 | 55 | 60 | 70 | 85 | 95 | 130 | 110 | 70 | 150 | 176 | 275 | $8 700 | $8 560 |
| 实际销量 | 52 | 40 | 63 | | | | | | | | | | | |
| 月度差额 | 7 | –15 | 3 | | | | | | | | | | | |
| 合计 | | –8 | –5 | | | | | | | | | | | |
| **运营** | | | | | | | | | | | | | | |
| 新计划产量 | 75 | 75 | 75 | 75 | 75 | 85 | 85 | 85 | 75 | 177 | 225 | | | |
| 实际产量 | 75 | 78 | 76 | | | | | | | | | | | |
| 月度差额 | 0 | 3 | 1 | | | | | | | | | | | |
| 合计 | | 3 | 4 | | | | | | | | | | | |
| **库存** | | | | | | | | | | | | | | |
| 计划库存 | 85 | 105 | 120 | 125 | 115 | 105 | 60 | 35 | 40 | 198 | 321 | | | |
| 实际库存 | 92 | 130 | 143 | | | | | | | | | | | |

**需求问题和假设**
1. 将于下一年的1月推出新产品设计

**供应问题**
1. 休假主要在11月和12月
2. 加班在7月到8月

* 4月是该计划周期的第一个月。当下个月的计划制订后，计划周期中的第一个月将是5月，在历史数据中最近的一个月将是4月（1月不再显示在历史数据中）。

** 这一列给出了从10月到12月的销售、运营和库存的合计值。例如，150件的预测值转换为平均每月50件（150/3=50）。

这一特定的面向库存生产的产品族经历了明显的季节性需求。运营计划在淡季建立季节性库存，并尽可能在 11 月和 12 月份安排休假，在 6、7、8 这三个月高峰季利用加班。例如，从 6 月份到 8 月份该运营计划的月生产量从 75 件增加到 85 件，到 9 月份恢复到 75 件，然后从 10 月份到 12 月份下降为平均每月仅 59 件（即 177/3）。计划表格根据不同的生产和库存策略采用不同的格式。对于面向订单组装的策略来说，库存不包含产成品。取而代之的是为精加工和装配操作而生产的标准化零部件和组装件的库存。对面向订单生产的策略来说，图 15.3 中的库存一栏被显示计划积压订单量和实际积压订单量的一栏所代替。

服务提供商的计划是完全不同的。首先，计划不包含库存栏，而是代之以对人力资源的需求和供给的关注。预测值通常用所需要的员工数量来表示，用不同的行来表示正常工作时间、加班、休假、兼职员工等数量。用不同的部门或工种来替代产品族。

计划流程本身一般一个月执行一次，由六个基本步骤组成。这些步骤与第 14 章"预测"中所讨论的步骤十分相似。

*第 1 步:*根据新的计划周期向前"滚动"计划。每个月末开始准备工作。用实际销量、产量、库存、成本和约束数据来更新文件。

*第 2 步:*参与预测并制订需求计划，来生成被认可的需求预测值。对服务提供商来说，预测值是对每种雇员群体的人员需求量。例如，一家医院的护理部主任为护理人员制订一套工作负荷指数，将按月预测的病患人数转换为对应的护理时间总量，从而得出该年每个月所需要的护士人数。

*第 3 步：*更新每一个产品族的销售和运营计划数据表格，确定相关的约束和成本，其中包括供应商处原材料的可获得性，一次应付如此多新员工时培训设施的容量，

机器的产能或有限的存储空间。政策约束则包括积压订单数、使用转包商和加班时间的上限，以及达到要求的安全库存量所需的最小库存水平。一般来说，有许多计划方案都可以满足一组特定的约束。计划人员寻求一种能够在成本、顾客服务、劳动力稳定性等方面得到最佳平衡的计划。这一流程可能需要多次修订计划。

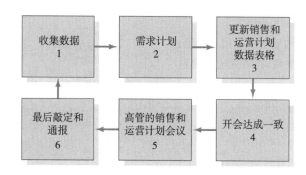

**第4步**：利益相关者开一次或多次会议，就如何使供给与需求达到最佳平衡形成一致意见。参会者包括供应链管理人员、工厂管理人员、财务主管、采购经理、生产控制经理或物流经理。会议的目的是要得到一组建议，提交给企业高管的销售和运营计划会议。当意见无法统一时，就要再准备几套不同的备选方案。还要将所有产品族的计划汇总以总金额的形式填入电子表格，形成更新的财务数据。

**第5步**：在有企业总裁和职能部门副总裁参加的高管的销售和运营计划会议上，按照产品族提出建议。会上根据经营计划、新产品发布、特殊项目以及其他相关因素审核销售和运营计划。高管可能要求对计划进行最后的修改，比如在相互冲突的目标之间取得更好的平衡。接受经过批准的计划并不一定意味着每个人都完全同意该计划，但它意味着每个人都会为完成这项计划而努力工作。

**第6步**：更新电子数据表，以反映批准后的计划，并将该计划向重要的相关人员通报，以便于实施。计划的重要接受者包括那些做资源计划的人员。关于资源计划将在下一章讨论。

富士胶片成像着色有限公司（FUJIFILM Imaging Colorants）生产主要用于喷墨打印机墨盒的油墨和染料。它运行着一个有效的销售和运营计划流程。该流程必须在美国的产成品工厂和英国的大宗商品生产工厂之间进行协调。所有职能领域的管理人员和七名英国的管理人员一起参加在美国工厂的电话会议。在这次伙伴关系会议上（销售和运营计划流程的第4步），他们对需求、生产和库存计划以及预计的营运资金计划进行了审核。

## 电子数据表的应用

图 15.3 中的销售和运营计划并没有显示出运营计划中应用的供应方案或这些方案对成本的影响。这里我们讨论用电子数据表来实现上述功能的方法。补充资料 D "线性规划" 介绍了利用运输模型制订生产计划的方法。在计划流程的第3步，当计划者制订未来计划时，上述两种方法都可应用。

有各种各样的电子数据表可供使用，其中包括读者自行设计的表格。这里我们介绍 OM Explorer 中用电子数据表制订销售和运营计划的求解软件。图 15.4 显示了制造商的销售和运营计划，其中使用了除加班以外的全部供应方案。

图 15.4

利用电子数据表和混合
策略制订的制造商计划

| | 1 | 2 | 3 | 4 | 5 | 6 | 合计 |
|---|---|---|---|---|---|---|---|
| **输入值** | | | | | | | |
| 预测需求量 | 24 | 142 | 220 | 180 | 136 | 168 | 870 |
| 劳动力规模 | 120 | 158 | 158 | 158 | 158 | 158 | 910 |
| 空闲工时 | 6 | 0 | 0 | 0 | 0 | 0 | 6 |
| 加班时间 | 0 | 0 | 0 | 0 | 0 | 0 | 0 |
| 休假时间 | 20 | 6 | 0 | 0 | 4 | 10 | 40 |
| 合同转包时间 | 0 | 0 | 0 | 0 | 0 | 6 | 6 |
| 积压订单量 | 0 | 0 | 0 | 4 | 0 | 0 | 4 |
| **导出值** | | | | | | | |
| 有效时间 | 94 | 152 | 158 | 158 | 154 | 148 | 864 |
| 库存量 | 70 | 80 | 18 | 0 | 14 | 0 | 182 |
| 雇佣量 | 0 | 38 | 0 | 0 | 0 | 0 | 38 |
| 解聘量 | 0 | 0 | 0 | 0 | 0 | 0 | 0 |
| **计算值** | | | | | | | |
| 有效时间成本 | $376 000 | $608 000 | $632 000 | $632 000 | $616 000 | $592 000 | $3 456 000 |
| 空闲工时成本 | $24 000 | $0 | $0 | $0 | $0 | $0 | $24 000 |
| 加班成本 | $0 | $0 | $0 | $0 | $0 | $0 | $0 |
| 休假时间成本 | $80 000 | $24 000 | $0 | $0 | $16 000 | $40 000 | $160 000 |
| 库存成本 | $2 800 | $3 200 | $720 | $0 | $560 | $0 | $7 280 |
| 积压订单成本 | $0 | $0 | $0 | $4 000 | $0 | $0 | $4 000 |
| 雇佣成本 | $0 | $91 200 | $0 | $0 | $0 | $0 | $91 200 |
| 解聘成本 | $0 | $0 | $0 | $0 | $0 | $0 | $0 |
| 合同转包成本 | $0 | $0 | $0 | $0 | $0 | $43 200 | $43 200 |
| **总成本** | $482 800 | 726 400 | 632 720 | 636 000 | 632 560 | 675 200 | $3 785 680 |

***制造商的电子数据表*** 电子数据表的上方显示输入值——按时段逐个给出了预测的需求量，以及供应方案的选择。当你想要找到更好的计划时，可以改变这些"措施"。

表格的第二部分是根据输入值得出的相应导出值。导出值中的第 1 行是有效生产时间，它表示劳动力的正常工作时间，这部分时间是支付报酬并得到有效利用的。在任何一个时段，有效时间都等于劳动力人数减去空闲工时和休假时间。例如，第 1 时段的有效时间为 94（即 120–6–20）。雇佣行和解聘行的值可以从劳动力人数导出。在该例中，第 2 时段的劳动力人数从初始的 120 增加到 158，这意味着要雇佣 38 名员工。由于在剩下来的整个计划周期中劳动力人数保持不变，所以不再有其他的雇佣或解聘发生。当休假、库存和积压订单等其他措施都可能采用时，那么加班时间和空闲工时就不能只根据预测的需求量和劳动力数量信息导出。因此，在电子数据表中将空闲工时和加班时间以输入值（而不是导出值）来表示，同时使用者必须仔细地指定一致的输入值。

电子数据表的最后一部分，计划的计算值，说明了该计划导致的成本。结合定性的考虑因素，每项计划的成本决定了该计划是否令人满意，或者是否应该修订计划。当对评估后的计划寻找改进的线索时，要先识别出具有最高成本的因素。如果修改方案降低了这些特定成本，就有可能产生使总成本降低的新计划。电子数据表程序使这些计划的分析工作变得容易，为制订出合理的销售和运营计划提供了全新的方法。

图 15.4 中的计划显然是适合制造商的，因为它使用库存来调节生产运营，特别是在最初的两个时段。这是一种混合策略，并不仅仅是因为它用了预留库存、积压订单以及合同转包的措施。劳动力水平在第 2 个时段发生了变化，但是像跟随策略一样，它不与预测的需求量精确匹配。该计划中还有均衡策略的因素，因为计划部分使用了空闲工时和休假，但是并不完全依赖这些供应策略。

要注意识别输入值计量方式的差异。劳动力水平可以用员工数量来表示，但预测的需求量和库存量则用产品的件数来表示。OM Explorer 中的电子数据表要求统一计量单位，因此在输入输入值之前我们必须转换某些数据。也许最容易的方法就是将预测的需求值和供应方案表示为等价员工时段数（employee-period equivalents）。如果需求预测值是用产品件数表示，就可以用件数除以每名员工的劳动生产率得到等价员工时段数。例如，如果需求量是 1 500 件产品，每名员工在一个时段平均生产100 件产品，则需求量等于 15 个等价员工时段数。

**_服务提供商的电子数据表_**　同一张电子数据表也可用于服务提供商，但是其中不存在预留库存这一项。你可以解除对表格的保护，将非相关的行隐藏起来。但是，直至结束才隐藏库存行是很有用的，因为库存量出现正值或负值可表示计划中有不一致的地方。图 15.4 显示了经过几轮修改后得出的成熟计划，这里再用例 15.1 来说明如何从跟随策略和均衡策略（不考虑休假）着手，找到一个适合服务提供商的好计划。通过这些计划可以对计划制订过程和方法有更深入的理解，从而得出更好的混合策略计划。

---

**例 15.1**　**从跟随策略和均衡策略着手制订计划**

---

　　一家大型配送中心的经理必须确定在工资单上要保留多少兼职拣货员。她希望制订一个总成本最小的员工配置计划，并且希望从跟随策略和均衡策略开始着手。对于均衡策略来说，她想首先尝试求出使用空闲工时最少且不考虑休假条件下满足需求的劳动力水平。

　　首先，该经理把下一年度分为 6 个时间段，每个时间段的长度为 2 个月。每个兼职员工在正常工时每周最多可以工作 20 小时，但实际工时数可能少一些。在业务淡季缩短每个员工的日工作时间，而不是为空闲工时付酬。一旦确定在工资表上，每个员工每天都要上班，但可能只工作几个小时。在业务高峰期则可以利用加班。

　　该配送中心的预测需求量用兼职员工的数量来表示——每周 20 小时最大正常工时的每个时间段所需的兼职员工数。例如，在第 3 时段，按正常工时每周工作 20 小时计算，预计需要18 名兼职员工。

|  | 1 | 2 | 3 | 4 | 5 | 6 | 总计 |
|---|---|---|---|---|---|---|---|
| 需求量* | 6 | 12 | 18 | 15 | 13 | 14 | 78 |

\* 兼职员工的数量

　　目前，雇用了 10 名兼职员工。表中所列的预测需求量并没有将他们扣除。约束条件和成本信息如下：

a. 在任一时间段，培训设施的规模限定新雇用员工的人数不得超过 10 人。

b. 不允许有积压订单；每个时段的需求都必须得到满足。

c. 在任一时间段，加班时间不得超过正常工时的 20%（即 4 小时）。因此，任何一位兼职员工每周最多可以工作 $1.20 \times 20 = 24$ 小时。

d. 成本分摊情况如下：

| | |
|---|---|
| 正常工时工资 | 按每周 20 小时计算，每个时间段 2 000 美元 |
| 加班费 | 正常工资的 150% |
| 雇用费 | 1 000 美元 / 人 |
| 解聘费 | 500 美元 / 人 |

在 REI 公司位于华盛顿 Sumner 的配送中心的产品接收部,一名兼职员工正在数千根滑雪杆货贺下整理和清点新产品。REI 雇用的兼职员工比例很高,其中许多人是大专院校的学生。他们多为喜欢户外运动的年轻人,而且对 REI 所售的装备很熟悉。

**解**

a. 跟随策略

这一策略只是在需要时简单地调整劳动力数量来满足需求,如图 15.5 所示。在电子数据表中将没使用的行(如库存和休假)隐藏起来。劳动力数量行与预测需求行类似。因为当前有 10 名员工,而在第 1 时段对员工的需求只有 6 名,所以立即解聘 4 名兼职员工,之后会有大量的雇用和解聘。但是,许多雇员如大学生,更喜欢兼职工作。该计划的总成本是 173 500 美元,大部分成本增加是因为频繁地雇用和解聘,这在有效的正常工作时间成本上增加了 17 500 美元。

b. 均衡策略

为了使空闲工时最少,就要在高峰时段尽可能地利用加班。对这一特定的均衡策略(也可能用其他劳动力方案)来说,这位经理能够利用的最大加班时间为正常工时容量 $w$ 的 20%,因此,在高峰期(第 3 时段)需要

$$1.20w = 18 \text{ 名员工}$$

$$w = \frac{18}{1.20} = 15 \text{ 名员工}$$

**图 15.5**
跟随策略的电子数据表

| | 1 | 2 | 3 | 4 | 5 | 6 | 合计 |
|---|---|---|---|---|---|---|---|
| **输入值** | | | | | | | |
| 预测需求量 | 6 | 12 | 18 | 15 | 13 | 14 | 78 |
| 劳动力规模 | 6 | 12 | 18 | 15 | 13 | 14 | 78 |
| 空闲工时 | 0 | 0 | 0 | 0 | 0 | 0 | 0 |
| 加班时间 | 0 | 0 | 0 | 0 | 0 | 0 | 0 |
| **导出值** | | | | | | | |
| 有效时间 | 6 | 12 | 18 | 15 | 13 | 14 | 78 |
| 雇用量 | 0 | 6 | 6 | 0 | 0 | 1 | 13 |
| 解聘量 | 4 | 0 | 0 | 3 | 2 | 0 | 9 |
| **计算值** | | | | | | | |
| 有效时间成本 | $12 000 | $24 000 | $36 000 | $30 000 | $26 000 | $28 000 | $156 000 |
| 空闲工时成本 | $0 | $0 | $0 | $0 | $0 | $0 | $0 |
| 雇用成本 | $0 | $6 000 | $6 000 | $0 | $0 | $1 000 | $13 000 |
| 解聘成本 | $2 000 | $0 | $0 | $1 500 | $1 000 | $0 | $4 500 |
| **总成本** | $14 000 | 30 000 | 42 000 | 31 500 | 27 000 | 29 000 | $173 500 |

| | 1 | 2 | 3 | 4 | 5 | 6 | 合计 |
|---|---|---|---|---|---|---|---|
| **输入值** | | | | | | | |
| 预测需求量 | 6 | 12 | 18 | 15 | 13 | 14 | 78 |
| 劳动力规模 | 15 | 15 | 15 | 15 | 15 | 15 | 90 |
| 空闲工时 | 9 | 3 | 0 | 0 | 2 | 1 | 15 |
| 加班时间 | 0 | 0 | 3 | 0 | 0 | 0 | 3 |
| **导出值** | | | | | | | |
| 有效时间 | 6 | 12 | 15 | 15 | 13 | 14 | 75 |
| 雇用量 | 5 | 0 | 0 | 0 | 0 | 0 | 5 |
| 解聘量 | 0 | 0 | 0 | 0 | 0 | 0 | 0 |
| **计算值** | | | | | | | |
| 有效时间成本 | $12 000 | $24 000 | $30 000 | $30 000 | $26 000 | $28 000 | $150 000 |
| 空闲工时成本 | $0 | $0 | $0 | $0 | $0 | $0 | $0 |
| 加班成本 | $0 | $0 | $9 000 | $0 | $0 | $0 | $9 000 |
| 雇用成本 | $5 000 | $0 | $0 | $0 | $0 | $0 | $5 000 |
| 解聘成本 | $0 | $0 | $0 | $0 | $0 | $0 | $0 |
| **总成本** | $17 000 | 24 000 | 39 000 | 30 000 | 26 000 | 28 000 | $164 000 |

图 15.6
均衡策略的电子数据表

15 名员工的规模可以使该均衡策略的空闲工时最小。由于已经有了 10 名兼职员工，该经理应该立即再雇用 5 人。完整的计划如图 15.6 所示。这项计划的总成本为 164 000 美元，这看起来是合理的，因为可能的最小成本只有 156 000 美元（78 时段 ×2 000 美元 / 时段）。但是只有当管理者能够找出一种方法，可以用正常工时来满足所有 78 个时段的预测需求量，才能实现 156 000 美元的成本目标。这个计划看起来是合理的，主要是因为它使用了大量的空闲工时（15 个时段），在本例中空闲工时是不支付工资的。

**决策重点**

现在，这位经理有了一个与其他计划比较的参照点，他决定在做出最终决策以前要评价其他一些计划，首先从跟随策略开始。减少成本的唯一途径是设法减少 3 个加班时段的加班费（3 时段 ×3 000 美元 / 时段），或者减少 5 名员工的雇用费（5 人 ×1 000 美元 / 人）。然而，可能还有更好的解决办法。例如，将雇用工作推迟到第 2 时段，可以减少空闲工时，因为现在的劳动力数量是充足的。这种延迟会减少不付报酬的空闲工时数量，这是一个质的进步。

# 生产调度计划

生产调度计划是图 15.1 中的最后一个步骤，它使运营计划与生产调度计划流程从计划阶段转向实施阶段，这也是会引起摩擦的阶段。供应链管理中的这一重要内容本身就是一个流程。它需要从以下来源收集数据：如需求预测或具体的客户订单、来自销售和运营计划的资源可获得性、来自员工和客户方面的具体约束。然后要为员工或者工作站前的作业序列或顾客制订工作调度方案。该调度方案必须与员工和供应商进行协调，以确保满足所有约束条件。下面介绍甘特图、员工调度、工作站的作业排序以及软件支持等内容。

## 甘特图

调度方案可以用各种方式显示。对于不同的作业或活动，调度方案可以简单地列出它们的到期日，在表格中显示出它们的开始时间和结束时间，或者用图形来显示它们的开始时间和结束时间。甘特图使用的是第三种方法。第 2 章中图 2.5 的右图说明，在项目管理中"一张图可以抵得上一千句话"。不熟悉调度方法的人仍然可以理解计划的实质。该工具可以用来监测工作进度并观察工作站的负荷。甘特图有两种基本形式：（1）作业或活动进度图；（2）工作站图。甘特进度图形象地显示了每个作业或活动相对于其计划完成日期的当前状况。例如，假定一家汽车零件制造商正在生产三批零件，分别是福特、尼桑和别克这三家汽车公司的零件。这些订单的实际生产状况如图 15.7 中的灰色条所示。黑线表示每批作业要求的开始时间、完成时间的进度计划。当前日期为 4 月 21 日，这张甘特图显示：福特的订单落后于进度计划，因为只完成了安排到 4 月 18 日为止的生产量。尼桑的订单正严格按进度执行，而别克的订单已经超前于进度计划。

图 15.8 显示了一家医院的手术室在某一天的工作站甘特图。所用的图标与图 15.7 相同，该图显示了手术室的工作负荷和非生产时间。分配给每个医生的时间段包括下次手术前清洁手术室的时间。该图可以用来确定计划外急诊手术的时间空档，

图 15.7
一家汽车零件公司的
甘特进度图

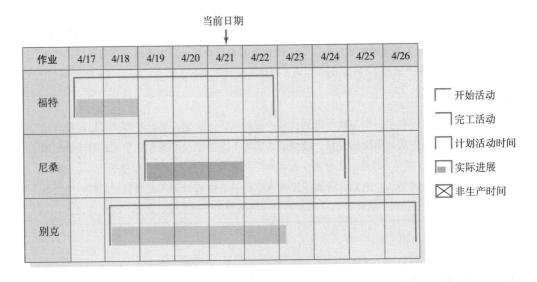

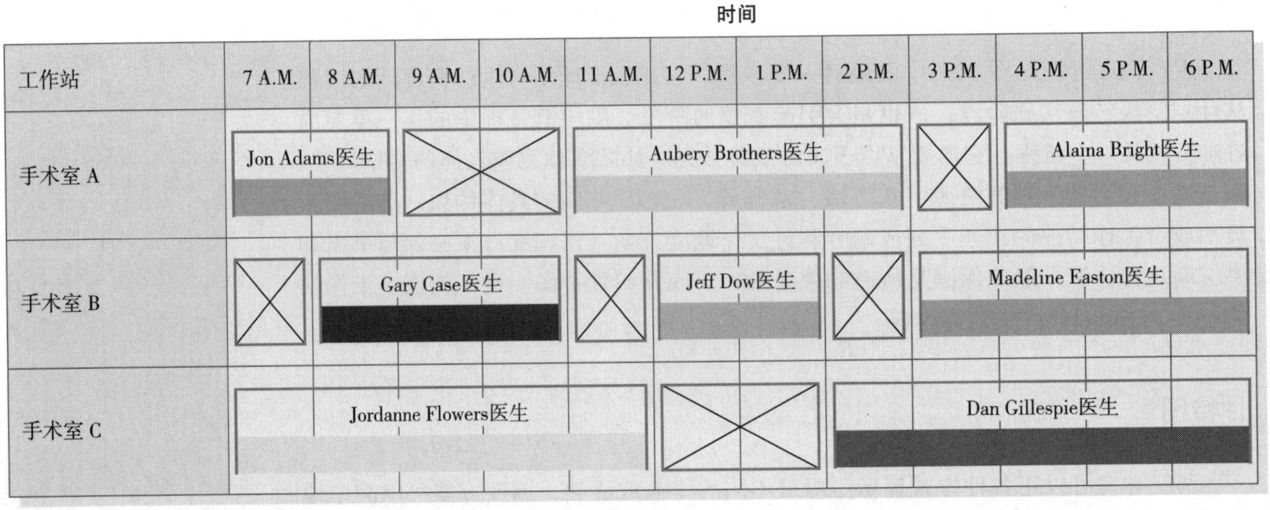

图 15.8 一家医院手术室的工作站甘特图

也可用来调节改变手术时间的需求。例如，Flowers 医生可以通过与同在 C 手术室的 Gillespie 医生交换时间空档，或者要求 A 手术室的 Brothers 医生早 1 个小时开始手术，并要求 Bright 医生将她在 C 手术室的手术安排在早上，这样就可以把自己手术的开始时间改为下午 2 点。在任何情况下，医院的管理人员都必须参与重排手术计划。

## 员工调度

　　管理生产能力的另一种方式是**劳动力调度**（workforce scheduling），这是决定员工在何时工作的一种调度计划。当所有员工并不是在每周相同的 5 天和每天相同的 8 小时工作时，这种方法就特别有意义。该调度计划在一定的时间周期内，为每名员工指定当班时间和休班时间，如为邮局职员、护士、飞行员、乘务员或警官等安排具体工作日及班次。当顾客要求快速响应并能够以合理的精度预测总需求量时，通常运用这种方法。在这些情况下，可以调整生产能力来满足服务系统的预期工作负荷。

　　劳动力调度将员工配置计划转换为对每个员工的具体工作安排。为每个员工确定工作日本身并不能使员工配置计划具有可操作性。必须满足员工配置计划中按总人数规定的劳动力日需求量。每天可用的劳动力数量必须满足或超过劳动力的日需求量。如果不能满足，调度人员就必须尽量重新安排休假日，直到需求量得到满足。如果无法得出满足需求的调度结果，管理层就必须改变员工配置计划，并雇佣更多的员工、批准加班，或允许更多的订单积压。

　　*约束条件*　劳动力调度的技术约束是员工配置计划所提供的资源以及对运营系统的各种要求。但是，还会有包括法律和行为因素造成的其他约束条件。例如，新西兰航空公司的当班乘务员在任何时候都要至少达到最低数量要求。与此类似，消防站在任何时候都要有最低数量的消防人员在值班。这类约束条件限制了管理层在制订劳动调度计划时的灵活性。

　　由员工的心理需要造成的约束条件，使调度计划的制订变得更加复杂。其中有些约束条件写入了劳动合同。例如，雇主同意每周让雇员连续休息一定的天数，或者限定雇员最大的连续工作日数。其他条款可能规定休假、节假日休息或轮班安排。此外，还要考虑员工本人的偏好。

　　在调度计划中，管理者在处理某些不理想的状况时，一种方法是使用**轮班调度计划**（rotating schedule），就是在一系列工作日或工时里，让员工们轮流工作。这样，经过一段时间，每人都有相同的机会在周末和假日休息，上白班、晚班和夜班的机会也相同。轮班调度计划使每位员工在下一周使用下一位员工的工作安排。与此相反，**固定调度计划**（fixed schedule）要求每位员工每周的工

一名空姐正在给驾驶舱中的飞行员送咖啡。航空公司提供一周多于 5 天、一天多于 8 小时的服务，还要满足许多技术、行为和法律约束。这些约束条件使调度计划的制订成为一项富有挑战性的任务。

作日和工作小时数都相同。

***劳动力调度计划的制订*** 假定我们有意为一家公司制订劳动力调度计划,该公司每周运营 7 天,并且给予每个员工连续 2 天的休息时间。本节我们将介绍一种考虑了这种约束条件的方法。其目标是确定每个员工连续休息 2 天的具体时间,使总的闲置能力最小,从而使劳动力的利用率最大。因此,为每个员工安排的工作时间,是在确定了 2 天的休息时间之后剩下的 5 天时间。劳动力调度计划的制订按以下步骤进行。

**第 1 步**。从一周的净需求量计划中,找出所有不含最大日需求量的连续 2 天。选取唯一具有最低需求量的 2 天。在某些偶然的情况下,所有的连续 2 天可能都包含具有最大需求量的一天。如果是这样,就选取具有最低总需求量的 2 天。假定所需要的员工数量为:

| | | |
|---|---|---|
| 星期一:8 | 星期四:12 | 星期六:4 |
| 星期二:9 | 星期五:7 | 星期日:2 |
| 星期三:2 | | |

最大的日需求量出现在星期四,需要 12 名员工。具有最低总需求量的连续 2 天是星期六和星期日,其需求量为 4 + 2 = 6。

**第 2 步**。如果有两个以上连续 2 天的需求量相等的情况发生,就选择其中之一,并且要与写入劳动合同的条款相一致。还有一种解决需求量相同问题的方法,就是要求被排班的员工自己做出选择。最后一种方法,就是任选一组时间。例如,可以优先选择星期六和星期日这两天。

**第 3 步**。给员工分配所选择的 2 天休息时间。从员工将要工作的每天的净需求量中,扣除由该员工完成的工作量。在本例中,员工被安排在星期六和星期日休息。在需求量被扣除后,星期一的需求量是 7、星期二是 8、星期三是 1、星期四是 11,而星期五是 6。星期六和星期日的需求量没有变化,因为现在还没有安排员工在这两天工作。

**第 4 步**。重复第 1 步到第 3 步,直到全部需求量都得到满足为止,或者说,直到一定数量的员工被安排完毕为止。

对需求量低的那些天来说,这种方法减少了闲置能力的数量,并使需求量高的那几天首先得到安排。在平分决胜规则(tie-breaking rule)中,还要意识到劳动力调度中一些行为和合同方面的因素。

**例 15.2** 劳动力调度计划的制订

联合包裹服务公司每周营业 7 天。需求计划如下:

| 日期 | 周一 | 周二 | 周三 | 周四 | 周五 | 周六 | 周日 |
|---|---|---|---|---|---|---|---|
| 所需员工数 | 6 | 4 | 8 | 9 | 10 | 3 | 2 |

管理者需要劳动力调度计划,该计划要让员工拥有两个连休日,还要使总闲置能力最小。如果在休息日的选择过程中发生相同的情况,调度员会优先选择周六和周日这一组,前提是

这两天在选择范围内。如果不是这样，她会任意选取其中的连续两天。

**解**

星期五的需求量最大，而周六和周日两天的总需求量最低。所以，安排 1 号员工的工作时间为星期一到星期五。

注意还是星期五的需求量最大，而周六到周日两天的需求量被结转，因为这两天 1 号员工休息。调度员使用更新后的需求量数据安排下一位员工。

对员工的双休日安排情况如下表所示：

制订休息日调度计划

| 周一 | 周二 | 周三 | 周四 | 周五 | 周六 | 周日 | 员工编号 | 说明 |
|---|---|---|---|---|---|---|---|---|
| 6 | 4 | 8 | 9 | 10 | 3 | 2 | **1** | 周六和周日两天的总需求量最低。安排 1 号员工的工作时间为周一到周五，并更新需求量数据 |
| 5 | 3 | 7 | 8 | 9 | 3 | 2 | **2** | 周六和周日两天的总需求量最低。安排 2 号员工的工作时间为周一到周五，并更新需求量数据 |
| 4 | 2 | 6 | 7 | 8 | 3 | 2 | **3** | 周六和周日两天的总需求量最低。安排 3 号员工的工作时间为周一到周五，并更新需求量数据 |
| 3 | 1 | 5 | 6 | 7 | 3 | 2 | **4** | 周一和周二两天的总需求量最低。安排 4 号员工的工作时间为周三到周日，并更新需求量数据 |
| 3 | 1 | 4 | 5 | 6 | 2 | 1 | **5** | 周六和周日两天的总需求量最低。安排 5 号员工的工作时间为周一到周五，并更新需求量数据 |
| 2 | 0 | 3 | 4 | 5 | 2 | 1 | **6** | 周一和周二两天的总需求量最低。安排 6 号员工的工作时间为周三到周日，并更新需求量数据 |
| 2 | 0 | 2 | 3 | 4 | 1 | 0 | **7** | 周六和周日两天的总需求量最低。安排 7 号员工的工作时间为周一到周五，并更新需求量数据 |
| 1 | 0 | 1 | 2 | 3 | 1 | 0 | **8** | 连续两天总需求量最低的选择方案有四个：周六和周日、周日和周一、周一和周二以及周二和周三。按照平分决胜规则，选取周六和周日两天。安排 8 号员工的工作时间为周一到周五，并更新需求量数据 |
| 0 | 0 | 0 | 1 | 2 | 1 | 0 | **9** | 由于周六和周日两天的总需求量不是最低，任意选取周日和周一两天。安排 9 号员工的工作时间为周二到周六，并更新需求量数据 |
| 0 | 0 | 0 | 0 | 1 | 0 | 0 | **10** | 按照平分决胜规则，选取周六和周日两天。安排 10 号员工的工作时间为周一到周五 |

在本例中，周五一直具有最大需求量，应当避免作休息日。员工们的最终调度计划如下表所示：

最终调度计划表

| 员工编号 | 周一 | 周二 | 周三 | 周四 | 周五 | 周六 | 周日 | 合计 |
|---|---|---|---|---|---|---|---|---|
| 1 | × | × | × | × | × | 休 | 休 | |
| 2 | × | × | × | × | × | 休 | 休 | |
| 3 | × | × | × | × | × | 休 | 休 | |
| 4 | 休 | 休 | × | × | × | × | × | |

（续表）

**最终调度计划表**

| 员工编号 | 周一 | 周二 | 周三 | 周四 | 周五 | 周六 | 周日 | 合计 |
|---|---|---|---|---|---|---|---|---|
| 5 | × | × | × | × | × | 休 | 休 | |
| 6 | 休 | 休 | × | × | × | × | × | |
| 7 | × | × | × | × | × | 休 | 休 | |
| 8 | × | × | × | × | × | 休 | 休 | |
| 9 | 休 | × | × | × | × | × | 休 | |
| 10 | × | × | × | × | × | 休 | 休 | |
| 能力（C） | 7 | 8 | 10 | 10 | 10 | 3 | 2 | 50 |
| 需求量（R） | 6 | 4 | 8 | 9 | 10 | 3 | 2 | 42 |
| 闲置能力（C-R） | 1 | 4 | 2 | 1 | 0 | 0 | 0 | 8 |

**决策重点**

从该计划可观的闲置能力数量来看，这个计划不是唯一的。例如，在没有能力短缺的情况下，9 号员工选择的双休日可以是：周日和周一、周一和周二或周二和周三。其实，由于有 8 天的闲置能力，所以企业也许可以少用一名员工。但是周五这天又需要全部 10 名员工。如果管理者周五宁愿只用 9 人，或如果在轮流加班的条件下，每周有一人加班一天，就可以不需要 10 号员工。如表中所示，留给 10 号员工完成的净需求量总共只有周五一天。因此，10 号员工可以用来替代休假和生病的员工。

管理者试图为呼叫中心雇佣员工，来满足某些绩效指标。其中的一个指标是在规定的时间间隔内应答呼叫数的百分比（percentage of calls answered, PCA），这个时间间隔称作服务目标（service objective, SO）。在一个呼叫中心，通常 PCA 在 80% 到 90% 之间，SO 在 15 到 30 秒之间。但问题在于对服务代表的需求量随着时间变化而变化，这取决于一天中的某些时间以及一年中的某些天。而且，呼叫者可能使用不同的语言。要确定在任何时间每一组服务代表的人数并不容易。所幸的是，可以利用员工调度软件来估计呼叫量，预测对技能的要求量，确定员工工作的开始时间和结束时间以及偏好的休息日等。

# 工作站的作业排序

调度计划的另一方面是对工作站的工作进行排序。**排序**（sequencing）决定了在工作站等待线中的作业或顾客的处理顺序。当与预计的加工时间相结合时，该排序可以帮助你估计每一个作业的开始时间和结束时间。

***优先排序准则*** 确定下一个要处理的作业或要接待的顾客的一种方法是借助**优先排序准则**（priority sequencing rule）。以下是实践中经常用到的两种优先排序准则。

- 先到先服务。在**先到先服务**（first come, first served, FCFS）准则下，最先到达工作站的作业或顾客具有最高的优先权。每个作业都被平等对待，没有作业可以插入到已经在队列中的其他作业之前，所以该准则是最"民主"的。该准则通常用于服务机构，也是补充资料 B "等待线"中使用的准则。

- 最早完成日期。具有**最早完成日期**（earliest due date, EDD）的作业或顾客就是下一个要处理的作业或顾客。完成日期说明了应该处理完作业或服务完顾客的时间。完成日期通常用于供应链中的制造商和供应商。例如，产品只有在全部的外购件和生产的零部件都到位的情况下才可以组装。如果这些零部件没有在库存中准备就绪，就必须在产品开始组装之前下订单。订货的完成日期就是待组装产品的组装开始日期。在供应链中，这一简单关系是与供应商及制造商自己的车间进行协调的基础。这也是加快进度的关键。**加快进度**（expediting）指比其他方式更快完成工作的过程。加快进度可以通过以下方式实现：修改完成日期；将作业移动到等待线的前面；通过电话或电子邮件向供应商提出特别请求；增加额外产能；甚至在作业上贴上红色标签，说明该作业是急需完成的。

上述两种准则都不能保证得到最优解。利用试错法进行不同的排序会得到更好的调度计划。实际上，有多种绩效指标可用来评判调度计划。在某项指标上评价很好的调度计划在另一项指标上可能很差。

***绩效指标*** 调度计划的质量可以用各种方式来衡量。常用的两种绩效指标是流程时间和逾期量。

- 流程时间。作业在服务系统或制造系统中停留的时间称为**流程时间**（flow time）。它是下列时间的总和：在服务台或机器前等待的时间；加工处理时间（包括设置调整时间）；在操作环节之间移动所用的时间；由于机器故障、辅助用品或零部件缺货造成的延迟时间等等。流程时间有时称为**吞吐时间**（throughput time）或在系统中的逗留时间（含服务时间）。对于一组在单一工作站加工的作业，作业的流程时间为

$$流程时间 = 结束时间 + 作业到达工作站的时间$$

为方便起见，使用该公式时假定安排的第一个作业开始时间为 0。在 0 时刻，所有的作业都到达工作站等待加工。

- 逾期量。**逾期量**（past due）指标可以表示为一个作业超过其完成日期的时间［也称作**延迟量**（tardiness）］，或表示为某一时间段内超过其完成日期的作业占全部作业的百分比。使逾期量指标最小，可以为成本（逾期罚款）、质量（对恶劣服务的感受）以及时间（准时交付）的竞争优先级提供支持。

**例 15.3** **两种优先排序准则的应用**

一家咨询公司目前有 5 个作业待完成。订单提交时间、处理时间以及承诺的完成日期在下表中给出。用 FCFS 准则确定调度计划并计算平均逾期天数和流程时间。如果平均流程时间

是最关键的指标，那么调度计划可以做何种改进？

| 顾客 | 订单到达时间<br>（几天前） | 处理时间<br>（天） | 完成日期<br>（从现在开始的天数） |
|---|---|---|---|
| A | 15 | 25 | 29 |
| B | 12 | 16 | 27 |
| C | 5 | 14 | 68 |
| D | 10 | 10 | 48 |
| E | 0 | 12 | 80 |

**解**

a. FCFS 准则指出顾客 A 应该是序列中的第一个，因为其订单到达时间最早——15 天前。顾客 E 的订单今天才到达，因此最后处理。其处理顺序如下表所示，表中还有完成日期和流程时间。

| 顾客顺序 | 开始时间<br>（天） | | 处理时间<br>（天） | | 结束时间<br>（天） | 完成日期 | 逾期天数 | 订单到达天数 | 流程时间<br>（天） |
|---|---|---|---|---|---|---|---|---|---|
| A | 0 | + | 25 | = | 25 | 29 | **0** | 15 | **40** |
| B | 25 | + | 16 | = | 41 | 27 | **14** | 12 | **53** |
| D | 41 | + | 10 | = | 51 | 48 | **3** | 10 | **61** |
| C | 51 | + | 14 | = | 65 | 68 | **0** | 5 | **70** |
| E | 65 | + | 12 | = | 77 | 80 | **0** | 0 | **77** |

一个作业的结束时间等于它的开始时间加上处理时间。假定下一个作业可以立即开始处理，那么它的结束时间是序列中下一个作业的开始时间。如果一个作业的完成日期等于或超过其结束时间，则逾期天数等于 0。否则，其逾期天数等于结束时间与完成日期之间的差值。每个作业的流程时间等于其结束时间加上订单最初到达工作站的天数。例如，顾客 C 的流程时间等于所安排的结束时间 65 天加上订单到达的 5 天，即 70 天。FCFS 调度方案的逾期天数和平均流程时间绩效指标为

$$平均逾期天数 = \frac{0+14+3+0+0}{5} = 3.4 \text{ 天}$$

$$平均流程时间 = \frac{40+53+61+70+77}{5} = 60.2 \text{ 天}$$

b. 可以缩短平均流程时间。一种可能是如下表所示的顺序，它使用了最短加工时间（Shortest Processing Time，SPT）准则。（还有另外一种可能，参见问题求解 3，其中使用了 EDD 准则。）

| 顾客顺序 | 开始时间<br>（天） | | 处理时间<br>（天） | | 结束时间<br>（天） | 完成日期 | 逾期天数 | 订单到达天数 | 流程时间<br>（天） |
|---|---|---|---|---|---|---|---|---|---|
| D | 0 | + | 10 | = | 10 | 48 | **0** | 10 | **20** |
| E | 10 | + | 12 | = | 22 | 80 | **0** | 0 | **22** |
| C | 22 | + | 14 | = | 36 | 68 | **0** | 5 | **41** |
| B | 36 | + | 16 | = | 52 | 27 | **25** | 12 | **64** |
| A | 52 | + | 25 | = | 77 | 29 | **48** | 15 | **92** |

$$平均逾期天数 = \frac{0+0+0+25+48}{5} = 14.6 \text{ 天}$$

$$平均流程时间 = \frac{20+22+41+64+92}{5} = 47.8 \text{ 天}$$

该调度方案将平均流程时间从 60.2 天缩短为 47.8 天——改善了 21%。但是，作业 A 和作业 B 的逾期时间增加了。

**决策重点**

管理层决定使用修正后的第二种调度方案，在处理顾客 B 时使用加班。而且，顾客 A 同意将其完成日期延长为 77 天，因为在这个例子中，提前告知允许该公司重新安排自己的运营，并且几乎不会带来任何问题。

## 软件支持

可以利用计算机调度系统来应对劳动力调度的复杂性，比如新西兰航空公司五花八门的约束条件和考虑因素。在如电话公司、邮件订购目录公司或者紧急热线办事机构这种类型的企业，员工必须每周 7 天每天 24 小时值班。

有时一部分员工是兼职的，这就赋予管理层很大的灵活性，但是却给调度要求增加了相当大的复杂性。灵活性来源于通过使用交叉排班或不均等时长的班次来紧密匹配预计负荷的机会；复杂性则源于需要评估各种可能的方案。管理层还必须考虑午餐时间和休息时间的安排、轮班安排的数量和开始时间，以及每名员工的休息日安排。计算机程序会选择使员工超编和缺编的预期成本之和最小的调度方案。

还可以用软件给工作站的作业排序。软件可以帮助企业设计和管理供应链中客户与供应商之间的联系。真正意义上的整合要求实时操控大量的复杂数据，因为顾客订单工作流必须与所要求的物料、生产和分销活动同步。与互联网和改进的数据存储及操作方法相结合，这种计算机软件催生出了**高级计划与调度系统**〔advanced planning and scheduling（APS）system〕，该系统寻求整个供应链上的资源优化，并将日常的生产运营与战略目标联系起来。企业能够快速改变其调度计划，并仍然保持产品和服务顺畅地流过整个供应链，这是一种竞争优势。

当尼桑汽车公司将阿美拉（Almera）车引入欧洲市场时，它决定在英国效率最高的桑德兰工厂生产该车。尼桑公司已经在该厂生产了玛驰（Micra）和霹雳马（Primera）这两种车型。由于涉及许多约束条件，制订多种车型的生产调度计划是非常复杂的。其中喷漆作业特别耗费时间，但这只是该工厂必须有效调度的几千种任务之一。一种称为 ILOG 求解软件的高级软件包，可帮助调度流程生成协调的工作流。

## 学习目标回顾

1. 描述运营计划与生产调度计划的制订过程。"运营计划与生产调度计划制订的阶段"一节，说明了制订计划的各个阶段，以及与组织中其他计划之间的关系。尤其注意图 15.1。

2. 说明为什么供应与需求的匹配过程要从综合计划开始。通过汇总可以建立整体的行动路线，而不拘泥于细节。"综合计划"一节说明从三个维度进行综合：产品族、劳动力和时间。

3. 确定不同的需求和供应方案。"需求管理"及"销售和运营计划"这两节描述了各种可供选择的方案，以及各自的不利因素和有利因素。重点关注表 15.2 给出的完整清单。

4. 说明运营计划和生产调度计划与其他计划之间的关系。

图 15.2 说明了销售和运营计划与其他职能领域的关系。复习"运营计划和生产调度计划与其他计划之间的关系"一节的内容。

5. 用电子数据表生成销售和运营计划。翻到"电子数据表的运用"一页，更好地理解这一工具的使用方法。问题求解 1 也会有所帮助。

6. 制订员工调度计划。"员工调度"一节说明了如何生成劳动力调度计划。也可参见例 15.2 和问题求解 2。

7. 制订单一工作站的生产调度计划。"工作站的作业排序"一节描述了 FCFS 准则和 EDD 准则，以及流程时间和逾期量的绩效指标。例 15.3 以及问题求解 3 对这些准则和绩效指标的应用进行了说明。

## 关键术语

| | | |
|---|---|---|
| 运营计划与生产调度计划 | 收入管理 | 轮班调度计划 |
| 销售和运营计划（S&OP） | 备货 | 固定调度计划 |
| 综合计划 | 加班 | 排序 |
| 生产计划 | 空闲工时 | 优先排序准则 |
| 人员配置计划 | 跟随策略 | 先到先服务（FCFS） |
| 资源计划 | 均衡策略 | 最早完成日期（EDD） |
| 生产调度计划 | 混合策略 | 加快进度 |
| 产品族 | 正常时间 | 流程时间 |
| 经营计划 | 雇佣及解聘 | 逾期量 |
| 年度计划或财务计划 | 持有库存 | 延迟量 |
| 需求管理 | 订单积压及缺货 | 高级计划与调度（APS）系统 |
| 互补产品 | 劳动力调度 | |

## 问题求解 1

Cranston 电话公司雇工人铺设电缆线，并完成其他各种基建工作。公司因为良好的服务而感到自豪，并力争完成计划时段内收到的所有服务订单。

每名工人在每个计划时段内可以投入的正常时间为 600 小时，最多可以另外加班 100 小时。生产运营部门对未来四个计划时段的这类服务估计了劳动力需求量，如下表：

| 计划时段 | 1 | 2 | 3 | 4 |
|---|---|---|---|---|
| 需求量（小时） | 21 000 | 18 000 | 30 000 | 12 000 |

只要每个员工在每个时段任何时间的工作达到 600 小时（含空闲工时），Cranston 公司就付给 6 000 美元的正常工资。600 小时之外的加班工资为每小时 15 美元。一名新员工的招聘、培训和服装成本为 8 000 美元。每位员工的遣散费为 2 000 美元。当前，公司有 40 名员工从事这项工作。不允许延期服务，或者说不允许有积压订单。运用电子数据表解决下列问题：

a. 制订一个跟随策略的劳动力调整方案，只能采用招聘和解聘方案。那么员工招聘和解聘的总数是多少？

b. 制订一个采用均衡策略的劳动力调整方案，只能依赖加班和空闲工时。在高峰期最大限度地利用加班工时，以使劳动力数量和空闲工时最小。

c. 提出有效的混合策略计划。

d. 比较上述三种计划的总成本。

**解**

a. 跟随策略的员工总数计算如下：用每个计划时段的需求量除以 600 小时，也就是除以一名员工一个时段内的正常时间工作量。该策略要求在四个时段的计划中，总共要招聘 20 人和解聘 40 人。图 15.9 显示了 OM Explorer 运用电子表格制订销售和运营计划求解软件得出的"跟随策略"结果。将该通用求解软件中不需要的列和行都隐藏起来。

|  | 1 | 2 | 3 | 4 | 合计 |
|---|---|---|---|---|---|
| **输入值** | | | | | |
| 预测需求量 | 35 | 30 | 50 | 20 | 135 |
| 劳动力规模 | 35 | 30 | 50 | 20 | 135 |
| 空闲工时 | 0 | 0 | 0 | 0 | 0 |
| 加班时间 | 0 | 0 | 0 | 0 | 0 |
| **导出值** | | | | | |
| 有效时间 | 35 | 30 | 50 | 20 | 135 |
| 招聘量 | 0 | 0 | 20 | 0 | 20 |
| 解聘量 | 5 | 5 | 0 | 30 | 40 |
| **计算值** | | | | | |
| 有效时间成本 | $210 000 | $180 000 | $300 000 | $120 000 | $810 000 |
| 空闲工时成本 | $0 | $0 | $0 | $0 | $0 |
| 加班成本 | $0 | $0 | $0 | $0 | $0 |
| 招聘成本 | $0 | $0 | $160 000 | $0 | $160 000 |
| 解聘成本 | $10 000 | $10 000 | $0 | $60 000 | $80 000 |
| **总成本** | $220 000 | 190 000 | 460 000 | 180 000 | $1 050 000 |

图 15.9

跟随策略的电子数据表

b. 需求高峰出现在第 3 时段，其需求量为 30 000 小时。由于每位员工每个时段可以工作 700 小时（正常时间 600 小时和加班时间 100 小时），使空闲工时最少的均衡策略的员工规模为 30 000/700 = 42.86，即 43 人。该策略要求在第 1 季度招聘 3 人，而且没有人被解聘。为了将需求量转换为等价员工时段数，可以将用小时表示的需求量除以 600。例如，第 1 时段 21 000 小时的需求量，可以转换为 35 个等价员工时段（21 000/600），第 3 时段的需求量可以转换为 50 个等价员工时段（30 000/600）。图 15.10 显示了使空闲工时最少的均衡策略计划的 OM Explorer 电子表格。

图 15.10

均衡策略的电子数据表

| | 1 | 2 | 3 | 4 | 合计 |
|---|---|---|---|---|---|
| **输入值** | | | | | |
| 预测需求量 | 35 | 30 | 50 | 20 | 135 |
| 劳动力规模 | 43 | 43 | 43 | 43 | 172 |
| 空闲工时 | 8 | 13 | 0 | 23 | 44 |
| 加班时间 | 0 | 0 | 7 | 0 | 7 |
| **导出值** | | | | | |
| 有效时间 | 35 | 30 | 43 | 20 | 128 |
| 招聘量 | 3 | 0 | 0 | 0 | 3 |
| 解聘量 | 0 | 0 | 0 | 0 | 0 |
| **计算值** | | | | | |
| 有效时间成本 | $210 000 | $180 000 | $258 000 | $120 000 | $768 000 |
| 空闲工时成本 | $48 000 | $78 000 | $0 | $138 000 | $264 000 |
| 加班成本 | $0 | $0 | $63 000 | $0 | $63 000 |
| 招聘成本 | $24 000 | $0 | $0 | $0 | $24 000 |
| 解聘成本 | $0 | $0 | $0 | $0 | $0 |
| **总成本** | $282 000 | 258 000 | 321 000 | 258 000 | $1 119 000 |

c. 提出的混合策略计划要综合运用招聘、解聘和加班手段来降低总成本。员工人数在第 1 个时段开始时减少 5 人，在第 3 时段增加 8 人，在第 4 时段减少 13 人。图 15.11 显示了计划的结果。

图 15.11

混合策略的电子数据表

| | 1 | 2 | 3 | 4 | 合计 |
|---|---|---|---|---|---|
| **输入值** | | | | | |
| 预测需求量 | 35 | 30 | 50 | 20 | 135 |
| 劳动力规模 | 35 | 35 | 43 | 30 | 143 |
| 空闲工时 | 0 | 5 | 0 | 10 | 15 |
| 加班时间 | 0 | 0 | 7 | 0 | 7 |
| **导出值** | | | | | |
| 有效时间 | 35 | 30 | 43 | 20 | 128 |
| 招聘量 | 0 | 0 | 8 | 0 | 8 |
| 解聘量 | 5 | 0 | 0 | 13 | 18 |
| **计算值** | | | | | |
| 有效时间成本 | $210 000 | $180 000 | $258 000 | $120 000 | $768 000 |
| 空闲工时成本 | $0 | $30 000 | $0 | $60 000 | $90 000 |
| 加班成本 | $0 | $0 | $63 000 | $0 | $63 000 |
| 招聘成本 | $0 | $0 | $64 000 | $0 | $64 000 |
| 解聘成本 | $10 000 | $0 | $0 | $26 000 | $36 000 |
| **总成本** | $220 000 | 210 000 | 385 000 | 206 000 | $1 021 000 |

d. 跟随策略的总成本为 1 050 000 美元。均衡策略的总成本为 1 119 000 美元。经过试错法制订出混合策略计划，得到的总成本为 1 021 000 美元。对上述结果还有可能做出进一步改进。

**问题求解 2**

Food Bin 食品杂货店的营业时间为每周 7 天，每天 24 小时。商店经理 Fred Bulger 最近一直在分析该店的经营效率和生产率问题。Bulger 决定对第 1 个班次收银员的需求量观察一个月的时间。到了月底，他对每天第 1 个班次应该开放的收银台平均数量进行了计算。结果表明需求高峰出现在周六和周日。

| 日期 | 周一 | 周二 | 周三 | 周四 | 周五 | 周六 | 周日 |
| --- | --- | --- | --- | --- | --- | --- | --- |
| 所需收银员的数量 | 3 | 4 | 5 | 5 | 4 | 7 | 8 |

Bulger 现在必须提出一个劳动力调度计划，确保每个收银员有连续 2 天的休息时间，但仍要满足全部需求。

a. 制订一个劳动力调度计划，满足全部需求，同时每个收银员要有连续 2 天的休息日，那么需要多少收银员？假定这些收银员对具体在哪两天休息没有特别的偏好。

b. 如果可以确定该调度计划产生的空闲工时，可以考虑让这些收银员从事其他岗位，那么该调度计划可以产生多少空闲工时？发生在哪几天？

**解**

a. 利用例 15.2 中所述的方法确定所需的收银员数量，得出收银员的最低需求量为 8 人。

| 日期 | | | | | | | |
| --- | --- | --- | --- | --- | --- | --- | --- |
| | 周一 | 周二 | 周三 | 周四 | 周五 | 周六 | 周日 |
| 需求量 | 3 | 4 | 5 | 5 | 4 | 7 | 8* |
| 收银员 1 | 休 | 休 | × | × | × | × | × |
| 需求量 | 3 | 4 | 4 | 4 | 3 | 6 | 7* |
| 收银员 2 | 休 | 休 | × | × | × | × | × |
| 需求量 | 3 | 4 | 3 | 3 | 2 | 5 | 6* |
| 收银员 3 | × | × | × | 休 | 休 | × | × |
| 需求量 | 2 | 3 | 2 | 3 | 2 | 4 | 5* |
| 收银员 4 | × | × | × | 休 | 休 | × | × |
| 需求量 | 1 | 2 | 1 | 3 | 2 | 3 | 4* |
| 收银员 5 | × | 休 | 休 | × | × | × | × |
| 需求量 | 0 | 2 | 1 | 2 | 1 | 2 | 3* |
| 收银员 6 | 休 | 休 | × | × | × | × | × |
| 需求量 | 0 | 2* | 0 | 1 | 0 | 1 | 2* |
| 收银员 7 | × | × | 休 | 休 | × | × | × |
| 需求量 | 0 | 1* | 0 | 1* | 0 | 0 | 1* |
| 收银员 8 | × | × | × | × | 休 | 休 | × |
| 需求量 | 0 | 0 | 0 | 0 | 0 | 0 | 0 |

*最大需求量。

b. 以（a）的结果为基础，当班收银员的数量减去需求量，就是可用于其他岗位的空闲收银员数量：

| | 周一 | 周二 | 周三 | 周四 | 周五 | 周六 | 周日 |
|---|---|---|---|---|---|---|---|
| 当班收银员数量 | 5 | 4 | 6 | 5 | 5 | 7 | 8 |
| 需求量 | 3 | 4 | 5 | 5 | 4 | 7 | 8 |
| 空闲收银员数量 | 2 | 0 | 1 | 0 | 1 | 0 | 0 |

该调度计划中的空闲员工数，就是 Bulger 要求兼职工作（每周少于 5 天）的员工数量。例如，收银员 7 可以在星期二、星期六和星期日工作，而收银员 8 则可以在星期二、星期四和星期日工作。这样就会从调度计划中消除空闲时间。

## 问题求解 3

再次阅读例 15.3，咨询公司目前有五个作业待完成。用 EDD 准则制订调度计划，计算平均逾期天数和流程时间。在这一例子中，EDD 准则得出的结果是否优于 FCFS 准则？

**解**

| 顾客顺序 | 开始时间（天） | | 处理时间（天） | | 结束时间（天） | 完成日期 | 逾期天数 | 订单到达天数 | 流程时间（天） |
|---|---|---|---|---|---|---|---|---|---|
| B | 0 | + | 16 | = | 16 | 27 | **0** | 12 | **28** |
| A | 16 | + | 25 | = | 41 | 29 | **12** | 15 | **56** |
| D | 41 | + | 10 | = | 51 | 48 | **3** | 10 | **61** |
| C | 51 | + | 14 | = | 65 | 68 | **0** | 5 | **70** |
| E | 65 | + | 12 | = | 77 | 80 | **0** | 0 | **77** |

EDD 调度方案的逾期天数和平均流程时间绩效指标为

$$平均逾期天数 = \frac{0+12+3+0+0}{5} = 3.0 \text{ 天}$$

$$平均流程时间 = \frac{28+56+61+70+77}{5} = 58.4 \text{ 天}$$

两种指标的 EDD 准则的结果都优于 FCFS 准则（逾期天数为 3.0 对 3.4，流程时间为 58.4 对 60.2）。但是例 15.3（b）中求出的解仍然具有最佳平均流程时间，只有 47.8 天。

## 讨论题

1. 定量方法基于成本帮助管理人员评估各种销售和运营计划方案。这些方法要求对每个可控变量进行成本估计，如加班、合同转包、招聘、解聘以及库存投资等。如果现有员工由 10 000 名工人构成，每人具有的技能每年价值 40 000 美元。销售和运营计划要求"创造多个就业机会"——换句话说，要解雇 500 名员工。列出解聘员工时发生的成本类型，并粗略地估计用节约的工资额来抵消这些改制成本所需的时间长度。如果预期业务在一年里得到改善，那么解聘这些员工从财务角度看是否值得？解聘会发生什么样的难以用货币形式估计的成本？

2. 在你所在的社区里，有些雇主不惜任何代价维持稳定的员工人数，而另一些雇主给员工放假，似乎随时可以召回这些员工。试从市场、管理、产品、财务状况、技能、成本以及竞争等方面，说明这两种极端人事政策的差别是什么。

3. 试解释在服务型组织和制造型组织中，管理层为什么应该考虑优先机制？

## 练习题

1. Barberton 市道路管理局负责 Barberton 市区及其周边地区的道路维护。Cindy Kramer 是道路维护主管，他必须根据维修计划和市政预算，提交下一年度的员工配置计划。Kramer 估计接下来的 4 个季度需要的劳动力小时数分别为 6 000、12 000、19 000 和 9 000。在册的 11 名工人，每人每季度可以工作 500 小时。每个工人干满 500 小时正常工作时间的工资总额为 6 000 美元，加班工资为每小时 18 美元。任一季度的加班时间最多为正常工作时间总额的 20%。虽然不加班就没有成本，但未被利用的正常工作时间要按每小时 12 美元来支付。招聘一名工人的支出为 3 000 美元，解聘一名工人的成本为 2 000 美元。不允许合同转包。

   a. 制订一个只依赖加班的均衡劳动力计划，并尽可能使空闲工时最少。任一季度的加班时间可以用到极限。那么该计划的总成本是多少？它要求的空闲工时是多少？

   b. 使用一个没有加班或空闲工时，但可以变动员工数量的跟随策略。该计划的总成本是多少？

   c. 提出一个你自己的计划。将你的计划与（a）及（b）中的那些计划进行对比，讨论它们的优缺点。

2. Bob Carlton 的高尔夫球场估计未来两年服务人员的需求量如下：

| 季度 | 1 | 2 | 3 | 4 |
|---|---|---|---|---|
| 需求量（小时） | 4 200 | 6 400 | 3 000 | 4 800 |
| 季度 | 5 | 6 | 7 | 8 |
| 需求量（小时） | 4 400 | 6 240 | 3 600 | 4 800 |

   每个持有证书的教练每季度可以投入 480 小时的正常工作时间，另外还可加班 120 小时。每个员工只要干满 480 小时的正常工作时间，Carlton 每个季度就会支付 7 200 美元的正常工作时间的工资及福利。加班工资为每小时 20 美元。持证的教练未利用的正常工作时间要按每小时 15 美元支付，未加班就没有成本。招聘、培训以及一名新员工拿到合格证书的成本为 10 000 美元，每名员工的解聘成本为 4 000 美元。目前，有 8 名员工在这里工作。

   a. 用均衡策略制订一个劳动力计划，不允许延迟服务。只能依赖加班并使空闲工时最少。该计划的总成本是多少？

   b. 使用一个没有加班或空闲工时，但可以改变员工数量的跟随策略。该计划的总成本是多少？

   c. 提出一个更好的计划，并计算该计划的总成本。

3. 继续练习 2 中的问题，现在假定允许 Carlton 雇用一些未获证书的兼职教练，只要他们在任一季节的工作时间不超过总工时的 15%。每个兼职教练每季度最多可以工作 240 小时，没有加班或空闲工时成本。兼职教练的人工成本为每小时 12 美元。每个无证教练的招聘及培训费为 2 000 美元，没有解聘费。

   a. 提出一个低成本的混合策略计划，并计算其总成本。

   b. 既有正式员工，又有临时员工，这种员工结构的主要优点和缺点是什么？

4. Donald 肥料公司生产工业化肥。预计今后 4 个季度的生产需求量（以 1 000 加仑为单位）分别为 80、50、80 和 130。希望采用均衡劳动力策略，只依赖预留库存作为供应方案。像避免加班和空闲工时一样，要避免缺货及积压订单。

   a. 确定满足年度总需求量所要求的每季度的产出率，并使年末剩余的预留库存最少。假定初始库存量为零。

   b. 具体说明将要生产的预留库存量。

   c. 假定今后 4 个季度的生产需求量分别调整为 80、130、50 和 80。如果总需求量相同，并使用与（a）相同的策略，那么现在需要的产出率为多少？

5. Kerby 公司的管理层已经确定了以下综合计划（以件为单位）：

| 月份 | 1 | 2 | 3 | 4 |
|---|---|---|---|---|
| 需求量 | 500 | 800 | 1 000 | 1 400 |
| 月份 | 5 | 6 | 7 | 8 |
| 需求量 | 2 000 | 3 000 | 2 700 | 1 500 |
| 月份 | 9 | 10 | 11 | 12 |
| 需求量 | 1 400 | 1 500 | 2 000 | 1 200 |

一名员工每月平均可以生产 10 件产品。每名在册工人每月的正常工作时间工资为 2 000 美元。空闲工时支付的工资与正常工时相同。根据有效的劳动合同，Kerby 公司不加班也不使用合同转包。Kerby 公司招聘并培训一名新员工的成本为 2 000 美元，解聘一名员工的成本为 500 美元。每月末手头的库存持有成本为每件 32 美元。目前，有 140 名在册员工，预留库存为 0。

a. 仅运用均衡的劳动力策略和预留库存作为供应方案，制订生产计划。使年末剩余的库存量最小。不使用裁员、空闲工时、休假、合同转包、积压订单以及缺货等方案。该计划要求在第 1 个月开始前对员工人数进行一次性调整。

b. 运用跟随策略制订一个只依赖招聘和解聘的生产计划。

c. 制订一个混合策略生产计划，从开始直到第 7 个月只使用均衡劳动力策略和预留库存方案（在第 1 个月开始前对员工人数进行一次性调整），然后从第 8 月到第 12 月转换成跟随策略。

d. 根据年度成本对比上述 3 种计划。

6. 税务筹划顾问公司预测了后续 12 个月对税务筹划员的需求量。管理层希望制订三个不同的员工配置计划。

| 月份 | 1 | 2 | 3 | 4 |
|---|---|---|---|---|
| 需求量 | 5 | 8 | 10 | 13 |
| 月份 | 5 | 6 | 7 | 8 |
| 需求量 | 18 | 20 | 20 | 14 |
| 月份 | 9 | 10 | 11 | 12 |
| 需求量 | 12 | 8 | 2 | 1 |

公司现有 10 名税务筹划员。由于培训设施有限，公司每月最多只能招聘 10 名新员工。不允许有积压订单，而且每月的加班时间不能超过正常工作时间容量的 25%。未利用加班就没有成本。正常工作时间的工资为每月 1 500 美元，而加班工资为正常工作时间工资的 150%。空闲工时的工资与正常工作时间的相同。招

聘费为每人 2 500 美元，解聘费为每人 2 000 美元。

a. 运用均衡劳动力策略制订一个员工配置计划，使空闲工时最少。该计划要求在第 1 个月开始前对员工人数进行一次性调整。

b. 运用跟随策略制订一个计划，计划要符合招聘的约束条件，并使加班时间最少。

c. 制订一个混合策略计划，从开始到第 5 个月，劳动力人数每月缓慢增长 2 人，然后从第 6 个月起持续到第 12 个月每月减少 2 人。这一计划是否违反了公司设定的聘用和加班约束条件？

d. 根据年度成本对比上述 3 种计划。

7. Climate Control 有限公司给户外运动爱好者生产探险用的雨具。管理层预测了来年的销量（以套数为单位），现在需要制订生产计划。公司一直保持均衡的劳动力策略。公司对所有 9 名员工都像对待家人一样，他们在公司已经好多年了。每名员工每月可以生产 2 000 套雨具。目前，产成品的库存持有量为 24 000 套。需求预测如下表所示：

| 月份 | 1 | 2 | 3 | 4 |
|---|---|---|---|---|
| 需求量 | 25 000 | 16 000 | 15 000 | 19 000 |
| 月份 | 5 | 6 | 7 | 8 |
| 需求量 | 32 000 | 29 000 | 27 000 | 22 000 |
| 月份 | 9 | 10 | 11 | 12 |
| 需求量 | 14 000 | 15 000 | 20 000 | 6 000 |

a. 如果在某段时间内，正常生产及当前的预留库存水平不能满足需求，管理层愿意批准加班。但是加班必须严格限制在不超过正常工作时间的 20%。管理层希望避免缺货和积压订单，不愿意接受一个会产生缺货的计划。假定只在出现缺货的时段内运用加班，那么保持劳动力数量不变是否可行？

b. 假定管理层不愿意批准任何形式的加班。相反，管理层愿意和顾客协商，利用积压订单作为供应方案。但管理层不希望从一个月结转到下个月的积压订单量超过 5 000 套。假定从一个月保持到下个月的积压订单最大上限为 5 000 套，那么保持劳动力数量不变是否可行？

c. 假定管理层愿意在随后的四个月批准加班，以建立更多的预留库存。但加班必须严格限制在不超过正常工作时间的 20%。管理层希望避免缺货和积压订单，但不愿意接受一个会产生缺货的计划。假定只

在第 1 到第 4 个月运用加班，保持劳动力数量不变是否可行？如果不行，需要在哪个月进行额外的加班？

8. Gretchen 私家小厨是位于当地一所高中附近的一个理想地段的快餐馆。Gretchen Lowe 必须制订一个年度员工配置计划。食谱上有汉堡、辣椒、饮料、奶昔和法式炸薯条。随机抽取的 1 000 个顾客样本显示，他们购买了 2 100 份汉堡、200 品脱（1 品脱≈ 0.57 升）辣椒酱、1 000 份饮料和奶昔，以及 1 000 包法式炸薯条。因此，为了估计员工需求量，Lowe 假定每名顾客购买了 2.1 份汉堡、0.2 品脱辣椒酱、1 份饮料或奶昔，以及 1 包法式炸薯条。每份汉堡需要花劳动力 4 分钟的时间，1 品脱辣椒酱需要花劳动力 3 分钟的时间，1 份饮料或奶昔以及 1 包法式炸薯条需要花劳动力 2 分钟的时间。

该餐馆目前有 10 名兼职员工，每月以错开的班次工作 80 小时。正常工作时间的工资为每月 400 美元，加班费为每小时 7.5 美元。招聘并培训一名新员工的费用为 250 美元，解聘一名员工的费用为 50 美元。

Lowe 认识到，由于保质期的关系，建立汉堡包（或任何产品）的季节性库存是不明智的。而且，任何未被满足的需求都是销售损失，必须避免。她想到了三种策略：

- 使用依赖加班和空闲工时的均衡策略，最大加班时间不超过正常工作时间的 20%。
- 维持 10 名员工的基础配置，当需要时招聘或解聘以避免任何加班。
- 利用跟随策略，当需求发生变化时招聘或解聘员工以避免加班。

计算时，Lowe 总是将员工人数向上取整。她还遵循除非加班，员工每月工作不超过 80 小时的政策。对下一年按月预测的需求量（顾客人数）如下表所示：

| 1 月 | 3 200 | 7 月 | 4 800 |
| 2 月 | 2 600 | 8 月 | 4 200 |
| 3 月 | 3 300 | 9 月 | 3 800 |
| 4 月 | 3 900 | 10 月 | 3 600 |
| 5 月 | 3 600 | 11 月 | 3 500 |
| 6 月 | 4 200 | 12 月 | 3 000 |

a. 制订下一年的服务需求（每月小时数）调度方案。

b. 哪一种策略最有效？

c. 假定与高中的非正式协议使餐馆管理人员不需要在当地报纸登广告就可以找到潜在的好员工。这一员工来源使招聘成本减少到 50 美元，这 50 美元主要是在培训过程中烤焦了的汉堡的成本。如果成本是 Gretchen Lowe 所考虑的唯一因素，那么这种方法是否会改变她的策略？考虑其他一些适当的目标，你认为她是否应该改变策略？

9. 即使 Kool King 公司生产的空调的需求量是高度季节性的，但是在绝大多数时间里公司都遵循了不辞退员工的政策。管理层希望对这一政策的成本 – 效益进行评估。因为竞争压力越来越大，公司需要找到降低成本的途径。对下一年预测的需求量（表示为等价的员工月数）如下表所示：

| 1 月 | 70 | 5 月 | 130 | 9 月 | 110 |
| 2 月 | 90 | 6 月 | 170 | 10 月 | 60 |
| 3 月 | 100 | 7 月 | 170 | 11 月 | 20 |
| 4 月 | 100 | 8 月 | 150 | 12 月 | 40 |

下表是其他一些计划数据，包括成本、库存量以及用等价的员工月数表示的积压订单量：

| 正常工作时间的生产成本 | \$1 500 | 招聘成本 | \$500/ 人 |
| 加班的生产成本 | 正常工作时间生产成本的 150% | 解聘成本 | \$2 000/ 人 |
| 合同转包成本 | \$2 500 | 当前的积压订单量 | 10 |
| 库存持有成本 | \$100 | 当前的库存量 | 0 |
| 积压订单成本 | \$1 000 | 要求的期末库存量 | 0 |
| 最大加班时间 | 正常工作时间的 20% | 当前的员工数 | 130 名员工 |

由于该机构靠近一所技术培训学校，因此招聘成本低于解聘成本。空闲工时按照与正常工时相当的水平支付工资。进入公司一年以上的每名员工还有 0.5 个月的带薪休假。假定当前聘用的全部 130 名员工不离职，那么明年都有资格休假。运用 OM Explorer 电子表制订销售和运营计划的求解软件，或者用你自己设计的 Excel 电子表格求解以下问题。

a. 仅用加班、空闲工时和休假作为供应方案选择，用均衡策略制订销售和运营计划。利用最大的加班数量使空闲工时数最小。该计划的总成本是多少？其优点和缺点各是什么？

b. 用跟随策略制订销售和运营计划。其中部分决策内容是在什么时间批准多少假期。该计划的总成本是多少？其优点和缺点各是什么？

c. 制订销售和运营计划，使其成本比上述的均衡策略或跟随策略的成本都低，可以使用（包括预留库存在内的）全部供应方案。合同转包可以供应到等价的 50 个员工月。该计划的总成本是多少？其优点和缺点各是什么？

10. 一名管理人员面临一个运行环节的需求高峰（以周为单位），但不能确定这一高峰将持续多长时间。她可以利用现有劳动力加班，也可以招聘或解聘员工且只支付正常工作时间的工资。正常时间的工资为每周 500 美元，加班工资为每周 750 美元，招聘成本为每人 2 000 美元，解聘成本为每人 3 000 美元。假定容易找到接受这种短期安排的人员，那么该需求高峰持续多少周才使临时招聘是合理的？提示：利用盈亏平衡分析法（参见补充资料 A "决策制定"）。令 $w$ 为高需求量的周数（而不是用 $Q$ 作为盈亏平衡量），那么正常工作时间方案的固定成本是多少？加班方案的固定成本又是多少？

11. Gerald Glynn 管理着 Michaels 配送中心。他在仔细研究了数据库信息之后，确定了兼职装卸人员的日需求量。该配送中心的营业时间为每周 7 天，且兼职人员的日需求量为

| 星期 | 一 | 二 | 三 | 四 | 五 | 六 | 日 |
|------|----|----|----|----|----|----|----|
| 需求量 | 6 | 3 | 5 | 3 | 7 | 2 | 3 |

求出 Glynn 必须雇用的最少工人数。为这些工人制订劳动力调度计划，使每人每周都有连续 2 天的休息时间，且满足所有人员配置要求。如果出现相同条件，优先安排周六和周日两天为休息日。

12. Cara Ryder 在大型旅游胜地经营着一所滑雪学校，他正想给教练员制订一个调度计划。教练员几乎没有薪水，并且他们只要赚够解决食宿的费用就不再工作更多的时间。他们可以免费滑雪，他们大部分的空闲时间用在征服该景点中人人皆知的双黑钻石坡地。因此，教练们每周只工作 4 天。该景点提供的课程内容之一是为期 4 天的初学者课程。Ryder 喜欢让同一个教练员在连续 4 天的时间里教一组学员，所以她安排这些教练

连续工作 4 天，然后休息 3 天。Ryder 将这几年的经验与管理层提供的需求预测结合在一起，得出了下个月的教练员需求量。

| 星期 | 一 | 二 | 三 | 四 | 五 | 六 | 日 |
|------|----|----|----|----|----|----|----|
| 需求量 | 7 | 5 | 4 | 5 | 6 | 9 | 8 |

a. 确定 Ryder 需要雇用的教练员数量。优先安排周六和周日两天为休息日。（提示：寻找需求量最低的连续 3 天时间。）

b. 具体说明每个员工的工作安排。你做的调度计划每天产生的空闲教练数是多少？

13. 科罗拉多州剑桥市的市长希望环境得到改善，因此决定实施一项资源回收计划。该市所有居民都会收到一个特制的回收箱，里面分成 3 个部分，分别存放玻璃、塑料及铝制品，由该市负责回收这些物料。一名年轻的城市及区域规划专业毕业的大学生 Michael Duffy 受雇来管理这项回收计划。Duffy 仔细研究了该市的污染程度后，确定出需要的资源回收人员数量如下：

| 星期 | 一 | 二 | 三 | 四 | 五 | 六 | 日 |
|------|----|----|----|----|----|----|----|
| 需求量 | 12 | 7 | 9 | 9 | 5 | 3 | 6 |

根据城市及周边区域各类房产开发及住宅小区的人口数量来确定需求量。为了激励某些区域的居民将资源回收时间安排在周末，将发布一项专门的减税优惠措施。

a. 如果每个雇员每周工作 5 天，且具有连续 2 天的休息时间，求出所需资源回收人员的最低数量。如果出现相同条件，优先安排在周六和周日这两天休息。

b. 具体说明每个员工的工作安排。你所做的调度计划每天产生的空闲员工数是多少？

c. 假定 Duffy 可以通过更大的税收激励措施进一步降低需求。从而周一对回收人员的需求量为 8 人，在该周的其他时间为 7 人。那么现在需要多少回收人员？平抑需求是否具有资本投资的意义？如果有，意义何在？

14. Little 6 公司是一家会计师事务所，该公司对纳税期的周工作负荷进行了以下预测：

| | 星期 | | | | | | |
|------|----|----|----|----|----|----|----|
| | 一 | 二 | 三 | 四 | 五 | 六 | 日 |
| 个人纳税申报单 | 24 | 14 | 18 | 18 | 10 | 28 | 16 |
| 公司纳税申报单 | 16 | 10 | 12 | 15 | 24 | 12 | 4 |

每份公司申报单需要一名会计师花费 4 小时的时间，而每份个人申报单则需要 90 分钟。在纳税期，每名会计师每天工作多达 10 个小时。但是，如果会计师每周连续工作超过 5 天，那么其差错率会增加到令人无法接受的地步。

提示：在做练习之前先阅读补充资料 D。

令 $x_i$ = 每种工作排班的数量，如 $x_1$ = 周二到周六的排班数量。

a. 通过将问题构造成线性规划模型，并用 POM for Windows 求解，制订一份有效且高效的工作安排表。

b. 假定公司管理层决定为那些安排在周末工作的会计师提供有差别的报酬。通常会计师每周的酬劳为 1 200 美元，但是管理层将给在周六工作的会计师支付 100 美元的奖金，给在周日工作的会计师支付 150 美元。什么样的排班计划可以满足全部需求且使工资支出最少？

c. 假定 Little 6 公司有三名兼职员工可以在周五、周六和周日工作，工资为 800 美元。利用这些员工在成本效益方面是否合理？

15. 回到练习题 11 中兼职装卸工人的劳动力调度计划。假定每个兼职工人每周只能工作 3 天，但工作日必须连续。建立该问题的线性规划模型并用 POM for Windows 求解。你的目标是使总闲置能力最小。现在，所需装卸工的最小数量是多少？其工作安排又该怎样？

提示：在做这一练习之前先阅读补充资料 D。

令 $x_i$ = 每个 3 天排班的数量，如 $x_1$ = 周二到周四的排班数量。

16. Hickory 公司生产木制写字台。管理层在每周末安排加班，以减轻那些畅销款式的订单积压。他们运用自动开槽机切削某些款式桌面的边沿。下列订单需要调度开槽机：

| 订单号 | 订单到达时间（几小时前） | 估计加工时间（小时） | 到期时间（从现在开始的小时数） |
|---|---|---|---|
| 1 | 6 | 10 | 12 |
| 2 | 5 | 3 | 8 |
| 3 | 3 | 15 | 18 |
| 4 | 1 | 9 | 20 |
| 5 | 0 | 7 | 21 |

到期时间反映了订单到达下道工序的时间要求。

a. 分别运用 FCFS 和 EDD 准则制订调度计划。以平均流程时间和平均逾期时间为基础，比较这两个调度计划。

b. 相对于这些指标，评价上述两种准则的表现。

17. 目前一家网站设计公司积压了 5 个客户订单。订单到达日期、处理时间以及承诺的完成日期在下表中给出。客户按照到达顺序排列。今天是第 190 天的开始，现在可以对所有这些工作进行安排。

| 客户 | 订单到达时间（几天前） | 处理时间（天） | 完成日期（从现在开始的天数） |
|---|---|---|---|
| A | 10 | 20 | 26 |
| B | 8 | 12 | 50 |
| C | 6 | 28 | 66 |
| D | 3 | 24 | 58 |
| E | 2 | 32 | 100 |

a. 分别运用 FCFS 和 EDD 准则制订调度计划。以平均流程时间和平均逾期时间为基础，比较这两个调度计划。

b. 相对于这些指标，评价上述两种准则。哪一种准则得出的调度方案最佳，为什么？

18. 到今天上午 8 点（第 23 天），Mowry 机器加工厂在瓶颈环节还有 5 个作业待加工。订单到达日期、加工时间以及承诺的完成日期在下表中给出。作业按照到达顺序排列。

| 作业号 | 订单到达时间（几天前） | 加工时间（天） | 完成日期（从现在开始的天数） |
|---|---|---|---|
| A | 11 | 10 | 22 |
| B | 10 | 8 | 13 |
| C | 8 | 4 | 19 |
| D | 6 | 4 | 16 |
| E | 1 | 3 | 30 |

a. 分别运用 FCFS 和 EDD 准则制订调度计划。以平均流程时间和平均逾期时间为基础，比较这些调度计划。

b. 根据你的判断，哪一准则得出的调度方案最佳？为什么？

案例 | Memorial 医院

Memorial 医院位于北卡罗来纳州西部山区，是一家拥有 265 张病床的地区医疗保健机构。这家医院的任务是为 Ashe 郡及其周边 6 郡提供优良的医疗保健服务。为了完成这项使命，Memorial 医院的 CEO 提出了三个目标：（1）客户服务最大化，以提高顾客满意度；（2）成本最小化，以保持竞争力；（3）使员工数量波动最小，有助于稳定区域就业水平。

这家医院为了计划和调度护理人员，将运营业务分为 8 个大病区。这些病区及其病床数、期望的患者 – 护士比率，还有每个病区的病人统计平均数如表 15.4 所示。在过去的几年里，尽管所服务的 7 个郡的人口有所增加，但对医院服务的总体需求相对稳定。这种稳定的需求可能源于该地区其他医院的竞争加强，以及医疗保健服务的更多选择，比如健康保健组织（Health Maintenance Organizations，HMOs）。但是，对 Memorial 医院服务的需求量确实随着病区类型和一年中的时间不同而变化很大。表 15.5 给出了各病区按月分解的日平均患者人数的历史数据。

Memorial 医院护理部的主管是达琳·弗赖伊。每年秋季，她都要面临工作中最难处理的问题：制订下一年度护理人员的配置计划。尽管在过去的两年里，对护理人员的平均需求相对稳定，但是因为工作方法、工资结构，还有临时护工的可得性及成本等都会发生变化，因此员工配置计划通常也要变更。随着秋天的临近，弗赖伊已经在收集信息，计划下一年度的员工配置水平。

Memorial 医院护理人员正常的工作时间为：每周 4 天，每天 10 小时。所有护理级别的护士在正常工作时间的平均工资为每小时 12 美元。必要时可以安排加班。然而，考虑到护理人员承担的工作强度，每周只允许有少量的加班。护理人员每周最多工作 5 天，每天工作 12 小时。加班按每小时 18 美元支付工资。在需求特别大时，可雇用临时兼职护理人员一段时间。临时护理人员的工资为每小时 15 美元。Memorial 医院的政策规定临时护理人员的比例不得超过护理人员总数的 15%。

医院发现雇佣和留住合格的护理人员，是许多医院一直面临的难题。其中一个原因是各种形式的私人诊所用更高的工资和更大的工作弹性，吸引许多护理人员离开这些医院。这种情况导致不管对护理服务的需求是多少，Memorial 医院都要保证给全职护理人员每周至少付 30 小时的工资。此外，每位护理人员每年还有 4 周的带薪休假。但是，在每年的特殊时段内，休假安排多少会受到对护理人员预计需求的限制。

当前，医院雇佣了 130 名护理人员，其中包括 20 名外科护士。另外 110 名护理人员被分配到医院其余的 7

表 15.4 病区承载能力数据

| 病区 | 病床数 | 每个护士护理的患者数 | 患者统计人数 * |
| --- | --- | --- | --- |
| 特护 | 20 | 2 | 10 |
| 心脏病科 | 25 | 4 | 15 |
| 产科 | 30 | 4 | 10 |
| 儿科 | 40 | 4 | 22 |
| 外科 | 5 | † | † |
| 术后 | 15 | 5 | 8（周二至周五的日等价数）‡ |
| 急诊 | 10 | 3 | 5（日等价数）‡ |
| 综合科 | 120 | 8 | 98 |

* 一年的日平均数。

† 医院雇佣了 20 名外科手术护士。常规手术安排在周二和周五。这些天，每天每个手术室（床）安排 5 个手术。急诊手术则根据需要随时安排。

‡ 用每日等价病人数来安排护理人员，是因为进入这些病区的患者会在比较短的时间内离开。每日等价数为 5，是指一般情况下，该病区一天平均接待 5 个患者。

**表 15.5　每月的日平均患者统计人数**

| 病区 | 月份 | | | | | | | | | | | |
|---|---|---|---|---|---|---|---|---|---|---|---|---|
| | 1 | 2 | 3 | 4 | 5 | 6 | 7 | 8 | 9 | 10 | 11 | 12 |
| 特护 | 13 | 10 | 8 | 7 | 7 | 6 | 11 | 13 | 9 | 10 | 12 | 14 |
| 心脏病科 | 18 | 16 | 15 | 13 | 14 | 12 | 13 | 12 | 13 | 15 | 18 | 20 |
| 产科 | 8 | 8 | 12 | 13 | 10 | 8 | 13 | 13 | 14 | 10 | 8 | 7 |
| 儿科 | 22 | 23 | 24 | 24 | 25 | 21 | 22 | 20 | 18 | 20 | 21 | 19 |
| 外科 * | 20 | 18 | 18 | 17 | 16 | 16 | 22 | 21 | 17 | 18 | 20 | 22 |
| 术后 | 10 | 8 | 7 | 7 | 6 | 6 | 10 | 10 | 7 | 8 | 9 | 10 |
| 急诊 † | 6 | 4 | 4 | 7 | 8 | 5 | 5 | 4 | 4 | 3 | 4 | 6 |
| 综合科 | 110 | 108 | 100 | 98 | 95 | 90 | 88 | 92 | 98 | 102 | 107 | 94 |

资料来源：这一案例是由北卡罗来纳州维克森林大学 Brooke Saladin 博士编写的，可用于课堂讨论。Copyright @ Brooke Saladin. 未经允许不得使用。

* 周二和周四每日平均手术数。

† 每日等价病人数。

个大病区。人事部门已告知弗赖伊，医院雇佣一名新的全职护理人员，其平均成本为 400 美元，而解聘一名护理人员的费用为 150 美元。尽管解聘是一种选择，但弗赖伊知道医院的目标是维持稳定的员工数量。

弗赖伊在查看了自己收集的信息后，除了已经合理配置的外科病区以外，她决定改变其他所有病区的护理人员配置。

**思考题**

1. 就弗赖伊制订 Memorial 医院护理人员配置计划而言，她可以获得的备选方案有哪些？请解释。每个方案满足 CEO 提出的目标的情况如何？

2. 基于给出的数据，为 Memorial 医院制订护理人员配置计划，并说明该计划的合理性。

## 参考文献

Chiang, Wen-Chyuan, Jason C.H. Chen, and Xiaojing Xu. "An Overview of Research on Revenue Management: Current Issues and Future Research." *International Journal of Revenue Management*, vol. 1, no. 1 (2007), pp. 97–128.

Dougherty, John R. "Lessons from the Pros." *APICS Magazine* (November/December, 2007), pp. 31–33.

Dougherty, John R., and Christopher Gray. *Sales & Operations Planning—Best Practices*. Victoria, Canada: Trafford Publishing, 2006.

Esper, Terry L., Alexander E. Ellinger, Theodore P. Stank, Daniel J. Flint, and Mark Moon. "Demand and Supply Integration: A Conceptual Framework of Value Creation through Knowledge Management." *Journal of the Academy of Marketing Science*, vol. 38 (2010), pp. 5–18.

Gray, Christopher. *Sales & Operations Planning—Standard System*. Victoria, Canada: Trafford Publishing, 2007.

Gupta, Jatinder N.D., and Edward Stafford Jr. "Flowshop Scheduling Research after Five Decades." *European Journal of Operational Research*, vol. 169 (2006), pp. 699–711.

Jacobs, F. Robert, William Berry, and D. Clay Whybark. *Manufacturing Planning and Control Systems for Supply Chain Management*, 6th ed. New York: McGraw-Hill/Irwin, 2010.

Kelly, Erin L., and Phyllis Moen. "Rethinking the ClockWork of Work: Why Schedule Control May Pay Off at Work and at Home." *Advances in Developing Human Resources*, vol. 9, no. 4 (Nov 2007), pp. 487–605.

Muzumdar, Maha, and John Fontanella. "The Secrets to S&OP Success." *Supply Chain Management* (April 2006), pp. 34–41.

Nakano, Mikihisa. "Collaborative Forecasting and Planning in Supply Chains: The Impact on Performance in Japanese Manufacturers." *International Journal of Physical Distribution & Logistics Management*, vol. 39, no. 2, pp. 84–105.

Olhager, Jan, and Erik Selldin. "Manufacturing Planning and Control Approaches: Market Alignment and Performance." *International*

*Journal of Production Research*, vol 45, no. 6 (2007), pp. 1469–1484.

Pinedo, Michael. "Planning and Scheduling in Manufacturing and Services." New York: Springer 2006.

Quadt, Daniel, and Heinrich Kuhn. "A Taxonomy of Flexible Flow Line Scheduling Procedures." *European Journal of Operational Research*, vol. 178 (2007), pp. 686–698.

Rennie, Elizabeth. "All Fired UP: Why Food and Beverage Professionals Must Put S&OP on the Menu." *APICS Magazine* (July/August 2006), pp. 32–35.

Rennie, Elizabeth. "Remote Possibilities: Improved Logistics Management Leads to Promising New Distribution Activities." *APICS Magazine* (July/August 2006), pp. 36–37.

Singhal, Jaya, and Kalyan Singhal. "Holt, Modigliani, Muth, and Simon's Work and Its Role in the Renaissance and Evolution of Operations Management." *Journal of Operations Management*, vol. 25, no. 2 (March 2007), pp. 300–309.

Smith, Larry, Joseph C. Andraski, and E. Fawcett. "Integrated Business Planning: A Roadmap to Linking S&OP and CPFR." *Business Forecasting*, vol. 29, no. 4 (Winter 2011), pp. 1–17.

Takey, Flavia, and Marco A. Mesquita. "Aggregate Planning for a Large Food Manufacturer with High Seasonal Demand," *Brazilian Journal of Operations & Production Management*, vol. 3, no. 1 (2006), pp. 5–20.

Wallace, Thomas F., and Robert A. Stahl. "Sales Forecasting: Improving Cooperation Between the Demand People and the Supply People," *Foresight*. Issue 12 (Winter, 2009), pp. 14–20.

Wallace, Thomas F. *Sales & Operations Planning: The How-To Handbook*, 3rd ed. Cincinnati, OH: T. E. Wallace & Company, 2008.

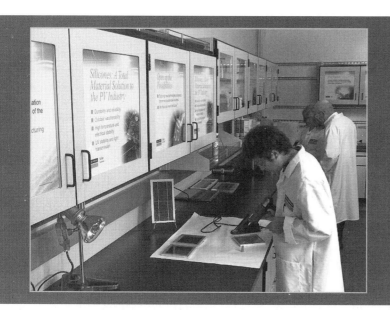

# 16

# 资源计划

道康宁公司的科学家在公司的太阳能应用中心研究下一代太阳能技术。

## 道康宁公司

　　美国道康宁公司（Dow Corning）是康宁公司（Corning Incorporated）和陶氏化学公司（Dow Chemical Company）于 1943 年创立的合资企业。它利用硅基技术为电子、航空航天、纺织、汽车、保健以及其他不同行业提供 7 000 多种创新性的产品及服务，是该领域的全球领导者。例如，道康宁公司的电绝缘复合材料被用在飞机、汽车和船舶的点火装置上生成防潮密封层。公司在全球拥有 11 500 名员工，25 000 多个客户，以及 45 个生产和仓储场地，2010 年年收入为 60 亿美元，产生的净利润为 8.66 亿美元。超过一半的销售额来自美国以外的国家和地区。为了整合不同业务职能，并提高整个企业及其供应链的资源计划水平，道康宁公司向 SAP 公司寻求帮助。SAP 公司是一家全球领先的企业资源计划（ERP）解决方案服务商。它提供的解决方案可以按不同的角色对关键数据、应用和分析工具进行访问，对于商业流程（如财务管理、客户关系管理、人力资本管理以及供应链管理）、商业分析和技术有一整套应用程序。道康宁公司安装了 SAP R/3 系统和 mySAP 供应链管理系统，以 SAP 的高级计划和优化软件（Advanced Planner and Optimizer，APO）作为整个系统的核心。

　　在实施 ERP 之前，现有的旧系统缺乏数据透明度并有冗余数据，很难获得和分析有效资源计划所需的数据，而且妨碍了决策的制定和对市场的响应。各 SAP 模块的有序实施，使从订单生成到生产计划、仓储、交付，直到最后开票的关键流程连接起来。SAP 的 APO 解决方案可以建立计划、采购、生产和交付的 SCOR 模型（参见第 12 章 "供应链整合"），将车间加工和生产运营流程与企业其他环节联系起来。利用订单、物料、设备、产品质量以及成本信息的透明视图，道康宁公司现在可以更方便地协调工厂和流程，并使全球范围内的产品生产和市场需求之间达到更好地匹配。员工的生产率和满意度也得到了提高，这主要是因为快速的响应时间和精确的准时交付。

资料来源：End to End Supply Chain Management at Dow Corning; Dow Corning, Optimizing Operational Performance to Sharpen Competitive Advantage.

1. 说明企业资源计划（ERP）系统如何更好地促进资源计划。
2. 说明从属需求的概念如何成为资源计划的基础。
3. 阐述主生产计划（MPS）并计算可承诺量。

4. 应用物料需求计划（MRP）系统的原理确定从属需求物品所需的生产订单及采购订单。
5. 将 MRP 原理应用于服务提供和分销库存。

通过运营管理创造价值

通过运营展开竞争
项目管理

流程管理

流程策略
流程分析
质量与绩效
能力规划
约束管理
精益系统

供应链管理

供应链库存管理
供应链设计
供应链选址决策
供应链整合
供应链的可持续发展与人道主义物流
预测
运营计划与生产调度计划
资源计划

道康宁公司的案例说明，通过运用有效的信息帮助制订资源计划，企业就能够获得竞争优势。企业必须确保在恰当的时间获得提供最终服务或生产最终产品所需要的全部资源。如果不能做到这一点，企业就面临失去业务的风险。对制造商来说，这一任务意味着要持续监控大量的组装件、零部件、原材料以及关键设备的生产能力。对服务提供商来说，这一任务意味着要持续监控大量供应品，并且要仔细安排不同员工和不同类型设备的时间和能力要求。

本章我们首先阐述企业资源计划系统。ERP 和其他一些方法已成为资源计划一个非常有价值的工具。然后我们探讨资源计划的一种特定方法，称为物料需求计划。本章的最后一节说明服务提供商如何管理他们的供应品、人力资源、设备和财务资源。

# 跨越整个组织的资源计划

在不考虑所有职能领域的情况下，**资源计划**（resource planning）在任何组织都处于中心地位。资源计划要利用销售和运营计划；要处理关于时间和路径的信息，以及其他有关服务或产品如何提供或生产的信息；然后计划所需要的投入要素。资源计划还可以生成企业主要职能领域（如人力资源、采购、销售与营销以及财务与会计等）管理者所使用的报表。实际上，资源计划本身就是一个流程，可以根据企业的竞争优先级分析该流程。

# 企业资源计划

**企业流程**（enterprise process）是在整个企业范围内跨越职能领域、经营单位、地理区域、产品系列、供应商和客户的一个流程。**企业资源计划**（enterprise resource planning, ERP）系统是一个大的综合信息系统，它支持多个企业流程和数据存储需求。通过整合企业的职能领域，ERP 系统使组织能够将运营看成一个整体，而不是必须设法将各个职能领域和部门产生的不同信息碎片拼接在一起。今天，ERP 系统应用于制造企业、餐馆、医院和酒店这样的传统实体企业，以及经常依赖网络连接将顾客和供应商联系在一起的互联网公司。

## 如何设计 ERP 系统

　　ERP 围绕一个单一的综合数据库工作，该数据库可供整个组织（或企业）使用。ERP 通常会设置口令，允许某些工作人员访问系统的某些区域。利用单一的数据库存储企业的所有信息，可以使管理者更方便地在任何地点、任何时间监测企业的全部产品。数据库采集数据并将它们输入到软件系统的各个应用模块（或套件）。当新信息作为某个应用模块的一个事务录入时，其他应用模块中的相关信息可以自动更新，包括企业财务及会计数据，人力资源及工资数据，销售、供应商及客户数据等。ERP 系统用这种方式使整个组织和供应链的数据流更加顺畅，并使企业员工可以直接访问分散在企业不同职能部门的大量实时运行信息。图 16.1 给出了一些典型的应用模块，在每个应用模块中都有几个嵌套的子流程。其中有些应用模块用于后台操作，如制造模块与工资单模块，而其他模块则用于前台操作，如客户服务模块。

　　亚马逊就是一个使用 ERP 系统的公司。亚马逊系统中的供应链应用模块特别重要，因为它将客户订单与仓库发货联系起来，而且，最终还将客户订单与供应商的补货订单联系起来。其他应用模块对其他业务单位更重要。例如，大学特别重视人力资源模块和会计与财务模块，而制造商们则几乎对每个应用套件都感兴趣。不需要将图 16.1 中所有的应用模块都整合到一个 ERP 系统中，但剩下的那些没有整合的模块将不能与 ERP 系统共享信息。有时会给 ERP 系统设计接口，使其能与企业现有的旧信息系统（称为遗留系统）连接。

　　ERP 系统的设计要求企业认真分析它的主要流程，才能制定出有关旧系统和新软件之间相互协调的合理决策。有时，企业在享受综合信息系统带来的好处之前，必须彻底再造涉及冗余数据和复杂信息流的企业流程。但是，一项最新的研究表明，如果企业保持简单的 ERP 实施过程，与少量的软件商合作，并且使用标准化的系统

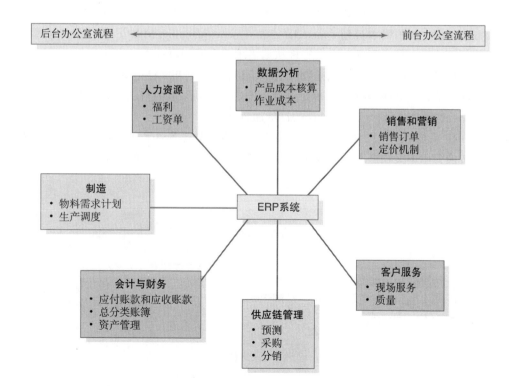

图 16.1
ERP 应用模块

资料来源：Based on *Enterprise Resource Planning (ERP)* by Scalle and Cotteleer, Harvard Business School Press. Boston, MA, 1999, No. 9-699-020.

位于欧洲德国巴登腾堡邦瓦尔多夫市的 SAP AG 软件公司的总部

而不是大量定制的系统，那么就能够获得最大回报。否则，企业可以终止对操作复杂、管理昂贵的 ERP 系统的过多支出。英国糖果业巨头吉百利公司由于过量的巧克力库存而遭受 1 200 万英镑的利润损失，而这些过量库存是因为推出基于 SAP 的新 ERP 系统所引起的信息技术问题造成的。

尽管老式的键盘驱动、基于文本的系统由于其可靠性以及在技术上比较简单仍然很受欢迎，但现在大多数 ERP 系统都使用图形用户界面。用户可以浏览各种屏幕和菜单。例如，在 ERP 系统实施过程中，培训的重点是这些屏幕的用法以及用户如何利用这些屏幕来完成自己的工作。这些现成的商用 ERP 系统软件最大的提供商是德国的 SAP AG 公司（本章开头案例中的道康宁公司使用的就是 SAP 公司的系统），其次是甲骨文公司。

# 物料需求计划

图 16.1 中的制造模块和供应链管理模块与资源计划有关。要理解资源计划，首先就要理解从属需求的概念，从属需求用到的方法与第 9 章"供应链库存管理"中的方法不同。**物料需求计划**（material requirements planning, MRP）是一种用电脑处理的信息系统，是为帮助生产商管理从属需求库存及制订补充订货计划而专门开发的。MRP 系统的主要输入数据是物料清单、主生产计划和库存记录，如图 16.2 所示。利用这类信息，MRP 系统可以确定维持生产进度必须采取的行动，比如发出新的生产订单、调整订货量，以及对延误的订货加急生产，等等。

MRP 系统将主生产计划和其他需求信息来源，如更换件和维修物品的独立需求等，转换为生产父项产品所需的全部组装件、零部件和原材料的需求。这一过程被

**图** 16.2
物料需求计划的输入数据

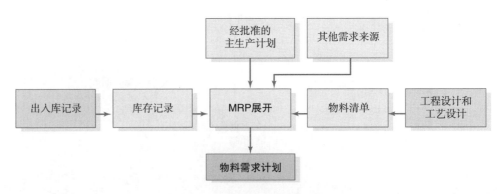

称作 **MRP 展开**（MRP explosion），这是因为它将各类最终产品的需求量都转换为物料需求计划，详细列出了生产最终产品所需要的全部组装件、零部件和原材料的补货计划。

本节我们首先探讨从属需求的特点以及与独立需求的不同之处，然后讨论图 16.2 所示的 MRP 系统的每种重要输入信息。

### 从属需求

多年来，许多企业试图用与第 9 章"供应链库存管理"中介绍的独立需求管理机制类似的方法来管理生产及其从属需求库存，但结果很少令人满意，因为从属需求与独立需求是完全不同的。为了说明从属需求的概念，让我们来考虑一种为零售店生产的 Huffy 自行车。对最终产品（如自行车）的需求，被称为**独立需求**（independent demand），因为它只受市场环境的影响。与此相反，自行车辐条的需求量"取决于"车轮的计划产量。Huffy 公司必须用第 14 章"预测"讨论的方法预测这种需求。但是，Huffy 公司还要保持其他许多商品的库存，其中包括用来生产整车的车把、脚蹬、车架以及轮圈等。上述每种库存商品都具有**从属需求**（dependent demand）的特性，因为所需要的数量随着企业持有的其他库存商品（在本例中，是成品自行车）的生产计划变化而变化。例如，对车架、脚蹬以及轮圈的需求量从属于整车的生产量。一旦在销售和运营计划中明确了自行车的生产数量，生产管理人员就可以计算出从属需求物品的需求量。例如，每辆自行车需要 2 个轮圈，因此 1 000 辆整车需要 1 000×2 = 2 000 个轮圈。对于这些商品不需要用预测方法。

自行车或任何其他由一个或多个零部件生产的产品，称为**父项**（parent）。轮圈是**零部件**（component）的一个例子——零部件可能经过一次或多次加工而转换成一个或多个父项的组成部分。例如，如果轮圈用于生产不止一种型号的自行车，那么这种轮圈就会有几个不同的父项。这种父项 - 零部件关系导致不稳定的零部件从属需求模式。假定每当库存量降到 500（再订货点）时，就会多下 1 000 辆自行车的订单，如图 16.3（a）所示。然后，装配主管授权从库存中提取 2 000 个轮圈以及其

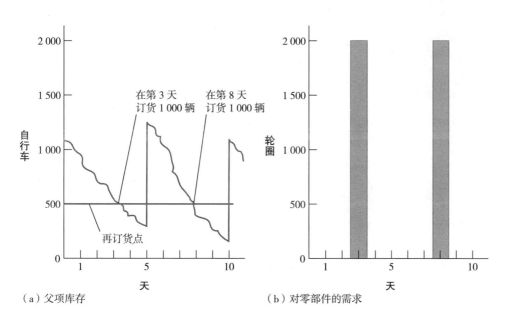

**图 16.3**
源于连续独立需求的整批集中式的从属需求

（a）父项库存　　　　　　　　　　　　（b）对零部件的需求

他生产产成品的零部件。对轮圈的需求量如图 16.3（b）所示。所以，即使顾客对成品车的需求是连续且相当均衡的，但轮圈的生产需求却是"整批集中式"的，也就是说它的需求通常是以相当大的数量偶然发生的。自行车组装的生产决策要考虑自行车的组装成本，以及在决策制定时预计的组装能力，因此，自行车组装的生产决策决定了轮圈的需求量。

### 物料清单

一种零部件的补货计划由其父项的生产进度计划决定。因此，系统需要有关父项 – 零部件关系的准确信息。**物料清单**（bill of materials, BOM）记录了一种产品的所有零部件、父项 – 零部件之间的关系，以及从工程设计和工艺设计中导出的零部件用量。在图 16.4 中，一个简单梯式靠背椅的 BOM 表明，椅子是由一个梯式靠背组装件、一个椅座组装件、前腿和腿支撑件构成的。梯式靠背组装件又依次由后腿和后板条构成，椅座组装件则由椅座架和坐垫构成。最后，椅座架又由座架板构成。为方便起见，用图 16.4 所示的字母来表示这些物品。

图 16.4
梯式靠背椅的物料清单

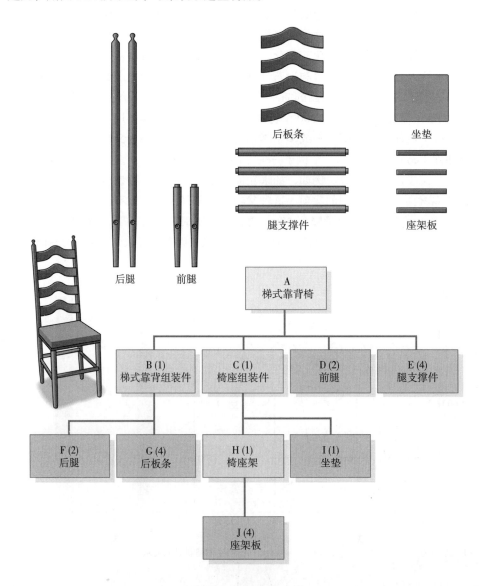

除物品 A 以外的所有物品都是零部件，这是因为需要用它们来构成一个父项。物品 A、B、C 和 H 都是父项，因为它们都至少有一个零部件。BOM 还要详细说明零部件**用量**（usage quantity），或者构成一个直接父项所需要的零部件个数。图 16.4 中用圆括号表示每一对父项 – 零部件关系的零部件用量。注意一把座椅（物品 A）由一个梯式靠背组装件（物品 B）、一个椅座组装件（物品 C）、2 个前腿（物品 D）以及 4 个腿支撑件（物品 E）构成。此外，物品 B 由 2 个后腿（物品 F）和 4 根后板条（物品 G）构成。物品 C 需要一个椅座架（物品 H）和一个坐垫（物品 I）。最后，物品 H 需要 4 个座架板（物品 J）。

经常用来描述库存物品的四个术语是：最终产品、中间产品、组装件以及外购件。**最终产品**（end item）通常是最后出售给客户的产品，它是父项而不是零部件。图 16.4 中的物品 A，即梯式靠背椅成品，是一个最终产品。会计报表把最终产品的库存状态分为两类：还要继续加工的在制品（WIP），或者产成品。如物品 B、C 或 H 这样的**中间产品**（intermediate item），是至少有一个父项且至少有一种零部件的产品。有些产品拥有几层中间产品；其中一个中间产品的父项本身也可以是中间产品。中间产品的库存——无论是已经完成还是仍在生产车间——都被归为在制品。**组装件**（subassembly）是由一个以上的零部件组装而成（相对于由其他形式转换来说）的中间产品。物品 B 和 C 就是组装件。**外购件**（purchased item）没有零部件，因为它来自供应商，但是它有一个或多个父项。图 16.4 中的物品 D、E、F、G、I 和 J 就是外购件。在会计报表中，外购件的库存是作为原材料来处理的。

一个零部件可能不止有一个父项。**零件的通用性**（part commonality），有时被称为零件或模块的标准化，是指一个零部件有不止一个直接父项的程度。由于具有通用性，同一物品就会出现在一个产品物料清单的几个不同地方，或者出现在几个不同产品的物料清单中。例如，图 16.4 中的椅座组装件是梯式靠背椅的零部件，也可以作为同一产品族中厨房用椅的零部件。物料清单中说明的零部件用量与具体的父项 – 零部件相关联。因此，任何零部件的用量都是可以改变的，这取决于其父项产品。零件的通用性，或者将同一零部件用于多个父项，提高了这种零件的产量和可重复性，这就使流程具备了几个优势，而且有助于使库存成本最少。

对苹果公司大受欢迎的 iPad 和 iPad2 产品进行仔细地剖析，发现其物料清单在外壳和电池上有所不同，但是在组件和设计上却非常相似。许多组件使用的都是相同的供应商，而对旧版 iPad 和 iPhone 芯片进行更新的成本也非常相似。不同产品和不同代产品的零部件与设计的标准化，使苹果公司具有很强的竞争力和盈利能力。

## 主生产计划

物料需求计划的第 2 个输入数据是**主生产计划**（master production schedule, MPS），该计划详细说明了在指定时间段内要生产多少最终产品。它将销售和运营计划分解为具体的产品生产进度计划。图 16.5 说明了如何将一个座椅产品族的销售和运营计划分解为每种特定型号座椅的每周主生产计划（时间段可以是小时、日、周或月）。座椅的案例说明主生产计划的以下几个方面：

1. MPS 中的产量必须与销售和运营计划中的总产量相等。考虑到为制订销售和运营计划所做的经济分析，这两种计划之间的一致性是必要的。

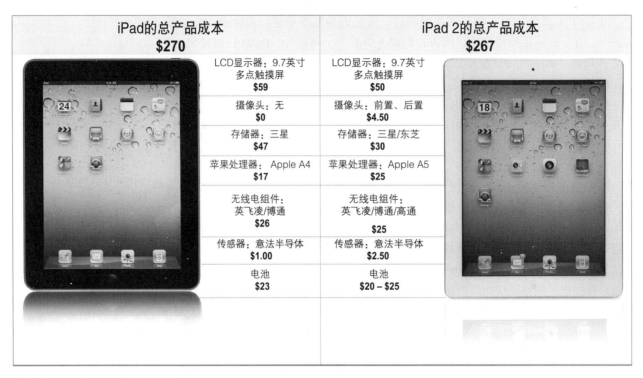

| iPad的总产品成本 $270 | iPad 2的总产品成本 $267 |
|---|---|
| LCD显示器：9.7英寸 多点触摸屏 $59 | LCD显示器：9.7英寸 多点触摸屏 $50 |
| 摄像头：无 $0 | 摄像头：前置、后置 $4.50 |
| 存储器：三星 $47 | 存储器：三星/东芝 $30 |
| 苹果处理器：Apple A4 $17 | 苹果处理器：Apple A5 $25 |
| 无线电组件：英飞凌/博通 $26 | 无线电组件：英飞凌/博通/高通 $25 |
| 传感器：意法半导体 $1.00 | 传感器：意法半导体 $2.50 |
| 电池 $23 | 电池 $20 – $25 |

苹果公司 iPad 和 iPad2 的物料清单

2. 必须对总产量在时间上进行有效分配。座椅型号的具体组合（用产品族总产量百分比表示的各型号的数量）根据历史需求数据以及营销和促销因素来确定。在考虑经济因素（如生产设置调整成本和库存持有成本）的同时，计划人员必须选定各型号座椅的批量。

3. 机器或劳动力的能力、存储空间或营运资金等能力限制或瓶颈，决定了 MPS 产量的产出时间和批量。计划人员通过认识到有些座椅款式较之其他款式需要更多资源，并相应设定生产数量的时间控制和批量，来了解这些限制条件。

图 16.6 说明了主生产计划的制订过程。运营部门首先生成一个可能的主生产计划，检验一下该计划是否能满足销售和运营计划中提供的资源（即机器生产能力、劳动力、加班及合同转包）计划。然后对主生产计划进行修订，直到制订出满足所有资源限制的计划，或者直到确定没有可行计划为止。后面的事情就是要对生产计

**图** 16.5
座椅产品族的 MPS

| | | 4月 | | | | 5月 | | |
|---|---|---|---|---|---|---|---|---|
| | 1 | 2 | 3 | 4 | 5 | 6 | 7 | 8 |
| 梯式靠背椅 | 150 | | | | | 150 | | |
| 厨房用椅 | | | | 120 | | | i20 | |
| 办公椅 | | 200 | 200 | | 200 | | | 200 |
| 座椅产品族的销售和运营计划 | | | 670 | | | | 670 | |

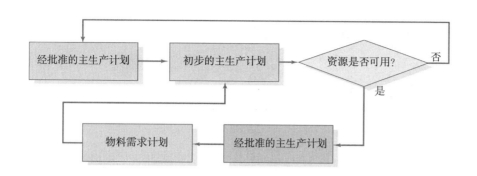

图 16.6
主生产计划的制订过程

划进行修订以调整生产需求，或者增加经批准的资源。一旦一个可行的初步主生产计划被企业的管理者接受，运营部门就将经过批准的主生产计划作为物料需求计划的输入信息。然后，运营部门就可以确定具体的零部件生产和组装进度计划。将实际的绩效数据，比如库存水平和库存短缺情况，作为制订下一时段初步主生产计划的输入信息，这样，主生产计划的制订过程就从一个时间段到下一个时间段重复进行。

***主生产计划的制订***　主生产计划的制订过程包括：（1）计算预计库存量；（2）确定特定产品的生产时间和产量。我们用生产梯式靠背椅的例子来说明这一过程。尽管许多企业会利用安全库存，但为简单起见，这里我们假定企业没有利用最终产品的安全库存。此外，这里我们用周作为计划的时间段，但也可以用小时、天或月作为时间段。

**第 1 步**。计算预计库存量。第 1 步是计算预计库存量，这是每周在满足需求之后剩下的可用库存量的估计值：

本周末预计库存量 = 上周末的库存量 + 本周初完成的 MPS 产量 − 本周预期需求量

在某些周，由于已有足够的库存，所以不需要产品的 MPS 产量。对于本周的预计需求量，计划制订者从预测需求量和已登记的客户订货量这两个数值中取较大者，这是因为预测会有误差。如果实际登记的订货量超过预测量，计划制订者使用登记的订货量，则初步的计划会更准确，因为登记的订货量是已知的。相反，如果某一周的预测量超过了已登记的客户订货量，则预测值可以提供该周更好的需求估计，因为还会再来一些订单。

梯式靠背椅的制造商面向库存生产座椅，因此需要为此制订一个主生产计划。营销部门预测 4 月份第 1 周的需求量为 30 把座椅，但实际登记的客户订货量是 38 把。当前库存量有 55 把。第 1 周 MPS 产量没有到期。图 16.7 显示了上述数量的 MPS 记录。由于第 1 周的实际订货量大于预测量，计划人员使用实际订货量来计算第 1 周末的预计库存余量：

库存量 = 当前库存中的 55 把座椅 + MPS 产量（第 1 周为 0）
　　　　 − 已承诺在第 1 周交付的 38 把座椅
　　　 = 17 把座椅

第 2 周的预测量超过实际登记的订货量，所以第 2 周末的预计库存量为 17 + 0 − 30 = −13。缺货量提示需要生产更多的座椅以供第 2 周使用。

**图** 16.7
第 1 周和第 2 周的主生
产计划

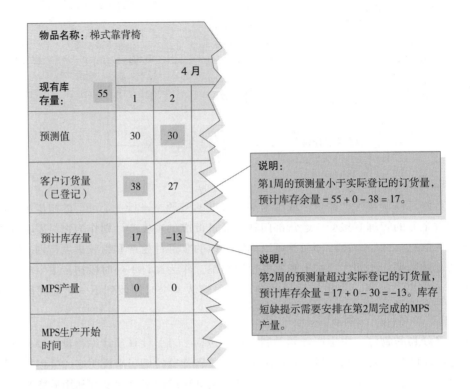

**第 2 步**。确定 MPS 排产的时间和数量。确定 MPS 排产时间和数量的目标是保持预计库存余量为非负值。一旦发现库存短缺，就应该安排 MPS 产量来补充。第 1 次 MPS 产量应该安排在预计库存量出现短缺的那一周，如图 16.7 中的第 2 周。[1]计划人员将 MPS 产量加到预计库存量上，并查找下一个短缺出现的时段。该短缺提示需要安排第二次 MPS 产量，依此类推。

图 16.8 显示了未来 8 周梯式靠背椅的主生产计划。订货策略要求生产批量为 150 把座椅。除非计划人员在第 2 周安排完成一批 MPS 产量，否则在第 2 周会出现 13 把座椅的缺货。我们的惯例是用空格来代替所有行中的 0，这样可以提高可读性而且在实践中经常使用。唯一的例外是在预计库存这一行，即使是 0 或者负数，该行也总是显示数字。

一旦安排了 MPS 产量，则更新后的第 2 周预计库存余量为

库存量 = 第 1 周周末的 17 把 + MPS 产量 150 把 − 预测的 30 把 = 137 把座椅

计划人员逐列对 MPS 记录进行计算，直到计划期末，为了避免缺货，当需要时填入 MPS 产量。第 2 周末的 137 把库存余量可以满足直到第 7 周的预测需求，此时在不进行 MPS 排产时的库存短缺量为 7 + 0 − 35 = −28。这一短缺提示需要再次进行 150 把座椅的 MPS 排产。第 7 周更新后的库存余量为 7 + 150 − 35 = 122 把座椅。

图 16.8 中的最后一行指出了 MPS 产量必须开始生产的时段，这样在 MPS 产量一行指定的时间里就可以获得这些产量。在 MPS 记录的右上角，指定梯式靠背椅的生产提前期为 1 周，也就是说，在假定可以提供物品 B、C、D 和 E 的情况下，组装

---

1 在某些情况下，在出现库存短缺之前就应该计划新订单。建立安全库存和预留库存就是这种情况的两个例子。

| 物品名称：梯式靠背椅 | | | | | 订货策略：150 把<br>提前期：1 周 | | | |
|---|---|---|---|---|---|---|---|---|
| | | | 4月 | | | 5月 | | |
| 现有库存量：55 | 1 | 2 | 3 | 4 | 5 | 6 | 7 | 8 |
| 预测值 | 30 | 30 | 30 | 30 | 35 | 35 | 35 | 35 |
| 客户订货量（已登记） | 38 | 27 | 24 | 8 | 0 | 0 | 0 | 0 |
| 预计库存量 | 17 | 137 | 107 | 77 | 42 | 7 | 122 | 87 |
| MPS产量 | | 150 | | | | | 150 | |
| MPS生产开始时间 | 150 | | | | | 150 | | |

图 16.8

从第 1 周到第 8 周的主生产计划

说明：
组装150把座椅需要的时间是1周。组装部门必须从第1周开始组装座椅，才能在第2周完成组装。

说明：
现有库存余量 = 17 + 150 − 30 = 137。
需要MPS的产量才能避免在第2周出现30 − 17 = 13把座椅的短缺。

150 把梯式靠背椅需要 1 周的时间。对于每一批 MPS 产量，计划人员用提前期进行倒推，确定组装部门必须开始组装座椅的时间。因此，必须在第 1 周和第 6 周开始生产各 150 把的批量。

**可承诺量**　除了按照计划的时间和数量进行生产外，MPS 还为市场营销人员提供与客户协商交付日期的有用信息。营销人员承诺在指定日期交付的最终产品数量被称为**可承诺（available-to-promise, ATP）库存量**。这是运营机构计划生产的量和已登记的客户订货量之间的差值。当接受新的客户订单时，就要减少 ATP 库存量以反映企业对这批数量的发货承诺，但是直到从库存中取出所订货物并发往客户，这期间的实际库存量维持不变。可承诺库存量与每一批次的 MPS 产量有关，因为 MPS 产量详细说明了需要预先安排来满足未来登记订单量的新存货的时间和数量。

在图 16.9 显示的 MPS 记录表中，增加了一行可承诺库存量。第 2 周的可承诺量等于 MPS 产量减去直到收到下一批次 MPS 产量为止的登记订货量，即 150 −（27 + 24 + 8 + 0 + 0）= 91 把。ATP 向营销人员说明：计划在第 2 周完成组装的 150 把座椅中，有 91 把是未做承诺的，对于总量不超过 91 件的新订单可以承诺在第 2 周尽早交付。第 7 周的 ATP 为 150，因为自第 7 周以后没有已登记的订单。

计划的第 1 周（当前）计算可承诺量信息的程序与其他各周略有不同，因为它考虑了当前现有存货的库存量。第 1 周的 ATP 库存量等于当前现有库存量加上第 1 周的 MPS 产量，再减去直到 MPS 产量到达的那周前（不包括该周在内）登记的累

图 16.9
具有 ATP 行的 MPS 记录

| 物品名称：梯式靠背椅 | | | | | 订货策略：150把提前期：1周 | | | |
|---|---|---|---|---|---|---|---|---|
| 现有库存量：55 | 4月 | | | | 5月 | | | |
| | 1 | 2 | 3 | 4 | 5 | 6 | 7 | 8 |
| 预测值 | 30 | 30 | 30 | 30 | 35 | 35 | 35 | 35 |
| 客户订货量（已登记） | 38 | 27 | 24 | 8 | 0 | 0 | 0 | 0 |
| 预计库存量 | 17 | 137 | 107 | 77 | 42 | 7 | 122 | 87 |
| MPS产量 | | 150 | | | | | 150 | |
| MPS生产开始时间 | 150 | | | | | 150 | | |
| 可承诺库存量 | 17 | 91 | | | | | 150 | |

**说明：**
在收到下一批MPS产量之前登记客户订货量的总和为38把。ATP = 55（现有库存）+ 0（MPS产量）- 38 = 17把。

**说明：**
在收到下一批MPS产量之前登记的客户订货量总和为27 + 24 + 8 = 59把。ATP = 150（MPS产量）- 59 = 91把。

计订货总量。因此，图 16.9 中第 1 周的 ATP 是 55+0–38=17。该信息向销售部门说明在第 1 周可以承诺多达 17 把座椅，在第 2 周到第 6 周的某个时间，可以再承诺 91 把，在第 7 周或第 8 周，可以再承诺 150 把。如果在这些时间段里客户订单需求量超过了 ATP 量，就必须在客户登记订单之前变更 MPS 产量，或者给客户一个迟一些的交付日期——在下一批 MPS 产量到达时交付。如果想了解用 ATP 进行决策的案例，参见本章后面的问题求解 2。

库存计划人员虽然完全掌握了制订主生产计划的原理，但他们并不是用手工的方式生成主生产计划。图 16.10 是可利用的典型计算机生成方式。它由 OM Explorer 中的主生产计划求解软件生成，它验证了图 16.9 所示的产量。

| 批量 | 150 | | | | | | | | |
|---|---|---|---|---|---|---|---|---|---|
| 提前期 | 1 | | | | | | | | |
| 现有库存量 | 55 | 1 | 2 | 3 | 4 | 5 | 6 | 7 | 8 |
| 预测量 | | 30 | 30 | 30 | 30 | 35 | 35 | 35 | 35 |
| 客户订货量（已登记） | | 38 | 27 | 24 | 8 | | | | |
| 预计库存量 | | 17 | 137 | 107 | 77 | 42 | 7 | 122 | 87 |
| MPS产量 | | | 150 | | | | | 150 | |
| MPS生产开始 | | 150 | | | | | 150 | | |
| 可承诺库存量（ATP） | | 17 | 91 | | | | | 150 | |

图 16.10
用 OM Explorer 中的主生产计划求解软件得到的输出结果

**冻结 MPS** 主生产计划是所有最终产品、组装件、零部件和原材料进度计划的基础。因此，变更主生产计划的成本很高，特别是当 MPS 产量很快完成时。MPS 产量的增加导致原材料短缺、向客户发货延迟，以及加急赶工成本过大。MPS 产量的降低则导致多余的原材料或零部件（至少等到对它们的另一个需求产生），或者用有价值的产能来生产不需要的产品。当对 MPS 产量预测的需求日期发生变化时，也会产生类似的成本。由于上述种种原因，许多企业，特别是那些采用面向库存生产策略和关注低成本运营的企业，会冻结近期的 MPS，或者不允许变更近期的 MPS。

***MPS 与销售和运营计划的协调*** 由于主生产计划是基于预测和实际收到的订单，因此当对一个月内不同时间段的 MPS 求和时，就可能与销售和运营计划不一致。例如，在图 16.5 中，如果 4 月份三种型号座椅的 MPS 总产量为 725 把，而不是 670 把，要么管理层必须向上修订销售和运营计划，批准更多的资源使供给与需求相吻合；要么降低 4 月份的 MPS 产量，使其与销售和运营计划相匹配。主生产计划驱动了工厂和供应商的活动，因此必须与实际的顾客需求及销售和运营计划同步，以保证企业的计划决策不断得到有效执行。

总部位于加利福尼亚的 Cypress 半导体公司为消费者和汽车市场生产逻辑部件、USB 控制器、通用可编程时钟、存储器以及无线连接设备。该公司运用商用软件解决方案来管理主生产计划制订流程的复杂性。

## 库存记录

库存记录是 MRP 的第 3 类主要输入数据，而出入库记录是得到最新库存状态的基本组成部分（参见图 16.2）。出入库记录包括发出新订单、接收预定到货、调整预定到货量的到期日、提取库存、取消订单、修正库存数据误差、拒绝发货、核定报废损失和审核库存退货。准确记录这些变动，对企业现有库存余量的准确性以及 MRP 系统的有效操作都是很有必要的。

**库存记录**（inventory record）将未来一段时间分成名为时间段（time bucket）的时间单位。在本书的讨论中，虽然其他时间单位也一样便于使用，但为了与 MPS 例题保持一致，还是以每周作为时间段。库存记录显示了一种物品的批量策略、提前期以及各时间段的数据。库存记录的目的是跟踪库存水平和零部件补货需求。含有各时间段信息的库存记录包括：（1）总需求量；（2）预定到货量；（3）预计库存量；（4）计划到货量；（5）计划发出订单。

下面用椅座组装件，即图 16.4 所示的物品 C 为例来讨论库存记录。假定该部件可用于两种产品：梯式靠背椅和厨房用椅。

***总需求量*** 总需求量（gross requirements）是指从所有父项产品的生产计划中推导出的需求总量。它们还包括未被计入的需求量，比如对已售出产品更换零件的需求量。图 16.11 显示了物品 C（椅座组装件）的库存记录。物品 C 按 230 件的批量生产，其提前期为 2 周。该库存记录还显示了物品 C 在未来 8 周的总需求量，这些数据源于梯式靠背椅和厨房用椅的主生产计划（参见图 16.5）。将每个父项的 MPS 开始生产的产量相加，可得到每周的总需求量。椅座组装件的总需求量呈现出整批集中式需求的状态：在整个 8 周时间里，生产部门只在其中 4 周的时间从仓库中领取椅座组装件。

MRP 系统根据产品的出厂日期来安排零部件和组装件的生产及交付计划。在父

图 16.11

椅座组装件的 MRP 记录

| 物品名称：C | | | | | | 批量：230件 | | |
| --- | --- | --- | --- | --- | --- | --- | --- | --- |
| 描述：椅座组装件 | | | | | | 提前期：2周 | | |
| | **周次** | | | | | | | |
| | 1 | 2 | 3 | 4 | 5 | 6 | 7 | 8 |
| 总需求量 | 150 | 0 | 0 | 120 | 0 | 150 | 120 | 0 |
| 预定到货量 | 230 | 0 | 0 | 0 | 0 | 0 | 0 | 0 |
| 预计库存量 37 | 117 | 117 | 117 | –3 | –3 | –153 | –273 | –273 |
| 计划到货量 | | | | | | | | |
| 计划发出订单 | | | | | | | | |

说明：
总需求量指对两种座椅的需求总量。第1周
的预计库存量为 37 + 230 − 150 = 117件。

项物品提前期开始，即生产调度人员向车间发出生产订单时，它的程序逻辑就预先从库存中提取父项物品生产订单所需要的全部物料。

*预定到货量* 回忆一下，预定到货量（有时称为未结订单）是已下了订单但至今未完成的订货。对外购件来说，预定到货量可能处于几个阶段：供应商正在加工；正在运往采购方的途中；或者采购方的收货部门正在验收。如果企业在内部生产该物品，则这批订货可能正在生产车间加工；正等待零部件到货；正等待可用的机器；或正等待转移到下一道工序。根据图 16.11，有一批订货量为 230 个的物品 C 应该在第 1周交付。由于提前期为 2 周，所以库存计划人员要在 2 周前发出订单。预定到货量超过物品提前期到达是不正常的，一般是由于 MPS 在最后一刻变更这类事件导致的。

*预计库存量* 预计库存量（projected on-hand inventory）是指每周在满足总需求量之后，对余下的可用库存量的估计值。图 16.11 中第 1 列（37）所示的起始库存量，指的是对库存记录进行计算时现有可用的库存量。与预定到货量一样，单元格中的数据根据每次实际出库和入库数据计算，对 MRP 数据进行更新。那么，当 MRP 系统生成经过修订的记录时，就会显示出正确的库存量。

该行其他各单元格的数据显示了未来几周的预计库存量。预计库存量可按下式计算：

第 *t* 周末的预计库存量 = 第 *t*−1 周末的库存量 + 第 *t* 周的预定到货量或计划到货量 −
第 *t* 周的总需求量

　　预计库存量的计算还要考虑**计划到货量**（planned receipts），它指的是还没有向生产车间或供应商发出的订单。不应该混淆计划到货量和预定到货量的概念。计划到货量仍处在计划阶段，从这周到下周可能会不同，而预定到货量则是正在由车间或供应商履行的真实订单。在图 16.11 中，计划到货量全部都为零。每周的预计库存量计算如下：

第 1 周：　　　　　　37 + 230 − 150 = 117

第 2 周和第 3 周：　117 + 0 − 0 = 117

第 4 周：　　　　　　117 + 0 − 120 = −3

第 5 周：　　　　　　−3 + 0 − 0 = −3

第 6 周：　　　　　　−3 + 0 − 150 = −153

第 7 周：　　　　　　−153 + 0 − 120 = −273

第 8 周：　　　　　　−273 + 0 − 0 = −273

　　第 4 周的结存量下降到 −3，说明如果不生产更多的椅座组装件，将会发生 3 件短缺。这种情况表示需要在第 4 周到达的计划到货量。另外，如果不补充库存，第 7 周和第 8 周的短缺量将增至 273 件。[2]

***计划到货量***　对新订单的到货量做出计划，防止预计库存结存量下降到零以下。计划到货量这一行的数值按以下思路得出：

1. 在缺货现象出现以前，要预估每周的库存量。要安排第一批计划到货量在预计发生缺货的那一周到达。新增加的计划到货量应该会增加预计库存量的结存量，使其等于或大于零。当计划到货量的批量大于计划到达的那一周的需求量时，结存量就会大于零。

2. 对库存量的预估工作要持续进行，直到下次缺货现象发生为止。这种缺货现象表明需要安排第二次计划到货。

　　通过 MRP 记录一列一列地向前推进——根据需要填入计划到货量，并完成预计库存量行，反复进行这一过程直到计划期末为止。图 16.12 显示了椅座组装件的计划到货情况。在第 4 周，预计库存量将下降到零以下，所以，为第 4 周安排了 230 件的计划到货量。更新后的库存结存量为：117（第 3 周末的库存量）+ 230（计划到货量）− 120（总需求量）= 227 件。由于预期没有预定到货量或者总需求量，所以预计库存量在第 5 周仍然为 227 件。在第 6 周，预计库存量为：227（第 5 周末的库存量）− 150（总需求量）= 77 件。该数值大于零，所以不需要新的计划到货量。但是，在第 7 周，如果没有更多的椅座组装件到货，就会发生缺货。利用第 7 周的一批计划到货量，更新后的库存结存量为：77（第 6 周末的库存量）+ 230（计划到货量）− 120（总需求量）= 187 件。

***计划发出订单***　计划发出订单（planned order release）说明在何时发出一种特定数量的物品订单。我们必须将计划发出订单的数量放在合适的时间段内。为了做到这一点，我们必须假定所有的库存变动——预定到货量、计划到货量和总需求量等——

---

2 当预计库存量是负数时，对计划到货量的制订准则有一个例外。当有一批预定到货量在库存变成负数之后到达时，最先考虑的是加快完成预定到货量（使其到期日更早），而不是安排一批新的计划到货量。

图 16.12

完整的椅座组装件库存
记录

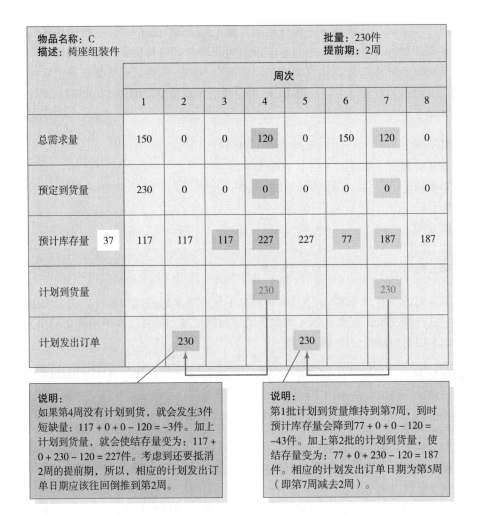

| 物品名称：C<br>描述：椅座组装件 | | | | | | 批量：230件<br>提前期：2周 | | |
|---|---|---|---|---|---|---|---|---|
| | **周次** | | | | | | | |
| | 1 | 2 | 3 | 4 | 5 | 6 | 7 | 8 |
| 总需求量 | 150 | 0 | 0 | 120 | 0 | 150 | 120 | 0 |
| 预定到货量 | 230 | 0 | 0 | 0 | 0 | 0 | 0 | 0 |
| 预计库存量 37 | 117 | 117 | 117 | 227 | 227 | 77 | 187 | 187 |
| 计划到货量 | | | | 230 | | | 230 | |
| 计划发出订单 | | 230 | | | 230 | | | |

说明：
如果第4周没有计划到货，就会发生3件
短缺量：117 + 0 + 0 − 120 = −3件。加上
计划到货量，就会使结存量变为：117 +
0 + 230 − 120 = 227件。考虑到还要抵消
2周的提前期，所以，相应的计划发出订
单日期应该往回倒推到第2周。

说明：
第1批计划到货量维持到第7周，到时
预计库存量会降到77 + 0 + 0 − 120 =
−43件。加上第2批的计划到货量，使
结存量变为：77 + 0 + 230 − 120 = 187
件。相应的计划发出订单日期为第5周
（即第7周减去2周）。

都在一个时间段的同一个时间点上发生。有些企业假定所有的变动发生在某一时段
的始点；而另一些企业则假定发生在某一时段的终点或中间点。无论假定这些变动
在什么时候发生，用到货日期减去提前期，就可以求出发出订单的日期。例如，在
图 16.12 中，第 1 批计划发出订单的日期为：4（计划到货日期）– 2（提前期）= 2
（计划发出订单的日期）。图 16.12 显示了椅座组装件的计划发出订单。如果一切都按
计划进行，我们将会在下周（第 2 周）发出 230 个椅座组装件的订单。这张订单的
发出会引起库存记录一系列的变更。首先，该订单的计划发出订单记录将不再保留。
其次，第 4 周里 230 件的计划到货量也要删除。最后，数量为 230 的新预定到货量
会出现在第 4 周的预定到货量这一行。

## 计划因素

　　MRP 库存记录中的计划因素对 MRP 系统的整体运行绩效起着重要作用。通过
利用这些因素，管理者就可以调整库存运行。本节我们将讨论计划提前期、批量准
则以及安全库存。

***计划提前期*** 　计划提前期是指从发出某项物品的订单到将该物品收入库存之间的时
间估计值。计划提前期的准确性是很重要的。如果物品的入库早于所需要的时间，

库存持有成本就会增加。但如果物品到达太迟，就会出现缺货或大量的赶工成本，或者两种情况同时发生。

对于外购件来说，计划提前期就是发出订单后，从供应商那里收到订货所允许的时间，其中包括下订单的正常时间。通常，采购合同会规定交付日期。对于自行制造的产品来说，通过跟踪近期订单的实际提前期并计算其平均值，可以得出计划提前期的粗略估计值。更全面的估计过程包括对下列每一个因素的分解：

- 设置调整时间
- 加工时间
- 物料在工序间的搬运时间
- 等待时间

对于产品工艺路线中的每道工序，都必须估计上述每项时间。其中，估计设置调整时间、加工时间以及物料搬运时间相对容易，但估计等待物料搬运设备的时间或工作站完成特定工序的时间，难度可能更大。在一个采用面向订单生产策略的设施，比如机加工车间，车间的生产任务随着时间变化的程度相当大，这导致某一具体订单的实际等待时间产生大幅波动。所以，在估算计划提前期时，能够准确地估计等待时间特别重要。但是，对于采用面向库存生产策略的生产设施，比如装配厂，产品工艺路线更加标准化，其等待时间有较高的可预测性。因此，等待时间一般不会对计划提前期的计算造成困难。

**批量准则**　批量准则决定了订货量的特定时间和规模。在计算计划到货量和计划发出订单之前，必须确定每种物料的批量准则。批量准则的选择相当重要，因为它们决定了每种物品所需要的设置调整次数和库存持有成本。这里给出了三个批量准则：（1）固定订货批量；（2）定期订货批量；（3）按需订货法。

**固定订货批量**　固定订货批量（fixed order quantity，FOQ）准则就是每次发出订单时都保持相同的订货量。[3] 例如，批量可能由设备生产能力的上限决定，正如必须一次性将一整批物料装入熔炉一样。对外购件来说，FOQ 可由数量折扣水平、车载容量或最小采购量决定。另外，批量还可由经济订货批量（economic order quantity，EOQ）公式决定（参见第 9 章 "供应链库存管理"）。图 16.12 说明了 FOQ 准则。但是，如果某种物品在某一周里的总需求量特别大，那么 FOQ 不足以避免缺货。在这种非正常情况下，库存计划人员必须增大批量，使其大于 FOQ，通常批量要大到足以避免缺货的程度。另一种方案是使订货量等于 FOQ 的整数倍。这种方案适用于产能约束使（最大）产量限定在 FOQ 时的情况。

**定期订货批量**　定期订货批量（periodic order quantity，POQ）准则允许每次发出订单的订货量不同，但是要按预先设定的时间间隔发出订单，比如每两周一次。订货量应等于两次订货之间的固定时间间隔所需要的物品数量，而且其数量必须足够大，以防止缺货现象发生。具体来说，POQ 用下式计算：

第 $t$ 周到达的 POQ 批量 = $P$ 周的全部总需求量（含第 $t$ 周）－
第 $t-1$ 周末的预计结存量

---

3　除了每次订货量很小之外，看板系统实际上用的就是 FOQ 准则。

图 16.13

椅座组装件的 POQ 准则
（ *P*=3 ）

| 时段数 | | 8 | | | | | | | |
|---|---|---|---|---|---|---|---|---|---|
| 物品描述 | | 椅座组装件 | | POQ的时段数<br>（P） | | 3 | 批量<br>提前期 | | 2 |
| POQ准则 ▼ | | | | | | | | | |
| | | 1 | 2 | 3 | 4 | 5 | 6 | 7 | 8 |
| 总需求量 | | 150 | | | 120 | | 150 | 120 | |
| 预定到货量 | | 230 | | | | | | | |
| 预计库存量 | 37 | 117 | 117 | 117 | 150 | 150 | | | |
| 计划到货量 | | | | | 153 | | | 120 | |
| 计划发出订单 | | | 153 | | | 120 | | | |

该数值刚好满足 *P* 周的总需求量。即第 *P* 周末的预计库存量应该等于零。

假定希望将图 16.12 中使用的 FOQ 准则转换为 POQ 准则。图 16.13 是由 OM Explorer 中的单一物品 MRP 求解软件生成的。它显示了 *P* = 3 周时，POQ 准则应用于椅座组装件库存的情况。要求在第 4 周收到第 1 张订单的订货，因为这是预计库存结存量降到零以下的第 1 周。运用 *P* = 3 周的第 1 批订货量为：

POQ 批量 = 第 4、第 5、第 6 周的总需求量 – 第 3 周末的库存量
= （ 120 + 0 + 150 ） – 117 = 153 件

第 2 批订货必须在第 7 周到达，其订货批量为（ 120 + 0 ） – 0 = 120 件。第 2 批订货只反映了距计划期末两周的总需求量。

POQ 准则并不意味着计划人员必须每过 *P* 周就发出一张新订单。更确切地说，在制订订货计划时，其批量必须足以满足后续 *P* 周的需求。选择 *P* 值的一种方法是用要求的平均批量，如 EOQ 或一些其他可用的批量除以每周的平均需求量。也就是说，用所要求的供货周数（ *P* ）来表示目标批量，并取最接近的整数值。

***按需订货法*** POQ 准则的一个特例是**按需订货法**（lot-for-lot, L4L）准则，根据这一准则，订货批量只满足一周的总需求量。因此，*P* = 1，其目标是使库存水平最低。该准则可以确保计划订货量恰好大到足以避免那一周的缺货。L4L 批量为：

第 *t* 周到达的 L4L 批量 = 第 *t* 周的总需求量 – 第 *t*–1 周末的预计库存结存量

在第 *t* 周末，考虑了新订货量在内的预计库存量将等于零。紧随第一批计划订货之后，另一批计划订货量会用于匹配随后每一周的总需求量。

图 16.14

椅座组装件的 L4L 准则

| 时段数 | | 8 | | | | | | | |
|---|---|---|---|---|---|---|---|---|---|
| 物品描述 | | 椅座组装件 | | POQ的时段数<br>（P） | | | 批量<br>提前期 | | 2 |
| L4L准则 ▼ | | | | | | | | | |
| | | 1 | 2 | 3 | 4 | 5 | 6 | 7 | 8 |
| 总需求量 | | 150 | | | 120 | | 150 | 120 | |
| 预定到货量 | | 230 | | | | | | | |
| 预计库存量 | 37 | 117 | 117 | 117 | | | | | |
| 计划到货量 | | | | | 3 | | 150 | 120 | |
| 计划发出订单 | | | 3 | | 150 | 120 | | | |

这次我们希望将 FOQ 准则转换为 L4L 准则。图 16.14 显示了将 L4L 准则应用于椅座组装件库存的情况。与前面的情况相同，第 1 批订货需要在第 4 周到达：

$$L4L \text{ 批量} = \text{第 4 周的总需求量} - \text{第 3 周末的库存结存量}$$
$$= 120 - 117 = 3 \text{ 件}$$

在第 6 周和第 7 周，库房必须收到更多订货，才能满足随后每周的总需求量。第 6 周的计划到货量为 150 件，第 7 周的计划到货量为 120 件。

***各种批量准则的比较***　批量准则的选择对库存管理具有重要意义。批量准则影响库存成本以及设置调整成本和订货成本。FOQ、POQ 和 L4L 准则在上述一种或两种成本上各不相同。在我们的例子中，每个准则都在第 4 周开始发挥作用，此时发出第 1 张订单。现在让我们比较计划期中第 4 周到第 8 周的预计库存量的平均值。这些数据分别如图 16.12、图 16.13 和图 16.14 所示。

$$\text{FOQ}: \frac{227 + 227 + 77 + 187 + 187}{5} = 181 \text{ 件}$$
$$\text{POQ}: \frac{150 + 150 + 0 + 0 + 0}{5} = 60 \text{ 件}$$
$$\text{L4L}: \frac{0 + 0 + 0 + 0 + 0}{5} = 0 \text{ 件}$$

L4L 准则下平均库存水平为 0 的结果，是以增加计划订货次数以及随之发生的设置调整时间和成本为代价的。从上述比较中可以得出三个结论：

1. FOQ 准则产生很高的平均库存水平，因为它带来了库存残余量。库存残余量是一周内持有的库存，但是数量太少，不足以避免短缺的出现。之所以会产生残余量，是由于 FOQ 没有与需求量严格匹配。例如，根据图 16.12 所示，尽管在第 7 周开始时就持有数量为 77 件的库存，但是库房也必须在该周收到一批计划到货量。从第 4 周收到第 1 批计划到货量开始，库房要将这 77 件物品的残余量持有 3 周时间。虽然残余量增加了平均库存水平，但是由于它对不可预料的废料损失、产能瓶颈、不准确的库存记录或不稳定的总需求量提供了缓冲，因此库存残余量为生产过程带来了稳定性。

2. POQ 准则降低了平均库存量，这是由于它使订货量与需求量更好地匹配。它随着需求量的增加或减少来调整批量。图 16.13 显示在第 7 周，POQ 准则已充分发挥作用，这时的预计库存量为零——没有库存残余量。

3. L4L 准则使库存投资最小，但是也使订货次数最多。该准则最适用于贵重物品，或者订货成本、设置调整成本低的物品。它是唯一可用于面向订单生产的小批量物品的准则。它也可以近似为精益生产系统的小批量库存。

作为避免库存残余量的方法，POQ 准则和 L4L 准则都会带来不稳定性，因为它们将批量决策和需求捆绑得太紧了。如果需求量发生任何变化，批量都必须随之改变，就会干扰零部件生产进度。在最后一刻增加的父项订货会由于缺少零部件而受到影响。

***安全库存***　一项重要的管理决策是确定需要持有的安全库存量。从属需求物品的情况比独立需求物品更为复杂。只有在未来的总需求量、预定到货的时间或数量以及

| FOQ准则 | | | | 批量：230件 提前期：2周 安全库存：80件 | | | | |
|---|---|---|---|---|---|---|---|---|
| | 周次 | | | | | | | |
| | 1 | 2 | 3 | 4 | 5 | 6 | 7 | 8 |
| 总需求量 | 150 | 0 | 0 | 120 | 0 | 150 | 120 | 0 |
| 预定到货量 | 230 | 0 | 0 | 0 | 0 | 0 | 0 | 0 |
| 预计库存量 37 | 117 | 117 | 117 | 227 | 227 | 307 | 187 | 187 |
| 计划到货量 | 0 | 0 | 0 | 230 | 0 | 230 | 0 | 0 |
| 计划发出订单 | 0 | 230 | 0 | 230 | 0 | 0 | 0 | 0 |

**图 16.15**
显示安全库存应用情况的椅座组装件库存记录

所产生的废品数量不确定时，具有整批集中式需求（总需求量）的从属需求物品的安全库存才有帮助。随着这些不确定性的消除，就应该降低安全库存并最终消除安全库存。常用的策略是对最终产品和外购件使用安全库存，以应对顾客订货量的波动以及不可靠的零部件供应商，而对中间产品则要尽可能避免使用安全库存。通过利用以下准则，可以将安全库存与 MRP 原理结合起来：一旦预计库存结存量下降到要求的安全库存水平以下（并非像前面那样是零），就要安排一批计划到货量。目标是保持与安全库存量相等的最低计划库存水平。图 16.15 显示了当 FOQ 为 230 时，椅座组装件的安全库存量开始从 0 增加到 80 时的情况。当引入安全库存策略时，最初的预计库存量仍然为 37 件，在此之后未来的任何一个时间段，都不能下降到 80 件以下。将图 16.15 的结果与图 16.12 进行比较，最终的结果是将第 2 次计划发出订单的日期从第 5 周移到了第 4 周，以避免使第 6 周的库存量降到 80 以下。

## MRP 的输出

如图 16.16 所示，MRP 系统提供多种报表、进度计划以及通告，帮助计划人员控制从属需求的库存。本节我们讨论 MRP 的展开过程、提醒计划人员需要引起注意的物料通告、资源需求报表和绩效报表等。

*MRP 展开* MRP 将 MPS 和其他需求来源转换或展开为企业生产父项产品所需要的

**图 16.16**
MRP 的输出结果

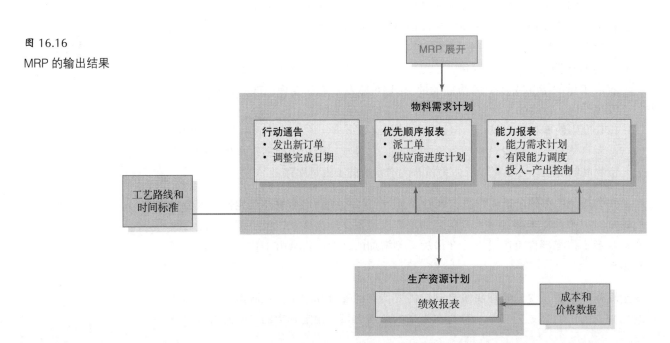

所有组装件、零部件和原材料的需求量。这一过程可以生成各种零部件的物料需求计划。

一个物品的总需求量有以下三个来源：

1. 作为最终产品的直接父项的 MPS；
2. 低于 MPS 水平的直接父项的计划发出订单（不是总需求量、预定到货量或计划到货量）；
3. 最初未包含在 MPS 中的任何其他需求，例如更换件的需求量。

现在来考虑椅座组装件及其图 16.12 所示的库存记录。椅座组装件需要一个坐垫和一个椅座架，而椅座架又需要 4 块座架板。其物料清单（BOM）如图 16.17 所示（也可参阅图 16.4，该图显示了椅座组装件的 BOM 是如何与整个产品相关联的）。为了支持椅座组装件的生产进度计划，应该从供应商那里订购多少个坐垫？应该生产多少椅座架？需要生产多少块座架板？这些问题的答案取决于这些物品已有的库存量，以及正在发生的补充订货量。MRP 能够通过展开过程来回答这些问题。

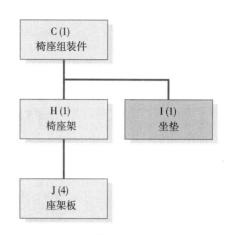

**图** 16.17
椅座组装件的物料清单

图 16.18 显示了椅座组装件及其零部件的 MRP 记录。我们已经说明了如何制作椅座组装件的 MRP 记录，现在我们将注意力集中到其零部件的 MRP 记录上。椅座架的批量准则为每批 300 件的 FOQ，坐垫为 L4L，以及座架板为每批 1 500 件的 FOQ。这三种零部件的提前期都是 1 周。其展开过程的关键是要确定每种零部件总需求量的适当时间和数量。当做出这些决策以后，就可运用前面已说明的原理，推导出每种零部件的计划发出订单表。

在上述例子中，这些零部件没有更换件的独立需求。所以，在图 16.18 中，零部件的总需求量仅来自其父项产品的计划发出订单。椅座架和坐垫的总需求量可从椅座组装件的计划发出订单表得出。两种零部件在第 2 周和第 5 周都有 230 件的总需求量，这两周是将要发出订单来制造更多椅座组装件的时间。例如，在第 2 周，装配部门的领料工将从库存领取 230 个椅座架和 230 个坐垫，这样装配部门就可以及时生产椅座组装件，以避免第 4 周缺货。因此，椅座架和坐垫的物料计划应该考虑到这一点。

利用第 2 周和第 5 周的总需求量，我们可以得到椅座架和坐垫的 MRP 记录，如图 16.18 所示。根据第 2 周 300 个椅座架的预定到货量、数量为 40 的现有库存量以及 1 周时间的提前期，我们需要在第 4 周发出 300 个椅座架的订单，来满足椅座组装件的装配进度计划。而坐垫既没有预定到货，也没有当前库存。因此，必须在提前期为 1 周的情况下，使用 L4L 准则，在第 1 周和第 4 周各发出数量为 230 的订单。

在确定了椅座架的补充计划后，我们就可以计算座架板的总需求量。我们计划在第 4 周开始生产 300 个椅座架。由于每个椅座架需要 4 块座架板，所以第 4 周我们需要备 300×4= 1 200 块座架板。因此第 4 周对座架板的总需求量为 1 200。由于没有预定到货量、库存量为 200、提前期为 1 周，且 FOQ 为 1 500，所以在第 3 周，我们需要的计划发出订单量为 1 500。

现在可以回答前面提出的问题。我们应该发出的订单计划如下：第 4 周 300 个椅座架；第 1 周和第 4 周各 230 个坐垫；第 3 周 1 500 块座架板。如果每周更新 MRP 计划，则现在只有第 1 周的计划订单应该发出。发出该订单会产生 230 件坐垫

**物品名称：椅座组装件**
**批量：230件**

| 提前期：2周 | 周 | | | | | | | |
|---|---|---|---|---|---|---|---|---|
| | 1 | 2 | 3 | 4 | 5 | 6 | 7 | 8 |
| 总需求量 | 150 | 0 | 0 | 120 | 0 | 150 | 120 | 0 |
| 预定到货量 | 230 | 0 | 0 | 0 | 0 | 0 | 0 | 0 |
| 预计库存量 37 | 117 | 117 | 117 | 227 | 227 | 77 | 187 | 187 |
| 计划到货量 | | | | 230 | | | 230 | |
| 计划发出订单 | | 230 | | | 230 | | | |

用量：1 　　　　用量：1

**物品名称：椅座架**
**批量：300件**

| 提前期：1周 | 周 | | | | | | | |
|---|---|---|---|---|---|---|---|---|
| | 1 | 2 | 3 | 4 | 5 | 6 | 7 | 8 |
| 总需求量 | 0 | 230 | 0 | 0 | 230 | 0 | 0 | 0 |
| 预定到货量 | 0 | 300 | 0 | 0 | 0 | 0 | 0 | 0 |
| 预计库存量 40 | 40 | 110 | 110 | 110 | 180 | 180 | 180 | 180 |
| 计划到货量 | | | | | 300 | | | |
| 计划发出订单 | | | | 300 | | | | |

**物品名称：坐垫**
**批量：L4L**

| 提前期：1周 | 周 | | | | | | | |
|---|---|---|---|---|---|---|---|---|
| | 1 | 2 | 3 | 4 | 5 | 6 | 7 | 8 |
| 总需求量 | 0 | 230 | 0 | 0 | 230 | 0 | 0 | 0 |
| 预定到货量 | 0 | 0 | 0 | 0 | 0 | 0 | 0 | 0 |
| 预计库存量 0 | 0 | 0 | 0 | 0 | 0 | 0 | 0 | 0 |
| 计划到货量 | | 230 | | | 230 | | | |
| 计划发出订单 | 230 | | | 230 | | | | |

用量：4

**物品名称：座架板**
**批量：1 500件**

| 提前期：1周 | 周 | | | | | | | |
|---|---|---|---|---|---|---|---|---|
| | 1 | 2 | 3 | 4 | 5 | 6 | 7 | 8 |
| 总需求量 | 0 | 0 | 0 | 1 200 | 0 | 0 | 0 | 0 |
| 预定到货量 | 0 | 0 | 0 | 0 | 0 | 0 | 0 | 0 |
| 预计库存量 200 | 200 | 200 | 200 | 500 | 500 | 500 | 500 | 500 |
| 计划到货量 | | | | 1 500 | | | | |
| 计划发出订单 | | | 1 500 | | | | | |

图 16.18

椅座装配零部件的 MRP 展开

**Master Production Schedule**

| | | | 1 | 2 | 3 | 4 | 5 | 6 | 7 | 8 | 9 | 10 |
|---|---|---|---|---|---|---|---|---|---|---|---|---|
| Item A MPS Start | Descr: Seat | | | 230 | | | 230 | | | | | |
| Item B MPS Start | Descr: | | | | | | | | | | | |

☑ Use second finished item

**Material Requirements Planning**

| Item C | Descr: Seat Frames | Period (P) for POQ | | Lot Size (FOQ) | 300 |
|---|---|---|---|---|---|
| FOQ Rule ▾ | | | | Lead Time | 1 |
| | | | | Safety Stock | |

Usage Quantity for Item: A    1     B

| | 1 | 2 | 3 | 4 | 5 | 6 | 7 | 8 | 9 | 10 |
|---|---|---|---|---|---|---|---|---|---|---|
| Gross Requirements | | 230 | | | 230 | | | | | |
| Scheduled Receipts | | 300 | | | | | | | | |
| Projected On-Hand Inventory   40 | 40 | 110 | 110 | 110 | 180 | 180 | 180 | 180 | 180 | 180 |
| Planned Receipts | | | | | 300 | | | | | |
| Planned Order Releases | | | | 300 | | | | | | |

| Item D | Descr: Seat Cushion | Period (P) for POQ | 1 | Lot Size (FOQ) | |
|---|---|---|---|---|---|
| L4L Rule ▾ | | | | Lead Time | 1 |
| | | | | Safety Stock | |

Usage Quantity for Item: A    1     B     C

| | 1 | 2 | 3 | 4 | 5 | 6 | 7 | 8 | 9 | 10 |
|---|---|---|---|---|---|---|---|---|---|---|
| Gross Requirements | | 230 | | | 230 | | | | | |
| Scheduled Receipts | | | | | | | | | | |
| Projected On-Hand Inventory   0 | 0 | 0 | 0 | 0 | 0 | 0 | 0 | 0 | 0 | 0 |
| Planned Receipts | | 230 | | | 230 | | | | | |
| Planned Order Releases | 230 | | | 230 | | | | | | |

| Item E | Descr: Seat-frame boards | Period (P) for POQ | | Lot Size (FOQ) | 1500 |
|---|---|---|---|---|---|
| FOQ Rule ▾ | | | | Lead Time | 1 |
| | | | | Safety Stock | |

Usage Quantity for Item: A     B     C    4    D

| | 1 | 2 | 3 | 4 | 5 | 6 | 7 | 8 | 9 | 10 |
|---|---|---|---|---|---|---|---|---|---|---|
| Gross Requirements | | | | 1200 | | | | | | |
| Scheduled Receipts | | | | | | | | | | |
| Projected On-Hand Inventory   200 | 200 | 200 | 200 | 500 | 500 | 500 | 500 | 500 | 500 | 500 |
| Planned Receipts | | | | 1500 | | | | | | |
| Planned Order Releases | | | 1500 | | | | | | | |

**图 16.19**

OM Explorer 的物料需求计划求解软件对椅座组装件的输出结果

的预定到货量,这些预定到货量将出现在更新后的库存记录中。其他订单则仍然停留在计划阶段,甚至可以在下一周 MRP 展开时进行修订。

***计算机支持*** 实际上,一个企业可能有成千上万种从属需求物品,平均有 6 层的物料清单。其时间周期往往向未来延伸 30 个或更多的时间段。如图 16.18 所示,用手工方式进行 MRP 展开是不现实的。它需要大量的数据处理,而这正是计算机最为擅长的,只是决策制定要留给库存分析人员。OM Explorer 的物料需求计划求解软件代表的只是商用软件包可以在更大规模上进行处理的一个小例子,它可以计算不超过两种终端物品的需求。该软件具有能够轻松制订多达 18 种物品详细库存记录的能力,当计划参数做任何改变时可以简单地重新计算这些需求量。

图 16.19 显示了 OM Explorer 的物料需求计划求解软件的输出结果。它验证了图

16.18 中的相同结果。根据该输出结果，只有一件事情需要引起库存计划人员的注意，即 230 件椅垫的计划发出订单。该计划发出订单于本周 "到期"，应该马上提交。除非计划人员知道有问题，否则就要向供应商发出该订单。与此同时，该计划人员应该输入一条指令，自动删除第 1 时段的计划发出订单和第 2 时段的计划到货量，并在第 2 时段插入一个 230 件的预定到货量。计划人员不需要查看椅座架或座架板的记录，因为不需要对它们采取行动。

***其他重要报表*** 一旦计算完毕，BOM 中出现的任何物品的库存记录都可以用纸张打印出来，或在计算机屏幕上显示出来。库存计划人员运用由计算机生成的称为**行动通告**（action notice）的备忘录，做出有关发出新订单和调整预订到货量完成日期等方面的决策。每次更新系统数据，就会生成这些通告，通常每周一次。该行动通告只向那些需要计划人员关注的物品发出警报，比如那些在当前时段计划发出订单的物品，或者需要修改完成日期的预定到货量。然后，计划人员就可以查看那些物品的全部记录并采取必要行动。行动通告可以只列出需要关注物品的零件编号清单，也可以是这些物品的完整记录，并在底部注明需要采取的行动。

在对计划订货量进行计算时，MRP 系统自身不会察觉到产能限制。也就是说，它要求的计划发出订货量，会超出实际能够生产的数量。计划人员的基本作用是监控物料需求计划的产能需求，当产能不能满足需求计划时，就要对计划做出调整。对瓶颈要特别加以关注。通过调整批量准则，或偶尔修改计划发出订单，计划人员可以运用约束理论（theory of constraints，TOC）的原理（参见第 7 章 "约束理论"）来保持瓶颈环节的运行。为了促成这一过程，可以提供各种能力报告。例如，**能力需求计划**（capacity requirement planning, CRP）报告预测各工作站在各时间段的能力需求。能力需求计划根据生产车间完成预定到货量以及完成还没有发出的计划发出订单所需要的工作量，来计算工作负荷。预计工作负荷超过了产能的那些工作站就成为瓶颈。

还可能有其他类型的输出，比如已经提交到车间或供应商处的订单的优先顺序报表。优先顺序报表按照指定的预定到货量的完成日期排列，计划人员使该报表始终保持最新状态，以便持续地反映到货量的真实需要时间。从更大的范围看，MRP 系统的信息对职能部门（而不是生产环节）很有帮助。MRP 经过演变成为**制造资源计划**（manufacturing resource planning, MRP II），这是一个将基本的 MRP 系统与公司的财务系统以及其他核心流程和支持流程联系起来的系统。例如，管理层在应用 MRP 计划的同时，通过应用来自会计系统的价格、产品和活动成本来预估运货、产品成本、费用分摊、库存、积压订单和利润的金额。而且，来自主生产计划、预定到货量和计划发出订单的信息可以转换为按产品族分类的现金流量预测值。对于管理层感兴趣的其他绩效指标，也有类似的计算。事实上，MRP II 最终会演变成企业资源计划（ERP），本章开头部分已对 ERP 进行了介绍。然而，由于在系统开发中涉及大量的资金预算和企业资源，因此某些企业可能会放弃由软件提供商提供的 MRP 系统或 ERP 系统，取而代之的是在企业内部自行实施 MRP 系统。管理实践 16.1 说明了 Winnebago 工业公司如何创建并修改自己设计的 MRP 软件系统，以实现业务上的自给自足。

**管理实践 16.1** | Winnebago 工业公司的物料需求计划

位于美国爱荷华州森林之城（克利夫兰的别称——译者注）的 Winnebago 工业公司，自 1958 年以来，就是美国房车及其相关产品和服务的领先制造商。在充满挑战的商业环境中，公司通过强调员工的团队合作和参与，以更低的生产成本提高了产品质量。因此 Winnebago 公司几十年来不使用商用软件包，而宁愿设计、修改自己的应用软件也就不足为奇。这样更能适应公司的业务需求，这是本章开头案例所述的 ERP 软件供应商有时无法达到的目标。由于在需要时可以重复利用其代码，因此公司可以以更低的成本更快地响应系统用户的要求。

Winnebago 公司自行开发软件的一个例子就是 MRP 系统，该系统在 IBM 的 z 系列主机上运行，用于物料需求计划的制订和生产订单的调度。每当公司增加一种新型号的房车时，包含新的物料清单在内，只需要几百个小时的开发时间，就可以完成对 MRP 系统所要求的改变，从而支持新车型的生产。这种使 MRP 系统适应生产要求和供应商要求的敏捷性，在一个产品品种不断变化的环境中特别有价值。仅 2007 年一年，Winnebago 公司就提供了有 86 种不同平面布置的 20 种不同车型，每种平面布置都有包括颜色、木材着色剂以及抽屉拉手在内的多种选择。2011 年，又增加了几种新的平面布置。如果你从事制造价格在 6 万到 28.5 万美元的客户定制的房车，那么在开发自己的 MRP 系统、销售订单管理系统以及采购系统时，将成本意识与常识和员工参与结合起来，是十分有价值的。

在美国爱荷华州森林之城 Winnebago 工厂的工人，将带有内表面和外表面、电力布线、框架和泡沫隔热材料的 Winnebago 房车的完整一侧抬上拖车，以便将其拖到组装流程的下一个环节。自 1995 年以来，Winnebago 公司每年都要花费大约 500 万美元对其部分装配线流程进行自动化，而之前每年仅花费 200 万美元。

资料来源："Road Rules: Creating and Adapting Homegrown Software is the Key to Winnebago's Drive for Business Self Sufficiency," October 15, 2006.

## MRP、核心流程及供应链之间的联系

企业的四个核心流程连接供应链上企业的内部活动与企业间的活动，在这四个核心流程之间，MRP 系统通过输入或输出与它们互动。所有活动都从顾客订单开始，顾客订单包括最终产品的订单，也包括更换件的订单。MRP 和资源计划通常都在订单履行流程内。主生产计划（MPS）是 MRP 中不可或缺的一部分（参见图 16.2）。

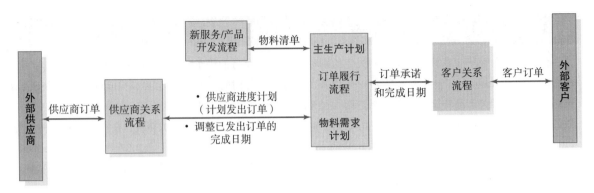

**图 16.20**
供应链中与 MRP 有关的信息流

如图 16.20 所示，MPS 通过确认订单接收和承诺的完成日期促成了订单履行流程和客户关系流程之间的信息反馈。根据未来订单承诺的时间，以及现有订单的完成日期是否在要求的时间框架内调整，MPS 还在客户关系管理流程中给销售团队提供指导。新服务和新产品开发流程给 MRP 系统提供更新后的物料清单，并确保适时确认生产最终产品所需的每种零部件和组装件。

与外部客户向企业提交订单的思路相同，向外部供应商发出的订单是基于计划发出订单，计划发出订单直接来自 MRP 的输出报表。然而，当需要改变现有进度计划时，MRP 的作用会显而易见。例如，这些改变可能由主生产计划的变更引起，因为顾客想要改变未来订单的时间或数量，这些改变也可能由物料短缺或意外的机器故障之类的内部原因引起，或者由外部供应商的破产引起。在供应链中，进度计划的变更会影响顾客和供应商。有些与供应商合作的企业，拥有可以实际"查看"供应商库存的 ERP/ MRP 系统，以确定特定物品是否有库存。如果没有，预计什么时候会有。当考虑修改已发出订单的进度时，这种对供应商库存的了解就成为一种优势。虽然这类系统对于改变计划是一种强有力的工具，但必须注意不要因为批量准则的选择而引起订单在时间和数量上的不必要的波动。我们已经了解到，像 POQ 或 L4L 这样的批量准则对需求变化非常敏感，随意地使用这些准则会引起补货订单的不稳定性。如果企业的 MRP 系统以电子方式与其直接供应商的生产计划和控制系统连接，这种不稳定又会依次向供应链上游传递。

利用图 16.20 所示的核心流程之间的信息流执行基于 MRP 的计划，可以将企业与供应链上游和下游的合作伙伴恰当地连接起来。如果没有这种基于 MRP 的框架结构，有效的客户和供应商优先级将无法得到实际确认。在许多企业中，这种基于 MRP 的框架结构实际上是通过本章前面所讨论的 ERP 系统来实现的。

## MRP 与环境

消费者和政府对自然环境恶化的关注，促使制造商流程再造，以更符合环保要求。基础材料的循环使用正变得越来越普遍，而且要求产品设计做到当产品使用寿命结束以后，要易于再生产。然而，制造流程常常产生大量的废弃物，需要进行恰当处理。这些废弃物表现为多种形式，包括：

- 废气，如一氧化碳、二氧化硫以及一些有害化学物质，这些与制造产品所采用的工艺有关；
- 废料，如金属切屑、油料以及化学制剂，这些与特定工序有关；

- 包装材料，如无用的纸箱和塑料，这些与某些产品或外购件有关；
- 废品，制造过程中产生的不能用的产品或有缺陷的零部件。

企业可以对 MRP 系统进行修改，帮助他们对这些废弃物进行跟踪并制订废弃物处理计划。用与这些物品的零部件非常相似的方法来对待这些废弃物，将与各种物品有关的废弃物的类型及数量输入到 BOM 中。一旦一种产品的 MPS 制订完毕，就可以生成废弃物报表，该报表预测出生产过程中废弃物的数量和产生的时间。虽然这种方法需要对企业的 BOM 进行大量的修改，但是其收益也是巨大的。企业可以提前认识到废弃物的问题，在某些情况下可以（通过流程改进）消除废弃物，而在另一些情况下则可以对适当的处理方式进行计划。而且，它还给企业提供了一种方式——可以生成政府要求的任何正式文件，以证明其遵守了环保法规及政策。

# 服务提供商的资源计划

我们已了解了制造型企业如何分解产成品的 MPS，然后依次再将其转换为对人员、设备、零部件和金融资产等资源的需求。这些资源需求的驱动因素就是物料需求计划。当然，服务提供商也必须像制造商一样对他们的资源做出计划。但和产成品不同的是，服务不能储存，它必须根据需要提供。至于资源计划，服务提供商必须集中精力保持为客户服务的能力。本节我们将讨论服务提供商如何运用从属需求以及资源清单的概念来进行能力管理。

## 服务业的从属需求

本章前面我们讨论制造商的计划和控制系统时，引入了从属需求的概念。从属需求是指一种物品的需求是企业生产的其他物品的生产计划的函数。对服务资源计划而言，定义包括资源需求在内的从属需求的概念是有用的，其资源需求来自对顾客服务需求的预测，或来自企业提供的支持这些服务的各种活动计划。以下是一些服务提供商从属需求的其他例子。

**餐馆** 每当你在餐馆按菜单点菜时，就启动了餐馆对某些类型的物品（如未烹制的食品原料、餐盘和餐巾）、员工（厨师、服务员和洗碗工）以及设备（炉子、烤箱和厨房用具）的需求。利用对每一种饭菜需求量的预测值，餐馆管理者可以估计这些资源的需求量。例如，许多餐馆在特定的日子推出"特价菜"，比如周五的炸鱼和周六的排骨等。这些特价菜提高了管理者对不同饭菜品种（以及烹饪这些饭菜所需的食材）预测的准确度，而且常常表明对员工的需求会高于平均水平。但是，究竟需要多少这类资源，取决于餐馆最终想要供应的饭菜数量。因此，这些物品，即食材和员工数量，是从属需求。

**航空公司** 无论何时，只要航空公司安排一个航班，都会产生对辅助用品（饮料、点心和燃油）、劳动力（飞行员、乘务员和机场服务人员）以及设备（飞机和机场登机口）的需求。航空公司对提供的航班数和乘客人数所做出的预测，决定了这些资源的需求量。就像制造商一样，航空公司可以展开航班运行的主计划来做决策。

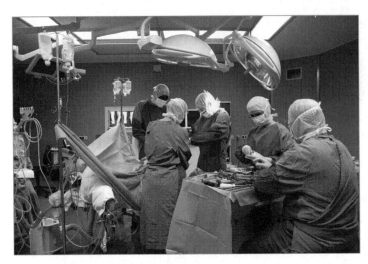

在手术过程中手术室中的医生和护士

**医院** 除了急诊室以外，医院可以用预约信息来生成主计划。可以将主计划展开，以确定医院在某段时间内所需要的资源。例如，当安排一个外科手术时，就会产生对辅助用品（药品、手术服和被单）、员工（外科医生、护士和麻醉师）以及设备（手术室、手术工具和病床）的需求。在制订主计划时，医院必须确保某些设备和人员不会超负荷工作——换句话说，就是要保持能力。例如，尽管手术室、护士等其他资源当前可供利用，但关键手术的预约必须在外科医生可以做手术时提前安排。

**酒店** 当旅客预订了酒店房间时，就产生了对辅助用品（肥皂和毛巾）、员工（前台、客房部和礼宾部）以及设备（传真机、电视机和健身自行车）的需求。为了确定从属资源的需求量，酒店将已预订的房间数量与预测的将要来的"未经预约"的客人数量相加。这一数字用来生成酒店的主计划。但是，酒店不容易调整的一种资源是酒店拥有的客房数量。例如，如果酒店超额订出，就不能轻易地增加更多的房间。如果客人太少，也不能"减少"房间数量。考虑到这种资源的资金成本很高，酒店通过在一年的某些时间提供团体价格或做特别促销，来尽可能保持高的客房利用率。换言之，他们试图提高这种特殊资源的从属需求量。

## 资源清单

在服务业中，与制造型企业 BOM 类似的是**资源清单**（bill of resources, BOR），它记录了服务企业的"父项–零部件"关系以及包括用量在内的全部物料、设备时间、人员以及与之相关的其他资源。一旦服务企业制订了主计划，就可以运用 BOR 确定企业需要的资源种类、资源数量和时间。服务提供商的 BOR 可能和制造商的 BOM 一样复杂。以一家刚刚为一名动脉瘤患者制订了治疗方案的医院为例。如图 16.21（a）所示，动脉瘤治疗方案的 BOR 分为 7 个层次，从顶端（最后阶段）开始：（1）出院；（2）普通监护；（3）术后监护（逐渐减少监护强度）；（4）术后监护（重症监护）；（5）手术；（6）术前监护（血管造影）；（7）术前监护（化验）。BOR 的每个层次都有一系列物料和资源需求以及相应的提前期。例如，在图 16.21（b）所示的第 6 个层次，这位患者需要护士 6 小时的护理、医务部主任 1 小时的治疗时间、1 小时的有氧治疗、24 小时卧床时间、3 个不同的化验项目、1 餐饭和从药房取出的 10 种不同药物。这一层次的提前期为 1 天。动脉瘤治疗全过程的提前期为 12.2 天。患者住院的主计划和每种疾病的 BOR，使医院能够管理其关键资源。这样就可以为医院各职能领域的管理者生成与前面所介绍的 MRP II 类似的报表。

然而，每个服务提供商都需要的一种资源就是现金。服务型组织必须预测他们期望服务的顾客数量，以便手头有足够的现金购买支持服务的物料——劳动力和其他产品。对这些物品的采购增加了企业的应付账款。当服务实际上已提供给顾客时，

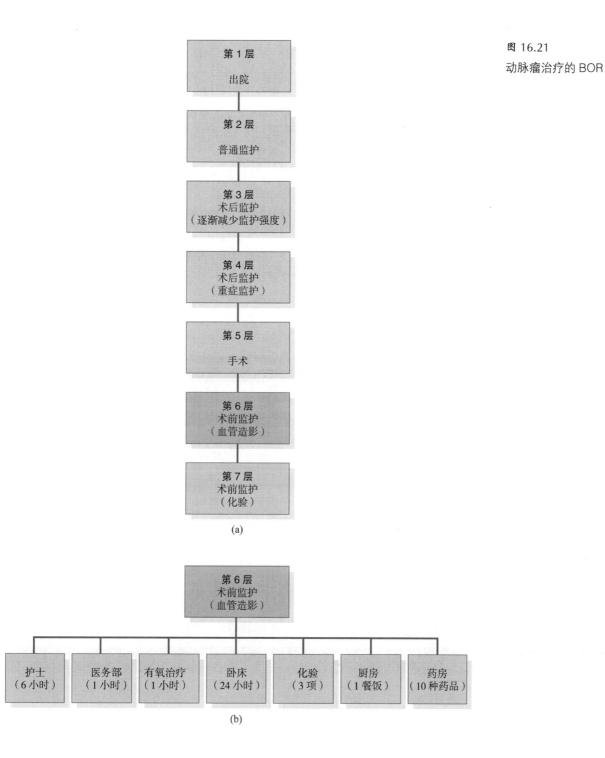

图 16.21
动脉瘤治疗的 BOR

企业的应收账款增加。企业的主计划及其应收账款和应付账款可以帮助企业预测现金流量产生的数量和时间。

## 学习目标回顾

1. 说明企业资源计划（ERP）系统如何更好地促进资源计划。回顾本章开头道康宁公司的案例和"企业资源计划"一节。注意图 16.1，理解如何将不同的应用模块组合在一起来实现 ERP 系统的功能，并创造价值。

2. 说明从属需求的概念如何成为资源计划的基础。参见"从属需求"一节，该节说明了连续的独立需求如何产生成批集中式的从属需求。然后，需要用另一个被称为物料需求计划的系统来管理从属需求的状况。

3. 阐述主生产计划（MPS）并计算可承诺量。"主生产计划"一节说明企业如何将生产计划分解为更详细的进度计划。理解图 16.5、图 16.6 和图 16.8 之间的重要关系。

4. 应用物料需求计划（MRP）系统的原理确定从属需求物品所需的生产订单及采购订单。利用图 16.12，了解在既定的批量准则下如何生成库存记录。"计划因素"一节说明了不同管理策略的选择如何影响物料需求计划。最后，着重理解图 16.18 和问题求解 3 所说明的 MRP 展开过程。

5. 将 MRP 原理应用于服务提供和分销库存。"服务提供商的资源计划"一节说明如何利用资源清单来制订餐馆、航空公司、医院以及酒店这类服务企业的从属需求计划。

## 关键术语

资源计划
企业流程
企业资源计划（ERP）系统
物料需求计划（MRP）
MRP 展开
从属需求
父项
零部件
物料清单（BOM）
用量

最终产品
中间产品
组装件
外购件
零件的通用性
主生产计划（MPS）
可承诺（ATP）库存量
库存记录
总需求量
预计库存量

计划到货量
计划发出订单
固定订货批量（FOQ）
定期订货批量（POQ）
按需订货法（L4L）准则
行动通告
能力需求计划（CRP）
制造资源计划（MRP Ⅱ）
资源清单（BOR）

## 问题求解 1

参考如图 16.22 所示产品 A 的物料清单。

如果没有库存，也没有预定到货量，那么要生产 5 件最终产品 A，应该采购多少物品 G、E 及 D？

**解**

要生产 5 件产品 A，必须采购 5 个 G、30 个 E 和 20 个 D。图 16.22 所示的用量表明：需要 2 个 E 来制造 1 个 B，需要 3 个 B 来制造 1 个 A。所以，5 件 A 需要 30 个 E（2 × 3 × 5 = 30）。制造 1 个 B 要消耗 1 个 D，而每个 A 需 3 个 B，所以需要 15 个 D（1 × 3 × 5 = 15）；加上每个 C 需 1 个 D 和每个 A 需 1 个 C，这样，就还需要另外 5 个 D（1 × 1 × 5 = 5）。制造 5 个 A 的总需求量为 20 个 D（15 + 5）。对 G 的需求量可简单计算为 1 × 1 × 1 × 5 = 5。

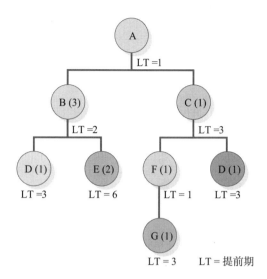

图 16.22
产品 A 的 BOM

## 问题求解 2

订货策略是以 50 件的批量生产最终产品 A。利用图 16.23 所示的数据及 FOQ 批量准则，完成预计库存和 MPS 产量行的计算。然后，通过 MPS 最终组装的提前期倒推，得出 MPS 产量的生产开始时间并填写相应行。计算产品 A 的可承诺库存量（ATP）。最后，评估以下顾客要求的新订单。假定这些订单相继到达，并且对 ATP 的影响是累积的。在不需要改变 MPS 开始生产的产量的情况下，哪些订单可以得到满足？

图 16.23
最终产品 A 的 MPS 记录

| 物品名称：A | | | | | | | | | 订货策略：50件 提前期：1周 | |
|---|---|---|---|---|---|---|---|---|---|---|
| | 周 | | | | | | | | | |
| 现有库存量：5 | 1 | 2 | 3 | 4 | 5 | 6 | 7 | 8 | 9 | 10 |
| 预测值 | 20 | 10 | 40 | 10 | 0 | 0 | 30 | 20 | 40 | 20 |
| 客户订货量（已预订） | 30 | 20 | 5 | 8 | 0 | 2 | 0 | 0 | 0 | 0 |
| 预计库存量 | 25 | | | | | | | | | |
| MPS产量 | 50 | | | | | | | | | |
| MPS生产开始时间 | | | | | | | | | | |
| 可承诺库存量 | | | | | | | | | | |

a. 顾客 A 在第 1 周需要 30 单位。

b. 顾客 B 在第 4 周需要 30 单位。

c. 顾客 C 在第 3 周需要 10 单位。

d. 顾客 D 在第 5 周需要 50 单位。

**解**

第 2 周的预计库存量为

$$
\begin{aligned}
\text{第 2 周末的预计库存量} &= \text{第 1 周的库存量} + \text{第 2 周到期的 MPS 产量} \\
&\quad - \text{第 2 周的需求量} \\
&= 25 + 0 - 20 = 5 \text{ 单位}
\end{aligned}
$$

这里，需求量是在预测值与在这一时间段发货的实际登记顾客订单之间取较大值。不需要有 MPS 产量。

在第 3 时段如果没有 MPS 产量，就会出现产品 A 的短缺：5 + 0 – 40 = –35。因此，必须安排批量为 50 单位的 MPS 产量在第 3 周完成。那么，第 3 周的预计库存量将为 5 + 50 – 40 = 15。

图 16.24 显示了完成 MPS 计算后的预计库存量和 MPS 产量。考虑到 1 周的最终组装提前期，MPS 开始生产行可以通过将 MPS 产量行左移一列进行复制得到。图中还显示了 ATP。在第 1 周，ATP 为

**订货策略：** 50件
**提前期：** 1周

| | 周 | | | | | | | | | | | | | | |
|---|---|---|---|---|---|---|---|---|---|---|---|---|---|---|---|
| **现有库存量：** 5 | 1 | 2 | 3 | 4 | 5 | 6 | 7 | 8 | 9 | 10 | 11 | 12 | 13 | 14 | 15 |
| 预测值 | 20 | 10 | 40 | 10 | | | 30 | 20 | 40 | 20 | | | | | |
| 客户订货量（已预订） | 30 | 20 | 5 | 8 | | 2 | | | | | | | | | |
| 预计库存量 | 25 | 5 | 15 | 5 | 5 | 3 | 23 | 3 | 13 | 43 | | | | | |
| MPS产量 | 50 | | 50 | | | | 50 | | 50 | 50 | | | | | |
| MPS生产开始时间 | | 50 | | | | 50 | | 50 | 50 | | | | | | |
| 可承诺库存量 | 5 | | 35 | | | | 50 | | 50 | 50 | | | | | |

图 16.24

最终产品 A 的完整 MPS 记录

第 1 周的 ATP = 第 1 周库存量 + 第 1 周 MPS 产量

$\qquad$ -（直到下一批 MPS 产量到达的第 3 周之前的登记订单量）

$\qquad$ = 5 + 50 -（30 + 20）= 5 单位

第 3 周 MPS 产量的 ATP 为

第 3 周的 ATP = 第 3 周 MPS 产量 -（直到下一批 MPS 产量到达的

$\qquad$ 第 7 周之前的登记订单量）

$\qquad$ = 50 -（5 + 8 + 0 + 2）= 35 单位

其他的 ATP 等于它们各自的 MPS 产量，因为这些周没有已登记的订单。对于新订单，顾客 A 在第 1 周要求的 30 单位不能得到满足，该订单的最早发货时间为第 3 周，因为第 1 周的 ATP 不足 30。假定拒绝顾客 A 的订单，那么顾客 B 的要求可以得到满足。这时第 1 周的 ATP 仍为 5 个单位，而第 3 周的 ATP 将减少为 5 个单位。接受了 B 订单后，如果有 5 个单位或小于 5 个单位的订单到达，该公司具有立即满足该订单的灵活性。当更新 MPS 后，第 4 周的已登记顾客订单将增加为 38，以反映新订单的发货日期。顾客 C 在第 3 周 10 个单位的订单也同样被接受。第 1 周和第 3 周的 ATP 将减少到 0，当更新 MPS 记录时，第 3 周的登记订单将增加为 15。最后，如果不改变 MPS，顾客 D 的 50 个单位的订单就不能得到满足。

## 问题求解 3

产品 A 的 MPS 开始生产的产量要求装配车间按下列进度开始最终的组装：第 2 周 100 件；第 4 周 200 件；第 6 周 120 件；第 7 周 180 件以及第 8 周 60 件。制订随后 8 周物品 B、C 和 D 的物料需求计划。A 的 BOM 如图 16.25 所示，库存记录数据如表 16.1 所示。

**解**

从物品 B 和物品 C 开始建立它们的库存记录，如图 16.26 所示。根据零部件用量，要得出物品 C 的总需求量，必须将产品 A 的 MPS 乘以 2。一旦求出了物品 C 的计划发出订单，就可以算出物品 D 的总需求量。

表 16.1　库存记录数据

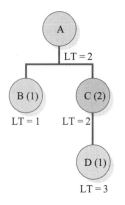

图 16.25
产品 A 的 BOM

| 数据类别 | 物品 | | |
|---|---|---|---|
| | B | C | D |
| 批量准则 | POQ（P = 3） | L4L | FOQ = 500 件 |
| 提前期（LT） | 1 周 | 2 周 | 3 周 |
| 预定到货量 | 无 | 200（第 1 周） | 无 |
| 起始（现有）库存量 | 20 | 0 | 425 |

图 16.26
物品 B、C 和 D 的库存记录

**物品: B**
**描述:**
**批量: POQ (P=3)**
**提前期: 1周**

| | 周 | | | | | | | | | |
|---|---|---|---|---|---|---|---|---|---|---|
| | 1 | 2 | 3 | 4 | 5 | 6 | 7 | 8 | 9 | 10 |
| 总需求量 | | 100 | | 200 | | 120 | 180 | 60 | | |
| 预定到货量 | | | | | | | | | | |
| 预计库存量 [20] | 20 | 200 | 200 | 0 | 0 | 240 | 60 | 0 | 0 | 0 |
| 计划到货量 | | 280 | | | | 360 | | | | |
| 计划发出订单 | 280 | | | | 360 | | | | | |

**物品: C**
**描述:**
**批量: L4L**
**提前期: 2周**

| | 周 | | | | | | | | | |
|---|---|---|---|---|---|---|---|---|---|---|
| | 1 | 2 | 3 | 4 | 5 | 6 | 7 | 8 | 9 | 10 |
| 总需求量 | | 200 | | 400 | | 240 | 360 | 120 | | |
| 预定到货量 | 200 | | | | | | | | | |
| 预计库存量 [0] | 200 | 0 | 0 | 0 | 0 | 0 | 0 | 0 | 0 | 0 |
| 计划到货量 | | | | 400 | | 240 | 360 | 120 | | |
| 计划发出订单 | | 400 | | 240 | 360 | 120 | | | | |

**物品: D**
**描述:**
**批量: 500件**
**提前期: 3周**

| | 周 | | | | | | | | | |
|---|---|---|---|---|---|---|---|---|---|---|
| | 1 | 2 | 3 | 4 | 5 | 6 | 7 | 8 | 9 | 10 |
| 总需求量 | | 400 | | 240 | 360 | 120 | | | | |
| 预定到货量 | | | | | | | | | | |
| 预计库存量 [425] | 425 | 25 | 25 | 285 | 425 | 305 | 305 | 305 | 305 | 305 |
| 计划到货量 | | | | 500 | 500 | | | | | |
| 计划发出订单 | 500 | 500 | | | | | | | | |

## 讨论题

1. 选择一个组织，比如你曾经工作过的公司，就该组织如何运用 ERP 系统以及是否能够提高效益进行讨论。

2. 组成一个小组，组中的每个成员代表企业中一个不同的职能部门。将由 MPS 生成的信息根据重要程度从高到低列出优先顺序清单，提供给每个职能部门。

3. 考虑像新西兰航空公司这样的大型航空公司的航班主计划。讨论该计划在哪些方面与制造商的主生产计划相似。

4. 考虑一家快递行业的服务提供商，比如 UPS 或联邦快递。对这类企业来说，如何运用 MRP 原理？

## 练习题

1. 考虑图 16.27 所示的物料清单（BOM）。

   a. 物品 I 有多少个直接父项（上面一层）？物品 E 有多少个直接父项？

   b. 在产品 A 的各个层次，有多少单独的零部件？

   c. 哪种零部件是外购件？

   d. 在产品 A 的各个层次，有多少中间产品？

   e. 根据图 16.27 注明的以周为单位的提前期（LT），对（c）中确定的外购件，最早需要在发货前多长时间提出采购请求？

2. 产品 A 由零部件 B、C 和 D 组成。B 是由 2 个 C 和 1 个 E 构成的组装件。D 也是由 1 个 F 构成的中间产品。所有其他零部件的用量都是 2。试画出产品 A 的 BOM。

3. 根据图 16.28 所示的 BOM，假定当前没有库存或预定到货量，那么为了响应顾客对产品 A 的订货要求，提

前期（以周计）需要多长时间？

4. 产品 A 由零部件 B 和 C 组成。而 B 又由 D 和 E 组成。C 也是一个由 F 和 H 构成的中间产品。最后，中间产品 E 由 H 和 G 组成。注意物品 H 有 2 个父项。以下是各物品的提前期：

| 物品 | A | B | C | D | E | F | G | H |
|---|---|---|---|---|---|---|---|---|
| 提前期（周） | 1 | 2 | 2 | 6 | 5 | 6 | 4 | 3 |

   a. 假定当前没有库存或预定到货量，为了响应顾客对产品 A 的订货要求，需要多长时间的提前期（以周计）？

   b. 如果所有的外购件（如 D、F、G 和 H）都有库存，那么顾客响应时间是多长？

   c. 如果只允许保留一种外购件的库存，你会选择哪一种？

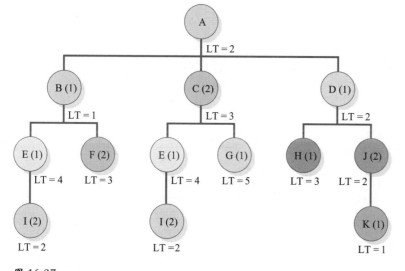

图 16.27

产品 A 的 BOM

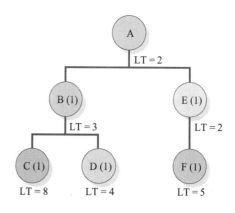

图 16.28

产品 A 的 BOM

5. 参考图 16.22 及问题求解 1。如果库存有 2 个 B、1 个 F 和 3 个 G，要生产 5 个产品 A，必须采购多少 G、E 和 D？

6. 完成图 16.29 中单项物品的 MPS 记录。

图 16.29
单项物品的 MPS 记录

| 物品：A | | | | | | | 订货策略：60件 提前期：1周 | |
|---|---|---|---|---|---|---|---|---|
| | 周 | | | | | | | |
| 现有库存量：35 | 1 | 2 | 3 | 4 | 5 | 6 | 7 | 8 |
| 预测值 | 20 | 18 | 28 | 28 | 23 | 30 | 33 | 38 |
| 客户订货量（已预订） | 15 | 17 | 9 | 14 | 9 | 0 | 7 | 0 |
| 预计库存量 | | | | | | | | |
| MPS产量 | | | | | | | | |
| MPS生产开始时间 | | | | | | | | |

7. 完成图 16.30 中单项物品的 MPS 记录。

图 16.30
单项物品的 MPS 记录

| 物品：A | | | | | | | 订货策略：100件 提前期：1周 | |
|---|---|---|---|---|---|---|---|---|
| | 1月 | | | | 2月 | | | |
| 现有库存量：75 | 1 | 2 | 3 | 4 | 5 | 6 | 7 | 8 |
| 预测值 | 65 | 65 | 65 | 45 | 50 | 50 | 50 | 50 |
| 客户订货量（已预订） | 40 | 10 | 85 | 0 | 35 | 70 | 0 | 0 |
| 预计库存量 | | | | | | | | |
| MPS产量 | | | | | | | | |
| MPS生产开始时间 | | | | | | | | |

8. 对一种最终产品未来 10 周的需求预测值分别为 30、20、35、50、25、25、0、40、0 和 50 个单位。当前的库存量为 80 单位。订货策略以批量 100 个单位进行生产。从第 1 周开始登记的各周顾客订单分别为 22、30、15、9、0、0、5、3、7 和 0 个单位。目前，没有对该物品进行 MPS 排产。提前期为 2 周，试制订该最终产品的 MPS。

9. 图 16.31 是一个部分完成的滚珠轴承的 MPS 记录。

a. 制订滚珠轴承的 MPS。

b. 4 个顾客订单按以下顺序到达。假定必须按订单的到达顺序来处理，且不能改变要求的发货日期或 MPS 记录。应该接受哪个订单？

| 订单号 | 订货量 | 要求的周次 |
|---|---|---|
| 1 | 500 | 4 |
| 2 | 400 | 5 |
| 3 | 300 | 1 |
| 4 | 300 | 7 |

10. Tabard 工业公司预测了公司最能盈利的一种产品未来 8 周的需求量，分别为：120、120、120、100、100、100、80 和 80 单位。从第 1 周开始登记的该产品各周的订单量依次为：100、80、60、40、10、10、0 和 0 单位。当前库存量为 150 单位，订货量为 200 单位，提前期为 1 周。

a. 制订该产品的 MPS。

b. 营销部门对预测结果进行修订，从第 1 周开始，新的预测值为：120、120、120、150、150、150、100 和 100 单位。假定（a）中制订的初步的 MPS 没有变化，准备一个修订的 MPS 记录。评论 Tabard 公司当前面临的状况。

c. 返回到最初的预测结果和（a）中制订的 MPS 记录，假定销售部门在第 2 周接受了一个 200 单位的新顾客订单，因此现在第 2 周的登记订单量为 280 单位。假定（a）中制订的初步的 MPS 没有变化，请制订一个修订后的 MPS 记录。对 Tabard 公司当前面临的状况进行评论。

11. 图 16.32 是一份部分完成的 2″ 气动控制阀的 MPS 记录。假定收到以下（按订单到达顺序排列）气动控制阀订单。当订单到达时，必须决定是接受还是拒绝该订单。你将接受哪些准备发货的订单？

图 16.31

滚珠轴承的 MPS 记录

| 物品：滚珠轴承 订货策略：500件 提前期：1周 | | | | | | | | | | |
|---|---|---|---|---|---|---|---|---|---|---|
| 现有库存量：400 周 | 1 | 2 | 3 | 4 | 5 | 6 | 7 | 8 | 9 | 10 |
| 预测值 | 550 | 300 | 400 | 450 | 300 | 350 | 200 | 300 | 450 | 400 |
| 客户订货量（已预订） | 300 | 350 | 250 | 250 | 200 | 150 | 100 | 100 | 100 | 100 |
| 预计库存量 | | | | | | | | | | |
| MPS产量 | 500 | | | | | | | | | |
| MPS生产开始时间 | | | | | | | | | | |
| 可承诺库存量 | | | | | | | | | | |

| 物品：2″气动控制阀 | | | | | 订货策略：75件<br>提前期：1周 | | | |
|---|---|---|---|---|---|---|---|---|
| | **周** | | | | | | | |
| 现有库存量： 10 | 1 | 2 | 3 | 4 | 5 | 6 | 7 | 8 |
| 预测值 | 40 | 40 | 40 | 40 | 30 | 30 | 50 | 50 |
| 客户订货量<br>（已预订） | 60 | 45 | 30 | 35 | 10 | 5 | 5 | 0 |
| 预计库存量 | | | | | | | | |
| MPS产量 | 75 | 75 | | | | | | |
| MPS生产开始时间 | 75 | | | | | | | |
| 可承诺库存量 | | | | | | | | |

图 16.32

2″气动控制阀的 MPS 记录

| 订单号 | 订货量（件） | 要求周数 |
|---|---|---|
| 1 | 15 | 2 |
| 2 | 30 | 5 |
| 3 | 25 | 3 |
| 4 | 75 | 7 |

12. 一种电动手钻未来 6 周的预测需求量为 15、40、10、20、50 和 30 台。营销部门已登记的要求在第 1 周（当前周）、第 2 周、第 3 周和第 4 周交付的订单总量分别为 20 台、25 台、10 台和 20 台。目前库存中有 30 台手钻。订货策略为每批订货 60 台。提前期为 1 周。

a. 制订该手钻的 MPS 记录。

b. 一个手钻分销商提交了一份 15 台的订单。整个订单合适的发货日期是什么时候？

13. 马里兰自动化有限公司在 Rockport 工厂生产的地震感应产品族的需求预测（1 月份 240 件，2 月份 320 件，3 月份 240 件）已得到批准。该产品族由 A、B、C 这 3 种产品构成。过去两年 A、B、C 这 3 种产品所占比例分别为 35%、40% 和 25%。管理层认为，每月预测的需求量均匀分布在各月的 4 周中。目前，手头有 10 件产品 C。该公司以 40 件的批量生产产品 C，提前期为 2 周。在前面时段安排的 40 件的生产量预定于第 1

周到达。该公司已接受的从第 1 周到第 6 周对产品 C 的订货量分别为 25 件、12 件、8 件、10 件、2 件和 3 件。制订产品 C 的初步 MPS 记录，并计算可承诺库存量。

14. 图 16.33 是一份部分完成的桌面组装件的库存记录，表中显示了总需求量、预定到货量、提前期和现有库存量。

a. 在 110 件的 FOQ 准则下，完成记录的最后 3 行。

b. 运用 L4L 批量准则，完成记录的最后 3 行。

c. 运用 POQ 批量准则，取 $P = 2$，完成记录的最后 3 行。

15. 图 16.34 是一份部分完成的转子组装件的库存记录，表中显示了总需求量、预定到货量、提前期和现有库存量。

a. 在 150 件的 FOQ 准则下，完成记录的最后 3 行。

b. 运用 L4L 批量准则，完成记录的最后 3 行。

c. 运用 POQ 批量准则，取 $P = 2$，完成记录的最后 3 行。

16. 图 16.35 是一份部分完成的传动轴组装件的库存记录，表中显示了总需求量、预定到货量、提前期和现有库存量。

a. 在每批 50 件的 FOQ 准则下，完成记录的最后 3 行。

b. 运用 L4L 批量准则，完成记录的最后 3 行。

c. 运用 POQ 批量准则，取 $P = 4$，完成记录的最后 3 行。

17. 图 16.36 是一份部分完成的后轮组装件的库存记录，表中显示了总需求量、预定到货量、提前期和现有库存量。

物品：M405-X
描述：桌面组装件
批量：
提前期：2周

| | 周 | | | | | | | | | |
|---|---|---|---|---|---|---|---|---|---|---|
| | 1 | 2 | 3 | 4 | 5 | 6 | 7 | 8 | 9 | 10 |
| 总需求量 | 90 | | 85 | | 80 | | 45 | 90 | | |
| 预定到货量 | 110 | | | | | | | | | |
| 预计库存量  40 | | | | | | | | | | |
| 计划到货量 | | | | | | | | | | |
| 计划发出订单 | | | | | | | | | | |

图 16.33
桌面组装件的库存记录

物品：转子组装件
批量：
提前期：2周

| | 周 | | | | | | | |
|---|---|---|---|---|---|---|---|---|
| | 1 | 2 | 3 | 4 | 5 | 6 | 7 | 8 |
| 总需求量 | 65 | 15 | 45 | 40 | 80 | 80 | 80 | 80 |
| 预定到货量 | 150 | | | | | | | |
| 预计库存量  20 | | | | | | | | |
| 计划到货量 | | | | | | | | |
| 计划发出订单 | | | | | | | | |

图 16.34
转子组装件的库存记录

物品：传动轴组装件
批量：
提前期：3周

| | 周 | | | | | | | |
|---|---|---|---|---|---|---|---|---|
| | 1 | 2 | 3 | 4 | 5 | 6 | 7 | 8 |
| 总需求量 | 35 | 25 | 15 | 20 | 40 | 40 | 50 | 50 |
| 预定到货量 | 80 | | | | | | | |
| 预计库存量  10 | | | | | | | | |
| 计划到货量 | | | | | | | | |
| 计划发出订单 | | | | | | | | |

图 16.35
传动轴组装件的库存记录

**图** 16.36
后轮组装件的库存记录

| 物品：Mq–09 | | | | | 批量： | | | | | |
|---|---|---|---|---|---|---|---|---|---|---|
| 描述：后轮组装件 | | | | | 提前期：1周 | | | | | |
| | 周 | | | | | | | | | |
| | 1 | 2 | 3 | 4 | 5 | 6 | 7 | 8 | 9 | 10 |
| 总需求量 | 25 | 105 | 110 | 90 | | 45 | 110 | 60 | | |
| 预定到货量 | | | | | | | | | | |
| 预计库存量 50 | | | | | | | | | | |
| 计划到货量 | | | | | | | | | | |
| 计划发出订单 | | | | | | | | | | |

a. 在每批 200 件的 FOQ 准则下，完成记录的最后 3 行。

b. 在每批 100 件的 FOQ 准则下，完成记录的最后 3 行。

c. 运用 L4L 批量准则，完成记录的最后 3 行。

18. 图 16.37 是一份部分完成的发动机组装件的库存记录。

a. 运用 L4L 准则，完成记录的最后 3 行。

b. 运用 POQ 准则，取 $P = 2$，完成记录的最后 3 行。

c. 运用 POQ 准则，取 $P = 4$，完成记录的最后 3 行。

d. 如果该公司持有 1 个单位库存 1 周的成本为 1 美元，提交一份订单的成本为 50 美元，那么以上使用的哪种批量准则可以使库存持有成本与订单提交成本之和最小？

**图** 16.37
发动机组装件的库存记录

| 物品：GF–4 | | | | | 批量： | | | | | |
|---|---|---|---|---|---|---|---|---|---|---|
| 描述：发动机组装件 | | | | | 提前期：2周 | | | | | |
| | 周 | | | | | | | | | |
| | 1 | 2 | 3 | 4 | 5 | 6 | 7 | 8 | 9 | 10 |
| 总需求量 | | 80 | 50 | 35 | 20 | 55 | 15 | 30 | 25 | 10 |
| 预定到货量 | 60 | | | | | | | | | |
| 预计库存量 20 | | | | | | | | | | |
| 计划到货量 | | | | | | | | | | |
| 计划发出订单 | | | | | | | | | | |

**高级练习题**

19. 产品 A 的 BOM 如图 16.38 所示，其库存记录数据如表 16.2 所示。在产品 A 的主生产计划（MPS）中，MPS 生产开始行显示第 3 周生产量为 100 件，第 6 周的生产量为 200 件。

    a. 制订未来 6 周对物品 C、D 和 E 的物料需求计划。

    b. 在第 1 周需要采取哪些特定的管理行动？

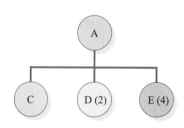

图 16.38

产品 A 的 BOM

表 16.2　库存记录数据

| 数据类别 | 物品 | | |
| --- | --- | --- | --- |
| | C | D | E |
| 批量准则 | L4L | FOQ = 200 | POQ（P = 3 周） |
| 提前期 | 2 周 | 1 周 | 1 周 |
| 预定到货量 | 无 | 200（第 3 周） | 200（第 3 周） |
| 起始库存量 | 50 | 200 | 0 |

20. 产品 A 和 B 的 BOM 如图 16.39 所示，其库存记录数据如表 16.3 所示。在产品 A 的主生产计划中，MPS 生产开始行要求第 2 周开始生产 85 个，第 4 周开始生产 200 个，第 8 周开始生产 50 个。在产品 B 的主生产计划中，MPS 生产开始行要求第 3 周开始生产 65 个，第 4 周开始生产 50 个，第 5 周开始生产 50 个以及第 8 周开始生产 75 个。

a. 制订未来 8 周对物品 C、D 和 E 的物料需求计划。注意在库存记录中你观察到的任何困难。

b. 在（a）中观察到的困难是否可以通过对预定到货加急赶工来解决？

表 16.3　库存记录数据

| 数据类别 | 物品 | | |
| --- | --- | --- | --- |
| | C | D | E |
| 批量准则 | L4L | FOQ = 200 | POQ（P = 2 周） |
| 提前期 | 2 周 | 1 周 | 1 周 |
| 预定到货量 | 200（第 3 周） | 0 | 0 |
| 起始库存量 | 0 | 0 | 200 |

21. 图 16.40 给出了产品 A 的 BOM。在产品 A 的主生产计划中，MPS 的生产开始行要求第 2 周的产量为 50、第 5 周为 65，而第 8 周为 80。物品 C 是为了制造 A 以及满足预测的更换件需求而生产的。以往的更换件需求量一直为每周 20 件（在 C 的总需求量上加上这 20 件）。物品 F 和物品 C 的提前期都是 1 周，而其他物品的提前期都是 2 周。物品 B、C、D、E 和 F 都不需要安全库存。物品 B 和 F 采用 L4L 批量准则；物品 C 采用 POQ 批量准则（P = 3）。物品 E 使用批量为 600 的 FOQ，而物品 D 采用批量为 250 的 FOQ 准则。B、C、D、E 及 F 的现有库存量分别为 50、50、120、70 和 250。物品 B 在第 2 周有一个数量为 50 的预定到货量。制订物品 B、C、D、E 和 F 未来 8 周的物料需求计划。

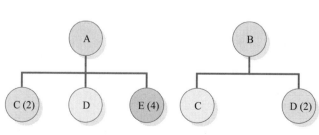

图 16.39

产品 A 和产品 B 的 BOM

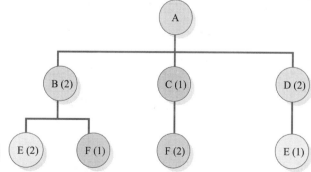

图 16.40

产品 A 的 BOM

22. 以下是可以获得的 3 个 MPS 物品的信息。

| 产品 A | 第 3 周有一个 80 单位的订单 |
| --- | --- |
| | 第 6 周有一个 55 单位的订单 |
| 产品 B | 第 5 周有一个 125 单位的订单 |
| 产品 C | 第 4 周有一个 60 单位的订单 |

试制订物品 D、E 和 F 未来 6 周的物料需求计划。它们的 BOM 如图 16.41 所示，库存记录数据如表 16.4 所示。（注意：物品 F 有安全库存的要求。确保当任何一周的预计库存量小于安全库存量时，要安排计划到货量。）

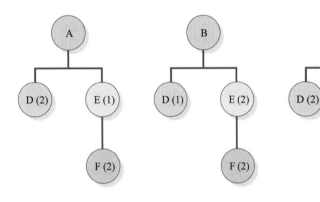

图 16.41

物品 A、B 和 C 的物料清单

表 16.4 库存记录数据

| 数据类别 | 物品 | | |
| --- | --- | --- | --- |
| | D | E | F |
| 批量准则 | FOQ = 150 | L4L | POQ（P = 2） |
| 提前期 | 3 周 | 1 周 | 2 周 |
| 安全库存量 | 0 | 0 | 30 |
| 预定到货量 | 150（第 3 周） | 120（第 2 周） | 无 |
| 起始库存量 | 150 | 0 | 100 |

23. 图 16.42 显示了 A 和 B 两种产品的 BOM。表 16.5 显示了每种产品的 MPS 批量投产日期。表 16.6 含有物品 C、D 和 E 的库存记录数据。对任何物品都没有安全库存的要求。

a. 确定未来 8 周物品 C、D 和 E 的物料需求计划。

b. 第 1 周需要采取什么管理行动？

c. 假定一个非常重要的客户提交了一份产品 A 的加急订单。为了满足该订单，现在需要在第 5 周有一批 200 件产品 A 的新 MPS 产量。如果接受这份订单，

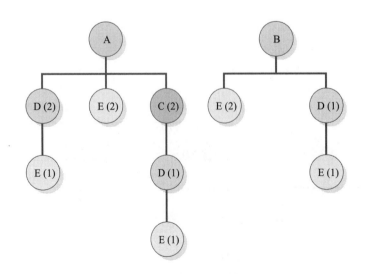

图 16.42

产品 A 和 B 的 BOM

试确定物料需求计划的变动情况，并对你所发现的任何问题进行说明。

**表 16.5　MPS 批量投产日期**

| 产品 | 日期 | | | | | | | |
|---|---|---|---|---|---|---|---|---|
| | 1 | 2 | 3 | 4 | 5 | 6 | 7 | 8 |
| A | | 125 | | 95 | | 150 | | 130 |
| B | | | 80 | | | 70 | | |

**表 16.6　库存记录数据**

| 数据类别 | 物品 | | |
|---|---|---|---|
| | C | D | E |
| 批量准则 | L4L | POQ（$P=3$） | FOQ = 800 |
| 提前期 | 3 周 | 2 周 | 1 周 |
| 预定到货量 | 200（第 2 周） | 无 | 800（第 1 周） |
| 起始库存量 | 85 | 625 | 350 |

24. 产品 A 的 BOM 如图 16.43 所示。产品 A 的 MPS 要求在第 2 周、第 4 周、第 5 周和第 8 周各投产 120 件。表 16.7 显示了库存记录数据。

    a. 制订每种物品未来 8 周的物料需求计划。

    b. 第 1 周需要采取哪些具体的管理行动？确保解决在库存记录中你遇到的任何困难。

25. 参考问题求解 1（图 16.22）的物料清单和表 16.8 的零部件库存记录信息。试制订未来 10 周与产品 A 相关的所有零部件和中间产品的物料需求计划。产品 A 的 MPS 要求在第 2 周、第 6 周、第 8 周和第 9 周各投产 50 件。（注意：物品 B 和 C 有安全库存的要求。）

26. 一种最终产品未来 6 周的需求预测值为 30 件，接下来从第 7 周到第 10 周的需求预测值为 25 件。当前的现有库存量为 60 件。订货策略以批量 100 件进行生产。从第 1 周起登记的顾客订单量分别为 22、30、15、11、0、0、9、0、0 和 0 件。提前期为 2 周。

    a. 制订该最终产品的 MPS。

    b. 营销部门按下列顺序收到了 6 份该产品的订单：

**图 16.43**

**产品 A 的 BOM**

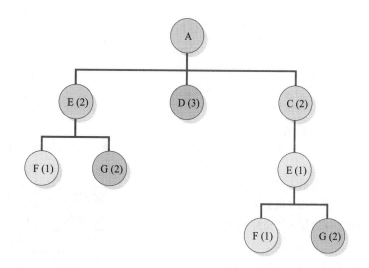

**表 16.7　库存记录数据**

| 数据类别 | 物品 | | | | |
|---|---|---|---|---|---|
| | C | D | E | F | G |
| 批量准则 | L4L | FOQ = 700 | FOQ = 700 | L4L | L4L |
| 提前期 | 3 周 | 3 周 | 4 周 | 2 周 | 1 周 |
| 安全库存量 | 0 | 0 | 0 | 50 | 0 |
| 预定到货量 | 150（第 2 周） | 450（第 2 周） | 700（第 1 周） | 无 | 1 400（第 1 周） |
| 起始库存量 | 125 | 0 | 235 | 750 | 0 |

表 16.8 库存记录数据

| 数据类别 | 物品 | | | | | |
|---|---|---|---|---|---|---|
| | B | C | D | E | F | G |
| 批量准则 | L4L | L4L | POQ（P=2） | L4L | L4L | FOQ=100 |
| 提前期 | 2 周 | 3 周 | 3 周 | 6 周 | 1 周 | 3 周 |
| 安全库存量 | 30 | 10 | 0 | 0 | 0 | 0 |
| 预定到货量 | 150（第2周） | 50（第2周） | 无 | 400（第6周） | 40（第3周） | 无 |
| 起始库存量 | 30 | 20 | 60 | 400 | 0 | 0 |

第 1 份订单要求在第 3 周交付 40 件；

第 2 份订单要求在第 4 周交付 60 件；

第 3 份订单要求在第 6 周交付 70 件；

第 4 份订单要求在第 3 周交付 30 件；

第 5 份订单要求在第 5 周交付 20 件；

第 6 份订单要求在第 9 周交付 115 件。

假定（a）中制订的初步 MPS 没有变化，根据可承诺量（ATP），你能接受哪个订单？

27. 一种最终产品未来 10 周的需求预测值为 30 件、30 件、30 件、30 件、20 件、20 件、30 件、30 件、30 件和 30 件。现有库存量为 100 件。订货策略以批量 75 件进行生产。从第 1 周起登记的顾客订单量分别为 15 件、38 件、7 件、5 件、0 件、3 件、10 件、0 件、0 件和 0 件。提前期为 2 周。

a. 制订该最终产品的 MPS。

b. 营销部门按下列顺序收到了 5 份该产品的订单：

第 1 份订单要求在第 1 周交付 20 件；

第 2 份订单要求在第 4 周交付 75 件；

第 3 份订单要求在第 6 周交付 90 件；

第 4 份订单要求在第 7 周交付 75 件；

第 5 份订单要求在第 10 周交付 90 件。

假定（a）中制订的初步 MPS 没有变化，根据可承诺量（ATP），你能接受哪个订单？

28. 产品 A 的物料清单如图 16.44 所示，表 16.9 给出了相应的库存记录数据。假定产品 A 在第 1 周、第 2 周、第 3 周、第 4 周、第 7 周、第 8 周、第 9 周及第 10 周 MPS 的投产量各为 100 件。

a. 用表 16.9 中的数据导出产品 A 的零部件的 MRP 计划。

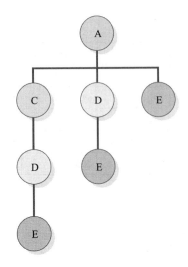

图 16.44
产品 A 的 BOM

表 16.9 库存记录数据

| 数据类别 | 物品 | | |
|---|---|---|---|
| | C | D | E |
| 批量准则 | L4L | L4L | FOQ=800 |
| 提前期 | 1 周 | 2 周 | 2 周 |
| 预定到货量 | 无 | 100（第2周） | 300（第2周） |
| 起始库存量 | 225 | 350 | 100 |

b. 第 1 周需要采取哪些具体的管理行动？确保解决在库存记录中你遇到的任何困难。

29. 产品 A 的物料清单如图 16.45 所示，表 16.10 给出了相应的库存记录数据。假定产品 A 在第 1 周、第 2 周和第 3 周 MPS 的投产量各为 50 件，在第 6 周和第 8 周的投产量各为 150 件。

用表 16.10 中的数据导出产品 A 的零部件的 MRP 计划。

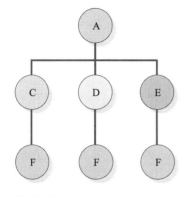

**图 16.45**

产品 A 的 BOM

**表 16.10　库存记录数据**

| 数据类别 | 物品 | | | |
| --- | --- | --- | --- | --- |
| | C | D | E | F |
| 批量准则 | POQ（$P=2$） | L4L | FOQ $=300$ | FOQ $=400$ |
| 提前期 | 1 周 | 1 周 | 2 周 | 4 周 |
| 预定到货量 | 无 | 100（第 2 周） | 无 | 400（第 1 周） |
| 起始库存量 | 100 | 0 | 110 | 40 |

---

## 案例　Flashy Flashers 有限公司

Flashy Flashers 有限公司是一家中等规模的企业，它聘用了 900 名员工及 125 名行政管理人员。该企业生产一系列汽车电子元件。它给本地区大约 95 家汽车配件商店和 Moonbird Silverstreak 汽车经销商供货。企业总裁约翰尼·贝内特在自己的车库里以生产电缆组装设备起家创建了该公司。通过勤奋的工作、始终如一的产品质量和高水平的顾客服务，他扩大了经营范围，现在可以生产多种电子元件。贝内特把对顾客服务的承诺看得极为重要，公司标语"爱顾客如同爱自己"就刻在办公楼前廊他的巨幅肖像画下一个很大的铸铁牌匾上。

公司最赚钱的两种产品是汽车的大灯和前灯。随着如 Moonbird Silverstreak 这样的欧洲运动轿车的日益流行，Flashy Flashers 公司享有对这两种有巨大需求的车灯产品的生产权。

去年，运营和供应链管理副总裁凯瑟琳·马莉批准安装新的 MRP 系统。这是朝着成熟的 ERP 系统的最终目标迈进的重要一步。马莉与为使 MRP 上线而成立的任务小组密切合作。她经常参加为特定员工开展的培训课程，并强调 MRP 如何帮助 Flashy Flashers 获得更大的竞争优势。

一年以后，MRP 系统运行得相当好。但是，马莉认为，总是存在更好的方法并寻求公司流程的持续改进。为了更好地了解可能的改进，她约见了生产与库存控制经理、车间主管和采购经理。以下是他们所观察到的情况。

**生产与库存控制经理**

库存记录和 BOM 文件都很准确，并且维护得很好。

当库存得到补充或从库房提取货物时都会如实做出入库记录，因此当前的库存余量是可信的。公司每周都要进行一次 MRP 展开，以制订新的物料需求计划。计划提供的信息有助于确定新订单需要发出的时间。还可以进行信息检索，以确定哪批预定到货需要加快，哪批预定到货需要通过分配晚一些的完成日期而延迟，从而腾出资源来完成更紧急的作业。

一名计划人员建议扩展 MRP 的输出内容，提供订单的优先顺序及能力报告，指出哪种物品应该引起注意。最初的计划是首先实施订单提交能力。但是公司并不存在正式的订单优先顺序计划系统，而是当发出订单时，系统将其转换为一批预定到货量，并分配给每一批预定到货量一个初始完成日期。在此之后，即使出现意外的废品损失、缺少产能、发货短缺或者 MPS 在最后一刻（响应重要客户的需求）发生变更，都不会更新上述完成日期。供应商按照他们的完成日期，根据 EDD 准则在车间调度作业。如果分配给预定到货量的完成日期被更新，就可能在真正需要时帮助完成未结订单。此外，在检查零部件可获得性之后，将位于行动栏中的计划发出订单（利用出入库记录）转换为预定到货量。当前的系统在发出新订单时未考虑可能出现的产能问题。

**车间主管**

车间主管的不满主要在于车间的工作负荷不均衡。有一周，他们几乎没有任何工作要做，为了让每个人有事可干，只好超额生产（比预定到货量要求的更多）。而到了下一周，情况则刚好相反——突然来了这么多新订单，以至于几乎每个人都需要加班，否则预定到货量无法满足这些即时需求。除非对车间采取有效措施，否则不是工作负荷过大，就是工作量不足！他们确实对出入库做了记录，来反映库存状况与预定到货量计划之间的偏差，但这些"覆盖"数据使计划人员对 MRP 记录中的预定到货量信息更加不确定。尤其重要的是要确保瓶颈工作站保持忙碌状态。

**采购**

采购人员总是处于灭火状态，根本没有时间从事创造性的采购工作。在这种情况下，他们的时间都花在了"跟订单"（要交货的订单或者已经延迟的订单）上。有时，MRP 计划显示几乎立即需要的外购件计划发出订单，根本没有为计划的提前期留出时间。在检查 MRP 记录时，计划的提前期是真实的，也是供应商所期望的。上周对一种物品来说一切正常，但是本周却需要提交一份加急订单。问题到底在哪儿？

马莉准备彻底了解所有这些信息。她决定收集有关侧灯和前灯的所有必要信息（如表 16.11 到表 16.14 以及图 16.46 所示），深入了解可能的问题，并找出需要改进的地方。

**表 16.11　零件编号及说明**

| 零件编号 | 说明 |
| --- | --- |
| C206P | 螺丝 |
| C310P | 后橡胶垫 |
| HL200E | 前灯 |
| HL211A | 前灯架组装件 |
| HL212P | 前灯玻璃 |
| HL222P | 前灯托 |
| HL223F | 前灯架 |
| SL100E | 侧灯 |
| SL111P | 侧灯玻璃 |
| SL112A | 侧灯架组装件 |
| SL113P | 侧灯玻璃橡胶垫 |
| SL121F | 侧灯架 |
| SL122A | 侧灯灯泡组装件 |
| SL123A | 闪光灯灯泡组装件 |
| SL131F | 侧灯电缆绝缘垫圈和插座 |
| SL132P | 侧灯灯泡 |
| SL133F | 闪光灯电缆绝缘垫圈和插座 |
| SL134P | 闪光灯灯泡 |

**表 16.12　主生产计划**

| 物品说明及零件编号 | 数量 | MPS 投产日期 |
| --- | --- | --- |
| 前灯（HL200E） | 120 | 第 4 周 |
| | 90 | 第 5 周 |
| | 75 | 第 6 周 |
| 侧灯（SL100E） | 100 | 第 3 周 |
| | 80 | 第 5 周 |
| | 110 | 第 6 周 |

**表 16.13　更换件需求量**

| 物品说明及零件编号 | 数量 | 日期 |
| --- | --- | --- |
| 侧灯玻璃（SL111P） | 40 | 第 3 周 |
| | 35 | 第 6 周 |

**作业**

如果你处在马莉的位置上，就你所发现的情况写一份报告。特别是要求你做一份有关前灯和侧灯未来 6 周（从当前周开始）的手工 MRP 展开报表。假定现在是第 1 周初，试填写如表 16.15 所示的计划发出订单表。它应列出所有物品未来 6 周的计划发出订单。将该表包含在你的报告中。

用手工完成的 MRP 展开数据表作为报告的附件，列出计划人员本周应该考虑的行动：（1）发出新订单；（2）加快预定到货的时间；（3）推迟预定到货的完成日期。

最后，找出 Flashy Flashers 公司 MRP 实施中的优点和缺点。报告的结尾，对其资源计划过程的改进方式提出建议。

表 16.14　从库存记录中选取的数据

| 零件编号 | 提前期（周） | 安全库存量（件） | 批量准则 | 现有库存量（件） | 预定到货量（件数和期限） |
|---|---|---|---|---|---|
| C206P | 1 | 30 | FOQ = 2 500 | 270 | — |
| C310P | 1 | 20 | FOQ = 180 | 40 | 180（第 1 周） |
| HL211A | 3 | 0 | L4L | 0 | |
| HL212P | 2 | 15 | FOQ = 350 | 15 | — |
| HL222P | 3 | 10 | POQ（P = 4 周） | 10 | 285（第 1 周） |
| HL223F | 1 | 0 | POQ（P = 4 周） | 0 | 120（第 1 周） |
| SL111P | 2 | 0 | FOQ = 350 | 15 | — |
| SL112A | 3 | 0 | L4L | 20 | 80（第 2 周） |
| SL113P | 1 | 20 | FOQ = 100 | 20 | |
| SL121F | 2 | 0 | L4L | 0 | 80（第 2 周） |
| SL122A | 2 | 0 | L4L | 0 | 80（第 2 周） |
| SL123A | 2 | 0 | FOQ = 200 | 0 | |
| SL131F | 2 | 0 | POQ（P = 2 周） | 0 | 110（第 1 周） |
| SL132P | 1 | 25 | FOQ = 100 | 35 | 100（第 1 周） |
| SL133F | 2 | 0 | FOQ = 250 | — | |
| SL134P | 1 | 0 | FOQ = 400 | 100 | — |

资料来源：本案例最初由乔治亚理工学院的 Soumen Ghosh 教授编写，仅供课堂讨论之用。版权所有©Soumen Ghosh。经同意后使用。

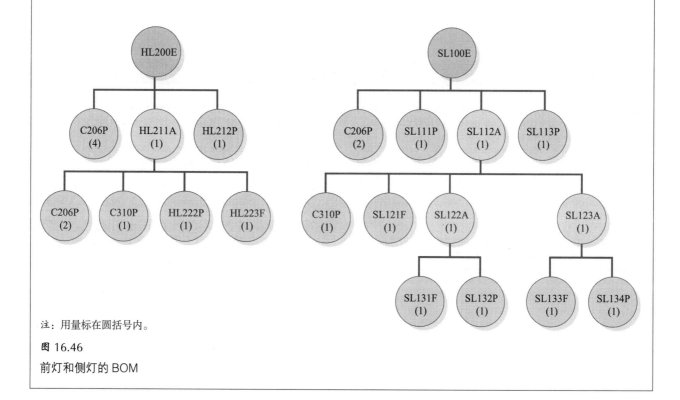

注：用量标在圆括号内。

**图 16.46**

前灯和侧灯的 BOM

表 16.15　计划发出订单表

填写所有零部件的计划发出订单

| 物品说明及零件编号 | 周 | | | | | |
|---|---|---|---|---|---|---|
| | 1 | 2 | 3 | 4 | 5 | 6 |
| 侧灯玻璃（SL111P） | | | | | | |
| 侧灯玻璃橡胶垫（SL113P） | | | | | | |
| 侧灯架组装件（SL112A） | | | | | | |
| 侧灯架（SL121F） | | | | | | |
| 侧灯灯泡组装件（SL122A） | | | | | | |
| 闪光灯灯泡组装件（SL123A） | | | | | | |
| 侧灯电缆绝缘垫圈和插座（SL131F） | | | | | | |
| 闪光灯电缆绝缘垫圈和插座（SL133F） | | | | | | |
| 侧灯泡（SL132P） | | | | | | |
| 闪光灯泡（SL134P） | | | | | | |
| 前灯架组装件（HL211A） | | | | | | |
| 前灯玻璃（HL212P） | | | | | | |
| 前灯托（HL222P） | | | | | | |
| 前灯架（HL223F） | | | | | | |
| 后橡胶垫（C310P） | | | | | | |
| 螺丝（C206P） | | | | | | |

## 参考文献

Bendoly, E., and M. Cotteleer. "Understanding Behaviroral Sources of Process Variation following Enterprise System Deployment." *Journal of Operations Management*, vol. 26, no. 1 (2008).

Hendricks, Kevin B., Vinod R. Singhal, and Jeff K. Stratman. "The Impact of Enterprise Systems on Corporate Performance: A Study of ERP, SCM and CRM System Implementations." *Journal of Operations Management*, vol. 25, no. 1 (2007), pp. 65–82.

Jacobs, F. Robert, William Berry, and D. Clay Whybark. *Manufacturing Planning and Control Systems for Supply Chain Management*, 6th ed. New York: McGraw-Hill/Irwin, 2010.

Jacobs, F. Robert, and Weston, F.C. (Ted) Jr. "Enterprise Resource Planning (ERP)—A Brief History." *Journal of Operations Management*, vol. 25, no. 2 (2007), pp. 357–363.

Mabert, Vincent A. "The Early Road to Materials Requirements Planning." *Journal of Operations Management*, vol. 25, no. 2 (2007), pp. 346–356.

Scalle, Cedric X., and Mark J. Cotteleer. *Enterprise Resource Planning (ERP)*. Boston, MA: Harvard Business School Publishing, 1999, No. 9-699-020.

Wallace, Thomas F. *Sales & Operations Planning: The How-To Handbook*, 3rd ed. Cincinnati, OH: T. E. Wallace & Company, 2008.

Wallace, Thomas F., and Robert A. Stahl. *Master Scheduling in the 21st Century*. Cincinnati, OH: T. E. Wallace & Company, 2003.

# 线性规划

在许多经营环境下资源都是有限的，而对资源的需求又是巨大的。例如，必须用有限的车辆给顾客安排多个行程，或者必须制订一个员工配置计划，用最少的员工数量来满足变化的预计需求量。在本补充资料我们将介绍一种被称为**线性规划**（linear programming）的方法，这种方法对于在相互竞争的需求之间分配稀缺资源十分有用。这些资源可能是时间、资金或物料，资源限制被称为约束。线性规划可以帮助管理人员找到最佳的分配方案，并提供有关增加资源价值的信息。

---

**学习目标**　　　　学完本章内容后，你应该能够：

1. 描述各种问题的建模方法。

2. 对两个变量的问题用图解法分析并求解。

3. 定义松弛变量、剩余变量和灵敏度分析。

4. 对线性规划解的计算机输出结果进行解释。

5. 用运输法解决销售和运营计划（S&OP）问题。

---

## 基本概念

在说明如何用线性规划求解运营管理和供应链管理问题之前，必须首先解释所有线性规划模型的几个特点以及应用于模型中的数学假设：（1）目标函数；（2）决策变量；（3）约束条件；（4）可行域；（5）参数；（6）线性；（7）非负性。

线性规划是一个最优化的过程。**目标函数**（objective function）用数学语言说明要对什么求最大（如利润或现值）或最小（如成本或残值）值。目标函数提供了一个判断不同解的吸引力的标准。

**决策变量**（decision variables）代表决策者可以控制的选择项。对问题求解将得出这些变量的最优值。例如，一个决策变量可能是下个月要生产的产品量，或者下个月要持有的库存量。线性规划假设决策变量是连续的，它们可以是小数，不需要都是整数。当决策变量表示资金数、小时数或某些其他连续衡量指标时，这种假设通常是成立的。即使当决策变量代表不可分的单位时，如工人、桌子或车辆数，有时也可以简单地将线性规划的解向上或向下取整得到一个不违反任何约束条件的合理解，或者可以用整数规划（integer programming）这一更高级的方法求解。

**约束条件**（constraints）是指允许选择决策变量的限制范围。每个限制范围在数学上可以用下列三种方式之一表示：小于等于（≤）；等于（＝）；或大于等于（≥）。≤型的约束条件给出了一些决策变量的函数的上限，在大多数情况下用于求解最大值问题。例如，一个≤型的约束条件说明可以接受服务的最大顾客数，或一台机器的产能限制。＝型的约束条件意味着函数必须等于某个值。例如，必须生产100件（不是99件或101件）某种产品。＝型约束条件常常用于某些强制关系，比如，期末库存量总是等于初始库存量加上生产量再减去销售量。≥型的约束条件给出了一些决策变量的函数的下限。例如，一个≥型约束条件说明一种产品的生产量必须大于或等于需求量。

每个线性规划问题都必须有一个或多个约束条件。这些约束条件组合在一起确定了一个**可行域**（feasible region），它代表决策变量的所有可行组合。在某些异常情况下，问题的约束条件太严格，就会只有一个可能解，或者一个解都没有。但是，在通常情况下，假定可行的决策变量组合可以是小数，那么在可行域内就会包含无穷多个可能解。决策者的目标就是要求出最优的可能解。

目标函数和约束条件是决策变量和参数的函数。**参数**（parameter）也称为**系数**（coefficient）或给定常量（given constant），是决策者无法控制且在求解过程中不发生变化的值。每个参数都假定是**确定**（certainty）已知的。例如，一个计算机程序员知道运行软件程序需要30分钟——不多，也不少。

假定目标函数和约束条件方程都是线性的。**线性**（linearity）指的是比例性和相加性——不存在决策变量的乘积（如 $10x_1x_2$）或乘方（如 $x_1^3$）。假定生产（用决策变量 $x_1$ 和 $x_2$ 表示）两种产品所获得的利润为 $2x_1 + 3x_2$。比例性指无论生产多少 $x_1$，1个单位的 $x_1$ 贡献2美元的利润，而2个单位的 $x_1$ 则贡献4美元的利润。同理，无论生产的第1件产品还是第10件产品，每件 $x_2$ 都贡献3美元的利润。相加性指的是总目标函数的值等于来自 $x_1$ 的利润与来自 $x_2$ 的利润之和。

最后，我们做出了**非负性**（nonnegativity）的假设，指的是决策变量必须为正值或零。例如，一家生产意大利面酱的公司生产出的罐数不能为负数。为了在形式上正确表示，线性规划公式应该用每个决策变量都用≥0的约束条件表示。

虽然对于线性、确定性和连续变量的假设条件是有限制的，但是线性规划可以帮助管理人员分析许多复杂的资源分配问题。模型的建立过程促使管理人员确定重要的决策变量和约束条件，这本身就是一个十分有用的步骤。确定问题的性质和范围代表朝着解决问题的方向迈出一大步。在后面一节我们将介绍如何用灵敏度分析来帮助管理人员处理参数的不确定性，并回答"如果 – 那么"之类的问题。

## 问题建模

要应用线性规划，首先必须利用上述通用特征对一个问题建立模型。这里用**产品组合问题**（product-mix problem）来说明建模过程，这是一类单周期的规划问题，模型的解得出了在资源能力和市场需求的约束下，一组产品或服务的最优产出量（或产品组合）。这类问题在第7章"约束管理"中最先介绍，现在我们对它进行更正式的描述。依次运用下列三个步骤建立模型来表示每个独立的问题，是线性规划中最具创造性的任务，可能也是最困难的任务。

**第 1 步：定义决策变量。** 必须决定什么？明确定义每个决策变量，记住在目标函数中所使用的定义必须同样适用于约束条件。定义应该尽可能具体。考虑以下两个不同的定义：

$$x_1 = 产品 1$$
$$x_2 = 下个月将要生产和销售的产品 1 的件数$$

第二个定义比第一个要具体得多，这样会使下面的步骤更容易。

**第 2 步：写出目标函数。** 要使什么最大或最小？如果是下个月的利润，则写出目标函数,将下个月的利润表示为决策变量的线性函数。确定每个决策变量的参数。例如，如果每销售 1 件 $x_1$ 产生 7 美元利润，则来自产品 $x_1$ 的总利润等于 $7x_1$。如果一个变量对目标函数没有影响，则该变量在目标函数中的系数为 0。通常令目标函数等于 $Z$，其目的是使 $Z$ 的值最大或最小。

**第 3 步：写出约束条件。** 什么限制决策变量的值？确定全部约束条件以及每个决策变量在约束条件中的参数。和目标函数的情况一样，对约束条件不产生影响的变量，在该约束条件中的系数取 0。为了在形式上正确表示，还要写出非负约束条件。

对模型要进行一致性检查，确保在每个约束条件的两侧以及在目标函数中使用相同的计量单位。例如，假定约束条件右侧的计量单位是每月产能的小时数，左侧决策变量的计量单位是每月生产的产品件数，那么，与决策变量相乘的参数的量纲则必须是每件产品所用的小时数，因为

$$\frac{小时}{株} \times \frac{株}{月} = \frac{小时}{月}$$

当然，根据你关注的问题，也可以从一个步骤直接跳到另一个步骤。如果无法完成第 1 步，尝试定义一组新的决策变量。一个问题常常可以用多种方法正确建模。

## 例 D.1 线性规划模型的建立

Stratton 公司生产两种基本型号的塑料管。有三种资源对塑料管的产量是至关重要的：挤塑时间、包装时间和一种塑料原材料的特殊添加剂。下列数据代表下周的情况。所有数据以 100 英尺长的管道为单位表示。

| 资源 | 产品 | | |
| --- | --- | --- | --- |
| | 型号 1 | 型号 2 | 资源可用性 |
| 挤塑 | 4 小时 | 6 小时 | 48 小时 |
| 包装 | 2 小时 | 2 小时 | 18 小时 |
| 添加剂混合物 | 2 磅 | 1 磅 | 16 磅 |

每 100 英尺型号 1 和型号 2 的管道对利润的贡献分别为 34 美元和 40 美元。假定生产出的全部产品都可以售出，建立一个线性规划模型，确定每种型号的管道各生产多少时，对利润的贡献最大。

**解**

**第 1 步。**为了确定产品组合的决策变量，令

$x_1 = $ 下周要生产和销售的型号 1 管道的数量，以 100 英尺为计量单位

（即 $x_1 = 2$ 代表 200 英尺的型号 1 管道）

和

$x_2 = $ 下周要生产和销售的型号 2 管道的数量，以 100 英尺为计量单位

**第 2 步。**下面定义目标函数。目标是使两种产品对利润的总贡献最大。每单位 $x_1$ 的贡献为 34 美元，每单位 $x_2$ 的贡献为 40 美元。对于特定的 $x_1$ 和 $x_2$ 的值，可以用每种产品的产量乘以每单位产品的利润，然后加起来得到总利润。因此，目标函数为

$$\text{Max：} \$34x_1 + \$40x_2 = Z$$

**第 3 步。**最后一步是构建约束条件。每生产一单位的 $x_1$ 和 $x_2$ 要消耗一些关键资源。在挤塑车间，一单位的 $x_1$ 需要 4 个小时，而一单位的 $x_2$ 需要 6 个小时。总时间不能超过 48 小时的产能，因此使用≤号。所以，第一个约束条件为

$$4x_1 + 6x_2 \leq 48$$

同样，可以构建包装和原材料的约束条件：

$$2x_1 + 2x_2 \leq 18（包装）$$
$$2x_1 + x_2 \leq 16（添加剂混合物）$$

这三个约束条件限制了决策变量的取值范围，这是因为所选择的 $x_1$ 和 $x_2$ 的值必须满足所有约束条件。$x_1$ 和 $x_2$ 的负值没有意义，因此在模型中要加上非负约束条件：

$$x_1 \geq 0 \text{ 且 } x_2 \geq 0（非负约束条件）$$

现在，利用变量的定义，将整个模型完整表述为

$$\text{Max：} \$34x_1 + \$40x_2 = Z$$
$$\text{St.：} 4x_1 + 6x_2 \leq 48$$
$$2x_1 + 2x_2 \leq 18$$
$$2x_1 + x_2 \leq 16$$
$$x_1 \geq 0 \text{ 且 } x_2 \geq 0$$

式中，

$x_1 = $ 下周要生产和销售的型号 1 管道的数量，以 100 英尺为计量单位
$x_2 = $ 下周要生产和销售的型号 2 管道的数量，以 100 英尺为计量单位

## 图解分析法

现在利用所建立的模型来寻找最优解。在实际中，大多数线性规划问题是用计

算机求解的。但是，用**线性规划的图解法**（graphic method of linear programming）来分析具有两个变量的简单问题，可以对计算机输出结果的含义（以及线性规划的一般概念）有较深入的理解。因此，我们首先从图解法开始，尽管它不是用来求解具有三个或更多决策变量问题的实用方法。五个基本的求解步骤为：(1)画出约束条件；(2)定义可行域；(3)画出一条目标函数线；(4)求出目视解；(5)求出代数解。

## 画出约束条件

首先画出约束条件的等式，忽略约束条件中不相等的部分（> 或 <）。令每个约束条件成为等式，可以将它们转换成直线方程。只要找到了线上的两个点，就可以画出直线。可以选择任意两个合理分布的点，最容易找的点就是轴上的截距（axis intercepts），直线在这两个点上分别与两个轴相交。为了求出 $x_1$ 轴的截距，令 $x_2 = 0$ 并求出方程中的 $x_1$。对例 D.1 中的 Stratton 公司来说，挤塑流程的直线方程为

$$4x_1 + 6x_2 = 48$$

为了求出 $x_1$ 轴的截距，令 $x_2 = 0$，有

$$4x_1 + 6 \times 0 = 48$$
$$x_1 = 12$$

为了求出 $x_2$ 轴的截距，令 $x_1 = 0$，有

$$4 \times 0 + 6x_2 = 48$$
$$x_2 = 8$$

用直线连接点（0，8）和点（12，0），如图 D.1 所示。

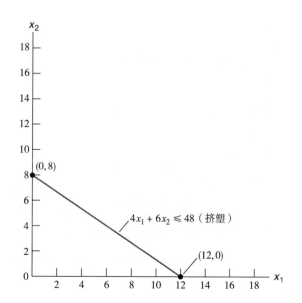

图 D.1
挤塑约束条件图

**例 D.2　画出约束条件**

对 Stratton 公司的问题，画出其他约束条件：一个包装约束条件和一个添加剂混合物约束条件。

**解**

包装流程的直线方程是 $2x_1 + 2x_2 = 18$。为了求出 $x_1$ 轴上的截距，令 $x_2 = 0$，

$$2x_1 + 2 \times 0 = 18$$
$$x_1 = 9$$

为了求出 $x_2$ 轴上的截距，令 $x_1 = 0$，

$$2 \times 0 + 2x_2 = 18$$
$$x_2 = 9$$

添加剂混合物的直线方程是 $2x_1 + x_2 = 16$。为了求出 $x_1$ 轴上的截距，令 $x_2 = 0$，

$$2x_1 + 0 = 16$$
$$x_1 = 8$$

为了求出 $x_2$ 轴上的截距，令 $x_1 = 0$，

$$2 \times 0 + x_2 = 16$$
$$x_2 = 16$$

对包装约束条件，用直线连接点（0，9）和点（9，0）；对添加剂混合物约束条件，用直线连接点（0，16）和点（8，0）。图 D.2 显示了画出的全部三个约束条件图。

图 D.2

三个约束条件图

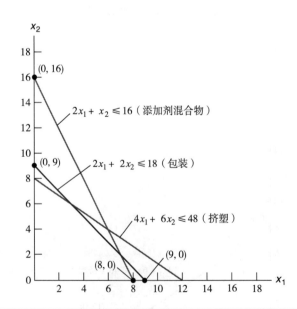

## 找出可行域

可行域是图中的一个区域，该区域由同时满足包括非负约束在内的所有约束条件的解组成。为了求出可行域，首先找出每个约束条件可行的点，然后再找出满足所有约束条件的区域。通常，用以下三条规则可以确定一个给定约束条件的可行点。

1. 对于 = 型的约束条件，只有直线上的点是可行解。
2. 对于 ≤ 型的约束条件，直线上的点以及直线左下方的点都是可行解。
3. 对于 ≥ 型的约束条件，直线上的点以及直线右上方的点都是可行解。

当约束条件左侧的一个或多个参数为负数时，这些规则不再适用。在这种情况下，我们画出约束条件的直线，并检测直线一侧的一个点。如果该点不满足约束条件，则该点位于图中不可行的部分。假定一个线性规划模型具有以下五个约束条件，再加上两个非负约束条件。

$$2x_1 + x_2 \geq 10$$
$$2x_1 + 3x_2 \geq 18$$
$$x_1 \leq 7$$
$$x_2 \leq 5$$
$$-6x_1 + 5x_2 \leq 5$$
$$x_1,\ x_2 \geq 0$$

其可行域是图 D.3 中的阴影部分。每个约束条件上的箭头确定了每条直线可行的一侧。除了第五个约束条件中有一个参数值为负数（即 $x_1$ 的参数为 –6）外，上述规则对其余所有约束条件都适用。我们任意选择（2，2）作为测试点，该点在图 D.3 中位于直线的右下方。在这一点，求出 $-6 \times 2 + 5 \times 2 = -2$。因为 –2 小于 5，所以图中含有（2，2）这部分至少对第 5 个约束条件是可行的。

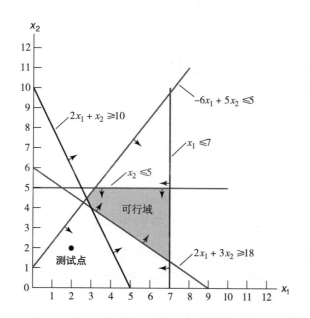

图 D.3
找出可行域

### 例 D.3 找出可行域

找出 Stratton 公司问题的可行域。

**解**

由于问题只包含≤型的约束条件，而且每个约束条件左侧的参数都是非负的，因此可行的部分位于每个约束条件的左下方。图 D.4 中阴影部分表示的可行域，同时满足全部三个约束条件。

图 D.4
找出可行域

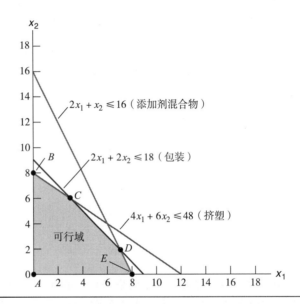

### 画出目标函数线

现在，我们希望求出使目标函数最优的解。尽管可行域中的所有点都代表可行解，但我们可以将搜索范围限制在角点上。**角点**（corner point）位于可行域边界上两条（或更多条）约束直线的交点上。不需要考虑可行域之内的点，这是因为至少有一个角点要比可行域内的任何点都好。同样，可行域边界上的其他点也可以忽略，因为角点至少可以和所在边界线上的任何点一样好。

在图 D.4 中，5 个角点被标记为 $A$、$B$、$C$、$D$ 和 $E$。点 $A$ 是原点（0，0），可以忽略，因为任何其他可行点都是比它更好的解。我们可以用目标函数对其他每个角点进行尝试，并选择使 $Z$ 值最大的点。例如，角点 $B$ 位于（0，8），如果将这些值代入目标函数，得出的 $Z$ 值为 320：

$$34x_1 + 40x_2 = Z$$
$$34 \times 0 + 40 \times 8 = 320$$

但是，我们可能无法准确读出图中一些点的 $x_1$ 和 $x_2$ 值（比如 $C$ 点或 $D$ 点）。当有很多个约束条件，从而有很多个角点时，用代数方法求两条直线方程的每个角点效率也不高。

最好的方法是取某个任意的 $Z$ 值，在图上的可行域上画出目标函数线。通过这些目标函数线，我们可以直观地发现最优解。如果目标函数是利润，每条目标函数线称为等利润线（iso-profit line），线上的每个点都产生相同的利润。如果 $Z$ 是成本衡量指标，则目标函数线称为等成本线（iso-cost line），线上的每个点都代表相同的成本。通过在可行域（我们希望在靠近最优解的某个地方）画出第一条目标函数线来简化搜索。对 Stratton 公司的例子来说，让目标函数线经过点 $E$（8，0）。这是一个角点，它甚至有可能就是最优解，因为它远离原点。为了画出这条直线，我们首先求出 $Z$ 的值为 $34 \times 8 + 40 \times 0 = 272$。因此，经过 $E$ 点的目标函数线方程为

$$34x_1 + 40x_2 = 272$$

由该方程界定的直线上的每一点，其目标函数值 $Z$ 都等于 272。为了画出这条直线，需要找到第二个点，然后连接这两个点。让我们使用 $x_2$ 的截距，其中 $x_1 = 0$

$$34 \times 0 + 40x_2 = 272$$
$$x_2 = 6.8$$

图 D.5 显示了连接点（8，0）和点（0，6.8）的等利润线。可以画出一系列与第一条直线平行的虚线。每条平行线都有自己的 $Z$ 值。画在第一条等利润线上方的直线具有更大的 $Z$ 值，而在它下方的直线则具有更小的 $Z$ 值。

## 求出目视解

现在我们将角点 $A$ 和 $E$ 从最优解的考虑范围去掉，因为更好的解位于 $Z = 272$ 等利润线的右上方。我们的目标是使利润最大，因此最优解是离原点最远，但仍然与可行域相接触的等利润线上的一个点。（对于最小化问题，它是可行域中离原点最近

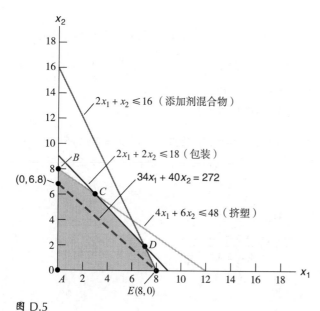

图 D.5

让等利润线经过点(8,0)

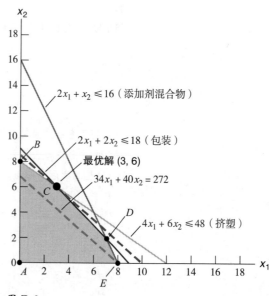

图 D.6

画出第二条等利润线

的等成本线上的一个点。）[1] 为了找出余下的角点（*B*、*C* 或 *D*）中哪一个是最优解，画出使 *Z* 值更好（对最大化问题 *Z* 值更大，对最小化问题 *Z* 值更小）的与第一条线平行的一条或多条等利润线。恰好与可行域相接触的那条线代表最优解。对 Stratton 公司的问题来说，图 D.6 表示第二条等利润线。最优解是与可行域接触的最后一个点：*C* 点。它看起来位于点（3，6）的附近，但是目视解并不精确。

线性规划问题可以有不止一个最优解。当目标函数线与可行域的一条边平行时就会出现这种情况。如果 Stratton 公司问题的目标函数为 $38x_1 + $38x_2$，就属于这种情况。点（3，6）和点（7，2）将会是最优解，连接这两个角点的直线上的任何其他点也是最优解。在这种情况下，管理层会根据非定量因素来做出最终决策。但是，当求目标函数的最优解时，只需要考虑可行域的角点，理解这一点非常重要。

## 求出代数解

为了求出精确的解，我们必须使用代数方法。首先找出决定两条直线相交处角点的约束条件对，然后将约束条件作为方程，用联立方程求出角点的 $x_1$ 和 $x_2$ 坐标。联立方程可以用几种方法求解。对于小问题，最容易的方法如下：

*第 1 步*。建立一个只有一个未知量的方程。通过在方程的两侧乘以一个常数，使两个决策变量中的一个在两个方程中的系数相同。然后用一个方程减去另一个，并对单未知变量方程求解。

*第 2 步*。将该决策变量的值代入两个原始约束条件中的任何一个，求出另一个决策变量。

**例 D.4** **用代数法求出最优解**

用代数法求出 Stratton 公司问题的最优解。当决策变量有最优值时，*Z* 值是多少？

**解**

**第 1 步**。图 D.6 显示，最优的角点位于挤塑约束条件和包装约束条件的交点。列出约束条件等式，有

$$4x_1 + 6x_2 = 48（挤塑）$$
$$2x_1 + 2x_2 = 18（包装）$$

将包装约束条件中的每一项乘以 2。包装约束条件现在变成 $4x_1 + 4x_2 = 36$。下一步，用挤塑约束条件减去包装约束条件。得到一个消掉了 $x_1$ 的等式。（或者，可以将第 2 个方程乘以 3，在相减之后消掉 $x_2$。）因此，

$$4x_1 + 6x_2 = 48$$
$$\underline{-(4x_1 + 4x_2 = 36)}$$
$$2x_2 = 12$$
$$x_2 = 6$$

---

[1] 如果目标函数中存在负的系数，则有关"离原点最远"或"离原点最近"的说法不再成立。

**第 2 步**。将 $x_2$ 的值代入挤塑约束条件等式中，得到

$$4x_1 + 6 \times 6 = 48$$
$$4x_1 = 12$$
$$x_1 = 3$$

因此，最优点为（3，6）。该解的总利润为 $34 \times 3 + 40 \times 6 = 342$ 美元。

**决策重点**

Stratton 公司的管理层决定，下周生产 300 英尺型号 1 的管道和 600 英尺型号 2 的管道，获得的总利润为 342 美元。

## 松弛变量和剩余变量

图 D.6 显示最优产品组合将消耗掉全部的挤塑资源和包装资源，因为这两个约束条件在最优角点（3，6）上都是等式。将 $x_1$ 和 $x_2$ 的值代入这两个约束条件，显示左侧与右侧相等：

$$4 \times 3 + 6 \times 6 = 48 \text{（挤塑）}$$
$$2 \times 3 + 2 \times 6 = 18 \text{（包装）}$$

有助于形成最佳角点的约束条件（比如挤塑约束条件）被称作**紧约束**（binding constraint），因为它限制了改善目标函数的能力。如果紧约束被放松，或者减弱它的限制，就有可能找到更好的解。放松约束意味着增大 ≤ 型约束条件右侧的参数，或者减小 ≥ 型约束条件右侧的参数。放松一个非紧约束，比如图 D.6 中的添加剂混合物约束条件，不可能得到任何改善。如果将该约束条件的右侧从 16 增加到 17 并再次对问题求解，最优解不会发生变化。换句话说，添加剂混合物的数量本来就已经多于所需要的量。

对于非紧约束不等式，了解左右两侧的差值很有帮助。这一信息告诉我们该约束条件还差多少就会成为紧约束。对于 ≤ 型约束条件，其左侧小于右侧的量被称为**松弛量**（slack）。对于 ≥ 型约束条件，其左侧大于右侧的量被称为**剩余量**（surplus）。为了用代数法求出 ≤ 型约束条件的松弛量，我们在不等式中增加一个松弛变量，将其转换为等式。然后将决策变量的值代入，求出松弛量。例如，图 D.6 中的添加剂混合物约束条件 $2x_1 + x_2 \leq 16$，通过加入松弛变量 $s_1$，可以重写为

$$2x_1 + x_2 + s_1 = 16$$

然后求出在最优解（3，6）处的松弛量：

$$2 \times 3 + 6 + s_1 = 16$$
$$s_1 = 4$$

求解 ≥ 型约束条件的剩余量的过程也大致相同，不同的是在左侧减掉一个剩余变量。假定 $x_1 + x_2 \geq 6$ 是 Stratton 公司问题中的另一个约束条件，它代表产量的下限。通过减掉一个剩余变量 $s_2$，将约束条件重写为

$$x_1 + x_2 - s_2 = 6$$

那么在最优解（3，6）处的剩余量为

$$3 + 6 - s_2 = 6$$
$$s_2 = 3$$

### 灵敏度分析

目标函数和约束条件中的参数很少是确定已知的。它们通常只是实际值的估计值。例如，Stratton 公司可用的包装时间和挤塑时间是估计值，它没有反映出与旷工或人员转岗相关的不确定性，而且每单位产品需要的包装时间和挤塑时间可能实际上是对平均时间的估计值。类似地，用作目标函数系数的毛利值没有反映销售价格以及如工资、原材料和运费等可变成本的不确定性。

尽管存在这些不确定性，但是仍然需要初始的估计值来解题。会计、营销和时间标准信息系统常常可以提供这些初始估计值。在利用这些估计值求解后，如果某些参数有不同值时，分析人员可以确定决策变量的最优值以及目标函数的 Z 值会受到多大影响。这一类用于回答"如果－则"问题，在求解后进行的分析被称为灵敏度分析（sensitivity analysis）。

对线性规划问题进行灵敏度分析的一种方法是暴力法（bruteforce approach），即改变其中的一个或多个参数值后再对整个问题重新求解。这种方法对小问题是可以接受的，但是如果问题涉及很多参数，这种方法的效率就很低。例如，用暴力法对目标函数中的 20 个系数每次用 3 个不同值进行灵敏度分析，需要 $3^{20}$ 个，即 3 486 784 401 个不同解！幸运的是，可以利用不需对整个问题重新求解的高效方法得到灵敏度信息，而且这些方法通常用于大多数线性规划的计算机软件包中。表 D.1 描述了由线性规划提供的四类基本的灵敏度分析信息。

## 计算机解

大多数实际的线性规划问题是用计算机求解的，因此在这里我们重点理解线性

表 D.1 由线性规划提供的灵敏度分析信息

| 关键术语 | 定义 |
| --- | --- |
| **差额成本**<br>（reduced cost） | 目标函数中一个决策变量的系数要改善多少（在最大化问题中增大，或在最小化问题中减小），才能使最优解发生改变，并使该决策变量以某个正数取值"进入"到解中 |
| **影子价格**<br>（shadow price） | 由放松一个单位的约束而引起 Z 值的边际改善量（在最大化问题中增大，在最小化问题中减小） |
| **最优范围**<br>（range of optimality） | 目标函数中系数变化的区间（在下限和上限之间），在此范围内决策变量的最优值保持不变 |
| **可行范围**<br>（range of feasibility） | 约束条件右侧参数变化的区间（在下限和上限之间），在此范围内其影子价格有效 |

规划的应用及其基本原理。用计算机代码表示的求解过程是某种形式的**单纯形法**（ simplex method ），这是一种求解线性规划问题的代数迭代过程。

## 单纯形法

图解分析有助于理解单纯形法，首先从角点开始。如果一个问题存在任何可行解，即使有多个最优解，但至少有一个角点始终是最优的。因此，单纯形法从一个初始角点开始，然后按这样的方式系统地评价其他角点，那么每经过一次迭代，新的角点就会使目标函数值有所改善（即在最坏情况下使目标函数值保持不变）。在 Stratton 公司的案例中，这种改善指利润增加。当不可能进一步改善时，就找到了最优解。[2] 单纯形法还有助于产生灵敏度分析信息，我们曾经在图解法中提到过这些信息。

每个角点大于 0 的变量数不超过 $m$，其中 $m$ 是（不包含非负约束条件在内）约束条件的数量。这 $m$ 个变量包含松弛变量和剩余变量，并不只是原来的决策变量。由于这一性质，我们可以通过同时求解 $m$ 个约束条件找到角点，其中除了 $m$ 个变量之外，将其他变量都设置为 0。例如，图 D.6 中的 $B$ 点有 3 个非零变量：$x_2$、包装约束条件的松弛变量，以及添加剂混合物约束条件的松弛变量。它们的值可以通过令 $x_1$ 和挤塑约束条件的松弛变量等于 0，联立求解 3 个约束条件而得出。当求出该角点之后，单纯形法运用与差额成本类似的信息来决定下一步将要求出的新角点，从而得出更好的 $Z$ 值。继续使用这种方法，直到不可能再有更好的角点出现为止。最后评价的角点就是最优角点。

## 计算机输出结果

计算机程序极大地减少了求解线性规划问题所需要的时间。软件包的求解能力和显示方式不是统一的。输入方式很容易，而且不需要录入非负约束条件。微软公司的 *Excel* 求解软件对类似规模的问题提供了另一种方法。从多个来源可以获得用于求解更大问题的更高级的软件。

这里给出用 POM for Windows 求解 Stratton 公司问题的输出结果。图 D.7 中显示了两个数据录入屏幕。第一个屏幕可以让你输入问题的名称、指定约束条件和决策变量的数量，并对是最大化还是最小化问题做出选择。当输入完这些内容并点击 OK 按钮后，就会显示出数据表格屏幕。录入参数，（根据要求）为每个约束条件和决策变量命名，并说明每个约束条件的类型（ ≤ ，= ，≥ ）。图 D.7 中的第二个屏幕显示了完成后的数据表。用户可以对决策变量、约束条件右侧的值以及约束条件的标签进行定制化。在该图中，将第一个决策变量标记为 "X1"，约束条件右侧的值标记为 "RHS"，挤塑约束条件标记为 "Extrusion"。在必要时会自动加入松弛变量和剩余变量。当所有这些输入都完成后，点击屏幕右上角标有 "Solve" 的绿色按钮。

图 D.8 显示了结果屏幕中的解。所有输出结果都证明了前面的计算和图形分析。

---

2　如果想了解人工完成单纯形法的更多信息，参见由 Render, Barry, Ralph M. Stair 和 Michael E. Hanna 所著的《管理中的定量分析》（*Quantitative Analysis for Management*）第 11 版，或任何其他关于管理科学的现行教材。

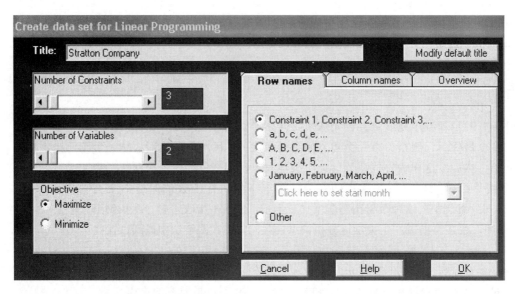

**图 D.7**

数据录入屏幕

| | | X1 | X2 | | RHS | Shadow Price |
|---|---|---|---|---|---|---|
| Stratton Company Solution | | | | | | |
| Maximize | | 34 | 40 | | | |
| Constraint 1 | | 4 | 6 | ≤ | 48 | 3 |
| Constraint 2 | | 2 | 2 | ≤ | 18 | 11 |
| Constraint 3 | | 2 | 1 | ≤ | 16 | 0 |
| Solution-> | | 3 | 6 | | 342 | |

**图 D.8**

输出结果屏幕

尤其要注意最下面的一行,它给出了决策变量的最优值( $x_1 = 3$ 和 $x_2 = 6$ ),还给出了目标函数的最优值( 342 美元 )。在最后一列中给出了每个约束条件的影子价格。

点击视窗上的图标选择下拉菜单的第二个选项,转换到范围计算屏幕,如图 D.9 所示。屏幕的上半部分与决策变量有关,尤其要注意的是差额成本以及下限和上限。对于差额成本信息的解释有以下两点提示:

| Variable | Value | Reduced Cost | Original Val | Lower Bound | Upper Bound |
|---|---|---|---|---|---|
| X1 | 3 | 0 | 34 | 26.6667 | 40 |
| X2 | 6 | 0 | 40 | 34 | 51 |
| Constraint | Shadow Price | Slack/Surplus | Original Val | Lower Bound | Upper Bound |
| Constraint 1 | 3 | 0 | 48 | 40 | 54 |
| Constraint 2 | 11 | 0 | 18 | 16 | 20 |
| Constraint 3 | 0 | 4 | 16 | 12 | Infinity |

图 D.9

范围计算屏幕

1. 它只与在最优解中取值为 0 的决策变量有关。如果决策变量大于 0，则忽略差额成本数字。因此，对于 Stratton 公司的问题，其差额成本数字没有提供新的解释，因为当决策变量在最优解中取正值时，它们总是等于 0。转而观察目标函数中系数的下限和上限。

2. 系数的下限和上限说明，在最优解中取 0 值的决策变量，其在目标函数中的系数必须改善多少（对于最大化问题要增大，或对于最小化问题要减小），才能使最优解发生改变。超出上限或下限后，与该系数相关的决策变量以某个正数取值进入到最优解中。为了得到新解，使系数的改善程度比差额成本的数值略大一点，然后再次应用 POM for Windows。

　　该屏幕的上半部分还给出了最优范围，即在不影响决策变量最优值的前提下，目标函数系数的下限或上限。注意目标函数中 $x_1$ 的系数的当前值是 \$34，其最优范围从 \$26.6667 到 \$40。在这个范围内，虽然目标函数的 $Z$ 值将随着系数的改变而变化，但决策变量的最优值却保持不变。

　　图 D.9 的下半部分与约束条件有关，其中包括松弛变量或剩余变量以及约束条件右侧的初始值。尤其要注意的是影子价格。对于影子价格的解释有以下两点提示：

1. 该数值只与紧约束有关，所谓紧约束是指在最优解中，其松弛变量或剩余变量的取值为 0。对于非紧约束，其影子价格为 0。

2. 影子价格的符号可以为正，也可以为负。其符号的正负取决于目标函数是最大化还是最小化，还取决于约束条件是 ≤ 型的还是 ≥ 型的。如果忽略符号，影子价格可以解释为将 ≤ 型约束条件的右侧增大 1 个单位，将 ≥ 型的右侧减小 1 个单位所带来的收益。这种收益在最小化问题中体现为目标函数值的减小，而在最大化问题中则体现为目标函数值的增大。影子价格也可以解释为约束条件每增加 1 个单位的限制给 $Z$ 造成的边际损失（或惩罚）。

　　因此，对于 Stratton 公司的问题，有 4 磅重的添加剂混合物的松弛量，因此相应的影子价格为 0。另一方面，包装约束条件是一个紧约束，因为它没有松弛量。增加 1 小时包装时间的影子价格为 11 美元。

　　最后，图 D.9 给出了可行范围的下限和上限，约束条件右侧的参数在这个范围内的改变不会使影子价格发生变化。例如，在 16 小时到 20 小时的范围内，包装约束条件中的 11 美元影子价格都是有效的。

　　最优解中（包含决策变量、松弛变量和剩余变量在内）大于 0 的变量数决不会多于约束条件的数量。Stratton 公司的问题就是这种情况，它有 3 个约束条件（没有将隐含的非负约束条件计算在内），在最优解中有 3 个非零变量（$x_1$、$x_2$ 以及添加剂混合物的松弛变量）。在极少情况下，最优解中的非零变量数会小于约束条件的个数——这种情况称为**退化**（degeneracy）。当出现退化情况时，灵敏度分析信息就变得不可靠。此时，如果想了解更多的"如果 – 则"的信息，就用待研究的新参数值再次运行求解软件包。

---

**例 D.5** **用影子价格制定决策**

Stratton 公司需要回答以下三个重要问题：（1）如果挤塑区或包装区的生产能力每提高 1 小时，需要在目标函数系数中已经反映的正常成本基础上再额外增加 8 美元，则提高生产能力是否划算？（2）如果包装区的生产能力每提高 1 小时，需要再额外增加 6 美元成本，则提高生产能力是否划算？（3）购买更多原材料是否划算？

**解**

挤塑生产能力每扩张 1 小时需要额外增加 8 美元成本，但与此对应的影子价格只有 3 美元 / 小时。但是包装生产能力每扩张 1 小时只需要比目标函数中反映的价格多 6 美元成本，而其影子价格是每小时 11 美元。最后，由于已经存在 4 磅重的剩余量，该项资源的影子价格为 0，因此购买更多的原材料是不划算的。

**决策重点**

管理层决定增加包装能力，但是不扩大挤塑生产能力，也不购买更多的原材料。

---

# 运输法

线性规划的一个特例是**运输问题**（transportation problem），这一问题可以表示为一个标准的表格，它有时被称为运输表（tableau）。图 D.10 就是一个例子，图中的行是供应源，图中的列代表需求。供应量和需求量都可以分解到未来的多个时段。一般来说，表中的行是限制生产能力的线性约束条件，表中的列是要求满足某个需求水平的线性约束条件。表格中的每个单元格代表一个决策变量，每单位成本显示在每个单元格的右上角。图 D.10 隐含了 48 个决策变量（12 行 × 4 列）和 16 个约束条件（12 行 + 4 列）。

可以将运输问题构造成一个传统的线性规划问题，并按常规方法求解。**运输法**（transportation method）可以简化数据输入，是一个更加高效的求解方法，但是不提供如图 D.9 所示的灵敏度分析。这里，我们介绍如何将一个生产计划问题构造成一个运输问题。第 11 章 "供应链选址决策" 给出了一个完全不同的运输法的应用：如何解决选址问题。我们的重点是对问题的设定和解释，将其余的求解过程留给计算机软件包。

## 用运输法制订生产计划

销售和运营计划（S&OP）的核心是确保供应和需求平衡，这也正是运输法适用于生产计划的原因。对于确定预期库存量来说，用运输法制订生产计划特别有用。

| 供应源 | | 时段 | | | | 产能 |
|---|---|---|---|---|---|---|
| | | 1 | 2 | 3 | 4 | |
| 时段 | 初始库存量 | | | | | |
| 1 | 型号1 | | | | | |
| | 型号2 | | | | | |
| | 型号3 | | | | | |
| 2 | 型号1 | | | | | |
| | 型号2 | | | | | |
| | 型号3 | | | | | |
| 3 | 型号1 | | | | | |
| | 型号2 | | | | | |
| | 型号3 | | | | | |
| 4 | 型号1 | | | | | |
| | 型号2 | | | | | |
| | 型号3 | | | | | |
| 需求量 | | | | | | |

图 D.10
运输表的例子

因此，相对于服务提供商的员工配置计划，这种方法更多地用于制造商的生产计划。实际上，每个时段的劳动力水平作为运输法的输入数据而非输出结果。应该对不同的劳动力调整计划进行评价。因此，在选择最终计划之前，可能会得出几个运输方法的解。

用运输法制订生产计划是基于如下假设：可以获得每个时段的需求预测值以及可能的劳动力调整计划。还需要每个时段的加班和利用转包生产的产能限制。另外一个假设条件是所有成本都与所生产的产品数量线性相关，也就是说，生产产品数量的改变将导致成本成正比变化。

制造商的销售和运营计划制订步骤如下：

1. 收集销售和运营计划所覆盖的每个时段的需求预测值，并确定当前可用于满足未来需求的初始库存水平。
2. 采用跟随策略、均衡策略或混合策略时，选择一个备选的劳动力调整计划。明确计划覆盖的每个时段的各种生产方案（正常时间、加班和转包）的产能限制。
3. 估计库存持有成本和可能的生产方案（正常时间、加班和转包）的成本。如果闲置的正常时间的产能是计酬的，确定不足工时的成本。
4. 将第 1 步到第 3 步所收集的信息输入到求解运输问题的计算机程序中。在得到问题的解之后，计算预期库存量，并找出计划中具有高成本的因素。

5. 用正常时间的产能、加班时间的产能和转包产能的其他计划，重复上述过程，直到找到一个在成本和非量化因素之间取得最佳平衡的解为止。虽然这一过程包含了试错法，但是运输法能够为每个供应计划找出正常时间、加班和转包生产的最佳组合。

例 D.6 用 POM for Windows 中的运输法（生产计划）模块说明了这一方法。

## 例 D.6 用运输法制订生产计划

Tru-Rainbow 公司生产各种商用和私用油漆产品。油漆的需求是高度季节性的，其需求高峰在第 3 季度。初始库存量为 250 000 加仑，期末库存量应该为 300 000 加仑。

Tru-Rainbow 公司的生产经理希望利用下列需求和产能计划来确定最佳生产计划。这里需求量和产能是以 1 000 加仑为单位（而不是用等价员工时段数）表示的。该经理知道正常时间的成本是每单位 1.00 美元，加班成本是每单位 1.50 美元，转包成本是每单位 1.90 美元，库存持有成本是每单位每季度 0.30 美元。不足工时是计酬的，成本是每单位 0.50 美元。这一数值小于正常时间成本，因为它只包含劳动力成本，并没有将原材料和可变间接费用加到油漆生产中。

| | 需求量 | 正常时间产能 | 加班产能 | 转包产能 |
|---|---|---|---|---|
| 第 1 季度 | 300 | 450 | 90 | 200 |
| 第 2 季度 | 850 | 450 | 90 | 200 |
| 第 3 季度 | 1 500 | 750 | 150 | 200 |
| 第 4 季度 | 350 | 450 | 90 | 200 |
| 合计 | 3 000 | 2 100 | 420 | 800 |

约束条件如下：

a. 任一季度允许的最大加班时间为当季正常时间产能的 20%。

b. 转包商在任一季度最多可以提供 200 000 加仑油漆。可以在一个时段转包生产，将多余的产量作为库存持有以供将来使用，避免缺货。

c. 不允许有积压订单和缺货。

**图 D.11**
Tru-Rainbow 公司问题的
POM for Windows 屏幕

**解**

图 D.11 显示了数据输入的 POM for Windows 屏幕。图 D.12 是显示了该特定劳动力调

| 时段 | 需求量 | 正常时间产能 | 加班产能 | 转包产能 | 单位成本 | 数值 |
|---|---|---|---|---|---|---|
| 第1季度 | 300 | 450 | 90 | 200 | 正常时间 | 1 |
| 第2季度 | 850 | 450 | 90 | 200 | 加班 | 1.5 |
| 第3季度 | 1 500 | 750 | 150 | 200 | 转包 | 1.9 |
| 第4季度 | 650 | 450 | 90 | 200 | 库存持有成本 | 0.3 |
| | | | | | 销售损失成本 | 不允许 |
| | | | | | 闲置的正常时间产能 | 0.5 |
| | | | | | | |
| | | | | | 初始库存量 | 250 |
| | | | | | | |

| 最优成本 = $4 010 | 第1季度 | 第2季度 | 第3季度 | 第4季度 | 剩余产能 | 产能 |
|---|---|---|---|---|---|---|
| 初始库存量 | 230 | | 20 | | | 250 |
| 第1季度正常时间 | 50 | 400 | | | | 450 |
| 第1季度加班 | | | 90 | | | 90 |
| 第1季度转包 | 20 | | | | 180 | 200 |
| 第2季度正常时间 | | 450 | | | | 450 |
| 第2季度加班 | | | 90 | | | 90 |
| 第2季度转包 | | | 200 | | | 200 |
| 第3季度正常时间 | | | 750 | | | 750 |
| 第3季度加班 | | | 150 | | | 150 |
| 第3季度转包 | | | 200 | | | 200 |
| 第4季度正常时间 | | | | 450 | | 450 |
| 第4季度加班 | | | | 90 | | 90 |
| 第4季度转包 | | | | 110 | 90 | 200 |
| 需求量 | 300 | 850 | 1500 | 650 | 270 | |

**图 D.12**

Tru-Rainbow 公司预期生产计划解的屏幕

整计划最优解的 POM for Windows 屏幕。它看起来和前面的表格很像，但有一点不同。显示的第 4 季度需求量是 650 000 加仑，而不是需求预测给出的只有 350 000 加仑。这个大一些的数值反映了管理层要求在第 4 季度拥有 300 000 加仑期末库存的要求。图 D.11 和图 D.12 需要注意的某些点如下：

1. 每一套供应方案（而不是图 D.10 中的"供应源"）在图 D.12 中都占一行，逐季进行排列。每一行的最后一列指出可用于满足需求的最大数量。表中第一行是可用的初始库存量，下面的各行分别是 4 个季度中每一季度的正常时间的产量、加班的产量和转包的产量。初始库存量可用于满足 4 个季度中任一季度的需求。第二行（第一季度的正常时间生产量）也可用于满足计划覆盖的 4 个季度中任一季度的需求，依此类推。表中最后一列数字给出了可用的供应方案的最大生产能力。例如，第三季度正常时间的生产能力从平时的 450 000 加仑提高到 750 000 加仑，以应对预测到的 1 500 000 加仑的高峰需求。

2. 表中的列指出未来每个季度的需求量，最后一行给出了需求预测值。第 4 季度的需求量为 650 单位，因为它包含了要求的期末库存量。剩余产能一列表示未利用产能的成本，最后一行的数值（270 单位）是总产能超过总需求的量。除了未利用的正常时间产能的单位成本为 0.50 美元之外，其他未利用产能的单位成本为 0。

3. （除最后一行或最后一列之外）其他单元格中的数字表示在一个季度生产 1 单位产品的成本（在有些情况下还要将产品作为库存持有供未来销售）。这些数字与图 D.10 单元格中右上角的成本相对应。例如，如果将第 1 季度正常时间生产的产品用于满足第 1 季度的需求，则每加仑产品的成本是 1.00 美元。这一成本值可以在表中的第 2 行第 1 列找到。但是，如果这些产量用于满足第 2 季度的需求，则成本增加到 1.30 美元（即 1.00 美元 + 0.30 美元），因为必须将这些产品作为库存持有 1 个季度。通过在第 1 季度的正常时间生产并持有库存 2 个季度来满足第 3 季度 1 个单位的需求，其成本为 1.60 美元（即 1.00 美元 + 2×0.30 美元），依此类推。对加班和转包的成本，使用类似的方法计算。

4. 表中左下方具有成本 9 999 美元的单元格（参见图 D.14）与积压订单相联系（即在需求出现之后的某一个季度进行生产来满足前面的需求）。这里通过将积压订单的成本设置成一个任意大的数（本例中是每单位 9 999 美元），表示不允许积压订单。如果积压订单的成本这样大，那么运输法就会设法避开积压订单，因为它寻求使总成本最小的解。如果积压订单不可避免，就要提高员工配置水平以及加班和转包的产能。

5. 成本最低的方案是那些在同一季度进行生产和销售的方案。例如，如果指定用第 2 季度加班生产的产品来满足第 2 季度的需求，则其成本只有每加仑 1.5 美元（第 6 行第 2 列）。如果指定用第 2 季度加班生产的产品来满足第 4 季度的需求，则成本将增加为每加仑 2.10 美元。但是，由于产能的限制，不能总是避开产生库存的方案。

6. 最后，第 1 季度初始库存的单位持有成本为 0，因为它是先前生产计划决策的函数。

图 D.12 的第 1 行显示，初始库存中的 230 单位用于满足第 1 季度的需求。剩下的 20 单位在第 1 行中标记为用于满足第 3 季度的需求。整个第 1 行对 4 个季度的分配量之和（230 + 0 + 20 + 0）不超过最右边一列给出的 250 单位的最大产能。在运输法中，每一行都要满足这一条件。分配量之和与最大产能之间的差是未利用产能，在"剩余产能"一列标出。在本例中，每单位 0.50 美元的不足工时成本足够大，因此所有正常时间的产能全部被用光。

同理，每一列的分配量之和必须等于对应季度的总需求量。例如，第 1 季度的需求量由初始库存 230 单位、第 1 季度正常时间的产量 50 单位和第 1 季度转包产量 20 单位共同满足。它们加在一起等于预测的需求量 300 单位。

为了进一步解释该解，我们可以将图 D.12 转换为下表。例如，第 1 季度正常时间的总产量是 450 000 加仑（50 000 加仑用于满足第 1 季度的需求，400 000 加仑用于满足第 2 季度的需求）。

| 季度 | 正常时间产量 | 加班产量 | 转包产量 | 总供应量 | 预期库存量 |
|---|---|---|---|---|---|
| 1 | 450 | 90 | 20 | 560 | 250 + 560 − 300 = 510 |
| 2 | 450 | 90 | 200 | 740 | 510 + 740 − 850 = 400 |
| 3 | 750 | 150 | 200 | 1 100 | 400 + 1 100 − 1 500 = 0 |
| 4 | 450 | 90 | 110 | 650 | 0 + 650 − 350 = 300 |
| 合计 | 2 100 | 420 | 530 | 3 050 | |

注：预期库存量是每一季度末的库存量，其中，初始库存量 + 总产量 − 实际需求量 = 期末库存量。

每一季度末的预期库存量在最后一列计算。任一季度的预期库存量等于该季度的初始库存量加上总供应量（正常时间和加班时间产量加上转包生产量），再减掉需求量。例如，第 1 季度的初始库存量（250 000）加总生产量和转包量（560 000），再减掉第 1 季度的需求量（300 000），得到 510 000 的期末库存量，这也是第 2 季度的初始库存量。

用图 D.12 中每个单元格的分配量乘以图 D.11 中对应该单元格的单位成本求出成本。逐列计算成本（也可以逐行计算）得出 4 010 000 美元的总成本，即 4 010 × 1 000 美元。

| 按列计算成本 | | |
|---|---|---|
| 第 1 季度 | 230 × \$0 + 50 × \$1.00 + 20 × \$1.90 | = \$ 88 |
| 第 2 季度 | 400 × \$1.30 + 450 × \$1.00 | = \$ 970 |
| 第 3 季度 | 20 × \$0.60 + 90 × \$2.10 + 90 × \$1.80 + 200 × \$2.20 + 750 × \$1.00 + 150 × \$1.50 + 200 × \$1.90 | = \$2 158 |
| 第 4 季度 | 450 × \$1.00 + 90 × \$1.50 + 110 × \$1.90 | = \$ 794 |
| | | 合计 = \$4 010 |

**决策重点**

该计划需要太多加班和转包，而且预期库存成本很高。管理人员决定寻找一个更好的产能计划（通过增加劳动力数量来提高正常时间的生产能力），这样可以降低生产成本，甚至有可能低到足够抵消增加生产能力的成本。

# 应　用

运营管理和供应链管理以及其他职能领域中的许多问题都适合使用线性规划和运输法。除了前面已经介绍的例子之外，还可应用于流程管理、约束管理、运输安排、库存控制和排班调度。本补充资料的末尾和前面各章末尾的复习题中有许多这类问题。一旦决策者知道如何用通用方法来构造问题的模型，就可以用这种模型来解决手头的问题。

## 学习目标回顾

1. **描述各种问题的建模方法**。复习"问题建模"一节，尤其注意例 D.1。
2. **对两个变量的问题用图解法分析并求解**。参见"图解分析法"一节关于画约束条件、确定可行域、画目标函数及求解。
3. **定义松弛变量、剩余变量和灵敏度分析**。参见"松弛变量和剩余变量"以及"灵敏度分析"这两节。
4. **对线性规划解的计算机输出结果进行解释**。上文显示并解释了由 POM for Windows 得到的计算机解，以及

与决策变量最优解、目标函数值、松弛变量和剩余变量有关的重要信息。另外，影子价格、差额成本、范围的下限和上限等都是灵敏度分析中十分有价值的信息。
5. **用运输法解决销售和运营（S&OP）计划问题**。"用运输法制订生产计划"一节逐步介绍了如何建立运输问题模型，然后对 POM for Windows 的输出结果进行了说明。尤其要注意例 D.11 和例 D.12。例 D.6 和问题求解 2 也有助于这一问题的理解。

## 关键术语

| | | |
|---|---|---|
| 线性规划 | 非负性 | 差额成本 |
| 目标函数 | 产品组合问题 | 影子价格 |
| 决策变量 | 线性规划的图解法 | 最优范围 |
| 约束条件 | 角点 | 可行范围 |
| 可行域 | 紧约束 | 退化 |
| 参数 | 松弛量 | 运输问题 |
| 确定 | 剩余量 | 运输法 |
| 线性 | 单纯形法 | |

**问题求解** 1

O'Connel 航空公司正在考虑从阿拉斯加州 Cicely 飞往威斯康星州 Rome 和华盛顿州 Seattle 运转中心的空中服务问题。O'Connel 航空公司在 Cicely 空港有一个登机口，每天运行 12 小时。每个航班需要 1 个小时的控制时间。每个飞往 Rome 的航班要消耗 15 小时的机组人员时间，预期将产生 2 500 美元的利润。每个飞往 Seattle 的航班要用掉机组人员 10 小时的时间，将产生 2 000 美元的利润。机组人员的劳动力限制为每天 150 小时。为 Rome 提供服务的市场限制在每天 9 个航班。

a. 用线性规划的图解法，使 O'Connel 航空公司的利润达到最大。

b. 如果存在正的松弛变量和剩余变量，求出这些变量。

**解**

a. 目标函数是使利润 $Z$ 达到最大：

$$\text{Max} : \$2\,500x_1 + \$2\,000x_2 = Z$$

式中，

$$x_1 = 每天飞往威斯康星州 Rome 的航班数$$
$$x_2 = 每天飞往华盛顿州 Seattle 的航班数$$

约束条件为

$$x_1 + x_1 \leq 12（登机口约束）$$
$$15x_1 + 10x_2 \leq 150（劳动力约束）$$
$$x_1 \leq 9（市场约束）$$
$$x_1 \geq 0，且 x_2 \geq 0$$

仔细画出一条与图 D.13 所示直线平行的等利润线，指出点 $D$ 是最优解。该点位于劳动力约束条件和登机口容量约束的交点上。用代数法求解，得到

$$15x_1 + 10x_2 = 150（劳动力）$$
$$-10x_1 - 10x_2 = -120 \left[ 登机口约束 \times (-10) \right]$$
$$5x_1 + 0x_2 = 30$$
$$x_1 = 6$$
$$6 + x_2 = 12（登机口）$$
$$x_2 = 6$$

最大利润来自 6 个飞往 Rome 的航班和 6 个飞往 Seattle 的航班：

$$\$2\,500 \times 6 + \$2\,000 \times 6 = \$27\,000$$

b. 市场约束条件有 3 个单位的松弛量，因此对飞往 Rome 航班的需求没有全部满足：

$$x_1 \leq 9$$
$$x_1 + s_3 = 9$$
$$6 + s_3 = 9$$
$$s_3 = 3$$

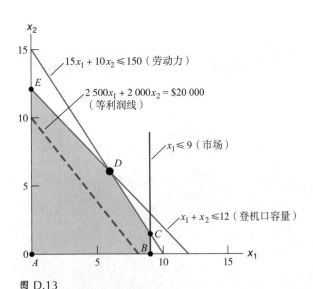

图 D.13

O'Connel 航空公司问题的图解

Arctic Air 公司生产家用空调。生产经理希望根据下列需求和产能数据（以 100 台产品为单位）制订明年的销售和运营计划：

| | 需求量 | 正常时间产能 | 加班产能 | 转包产能 |
|---|---|---|---|---|
| 1—2 月（1） | 50 | 65 | 13 | 10 |
| 3—4 月（2） | 60 | 65 | 13 | 10 |
| 5—6 月（3） | 90 | 65 | 13 | 10 |
| 7—8 月（4） | 120 | 80 | 16 | 10 |
| 9—10 月（5） | 70 | 80 | 16 | 10 |
| 11—12 月（6） | 40 | 65 | 13 | 10 |
| 合计 | 430 | 420 | 84 | 60 |

空闲工时是不计酬的，未利用的加班时间和转包产能不发生成本。在正常时间生产 1 台空调的成本是 1 000 美元，其中包括 300 美元的人工费。利用加班时间生产 1 台空调的成本是 1 150 美元。转包商可以按 1 250 美元的价格生产 1 台满足 Arctic Air 公司规格要求的空调。将 1 台空调存放在仓库 2 个月的库存持有成本是 60 美元，目前有 200 台空调存货。该计划要求在第 6 个时段末有 400 台空调的存货。不允许有积压订单。试用运输法制订一个成本最小的计划。

**解**

下表确定了最优生产和库存计划。图 D.14 给出了与该问题的解相对应的运输表。将任意大的成本（每个时段 99 999 美元）用于积压订单，这样就会有效地将它们排除在外。再次说明，所有产量都以 100 台为单位。注意，第 6 个时段的需求量为 4 400 台。这一数量是第 6 时段的需求量加上所要求的 400 台期末库存量。预期库存量是按照每个时段结束时的数量来计量的。成本的计算基于以下假定：工人的不足工时不计酬，或者当不需要他们从事该工作时将他们派往组织中其他岗位进行有效工作。

该解最初令人感到困惑的一个方面是将 200 台初始库存用于满足第 4 个时段而不是第 1 个时段的需求量。其解释是存在多个最优解，而这只是其中的一个解。但是，所有解都会导出以下相同的生产计划和预期库存计划：

| 生产计划 | | | | |
|---|---|---|---|---|
| 时段 | 正常时间产量 | 加班产量 | 转包产量 | 合计 |
| 1 | 6 500 | — | — | 6 500 |
| 2 | 6 500 | 400 | — | 6 900 |
| 3 | 6 500 | 1 300 | — | 7 800 |
| 4 | 8 000 | 1 600 | 1 000 | 10 600 |
| 5 | 7 000 | — | — | 7 000 |
| 6 | 4 400 | — | — | 4 400 |

| | 预期库存量 | |
|---|---|---|
| 时段 | 初始库存量 + 总产量 – 需求量 | 预期（期末）库存量 |
| 1 | 200 + 6 500 – 5 000 | 1 700 |
| 2 | 1 700 + 6 900 – 6 000 | 2 600 |
| 3 | 2 600 + 7 800 – 9 000 | 1 400 |
| 4 | 1 400 + 10 600 – 12 000 | 0 |
| 5 | 0 + 7 000 – 7 000 | 0 |
| 6 | 0 + 4 400 – 4 000 | 400 |

图 D.14
最优生产和库存计划
的运输表

| 时段 | 方案 | 时段 1 | 时段 2 | 时段 3 | 时段 4 | 时段 5 | 时段 6 | 未利用产能 | 总产能 |
|---|---|---|---|---|---|---|---|---|---|
| | 初始库存量 | 0 | 60 | 120 | 180 / **2** | 240 | 300 | 0 | 2 |
| 1 | 正常时间 | 1 000 / **50** | 1 060 / **15** | 1 120 | 1 180 | 1 240 | 1 300 | 0 | 65 |
| 1 | 加班 | 1 150 | 1 210 | 1 270 | 1 330 | 1 390 | 1 450 | 13 | 13 |
| 1 | 转包 | 1 250 | 1 310 | 1 370 | 1 430 | 1 490 | 1 550 | 10 | 10 |
| 2 | 正常时间 | 99 999 | 1 000 / **41** | 1 060 / **12** | 1 120 / **12** | 1 180 | 1 240 | 0 | 65 |
| 2 | 加班 | 99 999 | 1 150 / **4** | 1 210 | 1 270 | 1 330 | 1 390 | 9 | 13 |
| 2 | 转包 | 99 999 | 1 250 | 1 310 | 1 370 | 1 430 | 1 490 | 10 | 10 |
| 3 | 正常时间 | 99 999 | 99 999 | 1 000 / **65** | 1 060 | 1 120 | 1 180 | 0 | 65 |
| 3 | 加班 | 99 999 | 99 999 | 1 150 / **13** | 1 210 | 1 270 | 1 330 | 0 | 13 |
| 3 | 转包 | 99 999 | 99 999 | 1 250 | 1 310 | 1 370 | 1 430 | 10 | 10 |
| 4 | 正常时间 | 99 999 | 99 999 | 99 999 | 1 000 / **80** | 1 060 | 1 120 | 0 | 80 |
| 4 | 加班 | 99 999 | 99 999 | 99 999 | 1 150 / **16** | 1 210 | 1 270 | 0 | 16 |
| 4 | 转包 | 99 999 | 99 999 | 99 999 | 1 250 / **10** | 1 310 | 1 370 | 0 | 10 |
| 5 | 正常时间 | 99 999 | 99 999 | 99 999 | 99 999 | 1 000 / **70** | 1 060 | 10 | 80 |
| 5 | 加班 | 99 999 | 99 999 | 99 999 | 99 999 | 1 150 | 1 210 | 16 | 16 |
| 5 | 转包 | 99 999 | 99 999 | 99 999 | 99 999 | 1 250 | 1 310 | 10 | 10 |
| 6 | 正常时间 | 99 999 | 99 999 | 99 999 | 99 999 | 99 999 | 1 000 / **44** | 21 | 65 |
| 6 | 加班 | 99 999 | 99 999 | 99 999 | 99 999 | 99 999 | 1 150 | 13 | 13 |
| 6 | 转包 | 99 999 | 99 999 | 99 999 | 99 999 | 99 999 | 1 250 | 10 | 10 |
| | 需求量 | 50 | 60 | 90 | 120 | 70 | 44 | 132 | 566 |

## 讨论题

1. 一个特定的最大化线性规划问题具有以下小于或等于约束条件：（1）原材料；（2）劳动力小时数；（3）存储空间。最优解出现在原材料约束条件和劳动力小时数约束条件的交点上，因此这两个约束条件是紧约束。管理者正在考虑是否批准加班。在做这一决策时，线性规划的解能够为管理者提供什么样的有用信息？假定可以用较合理的价格租用一间仓库，当决定是否要租用该仓库时，管理者需要了解什么信息？线性规划模型能够提供什么帮助？

2. 线性规划和运输法都可以得到最优解。但是，当看到图 D.8 或图 D.12 的最优解结果后，明智的管理者有时会决定实施不同的计划。你如何解释这种决策方式？

## 练习题

1. Sports Shoe 公司是篮球鞋和足球鞋的生产商。市场营销经理必须决定使用广告资源的最佳方式。每赞助一个足球队需要 120 双鞋。每个篮球队需要 32 双鞋。足球教练收到 30 万美元的球鞋赞助，篮球教练收到 100 万美元的球鞋赞助。该经理的促销预算是 3 000 万美元。公司对 flubber 的供应量是有限的（4 升，即 4 000 立方厘米），这是用在促销的运动鞋上的一种稀有且昂贵的化合物。每双篮球鞋需要 0.003 升的 flubber，每一双足球鞋需要 0.001 升。在资源允许的条件下，该经理希望赞助尽可能多的篮球队和足球队。

   a. 建立一组线性方程来描述目标函数和约束条件。

   b. 用图解法求出目视解。

   c. 公司能够赞助每个球队的最大数量各是多少？

2. Nowledge 学院商学专业的学生总共必须完成 65 门课才能毕业。其中商学课程的数量必须大于等于 23 门。非商学课程的数量必须大于等于 20 门。每门商学课程平均需要 60 美元的教材费和 120 小时的学习时间。每门非商学课程平均需要 24 美元的教材费和 200 小时的学习时间。该学生有 3 000 美元可以用在教材上。

   a. 建立一组线性方程来描述目标函数和约束条件。

   b. 用图解法求出目视解。

   c. 使总学习时间最少的商学课程和非商学课程组合是什么？

   d. 求出松弛变量或剩余变量。

3. 在练习题 2 中，假定目标是使教材成本最少，并且学生的总学习时间限制在 12 600 小时。

   a. 用图解分析法确定使教材总成本最低的课程组合。

   b. 求出松弛变量或剩余变量。

4. Mile-High 小型啤酒厂生产淡啤酒和黑啤酒。该厂的大麦供应、灌装生产能力以及淡啤酒的市场都是有限的。每瓶淡啤酒的利润是 0.20 美元，每瓶黑啤酒的利润是 0.50 美元。

   a. 下表表示 Mile-High 啤酒厂产品的资源可用性。用线性规划的图解法制订使利润最大的生产计划。每月应该生产每种产品各多少瓶？

| 资源 | 产品 | | 资源可用性（每月） |
|---|---|---|---|
| | 淡啤酒（$x_1$） | 黑啤酒（$x_2$） | |
| 大麦 | 0.1 克 | 0.6 克 | 2 000 克 |
| 灌装 | 1 瓶 | 1 瓶 | 6 000 瓶 |
| 市场 | 1 瓶 | — | 4 000 瓶 |

   b. 找出具有松弛量或剩余量的约束条件。

5. 一家塑料管生产商的车间经理有机会为一种特定型号的塑料管使用两种不同的工艺路线。第一条工艺路线使用挤塑机 A，第二条工艺路线使用挤塑机 B。两条工艺路线都需要相同的塑料熔融过程。下表表示这些工艺的时间要求和生产能力。

| 工艺 | 时间需求量（小时 /100 英尺） | | 产能（小时） |
|---|---|---|---|
| | 工艺路线 1 | 工艺路线 2 | |
| 熔融 | 1 | 1 | 45 |
| 挤塑机 A | 3 | 0 | 90 |
| 挤塑机 B | 0 | 1 | 160 |

   使用工艺路线 1 每加工 100 英尺的管子消耗 5 磅原材料，使用工艺路线 2 每加工 100 英尺的管子只消耗 4 磅原材料。其差别源于挤塑机的废品率不同。因此，利用工艺路线 1 加工 100 英尺管子的利润是 60 美元，而利用工艺路线 2 加工 100 英尺管子的利润是 80 美元。可用的原材料共有 200 磅。

a. 建立一组线性方程来描述目标函数和约束条件。

b. 用图解法求出目视解。

c. 最大利润是多少?

6. 一家纺织品染料生产商用两种不同的工艺路线来生产一种特定型号的染料。第一条工艺路线使用干燥机 A,第二条工艺路线使用干燥机 B。在染料干燥前,两条工艺路线都需要同一个混合桶将化工原料混合成染料。下表显示了这些工艺的时间要求和生产能力。

| 工艺 | 时间需求量（小时/千克） | | 产能（小时） |
| --- | --- | --- | --- |
| | 工艺路线 1 | 工艺路线 2 | |
| 混合 | 2 | 2 | 54 |
| 干燥机 A | 6 | 0 | 120 |
| 干燥机 B | 0 | 8 | 180 |

工艺路线 1 每加工 1 千克染料使用 20 升化工原料,而工艺路线 2 每加工 1 千克染料只用 15 升化工原料。差别源于不同干燥机的产出率不同。因此,由工艺路线 1 每加工 1 千克染料的利润是 50 美元,而由工艺路线 2 每加工 1 千克染料的利润是 65 美元。可用于投入生产的化工原料总共有 450 升。

a. 写出使利润最大的约束条件和目标函数。

b. 用线性规划的图解法求出最优解。

c. 找出具有松弛量或剩余量的约束条件。

7. Trim-Look 公司生产几个系列的裙子、连衣裙和运动装。最近,一名顾问建议公司重新评估 South Islander 系列的服装,并将资源分配给对利润和间接费用贡献最大的产品。每种产品都需要相同的聚酯棉料,并要通过裁剪车间和缝纫车间。为了研究收集到下列数据。

| 产品 | 加工时间（小时） | | 面料（码） |
| --- | --- | --- | --- |
| | 裁剪 | 缝纫 | |
| 裙子 | 1 | 1 | 1 |
| 礼服 | 3 | 4 | 1 |
| 运动装 | 4 | 6 | 4 |

裁剪车间有 100 小时的生产能力,缝纫车间有 180 小时生产能力,有 60 码面料可供使用。每条裙子贡献 5 美元的利润和间接费用;每套礼服贡献 17 美元;每件运动装贡献 30 美元。

a. 确定该问题的目标函数和约束条件。

b. 用 POM for Windows 等计算机软件对该问题求解。

8. 进一步考虑练习题 7。

a. 你愿意为额外的 1 小时裁剪时间支付多少钱? 为额外 1 小时缝纫时间支付多少钱? 为额外 1 码面料支付多少线? 解释每个问题的答案。

b. 分别确定裁剪约束条件和面料约束条件右侧数值的变动范围,在这个范围内其影子价格仍然有效。

9. Polly Astaire 公司为身材高大的男士生产做工精良的服装。几年前,公司携 Sunset 系列的短裤、牛仔裤和衬衫进入了运动服装市场。管理者希望确定使利润最大的每种产品的数量。每种服装都需要经过 A 和 B 两个部门。每种产品的相关数据如下:

| 产品 | 加工时间（小时） | | 面料（码） |
| --- | --- | --- | --- |
| | 部门 A | 部门 B | |
| 衬衫 | 2 | 1 | 2 |
| 短裤 | 2 | 3 | 1 |
| 长裤 | 3 | 4 | 4 |

部门 A 有 120 小时的生产能力,部门 B 有 160 小时的生产能力,有 90 码面料可供使用。每件衬衫贡献 10 美元的利润和间接费用;每条短裤贡献 10 美元;每条长裤贡献 23 美元。

a. 确定该问题的目标函数和约束条件。

b. 用 POM for Windows 等计算机软件对该问题求解。

c. Astaire 公司愿意为额外的 1 小时部门 A 的生产能力支付多少钱? 为额外 1 小时部门 B 的生产能力支付多少钱? 右侧数值的变动范围为多少时影子价格有效?

10. Butterfield 公司生产各种刀具。每把刀要在 4 台机器上加工。所需的加工时间如下。（以小时数计量的）机器生产能力分别为第 1 台机器 1 500 小时,第 2 台机器 1 400 小时,第 3 台机器 1 600 小时和第 4 台机器 1 500 小时。

| 刀具 | 加工时间（小时） | | | |
| --- | --- | --- | --- | --- |
| | 机器 1 | 机器 2 | 机器 3 | 机器 4 |
| A | 0.05 | 0.10 | 0.15 | 0.05 |
| B | 0.15 | 0.10 | 0.05 | 0.05 |
| C | 0.20 | 0.05 | 0.10 | 0.20 |
| D | 0.15 | 0.10 | 0.10 | 0.10 |
| E | 0.05 | 0.10 | 0.10 | 0.05 |

每种产品都含有不同数量的两种基本原材料。原材料 1 的成本为每盎司 0.50 美元,原材料 2 的成本为

每盎司 1.50 美元。可供使用的原材料 1 有 75 000 盎司，原材料 2 有 100 000 盎司。

| | 需求量（盎司/把） | | |
|---|---|---|---|
| 刀具 | 原材料 1 | 原材料 2 | 售价（美元/把） |
| A | 4 | 2 | 15.00 |
| B | 6 | 8 | 25.50 |
| C | 1 | 3 | 14.00 |
| D | 2 | 5 | 19.50 |
| E | 6 | 10 | 27.00 |

a. 如果目标是使利润最大，确定该问题的目标函数和约束条件。假定劳动力成本可以忽略不计。

b. 用 POM for Windows 等计算机软件求解该问题。

11. Nutmeg 公司生产 3 种不同的 1 磅重的听装产品：杏仁爱好者复合果汁、核桃爱好者复合果汁和经济型复合果汁。Nutmeg 公司的产品使用了 3 种坚果：杏仁、核桃和花生。Nutmeg 公司目前有 350 磅杏仁、150 磅核桃和 1 000 磅花生。Nutmeg 公司的每种产品都必须含有一定比例的各种坚果，如下表所示。表中还显示了每听饮料的收入和购买坚果的单位成本。

| | 每听要求的百分比 | | | |
|---|---|---|---|---|
| | 杏仁 | 核桃 | 花生 | 每听的收入 |
| 杏仁爱好者复合果汁 | 80% | 20% | 0% | $8.00 |
| 核桃爱好者复合果汁 | 20% | 80% | 0% | $10.00 |
| 经济型复合果汁 | 10% | 10% | 80% | $4.50 |
| 每磅成本 | $4.50 | $6.00 | $3.00 | |

a. 根据 Nutmeg 公司目前的坚果库存量，为了使收入最高，每种产品各应该生产多少听？

b. 如果 Nutmeg 公司感兴趣的是使边际收益（定义为每件产品的收入 − 原材料成本）最大，a 中得到的解是否会发生变化？

c. 如果有另外 50 磅核桃可供使用，由 b 中所得到的使边际收益最大的解如何变化？

12. 加工行业管理人员经常考虑的一个问题就是混配。练习题 11 中的 Nutmeg 公司正在考虑一种新产品，这种新产品打算卖给关注健康的积极的成年人。这是一种满足特定健康要求的 4 盎司装的坚果。首先，4 盎司 1 包的产品所包含的热量不得超过 720 卡路里。它必须至少提供 20 克蛋白质。最后，1 包产品必须至少提供成人每日需求（ADR）钙的 15% 和铁的 20%。Nutmeg 公司准备在这种新产品中只使用杏仁、核桃和花生。下表提供

了每种成分的营养数据和 Nutmeg 公司的成本。

| 成分 | 每盎司卡路里数 | 每盎司蛋白质克数 | 每盎司钙 ADR% | 每盎司铁 ADR% | 每盎司成本 |
|---|---|---|---|---|---|
| 杏仁 | 180 | 6 | 8% | 6% | $0.28 |
| 核桃 | 190 | 4 | 2% | 6% | $0.38 |
| 花生 | 170 | 7 | 0% | 4% | $0.12 |

a. 运用线性规划法求出使（每 4 盎司包装中使用的）每种成分的盎司数最小的成本。每包产品的原材料成本是多少？

b. Nutmeg 公司的市场营销部门坚持每包至少应该含有 1/2 盎司杏仁、1/2 盎司核桃和不超过 1 盎司的花生。（a）中求出的解是否满足这一新的约束条件？如果不满足，用线性规划法求出一个满足营销部门要求的解。新解的原材料成本是多少？

13. 一家小型制造公司生产 3 种供其他公司使用的基本零部件。每种零部件要由 3 台机器加工。加工时间如下表所示。（以小时数计量的）总生产能力分别为第 1 台机器 1 600 小时，第 2 台机器 1 400 小时，第 3 台机器 1 500 小时。

| | 加工时间（小时） | | |
|---|---|---|---|
| 零部件 | 机器 1 | 机器 2 | 机器 3 |
| A | 0.25 | 0.10 | 0.05 |
| B | 0.20 | 0.15 | 0.10 |
| C | 0.10 | 0.05 | 0.15 |

每种零部件都含有不同数量的两种基本原材料。原材料 1 的成本为每盎司 0.20 美元，原材料 2 的成本为每盎司 0.35 美元。目前，可供使用的原材料 1 有 200 000 盎司，原材料 2 有 85 000 盎司。

| | 需求量（盎司/件） | | |
|---|---|---|---|
| 零部件 | 原材料 1 | 原材料 2 | 售价（美元/件） |
| A | 32 | 12 | 40 |
| B | 26 | 16 | 28 |
| C | 19 | 9 | 24 |

a. 假定公司必须至少生产 1 200 件零部件 B，劳动力成本可以忽略不计，且目标是使利润最大。试确定该问题的目标函数和约束条件。

b. 用 POM for Windows 等计算机软件求解该问题。

14. 以下是一个线性规划模型，用来分析 Maxine 制帽公司的产品组合，该公司生产 3 种型号的帽子：

Max : $\$7x_1 + \$8x_2 + \$6x_3 = Z$

St. : $2x_1 + 4x_2 + 2x_3 \leq 120$（机器 A 的时间）

$5x_1 + 3x_2 + 2x_3 \leq 400$（机器 B 的时间）

$2x_1 + 2x_2 + 4x_3 \leq 110$（机器 C 的时间）

$x_1 \geq 0, x_2 \geq 0, x_3 \geq 0$

图 D.15 中的 POM for Windows 输出结果表示该问题的最优解。单独考虑以下每种说法，指出是真还是假。解释每个答案。

a. 如果第 3 种型号的帽子的价格增加为 11.50 美元，则它应该出现在最优产品组合中。提示：第 3 种型号的帽子由 $x_3$ 表示，当前的最优值为 0，这意味着该产品不会被生产（因此不在最优产品组合中）。

b. 机器 B 的生产能力可以降低到 280 小时而不影响利润。

c. 如果机器 C 有 115 小时的生产能力，产量仍然保持不变。

15. 华盛顿化工公司为黏合剂行业生产化学制品和溶剂。生产流程划分为几个"集中式工厂"，每个工厂生产一组特定的产品。现在到了为其中一个集中式工厂制订生产计划的时间了。该工厂生产 5 种产品，这些产品都必须经过反应器和分离器。每种产品还需要某种原材料组合。生产数据示于表 D.2 中。

华盛顿化工公司与一家大型黏合剂生产商签订了长期合同，要求每年生产第 3 种和第 4 种产品各 3 000 磅。由于目前市场需求超过了生产能力，所以可以生

（a）结果屏幕

| 最大化 | 7 | 8 | 6 | | | |
|---|---|---|---|---|---|---|
| 机器A时间 | 2 | 4 | 2 | ≤ | 120 | .5 |
| 机器B时间 | 5 | 3 | 2 | ≤ | 400 | 0 |
| 机器C时间 | 2 | 2 | 4 | ≤ | 110 | 3 |
| 解 | 50 | 5 | 0 | | 390 | |

（b）范围屏幕

| 变量 | 取值 | 差额成本 | 原始值 | 下限 | 上限 |
|---|---|---|---|---|---|
| X1 | 50 | 0 | 7 | 4.6667 | 8 |
| X2 | 5 | 0 | 8 | 7 | 14 |
| X3 | 0 | 7 | 6 | –无穷大 | 13 |
| 约束条件 | 影子价格 | 松弛量/剩余量 | 原始值 | 下限 | 上限 |
| 机器A时间 | .5 | 0 | 120 | 110 | 220 |
| 机器B时间 | 0 | 135 | 400 | 265 | 无穷大 |
| 机器C时间 | 3 | 0 | 110 | 60 | 120 |

图 D.15 Maxine 制帽公司问题解的屏幕

表 D.2 华盛顿化工公司的生产数据

| 资源 | 产品 | | | | | 总资源可用量 |
|---|---|---|---|---|---|---|
| | 1 | 2 | 3 | 4 | 5 | |
| 反应器（小时 / 磅） | 0.05 | 0.10 | 0.80 | 0.57 | 0.15 | 7 500 小时 * |
| 分离器（小时 / 磅） | 0.20 | 0.02 | 0.20 | 0.09 | 0.30 | 7 500 小时 * |
| 原材料 1（磅） | 0.20 | 0.50 | 0.10 | 0.40 | 0.18 | 10 000 磅 |
| 原材料 2（磅） | — | 0.70 | — | 0.50 | — | 6 000 磅 |
| 原材料 3（磅） | 0.10 | 0.20 | 0.40 | — | — | 7 000 磅 |
| 毛利（\$/ 磅） | 4.00 | 7.00 | 3.50 | 4.00 | 5.70 | |

* 调整总的可用时间，达到设置调整时间。由于产品切换之间的成本，5 种产品有一个事先指定的生产顺序。公司有一个 35 天的生产周期（即每种产品每年有 10 次切换）。因此，这些切换所需时间已经从这些机器的总可用时间中扣除。

产更多这些产品。

a. 假定公司可以将生产的全部产品售出，确定使利润最大的每种产品的年产量。

b. 确定每种产品的批量。

16. Warwick 制造公司生产工业用铁锹和家用铁锹。铁锹的销售是季节性的，而且 Warwick 公司的客户不愿意在销售淡季囤积铁锹。换句话说，客户希望使库存最少，因此坚持要求按照他们的进度发货，并且不接受积压订单。

Warwick 公司聘用仅需要基础培训的非熟练工人进行手工生产。生产 1 000 把铁锹的正常时间成本是 3 500 美元，加班时间成本是 3 700 美元。这些数据包含原材料的成本，原材料的成本占到成本的 85% 以上。加班时间限制在每季度生产 15 000 把铁锹。此外，还可以每 1 000 把铁锹 4 200 美元的价格雇用转包商，但是 Warwick 公司的劳动合同将这种转包生产限制在每季度 5 000 把铁锹。

当前的库存水平是 30 000 把铁锹，管理者希望在年底保持这一库存水平。将 1 000 把铁锹持有 1 个季度的库存持有成本是 280 美元。最近的年度需求预测如下：

| 季度 | 需求量 |
|------|--------|
| 1 | 70 000 |
| 2 | 150 000 |
| 3 | 320 000 |
| 4 | 100 000 |
| 合计 | 640 000 |

建立一个线性规划模型，确定最优的正常时间产能计划。假定已知下列条件：

- 公司现有 30 名工人，管理者希望第 4 季度有相同的工人数量。
- 每名工人每季度可以生产 4 000 把铁锹。
- 招聘一名工人的成本为 1 000 美元，辞退一名工人的成本为 600 美元。

17. Warwick 制造公司的管理者愿意给客户批发价，作为在传统季节之前提前购买铁锹的激励措施。Warwick 公司的销售和营销人员估计，由于批发价导致铁锹的需求量如下：

| 季度 | 需求量 | 原始需求量 |
|------|--------|------------|
| 1 | 120 000 | 70 000 |
| 2 | 180 000 | 150 000 |
| 3 | 180 000 | 320 000 |
| 4 | 160 000 | 100 000 |
| 合计 | 640 000 | 640 000 |

根据新需求进度计算最优生产计划（包括劳动力调度计划）。将该生产计划与原始需求计划下的最优生产计划进行比较。评估对需求管理的潜在影响。

18. Bull Grin 公司为许多生产动物食品的其他公司生产饲料添加剂。生产 1 000 磅添加剂的正常时间成本是 810 美元，加班时间成本是 900 美元。这些数据包含原材料的成本，原材料的成本占到成本的 80% 以上。该工厂每季度可以用正常时间生产 400 000 磅添加剂，但加班时间限制在每季度生产 40 000 磅添加剂。当前的库存水平有 40 000 磅，管理层希望在年底保持这一库存水平。将 1 000 磅饲料添加剂持有 1 个季度的库存持有成本是 110 美元。最近的年度需求预测如下：

| 季度 | 需求量（磅） |
|------|--------------|
| 1 | 100 000 |
| 2 | 410 000 |
| 3 | 770 000 |
| 4 | 440 000 |

a. 定义了所有决策变量后，将该生产计划问题构建成一个线性规划模型。

b. 用 POM for Windows 等计算机软件求解你的模型。

c. 假定可以用每 1 000 磅 1 100 美元的价格转包，按 Bull Grin 公司需要的数量生产添加剂。这是否会改变（b）中的成本最小解？

d. 如果 Bull Grin 公司认识到当前的库存水平实际上为 0 磅，(c) 中假设的资源是否仍然足够满足全部需求，并在年底拥有 40 000 磅的期末库存？如果能够满足，Bull Grin 公司的生产计划成本将增加多少？

19. Supertronics 有限公司想知道产品组合如何影响公司的盈利能力。目前，产品组合是按照单位边际贡献（定义为销售价格与原材料成本之差）的大小来确定的。包括每个工作站加工时间在内的 Supertronics 公司产品系列的详细情况如下表所示：

|  | 产品 | | | |
|---|---|---|---|---|
|  | A | B | C | D |
| 价格 | \$350.00 | \$320.00 | \$400.00 | \$500.00 |
| 原材料成本 | \$50.00 | \$40.00 | \$125.00 | \$150.00 |
| 周需求量（件） | 100 | 60 | 50 | 80 |
| 机器 1 加工时间（分钟） | 20 | 0 | 40 | 10 |
| 机器 2 加工时间（分钟） | 25 | 20 | 0 | 50 |
| 机器 3 加工时间（分钟） | 0 | 20 | 60 | 30 |

    a. 假定 Supertronics 公司每个工作站每周的可用能力为 5 500 分钟。建立一个线性规划模型，确定边际贡献最大的产品组合。

    b. 用 POM for Windows 等计算机软件求解你的模型。

    c. 根据（b）中得出的解，哪个工作站是瓶颈？

    d. 如果已经对顾客做出了每种产品 50 件的承诺，因此必须进行生产，（b）中的模型和解会如何变化？

20. 摩根大通公司（JPMorgan Chase）有员工调度问题。接线员的工作为 8 小时一班，开始工作的时间分别为午夜、凌晨 4 点、上午 8 点、中午、下午 4 点或晚 8 点。接线员需要满足下表中的需求模式。建立一个线性规划模型，用最少的接线员满足需求。

| 时间段 | 需要的接线员数量 |
|---|---|
| 午夜到凌晨 4 点 | 4 |
| 凌晨 4 点到上午 8 点 | 6 |
| 上午 8 点到中午 | 90 |
| 中午到下午 4 点 | 85 |
| 下午 4 点到晚 8 点 | 55 |
| 晚 8 点到午夜 | 20 |

21. 回顾一下练习题 18 中的 Bull Grin 公司。一些成本和需求参数发生了变化。现在，生产 1 000 磅添加剂的正常时间成本是 830 美元，加班时间成本是 910 美元。对于未利用的正常时间、加班时间和转包生产能力，不产生额外成本。加班时间限制在每季度总共生产 20 000 磅添加剂。另外，可以用每 1 000 磅 1 000 美元的价格进行转包，但每季度只能用这种方法生产 30 000 磅添加剂。

    当前的库存水平是 40 000 磅，管理者希望在年底保持这一库存水平。将 1 000 磅饲料添加剂持有 1 个季度的库存持有成本是 100 美元。最近的年度预测数据示于表 D.3 中。

    用 POM for Windows 中生产计划的运输法求出最优生产计划，并计算其成本，或者用电子表格方法，找到一个合适的生产计划，并计算其成本。

22. Cut Rite 公司是一家大型工业割草机生产商。Cut Rite 公司为其装配厂聘用一名半熟练工人的成本是 3 000 美元，辞退一名工人的成本是 2 000 美元。工厂利用现有的 720 名工人平均每季度可以生产 36 000 台割草机。正常时间的生产能力与工人数量成正比。加班时间的最大限度为每季度生产 3 000 台割草机，合同转包的最大限度为每季度生产 1 000 台割草机。用正常时间生产 1 台割草机的成本（包括原材料）是 2 430 美元，用加班时间生产的成本是 2 700 美元，通过合同转包生产的成本是 3 300 美元。未利用的正常时间生产能力的成本为每台割草机 270 美元。对未利用的加班时间和转包生产能力，不产生额外成本。当前的库存水平为 4 000 台割草机，管理者希望在年底保持这一库存水平。客户不能容忍积压订单，将 1 台割草机持有 1 个季度的库存持有成本是 300 美元。下一年度对割草机的需求如下表所示：

表 D.3　预测结果和生产能力

|  | 时间段 | | | | |
|---|---|---|---|---|---|
|  | 第 1 季度 | 第 2 季度 | 第 3 季度 | 第 4 季度 | 合计 |
| 需求量（磅） | 130 000 | 400 000 | 800 000 | 470 000 | 1 800 000 |
| 生产能力（磅） |  |  |  |  |  |
| 正常时间 | 390 000 | 400 000 | 460 000 | 380 000 | 1 630 000 |
| 加班 | 20 000 | 20 000 | 20 000 | 20 000 | 80 000 |
| 转包 | 30 000 | 30 000 | 30 000 | 30 000 | 30 000 |

| 季度 | 1 | 2 | 3 | 4 |
|---|---|---|---|---|
| 需求量 | 10 000 | 41 000 | 77 000 | 44 000 |

提出了两套劳动力调度计划,管理者不确定应该使用哪个计划。下表给出了每个计划每季度的员工数量:

| 季度 | 1 | 2 | 3 | 4 |
|---|---|---|---|---|
| 计划 1 | 720 | 780 | 920 | 720 |
| 计划 2 | 860 | 860 | 860 | 860 |

a. 你会向管理者推荐哪个计划?你的建议是用生产计划的运输法分析,请解释。

b. 如果管理者运用有创意的定价方法,让客户在非传统时段购买割草机,将导致以下需求计划:

| 季度 | 1 | 2 | 3 | 4 |
|---|---|---|---|---|
| 需求量 | 20 000 | 54 000 | 54 000 | 44 000 |

现在你会推荐哪个劳动力调度计划?

23. Holloway 日历公司生产各种商用和私用的印刷日历。日历的需求是高度季节性的,需求高峰出现在第3季度。当前的库存量有 165 000 套日历,期末库存量应该为 200 000 套日历。 Holloway 公司的生产经理 Ann Ritter 希望根据下表给出的需求量和产能计划制订最佳的生产计划(这里的需求量和产能都是以 1 000 套日历为单位,而不是以等价的员工时段数表示的)。Ritter 知道正常时间的成本为每套 0.50 美元,加班成本为每套 0.75 美元,转包生产的成本为每套 0.90 美元。每套日历每季度的库存持有成本是 0.10 美元。未利用的正常时间生产能力不产生成本。

| | 季度 | | | | |
|---|---|---|---|---|---|
| | **1** | **2** | **3** | **4** | **合计** |
| 需求量 | 250 | 515 | 1 200 | 325 | 2 290 |
| 生产能力 | | | | | |
| 正常时间 | 300 | 300 | 600 | 300 | 1 500 |
| 加班 | 75 | 75 | 150 | 75 | 375 |
| 转包 | 150 | 150 | 150 | 150 | 600 |

a. 用 POM for Windows 中运输法的(生产计划)模块,向 Ritter 推荐一个生产计划。(不允许出现任何缺货或积压订单。)

b. 解释说明你推荐的计划。

c. 计算你所推荐的生产计划的总成本。

## 案例 | R. U. Reddie 公司寻找厂址

位于芝加哥的 R. U. Reddie 公司生产专门为史努比和大笨狼（Wile E. Coyote）等填充卡通动物设计的服装。受欢迎的产品包括史努比的婚礼小礼服和大笨狼的防弹衣。防弹衣有时能在近距离拦截 Acme 火箭。

公司的大部分销售额依赖于那些被惯坏的孩子，他们直到父母给他们的填充玩具购买了衣服之后才肯离开玩具商店。公司的所有者朗达·尤利西斯·雷迪为市场预测结果感到担心，预测指出产品的需求量大大超过了工厂当前的生产能力。"最可能"的预测结果表明，明年公司将缺货 400 000 件产品，随后每年的缺货量为 700 000 件。因此，朗达正考虑开设一家新工厂来生产更多产品。

### 背景

R. U. Reddie 公司目前有三家工厂，分别位于波士顿、克利夫兰和芝加哥。公司的第一家工厂位于芝加哥，但随着中西部地区和东北部地区销量的增长，又迅速建立了克利夫兰工厂和波士顿工厂。由于填充动物玩具服装的需求向西部地区转移，所以在圣路易斯市和丹佛市又建立了仓储中心。公司扩张了三家工厂的产能来适应需求。每个工厂都有自己的仓库，用于满足本地区的需求。多余的产量则运往圣路易斯或丹佛。

销售部门提供的新的长期预测既有好消息，也有坏消息。新增的收入肯定会对 Reddie 公司的盈利能力有所帮助，但是公司必须购买另一家工厂来实现这些更多的利润。现有的工厂已经没有可用空间，而且生产填充动物玩具服装的新技术带来的收益十分诱人。这些因素促使 R. U. Reddie 公司要为一家新工厂寻找最佳厂址。朗达将丹佛和圣路易斯确定为新工厂的可能厂址。

### 朗达关心的问题

增加工厂是一项重大决策。朗达开始考虑她所能获得的数据的准确性。她关注市场、财务和运营方面的问题。

### 市场

从第 2 年到第 10 年的需求预测显示，需求量将每年增长 700 000 件，直到每年总需求量达到 2 000 000 件。这里朗达关心两个问题。首先，如果每个城市的预测量一致提高或降低 10% 会出现什么情况？也就是说，当每个城市受到的影响与其他城市相同时，其年度总需求量可能低至 1 800 000 件或者高至 2 200 000 件。其次，营销经理已经表达了对市场可能从中西部和东北部向西部地区转移的担忧。在这种情况下，圣路易斯增加的需求量将达到 50 000 件，丹佛增加的需求量为 150 000 件，其余城市则维持"最可能的"需求预测值。

### 财务

朗达已经认识到每种方案的净现值（NPV）是最终决策的重要参考依据。但是，确定现金流量的估计值，对各种成本估计的准确性是至关重要的。她想知道，当每种方案的可变生产成本和运输成本之和（COGS）相差 ±10% 时，她的决定是否会发生变化。也就是说，当圣路易斯的可变生产成本和运输成本比估计值高出 10%，而丹佛的可变生产成本和运输成本比估计值低 10% 时会发生什么情况？或者反过来，又会怎样？而且，当固定成本的估计值相差 ±10% 时会发生什么情况？例如，假定圣路易斯的固定成本比估计值高出 10%，而丹佛的固定成本比估计值低 10%，或者反过来。在上述任何一种情况下，所建议的方案是否会改变？

### 运营

新工厂的最终位置将决定生产网络中每个工厂的配送安排和利用率。削减任何一家工厂的产量都将改变所有工厂的配送安排。由于一家新工厂"最可能"的需求预测意味着系统中过多的生产能力，所以克利夫兰工厂的生产能力可以从第 2 年开始削减。假定克利夫兰工厂从第 2 年起每年削减 50 000 套的产量，这一行动是否会影响丹佛和圣路易斯之间的选择？对工厂的配送安排会有什么影响？还需要考虑一些非量化的因素。首先，由于最近关闭了一家豆豆布偶工厂，因此丹佛比圣路易斯更容易获得合格的劳动力。圣路易斯的劳动力市场相对紧张，且在可预见的将来将一直面临劳动力短缺。其次，丹佛市区刚刚制定了严格的环保法规。朗达的新工厂要遵守现有法规，而且该地区有非常强的环保意识，将来还会出台更多的规章制度。一旦开始运营，改造一家工厂的成本将是巨大的。最后，丹佛有许多能够对产品设计（新的服装时尚）提供帮助的很好的供应商。圣路易斯也有供应商，但是不能在产品开发方面提供帮助。靠近具有产品开发能力的供应商对该行业来说是可以"加分"的。

**数据**

为朗达收集了以下数据：

1. 根据最高效运输公司的平均吨英里费率计算的单位运输成本是每英里 0.0005 美元。平均每套服装的收入是 8 美元。

2. 公司目前（以千套为单位）的生产能力约束如下：

| | 生产能力 |
|---|---|
| 波士顿 | 400 |
| 克利夫兰 | 400 |
| 芝加哥 | 500 |

3. 表 D.4 给出了各个厂址的数据。

4. 新工厂的信息：

| 方案 | 建筑和设备[2] | 年度固定成本 (SGA)[1,3] | 可变生产成本/套 | 土地[1] |
|---|---|---|---|---|
| 丹佛 | $12 100 | $550 | $3.15 | $1 200 |
| 圣路易斯 | 10 800 | 750 | 3.05 | 800 |

[1] 数字以千为单位。
[2] 按 10 年使用寿命折旧的工厂和设备账面净值。
[3] 年度固定成本不包括工厂和设备的折旧。

5. 各城市之间道路的英里数如下表所示：

| | 波士顿 | 克利夫兰 | 芝加哥 | 圣路易斯 | 丹佛 |
|---|---|---|---|---|---|
| 波士顿 | — | 650 | 1 000 | 1 200 | 2 000 |
| 克利夫兰 | | — | 350 | 600 | 1 400 |
| 芝加哥 | | | — | 300 | 1 000 |
| 圣路易斯 | | | | — | 850 |
| 丹佛 | | | | | — |

6. 你应该遵循的基本假设：

- 新投资的终值（10 年）是工厂、设备和土地成本的 50%。
- 税率是 40%。
- 在 10 年的生命周期里对所有资产采用直线折旧法。
- R. U. Reddie 公司是一个拥有 100% 股权的公司，可以用全部股本融资，其加权平均资本成本（WACC）为 11%。
- 新工厂第 1 年的生产能力为 500 000 套。
- 新工厂第 1 年之后的生产能力为每年 900 000 套。
- 销货成本（cost of goods sold, COGS）等于可变生产成本加总运输成本。
- 从工厂向自己的仓库送货的运输成本为 0，但有生产成本。

**表 D.4　R. U. Reddie 公司的选址数据**

| 城市 | 第 1 年最可能的需求量[1] | 第 2—第 10 年最可能的需求量[1] | 当前的成本、建筑和设备[1,2] | 年度固定成本（SGA）[1,3] | 可变生产成本/套 | 土地[1] |
|---|---|---|---|---|---|---|
| 波士顿 | 80 | 140 | $9 500 | $600 | $3.80 | $500 |
| 克利夫兰 | 200 | 260 | 7 700 | 300 | 3.00 | 400 |
| 芝加哥 | 370 | 430 | 8 600 | 400 | 3.25 | 600 |
| 圣路易斯 | 440 | 500 | | | | |
| 丹佛 | 610 | 670 | | | | |

[1] 数字以千为单位。
[2] 按 10 年使用寿命折旧的工厂和设备账面净值。
[3] 年度固定成本不包括工厂和设备的折旧。

7. R. U. Reddie 公司的运营和物流经理确定了运输计划和销货成本，可以选择不建新工厂，而只是最大限度地利用现有产能（维持现状）。

| 第 1 年 | COGS = $4 692 000 |
| --- | --- |
| 波士顿到波士顿 | 80 |
| 波士顿到圣路易斯 | 320 |
| 克利夫兰到芝加哥 | 80 |
| 克利夫兰到克利夫兰 | 200 |
| 克利夫兰到圣路易斯 | 120 |
| 芝加哥到芝加哥 | 290 |
| 芝加哥到丹佛 | 210 |
| 第 2—10 年 | COGS = $4 554 000 |
| 波士顿到波士顿 | 140 |
| 波士顿到圣路易斯 | 260 |
| 克利夫兰到克利夫兰 | 260 |
| 克利夫兰到圣路易斯 | 140 |
| 芝加哥到芝加哥 | 430 |
| 芝加哥到圣路易斯 | 70 |

**思考题**

要求你所在的小组确定 R. U. Reddie 公司是否应该建设新工厂。如果应该，该在何处选址。你的报告应该包含 6 个部分。

1. 你的小组写给 R. U. Reddie 公司的备忘录，提出了你们的建议，并简单综述了支持依据。

2. 将选址决策问题构建成一个线性规划模型。目标函数应该使总可变成本（生产成本加运输成本）最小。其变量应该是每个工厂（包括备选的新工厂）向每个仓库的运货量。你应该有 20 个变量（4 个工厂和 5 个仓库），还应该有 9 个约束条件（4 个工厂的生产能力约束和 5 个仓库的需求约束）。参考附件中的提示。你需要两个模型——一个在丹佛选址，一个在圣路易斯选址。

3. 用线性规划软件包，比如 POM for Windows，求出每个方案（即丹佛和圣路易斯）的最优配送计划。本例使用线性规划模型更好，因为它可以提供灵敏度分析信息。

4. 计算每个方案的净现值。对每个方案使用 COGS 线性模型的结果。（提示：如果考虑现金流量的增量，可以使分析简化。）为每个方案建立一张容易阅读的电子数据表。

5. 对前面提到的下列定量因素进行灵敏度分析：预测误差（一致性误差和市场变化），COGS 估计值的误差，以及固定成本估计值的误差。以"最可能"的预测值为基础，每个因素是否与其他因素相互独立？用一张表格对结果进行归纳。

6. 用思考题 5 中的分析结果找出能够确定一个方案比另一个优越的关键定量变量。根据朗达所要考虑的问题，证明你的最终建议的合理性。

**附件**

下面是对模型的一些提示。

1. 波士顿工厂的产能约束条件看起来像以下形式：

$$1B - B + 1B - CL + 1B - CH + 1B - D + 1B - SL \leqslant 400$$

本例中的变量 B-CH 指从波士顿到芝加哥。你一共需要 4 个产能约束条件，其中每个现有的工厂各有一个约束条件，正在评估的一个备选地点有一个约束条件。记住新地点第 1 年的产能限制为 500，第 2 年为 900。

2. 波士顿的需求量约束条件看起来像以下形式：

$$1B - B + 1CL - B + 1CH - B + 1D - B = 140$$

本例中描述了丹佛的选址方案（D-B 表示在丹佛生产并运往波士顿的数量）。你一共需要 5 个需求量约束条件，每个仓库所在地是一个约束条件。注意需求约束条件使用的是等号，说明每个仓库必须接收的准确数量。

3. 以"运送 1 000 套"为单位定义变量，省去每个需求量和生产能力值后面的三个 0。当求出模型的解后，记得将最终的决策值和总可变成本乘上 1 000。

4. 由于第 1 年到第 2 年的产能和需求量都发生变化，所以需要对每个选址方案的模型运行两次来获得必要数据。为了完成报告中的第 5 部分，还应该多次运行模型和电子数据表。

## 参考文献

Anderson, D.R., D.J. Sweeney, T.A.Williams, J. D. Camm and K. Martin. *An Introduction to Management Science: A Quantitative Approach to Decision Making*, 13th ed. Cincinnati: South-Western, 2011.

Hillier, Fredrick S., and Mark S. Hillier. *Introduction to Management Science: A Modeling and Case Studies Approach with Spreadsheets*, 4th ed. Burr Ridge, IL: McGraw Hill, 2011.

Ragsdale, Cliff. *Spreadsheet Modeling & Decision Analysis: A Practical Introduction to Management Science*, 6th ed. Cincinnati, OH: South-Western, 2011.

Render, Barry, Ralph M. Stair, and Michael E. Hanna. *Quantitative Analysis for Management*, 11th ed. Upper Saddle River, NJ: Prentice Hall, 2011.

Winston, Wayne L., and S. Christian Albright. *Practical Management Science*, 4th ed. Belmont, CA: Duxbury Press, 2012.

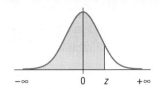

|  | 0.00 | 0.01 | 0.02 | 0.03 | 0.04 | 0.05 | 0.06 | 0.07 | 0.08 | 0.09 |
|---|---|---|---|---|---|---|---|---|---|---|
| 0.0 | 0.5000 | 0.5040 | 0.5080 | 0.5120 | 0.5160 | 0.5199 | 0.5239 | 0.5279 | 0.5319 | 0.5359 |
| 0.1 | 0.5398 | 0.5438 | 0.5478 | 0.5517 | 0.5557 | 0.5596 | 0.5636 | 0.5675 | 0.5714 | 0.5753 |
| 0.2 | 0.5793 | 0.5832 | 0.5871 | 0.5910 | 0.5948 | 0.5987 | 0.6026 | 0.6064 | 0.6103 | 0.6141 |
| 0.3 | 0.6179 | 0.6217 | 0.6255 | 0.6293 | 0.6331 | 0.6368 | 0.6406 | 0.6443 | 0.6480 | 0.6517 |
| 0.4 | 0.6554 | 0.6591 | 0.6628 | 0.6664 | 0.6700 | 0.6736 | 0.6772 | 0.6808 | 0.6844 | 0.6879 |
| 0.5 | 0.6915 | 0.6950 | 0.6985 | 0.7019 | 0.7054 | 0.7088 | 0.7123 | 0.7157 | 0.7190 | 0.7224 |
| 0.6 | 0.7257 | 0.7291 | 0.7324 | 0.7357 | 0.7389 | 0.7422 | 0.7454 | 0.7486 | 0.7517 | 0.7549 |
| 0.7 | 0.7580 | 0.7611 | 0.7642 | 0.7673 | 0.7704 | 0.7734 | 0.7764 | 0.7794 | 0.7823 | 0.7852 |
| 0.8 | 0.7881 | 0.7910 | 0.7939 | 0.7967 | 0.7995 | 0.8023 | 0.8051 | 0.8078 | 0.8106 | 0.8133 |
| 0.9 | 0.8159 | 0.8186 | 0.8212 | 0.8238 | 0.8264 | 0.8289 | 0.8315 | 0.8340 | 0.8365 | 0.8389 |
| 1.0 | 0.8413 | 0.8438 | 0.8461 | 0.8485 | 0.8508 | 0.8531 | 0.8554 | 0.8577 | 0.8599 | 0.8621 |
| 1.1 | 0.8643 | 0.8665 | 0.8686 | 0.8708 | 0.8729 | 0.8749 | 0.8770 | 0.8790 | 0.8810 | 0.8830 |
| 1.2 | 0.8849 | 0.8869 | 0.8888 | 0.8907 | 0.8925 | 0.8944 | 0.8962 | 0.8980 | 0.8997 | 0.9015 |
| 1.3 | 0.9032 | 0.9049 | 0.9066 | 0.9082 | 0.9099 | 0.9115 | 0.9131 | 0.9147 | 0.9162 | 0.9177 |
| 1.4 | 0.9192 | 0.9207 | 0.9222 | 0.9236 | 0.9251 | 0.9265 | 0.9279 | 0.9292 | 0.9306 | 0.9319 |
| 1.5 | 0.9332 | 0.9345 | 0.9357 | 0.9370 | 0.9382 | 0.9394 | 0.9406 | 0.9418 | 0.9429 | 0.9441 |
| 1.6 | 0.9452 | 0.9463 | 0.9474 | 0.9484 | 0.9495 | 0.9505 | 0.9515 | 0.9525 | 0.9535 | 0.9545 |
| 1.7 | 0.9554 | 0.9564 | 0.9573 | 0.9582 | 0.9591 | 0.9599 | 0.9608 | 0.9616 | 0.9625 | 0.9633 |
| 1.8 | 0.9641 | 0.9649 | 0.9656 | 0.9664 | 0.9671 | 0.9678 | 0.9686 | 0.9693 | 0.9699 | 0.9706 |
| 1.9 | 0.9713 | 0.9719 | 0.9726 | 0.9732 | 0.9738 | 0.9744 | 0.9750 | 0.9756 | 0.9761 | 0.9767 |
| 2.0 | 0.9772 | 0.9778 | 0.9783 | 0.9788 | 0.9793 | 0.9798 | 0.9803 | 0.9808 | 0.9812 | 0.9817 |
| 2.1 | 0.9821 | 0.9826 | 0.9830 | 0.9834 | 0.9838 | 0.9842 | 0.9846 | 0.9850 | 0.9854 | 0.9857 |
| 2.2 | 0.9861 | 0.9864 | 0.9868 | 0.9871 | 0.9875 | 0.9878 | 0.9881 | 0.9884 | 0.9887 | 0.9890 |
| 2.3 | 0.9893 | 0.9896 | 0.9898 | 0.9901 | 0.9904 | 0.9906 | 0.9909 | 0.9911 | 0.9913 | 0.9916 |
| 2.4 | 0.9918 | 0.9920 | 0.9922 | 0.9925 | 0.9927 | 0.9929 | 0.9931 | 0.9932 | 0.9934 | 0.9936 |
| 2.5 | 0.9938 | 0.9940 | 0.9941 | 0.9943 | 0.9945 | 0.9946 | 0.9948 | 0.9949 | 0.9951 | 0.9952 |
| 2.6 | 0.9953 | 0.9955 | 0.9956 | 0.9957 | 0.9959 | 0.9960 | 0.9961 | 0.9962 | 0.9963 | 0.9964 |
| 2.7 | 0.9965 | 0.9966 | 0.9967 | 0.9968 | 0.9969 | 0.9970 | 0.9971 | 0.9972 | 0.9973 | 0.9974 |
| 2.8 | 0.9974 | 0.9975 | 0.9976 | 0.9977 | 0.9977 | 0.9978 | 0.9979 | 0.9979 | 0.9980 | 0.9981 |
| 2.9 | 0.9981 | 0.9982 | 0.9982 | 0.9983 | 0.9984 | 0.9984 | 0.9985 | 0.9985 | 0.9986 | 0.9986 |
| 3.0 | 0.9987 | 0.9987 | 0.9987 | 0.9988 | 0.9988 | 0.9989 | 0.9989 | 0.9989 | 0.9990 | 0.9990 |
| 3.1 | 0.9990 | 0.9991 | 0.9991 | 0.9991 | 0.9992 | 0.9992 | 0.9992 | 0.9992 | 0.9993 | 0.9993 |
| 3.2 | 0.9993 | 0.9993 | 0.9994 | 0.9994 | 0.9994 | 0.9994 | 0.9994 | 0.9995 | 0.9995 | 0.9995 |
| 3.3 | 0.9995 | 0.9995 | 0.9995 | 0.9996 | 0.9996 | 0.9996 | 0.9996 | 0.9996 | 0.9996 | 0.9997 |
| 3.4 | 0.9997 | 0.9997 | 0.9997 | 0.9997 | 0.9997 | 0.9997 | 0.9997 | 0.9997 | 0.9997 | 0.9998 |

| 71509 | 68310 | 48213 | 99928 | 64650 | 13229 | 36921 | 58732 | 13459 | 93487 |
|-------|-------|-------|-------|-------|-------|-------|-------|-------|-------|
| 21949 | 30920 | 23287 | 89514 | 58502 | 46185 | 00368 | 82613 | 02668 | 37444 |
| 50639 | 54968 | 11409 | 36148 | 82090 | 87298 | 41396 | 71111 | 00076 | 60029 |
| 47837 | 76716 | 09653 | 54466 | 87987 | 82362 | 17933 | 52793 | 17641 | 19502 |
| 31735 | 36901 | 92295 | 19293 | 57582 | 86043 | 69502 | 12601 | 00535 | 82697 |
| 04174 | 32342 | 66532 | 07875 | 54445 | 08795 | 63563 | 42295 | 74646 | 73120 |
| 96980 | 68728 | 21154 | 56181 | 71843 | 66134 | 52396 | 89723 | 96435 | 17871 |
| 21823 | 04027 | 76402 | 04655 | 87276 | 32593 | 17097 | 06913 | 05136 | 05115 |
| 25922 | 07122 | 31485 | 52166 | 07645 | 85122 | 20945 | 06369 | 70254 | 22806 |
| 32530 | 98882 | 19105 | 01769 | 20276 | 59401 | 60426 | 03316 | 41438 | 22012 |
| 00159 | 08461 | 51810 | 14650 | 45119 | 97920 | 08063 | 70819 | 01832 | 53295 |
| 66574 | 21384 | 75357 | 55888 | 83429 | 96916 | 73977 | 87883 | 13249 | 28870 |
| 00995 | 28829 | 15048 | 49573 | 65277 | 61493 | 44031 | 88719 | 73057 | 66010 |
| 55114 | 79226 | 27929 | 23392 | 06432 | 50200 | 39054 | 15528 | 53483 | 33972 |
| 10614 | 25190 | 52647 | 62580 | 51183 | 31338 | 60008 | 66595 | 64357 | 14985 |
| 31359 | 77469 | 58126 | 59192 | 23371 | 25190 | 37841 | 44386 | 92420 | 42965 |
| 09736 | 51873 | 94595 | 61367 | 82091 | 63835 | 86858 | 10677 | 58209 | 59820 |
| 24709 | 23224 | 45788 | 21426 | 63353 | 29874 | 51058 | 29958 | 61220 | 61199 |
| 79957 | 67598 | 74102 | 49824 | 39305 | 15069 | 56327 | 26905 | 34453 | 53964 |
| 66616 | 22137 | 72805 | 64420 | 58711 | 68435 | 60301 | 28620 | 91919 | 96080 |
| 01413 | 27281 | 19397 | 36231 | 05010 | 42003 | 99865 | 20924 | 76151 | 54089 |
| 88238 | 80731 | 20777 | 45725 | 41480 | 48277 | 45704 | 96457 | 13918 | 52375 |
| 57457 | 87883 | 64273 | 26236 | 61095 | 01309 | 48632 | 00431 | 63730 | 18917 |
| 21614 | 06412 | 71007 | 20255 | 39890 | 75336 | 89451 | 88091 | 61011 | 38072 |
| 26466 | 03735 | 39891 | 26361 | 86816 | 48193 | 33492 | 70484 | 77322 | 01016 |
| 97314 | 03944 | 04509 | 46143 | 88908 | 55261 | 73433 | 62538 | 63187 | 57352 |
| 91207 | 33555 | 75942 | 41668 | 64650 | 38741 | 86189 | 38197 | 99112 | 59694 |
| 46791 | 78974 | 01999 | 78891 | 16177 | 95746 | 78076 | 75001 | 51309 | 18791 |
| 34161 | 32258 | 05345 | 79267 | 75607 | 29916 | 37005 | 09213 | 10991 | 50451 |
| 02376 | 40372 | 45077 | 73705 | 56076 | 01853 | 83512 | 81567 | 55951 | 27156 |
| 33994 | 56809 | 58377 | 45976 | 01581 | 78389 | 18268 | 90057 | 93382 | 28494 |
| 92588 | 92024 | 15048 | 87841 | 38008 | 80689 | 73098 | 39201 | 10907 | 88092 |
| 73767 | 61534 | 66197 | 47147 | 22994 | 38197 | 60844 | 86962 | 27595 | 49907 |
| 51517 | 39870 | 94094 | 77092 | 94595 | 37904 | 27553 | 02229 | 44993 | 10468 |
| 33910 | 05156 | 60844 | 89012 | 21154 | 68937 | 96477 | 05867 | 95809 | 72827 |
| 09444 | 93069 | 61764 | 99301 | 55826 | 78849 | 26131 | 28201 | 91417 | 98172 |
| 96896 | 43769 | 72890 | 78682 | 78243 | 24061 | 55449 | 53587 | 77574 | 51580 |
| 97523 | 54633 | 99656 | 08503 | 52563 | 12099 | 52479 | 74374 | 79581 | 57143 |
| 42568 | 30794 | 32613 | 21802 | 73809 | 60237 | 70087 | 36650 | 54487 | 43718 |
| 45453 | 33136 | 90246 | 61953 | 17724 | 42421 | 87611 | 95369 | 42108 | 95369 |
| 52814 | 26445 | 73516 | 24897 | 90622 | 35018 | 70087 | 60112 | 09025 | 05324 |
| 87318 | 33345 | 14546 | 15445 | 81588 | 75461 | 12246 | 47858 | 08983 | 18205 |
| 08063 | 83575 | 26294 | 93027 | 09988 | 04487 | 88364 | 31087 | 22200 | 91019 |
| 53400 | 82078 | 52103 | 25650 | 75315 | 18916 | 06809 | 88217 | 12245 | 33053 |
| 90789 | 60614 | 20862 | 34475 | 11744 | 24437 | 55198 | 55219 | 74730 | 59820 |
| 73684 | 25859 | 86858 | 48946 | 30941 | 79017 | 53776 | 72534 | 83638 | 44680 |
| 82007 | 12183 | 89326 | 53713 | 77782 | 50368 | 01748 | 39033 | 47042 | 65758 |
| 80208 | 30920 | 97774 | 41417 | 79038 | 60531 | 32990 | 57770 | 53441 | 58732 |
| 62434 | 96122 | 63019 | 58439 | 89702 | 38657 | 60049 | 88761 | 22785 | 66093 |
| 04718 | 83199 | 65863 | 58857 | 49886 | 70275 | 27511 | 99426 | 53985 | 84077 |

# 专业术语表

ABC 分析法
**ABC analysis** The process of dividing SKUs into three classes, according to their dollar usage, so that managers can focus on items that have the highest dollar value.

可接受的质量水平
**acceptable quality level (AQL)** A statement of the proportion of defective items (outside of specifications) that the buyer will accept in a shipment.

验收抽样
**acceptance sampling** The application of statistical techniques to determine whether a quantity of material should be accepted or rejected based on the inspection or test of a sample.

行动通告
**action notice** A computer-generated memo alerting planners about releasing new orders and adjusting the due dates of scheduled receipts.

活动
**activity** The smallest unit of work effort consuming both time and resources that the project manager can schedule and control.

节点网络图法
**activity-on-node (AON) network** An approach used to create a network diagram, in which nodes represent activities and arcs represent the precedence relationships between them.

活动松弛时间
**activity slack** The maximum length of time that an activity can be delayed without delaying the entire project, calculated as $S = LS - ES$ or $S = LF - EF$.

加法季节模型法
**additive seasonal method** A method in which seasonal forecasts are generated by adding a constant to the estimate of average demand per season.

高级计划与调度（APS）系统
**advanced planning and scheduling (APS) systems** Computer software systems that seek to optimize resources across the supply chain and align daily operations with strategic goals.

综合计划
**aggregate plan** See sales and operations plan.

聚合
**aggregation** The act of clustering several similar services or products so that forecasts and plans can be made for whole families.

冗余时间
**allowance time** The time added to the normal time to adjust for certain factors.

年度计划或财务计划
**annual plan or financial plan** A plan for financial assessment used by a nonprofit service organization.

预期库存
**anticipation inventory** Inventory used to absorb uneven rates of demand or supply.

评估成本
**appraisal costs** Costs incurred when the firm assesses the performance level of its processes.

面向订单组装策略
**assemble-to-order strategy** A strategy for producing a wide variety of products from relatively few subassemblies and components after the customer orders are received.

变化的非偶然原因
**assignable causes of variation** Any variation-causing factors that can be identified and eliminated.

属性
**attributes** Service or product characteristics that can be quickly counted for acceptable performance.

拍卖网站
**auction** A marketplace where firms place competitive bids to buy something.

自动化
**automation** A system, process, or piece of equipment that is self-acting and self-regulating.

可承诺库存量
**available-to-promise (ATP) inventory** The quantity of end items that marketing can promise to deliver on specified dates.

平均库存总值
**average aggregate inventory value** The total average value of all items held in inventory for a firm.

后台办公室

**back office** A process with low customer contact and little service customization.

备货

**backlog** An accumulation of customer orders that a manufacturer has promised for delivery at some future date.

积压订单

**backorder** A customer order that cannot be filled when promised or demanded but is filled later.

备货和缺货

**backorder and stockout** Additional costs to expedite past-due orders, the costs of lost sales, and the potential cost of losing a customer to a competitor (sometimes called loss of goodwill).

后向整合，或后向一体化

**backward integration** A firm's movement upstream toward the sources of raw materials, parts, and services through acquisitions.

平衡延迟

**balance delay** The amount by which efficiency falls short of 100 percent.

鲍德里奇卓越绩效计划

**Baldrige Performance Excellence Program** A program that promotes, recognizes, and publicizes quality strategies and achievements.

柱状图

**bar chart** A series of bars representing the frequency of occurrence of data characteristics measured on a yes-or-no basis.

基础方案

**base case** The act of doing nothing and losing orders from any demand that exceeds current capacity, or incur costs because capacity is too large.

基本存量系统

**base-stock system** An inventory control system that issues a replenishment order, $Q$, each time a withdrawal is made, for the same amount of the withdrawal.

批量流程

**batch process** A process that differs from the job process with respect to volume, variety, and quantity.

标杆法

**benchmarking** A systematic procedure that measures a firm's processes, services, and products against those of industry leaders.

物料清单（BOM）

**bill of materials (BOM)** A record of all the components of an item, the parent–component relationships, and the usage quantities derived from engineering and process designs.

资源清单（BOR）

**bill of resources (BOR)** A record of a service firm's parent-component relationships and all of the materials, equipment time, staff, and other resources associated with them, including usage quantities.

紧约束

**binding constraint** A constraint that helps form the optimal corner point; it limits the ability to improve the objective function.

黑带教师

**Black Belt** An employee who reached the highest level of training in a Six Sigma program and spends all of his or her time teaching and leading teams involved in Six Sigma projects.

方块图

**block plan** A plan that allocates space and indicates placement of each operation.

瓶颈

**bottleneck** A capacity constraint resource (CCR) whose available capacity limits the organization's ability to meet the product volume, product mix, or demand fluctuation required by the marketplace.

头脑风暴

**brainstorming** Letting a group of people, knowledgeable about the process, propose ideas for change by saying whatever comes to mind.

盈亏平衡分析法

**break-even analysis** The use of the break-even quantity; it can be used to compare processes by finding the volume at which two different processes have equal total costs.

盈亏平衡量

**break-even quantity** The volume at which total revenues equal total costs.

牛鞭效应

**bullwhip effect** The phenomenon in supply chains whereby ordering patterns experience increasing variance as you proceed upstream in the chain.

经营计划

**business plan** A projected statement of income, costs, and profits.

*c*- 图

***c*-chart** A chart used for controlling the number of defects when more than one defect can be present in a service or product.

能力

**capacity** The maximum rate of output of a process or a system.

能力缓冲

**capacity cushion** The amount of reserve capacity a process uses to handle sudden increases in demand or temporary losses of production capacity; it measures the amount by which the average utilization (in terms of total capacity) falls below 100 percent.

能力差距

**capacity gap** Positive or negative difference between projected demand and current capacity.

能力需求

**capacity requirement** What a process's capacity should be for some future time period to meet the demand of customers (external or internal), given the firm's desired capacity cushion.

能力需求计划

**capacity requirements planning (CRP)** A technique used for projecting time-phased capacity requirements for workstations; its purpose is to match the material requirements plan with the capacity of key processes.

资本密集度

**capital intensity** The mix of equipment and human skills in a process.

碳排放量

**carbon footprint** The total amount of greenhouse gasses produced to support operations, usually expressed in equivalent tons of carbon dioxide ($CO_2$).

现金流量

**cash flow** The difference between the flows of funds into and out of an organization over a period of time, including revenues, costs, and changes in assets and liabilities.

目录中心

**catalog hub** A system whereby suppliers post their catalog of items on the Internet and buyers select what they need and purchase them electronically.

因果关系法

**causal methods** A quantitative forecasting method that uses historical data on independent variables, such as promotional campaigns, economic conditions, and competitors' actions, to predict demand.

因果图

**cause-and-effect diagram** A diagram that relates a key performance problem to its potential causes.

重心法

**center of gravity** A good starting point to evaluate locations in the target area using the load–distance model.

集中式设置

**centralized placement** Keeping all the inventory of a product at a single location such as a firm's manufacturing plant or a warehouse and shipping directly to each of its customers.

确定

**certainty** The word that is used to describe that a fact is known without doubt.

通道

**channel** One or more facilities required to perform a given service.

渠道组装

**channel assembly** The process of using members of the distribution channel as if they were assembly stations in the factory.

跟随策略

**chase strategy** A strategy that involves hiring and laying off employees to match the demand forecast.

检查表

**checklist** A form used to record the frequency of occurrence of certain process failures.

项目完结

**close out** An activity that includes writing final reports, completing remaining deliverables, and compiling the team's recommendations for improving the project process.

闭环供应链

**closed-loop supply chain** A supply chain that integrates forward logistics with reverse logistics, thereby focusing on the complete chain of operations from the birth to the death of a product.

关联度矩阵

**closeness matrix** A table that gives a measure of the relative importance of each pair of operations being located close together.

协同计划、预测和补货（CPFR）

**collaborative planning, forecasting, and replenishment (CPFR)** A nine-step process for supply chain integration that allows a supplier and its customers to collaborate on making the forecast by using the Internet.

组合预测

**combination forecasts** Forecasts that are produced by averaging independent forecasts based on different methods, different sources, or different data.

变化的偶然原因

**common causes of variation** The purely random, unidentifiable sources of variation that are unavoidable with the current process.

竞争能力

**competitive capabilities** The cost, quality, time, and flexibility dimensions that a process or supply chain actually possesses and is able to deliver.

竞争导向型

**competitive orientation** A supplier relation that views negotiations between buyer and seller as a zerosum game: Whatever one side loses, the other side gains, and short-term advantages are prized over long-term commitments.

竞争优先级

**competitive priorities** The critical dimensions that a process or supply chain must possess to satisfy its internal or external customers, both now and in the future.

互补产品

**complementary products** Services or products that have similar resource requirements but different demand cycles.

零部件

**component** An item that goes through one or more operations to be transformed into or become part of one or more parents.

并行工程

**concurrent engineering** A concept that brings product engineers, process engineers, marketers, buyers, information specialists, quality specialists, and suppliers together to design a product and the processes that will meet customer expectations.

一致性质量

**consistent quality** Producing services or products that meet design specifications on a consistent basis.

约束条件

**constraint** Any factor that limits the performance of a system and restricts its output.

连续流程

**continuous flow process** The extreme end of high-volume standardized production and rigid line flows, with production not starting and stopping for long time intervals.

持续改进

**continuous improvement** The philosophy of continually seeking ways to improve processes based on a Japanese concept called *kaizen*.

连续观测（*Q*）系统

**continuous review (*Q*) system** A system designed to track the remaining inventory of a SKU each time a withdrawal is made to determine whether it is time to reorder.

控制图

**control chart** A time-ordered diagram that is used to determine whether observed variations are abnormal.

合作导向型

**cooperative orientation** A supplier relation in which the buyer and seller are partners, each helping the other as much as possible.

核心能力，核心竞争力

**core competencies** The unique resources and strengths that an organization's management considers when formulating strategy.

核心流程

**core process** A set of activities that delivers value to external customers.

角点

**corner point** A point that lies at the intersection of two (or possibly more) constraint lines on the boundary of the feasible region.

赶工成本

**crash cost (CC)** The activity cost associated with the crash time.

赶工时间

**crash time (CT)** The shortest possible time to complete an activity.

临界规模

**critical mass** A situation whereby several competing firms clustered in one location attract more customers than the total number who would shop at the same stores at scattered locations.

关键路径

**critical path** The sequence of activities between a project's start and finish that takes the longest time to complete.

关键路径法

**critical path method (CPM)** A network planning method developed in the 1950s as a means of scheduling maintenance shutdowns at chemicalprocessing plants.

接驳式转运

**cross-docking** The packing of products on incoming shipments so that they can be easily sorted at intermediate warehouses for outgoing shipments based on their final destinations; the items are carried from the incoming-vehicle docking point to the outgoing-vehicle docking point without being stored in inventory at the warehouse.

累积预测误差（CFE）

**cumulative sum of forecast errors (CFE)** A measurement of the total forecast error that assesses the bias in a forecast.

顾客接触度

**customer contact** The extent to which the customer is present, is actively involved, and receives personal attention during the service process.

顾客参与

**customer involvement** The ways in which customers become part of the process and the extent of their participation.

顾客源

**customer population** An input that generates potential customers.

客户关系流程

**customer relationship process** A process that identifies, attracts, and builds relationships with external customers, and facilitates the placement of orders by customers; sometimes referred to as *customer relationship management*.

定制化

**customization** Satisfying the unique needs of each customer by changing service or product designs.

周期盘点法

**cycle counting** An inventory control method, whereby storeroom personnel physically count a small percentage of the total number of items each day, correcting errors that they find.

周转库存

**cycle inventory** The portion of total inventory that varies directly with lot size.

周期服务水平

**cycle-service level** See service level.

节拍

**cycle time** The maximum time allowed for work on a unit at each station.

决策论

**decision theory** A general approach to decision making when the outcomes associated with alternatives are often in doubt.

决策树

**decision tree** A schematic model of alternatives available to the decision maker, along with their possible consequences.

决策变量

**decision variables** Variables that represent the choices the decision maker can control.

缺陷

**defect** Any instance when a process fails to satisfy its customer.

退化

**degeneracy** A condition that occurs when the number of nonzero variables in the optimal solution is less than the number of constraints.

交付速度

**delivery speed** Quickly filling a customer's order.

德尔菲法

**Delphi method** A process of gaining consensus from a group of experts while maintaining their anonymity.

需求管理

**demand management** The process of changing demand patterns using one or more demand options.

从属需求

**dependent demand** The demand for an item that occurs because the quantity required varies with the production plans for other items held in the firm's inventory.

因变量

**dependent variable** The variable that one wants to forecast.

设计小组

**design team** A group of knowledgeable, team-oriented individuals who work at one or more steps in the process, conduct the process analysis, and make the necessary changes.

开发速度

**development speed** Quickly introducing a new service or a product.

折扣率

**discount rate** The interest rate used in discounting the future value to its present value.

折扣

**discounting** The process of finding the present value of an investment when the future value and the interest rate are known.

规模不经济

**diseconomies of scale** Occurs when the average cost per unit increases as the facility's size increases.

分销中心

**distribution center** A warehouse or stocking point where

goods are stored for subsequent distribution to manufacturers, wholesalers, retailers, and customers.

两次抽样计划

**double-sampling plan** A plan in which management specifies two sample sizes and two acceptance numbers; if the quality of the lot is very good or very bad, the consumer can make a decision to accept or reject the lot on the basis of the first sample, which is smaller than in the single-sampling plan.

鼓－缓冲－绳法

**drum-buffer-rope (DBR)** A planning and control system that regulates the flow of work-in-process materials at the bottleneck or the capacity constrained resource (CCR) in a productive system.

最早完成日期

**earliest due date (EDD)** A priority sequencing rule that specifies that the job or customer with the earliest due date is the next job to be processed.

最早结束时间

**earliest finish time (EF)** An activity's earliest start time plus its estimated duration, $t$, or $EF = ES + t$.

最早开始时间（ES）

**earliest start time (ES)** The earliest finish time of the immediately preceding activity.

供应商早期参与

**early supplier involvement** A program that includes suppliers in the design phase of a service or product.

经济订货批量

**economic order quantity (EOQ)** The lot size that minimizes total annual inventory holding and ordering costs.

经济生产批量

**economic production lot size (ELS)** The optimal lot size in a situation in which replenishment is not instantaneous.

规模经济

**economies of scale** A concept that states that the average unit cost of a service or good can be reduced by increasing its output rate.

范围经济

**economies of scope** Economies that reflect the ability to produce multiple products more cheaply in combination than separately.

电子商务

**electronic commerce (e-commerce)** The application of information and communication technology anywhere along the supply chain of business processes.

电子数据交换

**electronic data interchange (EDI)** A technology that enables the transmission of routine business documents having a standard format from computer to computer over telephone or direct leased lines.

标准要素数据

**elemental standard data** A database of standards compiled by a firm's analysts for basic elements that they can draw on later to estimate the time required for a particular job, which is most appropriate when products or services are highly customized, job processes prevail, and process divergence is great.

员工授权

**employee empowerment** An approach to teamwork that moves responsibility for decisions further down the organizational chart—to the level of the employee actually doing the job.

最终产品

**end item** The final product sold to a customer.

企业流程

**enterprise process** A companywide process that cuts across functional areas, business units, geographical regions, and product lines.

企业资源计划系统

**enterprise resource planning (ERP) systems** Large, integrated information systems that support many enterprise processes and data storage needs.

环境责任

**environmental responsibility** An element of sustainability that addresses the ecological needs of the planet and the firm's stewardship of the natural resources used in the production of services and products.

欧氏距离

**Euclidean distance** The straight-line distance, or shortest possible path, between two points.

交易平台

**exchange** An electronic marketplace where buying firms and selling firms come together to do business.

管理人员意见法

**executive opinion** A forecasting method in which the opinions, experience, and technical knowledge of one or more managers are summarized to arrive at a single forecast.

加快进度

**expediting** The process of completing a job or finishing with a customer sooner than would otherwise be done.

指数平滑法

**exponential smoothing method** A weighted moving average method that calculates the average of a time series by implicitly giving recent demands more weight than earlier demands.

外部顾客

**external customers** A customer who is either an end user or an intermediary (e.g., manufacturers, financial institutions, or retailers) buying the firm's finished services or products.

外部缺陷成本

**external failure costs** Costs that arise when a defect is discovered after the customer receives the service or product.

外部供应商

**external suppliers** The businesses or individuals who provide the resources, services, products, and materials for the firm's short-term and long-term needs.

设施选址

**facility location** The process of determining geographic sites for a firm's operations.

可行域

**feasible region** A region that represents all permissible combinations of the decision variables in a linear programming model.

经济责任

**financial responsibility** An element of sustainability that addresses the financial needs of the shareholders, employees, customers, business partners, financial institutions, and any other entity that supplies the capital for the production of services or products or relies on the firm for wages or reimbursements.

产成品

**finished goods (FG)** The items in manufacturing plants, warehouses, and retail outlets that are sold to the firm's customers.

先到先服务

**first-come, first served (FCFS)** A priority sequencing rule that specifies that the job or customer arriving at the workstation first has the highest priority.

5S 法

**five S (5S)** A methodology consisting of five workplace practices—sorting, straightening, shining, standardizing, and sustaining—that are conducive to visual controls and lean production.

刚性自动化

**fixed automation** A manufacturing process that produces one type of part or product in a fixed sequence of simple operations.

固定成本

**fixed cost** The portion of the total cost that remains constant regardless of changes in levels of output.

固定订货批量

**fixed order quantity (FOQ)** A rule that maintains the same order quantity each time an order is issued.

固定调度计划

**fixed schedule** A schedule that calls for each employee to work the same days and hours each week.

柔性自动化（或可编程自动化）

**flexible (or programmable) automation** A manufacturing process that can be changed easily to handle various products.

柔性流向

**flexible flow** The customers, materials, or information move in diverse ways, with the path of one customer or job often crisscrossing the path that the next one takes.

柔性劳动力

**flexible workforce** A workforce whose members are capable of doing many tasks, either at their own workstations or as they move from one workstation to another.

流程时间

**flow time** The amount of time a job spends in the service or manufacturing system.

流程图

**flowchart** A diagram that traces the flow of information, customers, equipment, or materials through the various steps of a process.

重点预测

**focus forecasting** A method of forecasting that selects the best forecast from a group of forecasts generated by individual techniques.

集中式工厂

**focused factories** The result of a firm's splitting large plants that produced all the company's products into several specialized smaller plants.

预测

**forecast** A prediction of future events used for planning purposes.

预测误差

**forecast error** The difference found by subtracting the forecast from actual demand for a given period.

前向整合，或前向一体化

**forward integration** Acquiring more channels of distribution, such as distribution centers (warehouses) and retail stores, or even business customers.

前向设置

**forward placement** Locating stock closer to customers at a warehouse, DC, wholesaler, or retailer.

前台办公室

**front office** A process with high customer contact where the service provider interacts directly with the internal or external customer.

甘特图

**Gantt chart** A project schedule, usually created by the project manager using computer software, that superimposes project activities, with their precedence relationships and estimated duration times, on a time line.

地理信息系统

**geographical information system (GIS)** A system of computer software, hardware, and data that the firm's personnel can use to manipulate, analyze, and present information relevant to a location decision.

线性规划的图解法

**graphic method of linear programming** A type of graphic analysis that involves the following five steps: plotting the constraints, identifying the feasible region, plotting an objective function line, finding a visual solution, and finding the algebraic solution.

图表

**graphs** Representations of data in a variety of pictorial forms, such as line charts and pie charts.

绿带教师

**Green Belt** An employee who achieved the first level of training in a Six Sigma program and spends part of his or her time teaching and helping teams with their projects.

绿色采购

**green purchasing** The process of identifying, assessing, and managing the flow of environmental waste and finding ways to reduce it and minimize its impact on the environment.

总需求量

**gross requirements** The total demand derived from *all* parent production plans.

成组技术

**group technology (GT)** An option for achieving lineflow layouts with low volume processes; this technique creates cells

not limited to just one worker and has a unique way of selecting work to be done by the cell.

均衡化

***heijunka*** The leveling of production load by both volume and product mix.

雇用及解雇

**hiring and layoff** Costs of advertising jobs, interviews, training programs for new employees, scrap caused by the inexperience of new employees, loss of productivity, and initial paperwork. Layoff costs include the costs of exit interviews, severance pay, retaining and retraining remaining workers and managers, and lost productivity.

直方图

**histogram** A summarization of data measured on a continuous scale, showing the frequency distribution of some process failure (in statistical terms, the central tendency and dispersion of the data).

预留样本集

**holdout set** Actual demands from the more recent time periods in the time series that are set aside to test different models developed from the earlier time periods.

人道主义物流

**humanitarian logistics** The process of planning, implementing and controlling the efficient, costeffective flow and storage of goods and materials, as well as related information, from the point of origin to the point of consumption for the purpose of alleviating the suffering of vulnerable people.

最低预期回报率

**hurdle rate** The interest rate that is the lowest desired return on an investment; the hurdle over which the investment must pass.

混合办公室

**hybrid office** A process with moderate levels of customer contact and standard services with some options available.

紧前作业

**immediate predecessors** Work elements that must be done before the next element can begin.

独立需求物品

**independent demand items** Items for which demand is influenced by market conditions and is not related to the inventory decisions for any other item held in stock or produced.

自变量

**independent variables** Variables that are assumed to affect the dependent variable and thereby "cause" the results observed in the past.

工业机器人
**industrial robot** Versatile, computer-controlled machine programmed to perform various tasks.

到达间隔时间
**interarrival times** The time between customer arrivals.

中间产品
**intermediate item** An item that has at least one parent and at least one component.

联运
**intermodal shipments** Mixing the modes of transportation for a given shipment, such as moving shipping containers or truck trailers on rail cars.

内部顾客
**internal customers** One or more employees or processes that rely on inputs from other employees or processes in order to perform their work.

内部缺陷成本
**internal failure costs** Costs resulting from defects that are discovered during the production of a service or product.

内部供应商
**internal suppliers** The employees or processes that supply important information or materials to a firm's processes.

库存
**inventory** A stock of materials used to satisfy customer demand or to support the production of services or goods.

库存持有成本
**inventory holding cost** The sum of the cost of capital and the variable costs of keeping items on hand, such as storage and handling, taxes, insurance, and shrinkage.

库存管理
**inventory management** The planning and controlling of inventories in order to meet the competitive priorities of the organization.

集中库存
**inventory pooling** A reduction in inventory and safety stock because of the merging of variable demands from customers.

库存状况
**inventory position (IP)** The measurement of a SKU's ability to satisfy future demand.

库存记录
**inventory record** A record that shows an item's lot-size

policy, lead time, and various time-phased data.

库存周转率
**inventory turnover** An inventory measure obtained by dividing annual sales at cost by the average aggregate inventory value maintained during the year.

ISO 9001:2008 标准
**ISO 9001:2008** A set of standards governing documentation of a quality program.

ISO 14000:2004 标准
**ISO 14000:2004** Documentation standards that require participating companies to keep track of their raw materials use and their generation, treatment, and disposal of hazardous wastes.

ISO 26000:2010 标准
**ISO 26000:2010** International guidelines for organizational social responsibility.

自动化
*jidoka* Automatically stopping the process when something is wrong and then fixing the problems on the line itself as they occur.

准时制系统
**JIT system** A system that organizes the resources, information flows, and decision rules that enable a firm to realize the benefits of JIT principles.

作业流程
**job process** A process with the flexibility needed to produce a wide variety of products in significant quantities, with considerable divergence in the steps performed.

作业车间
**job shop** A manufacturer's operation that specializes in low- to medium-volume production and utilizes job or batch processes.

主观判断法
**judgment methods** A forecasting method that translates the opinions of managers, expert opinions, consumer surveys, and salesforce estimates into quantitative estimates.

主观判断法调整
**judgmental adjustment** An adjustment made to forecasts from one or more quantitative models that accounts for recognizing which models are performing particularly well in recent past, or take into account contextual information.

准时制原理
**just-in-time (JIT) philosophy** The belief that waste can be eliminated by cutting unnecessary capacity or inventory and removing non-value-added activities in operations.

看板

***kanban*** A Japanese word meaning "card" or "visible record" that refers to cards used to control the flow of production through a factory.

最晚结束时间

**latest finish time (LF)** The latest start time of the activity that immediately follows.

最晚开始时间

**latest start time (LS)** The latest finish time minus its estimated duration, *t*, or LS = LF − *t*.

布局

**layout** The physical arrangement of operations created by the various processes.

提前期

**lead time** The elapsed time between the receipt of a customer order and filling it.

精益系统

**lean systems** Operations systems that maximize the value added by each of a company's activities by removing waste and delays from them.

学习曲线

**learning curve** A line that displays the relationship between processing time and the cumulative quantity of a product or service produced.

学习曲线分析

**learning curve analysis** A time estimation technique that takes into account the learning that takes place on an ongoing basis, such as where new products or services are introduced.

均衡策略

**level strategy** A strategy that keeps the workforce constant, but varies its utilization with overtime, undertime, and vacation planning to match the demand forecast.

生产线平衡

**line balancing** The assignment of work to stations in a line process so as to achieve the desired output rate with the smallest number of workstations.

线性流向

**line flow** The customers, materials, or information move linearly from one operation to the next, according to a fixed sequence.

生产线流程

**line process** A process that lies between the batch and continuous processes on the continuum; volumes are high and products are standardized, which allows resources to be organized around particular products.

线性规划

**linear programming** A technique that is useful for allocating scarce resources among competing demands.

线性回归

**linear regression** A causal method in which one variable (the dependent variable) is related to one or more independent variables by a linear equation.

线性

**linearity** A characteristic of linear programming models that implies proportionality and additivity—there can be no products or powers of decision variables.

利特尔法则

**Little's law** A fundamental law that relates the number of customers in a waiting-line system to the arrival rate and waiting time of customers.

负荷距离法

**load–distance method** A mathematical model used to evaluate locations based on proximity factors.

批次

**lot** A quantity of items that are processed together.

按需订货法准则

**lot-for-lot (L4L) rule** A rule under which the lot size ordered covers the gross requirements of a single week.

批量

**lot size** The quantity of an inventory item management either buys from a supplier or manufactures using internal processes.

批量决策

**lot sizing** The determination of how frequently and in what quantity to order inventory.

低成本运营

**low-cost operation** Delivering a service or a product at the lowest possible cost to the satisfaction of external or internal customers of the process or supply chain.

自制或外购决策

**make-or-buy decision** A managerial choice between whether to outsource a process or do it in-house.

面向订单生产策略

**make-to-order strategy** A strategy used by manufacturers that make products to customer specifications in low volumes.

面向库存生产策略

**make-to-stock strategy** A strategy that involves holding items in stock for immediate delivery, thereby minimizing customer delivery times.

制造资源规划

**manufacturing resource planning (MRP II)** A system that ties the basic MRP system to the company's financial system and to other core and supporting processes.

市场调研法

**market research** A systematic approach to determine external consumer interest in a service or product by creating and testing hypotheses through datagathering surveys.

大规模定制

**mass customization** The strategy that uses highly divergent processes to generate a wide variety of customized products at reasonably low costs.

大规模生产

**mass production** A term sometimes used in the popular press for a line process that uses the make-to-stock strategy.

高级黑带教师

**Master Black Belt** Full-time teachers and mentors to several Black Belts.

主生产计划

**master production schedule (MPS)** A part of the material requirements plan that details how many end items will be produced within specified periods of time.

物料需求计划

**material requirements planning (MRP)** A computerized information system developed specifically to help manufacturers manage dependent demand inventory and schedule replenishment orders.

平均绝对偏差

**mean absolute deviation (MAD)** A measurement of the dispersion of forecast errors.

平均绝对百分比误差

**mean absolute percent error (MAPE)** A measurement that relates the forecast error to the level of demand and is useful for putting forecast performance in the proper perspective.

均方差

**mean squared error (MSE)** A measurement of the dispersion of forecast errors.

指标体系

**metrics** Performance measures that are established for a process and the steps within it.

最小成本进度计划

**minimum-cost schedule** A schedule determined by starting with the normal time schedule and crashing activities along the critical path, in such a way that the costs of crashing do not exceed the savings in indirect and penalty costs.

混合型号装配

**mixed-model assembly** A type of assembly that produces a mix of models in smaller lots.

混合型号生产线

**mixed-model line** A production line that produces several items belonging to the same family.

混合策略

**mixed strategy** A strategy that considers the full range of supply options.

最可能时间

**most likely time (*m*)** The probable time required to perform an activity.

MRP 展开

**MRP explosion** A process that converts the requirements of various final products into a material requirements plan that specifies the replenishment schedules of all the subassemblies, components, and raw materials needed to produce final products.

乘积季节模型法

**multiplicative seasonal method** A method whereby seasonal factors are multiplied by an estimate of average demand to arrive at a seasonal forecast.

最近邻算法

**nearest neighbor (NN) heuristic** A technique that creates a route by deciding the next city to visit on the basis of its proximity.

简单预测法

**naïve forecast** A time-series method whereby the forecast for the next period equals the demand for the current period, or Forecast $= D_t$.

嵌套流程

**nested process** The concept of a process within a process.

净现值法

**net present value (NPV) method** The method that evaluates an investment by calculating the present values of all after-tax total cash flows and then subtracting the initial investment amount for their total.

网络图

**network diagram** A network planning method, designed to depict the relationships between activities, that consists of nodes (circles) and arcs (arrows).

新服务 / 新产品开发流程

**new service/product development process** A process that designs and develops new services or products from inputs received from external customer specifications or from the market in general through the customer relationship process.

标称值

**nominal value** A target for design specifications.

非负性

**nonnegativity** An assumption that the decision variables must be positive or zero.

正常成本

**normal cost (NC)** The activity cost associated with the normal time.

正常时间

**normal time (NT)** In the context of project management, the time necessary to complete an activity under normal conditions.

正常时间

**normal time (NT)** In the context of time study, a measurement found by multiplying the select time ($\bar{t}$), the frequency ($F$) of the work element per cycle, and the rating factor (RF).

目标函数

**objective function** An expression in linear programming models that states mathematically what is being maximized or minimized.

离岸外包

**offshoring** A supply chain strategy that involves moving processes to another country.

一人多机作业单元

**one-worker, multiple-machines (OWMM) cell** A oneperson cell in which a worker operates several different machines simultaneously to achieve a line flow.

准时交付

**on-time delivery** Meeting delivery-time promises.

未结订单

**open orders** See scheduled receipts (SR).

运行特征曲线

**operating characteristic (OC) curve** A graph that describes how well a sampling plan discriminates between good and bad lots.

运营管理

**operations management** The systematic design, direction, and control of processes that transform inputs into services and products for internal, as well as external, customers.

运营计划与生产调度计划

**operations planning and scheduling** The process of balancing supply with demand, from the aggregate level down to the short-term scheduling level.

运营策略

**operations strategy** The means by which operations implements the firm's corporate strategy and helps to build a customer-driven firm.

乐观时间

**optimistic time (*a*)** The shortest time in which an activity can be completed, if all goes exceptionally well.

选择性补货系统

**optional replenishment system** A system used to review the inventory position at fixed time intervals and, if the position has dropped to (or below) a predetermined level, to place a variable-sized order to cover expected needs.

订单履行流程

**order fulfillment process** A process that includes the activities required to produce and deliver the service or product to the external customer.

订单资格要素

**order qualifier** Minimal level required from a set of criteria for a firm to do business in a particular market segment.

订单赢得要素

**order winner** A criterion customers use to differentiate the services or products of one firm from those of another.

订货成本

**ordering cost** The cost of preparing a purchase order for a supplier or a production order for manufacturing.

外包

**outsourcing** Paying suppliers and distributors to perform processes and provide needed services and materials.

加班

**overtime** The time that employees work that is longer than the regular workday or workweek for which they receive additional pay.

*p*- 图

***p*-chart** A chart used for controlling the proportion of defective services or products generated by the process.

行进节奏

**pacing** The movement of product from one station to the next as soon as the cycle time has elapsed.

参数

**parameter** A value that the decision maker cannot control and that does not change when the solution is implemented.

父项

**parent** Any product that is manufactured from one or more components.

排列图

**Pareto chart** A bar chart on which factors are plotted along the horizontal axis in decreasing order of frequency.

零件的通用性

**part commonality** The degree to which a component has more than one immediate parent.

逾期量

**past due** The amount of time by which a job missed its due date.

路径

**path** The sequence of activities between a project's start and finish.

支付矩阵

**payoff table** A table that shows the amount for each alternative if each possible event occurs.

绩效额定值系数

**performance rating factor (RF)** An assessment that describes *how much* above or below average the worker's performance is on each work element.

定期订货批量

**periodic order quantity (POQ)** A rule that allows a different order quantity for each order issued but issues the order for predetermined time intervals.

定期观测系统

**periodic review (*P*) system** A system in which an item's inventory position is reviewed periodically rather than continuously.

永续盘存系统

**perpetual inventory system** A system of inventory control in which the inventory records are always current.

悲观时间

**pessimistic time (*b*)** The longest estimated time required to perform an activity.

阶段

**phase** A single step in providing a service.

在途库存

**pipeline inventory** Inventory that is created when an order for an item is issued but not yet received.

计划 – 实施 – 检查 – 行动循环

**plan-do-study-act cycle** A cycle, also called the Deming Wheel, used by firms actively engaged in continuous improvement to train their work teams in problem solving.

计划发出订单

**planned order release** An indication of when an order for a specified quantity of an item is to be issued.

计划到货量

**planned receipts** Orders that are not yet released to the shop or the supplier.

规划周期

**planning horizon** The set of consecutive time periods considered for planning purposes.

厂中厂

**plants within plants (PWPs)** Different operations within a facility with individualized competitive priorities, processes, and workforces under the same roof.

防错法

*poka-yoke* Mistake-proofing methods aimed at designing fail-safe systems that minimize human error.

延迟

**postponement** The strategy of delaying final activities in the provision of a product until the orders are received.

前导图

**precedence diagram** A diagram that allows one to visualize immediate predecessors better; work elements are denoted by circles, with the time required to perform the work shown below each circle.

前导关系

**precedence relationship** A relationship that determines a sequence for undertaking activities; it specifies that one activity cannot start until a preceding activity has been completed.

给定数据法

**predetermined data approach** A database approach that divides each work element into a series of micromotions that make up the element. The analyst then consults a published database that contains the normal times for the full array of possible micromotions.

强占优先规则

**preemptive discipline** A rule that allows a customer of higher priority to interrupt the service of another customer.

偏好矩阵

**preference matrix** A table that allows the manager to rate an alternative according to several performance criteria.

投资的现值

**present value of an investment** The amount that must be invested now to accumulate to a certain amount in the future at a specific interest rate.

资源预配

**presourcing** A level of supplier involvement in which suppliers are selected early in a product's concept development stage and are given significant, if not total, responsibility for the design of certain components or systems of the product.

预防成本

**prevention costs** Costs associated with preventing defects before they happen.

优先规则

**priority rule** A rule that selects the next customer to be served by the service facility.

优先排序准则

**priority sequencing rule** A rule that specifies the job or customer processing sequence when several jobs are waiting in line at a workstation.

流程

**process** Any activity or group of activities that takes one or more inputs, transforms them, and provides one or more outputs for its customers.

流程分析

**process analysis** The documentation and detailed understanding of how work is performed and how it can be redesigned.

流程性能

**process capability** The ability of the process to meet the design specifications for a service or product.

流程性能指数

**process capability index, $C_{pk}$** An index that measures the potential for a process to generate defective outputs relative to either upper or lower specifications.

流程性能系数

**process capability ratio, $C_p$** The tolerance width divided by six standard deviations.

工序图

**process chart** An organized way of documenting all the activities performed by a person or group of people, at a workstation, with a customer, or on materials.

流程选择

**process choice** A way of structuring the process by organizing resources around the process or organizing them around the products.

流程多样性

**process divergence** The extent to which the process is highly customized with considerable latitude as to how its tasks are performed.

流程错误

**process failure** Any performance shortfall, such as error, delay, environmental waste, rework, and the like.

流程改进

**process improvement** The systematic study of the activities and flows of each process to improve it.

流程仿真

**process simulation** The act of reproducing the behavior of a process, using a model that describes each step.

流程策略

**process strategy** The pattern of decisions made in managing processes so that they will achieve their competitive priorities.

流程结构

**process structure** A process decision that determines the process type relative to the kinds of resources needed, how resources are partitioned between them, and their key characteristics.

产品族

**product family** A group of services or products that have similar demand requirements and common process, labor, and materials requirements.

生产计划

**production plan** A manufacturing firm's sales and operations plan that centers on production rates and inventory holdings.

产品组合问题

**product-mix problem** A one-period type of planning problem, the solution of which yields optimal output quantities (or product mix) of a group of services or products subject to resource capacity and market demand constraints.

生产率

**productivity** The value of outputs (services and products) produced divided by the values of input resources (wages, costs of equipment, and so on).

项目群

**program** An interdependent set of projects that have a common strategic purpose.

计划评审术

**program evaluation and review technique (PERT)** A network planning method created for the U.S. Navy's Polaris missile project in the 1950s, which involved 3,000 separate contractors and suppliers.

**项目**

**project** An interrelated set of activities with a definite starting and ending point, which results in a unique outcome for a specific allocation of resources.

**项目管理**

**project management** A systemized, phased approach to defining, organizing, planning, monitoring, and controlling projects.

**预计库存量**

**projected on-hand inventory** An estimate of the amount of inventory available each week after gross requirements have been satisfied.

**保护区间**

**protection interval** The period over which safety stock must protect the user from running out of stock.

**拉动式方法**

**pull method** A method in which customer demand activates production of the service or item.

**外购件**

**purchased item** An item that has one or more parents but no components because it comes from a supplier.

**采购**

**purchasing** The activity that decides which suppliers to use, negotiates contracts, and determines whether to buy locally.

**推动式方法**

**push method** A method in which production of the item begins in advance of customer needs.

**质量**

**quality** A term used by customers to describe their general satisfaction with a service or product.

**源头质量**

**quality at the source** A philosophy whereby defects are caught and corrected where they were created.

**质量环**

**quality circles** Another name for problem-solving teams; small groups of supervisors and employees who meet to identify, analyze, and solve process and quality problems.

**质量工程**

**quality engineering** An approach originated by Genichi Taguchi that involves combining engineering and statistical methods to reduce costs and improve quality by optimizing product design and manufacturing processes.

**质量损失函数**

**quality loss function** The rationale that a service or product that barely conforms to the specifications is more like a defective service or product than a perfect one.

**生活质量**

**quality of life** A factor that considers the availability of good schools, recreational facilities, cultural events, and an attractive lifestyle.

**数量折扣**

**quantity discount** A drop in the price per unit when an order is sufficiently large.

**$R-$ 图**

**R-chart** A chart used to monitor process variability.

**射频识别**

**radio frequency identification (RFID)** A method for identifying items through the use of radio signals from a tag attached to an item.

**随机数**

**random number** A number that has the same probability of being selected as any other number.

**可行范围**

**range of feasibility** The interval (lower and upper bounds) over which the right-hand-side parameter of a constraint can vary while its shadow price remains valid.

**最优范围**

**range of optimality** The interval (lower and upper bounds) of an objective function coefficient over which the optimal values of the decision variables remain unchanged.

**原材料**

**raw materials (RM)** The inventories needed for the production of services or goods.

**直角距离**

**rectilinear distance** The distance between two points with a series of 90-degree turns, as along city blocks.

**差额成本**

**reduced cost** How much the objective function coefficient of a decision variable must improve (increase for maximization or decrease for minimization) before the optimal solution changes and the decision variable "enters" the solution with some positive number.

**流程再造**

**reengineering** The fundamental rethinking and radical redesign of processes to improve performance dramatically in terms of cost, quality, service, and speed.

正常工时

**regular time** Wages paid to employees plus contributions to benefits.

再订货点

**reorder point (R)** The predetermined minimum level that an inventory position must reach before a fixed quantity $Q$ of the SKU is ordered.

再订货点系统

**reorder point (ROP) system** See continuous review ($Q$) system.

可重复性

**repeatability** The degree to which the same work can be done again.

资源柔性

**resource flexibility** The ease with which employees and equipment can handle a wide variety of products, output levels, duties, and functions.

资源计划

**resource plan** A plan that determines the requirements for materials and other resources on a more detailed level than the sales and operations plan.

资源计划

**resource planning** A process that takes sales and operations plans; processes information in the way of time standards, routings, and other information on how services or products are produced; and then plans the input requirements.

收入管理

**revenue management** Varying price at the right time for different customer segments to maximize revenues yielded by existing supply capacity.

逆向物流

**reverse logistics** The process of planning, implementing, and controlling the efficient, cost effective flow of products, materials, and information from the point of consumption back to the point of origin for returns, repair, remanufacture, or recycling.

风险管理计划

**risk-management plan** A plan that identifies the key risks to a project's success and prescribes ways to circumvent them.

轮班调度计划

**rotating schedule** A schedule that rotates employees through a series of workdays or hours.

路径规划

**route planning** An activity that seeks to find the shortest route

to deliver a service or product.

SA8000:2008 标准

**SA8000:2008** A list of standards covering nine dimensions of ethical workforce management.

安全库存

**safety stock inventory** Surplus inventory that a company holds to protect against uncertainties in demand, lead time, and supply changes.

销售和运营计划

**sales and operations plan (S&OP)** A plan of future aggregate resource levels so that supply is in balance with demand.

销售人员估计法

**salesforce estimates** The forecasts that are compiled from estimates of future demands made periodically by members of a company's salesforce.

残值

**salvage value** The cash flow from the sale or disposal of plant and equipment at the end of a project's life.

样本大小

**sample size** A quantity of randomly selected observations of process outputs.

抽样计划

**sampling plan** A plan that specifies a sample size, the time between successive samples, and decision rules that determine when action should be taken.

散点图

**scatter diagram** A plot of two variables showing whether they are related.

调度计划

**schedule** A detailed plan that allocates resources over short time horizons to accomplish specific tasks.

预计到货量

**scheduled receipts (SR)** Orders that have been placed but have not yet been received.

供应链运营参考模型

**SCOR model** A framework that focuses on a basic supply chain of plan, source, make, deliver, and return processes, repeated again and again along the supply chain.

选择时间

**select time ($\bar{t}$)** The average observed time based only on representative times.

自我管理团队

**self-managed team** A small group of employees who work

together to produce a major portion, or sometimes all, of a service or product.

灵敏度分析

**sensitivity analysis** A technique for systematically changing parameters in a model to determine the effects of such changes.

排序

**sequencing** Determining the order in which jobs or customers are processed in the waiting line at a workstation.

服务蓝图

**service blueprint** A special flowchart of a service process that shows which steps have high customer contact.

服务设施

**service facility** A person (or crew), a machine (or group of machines), or both necessary to perform the service for the customer.

服务水平

**service level** The desired probability of not running out of stock in any one ordering cycle, which begins at the time an order is placed and ends when it arrives in stock.

服务系统

**service system** The number of lines and the arrangement of the facilities.

设置调整成本

**setup cost** The cost involved in changing over a machine or workspace to produce a different item.

设置调整时间

**setup time** The time required to change a process or an operation from making one service or product to making another.

影子价格

**shadow price** The marginal improvement in $Z$ (increase for maximization and decrease for minimization) caused by relaxing the constraint by one unit.

最短处理时间

**shortest processing time (SPT)** A priority sequencing rule that specifies that the job requiring the shortest processing time is the next job to be processed.

最短路径问题

**shortest route problem** A problem whose objective is to find the shortest distance between two cities in a network or map.

简单移动平均法

**simple moving average method** A time-series method used to estimate the average of a demand time series by averaging the demand for the $n$ most recent time periods.

单纯形法

**simplex method** An iterative algebraic procedure for solving linear programming problems.

仿真

**simulation** The act of reproducing the behavior of a system using a model that describes the processes of the system.

单仓系统

**single-bin system** A system of inventory control in which a maximum level is marked on the storage shelf or bin, and the inventor is brought up to the mark periodically.

个位数设置调整

**single-digit setup** The goal of having a setup time of less than 10 minutes.

单一准则

**single-dimension rules** A set of rules that bases the priority of a job on a single aspect of the job, such as arrival time at the workstation, the due date, or the processing time.

6σ 法

**Six Sigma** A comprehensive and flexible system for achieving, sustaining, and maximizing business success by minimizing defects and variability in processes.

松弛量

**slack** The amount by which the left-hand side of a linear programming constraint falls short of the righthand side.

每个剩余工序的松弛时间

**slack per remaining operations (S/RO)** A priority sequencing rule that determines priority by dividing the slack by the number of operations that remain, including the one being scheduled.

社会责任

**social responsibility** An element of sustainability that addresses the moral, ethical, and philanthropic expectations that society has of an organization.

独家采购

**sole sourcing** The awarding of a contract for a service or item to only one supplier.

专项任务团队

**special-purpose teams** Groups that address issues of paramount concern to management, labor, or both.

人员配置计划

**staffing plan** A sales and operations plan for a service firm, which centers on staffing and other human resource-related factors.

预测的标准差

**standard deviation ($\sigma$) for forecasting** A measurement of the dispersion of forecast errors.

统计质量控制的标准差

**standard deviation ($\sigma$) for statistical quality control** The square root of the variance of a distribution.

标准时间

**standard time (ST)** A measurement found by incorporating the normal time and allowances; $ST = NTC(1 + A)$, where $A$ equals the proportion of the normal time added for allowances.

统计过程控制

**statistical process control (SPC)** The application of statistical techniques to determine whether a process is delivering what the customer wants.

最小存货单位

**stock-keeping unit (SKU)** An individual item or product that has an identifying code and is held in inventory somewhere along the supply chain.

缺货

**stockout** An order that cannot be satisfied, resulting in a loss of the sale.

直线折旧法

**straight-line depreciation method** The simplest method of calculating annual depreciation; found by subtracting the estimated salvage value from the amount of investment required at the beginning of the project, and then dividing by the asset's expected economic life.

组装件

**subassembly** An intermediate item that is *assembled* (as opposed to being transformed by other means) from more than one component.

建议机制

**suggestion system** A voluntary system by which employees submit their ideas on process improvements.

供应商关系流程

**supplier relationship process** A process that selects the suppliers of services, materials, and information and facilitates the timely and efficient flow of these items into the firm.

供应链

**supply chain** An interrelated series of processes within and across firms that produces a service or product to the satisfaction of customers.

供应链设计

**supply chain design** Designing a firm's supply chain to meet the competitive priorities of the firm's operations strategy.

供应链流程

**supply chain processes** Business processes that have external customers or suppliers.

供应链整合

**supply chain integration** The effective coordination of supply chain processes through the seamless flow of information up and down the supply chain.

供应链管理

**supply chain management** The synchronization of a firm's processes with those of its suppliers and customers to match the flow of materials, services, and information with customer demand.

支持流程

**support process** A process that provides vital resources and inputs to the core processes and therefore is essential to the management of the business.

剩余量

**surplus** The amount by which the left-hand side of a linear programming constraint exceeds the righthand side.

可持续发展

**sustainability** A characteristic of processes that are meeting humanity's needs without harming future generations.

泳道流程图

**swim lane flowchart** A visual representation that groups functional areas responsible for different sub-processes into lanes.

节拍时间

**takt time** Cycle time needed to match the rate of production to the rate of sales or consumption.

延迟量

**tardiness** See past due.

团队

**teams** Small groups of people who have a common purpose, set their own performance goals and approaches, and hold themselves accountable for success.

技术预测

**technological forecasting** An application of executive opinion to keep abreast of the latest advances in technology.

理论最小值

**theoretical minimum (TM)** A benchmark or goal for the smallest number of stations possible, where the total time required to assemble each unit (the sum of all work-element standard times) is divided by the cycle time.

约束理论

**theory of constraints (TOC)** A systematic management approach that focuses on actively managing those constraints that impede a firm's progress toward its goal.

吞吐时间

**throughput time** Total elapsed time from the start to the finish of a job or a customer being processed at one or more workcenters.

基于时间的竞争

**time-based competition** A strategy that focuses on the competitive priorities of delivery speed and development speed.

订货间隔时间

**time between orders (TBO)** The average elapsed time between receiving (or placing) replenishment orders of $Q$ units for a particular lot size.

时间序列

**time series** The repeated observations of demand for a service or product in their order of occurrence.

时间序列分析

**time-series analysis** A statistical approach that relies heavily on historical demand data to project the future size of demand and recognizes trends and seasonal patterns.

时间研究

**time study** A work measurement method using a trained analyst to perform four basic steps in setting a time standard for a job or process: selecting the work elements (or nested processes) within the process to be studied, timing the elements, determining the sample size, and setting the final standard.

货币的时间价值

**time value of money** The concept that a dollar in hand can be invested to earn a return so that more than one dollar will be available in the future.

公差

**tolerance** An allowance above or below the nominal value.

顶级质量

**top quality** Delivering an outstanding service or product.

总库存量

**total inventory** The sum of scheduled receipts and onhand inventories.

全面质量管理

**total quality management (TQM)** A philosophy that stresses three principles for achieving high levels of process performance and quality: (1) customer satisfaction, (2) employee involvement, and (3) continuous improvement in performance.

跟踪信号

**tracking signal** A measure that indicates whether a method of forecasting is accurately predicting actual changes in demand.

运输法

**transportation method** A more efficient solution technique than the simplex method for solving transportation problems.

选址问题的运输法

**transportation method for location problems** A quantitative approach that can help solve multiplefacility location problems.

运输问题

**transportation problem** A special case of linear programming that has linear constraints for capacity limitations and demand requirements.

旅行商问题

**traveling salesman problem** A problem whose objective is to find the shortest possible route that visits each city exactly once and returns to the starting city.

趋势投影回归法

**trend projection with regression** A forecasting model that is a hybrid between a time-series technique and the causal method.

双仓系统

**two-bin system** A visual system version of the Q system in which a SKU's inventory is stored at two different locations.

第一类错误

**type I error** An error that occurs when the employee concludes that the process is out of control based on a sample result that falls outside the control limits, when in fact it was due to pure randomness.

第二类错误

**type II error** An error that occurs when the employee concludes that the process is in control and only randomness is present, when actually the process is out of statistical control.

空闲工时

**undertime** The situation that occurs when employees do not have enough work for the regular-time workday or workweek.

用量

**usage quantity** The number of units of a component that are needed to make one unit of its immediate parent.

利用率

**utilization** The degree to which equipment, space, or the workforce is currently being used, and is measured as the ratio of average output rate to maximum capacity (expressed as a percent).

价值分析

**value analysis**  A systematic effort to reduce the cost or improve the performance of services or products, either purchased or produced.

价值流图

**value stream mapping (VSM)**  A qualitative lean tool for eliminating waste or *muda* that involves a current state drawing, a future state drawing, and an implementation plan.

可变成本

**variable cost**  The portion of the total cost that varies directly with volume of output.

变量

**variables**  Service or product characteristics, such as weight, length, volume, or time that can be measured.

多样性

**variety**  Handling a wide assortment of services or products efficiently.

供应商管理库存

**vendor-managed inventories (VMI)**  A system in which the supplier has access to the customer's inventory data and is responsible for maintaining the inventory on the customer's site.

可视化系统

**visual system**  A system that allows employees to place orders when inventory visibly reaches a certain marker.

批量柔性

**volume flexibility**  Accelerating or decelerating the rate of production of services or products quickly to handle large fluctuations in demand.

等待线

**waiting line**  One or more "customers" waiting for service.

保修单

**warranty**  A written guarantee that the producer will replace or repair defective parts or perform the service to the customer's satisfaction.

存货周数

**weeks of supply**  An inventory measure obtained by dividing the average aggregate inventory value by sales per week at cost.

加权距离法

**weighted-distance method**  A mathematical model used to evaluate layouts (of facility locations) based on proximity factors.

加权移动平均法

**weighted moving average method**  A time-series method in which each historical demand in the average can have its own weight; the sum of the weights equals 1.0.

工作分解结构

**work breakdown structure (WBS)**  A statement of all work that has to be completed.

作业元素

**work elements**  The smallest units of work that can be performed independently.

在制品

**work-in-process (WIP)**  Items, such as components or assemblies, needed to produce a final product in manufacturing or service operations.

工作测量

**work measurement**  The process of creating labor standards based on the judgment of skilled observers.

工作抽样法

**work sampling method**  A process that estimates the proportion of time spent by people or machines on different activities, based on observations randomized over time.

工作标准

**work standard**  The time required for a trained worker to perform a task following a prescribed method with normal effort and skill.

劳动力调度

**workforce scheduling**  A type of scheduling that determines when employees work.

$\bar{x}$– 图

$\bar{x}$**–chart**  A chart used to see whether the process is generating output, on average, consistent with a target value set by management for the process or whether its current performance, with respect to the average of the performance measure, is consistent with past performance.